青蓝文库

本书前期成果荣获第十一届中国法学青年论坛三等奖、第十二届中国法学青年论坛三等奖、第四届“全国刑法学优秀博士学位论文奖”二等奖。

青蓝文库

系统理论下刑法与社会关系研究

刘 涛 著

中国法制出版社
CHINA LEGAL PUBLISHING HOUSE

青蓝
文库

问渠那得清如许

经过两年多的策划和工作，“青蓝文库”终于面世了。这中间，凝聚了很多人的努力和期待。中国法制出版社邀我写一个总序，考虑到丛书包涉法学各个专业，自己所学狭薄，我一开始有些犹豫。但又想到司马迁所言：“序者，绪也，所以助读者，使易得其端绪也。”参与和见证一段历史，无形中就承载了记录绍介的义务。读者可能希望了解到这套文库的来龙去脉，如果我的序能够有所帮助，那还是义不容辞的。

说来话长。这套文库的大致雏形，最早涌现于2016年3月某日，中国法制出版社的马颖女士与我在陈明楼办公室的一番叙谈。马颖在法律出版界是资深编辑，那时刚接任编辑六部主任一职，很想为法制社的学术出版再开局面，拓展出一些新气象。而我自己当时手头文债积压，并无新货，于是，我们就聊到其他出版项目，其中就包括，法制社打算资助出版一批优秀博士论文。

如所周知，博士论文凝聚了一个人以学术为业的最初心血，是他走上学术之路的叩门砖，意味着从汲取导向的学生，开始向创新导向的学者蜕变。而且，从学术史经验来看，博士论文中也不乏经受住了时间检验的经典之作。尽管意义与价值如此之大，但是，在当下的出版环境中，博士论文出版却非常之难。一来，是由于纯粹的学术著作的受众市场本身就非常狭小；二来，在逼仄的市场中，书的销量和效益又往往与作者的知名度挂钩。于是，一个名不见经传、初出茅庐的学者，捧着手中新鲜出炉的博士论文，既不容易得到学术市场的认可，也因此很难获得出版社的支持。名家大腕被争相约稿，而刚出道的新人，即使自掏腰包自费出版，恐也难逃被冷落敷衍的命运。所以，尽管每年中国的法学院校里有很多博士生毕业，但是，即使是其中最优秀的博士论文，想要立即出版也非易事，往往是“养在深闺人未识”，直到作者闯出腕儿来、有了学术名声的那一天，蒙尘的明珠才可能绽放光芒。

然而，此时出版，已有些错过，不再是学术新人最渴望自我肯定和向学界证明的迫切时机，也不是学者在最艰难的出道之初，最急需的支持和鼓励，因而，可能只是锦上添花。过往，中国人民公安大学出版社的《北大刑法博士文丛》，以及武汉大学出版社的《武汉大学刑法学博士文库》，为很多刚毕业的刑法博士提供了论文出版的平台，成就了他们人生中的第一本书，那是颇有高义的雪中送炭之举。不过，这两套文库作者限于特定高校和刑法专业，影响不免有限。如今，法制社有意精心打造一套文库，推出全国法学院各专业的优秀博士论文，这种对学术新人鼎力相助的力度，可谓前所未有，出版社的学术情怀和社会担当更是令人敬佩。因此，当听到马颖提出这个出版计划并征询我的具体建议时，我也感到很振奋，愿意尽自己绵薄之力，帮助她绘成这个蓝图。

我当时向马颖建议，可以通过民间渠道邀请一批中青年学者，而非官方机构来遴选优秀论文。这不仅是由于，机构评选论文的形式已成窠臼，更主要是考虑，如果评审人与被评审人年龄代际相近，那么无论是个人的学术潜质还是论文情况，都一定更为熟悉。而且，相对于年长的学界大家来说，中青年学者距离在毕业前后的艰难岁月中努力跋涉的经历，时间还未久远，因此，对学术新人出头的不易，以及博士论文出版的困难，大都有尚未淡化和忘却的切身体会，可能更愿意去投入精力帮助后来人。加之较少社会杂务，更多爱惜学术羽毛，评选上也会更加认真、负责和公允。

马颖是个很有决断力的人，她听了我的建议后，完全赞同这个新的民间方案，并请我推荐和联系编委会人选。我被马颖的热诚感染，受她之托，给一些学界朋友打了电话。大家在了解到这个出版计划后，几乎都是毫不犹豫地应允下来，愿意义务承担审查来稿和推荐优秀论文的工作。编委会的人员组成很快就确定下来。这也让我颇有感触，一个有情怀的出版项目，不需要多少鼓吹，自会焕发出它的光彩，吸引和召唤着有学术责任感的学者们汇集。

万事俱备，只欠开会。2016 年 4 月 18 日，第一次神仙会胜利召开。根据出版社的记录，第一次与会的学者名单如下：车浩、陈新宇、侯猛、劳东燕、雷磊、栗峥、王莹、许德峰、张翔、张龑、赵宏、朱腾、谢海定。舒丹、马颖、王雯汀三位法制社编辑策划主持了第一次聚会。聚会之日适逢当年的北京电影节，于是，由我提议，大家在小西天附近餐叙后，又集体遛弯到中国电影资料馆，看了一场银河映像系列之《暗花》。从电影院出来，仍然意犹未尽，找了一处胡同里的茶馆继续聊。

这次聚会颇有成果。商定的内容包括：（1）在全国范围内面向各个高校和专业征求优秀论文。（2）采用作者自荐和编委推荐两种方式确立稿源。（3）编委会的工作制度和推荐评审的义务。（4）兼顾图书质量和出版规模等基本理念和规则。其实，答应参与编务的学者，虽然是法学各个专业里出类拔萃的青年才俊，但毕竟有学校和专业的隔离，相互间并没有想象中那么熟悉，甚至是闻名已久但从未谋面的神交，是“青蓝文库”这个出版项目中包含的学术理想和情怀，调动了每个人的学术热忱，大家才聚到一起来。每个人都很珍重自己的责任。在集聚餐、喝茶、看电影于一体的聚会中，严肃活泼地讨论了问题，达成了共识，像这样的交游轶事，对我们每个参与者都是很奇妙的体验，也是一次弥足珍贵的回忆。

第一次聚会后不久，法制社就在征求各位编委意见的基础上，面向全国，推出了正式的征稿启事。"'青蓝文库'是由中央级法律专业出版社中国法制出版社创设的重大出版项目，专门出版中国法学专业优秀博士学位论文。文库旨在发现有潜质的学术新星，为法学博士论文的发表搭建优质平台。文库支持和推动高校不断推出创新性成果，与学界一起探索和确立中国法学博士论文的优秀标准。"这份启事，包括我本人在内，多位老师参与修改润色，应当说，完整地表达了出版社编辑和我们编委会成员的共同心声。

在这份启事中，中国法制出版社郑重承诺："青蓝文库"的出版无需任何资助；出版社会精心打磨每一部作品，以精美的版式设计和装帧风格匹配作品的学术价值；对"青蓝文库"的出版成果，出版社会积极联系各学术刊物、报刊媒体、学校官方平台等进行大力宣传；每一年度出版社将邀请出版论文作者参加"青蓝出版沙龙"，享受一次打破学科专业界限相互交流的盛会。显而易见，这些承诺如能一一实现，那么，进入"青蓝文库"，对于博士毕业的学术新人在学界影响力的彰显和提升，将会有极大的助力。这可能是青年学者能在国内出版界得到的最好的亮相机会了。当然，这份启事中也写明了我们这些编委的承诺，即编委会成员将尊重学术研究视角和立场的多元化，本着充分的学术包容精神，对挑选出真正有价值的论文怀有使命感，力求评选结果客观公正。

出版社与编委会的第一次碰头议事，设在小西天，以独特的方式，取得了非常好的效果。在其乐融融的气氛中，沟通了感情，增进了对"青蓝文库"这项共同事业的认同度和使命感。可能是受此激励，三个月后的一个周末（2016 年 7 月 23、24 日），马颖很快又趁热打铁组织了第二次编委会会议，地点设在京郊。报到当天下午，大家就开始了分组审稿的工作。第二天，在北京实创西山科技培训中心，召开了正式的评审会。针对符合征稿要求的21篇博士论文，按照“严格筛选、宁缺毋滥”的原则，以编委的个人初审为基础，经过分组审稿、分组讨论以及集中评审后，编委会成员进行匿名投票。再由出版社统计全体编委的推荐意见，当场公布获得三分之二（即12名以上）编委推荐的论文名单。针对入选的论文，编委会确定一至两名编委，综合全体编委的修改意见，会后与论文作者直接沟通，提出完善建议。至此，第一次评审会圆满完成，共评选出4篇优秀论文，作为“青蓝文库”第一批次推出的作品。

这是一次非常成功的论文评审会。这首先得益于，马颖、王雯汀、罗莎、侯鹏、吴宇辰等几位出版社的编辑及工作人员，为这次评审会付出了大量的心力来准备、策划和安排。其次，参加评审会的编委会成员，包括陈杭平、侯猛、劳东燕、雷磊、栗峥、王莹、许德峰、尤陈俊、张翔、张龑、朱腾、赵磊以及本人在内，都本着珍重这份责任的态度，对评审投入了很大精力。会前，出版社就已经通过邮件把论文发给了编委进行预审，等到开会当天，各学科组的编委对所推荐论文和存在争议的论文讨论得非常深入，争论得也十分激烈，可以说是充分且坦诚地交换了意见。

之后很长时间，我都常常想起这次令人难忘的评审会。马颖等各位编辑老师的策划安排，可谓煞费苦心。会议所在之地离龙泉寺很近，龙泉寺是全国有名的佛教古刹，出过很多高僧，常常以现代人喜闻乐见的方式传播佛法，寺内香火旺盛，游客如织，置身其中，感受到一种出世般的内心宁静，但也不会斩断与人间烟火的勾连。浸染在这种情绪中，特别适合投入接下去的评审工作。因为学术一途，本来也是素心人之事，要能脱心志于俗谛之桎梏，而付出精力去评审和推荐他人的论文，更是要有一种对学术共同体的使命感。所以，我觉得法制社的这次会议策划颇有禅机、值得回味。

半年之后，我们又在法制社的会议室召开了第三次编委会，也是第二次论文评审会。有了前两次成功的会议打下的基础，编委会磨合日趋顺畅，后面的评审会就进入了良性运转的正常轨道。值得一提的是，在几次会议中，大家逐渐达成一项共识，即“青蓝文库”支持的对象，不仅仅是优秀论文本身，而且是论文作者的学术之路。因此，虽然论文质量不错，但是作者博士毕业后就不再从事学术工作的，原则上不纳入出版计划之列。

受命作序，回想往事，点点滴滴都涌上来。这样不厌其详地叙述过往细节，正如开头所言，因为要向读者诸君讲述“青蓝文库”的来龙去脉，希望文库的每一位作者都能记住历史。法制出版社多次表示，他们有能力、有信心将“青蓝文库”的项目坚持下去，十年、二十年甚至更久。我也相信，未来将有更多的青年才俊，以这套文库为阶，走上学术舞台的中心。序中所记，是在这套文库诞生过程中，出版社编辑和编委会成员付出的热情和心血，当然，肯定还有很多我不了解的幕后工作无法呈现。我一直认为，缺乏学术传承和积累，是中国法学曾被人讥为“幼稚”的重要原因。而学术传统的形成，不是某一两个人甚至一两代人就能毕功的事业。我们每个人，都是在无尽的历史长河中来承担各自的使命。我们努力完成自己的作品，也不要淡忘先行者的努力和恩惠，同样，有能力时，更应尽力去帮助和支持学术之路上的后来人。由此，学术共同体才可能写下历史记忆，中国法学才可能形成绵延不断的积累。

问渠那得清如许？我想，年轻学者们锐意十足的作品、学界同仁间相互守望和提携的赤诚、出版界襄助学术的热忱，就是那永不枯竭的源头活水吧。愿中国法学的学术传统涓涓不息，清水长流！

是为序。

车浩

2018年4月9日于北大陈明楼

推荐序

卢曼以胡塞尔的现象学哲学中的“意义”概念为基点，借鉴20世纪以降的一般系统理论、控制论、生物认识论等，在改造帕森斯（Parsons）结构功能论的基础上建构了一个更具普适性的、涵盖一切社会现象、贯通各个社会学科的超级理论（super theory）。卢曼在1984年出版的《社会系统》一书中提出关于社会自创生系统的构想，勾勒了关于社会学的一般性理论大纲，这一宏大理论构想在其后针对不同社会领域的“子系统”的著述（《社会的经济》《社会的科学》《社会的法律》《社会的艺术》等）中得到系统的阐发衍化。[1]一方面源于其惊为天人的高超抽象建构能力，另一方面也得益于其法律人出身的专业背景（卢曼于1946—1949年就读于德国弗赖堡大学法律系）。卢曼系统论在法学学科中的演绎尤其令人叹服，创立了一套精妙的阐述法律与社会共同演化发展的法社会学理论，不仅深刻改变了德国法社会学研究的版图，其以系统论棱镜对法律的社会功能（规范性行为期望之一般化）、法律自治（法律系统的自创生与再入）、法律运作方式（以合法/非法的区分对社会世界的交互性诠释即“沟通”）的观察在德国法教义学中也折射出耀眼的光

[1] [德] Georg Kneer, Armin Nassehi:《卢曼社会系统理论导引》，鲁贵显译，巨流图书公司1998年版，第5—6页。

芒——为中国刑法学界所熟知的德国著名刑法学者雅各布斯（Jakobs）教授即以系统论为基础构建了独具特色的规范效力的刑法理论，其罪责理论、敌人刑法理论、社会角色与保证人地位理论皆建基于此。在德国弗赖堡大学攻读博士期间，我便通过雅各布斯的刑法学论述瞥见卢曼系统论的锋芒，雅各布斯的刑法学著作也成为我一窥卢曼的无远弗届的普适世界之堂奥的入口。

卢曼眼中的社会世界既不是自然科学中待观察的、给定的客观对象，也非经验社会学所认为的通过实证资料反映的现实，亦非古典哲学中具有强烈个人建构色彩的形而上的概念模型，而是一个“偶联的”、包含着无限复杂性的、待化约的复杂整体，是一个自创生的系统。社会系统是指相互指涉的诸社会行动的一个意义关联，这个关联将系统区分为系统与环境。[1]系统欲维系存在必须进行复杂性化约即社会分化，人类社会的分化与整合依循着由片段式分化到层级式分化再到功能式分化的进路，现代社会的分化的是一种功能分化，即社会系统分化成具有不同社会功能的经济、政治、法律、教育、宗教、科学、艺术、大众传媒等各子系统。对于每个子系统而言，其他子系统就是系统的环境。法律是具有规范性行为期望一般化社会功能的子系统，依赖“合法 / 非法”这一二元符码实现系统的自我复制再生产，一方面在运作上保持封闭，另一方面又在认知上向环境保持开放，环境中的信息通过被转译为合法 / 非法的符码沟通进入法律系统。

卢曼所描绘的社会系统与法律子系统的理论图景无疑是开创性而又具颠覆性的，引人入胜，吸引了一代代中外法律学者竞相探览。我国学者张琪、宾凯、陆宇峰等人在早期译介卢曼法律系统论著作的基础上[2]，逐渐

[1] ［德］Georg Kneer, Armin Nassehi:《卢曼社会系统理论导引》，鲁贵显译，巨流图书公司 1998 年版，第 59 页。

[2] 参见［德］托依布纳:《法律：一个自创生系统》，张琪译，北京大学出版社 2004 年版;［德］卢曼:《法院在法律系统中的地位》，陆宇峰译，载《清华法治论衡》2009 年第 2 期;［德］卢曼:《法社会学》，宾凯、赵春燕译，上海人民出版社 2013 年版。

开始尝试运用系统论对中国本土法现实与法律制度进行观察。例如，泮伟江在法理学领域对转型社会法治建构的研究[1]，李忠夏、陆宇峰等人开展的系统论宪法学研究[2]，以及顾祝轩运用系统论对民法规范中一般性条款以及法规范自省装置的研究[3]。而系统论的身影显现在刑法领域似乎比我们想象得要早。早在 1996 年，赵廷光教授就尝试在其主编的《中国刑法原理》一书中借鉴生物学家贝塔朗菲（Bertalanffy）的系统论思想，将刑法视为一个具有一定的目的性、功能性和可控制性的庞大而复杂的立法信息系统。[4]2004 年，储槐植老师就曾与其博士生张永红尝试以结构功能论的系统论思维对我国刑法但书条款与刑法结构进行分析。[5]但囿于当时的学术交流与文献资料状况，上述研究所借鉴的系统论都是前卢曼时代的“系统论”，而非卢曼社会系统论的真身。国内“系统”性地运用卢曼的社会系统论与法律系统论对中国刑法系统及其运作环境进行全景式考察的，本书的作者刘涛可谓刑法学界的第一人，填补了在中国刑法与现代中国社会问题上进行卢曼式研究的空白。

刘涛博士以系统理论的自我指涉与结构耦合概念作为关键词与分析工具，对刑法系统及其环境进行了深刻的一阶与二阶观察，不仅在刑法内部对刑法教义学与刑事政策、罪刑法定原则、法益理论、犯罪构成理论、违法性认识错误问题等给出了有别于传统刑法教义学研究范式的系统论诠释，也对个体意识与刑法体系，刑法体系与政治系统、经济系统以及其他社会

---

[1] 参见泮伟江:《当代中国法治的分析与构建》(修订版)，中国法制出版社 2017 年版。

[2] 参见李忠夏:《宪法学的系统论基础：是否以及如何可能》，载《华东政法大学学报》2019 年第 3 期；陆宇峰:《系统论宪法学新思维的七个命题》，载《中国法学》2019 年第 1 期。

[3] 参见顾祝轩:《民法系统论思维：从法律体系转向法律系统》，法律出版社 2012 年版。

[4] 参见莫志强:《运用系统论研究中国刑法学的力著——评赵廷光主编的〈中国刑法原理〉》，载《法学评论》1996 年第 6 期。

[5] 参见储槐植、张永红:《刑法第 31 条但书与刑法结构——以系统论为视角》，载《法学家》2002 年第 6 期。

系统至今的关系进行了深入剖析。作者运用广角视镜对法社会学、教义学、政治学问题进行观察，在不同学科和话语体系之间进行自由穿梭而游刃有余，体现了作者深厚的社会科学学术功底及对跨学科宏观问题的驾驭能力，也显现了其作为年轻刑法学人的巨大研究潜力。

自我指涉是卢曼系统论中一个反复出现的重要概念。一个封闭的自创生的系统的运作方式是自我关联或自我指涉的，就法律系统而言，自我指涉是法律规范运作的基本方式，即运用期待的反事实结构和合法 / 非法二元符码进行运作。而结构耦合是卢曼修辞中的另一个重要概念，指现代社会功能分化条件下的系统之间具有差异性对仗、互补的关系，被卢曼用来阐释系统之间的共同演化（co-evolution）、高度选择的互动关系。以这对概念为分析工具，刘涛博士对刑法教义学与刑事政策及其他社会学科之间的关系进行了精辟的论证，“具有物本逻辑，或者说具有本体论的刑法教义学并不是对犯罪和刑罚现象的完整‘描述’，而是一种选择性的、带有目的理性和规范色彩的理论构建，从而帮助实现作为社会制度的刑法所具有的特定功能和目的。而要完善刑法在定罪量刑实践中的规范目的，作为理论工具的刑法教义学必须在认知上保持开放，也就是说必须借鉴其他社会知识”。刑法教义学与刑事政策、其他社会科学之间的关系一直是困扰刑法学者尤其是刑法教义学者的问题，在德国早有“李斯特鸿沟”之问，后又有“罗克辛贯通”之解以及耶塞克“同一片屋檐下”之谓，我国学者也对这一问题孜孜以求，围绕该问题开展了社科法学与刑法教义学的论战，并以车浩教授提出的一个综合性折中方案即刑法教义学与刑事政策、其他社会科学的内部合作与外部合作的方案暂告一段落。[1] 为何需要进行这种学科间的跨越与合作，以及如何进行跨越与合作，刘涛博士在本书中以系统论的修辞进行了一种元叙事（meta-narrative），给出了跨越“李斯特鸿沟”的系

[1] 参见车浩:《法教义学与社会科学——以刑法为例的展开》，载《中国法律评论》2021 年第 5 期。

统论的方式：刑法教义学虽然具有强烈的自主性，但并非与刑事政策及其他学科完全绝缘，在受到后者的“激扰”时将这种讯息激扰引入由犯罪构成、法益、规范保护目的、违法性认识错误等教义学构造组织起来的内部沟通，或者在必要时通过作用于教义学的纲要（program）来推动教义学自身系统的变迁。也是在这个意义上，刘涛博士从贝林纯粹客观的构成要件到罗克辛等人的规范的构成要件、客观归责理论对不法论与责任论的重构之中，看到新康德主义哲学对刑法教义学的强烈刺激和改造，并认为目的理性主义的刑法论正是传统刑法系统的自我指涉与外部其他社会系统结构耦合的新生产物，其结果是产生了更具外部回应能力的、以积极预防为目的的犯罪论阶层。

刘涛博士不仅将这种系列论的叙事结构适用于探究刑法教义学与其他社会学科之间的关系，也运用于对刑事立法与刑事司法实践的观察之中。在其看来，刑法作为维护规范性期望一般化与稳定性的自我指涉系统，必须抵御来自政治系统、经济系统的讯息的激扰所形成的强大修法压力。如若刑法经常采取大面积修改的方式，那么刑法的认知性期待将超越规范性期待，政治逻辑具有取代刑法体系结构的危险。因此，为了保证刑法自我指涉的稳定，应最大限度地发挥教义学的解释论功能，而不是动辄启动修法工程。这种系统论的思考也与刑法教义学对象征性刑法（symoblisches Strafrecht）的批判[1]形成对仗，也引发了我们对国内近年掀起的积极主义刑法观[2]浪潮的反思。此外，刑事司法的系统论将法益理论定位为一种系统间互动与耦合的连接装置以实现内部指涉与外部指涉的衔接与转换［即使得外部价值通过罪刑规范的解释再入（re-entry）于刑法系统内部］，从

[1] 参见刘艳红：《象征性立法对刑法功能的损害——二十年来中国刑事立法总评》，载《政治与法律》2017 年第 3 期。

[2] 参见付立庆：《论积极主义刑法观》，载《政法论坛》2019 年第 1 期。

而得出反对对法益进行独立于自我指涉的实质论证以抵御政治系统对司法系统进行干预的结论，也与刑法教义学对法益理论的批判性功能的质疑以及对法益理论的抽象化、空洞化倾向的批判[1]殊途同归。

刘涛博士以系统论视角对刑法教义学、刑事司法系统、刑法与其运作的环境之间的关系的观察细腻而敏锐，提供了一场对刑法教义学进行外部观察的丰盛的视觉盛宴。全书读完，突然脑海中不断回想起苏轼的《题西林壁》:“横看成岭侧成峰，远近高低各不同，不识庐山真面目，只缘身在此山中。”但苏轼当年走出庐山，显然不仅仅是为了从外部观察庐山，并在庐山西林寺的墙壁上题诗而已，而是为了再次进入庐山，并启发后人再次进入庐山时用不一样的眼光感受其内部的草木山光。也期待刘涛博士不仅以此书启发我们用多维的视角从外部观察刑法，也能够激发作者本人及读者再次进入刑法体系内部，尝试进行更有意义的建构性工作，带来更丰硕的教义学研究增量。

王莹

2023 年 1 月 16 日

[1] 参见王莹:《中国刑法教义学的面向：经验、反思与建构》，北京大学出版社 2022 年版，第 8 页。

前　言

刑法是现代社会整体演进的产物，在“法律与社会”的范式中揭示现代刑法的“品格”，具有重要的理论意义和实践启示。然而，现有研究却只见社会，不见“规范”，忽视了刑法教义学的社会功能，夸大了规范研究与经验研究的差异。法律系统论通过揭示“规范法学”的社会效用，以外部视角分析法规范的演进，同时探索系统内部运作的逻辑，试图在法解释学与社科法学之间展开对话。系统论成为研究刑法与社会关系的新路径。

系统论新的研究范式主要体现在“自我指涉”与“结构耦合”的概念中。现代社会以“系统 / 环境”的区分方式吸纳外部信息，将环境的复杂性转化为系统内部元素，系统内部通过再次区分（如规则 / 个案），最终形成自我指涉。自我指涉的子系统之间互为环境，为现代社会的多元化以及个体自由的丰富提供动力机制。通过系统内部区分形成的“二阶观察”可以避免，但无法消除自我指涉回归自身的悖论。因此，系统还需要与其他子系统展开外部指涉。系统间并非元素的“互用”，而是通过识别他系统的结构，展开选择性的借鉴与耦合。自我指涉与结构耦合揭示了各系统间非阶层性、非线性以及递归性的关系，为理解刑法与社会关系提供了新的框架。

实证化与规范期待结构是现代刑法体系自我指涉的特点。以文字为媒介，现代刑法以“立法与司法”区分呈现。在这一区分的基础上，为了避免“法律漏洞”，实证化的刑法又以“罪刑法定”原则确立了“文本与解释”的第二次区分。刑法教义学则成为对解释予以“解释”的第三次区分，为系统吸收外部复杂性创造了系统内部的复杂性。犯罪论成为刑法体系的“自我描述”，具有“隐藏”系统自我指涉悖论的功能。规范的“可修改性”也是刑法自我指涉的体现。但是频繁的刑法修正会损害刑法的自我证成，从而影响系统封闭与开放的平衡。系统论揭示了罪刑法定、刑法教义学与刑法修正的功能及其限度。

实证化也促成了刑法“规范期待”，也就是反事实功能的实现，从而保证了人们在社会交往中必要的最低限度的安全感。因此，刑法不仅是“裁判规范”（自我指涉），也是“行为规范”（外部指涉）。刑法规范性构建在体系“认知能力”的基础上，是对社会规范的“二阶观察”，也就是说，刑法将社会规范作为“事实”，以内部生成机制识别并重构外部规范。“象征性”立法问题说明刑法的规范期待存在“认知”限度，转型时期的社会治理“刑法化”并非最优选项。刑法谦抑性体现了系统 / 环境的区分。

依托实证性与规范性，刑法自我指涉最终以系统的沟通，而非行动者的意志呈现。沟通是刑法自我指涉的基本元素。无论是国内刑罚“积极的一般预防”功能，还是国际刑事司法的演进，无论是“大众直感”，还是“法官释法”，都是系统沟通的延续，刑法“客观性”在沟通模式中被揭示。法院为刑法沟通搭建了制度平台，成为系统的中心。

自我指涉的同时，刑法与外部展开结构耦合。体系复杂性是结构耦合的前提。“不法与有责”的阶层式犯罪论成为典范。与其说刑法与外部环境直接互动，不如说刑法通过自身的体系构建，“创造”系统的外部环境，实现自我指涉与外部指涉融合。法益理论是系统构建自身环境，回应社会变迁的“媒介”。形式解释与实质解释反映了结构耦合过程中体系应对外部环境复杂性的两种运作模式。

刑法解释的“可接受性”意味着系统与个体意识展开结构耦合。社会无法直接观察“心灵”，个体“规范意识”的养成以及个体对刑法沟通的促动需通过“语言”媒介产生互联，使得刑法与个体生命体验互融。通过分析个体道德意识与刑法的互动、死刑刑事政策以及对“法律认识错误”理论在法定犯时代的变迁，能够进一步证实刑法与个体意识的分离。

刑法与社会其他子系统之间也产生重要的结构耦合。刑法与政治产生宪法以及宪法解释。在功能分化条件下，“刑法合宪性调控”是社会子系统的“社会规则”、政治宪法与刑法之间规范解释的互动，而非仅仅通过宪法解释限制刑法对社会生活的规制。

经济系统以“支付”和“稀缺性”符码展开的社会沟通与刑法逻辑存在差异。一方面，刑法能够对经济支付活动受到的威胁（如敲诈勒索）予以遏制、恢复，而非替代经济体系的自我调整能力；另一方面，经济理性并非万能，刑法应当通过规范体系的自我构建抵御经济因素的负面影响。例如在刑事和解中，司法在确认经济赔偿社会功能的同时，应当通过规范解释，抵御“以钱买罪”现象的蔓延。

在刑法与媒体的互动中，通过对“崔英杰”案件的考察，能够发现传媒的叙事与司法规律的冲突。弥合这种冲突不仅在于通过法律“规制”新闻报道，还有赖于刑法体系对个体“法治意识”的及时刺激；相似地，刑法体系也无法直接吸纳科技系统的运作逻辑，刑事司法对错案的认定、对专家证言的“重构”以及对司法鉴定的判断标准都体现出刑法对科技领域发展成果的“选择性”借鉴；最后，“社会风险”的认定存在系统差异，寄希望于通过刑法识别并遏制社会诸领域的风险只是幻想。“风险社会”理论误读了现代社会的运作机制，也对刑法理论产生了消极影响。破除“风险刑法”迷思，需考察自我指涉的刑法系统制造“风险 / 危险”区分的决策机制。

目 录

导　论

“关系哲学的兴起，抛弃了两千多年来支配西方哲学的‘实体本体论’。随着社会发展和人类认识深化，‘关系’范畴日益显示其重要性。”[1]

一、刑法与社会的关系：研究对象及其理论意义

（一）社会中的法律与法律中的社会

现代社会理论与法学都渐渐认识到法律是社会构建（construct）的产物。[2] 自马克思、涂尔干和韦伯以来，法律的社会研究（socio-legal studies）从未中断。[3] 随着分工与交通的演化与发达，“社会”（the social）的概念逐渐

---

[1] 储槐植：《刑事一体化与关系刑法论》，北京大学出版社 1997 年版，第 119 页。

[2] 可参见昂格尔（Roberto Unger）与温奇（Peter Winch）的论证：Unger, Roberto Mangabeira. “Social Theory: Situation and Its Task; A Critical Introduction to Politics, A Work in Constructive Social Theory.” (1987); Winch, Peter. *The idea of a social science and its relation to philosophy.* Routledge, 2008。也可参见博格（Peter Berger）等人知识社会学（sociology of knowledge）有关作为日常生活的制度、识别和内化（社会知识客观与主观的辩证）的法律的重要论述：Berger, Peter L., and Thomas Luckmann. *The social construction of reality: A treatise in the sociology of knowledge.* No. 10. Penguin UK, 1991; Teubner, Gunther. “Autopoiesis in law and society: a rejoinder to Blankenburg.” *Law and Society Review* (1984): 291-301。

[3] Habermas, Jurgen. “Law as medium and law as institution.” *Dilemmas of law in the welfare state* 3 (1986): 204.

受到重视，法律也逐渐从族群和部落中剥离，被人们视为一种社会现象。尽管在法律与社会的关系上研究者历来存在分歧，但是人们并不否认社会的特征与形态在一定程度上影响了法律的形态，或者说，法律是存在于社会结构中的现象、制度和组织。各种社会现象及其内在机理本身就有很大的相通性，把握这种相通的特点和规律，就可能对不同社会现象产生一定深度的理解。

一方面，我们将人类历史上出现的法律现象划分为不同的阶段和样态；[1]另一方面，随着社会心理学与组织社会学研究的深入，法律制度所具有的心理与文化层面也逐渐被发掘。法律认知（cognitive）维度和意义（Sinn）构建功能的识别使得学者开始研究法律对社会的构建。在哲学知识论语言学转向的背景下，法律所具有的社会象征属性（symbolism）成为法学研究的新视角。[2]研究者发现，法律反映、制造乃至部分重塑了社会的意义和生活的意义。[3]人类社会的演化过程伴随着法律的演化过程，社会心理、社会符号与社会意义的演化过程中都贯穿着法律所发挥的功能。法律与社会是密切但又可分的现象与概念。对法律的研究离不开对社会的研究。对社会理解的深入，也会加深我们对法律运作的体悟，并促进人们法律实践能力的提升。

刑法是现代法律的子系统（sub-system）之一，刑法结构与社会演进密切相连。因此，在“法律与社会”的框架中理解刑法在现代社会的运作形态与功能机制具有重要意义。因为自从刑法被赋予控制以及改善世界的功能定位以后，任何对刑法目的与任务的定位实质上也正是呼应了我们对国家以及社会的想象，并进而影响到刑法既有理论体系的再构建取向。[4]我们在承认刑

---

[1] 这也与达尔文进化理论在社会研究中的深入不无关系。See Blankenburg, Erhard. “The Poverty of Evolutionism: A Critique of Teubner’s Case for Reflexive Law” . *Law and society review* (1984): 273-289. See also Posner, Richard A. *The problems of jurisprudence.* Harvard University Press, 1993. p.115.

[2] 例如在对法律解释的研究中，就分化出基于哲学解释学的研究和面对司法实践的“法律解释”研究。

[3] 这方面的代表请参见韦伯的解释社会学、伯尔曼对西方法律传统的研究：Trubek, David M. “Max Weber on law and the rise of capitalism.” *Wis. L. Rev.* (1972): 720; Berman, Harold J. *Law and Revolution, II: The Impact of the Protestant Reformations on the Western Legal Tradition.* Harvard University Press, 2009。

[4] 参见古承宗:《风险社会与现代刑法的象征性》，载《科技法学评论》2013 年第 1 期。

法具有自身系统运作逻辑和自身独特规则（如刑法教义学）的同时，也应当看到刑法系统运作的独立与自治（autonomy）意涵是相对的。

刑法实践和刑法理论研究中所使用的语言是社会语言和惯习（habitus）演进的结果（语言的分化与制度化，产生了法言法语并进而产生了“刑法语言”）；现代刑法的制定与修改（法律的实证化）是整体社会结构脱魅（disenchantment）与理性化（rationalization）的反映。[1] 只有借助日常生活中社会形态与认知的变化，刑法规范的演变才可能得到社会大众的普遍承认。我们熟悉的德日规范论的刑法教义学之诞生、成熟与分化无不建基在特定社会演变之上。从英美刑法的传统来看，刑法体系、犯罪论以及具体各罪司法判断准则的形成也都与其社会结构的演变息息相关。从犯罪学的角度来看，近现代商业模式的兴起和新的社会阶层的分化，不仅引起了新的犯罪问题，还塑造了现代刑法的结构和现代社会的惩罚文化（culture of control）。[2] 刑法不仅反映社会演进，作为社会制度，其也在塑造现代人的品格和现代社会的功能。例如刑法理论中的行为人刑法理论、规范违反说等。犯罪论中责任构成要素的精细化也是例证。

（二）以规范为中心的刑法与社会关系研究

从上述分析中我们看到，社会演化理论（evolutionary theory）为我们展现了社会中的偶然条件如何成为刑法系统的结构。作为一种制度、组织、场域（field）和空间的刑法在社会偶然因素的作用下不断再生产，从而具有了结构化的特点，这是刑法理论和实践的出发点。刑法的运作不是概念的游戏，刑法理论通过法律社会学的考察可以获得新的意义。我们解读刑法与社会的关系，不仅是为了说明社会环境对刑法的影响，更是在观察刑法理论自身的意义构建和自我成长的生命力。刑法结构的正当性可以从自身的演化中找到，

---

[1] See Weber, Max. *Max Weber on law in economy and society*. Vol. 6. Harvard University Press, 1954.

[2] See Foucault, Michel. *Discipline & punish: The birth of the prison*. Vintage, 2012; Lynch, Mona. “The culture of control: Crime and social order in contemporary society.” *PoLAR: Political and Legal Anthropology Review* 25.2 (2002): 109-112.

也可以通过社会理论从社会演进的角度去考察。[1]

正如卢曼所言，研究刑法与社会的关系问题是为了重新回归刑法规范本身，而不是研究那些规范之外的东西。[2] 布迪厄也认为，对法律进行外部的社会观察并非“敌视规范”，而是发现在法律规范内部运作中无法洞察的方面。[3] 因此，对刑法与社会的关系问题展开研究应当将中心与重心放在刑法规范上。通过社会理论（social theory）的介入，以社会学方法作为参照，我们就能够通过研究这一问题深化对刑法结构自身合理性的理解，也能够为刑法教义学的运作与实践提供社会理论基础，更希望能为刑法理论的本土化提供可循的路径。

在全面依法治国与全面深化改革的社会背景下，研究刑法与社会的关系问题，在社会（理论）中观察刑法，并在研究中关照刑法理论自身具有重大

[1] 我们应当对合理性问题在刑法与社会的关系研究中可能产生的误解特别关注。在此界定的合理性并不是一种给定的变量（given）。合理性不是“常识理性”，而是从观察社会演化偶在因素到系统稳定结构条件这一变化过程中所推导出来的合理性。刑法理论的合理性需要借助这样一种演化观进行外部观察。正如吉登斯所言，与自然科学不同，社会科学探讨的不是一个预先给定（pre-given）的客体世界，而是一个由主体的积极行为所构造或创造的世界。See Giddens, Anthony. *New rules of sociological method: A positive critique of interpretative sociologies*. John Wiley & Sons, 2013. p.168. 舒茨（Alfred Schultz）也认为，由于现实中的行动者不可能对手段—目的关系中的所有因素了然于胸，纯粹或者完全的合理性（pure or prefect rationality）是极限概念，只是社会科学分析实际行动的解释基模，而非社会世界内的现实存在。参见刘剑涛：《现象学与日常生活世界的社会科学》，上海三联书店 2017 年版，第 59 页。刑法理论的合理性不能建基在一种自然法意义上的给定，我们需要揭示社会科学研究中由于对“理性”崇拜而被遮蔽的因素，重新发现刑法的社会基础。

[2] See Luhmann, Niklas, and Martin Albrow. *A sociological theory of law*. Routledge, 2013.

[3] See Bourdieu, Pierre. “Force of law: Toward a sociology of the juridical field.” *Hastings LJ* 38 (1986): 813. 布迪厄的理论，特别是场域（field）概念与系统理论对现代社会的理解具有相似之处。在布迪厄看来，高级形态的社会中，人们面对的不是一个未分化的社会空间（social space）。社会生活的不同领域建立了其自身独有的规则与权威。场域决定了进入特有空间个体的行动准则。例如律师进入法律场域就需要接受职业准入制度的限制和调整。场域概念指涉了被特定价值和方式控制的社会空间。布迪厄在对这一概念论证的过程中更关注在特定场域中权力的运作方式。场域可以是外在于行动者的社会现象，也可以是一种被行动者内化的心理因素。在布迪厄的研究中，其更为重视所谓文化规则（cultures rules）的内在化过程（internalization）。惯习（habitus）这一概念便是指涉一种长久但又可以变化的系统，以便在系统动态的演化过程中将个体行动与感知（perceptions）作为再次塑造系统的结构性因素。因此，布迪厄理论的主体性（subjevtivity）更强，而卢曼等系统理论研究者更为强调的是系统理性自我指涉的运作。

的理论和现实意义。在明确了本书选取的问题的理论意义后，我们需要继续考察本书选取的理论工具的可欲性。

二、系统理论：本书选取的理论维度及其理由

（一）现有刑法社会学研究的缺陷

如上所述，刑法与社会的关系主要关涉刑法规范在社会构建中的演化、刑法规范的自身逻辑展开以及与此形成的社会互动与社会结构变迁。[1] 其中，刑法规范始终是刑法与社会关系研究的中心。现有法律社会学研究忽视了刑法规范，而将行动者（行为人、被害人、法官等）当成研究的中心。从而也就将法律运作的部分（法院组织或法律职业人）看成法律的整体与统一。[2] 社会学在“批判”法学研究的同时，也将自身置于被批判的对象。[3] 社会理

---

[1] 在社会理论中，社会结构变迁有三种方式：1. 系统结构根据环境变化采取的适应；2. 系统的自我调整，系统通过消除内部障碍，重新建立起内部因素的平衡；3. 形态发生学（morphogenesis）上系统或其部分的重新激活（re-activated）。See Luhmann, Niklas. *Social Systems*. Stanford University Press, 1995. pp.349-352.

[2] See Nobles, Richard, and David Schiff. “Taking the evolution of legal doctrine seriously: review of Katayoun Baghai, Social Systems Theory and Judicial Review: Taking Jurisprudence Seriously.” *International Journal of Law in Context* 13.1 (2017): 97.

[3] 顾祝轩指出，传统法社会学强调应然与实然之间的二元区分，并努力将法规（应然）还原于社会现实（实然）作为自身的任务。这样一来，导致传统法社会学研究领域主要集中在以下几个方面：1. 为了消解社会现实与法律规范之间的隔阂，针对个别的法律解释提供社会学领域的研究成果；2. 选择与法律解释学（法律教义学）不重叠的研究课题（例如，裁判过程、纷争处理机制、法律职业共同体等），运用社会科学的研究手法，并在此基础上构建新的理论；3. 在法律制定前，通过对现实生活进行调查，为立法工作提供经验性参考。其进一步指出，传统法社会学的局限性在于，当法律与社会出现不适合时，它只能从法律规范之外的社会规范中寻找依据，而并没有进一步明确作为应然的法律规范还原于作为实然的现实社会关系之中的内在机制。换言之，问题的核心不在于探寻如何消解现实社会与法律规范之间的隔阂，而在于去发现当社会要求法律作出回应时，法律总能回应社会的内在机制。其认为，传统的法社会学并没有，或者说其主要的研究精力并没有花在如何帮助法律系统不断增强对社会环境的回应能力上。参见顾祝轩：《民法系统论思维——从法律体系转向法律系统》，法律出版社 2012 年版，第 8 页、第 10 页。社会科学对法学研究的危害，请参见 Nelken, David. “Blinding Insights? The Limits of a Reflexive Sociology of Law’ (1998).” *Journal of Law and Society* 25：409。

论与刑法教义学产生对立和脱节。[1]

我们不否认基于实证调查的刑法社会学研究对理解刑法规范及其运作具有一定的贡献，但是当我们重新审视由规范构成的刑法时，发现刑法规范与社会运行的关系在这些研究中消失了：法律行动者的心理活动与利益衡量成为制约刑法与社会互动的关键因素，或者说刑法成为经济理性、政治逻辑的翻版，刑法规范、制度及其社会结构在研究中隐身了。因此，对于社会科学，特别是行为科学进入以规范为中心的（norm-oriented）刑法研究，我们需要保持警惕。社会学、经济学、人类学和历史学等社会科学进入刑法领域固然增加了我们对法律的社会“面目”的认知，但同样也可能导致一个非常现实的危险：刑法规范本身在研究中的边缘化（marginalization）。正如拉伦茨所说的将刑法运作简化为“法官心理学或法官社会学”。[2] 此外，强调个案裁判的结果取向和利益权衡，突出了法官的地位与作用，增加了法官的权力，短期内确实大大增加了现代法律的社会适应性，但将其内在逻辑推到极致，必然会导致对形式法律体系的解构，从而走向一种法律的虚无主义。现有刑法的社会科学研究，特别是以行为科学为代表的实证研究试图描述法律是如何运作的，但是以法律行为的社会结果（效果）作为识别法律本体论（what）问题显然忽视了“法律何为”中最为关键的问题：法律如何运作（how）。如同现有人工智能（AI）在收集足够多的数据情况下就能预测，乃至战胜人类棋手，但是 Alpha Go 计算机却不能告诉我们，也无法模拟人类如何思考，因此也就偏离了人工智能的核心问题。现有刑法社会科学研究也是如此。在输入（纠纷）与输出（效果）之间，实证研究（外部视角）无法告诉我们法律如何“思考”。简言之，我们不仅需要关注法律是否以及在多大程度上塑造了现代社会（反

---

[1] 当然，这种情况也在发生变化，除了本书所探讨的系统理论，一批“法律与社会”研究成果也正在显示出对这种传统法律社会学，特别是美国传统的“反动”。如果说之前的“法律与社会”研究关注“规则之外”的所有因素，那么现在理论的趋势则是“除了规则没有别的”。See Casanovas, Pompeu. “The ‘Powerless’ Approach to the Sociology of Law and the Future of Law and Society.” *Law & Social Inquiry* 40.1 (2015): 13.

[2] 参见［德］卡尔·拉伦茨：《法学方法论》，陈爱娥译，商务印书馆 2005 年版，第 3 页。

之亦然），甚至更需要探求法律应对自身演化复杂性的方式及其社会意义。正如富勒（Leon Fuller）所说，“法律运作的内部逻辑值得社会科学家深入研究”[1]。

本书将试图避免现有研究进路的缺失。我们认为，“规范性”（normativity）是刑法与社会关系研究的重心。上述基于刑事法的社会理论研究还存在这样一个缺陷：刑法在研究中被随意解构为支离破碎的场域。任何社会的因素都可以介入、影响刑法规范的运作。这不仅与刑法教义学将刑法当成一个整体去研究大相径庭，也会加深其他领域对包括刑法在内的法学理论的怀疑。这也是近几十年来心理学、经济学开始大肆“侵略”法学研究阵地的原因之一。刑法教义学研究者对体系性的维护和坚持显得势单力薄。尽管刑法学一再声称只有犯罪构成理论才是对刑事案件唯一合理的判断依据，但是在各种利益分析、[2] 政策分析和实证研究的冲击下，现有刑法教义学也面临消解的风险。[3]

因此我们发现，所谓的社科法学没有使刑法与社会的关系更加清晰，而是更加复杂了（虽然复杂性是现代法律运作的特点之一，但是研究的目的是简化而非加深社会复杂性），甚至这些研究使我们不再确信刑法运作的自治品格。研究者研究视角的分立和观点的对立，特别是当这种对立无法形成学术交流时，那么深入的研究将无法展开，有益的智识也无法形成。刑法与社会关系的研究需要寻找一条弥合理论冲突的道路。

（二）系统理论的优势

我们需要一种“复杂”的理论去理解刑法，而不是通过理论的解读使作

---

[1] 转引自 Sutherland, Arthur E.eds. *The Path of the Law from 1967.* Havard University Press, 1968. p.57。

[2] 在系统理论看来，利益法学（interest-oriented jurisprudence）是系统选择的结果，从而也无法保护所有的“利益”。社会无法为法律利益的判断提供先决的公式，法律必须通过自身来界定哪些利益是值得保护的。See Luhmann, Niklas. *Observations on modernity.* Stanford University Press, 1998. pp.14-15.

[3] 参见苏力:《司法解释，公共政策和最高法院——从最高法院有关“奸淫幼女”的司法解释切入》，载《法学》2003 年第 8 期。

为社会制度构建的刑法变得更加复杂。经济学、心理学等成熟的社会科学虽然对刑法的研究可以做到理论的一致，但由于其从自身系统和学术逻辑出发，无法理解，甚至无视法律规范的内在逻辑；同时，刑法教义学无法通过内部观察证成自身的合理性。一条沟通刑法研究内部与外部观察的研究进路需要被发现和扩展。

系统理论（systems theory）提供了本书所需要的研究范式。系统理论脱胎于经典社会理论（特别是韦伯与涂尔干的法律社会学理论），形成于帕森斯的行动理论中，[1] 成熟于卢曼的自我指涉的系统观。系统理论在 20 世纪 60 年代以后逐渐被人遗忘，这主要是因为人们认为系统理论对于解释社会制度而言缺少适当的结构上的灵活性。不过，借助功能学派的研究成果和自然科学的智慧，系统理论在卢曼等人的努力下重新焕发生机。具体到刑法研究领域，本书认为系统理论至少可以为刑法与社会关系的研究提供以下几点意义。

第一，系统理论重视社会分化，进而重视局部与整体的关系问题。系统理论认为现代社会是功能分化（functional differentiation）的产物，从而将现代与前现代的社会结构做了严格的区分。也只有在社会分化的条件下，包括刑法在内的法律系统才可能作为单独的社会现象予以研究，刑法的自身运作才具有了“独特性”。否定刑法具有系统性的理论无法解释社会对不同社会部门和社会系统产生区别对待的原因（例如为什么在我国会区分行政罚与刑罚），也就无法将现代社会中的刑法现象与其他现象区隔开来。在系统理论功能分化和区分的视野下，刑法结构的独特性与刑法规范运作的

[1] 帕森斯努力创建范畴、变量和定理的理论系统，这些东西通过假定相互关联在一起。尤为突出的是，他倾力于研究逻辑的封闭性、无矛盾性和独立于特定历史情势，致力于普遍适用性。关于帕森斯对系统理论以及法律系统理论的贡献，可参见［德］考夫曼、哈斯默尔主编：《当代哲学和法律理论导论》，法律出版社 2002 年版，第 405—406 页。不过卢曼指出，帕森斯的系统论是一种“分析上的现实主义”（analytical realism），而不是有关社会构成（social formation）的论证，因此无法避免分析上自我指涉的矛盾。See Luhmann, Niklas. *Theory of society*. Vol. 1. Stanford University Press, 2012. p.4.

再生产（re-production）才可能成为恰当的研究对象。[1]功能分化是证成刑法运作统一性的基础条件，也是将刑法规范视为一个整体的前提。部分与整体贯穿系统理论的始终，这是系统理论的分化观点的鲜明特点，也是克服上述刑法实证研究中对刑法规范整体性理解缺失的方式。系统与整体的概念也符合刑法教义学的基本假设，从而使得系统理论能够对刑法教义学产生外部观察。

第二，系统理论包容法律多元主义，但也注重多元视角下的系统整合。刑法的社会学研究吸纳了法律多元主义、批判主义法学（critical legal theory）的基本观点，从而扩展了我们对“刑事”现象理解的视域。但是，现有的刑法社会学、法律经济学等交叉学科对刑事法律的研究往往会在多元的视角下偏离刑法在现代社会的基本属性：刑法规范的分化。一方面，刑法社会学研究将刑法规范看成一般的社会规范，或者将刑法的认知因素与社会制度中的“强制力”（coercion）混同起来；另一方面，刑法教义学又不承认那些在社会生活中具有“刑事”特点的、非正式的制度现象，而将视角局限在刑法典的框架内。系统理论吸纳了奥斯丁、凯尔森、哈特等实证主义法学的重要研究成果，特别是借鉴了哈特法律的二阶观察（second order observation）模式，从而使得能够观察的刑法规范范围扩大，也为刑法教义学的规范解释提供了新的视角。同时，在系统理论之下，基于法律的区分（distinction）和条件纲要（conditional program）的构建，规范得以成为系统理论研究刑法的重点，进而也使得系统理论在研究刑法与社会的关系问题时避免了现有法律多元主

[1] 再生产是所有社会理论研究中的关键问题，刑法是有关规范、规则与裁判的再生产过程，现有刑法社会学将结构的再生产归结于外部因素，这使得作为制度的刑法呈现出极为不稳定的状态，而系统理论则从刑法规范的内部再生产入手，发掘作为系统的刑法如何自我演化，因此对于理解和加强刑法的结构稳定具有理论和实践上的优势。

义的因袭法律观，[1] 恪守了现代社会刑法的整体性。

第三，系统理论发现了法律具有的社会期待结构以及这种结构的双重偶然性（double contingency），从而能够合理解释刑法规范产生的社会结构。系统理论认为法律是社会沟通中的一种期待类型。法律是人们在交往中，或者更准确地说是系统在自我指涉中不断形成复杂的自身结构从而降低环境复杂性的过程。系统理论对社会期待结构双层次描述借鉴了哈特对法律概念的经典论证，但又超越了我们一般认为的行动者之间的期待结构，从而将期待问题上升为社会秩序层面与社会事实（social facts）的构建层面。刑法对社会秩序形成具有稳定期待

---

[1] 法律因袭主义（legal conventialism）是美国法理学家塔玛纳哈（Tamanaha）整合提炼的观点（德沃金在《法律帝国》一书中主要的批判对象也是一种法律因袭主义，只是德沃金的对象较为特定，主要是指哈特版本的现代分析法学流派，参见 Dworkin, Ronald. *Law's empire*. Harvard University Press, 1986. p.114）。在塔玛纳哈看来，对法律的理解只能采取一种人们认为什么是法律的"一般"法理学立场，而这一立场与遵循先例规则中体现的惯习主义观点具有相似性。在这种研究范式下，法律与社会的关系并不再预设法律对社会必须有所反映以及法律是社会秩序的维护者这两种理论假设（在没有被经验证明之前，这两种观点不可能与法律这一概念形成当然的关联），而是对法律概念持一种观察的视角。

因袭主义法律理论并不试图通过要素、特点等来真正定义法律。法律，就是那些在一定社会中被大多数人视为具有"法律"特性，并且被称为法律的社会现象。因袭主义就是要探讨人们为什么给某种特定的现象贴上"法律"这个标签，这样做是否会给他们带来什么好处。这样一种看似是同语反复和悖论的定义其实是作者对传统理论中对法律正当性追求的一种深刻反思：法律的正当性就在法律自身，法律这一社会现象以及我们对法律现象的描述不能进行一种本质主义的判断，而只能是一种功能主义的认知路径。

我们不能说法律就是善的，也不能认为法律的正当性一定来源于那些崇高的理念，或者来源于合理的制度设计。对法律正当性的追求当然是一种值得赞赏的研究路径，但是在一般法理学/法社会学的分析框架内，这些追求并不是描述法律所必备的，甚至是严重阻碍理论发展的因素。我们可以声称，对正当性的追求不是法理学与法社会学的分析对象，法律本身才是。何谓法律，是由一个社会场域中的人们通过他们的习惯用法决定的，而不是由社会科学家或者理论家们预先设定的。参见［美］塔玛纳哈：《一般法理学：以法律与社会的关系为视角》，郑海平译，中国政法大学出版社 2012 年版，第 278 页。因袭主义和系统理论中对法律二元符码（binary code）与二阶观察（second-order observation）的定位和应用具有相似之处。例如，塔玛纳哈就提出必须区分两个层次的概念：那些被研究的人们所理解的概念（一阶观察），以及从事这项研究的理论家们所理解的概念（二阶观察）。而且因袭主义法理学也更加注重通过研究法律本身来发展法律的社会理论。只是因袭主义法理学的功能主义视角过于宽泛，不能为解读具体的法律制度，特别是刑法制度提供有益的理论工具。

的作用，但是作为系统的刑法规范又可能制造新的“冲突”。系统理论这种对社会秩序的独到理解为我们阐释刑法的社会功能提供帮助。更为重要的是，在对期待双重偶然性的解读中，刑法的认知与规范的双重意涵通过环境与系统的区分结构体现出来。系统理论对我们重新解读犯罪论的相关问题有积极的贡献。

第四，系统理论以运作（operation）和沟通（communication）的概念解读社会制度的生成规律，从而对基于主体（subject）生成的“行为”概念在描述和解释刑法现象中存在的缺失提供弥补。系统理论的核心概念“沟通”具有超越个体意识的属性，因此哈贝马斯等人基于主体间性（intersubjectivity）的沟通理念，以及福柯的权力话语（discourse）更进一步，[1] 将现代社会的特性展现无遗。社会沟通概念扬弃了主体—客体以及其背后所假定的身心二分（body-mind dualism）的西方哲学基本假设。[2] 这是系统理论具有颠

[1] See Seidl, David, and Kai Helge Becker. “Organizations as distinction generating and processing systems: Niklas Luhmann’s contribution to organization studies.” (2006): 9-35.

[2] 当然，这并不只属于系统理论的创新。在《精神现象学》中，黑格尔表明了超越笛卡尔二元主义的态度。参见渠敬东：《缺席与断裂——有关失范的社会学研究》，商务印书馆 2017 年版，第 78 页。另外，福柯对“治理术”（governmentality）的研究也具有相似的颠覆意涵。“治理”问题在 16 世纪的爆发标志着西欧国家角色的历史性转变，国家和个体的关系也超越了外在权利，国家开始越来越深入地管理和干涉个体的生活过程。国家治理的对象不再是人民和领土本身，而是“人与人之间的关系。人与物之间的关系（财富与资源），领土的特性（气候、灌溉系统、土壤肥力），人的行为（习俗、习惯、思考和行为的方式），人和事件之间的关联（意外、事故、饥荒、传染病、死亡）”。治理的目标并不在于把法律外在地施加于臣民或者领土，而在于把上述种种关系和特性作为“物”来管理，以达到某种特定的目标。参见杜月：《制图术：国家治理研究的一个新视角》，载《社会学研究》2017 年第 5 期。

身体（body）变成现代政治的主题，并不意味着它是对心灵支配身体的古典命题的简单颠覆。也就是说，现代政治所开启的并非外在压迫与内在压力都不断加深的历史。实际上，身体成为现代政治主题和政教的分离是同时发生的。西方现代政治的基本特征恰恰在于：国家对公民身体的绝对统治是以确立公民人心自由的绝对地位为前提的。用霍布斯的话来说，“法律沉默的地方，就是自由之所在”。现代民族国家在政权建设（state-building）的展开、治理术的发育过程中，在努力将国家权力伸向每个人的身体的同时，并不承担教化责任。尽管西方经历了从柏拉图的追寻德性到福柯的身体政治这样的古今之变，但从某种意义上说，笛卡尔的身心二元论始终是西方社会的基本格局。福柯的身体政治既是对笛卡尔的身心二元论的一种颠覆，又是对这种二元论的一种重构。而卢曼的路径与福柯在这个意义上颇为相似，正如学者所指出的，在某种意义上，现代性问题可以被描述为重新整合笛卡尔式主体（在一种包罗万象的人文主义之下身心分离的主体）的尝试。卢曼放弃了这种尝试，并试图给予所有这些身体生命（bodily life）— [转下页]

覆性色彩的层面。[1] 通过沟通中的信息、言说和理解（information, utterance, understanding）三要素，系统理论能够对刑法运作中不同要素与结构演化过程产生全新的理解。在刑法解释上，我们常常纠缠于文义解释、主观解释、客观解释、目的解释、客观（或主观）目的解释、目的限缩等不同的解释立场，并且会对上述解释进路的关系与位阶产生争议。系统理论认为刑法解释问题的关键不在于对"立法者"与"解释者"的区分。立法与释法都是系统地沟通，使用同样的符码（code）。刑法活动的参与者（法官、检察官、律师等）是系统外部的环境。系统不包含主体，而仅由沟通构成。即使是目的解释，也仅是刑法体系运作自身的"目的"，而非外部政策、制度和理性目的的输入。[2]

这些新的智识为我们尝试对现有刑法解释在方法论上进行调整和重构提供了视角和理论依据，也能够为我们找到刑法解释产生断裂和混乱在知识论上的原因提供线索，从而帮助我们对刑法解释进行重新的观察和"解释"。

第五，系统理论将刑法与社会的关系定位为辩证的（dialectical）系统与

［接上页］意识经验、沟通实践其自身存在的权利。See Moeller, Hans-Georg. *Luhmann Explained.* Columbia University Press, 2006. 与笛卡尔以来以先验主体的同一性思考为前提的认识论推演法则（也就是存在一个绝对主体使认识得以可能）不同，卢曼系统论作为一种新的认识论改变了这种提问方式，不再追求关于认识与实在二者是否彼此呼应的问题，而是关于每一观察所牵涉的盲点的问题。参见彭飞荣:《风险与法律的互动：卢曼系统论的视角》，法律出版社 2018 年版，第 32 页。

正如孔飞力所言，现代性构建即便是在理论的抽象层面，也必定就有多元性或多种可能性，而不会是一元或只存在单一可能性。参见［美］孔飞力:《中国现代国家的起源》，陈兼、陈之宏译，生活 · 读书 · 新知三联书店 2013 年版，第 34 页。新中国成立过程中的"社会主义新人的制造"与西方现代性过程中身体治理的形式化和理性化具有很大的不同，至少在乡村基层治理中的"德治"在新社会的展开就与科层化的基础治理方式存在区别，因此"身心"在我国的政治治理实践（包括法律运作）中并没有消失，甚至"身体"与"心灵"的结合本来就是中国传统德治治理的特点。具体可参见应星:《村庄审判史中的道德与政治——1951—1976 年中国西南一个山村的故事》，知识产权出版社 2009 年版。这也被加兰称为现代惩罚中的身体问题。在加兰看来，无论刑法与国家公权力机关如何认定和言说，身体始终是刑事惩罚实践的对象。个体，也就是刑事惩罚的适用对象仍然持续存在于现代社会中。这在监狱执行中体现得更为明显。系统（惩罚）与个体（身体与意识）的互动和激扰仍然不可避免，甚至是社会惩罚最为显著的标志。See Garland, David. "The problem of the body in modern state punishment." *social research* 78.3 (2011): 767-798.

[1] See Moeller, Hans-Georg. *The Radical Luhmann.* Columbia University Press, 2013.

[2] See Teubner, Gunther. "How the law thinks: toward a constructivist epistemology of law." *Selforganization.* Springer Netherlands, 1990. pp.87-113.

环境的区分，从而避免了刑法教义学上有关系统开放性与封闭性的争论。这种思维在一定程度上继承了德国古典哲学辩证法的精髓，即对立统一这个核心通过各个范畴和环节的相互联系、过渡而全面展开或完成，以构成一个系统即总体。真理必须理解为在一个系统的有机机构中，通过各种矛盾运动的全部行程的总体才能获得。这也是辩证法—系统论高明于实证主义（片面把握的知性方法）的地方。[1] 系统与环境既有联系又严格区分，犯罪构成理论属于刑法系统的冗余（redundancy）。刑事司法过程属于刑法系统的运作（operation）。系统理论不再严格区分刑法解释中的疑难案件与常规案件。在系统理论看来，司法过程均属于系统的运作，是系统与环境进行互动过程中产生的沟通。借助系统理论的分离观念我们还可以重新解读刑法教义学上探讨的刑法文本开放性与封闭性、刑法的明确性与模糊性等重要理论命题。与上一点联系，系统的“运作”概念替代了刑法解释者。复杂性与偶在性、系统沟通的时间、事实与社会维度概念为我们找寻一条基于刑法的运作（operation）去理解刑法与社会关系的道路提供了关键性的理论工具。

三、系统的自我指涉与结构耦合：刑法与社会关系的关键词

如上所述，对刑法与社会关系的研究必须关注刑法规范本身，也必须关注作为统一的、整体的刑法规范体系如何与社会结构互动。系统理论关注作为整体的刑法如何与社会产生互动，更关注在这种互动过程中刑法规范自身“法律性”[2] 的体现。借助系统理论我们能够看到刑法规范自身运作（包括但不限于刑法教义学）是如何形成合理性并不断自我演化的。刑法的修改、刑法的解释以及与之相关的刑法自治（autonomy）问题成为刑法与社会的关系研究的重心。系统理论使得刑法的社会理论研究回归本位。

可以说，系统理论以一种社会学研究的视角连接了刑法运作中的内部（文本）与外部（刑事政策），从而回应了刑事政策如何进入刑法犯罪论解释

[1] 参见李泽厚：《批判哲学的批判：康德述评》，生活·读书·新知三联书店 2007 年版，第 239—240 页。

[2] 我们将在后述中看到，刑法的法律性包含了刑法的实证性、规范性与沟通性。

体系的理论问题。易言之，系统理论对刑法的运作核心产生了外部观察。要实现上述研究目标，我们选取“自我指涉”（self-reference）与“结构耦合”（structural coupling）作为关键概念。理由如下。

第一，刑法规范具有自身的逻辑，自我指涉意味着对刑法体系内部的再生产机制的研究。在系统理论中，自我指涉定义了现代社会子系统如何通过自身元素、结构和意义的内部再生产，不断延续“系统生命”的过程。自我指涉不仅仅意味着系统具有内生的逻辑，也意味着系统在隐藏不断以自身元素发展这一悖论（paradox）的过程中，从内部产生的动力机制。借助生物学自创生（autopoiesis）概念形成的系统演化观为社会系统如何形成功能分化与自治提供了新的解释进路。[1] 对基于规范的刑法体系而言，自我指涉可以让我们看到刑法通过犯罪论体系所建立的一套通过增强系统复杂性而降低环境复杂性的自我运作过程。自我指涉中重要的区分（distinction）概念对刑法解释中运用的各种解释方法能够做出恰当的理解，并且能够将其与系统理论认为的法律正义观联系在一起。正义与刑法的自我指涉、总则与分则的关系这些原本属于刑法理论内部的研究问题成为社会系统理论二次观察的对象。这是自我指涉概念对刑法研究的重要贡献。

第二，自我指涉概念从外部社会理论视角解读了刑法教义学体系的构成基础。现代刑法教义学强调功能性（刑法理论中常称为“机能论”）的犯罪论。系统理论维度下的自我指涉概念以功能、规范期待（normative expectation）等概念审视刑法的体系性。在社会功能分化的条件下，刑法的体系性寓于自我运作形成的结构中，不同的社会因素当然也会介入和激扰刑法的运作。如何在这些错综复杂的互动中发现刑法体系性的成因并证成刑法自身统一性的基础是当前文献尚未充分发掘的。

系统理论中的自我指涉概念并非通过拒绝外部因素的介入而证成系统的封闭性和统一性，而是在强调区分与互动的基础上分析现代社会，包括刑法

---

[1] 刘思达认为，生物学的法律研究进路提供了一种“去权力化”（powerless）的、以结构为中心的研究方法。See Liu, Sida. “Law’s social forms: a powerless approach to the sociology of law.” *Law & Social Inquiry* 40.1 (2015): 12.

系统理论在内的社会系统子系统是如何完成自身的构建，从而增强了社会系统吸纳信息和处理信息的能力。这种研究进路既回应了学者对刑法教义学与社会变迁产生脱节的质疑，也展现了刑法运作保持自身运作逻辑的方式。自我指涉以动态的视角看待刑法规范的演进，不排斥外部价值进入刑法判断，却又在系统运作的层面上说明了刑法具有的封闭特性。

第三，如果说自我指涉是系统理论对刑法规范体系运作的界定，那么结构耦合概念就是对这种体系运作的外部动力机制的界定。结构耦合是对现代社会刑法与其他社会制度互动方式的定位。自我指涉重在说明刑法规范再生产的内部过程。但是，基于本书的主题，我们不仅关注刑法规范自身如何证成自身合理性的问题（例如罪刑法定原则的贯彻），也关注刑法自我指涉过程中与其他社会制度的互动。

刑法体系的自我指涉并不意味着在运作所需要的社会资源和社会知识上，刑法能够自给自足。[1] 刑法的自治也不意味着刑法教义学不再关注社会生活的变化。刑法自我指涉对系统的环境在规范上而言是封闭的（normative closure），但是在认知上却是开放的（cognitive openness）。[2] 也就是说，刑法在自我指涉的过程中会与社会及其子系统产生关联。在系统理论下，刑法与社会的关联性以结构耦合的方式展现。但是刑法的结构，也就是罪刑规定以及由此形成的犯罪构成理论并不会直接与社会因素发生关联，符码的转化与纲要的构建是现代社会系统分工的结果，刑法的运作也脱离不了这种转换和再入（re-entry）。结构耦合意在强调系统间关系形成的高度选择的（highly selectivity）生

---

[1] 卢曼认为，应当区分自我指涉与自足（self-sufficiency）。自足意味着系统与环境中的物质和信息隔绝（isolation），而自治（autonomy）强调系统能够根据自身的标准选择并规制自身与环境的关系。See Luhmann, Niklas. "The Differentiation of Society, trans. Stephen Holmes and Charles Larmore." *New York, Columbia University* (1982). p.142.

[2] 这在法律—社会理论研究中造成很多误解。我们将在后面的论述中澄清。在这里有必要将卢曼的原话引入："法律的论证（reasoning）在规范和事实之间作出了区分，也就是在规范的和认知的期待中作出区分。法律论证必须厘清在什么条件下可以习得（例如，有人杀了这个女人吗？）。法律论证若没能处理好这些问题则不可能走得太远。因此，我们在这个意义上说法律是在规范上封闭的并同时在认知上是开放的。"（着重号为笔者所添加）See Luhmann, Niklas. "Operational closure and structural coupling: the differentiation of the legal system." *Cardozo L. Rev.* 13 (1991): 1427.

成方式。结构只是各社会子系统自我指涉运作的外部表现，结构耦合不是系统运作上的一致，而是外部结构的相似性。结构耦合是我们理解刑法教义学在自身体系内部不断演化过程中与社会其他制度产生互动的关键所在。

第四，结构耦合与自我指涉是刑法与社会关系的一体两面。法学研究通常与法律—社会（socio-legal studies，也被称为社科法学）研究有严格的区分，进而可能产生两者之间的互斥。系统理论试图弥合这种互相排斥的理论现状，进而展现社会中的刑法与刑法中的社会。刑法教义学代表刑法运作自身的逻辑，自我指涉为刑法规范期待结构找到了外部观察的进路。不过，仅仅指出刑法自我指涉的特点对于刑法与社会关系的研究而言是不充分的。结构耦合现象在现代社会系统间的普遍存在是说明刑法体系自身演化并适应社会变迁的必要补充。系统如何在保持自身运作逻辑的情况下不断吸收外来的环境信息（environmental information）并将其进行系统的符码转换，从而建立刑法事实与刑法规范的区分是我们理解刑法与社会关系的关键。自我指涉与结构耦合共同说明了刑法与社会关系的特点，进而连接了刑法的规范维度与刑法的认知维度。

第五，结构耦合与自我指涉不仅适用于对刑法系统运作的描述，也适用于对其他社会系统的观察。由此，允许我们在同一理论维度下构建一个将刑法纳入社会系统的框架。系统理论属于社会理论，具有较高的抽象性和对不同社会现象进行解释的普遍性。刑法是社会系统的子系统，观察刑法与社会的关系不能通过“刑法中心主义”去理解社会。现代社会存在“多元理性”结构，没有哪一种系统能够提供一套解释世界的普遍原则和价值标准。借助自我指涉与结构耦合概念，我们能够看到刑法在现代社会中所处的地位和功能，并能将刑法的功能与其他法律系统和社会系统的功能相比较，进而说明这些系统间的互动、交流和差异。并且，正是系统间差异的存在才使得刑法所具有的功能分化的特殊意涵及其社会价值体现出来。自我指涉与结构耦合的概念将使我们更清楚地看到现代社会语义的多样性，并在这种多样性中揭示作为社会意义生成机制的刑法体系的社会效用。

第六，自我指涉与结构耦合从刑法的语义（规范）构建角度出发解释了刑法与社会的关系，构建性成为系统论的显著特点。如前所述，刑法是社会演进中的“人为”之物（artificial）。刑法的社会意义和语义逻辑在于系统自我指涉与结构耦合中形成的特殊运作模式。刑法的概念、犯罪构成的要件与要素都是系统的构建以及系统对社会环境因素的认知。认识论上的构建主义（constructivism）是系统理论对社会及其意义生成的基本看法，在刑法的社会理论研究中秉持构建论才能体现刑法的社会性。[1]

第七，刑法理论的本土化。“本土化是起点，而且永远是起点，更是永远的起点。”[2] 对刑法系统自我指涉与结构耦合的描述具有社会理论的一般性特征，系统理论不拘泥于西方社会与西方法律的框架之中，而是借鉴了心理学、生物学等学科的最新研究成果，使得我们对包括刑法系统在内的法律系统及其与环境（其他社会系统）关系的理解达到了一个更为抽象和普遍的高度。系统理论中的区分概念也对法律运作的一般模式做了高度的概括。正是由于理论的抽象性和普遍性，自我指涉概念和结构耦合现象能够为我们理解不同文化背景下的刑法运作提供更好的理论支撑，其中就包括对我国刑事司法实践和刑法理论的本土化研究提供有益的支持。

四、本书研究的实践意义

刑法与社会关系的系统理论研究将揭示现代社会系统自我指涉与结构耦

[1] 构建主义的刑法系统观是生物学等自然科学智识进入法学研究的例证，从而也开启了通过外部视角形成刑法自我观察的理论传统。这里的构建主义和社会政策中的构建主义概念具有区别，我们将在下文中详细分析系统理论构建主义的认识论基础。也只有理解了系统理论在哲学认知论上的基础，我们才能够将系统理论与那种仅仅强调通过计划（plan）来规制社会的理论区别开来。在卢曼看来，任何社会计划都不是发生在社会系统之外，因此计划和计划之外的事件将会同时起作用。计划者会使用一种对系统的描述，这种描述也可能是一种对社会系统的简化，而且这种简化仍然处于系统沟通之中。从而计划并不是缓解了系统的复杂性，而是加剧了系统沟通的复杂程度。对这种系统的自我描述（计划）的应对将会激发新的计划，计划者将试图理解并解决这种包含了自我描述的系统复杂性，也就是说在这种计划的循环演化过程中，计划者最终不是在对系统产生沟通，而只是对计划本身产生修正与反思。当然，计划并非没有积极意义，更多的计划带来系统演化的加速，并能够为系统产生更多意想不到的（可能是正面的）后果。因此，计划的优点并不在于手段—目的的可预测，而恰恰产生在其制造的未能预见的后果中。See Luhmann, N. “The world society as a social system.” *International Journal of General Systems* 8.3 (1982): 133-134. 系统论对社会计划的理解，对我们后文中分析我国刑法频繁修正具有重要的启示。

[2] 叶启政：《社会理论的本土化构建》，北京大学出版社 2006 年版，第 93 页。

合在现代刑事法律运作中的体现。虽然本书所选取的理论视角无法对刑法与社会关系问题做出全面的探究，也无法对每一个刑法问题做出系统理论的观察，但是本书至少具有以下几个实践意义。

第一，深化对刑法解释的理解。系统理论将文字（writing）作为现代社会记忆组织的主要形式和结构，刑法解释活动是个体意识活动和记忆组织反映到刑法系统内部沟通的表现形式。“记忆本身就是一种解释活动。”[1] 自我指涉和结构耦合将让我们看到刑法运作的生成是如何通过解释者以文本（text）为材料展开，但又脱离了具体解释者的过程。系统理论条件下，刑法运作与刑法解释者的分离观点将重新解读刑法的司法适用模式。系统理论能够为描述刑法解释的运作过程提供一种创新的理论依据，并重新解读刑事司法实践中的这一重要环节。

第二，司法作为刑法运作的中心。刑法系统理论不仅重视刑法与其他社会系统间的结构耦合，也关注刑法运作中立法、司法、执行等子系统的再分化。系统理论认为只有在对司法活动、在对规范的不断适用的研究中，刑法的自我指涉及其悖论的隐藏特点才能被完整地揭示出来。司法中的论证（argumentation）是法律系统的二阶观察。在系统理论看来，司法论证是系统的观察，其使用辨别好与坏、错误与正确的区分形式使得系统的自我筛选与指涉机制能够延续。刑事司法中的法律平等适用原则也只有通过案例的不断自我指涉才能形成。基于系统自我指涉的特点，司法在系统理论中具有核心地位，是法律论证（刑法解释学）的重要制度依托。系统理论的解读能够为我国的刑事司法体制改革，特别是以审判为中心的改革提供理论支撑。

第三，探究刑事政策与刑法系统正义的关系。结构耦合将政治系统与法律系统结构耦合的媒介定位在宪法之上。宪法成为连接刑法规则（犯罪论）与政治原则（基本人权与诉讼结构）的标志。系统理论的观察能够帮助我们理解现实中发生的政治系统与刑法系统的互动状态，从而帮助我们探究刑事政策的系统理论维度。[2] 系统理论下的法律正义观为我国刑事司法中提出的“法

---

[1] See Berger, Peter. Invitation to sociology: *A humanistic perspective.* Open Road Media, 2011. p.56.

[2] 有关系统理论对人权概念的解读，参见 Verschraegen, Gert. “Human rights and modern society: a sociological analysis from the perspective of systems theory.” *Journal of Law and Society* 29.2 (2002): 258-281；李忠夏:《基本权利的社会功能》，载《法学家》2014 年第 5 期。

律效果与社会效果相统一”“让人民群众在每一个司法案件中感受到公平正义”，这些有别于西方传统司法正义观的正当性与实现路径提供了理论依据。

第四，探究全球化背景下的刑法结构变化。如前所述，系统理论认为系统的结构在认知上是开放的，在规范上是封闭的。刑法结构随着社会的发展发生迁移（制度变迁与规则变更），并且通过自我指涉与结构耦合的运作完成刑法结构迁移过程中的体系性构建与调整。通过对前述沟通概念在社会理论传统中的重构和扩展，系统理论在法社会学领域较早提出了全球化和全球社会（world society）的概念。[1] 全球化的金融体系、生态体系与安全体系如今逐渐成为现实。刑法中的跨国金融犯罪、环境犯罪以及全球反恐都是结构耦合概念下的系统理论研究的重点。对社会变迁中社会现象的法律规范化（normalization）持认知开放态度，使得利用系统理论进行上述刑法研究具有较强的实践意义。[2]

第五，刑事司法的社会角色与社会认同。角色（role）是帕森斯对系统中行动者的经典定义。卢曼等人发展的系统理论研究成果更加重视作为沟通承

---

[1] 系统理论研究者威尔克（Willke）认为现代社会的国家（state）面临的危机之一是世界复杂性的不断增长，以及由此产生的世界系统（world system）。在威尔克看来，社会系统内部复杂性的增长伴随着外部环境复杂性的增长。现代不同社会系统之间的关系和互相依赖使得它们之间的冲突和交流都在不断增长。在这种情况下，在社会演化的进程中，国家仅仅作为一种社会系统（政治系统）面临着危机。

一方面，现代社会子系统（全球金融、全球商业）的崛起威胁着国家的运作；另一方面，作为超级系统（supra-system），也就是世界系统的经济、科技、宗教、艺术等也在超越国家的疆界。作为试图控制和引导社会的国家及其法律制度因此面临着一种截然不同的状态：其强制力和引领能力（guidance capacity）受到社会子系统的挑战，也受到“走向世界”的社会系统竞争的影响。这当然也会影响到作为社会控制传统机制的刑法在现代全球化社会中的地方性效果。See Willke, Helmut. “Three Types of Legal Structure: The Conditional, the Purposive and The Relational Program.” *Dilemmas of law in the welfare state* 3 (1986): 281; Fischer-Lescano, Andreas, and Gunther Teubner. “Regime-collisions: the vain search for legal unity in the fragmentation of global law.” *Mich. J. Int'l L.*25 (2003): 999.

[2] 这里的社会规范化与福柯知识—权力结构中的现代社会，特别是现代资本主义国家在演化过程中出现的对个体产生的社会规范化机制，以及由此形成的社会系统与制度有很大区别。系统理论下的法律对其他社会系统的规范化更多的是强调一种法律的认知能力，是在一种法律生物学（biological）视角下对法律吸收外部环境因素的理解。See Teubner, Gunther. “Autopoiesis in law and society: a rejoinder to Blankenburg.” *Law and Society Review* (1984): 291-301.

载媒介（media）形态出现的刑法角色（法官、检察官、律师等）是如何与社会其他认知与系统产生结构上的共识的。系统理论将系统的沟通看成系统自我指涉的过程，但又不否认放在全社会（all encompassing society）的背景下，单个系统的沟通并非具有决定意义和中心地位。刑事司法及其参与者在社会中所扮演的角色和司法裁判的社会认同问题在系统理论中被转换为不同符码与沟通的竞争与耦合，这为我们深入理解转型期我国死刑的社会认同、司法审判的民意、刑事司法与媒体关系等具体问题提供了理论支撑。

第六，刑事司法的时间维度（temporal dimension）。自我指涉与结构耦合条件下的刑法与社会系统均以沟通形成，沟通具有系统的时间维度。如何在刑法运作中呈现系统时间与生活领域时间场域的区分，并在理论构建中形成对刑法解释的溯及力、刑事案件上诉审等具体司法实践问题的新的理解，是本书关注的内容。时间维度是刑法与社会关系研究中常常被忽视的一个关键问题，特别是在所谓的风险社会理论下我们应当重新考察法益、危险概念与系统时间构建的关系，系统理论下对刑法体系时间维度的重构成为研究上述问题的重要理论来源。

五、研究路径

（一）现有文献综述

在第一章，我们对现有系统理论以及系统论法学和刑法学研究的现有文献进行分析，并对现有刑法与社会关系问题的理论和实证研究进行梳理，从而展现并评述现有研究的成果以及缺陷，分析通过自我指涉与结构耦合概念研究刑法与社会关系在系统论研究上的创新意义。

（二）分析工具：系统理论中的自我指涉与结构耦合

第二章主要对本书选取的理论工具做初步的分析。通过论述系统理论观察社会的方式，说明运作、沟通和区分三种研究范式重新解读现代社会的功能分化，进而对自我指涉与结构耦合做出界定。在对自我指涉的分析中，指出自我指涉的哲学知识论基础，并分析最新系统理论发展中对自我指涉概念的生物学改造、自我指涉与生物学自我复制概念的关系，以及将自然科学的研究方法引入社会理论与法学理论研究的可行性。第二章还分析了结构耦合概念是解释法律系统自治不可或缺的部分，结构（structure）在社会系统理论研究中的功能主义转向使得机械的结构成为动态的结构（结构对系统可能性涌现的支撑）。沟通概念的引入为系统间关系的重构提供了前提。最后我们还分析了结构耦合运用到法律研究中的恰当性。

（三）刑法的自我指涉

第三章探讨刑法的自我指涉。自我指涉是刑法与社会关系在系统理论之下的基础。我们首先论证系统理论与刑法学研究的关系。这将涉及系统理论转化为刑法规范表达的问题，通过对社会理论的维度分析，我们用外部视角与内部视角的关系来说明引入系统理论分析刑法学问题的可行性。接下来，我们分析了系统理论内刑法自我指涉的实证性、规范性与沟通性，通过这三个方面展现刑法自我指涉的实现方式。在刑法自我指涉的实证性维度内，我们分析了基于立法的刑法实证性的历史渊源、刑法实证性的展开（罪刑法定原则），并分析刑法自我指涉中的悖论例证（刑法修正问题）。通过上述分析，我们将看到实证法或者说法律的实证化（positivitization）是刑法自我指涉在现代功能社会的首要条件。

接下来，我们通过系统理论的社会语义（social discourse）范畴对刑法的规范性（normativity）进行分析。首先我们考察从事务性到规范性刑法的演化过程，其次我们利用系统理论的二阶观察方法考察刑法规范性的期待结构（expectation），最后我们考察刑法规范性的限制条件，并从“规范与事实”这一传统法理学命题考察刑法社会语义的流变。在第三章的最后一节，我们将考察系统理论的关键概念：沟通（communication）在刑法自我指涉中的地位。我们从刑法哲学文献中提出的主体间性（intersubjectivity）概念出发考察刑法沟通性对刑法解释运作机理的影响。从刑法沟通性所提倡的沟通与个体意识相分离的分析进路去论证刑法的沟通性与社会中的人的关系。接下来，我们分析了刑法沟通性与刑法在运作中所秉持的客观性问题，以及刑法沟通的制度条件，也就是法院的功能，从而完成对刑法自我指涉的考察。

（四）刑法的结构耦合

第四章考察刑法的结构耦合现象。我们将试图说明刑法与社会互动的一般方式。首先，我们论证刑法的体系性，也就是刑法结构耦合的前提。通过分析刑法犯罪构成中不法与有责阶段论的发展，考察作为体系的刑法。而后，我们将系统理论的符码概念（coding）作为刑法体系性的基础来对待，从而挖掘刑法社会语义的象征意涵（symbolic meaning）。接着，我们通过分析英美刑法来对刑法体系性问题进行辨析。我们还将叙述刑法体系性与前述刑法自我指涉的关系。

随后，我们对刑法体系的环境（environment）进行考察，这部分将论证刑法结构耦合的外部条件。我们会看到刑法教义学的开放性与封闭性是刑法环境形成的方式，这也与刑法自我指涉的方式相关。通过系统理论，我们将揭示刑法教义学开放性与封闭性的共生状态（co-evolution），从而也对现有文献中有关刑法教义学与社科法学在解释问题上出现的分歧给出一个系统论的回答。接下来，我们分析刑法通过系统的结构来完成系统与外部环境（和其他社会系统）进行交互的过程。而后，我们论证在系统论下运用结构的概念分析刑法与外部交换方式的恰当性。我们还运用系统理论偶在的正义观（justice as contingency）来分析刑法运作中的区分（distinction），并通过运作中的区分达到刑法与外部的交互；此外，我们通过对系统理论中冗余和多样性（redundancy and variety）的概念来分析刑法结构的双重要件；在例证分析中，我们通过观察刑罚福利政策与刑法理论演进的关系来对刑法运作中结构耦合的方式做一个具体例证的考察。最后，综合上述研究成果，对刑法法益观在现代社会系统间结构耦合的视角下进行功能主义的改造。

（五）个体意识与刑法系统：自我指涉与结构耦合下的展开

在完成有关刑法自我指涉与结构耦合的理论部分论证后，我们将进入对理论进行具体问题考察的阶段。在第五章，我们论证刑法系统与心理系统的关系，也就是社会个体与刑法制度运作的关系。第五章是对前述三章论证结论的重要补充，也是将上述章节的论证内容运用到刑法运作的关键环节，更是连接较为抽象理论和后续章节更为具体论证的重要转换点。首先，我们论证刑法与个体意识分离状态下的运作模式，通过考察个体合作与社会符码的分化来理解心理意识与法律的结构耦合方式；其次，我们还通过系统理论重新分析帕尔默案，从而说明个体道德意识（moral consciousness）与刑事审判的关系；再次，我们分析分离理论的基础，通过分析死刑刑事政策与个体惩罚情感的关系来对一般性的考察提供例证；最后，我们考察个体意识与刑法系统的结构耦合，并以刑法教义学中的法律认识错误例证来说明。

（六）刑法系统与社会子系统的互动与选择

在第六章，我们将考察刑法自我指涉与结构耦合的具体例证，从而对本书的理论部分进行经验性的考察。我们首先将论证刑法与政治系统基于不同二元符码与纲要规则所形成的结构耦合，并说明罪刑法定原则的政治 / 刑法二元结构，并对“刑法合宪性调控”问题作出系统论的分析；接下来，我们将考察刑法系统与经济系统的结构耦合，并通过系统理论中的黑箱（black box）概念、反身法（reflesive law）以及关系性纲要（conditional formula）来分析刑法与经济在社会中复杂与高度选择的互动，并以刑事和解在我国刑事司法中的实践为例证，展现经济逻辑与刑法理性的互动；而后，我们还将分析刑法与现代媒体系统、刑法与科技系统以及刑法与风险社会的关系，并通过崔英杰案、刑事鉴定等例证对理论论证进行实证研究。

本书希望将理论论证与经验性研究结合起来，一方面将系统理论的研究范式投射到对刑法理论的思考和观察中；另一方面也丰富系统理论的法学和刑法学研究维度。在我们看来，将刑法与社会关系的论纲作为完成上述两方面的论证任务，是通过社会理论研究刑法问题、观察刑法运作并进而发现作为社会现象的刑法所存在的规律性的切入点。本书建立在现有刑法理论与实践以及系统理论最新研究成果的基础上。

第一章

青蓝文库

研究现状综述

第一节 卢曼系统理论研究

系统理论经历了多个发展时期，本书选取的是经过德国著名社会学家、法律社会学家卢曼（Niklas Luhamnn）阐释的系统理论的最新研究成果。本书的主要文献和理论基础来源于卢曼对法律系统理论的论述。卢曼及其后续研究者对现代法律的理解是本书首先需要阐明的理论起点、研究现状与发展趋势。卢曼的法社会学与系统理论研究基于其对社会问题的一般研究（social theory）。其一般社会学研究旨趣承接了韦伯、涂尔干、帕森斯等学者的解释社会学（interpretive sociology）的基本立场，这也是本书所持的理论进路。所以，对卢曼法社会学及其法律系统理论进行研究，首先需要对这些基本的一般社会学理论有深入的了解，以确立本书在系统理论一般性研究与法律系统论研究现状中所处的历史位置与可能的理论贡献。

介于研究者自身的语言背景和阅读范围，研究者并未能涉及卢曼对社会一般理论的德文文献，但是在能够通过学术数据库和学术图书购书渠道查询的范围内大量搜索了卢曼社会一般理论的文献。卢曼社会系统论的主要脉络集中在以下论著中。

《社会系统》是卢曼对其一般社会理论的重要，甚至是最为重要的综合性论述。[1]《社会系统》是系统论发展至今里程碑式的经典著作，也是卢曼开始全面接受“自我指涉”系统观念并改造早期现代社会系统论的标志性作品。该书英文版也是英文学术世界对卢曼社会系统理论的较早的译介。在这本书中，卢曼借助其在20世纪80年代新接受的自创生理论（autopoiesis theory）对其社会功能学派下的基本观点进行了系统性的论述和重构。通过这本书，卢曼将其对社会理论的描述从结构—功能（structural functionalism）引向了对社会功能分化和区分的论述。也正是在此书中，卢曼的社会系统理论基本脱离了在其前期学术生涯中对其理论有重大影响的帕森斯基于行动（action）的功能学派理论，[2]从而形成了卢曼独特的对社会现象的理解和理论阐释。在这本书中，卢曼向研究者证明了社会学的哲学基础正从本体论转向知识论，或者说社会研究的重点从哲学转向理论（philosophy to theory）。这种转向为不同学科借鉴系统理论研究具体社会现象提供了无限的可能。

《社会系统的概述》虽然名为“概述”，其实是卢曼借助教授课程的机会“灌输”其理论基本要点的尝试。[3]这本书也是理解系统理论发展过程的必读书目。在其不短的篇幅中，卢曼对基于自创生理论构建的社会系统进行了深入解读，特别是对系统与环境的关系、系统之间的功能分化、社会系统沟通的时间维度等问题做了细致的阐述。通过阅读该书，我们可以看到卢曼对原有基于生物学的自创生理论系统有了较大的修正，融入了韦伯、涂尔干等人对社会意义（Sinn）的构建理论。卢曼也通过该书的出版澄清了理论界长久

[1] See Luhmann, Niklas. *Social systems.* Stanford University Press, 1995.

[2] See Parsons, Talcott. *Social system.* Routledge, 2013. 帕森斯对卢曼社会系统论的构建，具有重要奠基意义。正如学者所言，通过对行动概念的分析，帕森斯发现了对行动的进行具有不可忽略的意义的多重要素：行动情境、行动者、对象（或他者）、行动者的取向以及对象的形态。由于这些行动要素之间存在非随意的关系，而且，由这些关系构成的整体可以与不属于它的事物即环境区分开来。因此，帕森斯得出了一个极富洞见的、对社会学理论影响深远的结论：行动只可能是系统。回答了行动可能的问题，也就回答了作为系统的秩序问题。参见泰明瑞：《社会秩序是如何可能的：卢曼社会系统理论的解释》，载《社会理论学报》2014年第1期。

[3] See Luhman, Niklas. *Introduction to Systems Theory.* Politi Press, 2012.

以来对系统理论的误解，使得学界对系统理论的实用性和可操作性有了更深刻的体悟。

上述两本书是研读卢曼系统理论的必读书目，与之相关的是百科全书式的两卷本的《社会的社会》。[1] 我们对卢曼系统理论的基础性学习主要围绕这三本英文文献，并在阅读的过程中对卢曼细致甚至显得有些冗长的脚注进行了仔细的阅读和挖掘。由于卢曼社会系统理论试图对社会问题做出全集式（all-encompassing）的描述，其理论的论述不免显得过于抽象，对其引注的二次搜索能够在阅读这些文献的过程中对卢曼社会系统理论进行进一步的挖掘。这些文献主要涉及语言学、人类学、控制论（cybernetics）等。[2]

卢曼系统理论中对本书有较为直接影响的文献需要特别提及。在有关世界社会的论述中，卢曼在社会学领域较早提出了全球化的概念，并以全球生态问题对这一概念进行了尝试性的解读。[3] 虽然卢曼在此问题上并没有深化下去，但是从现有系统理论的文献中可以看出，卢曼提出的世界社会概念对法律的自创生系统在全球化背景下的可能性给出了强有力的证据，这也是本书对刑法系统全球化问题论证的理论基础。在这方面必须提及托依

[1] See Luhmann, Niklas. *Theory of society.* Stanford University Press, 2012. 该书从理解系统理论的基本观念上来说，并无特别新颖之处，但是卢曼通过该书在其职业生涯乃至生命最后时刻对毕生关注问题的“重述”，使得该书的学术价值依然不可忽视。

[2] 有的学者将控制论作为社会系统论，乃至法律系统论的主要，甚至是唯一来源，导致把法律概念定义为一个在社会中被执行的信息过程的结构。控制论调整理论可能只是展现了部分视角，即法律的调控特点，其他的视角，如人类学的、语言的、逻辑学的仍有其重要意义。参见［德］考夫曼、哈斯默尔主编：《当代哲学和法律理论导论》，法律出版社 2002 年版，第 415 页。对卢曼系统论的研究不能忽视自创生理论以及胡塞尔的现象学传统对其产生的深刻影响，这种影响不亚于甚至超越了控制论。哈贝马斯也认为卢曼的系统理论继承了先验现象学，并由此把主体性哲学改造为激进的客观主义。参见［德］哈贝马斯：《在事实与规范之间：关于法律和民主法治国的商谈理论》（修订译本），童世骏译，生活 · 读书 · 新知三联书店 2011 年版，第 59 页。系统论的另外一个理论来源：自创生理论也对人类语言的重要作用十分关注，系统的二阶观察中的观察者以语言为媒介做出区分，并且其观察者的经验在语言中生成。See Mingers, John. “Can social systems be autopoietic? Assessing Luhmann’s social theory.” *The Sociological Review* 50.2 (2002): 293.

[3] See Luhmann, N. “The world society as a social system.” *International Journal of General Systems* 8.3 (1982): 131-138.

布纳对卢曼世界社会理论的重要发展。[1] 正是在托依布纳更传统的法学研究和法学知识背景下，卢曼世界社会理论才具有了运用到研究具体刑法问题的可能性。

希德（David Seidl）对卢曼自创生系统的解读对理解卢曼自创生与区分概念的关系具有重要价值，也对本书中有关作为组织的刑事司法系统的解读具有重要的启发；[2] 博克（Chris Borch）对卢曼理论精要的分析对理解卢曼学术发展史中的三个阶段［功能学派阶段、自创生阶段、区划（inclusion）阶段］具有重要的意义，也是较为成熟的对卢曼理论的概述性文献；[3] 金（Michael King）利用卢曼社会系统理论对英美法体系中具体制度的解读，为本书尝试经验性的系统论理解提供了思路上的冲击和指引；[4] 安德鲁（Andreas Philippopoulos-Mihalopoulos）对卢曼区分概念以一种文学中常见的欺骗（trick）理论进行解读具有视角上的原创性，也是研究卢曼一般社会理论中少见的纯粹的哲学意义上的探讨。[5]

卢曼系统理论在英文文献中以著作的形式呈现是近年来才开始出现的，但是卢曼通过英文论文的形式对其一般社会理论中的基本问题进行了部分介绍。卢曼与哈贝马斯论战也是对卢曼理论进行一般性研究的重要文

---

[1] See Teubner, Gunther. *Law as an autopoietic system.* Oxford/Cambridge, Blackwell Publishers, 1993; Teubner, Gunther. "Autopoiesis in law and society: a rejoinder to Blankenburg." *Law and Society Review* (1984): 291-301; Teubner, Gunther. "Global Bukovina: legal pluralism in the world society." *Global Law without a State* 3 (1997); Teubner, Gunther. "Societal Constitutionalism: Alternatives to State-Centered Constitutional Theory?" (2004);［德］托依布纳:《魔阵・剥削・异化——托依布纳法律社会学文集》，泮伟江等译，清华大学出版社 2009 年版。

[2] See Seidl, David, and Kai Helge Becker, eds. *Niklas Luhmann and organization studies.* Malmö: Liber, 2005.

[3] See Borch, Christian. *Niklas Luhmann.* Taylor & Francis, 2011. 同样重要的对卢曼的一般性介绍可参见默尔勒（Moeller）的两本书：Moeller, Hans-Georg. *Luhmann explained: from souls to systems.* Vol. 3. Open Court Publishing, 2005，以及 Moeller, Hans-Georg. *The Radical Luhmann.* Columbia University Press, 2013。

[4] See King, Michael, and Christopher J. Thornhill. *Niklas Luhmann's theory of politics and law.* Basingstoke: Palgrave Macmillan, 2003.

[5] See Philippopoulos-Mihalopoulos, Andreas. "Niklas Luhmann: Law, Justice." *Society. London: Routledge* (2009).

献。[1] 该书尚未被翻译为英文，但是在《合法性危机》一书中，哈贝马斯对卢曼理论进行了“系统的”批判，是研究卢曼的重要文献之一。

卢曼一般社会理论对英文学术界的冲击在近年来开始形成。正是通过接触上述英文文献，笔者初步领略了卢曼系统理论的学术魅力。通过这些译介的作品，笔者也对卢曼社会学及其法律的社会理论的“一般性”（generality）有了更为深入的了解，并逐步确立了论文选题的可行性。更重要的是，通过研读卢曼及其研究者对系统理论的一般论述，笔者在社会理论、哲学知识论层面对卢曼的理论的方法论和构建现代社会的基本概念有了深入的理解，也对英文学术界对卢曼系统理论一般研究的最新动向有了更为深刻的把握。

对本书而言，系统理论中社会功能子系统分化（differentiation）、自创生（autopoiesis）、悖论（paradox）、区分（distinction）等概念具有直接的借鉴意义。在一般系统理论的文献中，较少见到直接涉及犯罪与社会、刑法与社会关系的论述，较为抽象的一般系统理论概念需要通过法律理论的“转化”，从而进入刑法系统的二阶观察。这正是现有一般性系统理论研究文献尚未或较少涉及的，也是本研究的出发点和突破点。

第二节　法律系统理论研究

除了上述一般社会系统理论的文献，卢曼在其长期的社会理论研究中形成了大量对法律运作、法律理论（legal theory）、法的有效性与规范性等的论述。这一方面和卢曼早期的法学教育和法律实践背景有关；另一方面也是基于卢曼认为的法律作为现代社会中独特的子系统（subsystem）对社会的形成和塑造功能。卢曼对法律与社会的关注在这些文献中有具体的论述。对刑法自我指涉与结构耦合的研究的主要学术基础来自卢曼对法律系统的丰富论述和后续研究者的批判性研究。

在早期作品中，《法社会学》一书是被学术界广泛认同的系统理论对法

[1] See Habermas, Jürgen, and Niklas Luhmann. *Theorie der gesellschaft oder Sozialtechnologie.* Vol. 1. Suhrkamp, 1971.

社会学研究最为重要的贡献之一。[1] 虽然在卢曼后期作品中，也在该书新版的序言中，卢曼承认其后期自创生理论系统修正了《法社会学》一书中的多处重要论点，但正是该书才将卢曼对法律系统的思考推向了系统理论的维度。在该书中，法律的规范封闭与认知开放、法律的反事实规范期待、法律系统的偶在性与复杂性，法律系统的演化等概念第一次出现在主流法社会学学术圈。虽然该书依然沿袭帕森斯功能学派的路径，但是卢曼对现有法律理论的批判性研究（主要针对哈特的承认规则）和对法社会学传统的细致分析为其构建一个庞大的系统理论提供了最为坚实的基础。另外，该书中文翻译者宾凯教授也是国内研究卢曼法社会学的重要学者，该书的中文版的译者前沿本身就是一篇对卢曼系统理论在对中国法学研究的可能意义进行论述的重要文献。

20 世纪 80 年代出版，21 世纪初被翻译为英文的《社会的法》一书是卢曼对法律系统的自创生结构进行的一次全面阐述，也是对《法社会学》中主要观点的全面修正。[2] 该书是卢曼法律系统理论走向成熟的标志。卢曼在该书中对自创生理论运用于法学研究的可能性进行了探讨，也对法律的期待结构、法律的二阶观察、法律的双重偶在性等问题做了自创生理论下的阐释。

该书是研究卢曼法律系统理论最为重要的参考书，也是当今学术界对卢曼问题进行研究引注丰富的一本书。该书的英文版也是研究卢曼“结构耦合”理论的权威性文献，在学界有不可替代的地位。英美法学界对卢曼的研究也以该书的翻译为公认的版本。卢曼在该书中吸收了其他研究者在其《法社会学》一书出版数十年以来的研究成果，特别是生物学自创生理论对研究法律体系可能产生的革命性冲击。从该书中研究者可以洞察卢曼思想的演变过程，把握其学术脉络。卢曼根据该书在美国西北大学法律评论发表的有关自创生法律系统的论述也是英美法学界理解该书的重要参考。[3] 本书对现代社会系

[1] See Luhmann, Niklas, and Martin Albrow. *A sociological theory of law.* Routledge, 2013.

[2] See Luhmann, Niklas. *Law as a social system.* Oxford University Press, 2004.

[3] See Luhmann, Niklas. “Law as a social system.” *Nw. UL Rev.* 83 (1988): 136.

统理论的基本定位也来源于该书。

上文所提及的托依布纳沿袭了卢曼系统理论研究的进路并将其广泛应用于宪法和司法研究领域。托依布纳是卢曼法社会学理论最忠实也最具“批判”性的研究者，其著作在国内的版本也是较早对法律自创生理论的一次译介过程。[1] 托依布纳对卢曼系统理论的一些关键理论进行了重要修正（例如自创生是否有程度的问题），并结合自身宪法学的研究背景，将其置于部门法和现代法律全球化的理论之下，大大发展了法律系统论的解释力度。

托依布纳对几乎所有 20 世纪 90 年代以来的法律系统理论的研究都形成了巨大的影响。托依布纳主编的对自创生法律系统进行探讨的论文集是我们最早见到的对这一新的法律研究范式进行深入研究的文献，其在法律系统理论重新焕发学术活力的开端时刻具有重要意义。[2] 即使从今天的学术研究来看，这本论文集仍然具有重要的价值。通过托依布纳等人的最初努力，我们可以洞察法律系统理论在发展初期面临的质疑。本书虽以卢曼系统理论为主要研究方向，但是从文献综述的角度看，本书所使用的理论工具，也就是自我指涉与结构耦合概念已经融入了托依布纳的重新解读。在一定程度上，本书也是对托依布纳法学理论的研究。卢曼法律系统理论的其他研究成果和批判性意见主要集中在德国法学界和英国法律理论学界。笔者的文献阅读和综述也聚焦于英国学者对卢曼系统理论的深化。在这一点上，卢曼系统理论仍然未对美国法社会学研究产生实质的影响和触动。这是研究卢曼系统理论研究者必须明确的一点。

金（Michael King）是英美法学界研究卢曼问题的翘楚，其本身借助家庭暴力问题的视角，对法律与其他社会子系统之间的结构耦合现象进行了

---

[1] 参见［德］托依布纳：《法律：一个自创生系统》，张骐译，北京大学出版社 2004 年版；［德］托依布纳：《魔阵·剥削·异化——托依布纳法律社会学文集》，泮伟江等译，清华大学出版社 2009 年版。

[2] See Teubner, Gunther. *Law as an autopoietic system.* Oxford/Cambridge, Blackwell Publishers, 1993.

经验性研究。[1] 在金的推动下形成的卢曼法社会学理论的国际研讨会，以及由此诞生的会议论文集，也是研究卢曼系统理论的重要文献。[2] 法律如何在现代社会的功能分化条件下体现自我指涉与结构耦合，可以从这些文献中体现出来。总体而言，金的研究侧重于对法律与政治系统之间结构耦合现象的描述。

诺波斯（Richard Nobles）和西弗（David Schiff）是另外两位研究法律系统理论的重要学者。[3] 相对于金，诺波斯和西弗更侧重于对系统理论的法理学构建。其文献的创新之处在于比较研究，也就是将卢曼理论置于 20 世纪以来的重要法学理论学派之中，特别是置于以哈特为代表的分析法学派、以德沃金为代表的法律权利理论以及卢曼著作中大量引注的麦考密特的制度法理论（law as institution）。诺波斯和西弗的著作为后续研究提供了比较视角，也对学术界理解卢曼法律外部观察视角中隐含的规范性问题（normativity）提供了充足的证据。在其《通过系统理论观察法律》一书中，诺波斯和西弗突破了原有偏理论和法理的研究趣味，而试图通过对刑事司法上诉、法律的溯及力（时间维度）、检察官的裁量权、合法抗争（civil disobedience）等具体问题的展开丰富系统理论的实证研究空间。[4]

---

[1] See King, Michael, and Christopher J. Thornhill. *Niklas Luhmann's theory of politics and law.* Basingstoke: Palgrave Macmillan, 2003. King, Michael, and Anton Schütz. "The ambitious modesty of Niklas Luhmann." *Journal of Law and Society* 21.3 (1994): 261-287. King, Michael. "The construction and demolition of the Luhmann heresy." *Law and Critique* 12.1 (2001): 1-32.

[2] See King, Michael, and Chris Thornhill, eds. *Luhmann on Law and Politics: critical appraisals and applications.* Bloomsbury Publishing, 2006.

[3] See Nobles, Richard, and David Schiff. *Understanding miscarriages of justice: law, the media, and the inevitability of crisis.* Oxford University Press, 2000. Penner, James, David Schiff, and Richard Nobles. "Jurisprudence and legal theory." *Booklist* (2002): 11. Nobles, Richard, and David Schiff. *A sociology of jurisprudence.* Bloomsbury Publishing, 2006.

[4] See Nobles, Richard, and David Schiff. *Observing law through systems theory.* Bloomsbury Publishing, 2012. 对利用系统论进行经验研究抱持乐观立场的还有希德等人，请参见 Seidl, David, and Kai Helge Becker. "Organizations as distinction generating and processing systems: Niklas Luhmann's contribution to organization studies." (2006): 9-35。这两位学者也是卢曼著作英文版的主要翻译者，笔者在构想博士论文选题的过程中曾与诺波斯教授进行过多次深入的探讨，特别是对将系统理论运用于部分法领域的可行性问题进行了多次交流。

有关卢曼法律社会学理论的重要文献如上所述。在众多文献中，特别是在行政管理和政治哲学的文献中，卢曼的法律社会学观点也散见其中；法律人类学也是卢曼借鉴的重要文献。另外，现象学、福柯的权力理论等也对卢曼法社会学理论观点的形成有重要影响。卢曼还写过四卷本的有关社会语义（social discourses）的著作，社会语义的变化标示了系统、制度与结构的变化，前述刑法语义变化与社会的关系问题也需要借鉴卢曼在这方面的研究成果。

在中文文献中，我国台湾地区曾有部分法学和社会学学者涉及过系统理论，其中较为成熟的研究成果体现在三篇论文中：汤志杰 1992 年撰写的《Niklas Luhmann 的系统理论及其对法律的社会学分析》,[1] 钟芳桦 1997 撰写的《法律作为系统——试论卢曼（N. Luhmann）的法律社会学》,[2] 唐德珍 2000 年撰写的《法律与风险：卢曼（N. Luhmann）风险社会学对法律系统的观察》,[3] 这三篇论文分别关注了卢曼法律社会学的不同侧面，着重于忠实的介绍，在分析和理论拓展方面有先天不足，因此留下巨大的研究探索空间。也有台湾地区学者应用卢曼的法律社会学理论工具解决传统的法学问题，让我们看到了系统论应用的广阔空间。[4]

对法律系统研究，我国大陆学者已有一定积累和成果。杜建荣以法律与社会关系为视角解读了卢曼前后期社会理论中对法律系统与社会系统沟通的基本方式，以及其自创生理论的脉络。[5] 宾凯以卢曼法律社会学中的关键概

[1] 参见汤志杰:《Niklas Luhmann 的系统理论及其对法律的社会学分析》，台湾大学社会学研究所硕士学位论文。汤志杰本人是卢曼的学生，其翻译的卢曼对社会经济子系统进行专题研究的著作也是我们理解系统论的重要中文参考文献。参见［德］卢曼:《社会之经济》，汤志杰、鲁贵显译注，台湾地区联经出版事业股份有限公司 2009 年版。

[2] 参见钟芳桦:《法律作为系统——试论卢曼（N. Luhmann）的法律社会学》，台湾大学法律研究所硕士学位论文。

[3] 唐德珍:《法律与风险：卢曼（N. Luhmann）风险社会学对法律系统的观察》，政治大学法律研究所硕士学位论文。

[4] 参见张嘉尹:《多元脉络的观察与社会——一个系统理论的观点》，载《思与言》2000 年第 3 期。

[5] 参见杜建荣:《卢曼法社会学理论研究——以法律与社会的关系问题为中心》，法律出版社 2012 年版。

念为切入点，分析了法律悖论在法律运作中以及在法律有效性（validity）证明过程中的关键地位，并且较为全面地解读了卢曼与哈贝马斯等人的理论争议。[1] 鲁楠与陆宇峰对法律自创生的初步解读也为中国法学界了解卢曼理论提供了有益智识。[2] 张琪在翻译托依布纳的著作过程中，也通过介绍托依布纳的学说对卢曼理论在中国的展开做出了奠基性的贡献，相似的论述在季卫东介绍诺内特与塞尔兹尼克的回应法学（responsive law）的论著中可以见到。林端教授在论述韦伯法社会学理论的过程中也提到卢曼的二值理论（binarity）对韦伯学说的补充和批判。顾祝轩运用系统论对民法规范中一般性条款以及法规范自省装置的考察，对深化系统论在部门法体系中的运用具有重要文献价值。[3] 中文文献主要集中在对法律与社会的关系上，这与我国法治与社会的急速转型紧密缠绕在一起有关。上述中文文献也为本书提供了系统理论本土化的良好研究基础。

从现存的卢曼及其法律系统理论研究的文献中可以看出，英文学术领域对卢曼法律系统理论的研究呈现出逐渐接受并向各部门法发展的趋势。卢曼自身更关注对法律演进中规范期待形成、自创生闭合结构生成、二阶观察（法律如何可能）、法律论证与偶在的正义观的关系等更为抽象和宏观的问题。托依布纳等人在充分深刻理解卢曼法律自创生体系的基础上对其基本观点进行了重大修正，并进而运用到宪法、公法、私法领域（卢曼自身也非常重视

[1] 参见宾凯:《法律如何可能：通过“二阶观察”的系统构建——进入卢曼法社会学的核心》，载《北大法律评论》2006 年第 2 辑；另外可参见宾凯:《社会系统论对法律论证的二阶观察》，载《华东政法大学学报》2011 年第 6 期。

[2] 参见鲁楠、陆宇峰:《卢曼社会系统论视野中的法律自治》，载《清华法学》2008 年第 2 期；另可参见［德］卢曼:《法院在法律系统中的地位》，陆宇峰译，载《清华法治论衡》2009 年第 2 期。陆宇峰也翻译了托依布纳近年来有关“社会宪治”（societal constitutionalism）的重要著作，其也成为本书第六章分析刑法合宪性调控与合宪性解释的重要参考文献。参见［德］托依布纳:《宪法的碎片：全球社会宪治》，陆宇峰译，纪海龙校，中央编译出版社 2016 年版。

[3] 顾祝轩:《民法系统论思维——从法律体系转向法律系统》，法律出版社 2012 年版。

对私法，特别是合同及主观权利的研究[1]）。这些研究者基本都具有法律教育和研究背景，因此在社会学语言与法学概念的转化与吸收方面为本书提供了借鉴。诺波斯、金、安德鲁斯等人的研究更注重对卢曼法系统理论的“原意解释”，这些研究与其说是一种“系统理论下的法律”，不如说是“法律中的系统理论”。这部分文献对本书解读卢曼及其理论观点具有重要意义。当然，其中也不乏对系统论的批判性意见，从而也对本书可能存在的研究难点起到重要的提示作用。

但是，从现存外文文献现状来看，对刑法的系统理论研究仍然处于阙如的状态。虽然学者在对卢曼法律系统理论研究的一般论述中或多或少都会对刑法问题有所涉及（如诺波斯对冤案救济的研究，金对家庭暴力犯罪的研究），但是这些研究仍然属于卢曼法律社会学研究的“附属产品”，现有文献也没有超越卢曼系统理论较为抽象和宏观的维度，向“中观”与“微观”的刑法理论研究扩展。现存文献的另一大遗憾是众多大陆法系刑法学文献和英美刑法研究者［美国弗莱切教授和沙皮罗教授对卢曼法律系统理论，特别是刑法中悖论与冗余（redundancy）的研究可以算是为数不多的成果[2]］并没有将民法学者、宪法学者、经济法学者以及上述法律理论研究者对卢曼系统理论的研究吸收进对刑法具体问题的研究中。在刑法研究领域，卢曼系统理论的可能维度仍然处于未开垦，或者至少说尚未被充分

---

[1] 卢曼把基本权利描述为旨在维持社会分化，标识不同社会系统间的界限，特别是政治系统作为一方，个体行动自由、公开沟通以及市场经济诸系统作为另一方，此二者间界限的规则。这一解释引入了一个明显相悖于传统——将基本权利视为主观权利——的法律学说的立场。参见［德］托马斯·莱塞尔：《法社会学基本问题》，王亚飞译，法律出版社 2014 年版，第 117 页。这与系统论中，对意识与系统沟通的分离定位有关。在卢曼看来，法律系统将意识定义为“主观上的权利”，在法律系统内部，权利以教义学的方式被类型化，并赋予了独立的名称。权利是指作为主体意识在法律系统内部给出的某种定义，它作为法律系统与心理系统之间的结构耦合的特殊装置被使用。但是主观的权利具有一种恣意性，也就是说，人们的（权利）意识无法被法律系统，特别是司法系统，即法的二阶观察吸收，必须将主观的权利进行“客观化”，也就是通过对法律规则构成要件的分析，消解主观权利的恣意。参见顾祝轩：《民法系统论思维——从法律体系转向法律系统》，法律出版社 2012 年版，第 113—115 页。

[2] See Fletcher, George P. “Law as Disclosure.” *Cardozo L. Rev. 13* (1991): 1631; Shapiro, Martin. “Toward a Theory of ‘Stare Decisis’.” *The Journal of Legal Studies* (1972): 125.

发掘的状态。

在中文文献方面，研究者克服了语言的障碍和卢曼法律系统理论自身固有的晦涩，做出了卓有成效的研究成果。这方面以法理学研究者为代表，近年来，民法学者也开始关注利用卢曼法律系统理论对合同法、侵权法、环境法进行法律理论外部视角观察可能的尝试。另外，具有德国、美国留学背景和社会学学术训练背景的法学研究者，也为卢曼理论的译介和解读做出了不可忽视的贡献。这些文献是本书重要的参考。

不过遗憾的是，在研究者的文献搜索范围内，尚未见到中文文献和中文研究者运用卢曼理论对刑法问题进行的“系统性”研究，而卢曼自身也并没有特别关注中国法律问题（虽然卢曼在对法律演进过程的描述中偶有提及瞿同祖的著作，但是其研究主题并非中国法律与中国社会问题），遑论中国刑法与现代中国社会的问题。这不得不说是当前研究的一个重大缺憾。本书正是基于上述文献的贡献、可能的缺陷和提出的问题来深化刑法领域的法律系统理论研究。

第三节　政治、信任等社会子系统的文献梳理

在系统理论维度下研究刑法体系中的自我指涉与结构耦合现象，我们不能也无法忽视卢曼对其他社会理论的重要论述。一方面，系统理论属于一般社会理论（general social theory），对包括刑法系统在内的任何一个法律子系统的研究，都不能忽视卢曼及其研究者对其他子系统的研究成果；另一方面，基于法律系统论研究文献中可能存在的缺陷和尚未回答的问题，参考其他学科领域对卢曼系统理论的研究、应用及其成果也具有重要的借鉴意义。这是本书必须关注，也是在现有文献并不完备的基础上不得不采取的一种研究路径和文献弥补工作。

除了法律系统，卢曼对政治、经济、信任甚至爱情在现代社会的功能分化、结构耦合、二元符码以及纲要运作（program operation）都以论文或专著的形式予以论述，它们也是学术界对社会结构（social structure）研究中

无法忽视的原创性文献。[1] 卢曼对风险（risk）问题的研究是其对贝克风险社会理论的直接回应，是对现有刑法与风险社会理论研究文献的重要批判性视角。[2]

上述文献虽然不可能涉及卢曼及其研究者对其他社会子系统全面的关注，但是对本书而言，这些文献中体现的对现代社会权力、经济全球化、风险社会等问题的阐释是值得借鉴和进行刑法学系统论研究范式转化的必要文献补充。本书立足于刑法社会学与刑法理论，并无必要对系统理论在其他社会领域的研究展开过于广泛的批判式研究和文献分析。这部分的文献意义在于补足法律系统理论研究中对刑法维度研究的不充分。上述文献也对与刑事法运作息息相关的其他社会系统和制度的运作特点具有系统论的独到理解，对于我们理解刑法在社会结构变迁中的方式具有重要启发。

第四节　批判性文献

虽然前述文献综述中多少提及了卢曼系统理论研究者和其他法律理论和社会理论研究者对卢曼系统理论提出的质疑与批判，但是在这里，我们仍然需要对这些批判性文献做出一个初步和基本的综述。这是因为：首先，卢曼系统理论的价值不仅需要通过卢曼自身和其他系统论研究者进行正面阐释，也需要通过批判者的观点从反面予以挖掘，进而促成系统理论的不断发展；

---

[1] 这部分文献主要包括但不限于以下：Albert, Mathias, and Lena Hilkermeier, eds. Observing international relations: *Niklas Luhmann and world politics*. Routledge, 2004; Luhmann, Niklas. "Special Section on Luhmann." Theory, Culture & Society (SAGE, London, Thousand Oaks and New Delhi) 100 (1994): 25-36; Luhmann, Niklas. "Politics as a social system." *The differentiation of society* (1982); Luhmann, Niklas. "Familiarity, confidence, trust: Problems and alternatives." *Trust*: *Making and breaking cooperative relations* 6 (2000): 94-107; Luhmann, Niklas. *Love as passion*: *The codification of intimacy*. Harvard University Press, 1986;［德］卢曼:《社会的经济》，人民出版社 2008 年版;［德］卢曼:《权力》，上海人民出版社 2005 年版;［德］卢曼:《信任：一个社会复杂性的简化机制》，上海人民出版社 2005 年版;［德］卢曼:《宗教教义与社会演化》，人民大学出版社 2004 年版;［德］Georg Kneer, Armin Nassehi:《卢曼社会系统理论导引》，鲁贵显译，巨流图书公司 1998 年版。

[2] See Luhmann, Niklas. *Communication and social order*: *risk*: *a sociological theory*. Transaction Publishers, 1993.

其次，对卢曼系统理论概念的把握对本书研究至关重要，批判者的观点是我们深入理解卢曼系统理论基本维度的重要参考；最后，将卢曼理论引入刑法理论面临术语转化和研究视角转变的重大难题，这也是卢曼批判者多次提出的质疑：系统理论对具体研究到底是否具有实质性帮助？规范判断能否通过认知性的社会学系统理论维度展现？这直接关系到本研究的可行性与说服力，批判性质的文献是本研究借助系统理论研究刑法与社会关系问题的重要突破口。

批判卢曼学说的研究者，除了上文中提到的哈贝马斯、金、诺波斯和西弗、托依布纳等人外，还包括科特莱尔（Cotterrell）的法律的社群理论（law's community）、[1] 山姆福特（Sampford）的法律混乱理论（disorder theory）、[2] 塔玛纳哈（Tamanaha）的《一般法理学：以法律与社会的关系为视角》[3] 与胡克的《法律的沟通之维》。[4] 巴娜卡（Banakar）和贾丽根（Galligan）对系统理论运用于法律研究的弊端进行了全面的批判性文献回顾。[5]

卢曼系统理论批判者主要关注这样一个问题，即"法律在系统理论下如何可能"。换句话说，法律对社会秩序的塑造是否可能，法律能否被称为一种系统。转化到刑法理论中，我们可以对质疑者的问题这样表述，"刑法对社会的塑造如何可能，以及在什么程度上是可欲的"。这一问题是典型的"霍布斯式"提问。批判者也会通过刑法领域的问题说明卢曼系统理论的缺陷：例如，法律系统理论对暴力与法律的强烈关注无法解决"公民不服从"问题，转换到刑法领域就是如何解决刑事司法检察裁量权（是否起诉）的问题。批判者的文献更对现代社会的转型，特别是福利国家与惩罚文化的关系问题提

[1] See Cotterrell, Roger. *Law's community: legal theory in sociological perspective.* Oxford University Press, 1997.

[2] See Sampford, Charles JG. "The Disorder of Law a Critique of Legal Theory." (1989).

[3] 参见［美］塔玛纳哈：《一般法理学：以法律与社会的关系为视角》，郑海平译，中国政法大学出版社 2012 年版。

[4] 参见［比］胡克：《法律的沟通之维》，孙国东译，法律出版社 2008 年版。

[5] See Banakar, Reza, and Max Travers, eds. *Law and social theory.* A&C Black, 2014; Galligan, Denis. *Law in modern society.* OUP Oxford, 2006.

出了深刻的反思，[1] 并基于卢曼自己的概念提出的纳入与排除（inclusion and exclusion）概念质疑系统理论的融贯性。批判者也质疑卢曼法学系统理论"见物不见人"的缺陷。批判者通过对哈特的赞成，来反对卢曼去中心化的（de-centralized）法律演化观，研究者也通过对发展中国家惩罚与法制的发展进路质疑卢曼法律符码与自创生理论的二值观念等。这些质疑有些直接涉及卢曼系统理论在刑法学维度下的展开。卢曼及其研究者尚未对刑法的系统论研究可能面临的难题做出充分的回应，这也是本书希望突破的地方。

第五节 刑法与社会的关系理论研究：其他学派

本书也不能忽视传统法学理论（legal theory）和社会理论（social theory）对刑法与社会关系的已有研究成功。这与前一部分的批判性文献紧密相连：有些学者的论述中包含了卢曼系统理论的观点和方法论，有些学者虽未提及卢曼理论，但是从其研究进路和方法选择上来看，则是与系统理论针锋相对的有力观点。

韦伯法律社会学是卢曼法律系统论的重要理论来源。[2] 韦伯理念下的理性与权威，以及与之相关的对社会意义（meaning）的解释，是卢曼沟通理论形成的基础。也正是在对韦伯理论中"人的因素"的批判基础上，刑法才可能在一种系统意义上的沟通视角之下被观察。从这个意义上说，韦伯与卢曼的理论差异是我们研究刑法与社会的结构耦合能否形成，以及在多大程度上可以实现的重要理论参考。

卢曼的社会沟通概念与涂尔干的"社会事实"概念具有相似的推演进路。涂尔干指出，社会事实有其独立于个人事实和个性的特点。"社会事实越是充

---

[1] See Garland, David. *Punishment and modern society: A study in social theory.* University of Chicago Press, 2012. Garland, David. "Concepts of culture in the sociology of punishment." *Theoretical Criminology* 10.4 (2006): 419-447.

[2] See Weber, Max. *Max Weber on law in economy and society.* Vol. 6. Harvard University Press, 1954. Trubek, David M. "Max Weber on law and the rise of capitalism." *Wis. L. Rev.* (1972): 720. Weber, Max. *Economy and society: An outline of interpretive sociology.* Univ of California Press, 1978.

分地摆脱体现它们的个体事实，就越能使人得到客观的表象。”当社会学家试图研究某一种类的社会事实时，他必须努力从社会事实脱离其在个人身上的表现而独立存在的侧面进行考察。[1]《宗教生活的基本形式》堪称涂尔干成熟著作的代表，而在这本书的导论中他指出，心态（mentalities）是集体与社会的实在，是社会学的研究对象。心态是由集体表征（collective representation）传递的，后者包括神话、图腾、仪式、现代概念与范畴，等等，是广义的语言与符号（结构主义的鲜明特征——笔者所添）。社会学要透过语言、符号把握心态之实在。[2]但是，卢曼与涂尔干之间又有着巨大的分歧：卢曼所指的事实是“社会沟通”，而涂尔干所指的事实是直接从自然科学借用的具有经验可观察性的“给予物”（pre-given）。涂尔干的客观社会学没有为社会保留“意义”，而卢曼的社会沟通却必须是有意义的沟通，是社会自身通过区分（distinction）以及形式（form）所产生的系统自我观察的意义。另外，涂尔干的社会分工、社会团结（social solidarity）概念以及其对法律所作的惩罚刑法与恢复刑法（repressive and restitutive law）的区分，对卢曼功能分化概念具有重要的理论启迪。在功能分化概念上，梅因身份社会向契约社会转变的法律社会论证对于卢曼的研究也具有理论基础贡献。这些经典法律社会学文献也是我们研究刑法与社会的关系时的重要文献参考。[3]

埃利希对法律与社会进行的开创性研究在卢曼系统理论中受到充分重视，“活法”（living law）概念本身在现有的法社会学实证研究中虽然受到很大程度的质疑和冲击，但是在对法律与社会关系保持开放性的态度上，埃利希的观点和论述对任何想研究社会系统自我指涉与社会系统间结构耦合现象的学者来说，都是不可忽视的经典论述。福柯的社会权力分析对卢曼权力观的形成具有重要的历史学文献意义，也在多名法律系统研究者的论述中成为重要的理论来源。刑法、刑事惩罚与权力的关系界定是本研究的重要组成部分，福柯的批判性研究和深刻的历史学眼光对于本研究而言也具有重要的参考价值。现象学是

---

[1] 参见［法］涂尔干：《社会分工论》，渠东译，生活·读书·新知三联书店 2000 年版；［法］E. 迪尔凯姆：《社会学方法的准则》，狄玉明译，商务印书馆 1995 年版。

[2] 参见徐冰：《心理学与社会学之间的诠释学进路》，生活·读书·新知三联书店 2013 年版，第 5 页。

[3] 参见［英］梅因：《古代法》，沈景一译，商务印书馆 1959 年版。

近年来被法律系统理论研究者逐渐发现的一条重要的理论研究路径。[1] 这方面的研究还处在起步阶段，但也在方法论上对本书的研究具有启示意义。

另外，在法学研究领域，卢曼对社会沟通概念的借鉴，除了对韦伯法社会学的借鉴，还主要来源于哈贝马斯以及富勒的理论；[2] 卢曼对社会意义构建性的灵感主要得益于韦伯的法社会学论述；卢曼坚持在社会理论研究中区分社会系统与环境，可以说是直接借鉴了其导师帕森斯的观点（冲突理论则借鉴了继承帕森斯观点的科塞[3]）；双重偶在性（double contingency）概念也直接来源于帕森斯（当然，最新的系统理论文献对其进行了大幅度的修正）；[4] 卢曼对法律论证的兴趣主要来源于对麦考密特后果理论的挖掘；[5] 卢曼对社会从层级社会（stratified society）向功能社会（functional differentiated society）的转型不仅借鉴了分工理论的大成者涂尔干的学说，也是对韦伯理论的再次梳理；卢曼自创生理论的生物学来源直接引用了马拉图那和瓦雷拉

---

[1] 卢曼与胡塞尔的关系，可参见 Luhmann, Niklas. "The modern sciences and phenomenology." *Theories of Distinction: Redescribing the descriptions of modernity* (2002): 33-60。

[2] See Fuller, Lon L. *The morality of law.* Vol. 152. Yale University Press, 1977.

[3] 参见［美］L. 科塞：《社会冲突的功能》，孙立平等译，华夏出版社 1989 年版。更准确地说，科塞的冲突理论是默顿失范理论的延续和发展，并发展了齐美尔对"冲突是一种社会化形式"的论断。参见渠敬东：《缺席与断裂——有关失范的社会学研究》，商务印书馆 2017 年版，第 59 页。

[4] 卢曼继承了涂尔干、帕森斯以来的功能学派传统，试图对"社会事实"做出超越个体行动者意图的解释，从而将个体以"角色"的变量呈现在社会整体结构中。See Luhmann, Niklas. *Social systems.* Stanford University Press, 1995. pp.19-20. 不过也有学者认为，卢曼修改了帕森斯功能分化社会系统，引入了五个重要的不同思想：1. 从斯宾塞 - 布朗（Spence-Brown）那里得到的有关"形式的逻辑"（logic of form）。相比于将视角关注于理解事物的本质，卢曼试图对观察的本质（nature of observation）以及区分的必要性作出分析。2. 从生物学家那里借鉴了自创生（自我指涉）理论。系统不再被认为依赖于环境，封闭的系统创造自身及其环境。3. 卢曼对个体意识、复杂性、空间以及时间问题实际关照与胡塞尔的现象学具有相似性。4. 从黑格尔那里继承而来的超越文化与政治边界的"世界社会"。5. 卢曼采用了一种实用主义的、开放的、非目的论的哲学观，其将这种哲学观称为"社会构建主义"（social constructivism）。See Lee, Daniel. "The society of society: The grand finale of Niklas Luhmann." *Sociological Theory* 18.2 (2000): 320-321.

[5] See MacCormick, Neil. *Legal reasoning and legal theory.* Clarendon Press, 1978. 麦考密特后期的作品也受到卢曼系统论的影响与启发。但是其更加重视作为"话语"（交往，discourse）的法律，而不是作为"系统"的法律，这种观点与哈贝马斯的法律理论（而非卢曼社会理论）更为接近。对此，可参见 MacCormick, N. (2007). *Institutions of law: an essay in legal theory.* OUP Oxford。

（Maturana, Humberto R., and Francisco J.Varela）的论述；[1]卢曼法律演化的理论大量引述了伯尔曼和斯金纳的研究成果，[2]甚至在其演化理论中还多次提及瞿同祖的著作；[3]系统理论对法律体系不断自我演化和自我观察的观点与德沃金对原则指导下的“法律无漏洞”的论述具有异曲同工之妙；[4]凯尔森的法的一般理论和纯粹法学说为卢曼法律自创生体系的建立提供了分析法学理论基础，这一不太显著的学术关系近年来也被越来越多的学者重视。[5]

伯尔曼对法律演化的论述对理解卢曼的法律演化观具有基础性意义，其中大量对中世纪欧洲法律的演化过程的描述，特别是商业法与教会法的自治过程的描述是本书理解刑法实证化（positivitization）的重要参考文献。卢曼对主观权利（subjective rights）概念的重视不仅来自韦伯，也源于对梅因文献的继承。库恩（Thomas Kuhn）以及梅（Tim May）对社会研究范式转型的研究是对现代社会理论研究方法论阐释的重要文献，其中特别需要关注社会科学认识论转型对韦伯以来的解释社会学与批判社会学范式的重大影响。[6]吉

---

[1] See Maturana, Humberto R., and Francisco J. Varela. Autopoiesis and cognition: *The realization of the living.* Vol. 42. Springer Science & Business Media, 1991.

[2] See Berman, Harold J. *Law and Revolution, II: The Impact of the Protestant Reformations on the Western Legal Tradition.* Harvard University Press, 2009; Skinner, Quentin. *The Foundations of Modern Political Thought: Volume 2, The Age of Reformation.* Vol. 2. Cambridge University Press, 1978.

[3] 参见瞿同祖：《中国法律与中国社会》，商务印书馆 2010 年版。

[4] See Dworkin, Ronald. *Taking rights seriously.* Vol. 136. Harvard University Press, 1978.

[5] See Kelsen, Hans. *General theory of law and state.* Vol. 1. The Lawbook Exchange, Ltd., 1945. Penner, James, David Schiff, and Richard Nobles. “Jurisprudence and legal theory.” *Booklist* (2002): 11.

[6] See Kuhn, Thomas S. *The structure of scientific revolutions.* University of Chicago press, 2012. May, Tim, and Malcolm Williams. *An introduction to the philosophy of social research.* Routledge, 2002. 有学者认为，库恩的理论是建立在对实证主义批判的基础上展开的，可以称之为一种“后经验主义”，但是“后经验主义仍然认为要采用自然科学的模式来进行社会研究，因此，其价值介入是在经验主义、实证主义的基础上的理论或价值介入（这源于其对自然科学与社会科学无本质性差异的认同），相对而言，批判理论与诠释学在反实证主义理论与方法上要坚决和彻底得多”。[英]安东尼·吉登斯：《社会学方法的新规则——一种对解释社会学的建设性批判》，田佑中、刘江涛译，社会科学文献出版社 2003 年版，第 5 页。库恩的范式转变并非某种新的形而上学，而是确保可行的科学活动模式的动态过程。参见[美]查尔斯·巴姆巴赫：《海德格尔、狄尔泰与历史主义的危机》，李果译，江苏人民出版社 2021 年版，第 51 页。而卢曼的理论，更多与德国解释社会学的传统有关，在这一点上，似乎与库恩同样具有洞见的理论，具有差异。

登斯的《现代性的后果》为我们理解卢曼功能分化概念以及理解后现代社会学理论中的分离理论（dis-embeddedment，去嵌入化）具有重要文献参考价值。[1] 回应型法（responsive law）理论是与卢曼同时期塞尔兹尼克等学者对现代法律反身性（reflexive law）进行发掘的重要文献，被多位卢曼研究者提及。[2] 回应型法律模式是对系统理论法律观的一种补充，也是对法律—社会理论（law and society）传统的延续。在这一点上，回应型法理论对法律系统论研究具有批判性价值。[3] 对反身法与后现代理论的关系，菲尔德曼也有相关论述。[4]

---

[1] See Giddens, Anthony. *The consequences of modernity*. John Wiley & Sons, 2013. 也被翻译为“脱域”，是指社会关系从彼此互动的地域性关联中，从通过对不确定的时间的无限穿越而被重构的关联中“脱离出来”。脱域是现代性的后果之一，是一种时空延展或时空分离的状态。即社会关系借助某种机制与彼此互动所发生的地域脱离开来。比如现代货币系统（monetary system，也可以说是现代金融系统）就是典型的脱域机制。如果人们认为货币系统是可靠的，他们就可能在跨越时间和空间的场域里建立起信任，而不必限定于具体场景，也不必考虑特定个人或团体的特殊品质。参见［英］安东尼·吉登斯：《现代性的后果》，田禾译，译林出版社 2011 年版，第 18—26 页。伯格（Peter Berger）也指出，现代性是一种全新的意识。对传统的头脑而言，你就是此刻的你、此地的你，你不能想象你还能够是任何不同的你。与此相对，现代人的头脑是变动的，能够体验其他地方其他人的生活，现代人很容易想象自己改变职业或住所。参见［美］彼得·L. 伯格：《与社会学同游：人文主义的视角》，何道宽译，北京大学出版社 2016 年版，第 54 页。我们在第六章考察经济系统与刑法的结构耦合时，将会看到卢曼对经济系统二元符码的定义与吉登斯对经济交易脱域的现代性描述具有契合之处。

[2] 参见［美］诺内特、［美］塞尔兹尼克：《转变中的法律与社会》，张志铭译，中国政法大学出版社 1994 年版。

[3] 对于反身性法与回应型法之间的不同，季卫东教授的总结值得参考。在其看来，反身性法的改革重点不是转换法制本身的目的，而是改造法制与社会的结构性衔接方式，扩大法制的替代性选择的范围。站在实用的立场上来看，反身性法提出了更切合实际的方案，即采取间接的法治方式、提倡在私法和社会法领域中实行有控制的自主管理、坚持程序正义的精神。换言之，托依布纳提出的对策是：通过次级规范（Hart）来发展统合计划和参与、法的工具化与自主化的不同倾向。其结果是，诺内特和赛尔兹尼克试图使之潜在化的强制力被转化成为在法的担保下进行协商的交涉力。参见季卫东：《法治秩序的建构》（增补版），商务印书馆 2014 年版，第 385 页。

[4] 参见［美］菲尔德曼：《从前现代到后现代的美国法律思想》，李国庆译，中国政法大学出版社 2005 年版。有关后现代反身性重要的文献还可参见 Lichtblau, Klaus. “Differentiations of modernity.” *Theory, Culture & Society*16.3 (1999): 1-30; Rasch, William. *Niklas Luhmann's Modernity: The paradoxes of differentiation*. Stanford University Press, 2000。

埃尔克森《无需法律的秩序》一书对卢曼法系统理论提出了经验研究意义上的反驳。通过对加州 Shasta 地区民间规则运作的实证研究，埃尔克森对正式的法律在社会中的效用提出了质疑。[1] 法律论证（legal argumentation）问题是卢曼法社会学关注的重点问题之一，除了上文提到的哈特、德沃金、麦考密特等人，我们还参考了卡多佐等美国法官对现实主义法学的论述。[2] 相关重要文献还包括波斯纳对司法过程的政治学研究，[3] 卢曼没有提及对其法律的强制力问题论证具有至关重要影响的奥斯丁的命令理论。[4]

特别要提及的文献是哈特承认规则对卢曼偶在的正义观（justice as contingent formula）形成的影响。[5] 卢曼虽然并未提及哈特对其产生的直接影响，但是哈特研究中对法律系统的定位以及承认规则对法律在现代社会中所具有的特殊地位的深刻论述，无疑都在影响卢曼对法律系统理论的研究（从时间上看，卢曼的法社会学论述形成之时，哈特论著的影响力已经开始展现）。达马斯卡（Damaska）对法律规范与司法生成模式的关系的类型学研究，与卢曼系统理论对不同文化背景下法律概念的包容性和功能性特点的阐释相得益彰，具有十分相似的理论旨趣。[6] 在刑事法领域，具有相同范式革命意义的代表是帕克（Herbert Packer）对两种刑事（诉讼）制裁模式的论述。[7]

在上述研究中，学者从不同的理论维度和观察视角（法律内部与法律

---

[1] See Ellickson, Robert C., and Robert C. Ellickson. *Order without law: How neighbors settle disputes.* Harvard University Press, 2009. 同样质疑在犯罪学领域可参考：Goffman, Alice. *On the run: Fugitive life in an American city.* Macmillan, 2015。在刑事司法领域中歧视问题的质疑，参考 Alexander, Michelle. *The new Jim Crow: Mass incarceration in the age of colorblindness.* The New Press, 2012。

[2] See Cardozo, Benjamin N., and Andrew L. Kaufman. *The nature of the judicial process.* Quid Pro Books, 2010. Dorsen, David M. *Henry Friendly, greatest judge of his era.* Harvard University Press, 2012.

[3] See Posner, Richard A. *Divergent Paths: The Academy and the Judiciary.* Harvard University Press, 2016.

[4] 参见［英］约翰·奥斯丁著，［英］罗伯特·坎贝尔修订编辑：《法理学的范围》（中译本第二版），刘星译，北京大学出版社 2013 年版。

[5] See Hart, Herbert Lionel Adolphus. *The concept of law.* OUP Oxford, 2012.

[6] See Damaska, Mirjan R. *The faces of justice and state authority*: A comparative approach to the legal process.Yale University Press, 1991.

[7] See Packer, Herbert. *The limits of the criminal sanction.* Stanford University Press, 1968.

外部）对法律的概念、法律的功能以及法律与社会的关系做出了大量实证研究和理论构建。在文献中，学者从行为、意义、沟通等社会科学概念出发，试图为描述法律和解释法律建立客观的标准，并期待通过这些标准去解读“社会中的法”。上述法律理论与社会科学文献大量涉及了对刑法运作与社会关系的回答、阐述和论证。这些理论也体现了学者不同的哲学本体论、认识论与知识论。这是本书对系统理论维度下刑法自我指涉与社会结构耦合状态进行研究的重要理论来源。本书也试图在系统理论的基础上对这些文献展开吸收和批判，并将现有文献转换为刑法理论可资借鉴的学术资源。

同样不可忽视的是中文文献中对刑法与社会关系的描述与阐释。强世功对转型时期我国社会法制与治理的关注，以及用福柯权力理论对“文革”时期惩罚与法制的法社会学分析，凸显了中国犯罪问题与社会治理的高度整合性（integrated），也体现了群众政治与精英政治在刑法与社会关系中的维度；苏力的一系列著作和文章提出并阐释了“法治本土资源”概念，并结合法经济学、语言分析学派等混杂的理论背景对刑法教义学与社会转型期的矛盾与冲突提出了分析思路和解决路径；尹伊君借鉴“历史社会学”方法论对中国法律在历史上的三次转型做出了分析，并着力将法律解释与社会制度与文化的变迁结合起来，力图从社会中观察法律解释。

陈柏峰对乡村“混混”治理的研究从另外一个侧面揭示出我国转型期犯罪治理的盲点，并运用杜赞奇的“内卷化”概念重新解读了犯罪与社会在中国历史上长期存在的“地方与中央”“城市与乡村”“中心与外围”的政治治理难题；同样关注刑法治理与社会变迁的，还有学者赵军对我国当代城市卖淫现象和卖淫女生存状况的社会实证研究，其中对我国治安管理中警察的行动逻辑有详尽的描述，赵军的研究是理解刑法运作与社会实践互动的重要例证。

曹锦清对河南中原基层治理的考察虽然涉及政府治理中的多个维度，但是运用韦伯理论其也对农村犯罪治理的薄弱提出了自己的解释，相似的法社会学实证研究还有丁卫对陕西基层法院的考察。喻中与刘忠将视角对准检察院，并通过对我国司法体制的深层次解读来论证反贪案件的运作逻辑，并在其中渗透了对中国语境下的犯罪治理与政治正确关系的理解。白建军教授长期从事犯罪实证研究，为本书提供了严谨的实证分析样本。

上述研究学者针对转型期我国犯罪治理、刑法运作与社会事实的关系，通过对不同问题和例证的展示、运用不同的社会科学理论工具来解读与本书研究相关的犯罪、刑事惩罚与社会效果等现象之间的关系。上述以及其他相关文献是中国刑法社会学研究近年来的最新成果，这些研究成果丰富了学术界对刑法理论与社会实践关系的理解，也加深了对刑法理论适应性的追问，并促发了学者，特别是刑法学者对刑法教义学之中国维度的改造乃至重构的思考。从这些研究中我们看到，学者不再将“法律移植”当成一个技术、理念乃至理论的简单回溯问题，而是将社会理论维度引入具体的法律研究中，并试图通过对犯罪与社会问题的深层次机理的探究来回应西方法律理论对我国刑事司法实践的意义及其缺陷。文献中体现的问题意识与方法转型是本书的重要借鉴。

遗憾的是，尽管文献不仅在数量上，而且在关注的问题多样性上十分丰富，且具有深刻性，但是限于理论方法和实证数据上的不足，上述文献还无法全面地对刑法与社会关系在中国当下社会的展开提供一个稳定和一般的理论框架。在笔者的搜索范围内，也并没有见到学者在对刑法与社会关系问题的研究中借鉴系统论学术资源的先例。学者力图在论述中面面俱到，却又囿于理论选择，无法将影响刑法运作的各种社会因素及其意义阐明。这也是本书试图运用法律系统理论进行改进的部分。

同样，上述文献综述指出了现有系统理论研究中已有的理论维度，也展示了系统理论在法律研究中可喜的丰硕成果。不过，通过较为细致的文献综述我们也看到，现有系统理论研究并没有将其关键概念：自我指涉与结构耦合很好地植入刑法学研究中，刑法领域内的规范问题和制度问题仍然没有进入系统理论的研究主流。

造成这种研究现状的原因在于现有系统理论研究者主要来自社会学领域，即使是其他学科的研究者运用系统理论进行研究，刑法也并没有成为他们的主要分析对象。法学和刑法学的社会理论研究中丰富的研究成果为本书提供了可资借鉴的基础。但是正如前述，刑法的社会学分析并没有将规范问题置于研究的中心地位，刑法教义学与社科法学的分歧在现阶段并没有弥合的趋向。刑法规范的统一性和系统性一直被法学研究者津津乐道，但是在理论层面对刑法的系统性和一致性进行外部研究的例证却并不多见。因此，刑法教义学缺少社会理论的支撑（或批判），刑法教义学的研究进路和对司法实践的影响也容易受到其他学科和其他社会系统（日常生活中的大众、经济领域、政治领域等）的质疑。本书试图通过对上述文献中展现的尚未完全解决的问题进行系统理论维度的分析，为刑法与社会关系问题研究找到一条合适的理论进路。

第二章

分析工具：系统理论中的自我指涉与结构耦合

无论是对自然现象还是对社会现象的研究，都需要借助理论。特别是社会现象本身就是一种人为的构建之物，理论是对社会认知的反思。在日常生活之外并不存在另一个可触及与可理解的研究对象。研究目标和对象的确立不过是一种基于现实交往与行动的反思。在这个意义上说，理论研究工具和理论研究对象具有同源性。拉德克里夫 - 布朗认为我们之所以关注研究方法，是因为任何对学术研究成果价值的评判都是建立在对研究目标和方法确定的基础上的。[1] 研究对象与分析工具的明确极为重要。

首先，本研究是基于社会理论对刑法现象的一种外部观察（external observation）。刑法的内部研究本身就是一种对刑法实践（现象）的反思。刑法规范研究通过这种反思形成了系统性的概念和论述：犯罪构成理论就是最好的代表。犯罪构成一方面帮助人们分析和解决常规性的刑事案件；另一方面它又能够通过理论构建对犯罪惩罚的实践做出反思，从而形成批判。系统

[1] See Radcliffe-Brown, A. R. *Structure and Function in Primitive Society*, London, Cohen and West, 1952. p.88.

理论则希望通过外部观察刑法及其规范运作，最终对犯罪惩罚与犯罪构成理论产生反思与批判。刑法理论本身也是本书研究的对象。

其次，犯罪惩罚与刑法理论属于一种行动者通过系统内部知识产生的社会构建，而系统理论则是对这种社会构建的二阶观察。因此，在行动者与二阶观察的层面上，我们也将系统理论与刑法问题进行工具和对象的区分。

最后，理论工具与研究对象是可以转换的，我们通过系统理论去研究刑法，也可以通过刑法理论和刑法实践去反思系统理论。系统理论将犯罪惩罚与刑法理论作为研究的对象，从外部反思犯罪这种特定的犯罪现象，而犯罪问题所展现的特点也可以验证（或质疑）系统理论的阐述。

本章试图说明系统理论的基本框架，进而展开对本书两大理论工具：自我指涉与结构耦合的论证。我们将以系统理论的描述去观察法律，并解读系统理论观察方法在哲学上的根基。本章重在对系统理论基本维度的阐释，但是在论述中我们会经常以刑法作为例证进行解读，因此，本章并没有割裂理论与研究对象。易言之，本章无法独立于本书的其他部分，对本章的理解也不能脱离后续章节的内容。

第一节　系统理论观察世界和社会的方式

“观察者必然是观察的一部分。”[1]

对社会问题和社会现象的分析使用一套理论工具和理论语言，这是学术研究与常人（common people）视野[2]的重要区别，也是现代社会走向自我反思与控制的显著标志，更是超越宗教与迷信之“理性”审思的体现。理论对世界和社会产生合理解释首先是观察的问题。观察的问题最先在历史学研究中得到重视，历史学的诠释学方法转向对我们提出了一个深刻的问题：我们应当站在历史中人的角度观察历史事件，从而获得一种实

[1] [法]路易·迪蒙：《论个体主义：人类学事业中的现代意识形态》，桂裕芳译，译林出版社2014年版，第3页。

[2] 当然对常人视角的理论分析本身就是一种学术研究和理论构建，参见高宣扬：《鲁曼社会系统理论与现代性》，中国人民大学出版社2005年版。

践感和当场性；还是应当通过研究者所处时代的语义和目的去解释历史？或许在我们对社会问题，特别是现在的法律制度与规范的解释和应用的过程中，这一区别并不十分明显。[1] 但是我们仍然需要强调视角的重要性。正如埃利希所指出的，法学是观察的科学，归纳先于演绎，法学研究的方法是观察。[2]

通过理论解释世界的基础是理论观察世界的方式，无论是作为参与者的视角还是局外人的视角，无论是所谓一阶性的观察还是二阶性的观察，也无论是法律理论中的初级规范与承认规则，这些理论对社会和法律现象的描述和论证，乃至根据这些理论采取的社会行动和法律实践，无不渗透了研究者和实践者自身观察视角的影子。“观察在卢曼的系统论中不具意识的行能，而是一个系统理论的基本概念。”[3]

因此，本书首先从探究系统理论的观察方式开始。这一前提性问题的展开将是后续部分的基础。读者当然可以根据自身的角度去观察我们这里的“观察”，这正是系统理论强调的观察的二阶属性（second-order）。也正是秉承了系统理论这一开放性的理论态度，我们认为这一节的论证并不证明系统理论的观察方式是构建世界“真相”的唯一方式。本节的内容将说明系统理论只是观察世界的一种方式，但是在对具体的刑法现象的研究中将是一种创新的观察视角。在本节，我们将对系统理论的观察方式与其他理论的观察角

---

[1] 我们在其后的论述将看到系统理论的法学观察十分注重时间维度（temporal dimension），法律事件的现实（present）与未来、现实与过去都是一种理论的构建，而非一般意义上的时间轴上（chronlogical）的事件延伸，也就是卢曼所言的过去的现在（past present）和现在的未来（present future）。See Luhmann, Niklas. “Risk: A Sociological Theory, trans.” *Rhodes Barrett* (*New Brunswick, NJ*: *Aldine Transaction*, *2005*) 6 (1993). p.73. 在其自身内部的操作中，所有的系统都具有自己的时间范围。法律拥有自身的时间维度。法院要在之前的沟通（法条、先例、学说等）与当下的沟通（对讼争案件的裁判）之间保持连接性，呈现的是法律系统内部各种规范之间的纵向关系，这被卢曼称为法律规范的“时间维度”。吉登斯就认为，时间问题应成为社会理论的核心，仅把时间看作行动的环境并只关注物理学意义上的钟表时间，会阻碍对于社会结构和历史变迁的理解。卢曼对法律运作的时间维度之考察可以说是将非物理学意义上的时间概念作为考察对象的一个重点来对待。

[2] 参见鞠成伟:《埃利希法社会学视野下的法律多元》，载《清华法治论衡》2009 年第 2 期。

[3] ［德］考夫曼、哈斯默尔主编:《当代哲学和法律理论导论》，法律出版社 2002 年版，第 413 页。

度进行比较，从而初步论证：虽然系统理论只是一种观察社会的方式，但这种方式将对法律现象产生深刻和有益的影响。进而说明，我们在此选择系统理论观察刑法与社会关系是恰当和妥帖的。

一、区分（distinction）

（一）系统 / 环境区分的内化

在系统理论中，我们首先看到并且其后随处可见的观察方法是区分。区分是系统理论观察世界和社会的基本方式。区分意味着任何可被观察和理解的事物和现象只能通过对比与划分才能显现出来。卢曼认为其理论发展的起始点就是从一致（unity）转为差异（distinction）。人是从区分开始的说法，是指观察者是从区分这一切入点来认知世界。其理由在于观察者一开始认为世界只存有原始物质，所有的原始物质是不具有形状的，而且其间也不具有差异性，系统理论称此种情况为混沌（Chaos）。卢曼的系统理论认为观察者要做出区分，才能从混沌中认知世界内容。这种区分可以标示为“A/-A”。因此，卢曼系统理论可以被标示为一种差异理论，或是区分理论。[1]

在系统理论看来，创造区分是社会及对其的描述（无论是否被称为理论）

---

[1] 正如学者所言，区分的两端是如老子《道德经》第二章所说，有和无是相对而生的；难和易是互相对待而成的；长和短是互相对待而显现的；高下在比较中区分出来；音和声是互相对待而产生和谐的；前和后是互相对待而形成秩序的。这也与佛家所说的“空”相似。世界是空的说法并不是说世界是空洞的，而是说世界在本质上是一个连续体，其在时间上是永不停转的，在空间上是无限宽广的，但因不同人的起心动念不同而型塑出不同的区分。参见黄钲堤：《卢曼系统理论的意义概念》，载《东吴社会学报》2007 年 6 月，总第 22 期。也有学者从“多元普遍性”探讨了相似的问题：在单一抽象的普遍性中，共通性被赋予了凌驾于差异性之上的价值，所以人们总是在潜意识里对待特殊状态采取轻慢的态度，把抽象的单一普遍性视为高级别的到达点；而在多元普遍性的思考模式中，共通性仅仅是进入差异的入口，它本身不具有独立的价值。问题不发生在区分共通性还是差异性的层面，而发生在理解差异性的过程中，亦即问题在于如何才能通过相似性进入差异，并进而在差异状态中理解差异。孙歌：《在形而下层面结构原理》，载《读书》2017 年第 1 期。

得以建立的关键。[1] 一切观察都需运用区分，观察苹果，就要非对称地区分苹果 / 苹果外的世界，然后标示苹果；观察女人，就要对称地区分女人 / 男人，然后标示女人。[2] 区分是一种表达方式，区分是确定性（determinity）和潜在性（potentiality）的连续制造，区分的延续预示着未来的可能性。[3] 也就是说，区分制造了社会结构与社会意义的再生产。

社会由不同的系统组成，而区分是维持这些系统，并且产生进一步分化可能的条件和前提。结构主义认为，结构的稳定性是维持社会系统运转和信息产生的关键，例如法律系统的法律规范、法院的运作结构等是维持法律在社会中持存的基础。但是在系统理论看来，用结构来界定社会构建的基础并不稳定。结构会产生变化，例如法律运作就并不仅仅是由已经建立起来的规则、原则等来维持的，还需要一种动力机制不断产生新的法律判决。在系统理论看来，这里最基本的元素在于法律系统运作所产生的区分。没有区分，人们就只能见到一个尚未被标示（unmarked）的世界。法律通过区分得以被观察（界定）为一个独立系统，以此来辨别系统与环境，[4] 也就是系统通过每一次运作体现的系统与环境的差别。[5]

由此可知，在此探讨的系统理论运用区分的方式观察世界就是指系统与环境（environment）的区隔。系统与环境的区分不应当被理解为一种物

[1] See King, Michael, and Christopher J. Thornhill. *Niklas Luhmann's theory of politics and law.* Basingstoke: Palgrave Macmillan, 2003. p.13.

[2] 有关男女有别在现代民主国家构建中的重要性，以及女权运动对这一重要的自然意义上的性别区分的抹杀及其危害，请参见 Bloom, Allan. *Closing of the American mind.* Simon and Schuster, 2008. pp.115-116。迪蒙也指出，男女有别是当代心灵，或者说现代西方心灵，倾尽全力而又徒劳无功地加以掩饰的要点。尽管宣称两性平等，但越是两性平等，就越是破坏两者之间的统一。因为两者统一的原则在两者之外。See Dumont, Louis. ***Essays on individualism*: *Modern ideology in anthropological perspective.*** University of Chicago Press, 1992. 这一观点与系统论二阶观察十分相似。

[3] See Philippopoulos-Mihalopoulos, Andreas. "Dealing (with) Paradoxes: On law, justice and cheating."

[4] See Philippopoulos-Mihalopoulos, Andreas. "Niklas Luhmann: Law, Justice." *Society. London: Routledge* (2009).

[5] See Luhmann, Niklas. *Law as a social system.* Oxford University Press, 2004. p.113.

理性的区分，一种障碍的设置（barrier）。[1] 系统与环境的区分是对社会行动产生机制的一种分析。这种区分下的两面，也就是这对范畴的“对立”并不是绝对的，更不能被无联系的“对抗”含义偷换。[2] 系统与环境的区分，仅仅意味着对事物与其周围媒介全集式的（total）和即时的反应方式的否定，也就是说，反对一种“简化论”。社会存在的多样性与丰富性是不断区分的结果。系统与环境的区分仅仅意味着系统对环境的反应方式呈现内部化（internalized）的性质，产生了功能上的分化。[3] 也可以这么认为：如果在机械的反应中我们看到了一种内部反应的过程，则事物间呈现出系统与环境的区分。内部反应的出现意味着变动发生在系统内部，也就意味着系统与环境关系的改造是通过系统的自我塑造和调整完成的。

（二）区分与社会的功能分化

引入系统与环境区分的概念，对我们观察刑法规范的展开极其重要。如上所述，系统与环境的区分意味着系统能够对环境中的事物进行反应，并且将这种反应内化，进而产生出系统结构再生产的驱动力。系统与环境的区分使得社会的分化（differentiation）逐渐形成，犯罪问题与刑法在社会生活中有了独立和完整的意义。[4]

这与系统理论界定的社会的功能分化（functional differentiation）相关。社会分化在涂尔干的社会分工概念中是现代社会整合的关键，是世界各个局部产生联动的命脉。社会分化的产生使得现代生活呈现出多种可能，犯罪问

---

[1] 将系统与环境的区分构想为物理上的障碍是一种引人注意但是具有误导效果的隐喻，因为从系统理论上来看，社会子系统如果是密不透风的，社会系统也就不存在了。See Nobles, Richard, and David Schiff. *Observing law through systems theory.* Bloomsbury Publishing, 2012. 特别是第一章。

[2] 参见孙歌：《在形而下层面结构原理》，载《读书》2017 年第 1 期。

[3] See Luhmann, Niklas. *Law as a social system.* Oxford University Press, 2004. pp.85-86.

[4] 有学者认为当下中国宪法体制下的法律系统主要需要解决的问题是“如何规训和回应社会环境（法律系统之外的其他社会系统）的转型与变化”。李忠夏：《宪法教义学反思：一个社会系统理论的视角》，载《法学研究》2015 年第 6 期。从区分的视角上来说，正是有了系统内外的区分，才使得所谓的“规训”成了问题，也使得相互竞争系统在不断“制约与被制约”的关系中提升了自身的社会认同和地位。

题成为具有独立意义的社会现象，而对这种现象产生的实践与理论分析依赖着区分。也就是说，我们将一种行为视为犯罪现象的同时，也就意味着这对犯罪情感与惩罚机制的产生是基于对那些符合规范行为的肯定和赞扬。在后面的论证中，我们也将指出在现代社会中犯罪的评判所依赖的这种区分，以及由此形成的刑法规范判断，不再是一种基于道德和伦理的评价，而是基于自身的区分，也就是二阶观察与自我指涉的形成，从而也成为刑法教义学成立的社会条件。因此，理解现代社会高度功能分化条件下产生的系统与环境的区分，以及系统理论对其展开的论述，是理解刑法自我指涉的关键。

从观察世界的方法论角度出发，我们还应当看到系统理论运用区分的概念并不是为了强调系统的重要性并由此将环境因素放到边缘的位置。这一点对我们理解刑法与社会的关系也具有重要的意义。如前所述，系统将环境的因素予以内化，环境相对于系统而言是无序的。也就是说，在通过区分形成差异之前，环境中的事件并不具有任何创造社会整合的可能性。随着社会复杂性与偶在性（contingency）的不断增强，环境也变得越来越复杂，系统与环境的区分是处理这种复杂性的机制。在系统理论看来，系统处理环境复杂性的方式是对环境因素进行内化，通过内部运作将环境的成分进行化简（simplification），从而使信息得以处理。在这一过程中，环境复杂性的不断降低，以及系统的复杂性相应提高，产生了新的系统结构与程序。因此，区分是使系统逐步丰富（包括法律形成自我判断和自我指涉）的关键。通过区分来处理庞杂且没有系统意义的信息（information），进而化约世界的复杂性。

以法律系统为例，在现代社会，经济、政治、伦理等都是法律系统的环境，这些环境因素在其系统内部具有意义，但是对法律系统的延续来说，它们仍然只是环境，需要通过区分的手段将其纳入法律系统内部的规范判断与程序运作过程，从而建立判断的纲要（formula），并最终得出法律判断的结果（合法 / 非法）。

这里我们无须展开后续有关法律系统运用区分的观察方式处理社会事件的详细论证，不过值得注意的是，无论哪一种通过系统与环境的区分，在系统理论看来都不意味着“轻视”环境的因素。这种观念改变了传统二分法所存在的偏见，即认为在一对区分中总是一方优于另一方。例如，在善与恶中对善的偏好，在合法与非法中对合法的偏好，并进一步试图把否定的一方排除出去。

在卢曼看来，区分的一方只有通过对另一方的指涉才能存在，二者实际上都不可能离开对方而存在，因此区分的两边并不存在优劣的问题，而应该同等地加以观察。[1] 如果没有环境的复杂性与偶在性，如果在刑法规范的外部没有经济、政治等足够复杂的环境因素，那么刑法在处理案件的过程中也不可能实现具有独立意义的理论和学说。正是因为产生了不同的系统，并在系统间产生了区分，犯罪问题才得以凸显，从而造就了社会生活的多样性与竞争的关系。刑法保持独立的品格需要与这些不同的社会规范进行竞争。而从另一面来看，没有这种区分，社会生活也将退化：要么刑法成为主宰社会判断的主导（一种具有统治地位的价值判断，例如在尚未产生功能分化的古代社会[2]）；要么刑法或法律的判断汇入生活世界（life-world）的道德、情理判断。

当社会呈现出高度复杂的状态时，区分的产生与延续是维持刑法自主独立判断的关键，也是法律与刑法与社会建立联系的关键。我们将在其后的论证中进一步深化这里的基本立场。

（三）区分的社会功能

从以上的论证中我们看到，区分使社会秩序与社会整合得以建立。系统理论与哲学上的构建主义具有密切的联系。构建主义的世界观与真实感产生于人类对人造之物的深刻理解。世界并不存在任何“客观”的定在，社会事实的出现总是根据人们对意义的理解，乃至对意义的生成而表达的。构建编导了人类思维活动对世界的选择和解释功能。这是所谓构建的基本含义，既包括构建过程，也包括结果。构建具有现象学的根据，从意向性角度来看，主体—相对性是其本质特征，构建或构造并不意味着意识对世界的任意扭曲

[1] 参见杜建荣：《卢曼法社会学理论研究——以法律与社会的关系问题为中心》，法律出版社 2012 年版，第 35 页。

[2] 参见涂尔干有关惩罚随着社会整合与分化方式概念而形成的不同强度：Durkheim, Emile. “Two laws of penal evolution.” *Economy and Society* 2.3 (1973): 285-308。

或遮蔽，也不表明在日常生活或科学中我们不能掌握世界之实在。[1] 包括法律在内的客观实在是人构建之物（human artifact）。但是与黑格尔等人对世界精神实在的理解不同，系统理论的社会学进路更加关注社会实在构建的整体性与社会性，也就是说在系统理论看来，社会事实的出现是系统与环境区分之后实现的构建之物，无论是法律事实、政治事实还是科学事实的存在（existence），都是系统产物，也只有在系统中才能够被理解。[2] 这与现象学强调的常识构建与科学构建之间的关系，或者说一阶构建与二阶构建之间的区隔，具有相似性。[3]

区分是形成系统事实和产生社会秩序的前提条件，但是区分并不能保证社会交往从此有序地展开。刑法规范的展开也不仅仅是区分了犯罪与其他社会现象之后即告终结，制度性的条件依然需要。区分展现了现代社会交往的可能性，而非确定性。[4] 也就是说，区分展现了现代社会高度分化条件下人们展开交往的方式，那么这些交往方式依然需要各种条件予以辅助，而这些制度性的条件也是形成系统观察的重要方式。我们需要进一步探讨系统理论下所定义的两种现代社会观察世界的方式：运作与沟通。

---

[1] 参见刘剑涛：《现象学与日常生活世界的社会科学》，上海三联书店 2017 年版，第 39 页。

[2] 个人的精神，或者说作为实体存在的人的意识虽然并没有遭到系统理论的全部否定，但也被排除在社会事实的构建之外。这是现代社会高度分工的产物，也是在更广泛的意义上产生社会交往的条件。区别于个体意识的社会诞生了，但是这并不意味着人们无法对社会的流变产生影响。这一点我们将在其后予以详细论证，从而说明系统理论这一特定的区分：系统与人的分离并不是一种反人类主义，而只是一种对人文主义的深刻反思，以及在此反思基础之上建立的对个体自由的重视。这对于我们理解刑法在社会中，特别是在保护个体权利方面具有重要的理论启示。这与经典自由主义刑法观并无矛盾：系统理论同样注重个人自治（意识自由）与权力分化（社会系统的功能分化）。有关对人文主义知识体系的反思，可参见 Wolfe, Cary. *What is posthumanism*? Vol. 8. U of Minnesota Press, 2010。

[3] 参见刘剑涛：《现象学与日常生活世界的社会科学》，上海三联书店 2017 年版，第 39 页。

[4] 这便是系统理论定义的社会意义（social meaning）出现和演化的过程。卢曼也指出，意义对于社会系统与个体意识系统的互相渗透（inter-penetration）来说十分关键。在保持自我指涉状态的同时，意义使得意识能够自我理解并持续对社会沟通产生影响，并且使得沟通能够指涉个体。See Luhmann, Niklas. *Social systems*. Stanford University Press, 1995. p.219. See also Viskovatoff, Alex. "Foundations of Niklas Luhmann's theory of social systems." *Philosophy of the social sciences* 29.4 (1999): 506.

二、运作（operation）

“基本问题是运作如何产生了系统与环境的区分，以及运作如何识别哪些运作属于系统，哪些不属于系统。对于高度选择性的运作交织（interlacing），结构是必要的，但是，法律统一性不是被任何稳定的终极理想所给予的，而是被生产和再生产特殊法律意义的运作所排他地给予的。另外，我们假设哪些运作总是法律系统自身的运作（可以从外部被观察），这只能意味着运作封闭的论题。通过吸收知识论的术语，也可以说成是‘运作性构建论’。”[1]

（一）系统运作的时间维度

如果说区分是系统理论观察世界的首要前提，那么在社会系统中，我们对事件意义产生的可能性的确定以及实在性的识别，主要依靠系统的运作来完成。区分使得通过系统的观察成为可能，运作是系统内部产生系统实在（actuality）的方式。如前所述，区分产生的可能性还是一种不确定的状态，是系统内化环境因素的第一步，系统要想实现对世界的观察和对意义的处理，仍然需要将这种不确定性尽快转化为确定性。系统创造客观实在和构建世界意义的过程不仅需要事实维度上的区分（什么是……而非……），还需要在系统的时间维度上（temporal dimension）实现运作。

在卢曼看来，从时间维度上来说，运作是现实。[2] 也就是说，他们是可

[1] Luhmann, Niklas. *Law as a social system.* Oxford University Press, 2004. p.78.

[2] 社会现实是一个自我指涉的过程。要解决因为自我指涉而带来的难题，不再诉诸主体 / 客体这样的区分，而是以运作 / 观察、自我指涉 / 他涉等区分来取代。因此，所谓的运作是和上一节所言的区分以及后述将会提及的有关观察与运作的区分联系在一起的。虽然就观察也是一个运作而言，运作 / 观察这样的区分不免陷入悖论，但因为以自我指涉来接触因自我指涉而来的套套逻辑（tautology）必然会失败，所以借着绕道这样的区分来展开悖论，有其必要。借着引入时间，系统理论能比传统的认识论更好地解释运作与观察，以及认知与现实之间的循环关系，不只能够把既无法只归于系统，也无法归于环境之系统的统一，当作在无法加以观察的运作之执行中产生的结果，而且能把客观性与现实性清楚地区别开来，不会像传统认识论一样误以为观察的合致（所谓的客观性）便保障了对象的现实性。参见［德］卢曼：《社会之经济》，汤志杰、鲁贵显译注，台湾地区联经出版事业股份有限公司 2009 年版，第 40 页。

能性的实现，随着可能性意义的实现，运作也就消失了。运作没有持续的状态（duration），尽管运作也能够在最小的持续单位上被观察到（例如宣告法律判决的时刻）。由于其没有持续的状态，运作不能产生变化。一切持续性，一切可变性，每一种结构都必须在系统中被生产出来，而且是通过系统作为自己的运作来支配的运作被生产出来。换言之，不存在外来的结构决定。例如，只有法律自己才能说什么是法律。在这里，结构的生产是循环进行的，为了能够通过与其他运作的互相联系来规定自己，运作本身又是以结构为前提的。不仅由运作产生运作，而且通过以这些结构为依据的运作产生的结构的凝结和确认也都是系统自我指涉的实现。[1]

卢曼对运作的时间维度的描述非常抽象，也说明了其对系统运作，也就是系统产生的事件的性质的理解：系统的事件仅仅具有系统的意义。运作的“转瞬即逝性”使得不同的系统运作只能产生共时性而非同时性（synchronization）。[2] 系统间运作同时性的缺乏意味着时间（作为系统以外的

[1] See Luhmann, Niklas. *Law as a social system.* Oxford University Press, 2004. pp.85-86.

[2] 卢曼在这里表达的观点与海德格尔接近。海德格尔一再强调，我们必须远离来源于流俗概念的将来、过去和当前的含义，也必须远离“主观的”和“客观的”或“内在的”和“超越的”时间概念。流俗的时间理解就是把钟表，或者是钟表的指针作为“到时”的时间记述，以此来遮蔽原始的时间。参见渠敬东：《缺席与断裂——有关失范的社会学研究》，商务印书馆 2017 年版，第 142 页。有关同时性概念的历史渊源，可参见［美］本尼迪克特·安德森：《想象的共同体——民族主义的起源与散布》，吴叡人译，上海人民出版社 2016 年版，第 6 页。费孝通也指出，一切人文世界中的事物都可以存在时间框架上的多重性，即我们习以为常的过去、现在、未来结合在一起的情况。人们对过去的记忆可以因当前的需要而和实际上过去的情况不相符合，而且在当前决定个人行为的心理因素里还包含着对未来的希望和期待。时间流程中的三分法与上述混合多重的时间观念是具有张力的，费孝通认为只有三分法的时间观念不能对人文时间的变动过程做出很好的解释。参见费孝通：《美好社会与美美与共》，生活·读书·新知三联书店 2019 年版，第 398 页。张世英也对海德格尔的观点做了进一步的解释：从思维与想象的区分出发，海德格尔将想象，或者说想象的空间视为由过去的东西在现在中的潜在出场或保存，对和未来的筹划在现在中的尚未实现的到达这两个环节构成的“共时性”的统一体。只有凭这样的想象，才能让“敞亮”与“隐蔽”同时发生，从而让我们玩味无穷。“潜在出场”就是保留不在场性质的出现。尚未实现的到达是说对未来的计划虽尚未实现，但现在已在想象中到达了。两者都融合于当前的统一体之中，所以想象的空间之所以可能，在于可以超越在场的东西，在于时间的三个环节——过去、现在、未来——各自都有超出自身而潜在地进入另一环节的特性，这种超越在场和超出自身的特性，不同于旧形而上学的超越。参见张世英：《新哲学讲演录》，广西师范大学出版社 2008 年版，第 80—81 页。

事实）在面对系统针对事件执行内部运作的过程中持续的状态：系统的运作只能是一种循环和自我指涉的状态。

（二）系统运作与社会意义的生成机制

厘清运作的概念对本研究极为重要。社会系统实现自身理性的方式在于不断通过系统内部的运作产生。在这一过程中，系统外部环境的复杂性不断被简化。将刑事司法的过程理解为一种通过区分以后不断生成运作的过程是本书后续论证中的一种基本立场。我们在其后的论述中还会看到，这种无法产生共时性的系统间运作的差异还会带来运作方式上的巨大差异：法律系统与政治、经济等系统的运作方式将会存在明显的不同，而这种不同一方面对法律的自我指涉提出了更高的要求；另一方面也通过包括刑法在内的法律系统不断通过自我指涉方式形成与其他系统的结构耦合，来减低环境的复杂性以及实现不同系统间的共同演进（co-evolution）。这些问题我们将在本书中逐渐展开。

在这里需要强调的是，从运作概念中传达的系统时间概念（system time）是我们理解刑法与社会关系的关键。这一观察角度也是通过系统理论中运作模式体现出来的。[1]

---

[1] 在这里我们主要针对运作与区分作为系统理论观察方式的差异进行了上述论证，值得注意的是，运作概念不仅仅具有时间维度，也具有事实维度（factual dimension）。运作的事实维度是与区分概念紧密相连的。如前所述，区分最终的呈现方式，或者说，区分在系统理论中最终的呈现方式是内化的（internalized）。虽然这并不意味着系统理论对环境的忽视，但是这一系统理论的构建足以说明区分作为一种观察方式最终的呈现方式是以系统运作体现的。卢曼对这一问题的论证："从事实维度上看，我们可以把运作描述为产生差别（difference）。某种东西在运作后不同于运作前，经过运作不同于没有经过运作。我们可以想一想向法院提起一个诉讼，或者想一想在日常生活中提出一个法律问题。正是运作的这种区分效果在有足够的持续时间和运作结果互相联网的情况下产生了系统与环境的差别，或者像我们所说的那样把一个系统分离出来。这应该被理解为一种纯粹事实性（factual）的事件——这与谁在观察这一事件以及借助哪些区分来观察和描述它的问题无关。" Luhmann, Niklas. *Law as a social system.* Oxford University Press, 2004. p.86. 我们从这段论述中可以明显地看出卢曼将区分的观察纳入系统的运作中了，甚至可以说，观察本身也是一种系统的运作。卢曼对社会系统功能分化的极端重视也使系统运作的概念变得极为重要。若下述没有特别提示，本书中所提到的"运作"都意味着一种特定的系统运作，例如法律的运作、经济的运作等。

建立在区分基础上的运作是系统不断处理事件和生成意义的方式。通过上述简要的分析我们看到，运作的概念在系统理论中不存在任何既定的目的，也不意味着系统整合和统一的形成，运作的时间维度也使得运作的持续呈现转瞬即逝的状态。[1] 运作的概念在这里并不是机械的（mechanical），也不是一种对外在刺激（环境）的直接反应。系统理论中的运作概念与区分所创造的可能性状态相关，也与我们将要接触的系统理论中的沟通概念具有联系。最终我们将通过对沟通概念的理解完成对系统理论观察世界方式的描述，并且由此得出一些初步的结论。这些结论将对我们在上述论证中不断提到的社会行动的意义（meaning）问题进行简要的回答，并通过对“意义”这一社会理论核心概念的辨析，引入我们对系统理论下自我指涉与结构耦合的理解，从而试图在这些论证的基础上将社会理论的研究成果引入对刑法运作的探讨中。

三、沟通（communication）

（一）行动概念的缺陷

区分使得环境中的事物成为可被系统观察的事件，运作将这种区分进一步内化，沟通则整合了上述观察方式。沟通成为系统理论构建社会和观察社

[1] 系统的自我指涉意味着系统的运作是转瞬即逝的事件，在其实现，也就是在其创造社会意义的同时消逝。运作并不能持存（permanence），因此包括刑法系统在内的社会自我指涉系统需要不断自我生产。系统仅仅在其产生沟通的时刻存在，其持续存在依赖系统创造新沟通的能力。系统的这一时间维度驳斥了研究中对卢曼系统论“僵化”与“静态”的质疑。卢曼恰恰通过对系统沟通这种转瞬即逝的时间属性的描述，论证了系统不断更新的状态。See Laermans, Rudi, and Gert Verschraegen. “Modernity and individuality: a sociological analysis from the point of view of systems theory.” *The many faces of individualism* 12 (2001): 111. 如何理解沟通及其意义的转瞬即逝性？意义的即生即灭的流转现象以及其留下的结构效果，可以“所过者化，所存者神”的意境来联想。以钱穆先生的咖啡人生为例，此论点的基本要义是：人生就像一杯咖啡，一杯咖啡由咖啡粉、糖、水组成，但变成一杯咖啡之后三种成分都消失不见了，因此可以“所过者化”来形容，因为这三种组成成分已“变化”为一杯咖啡。一杯咖啡让人喝后提神，产生了“神奇”的效果，因此可以“所存者神”来说明。参见黄钲堤:《卢曼系统理论的意义概念》，载《东吴社会学报》2007 年 6 月，总第 22 期。对于现代社会而言，这种瞬时性体现得更为显著。参见［法］米歇尔・维沃尔卡:《社会学前沿九讲》，王鲲、黄君艳、章婵译，中国大百科全书出版社 2017 年版，第 3 页。

会的基本单元，也成为系统理论定义社会交往的基本单元。

长久以来，社会理论主要通过行为和行动者（action and actor）来定义社会交往。西方哲学范式中主客体区分的思维模式在社会理论的研究中凸显。这一思维模式也影响到法学理论和法律规范构建的方式。无论是韦伯的解释社会学，还是帕森斯的社会行动理论以及吉登斯的社会结构化（structuration）概念，[1] 都是以行为和行动者为出发点来构建社会整合的方式以及社会价值实现的方式，甚至如社会价值、整合、团结（solidarity）等概念本身就预设了行为以及行动者。不过在系统理论研究者看来，通过行为与行动者概念来描述社会结构与社会整合具有缺陷。这种缺陷存在于行动者处理信息的能力限制。在卢曼看来，对社会意义和交往模式不应构建在行动概念的基础上。[2]

不过，在系统理论中，行动与系统的概念并非不相容，真正构成替代关系的，是以沟通还是以行动作为建构理论的出发点。卢曼事实上也没有丢掉行动的概念，而只是对它进行重构，视之为衍生自沟通的“次要”构建，是沟通简化了的自我观察。随着归因于环境还是系统，沟通或被视为体验，或被当作行动。行动论者只看到行动，而无法面对体验的问题，就社会学的理论建构来说是不够完整的。[3]

因此，卢曼及后续系统理论研究者对社会基本构成方式的描述和理解与上

---

[1] 在吉登斯看来，结构既是以社会行动的生产和再生产为根基的规则和资源，也是系统再生产的媒介，即规则和资源的转换。就此而言，传统意义上的“结构”（斯宾塞、涂尔干等人）只不过是社会系统生产和转换出来的“虚拟结构”（virtual order）。其实，社会系统并不具有什么“结构”，它所体现出来的“结构性特征”只不过是在千差万别的时空跨度中存在的社会实践所表现出来的相似性。因此，结构的主要特征就是生产性、重复性和系统性，它既规定了具体情境中的规则和资源，也引导着行动者的认知活动，具有制约性和使动性的二重作用。在这个意义上，我们把结构性特征理解为不断重复组织起来的实践活动的等级体系，把结构性原则看成是社会总体再生产所包含的最根深蒂固的结构性特征。参见渠敬东:《缺席与断裂——有关失范的社会学研究》，商务印书馆 2017 年版，第 243 页。卢曼在沟通，更准确地说，是生活运作意义的维度上理解结构，在一定程度上与吉登斯相似，从而也超越了涂尔干等人以本质主义方式对结构的分析。当然，吉登斯对系统与行动之间二重性的研究，与卢曼将行动排除在系统论之外的处理方式，具有很大的差异。

[2] See Luhmann, Niklas. “Positive law and ideology.” *The Differentiation of Society* (1982): 92.

[3] 参见［德］卢曼:《社会之经济》，汤志杰、鲁贵显译注，台湾地区联经出版事业股份有限公司 2009 年版，第 45 页。

述理论存在较大的差别，这主要是通过沟通的概念达致的。我们在这里需要结合本书试图解决的问题对卢曼系统理论的沟通概念进行一番简要的阐述。[1]

（二）沟通三要素：信息、言说与理解

如前所述，社会理论对社会系统的基本元素的定义具有两种传统：行动和人（行动者）。卢曼拒绝采取上述两种进路中的任何一种，其认为这与自我指涉的社会系统概念不相吻合。[2] 相反，卢曼使用了一个完全不同的对社会系统基本元素的定义：沟通（或者更准确地说是沟通性事件，communicative events）。卢曼认为："社会系统使用沟通来进行它们特定的自我复制模式。社会系统的元素是沟通，沟通被递归性（recursive）地生成，并通过沟通网络再次生成，沟通不能在这样一个网络之外存在。"[3]

为了避免上述理论的传统进路，卢曼的沟通概念不是一种发送人（sender）与接收人（receiver）之间的意义或信息传递。卢曼将沟通设想为三种成分的结合：信息（information）、言说（utterance）[4] 以及理解（understanding），卢曼

[1] 当然，我们非常清楚由于卢曼系统理论宏大的维度，这里的论证只可能是初步的，并且是与本书后续论证紧密相关的。本书并不专门处理对卢曼沟通概念争议的辨析，而是试图将其作为观察刑法与刑事司法运作的方式来对待。更重要的是，沟通概念对于我们理解社会与刑法关系中自我指涉与结构耦合现象所具有的重要意涵。

[2] 但是我们在本书后面的分析中将会看到，要使系统理论的实证研究成为可能，行为概念不能被抛弃。系统理论研究者发现沟通不能被直接观察到，而只能通过参照物（reference）观察。系统理论中的沟通、自我复制、自创生甚至"系统"概念本身都是无法直接被观察的。为了克服上述研究中的困难，沟通概念必须转化为可见的和可描述的。这一过程主要通过将系统标示（flagged）为、还原为行动系统（action system）来达成。因此，尽管社会系统是沟通系统，我们仍然需要借助行为概念来描述它。在实践中我们将沟通中的言说（utterance）概念解释为行为，从而使其具有理性和自主的语义面相。See Borch, Christian. "Systemic Power Luhmann, Foucault, and analytics of power." *Acta Sociologica* 48.2 (2005): 162. 系统理论下的行动是一种沟通构建，更准确地说，行动是自我观察系统的一种构建，是沟通概念中"言说"部分的体现。作为一种构建主义理论，社会系统理论并不将沟通视为一种行动，而是将行动概念视为社会沟通的产物。See Moeller, Hans-Georg. *Luhmann explained: from souls to systems*. Vol. 3. Open Court Publishing, 2005.

[3] Luhmann, Niklas. "The autopoiesis of social systems." *Sociocybernetic paradoxes* (1986): 172.

[4] 也有学者将其翻译为声明（annoucement）。See Moeller, Hans-Georg. *Luhmann explained: from souls to systems*. Vol. 3. Open Court Publishing, 2005.

认为上述三种成分均包含了系统选择（selection）的意味。

卢曼将信息定义为可能性。每一次沟通从可能的沟通中进行选择。信息在系统理论中并不是一个实体性的概念，而是借用了二阶控制论的观点，将其看成系统运作上的差异（difference）。也就是说，吸纳环境中的信息是系统打破自我指涉悖论的方式。[1] 言说意味着沟通尝试的形式和理由。言说是从所有可能的形式和理由中选择的特定形式和理由。理解被概念化为信息与言说之间的区分。理解并不意味着达成共识，或者“正确地”解读了言说的内容。为了使一次沟通能够被理解，信息必须与言说区分：被沟通的事物必须与被沟通的方式和原因区分。例如，某人对我说：“我累了”，我必须将这一沟通中表达的信息（我累了，而不是我很精神）与沟通的言说（某人对语词的选用以及某人这么说的原因，可能在此刻，这个人希望我不要烦他）区分开来。因此，“理解”可以被看成对一个在信息和理解间特定区分的选择。[2] 理解虽然不是达成共识的过程，却是信息与言说的区分，是下一次沟通产生的前提，也是系统不断演化的动力机制（虽然这并不意味着系统能够产生一种不断“进步”的演化效果，再一次强调，在系统论中，沟通并不代表共识与合意的达成）。[3]

在此我们看到，卢曼的沟通概念并不寻求一种具有目的意义（intended meaning）的沟通，相反，沟通的意义由自身来定义。沟通的意义是通过回

[1] 参见胡育祥：《鲁曼社会系统理论中的自我指涉与异己指涉》，载《政治与社会哲学评论》2011 年 3 月，总第 36 期。

[2] See Seidl, David. “Luhmann’s theory of autopoietic social systems.” *Ludwig-Maximilians-Universität München-Munich School of Management* (2004). p.7.

[3] 相似的观点也出现在加芬克尔的常人方法学中，被其称为索引性概念，即行动（包括表达）指涉其他行动（或表达），因而其意义之确定有赖于后者，而被指涉的行动又同样需要诉诸另外行动之确定意义，由此产生了一条无数行动构成的索引链。加芬克尔称之为“一条无底之船”（a boat without a bottom）。尽管索引性表达必须遵守语言游戏的规则，但从根本上说，这种表达是没有穷尽的，因为任何行动意义都必须索引其他行动的意义，而被索引的意义本身同样具有索引性，索引本身就是一根无尽的链条，它与解释学所说的循环怪圈非常相似。参见李猛：《常人方法学 40 年：1954—1994》，载李培林、覃方明编：《社会学：理论与经验》（第二辑），社会科学文献出版社 2005 年版，第 115 页；渠敬东：《缺席与断裂——有关失范的社会学研究》，商务印书馆 2017 年版，第 200 页。

溯（理解）达致的。[1] 在这里，卢曼阐述了系统理论视角下的“解释学原则”（principle of hermeneutics）：“解释学原则认为听者而非言说者决定了一条信息的意义，因为后者对信息可能产生的意义的理解限制了特定信息的最终意义可能：这与言说者的内心想法无关。”[2]

文本与解释者、目的解释与法律解释原旨主义等困扰刑法教义学和刑法司法论证的关键性问题可以借助系统理论的沟通概念进行外部观察，这一点我们在其后的论述中将会有更多的展现。

（三）只有沟通才能产生沟通

回到沟通的概念上来，在卢曼沟通概念中的一个关键点在于上述三种选择成分构成了无法分离的整体。我们在分析系统理论沟通概念的时候可以将其分离，但是在现实的系统运作中，沟通只能结合上述三者共同完成。因为正如前述系统理论的反人文中心主义观：沟通不能由任何个体独立完成，更确切地说，社会系统的沟通不能通过个体的意识系统单独完成。举例来说，法律解释不可能通过法学家或律师个人对法条和法律文本的单独“对话”完成，而只可能存在于包括刑事司法在内的法律系统运作中。正由于沟通超越个体意识的层面，卢曼认为：“沟通是社会性的，确切地说，沟通也是唯一真正社会性的运作。沟通的社会性体现在其牵涉了多个意识系统（意味着多人参与——笔者注），因此沟通的运作也不能归结于任何一个人。”[3]

因此，尽管个体的意识系统是沟通形成的必要组成，但是作为整体的社会性沟通并不能被解释为任何个体（单一法官或律师或法学家）的思考过程。沟通的社会性是我们理解，特别是结合诠释学理解法律论证与刑法司法过程的关键。沟通对社会系统运作的描述和观察方式，对我们重新解读刑法学中有关解释方法位阶以及解释结论与司法过程的妥当性、融贯性（coherency）

---

[1] See Luhmann, Niklas. *Social systems.* Stanford University Press, 1995. p.143.

[2] Baecker, Dirk. “Why systems?” *Theory, Culture & Society* 18.1 (2001): 66.

[3] Luhmann, Niklas. *Die Gesellschaft der Gesellschaft.* Suhrkamp, 2015. p.81.

等问题均具有重要的启发。这也是本书在理论工具的论证部分引入沟通的系统理论维度的原因所在。我们将在本书的后续部分逐渐将这里较为抽象的理论阐释运用到具体的问题分析中。

这里需要对沟通三要素中的理解（understanding）做进一步的分析来帮助我们更好地将系统理论的沟通概念纳入对刑法运作的解读中。如前所述，理解是言说与信息的区分。沟通经过言说和信息高度人工化（artificial）的区分将社会现实展现出来。[1] 不过系统理论在这里所说的理解是“谁”的理解呢？

提出这样的问题，或许就陷入了卢曼给我们设下的一个“骗局”。对卢曼而言，谁之理解的问题并不重要，或者说，个体意识的问题与沟通的归属问题并不是首要的。相反，重要的是接下去发生的沟通，例如我们对文本中某个词的理解需要结合上下文来达致。因此，一次沟通的意义只能通过后续产生的沟通来进行定义。换句话说，意识系统在沟通中所呈现的内容与形式对沟通而言是与沟通无关的。当然这并不代表沟通的形成不再需要系统外部的信息支持。在其后的论述中我们将看到意识系统（个体）会通过结构耦合的方式影响社会系统的沟通，例如刑事司法的进程与案件的判断将会受到参与者对规范认知的影响，这不仅体现在对刑法文本的解释中，也体现在具体刑事司法过程的运作中。

如前所述，沟通的形成并不意味着接受与共识。有些沟通结构可能使对方所希望传达的意图更容易被接受，不过系统理论对沟通的定义并不关注沟通的接受问题，这与哈贝马斯的沟通理论存在很大的区别：[2] 在这里，每一次沟通事件都激发了在接受和拒绝之间的选择。理解（第一次沟通）与选择接受与否（接下去的沟通）之间的区分使得沟通事件的接续成为可能。甚至在一定程度上，异议（dissent）成为沟通延续的必要组成部分。[3]

---

[1] See Luhmann, Niklas. “Operational closure and structural coupling: the differentiation of the legal system.” *Cardozo L. Rev.* 13 (1991): 1423-1424.

[2] 具体可参见 Habermas, Jürgen. “The theory of communicative action: Lifeworld and system: A critique of functionalist reason (Vol. 2).” ***Boston**: **Beacon*** (1987)，以及 Rosenfeld, Michel, Jürgen Habermas, and William Rehg. “Law as discourse: bridging the gap between democracy and rights.” (1995): 1163-1189。

[3] See Luhmann, Niklas, and William Rasch. *Theories of distinction: Redescribing the descriptions of modernity.* Stanford University Press, 2002. pp.155-168.

沟通接续的问题引出了社会系统沟通的再生产（re-production）。在自我指涉的社会系统中，沟通只能以相互之间的关系“存在”。我们也可以说，只有沟通创造了新的沟通。这与系统理论中社会系统结构如何形成具有联系，通过沟通形成的系统结构只能接纳一些后续的沟通而不是全部的沟通可能性，例如对刑事司法产生的沟通只能以法律系统的沟通来接续。[1] 系统理论中对沟通延续（continuation）问题的探讨牵连到系统的结构，也与我们后面将会分析的系统期待（expectation）相关。沟通的系统内化及其连接形成了系统的自我指涉，这正是我们下一节将要论证的主题。

第二节　自我指涉

区分、运作以及沟通呈现了系统理论观察世界的方式。从中我们可以看到通过区分，系统理论将任何可被观察的事物界定为被标示或未被标示（marked or unmarked side）的一面。并且，通过区分的观察方式，系统理论提出了系统与环境（system and environment）分离的重要命题，从而使得任何社会现象在社会构建意义上的存在和延续成为可能。

在通过区分指涉社会现象的基础上，社会系统的观察以运作概念作为标志，将由区分形成的、内化的观察社会的可能性转化为实在性和确定性。而沟通的概念（不含有个体意识和行动特征的沟通概念），为系统理论打开了观察世界并且实现系统不断运作的途径。沟通概念所表达的社会交往的连续性让我们进一步接近系统理论对功能分化社会系统的描述。

通过对区分、运作和沟通概念的论证，我们已经看到系统理论对现代社会形成的系统性，以及系统由内化形成延续和元素再生产的趋势。从这里开始，我们将转入对自我指涉的探讨。本节内容包括对自我指涉的认识论基础、

---

[1] 有的学者对将系统理论欠缺主体的沟通概念运用到对法律系统（包括对刑法系统）的分析上存在疑虑。系统理论学者金（King）做出了如下的反驳：法律系统的沟通的外部形式包含决定、判决等。这些都是法律系统日常情境中经常使用的，在系统理论之下，我们将其当成各种具体的法律沟通。See King, Michael. “The construction and demolition of the Luhmann heresy.” *Law and Critique* 12.1 (2001): 9.

生物学来源、社会理论改造以及法律系统再生产机制的探讨。

一、自我指涉的认识论基础

“法律是对真实的想象。”[1]

“我们必须提醒自己，我们无法触及世界的原貌，无法触及本体论，只能触及对世界的描述，……换言之，只能触及认识论……因此，系统思维只是一种认识论，一种描述世界的特殊方式。”[2]

（一）现代哲学认识论的转向

认识论是人们对如何认识世界的方法和内容理论的抽象。认识论有关我们如何取得对世界的理解。正如我们在上一节指出的，系统理论的社会学维度以及法律运作的实践性涉及研究的观察方式，那么观察社会的方式与我们“如何产生理解”这一哲学上的问题有什么关系？为什么我们要在这里探讨系统自我指涉的认识论基础？

我们认为，任何一种理论观察都离不开对知识如何产生的追问，这与20世纪后半叶哲学上的语言学转向有紧密联系。维特根斯坦的重要追随者温奇（Peter Winch）将这一哲学上的思考带入社会科学的研究中。温奇借助维特根斯坦后期的理论深刻阐释了社会规则的产生及其对行动者意义的赋予并不是由经验证实。[3]语言的特殊性是我们理解人类行为可理解性与理智性的基础。在温奇看来，哲学对社会科学而言不仅意味着对事物认识的“方法”

---

[1] Geertz, Clifford. “Local knowledge: fact and law in comparative perspective.” *Local knowledge: Further essays in interpretive anthropology* 167 (1983): 184.

[2] Mingers, John. *Realising Systems Thinking*. Springer-Verlag GmbH, 2006. p.87.

[3] 我们认同的观念和制度不可能通过实验，而是通过建立一种规则（rule）来达成的。因此，问题就变成在何种情况下我们可以说人们是遵循规则在行事的？温奇认为，规则是人们在特定的社群（community）中的认知。规则是另一种描述人际关系的方式。所有的语言使用都是由规则控制的。这也就意味着规则使我们的行动具有了未来的指向。这与系统理论下对刑法规范期待（normative expectation）的描述十分相似。See Winch, Peter. *The idea of a social science and its relation to philosophy.* Routledge, 2008.

（method），社会科学研究与哲学，特别是与哲学认识论的思考还是无法分割的。如果我们摒弃了诉诸哲学的立场，任何社会理解（understanding）都是不可欲的。社会科学和哲学的志趣是相似的。任何社会学科在哲学认识论上遇到的难题都预示着理论上的革新，对于描述社会现象的社会学科而言，其中心议题便具有哲学认识论上的意涵。

传统认识论总是把世界当成对象，当成与主体相对立的客体；而且，还强调主体可以通过认识过程把握作为对象客体的世界。在对社会系统的研究中，这种区分是有疑问的，甚至是完全不适用的。观察者对他们所观察的社会系统的维持或改变产生了影响；正是他们的观察成为促使社会系统得以维持或改变的重要因素。社会现实比较"软"，也就是说，通过观察是可以改变的。[1]

因此，对理解系统理论来说，最为关键之处便在于不再把系统理解为客体，而是理解为区分（系统 / 环境的区分）；不是理解为既存事物之间的区别，而是要回溯到究竟哪个观察者做出此区分，因为若非先做出某个区分，将无法指涉与观察。相应地，系统 / 环境之间的界限不是空间的界限，而必须从运作的角度来理解，把它看作系统运作的具体化。换句话说，系统的每个运作都一再重复了系统 / 环境的区分。[2] 系统理论一方面强调主体认识过程中的心理活动，只能是一个具有自我指涉的系统；另一方面又强调进行认识活动时所环绕的世界，只能是一种比任何系统更复杂的复合体。[3]

要深入理解系统理论自我指涉概念的认识论基础，还必须深入理解系统论的下符号概念（symbol）的特殊意义。卢曼曾经对此有过论述。他认为，语言和符号以及各种象征，都是意义沟通的中介，也在沟通的过程中不断使意义本身复杂化，以致在一定程度内使意义自身又产生新的分化，产生

---

[1] 参见［德］弗里茨·B. 西蒙、C/O/N/E/C/T/A 作者组：《彻底的市场经济——系统管理基础》，张东辉、陈飞译，商务印书馆 2007 年版，第 12—13 页。

[2] 参见［德］卢曼：《社会之经济》，汤志杰、鲁贵显译注，台湾地区联经出版事业股份有限公司 2009 年版，第 36 页。

[3] 参见高宣扬：《德国哲学概观》，北京大学出版社 2011 年版，第 368 页。

新的自我指涉系统。[1] 语言、符号和象征将各种差异普遍化和一般化，使得意义系统有可能在差异中进行自我指涉，不断产生新的社会系统沟通。卢曼借助于符号、语言和象征的差异中介化功能，将社会中的各种多样可能性（potentiality），都变成实在性（actuality）。人类社会不同于其他系统的地方，就在于人类具有将可能性转化为实在性的超越能力。而人类的这种转化能力，一点都离不开语言、符号和象征的中介化功能。人类自己发明了各种符号，而符号又帮助人类将一切可能性转换为实在性，从而使人类及人类生活于其中的社会，不断地自我指涉和自我生产，把人类带入越来越复杂的社会中。语言、符号和象征的复杂化，也使人类面对越来越复杂的沟通系统，将其导入由更多层次社会所构成的不确定领域之中。[2] 正如涂尔干所言，人们还必须通过符号，找到它所表现的并赋予其意义的那个实在。最野蛮和最古怪的形式，以及最神奇的神奇，都传载着人类的某些需要以及个体生活或社会生活的某个方面。[3]

举例来说，现代工业社会造就了人们交换和交易的不再是一种实体性的物质。今天，人们交换的是符号，特别是象征性的沟通符号，例如货币。[4] 社会生活所依托的这些象征性符号替代人们生活的“地方性”，抽离了人们生活空间中的文化意涵，从而在增加社会交往时间与空间延展可能性的同时，使得社会生活的不确定性不断加深。我们的生活中充斥着符号信息，我们的“文化”也不再是一种实体性的存在，而是以象征性符号的形式展现。正如哈贝马斯对生活世界结构性元素的分析，文化再生产由文化性知识的传递与更新组成，从而保证传统与知识的融贯性得到延续，并为日常实践提供动力。社会整合（social integration）通过共享的规范和制度性价值建立起社会团结。社会化的过程发展出个体的身份认同，从而使隔代的人们能够习得普遍化的行动能力。也

[1] 卢曼的这一观点很可能来源于对威廉·洪堡语言哲学的关注，因为后者是德国语言哲学方面最先关注语言的象征性意义的哲学家。参见［法］安托瓦纳·贝尔曼：《异域的考验：德国浪漫主义时期的文化与翻译》，生活·读书·新知三联书店 2021 年版，第 236—237 页。

[2] 参见高宣扬：《鲁曼社会系统理论与现代性》，中国人民大学出版社 2005 年版，第 147 页。

[3] 参见［法］爱弥儿·涂尔干：《宗教生活的基本形式》，渠东等译，商务印书馆 2011 年版，第 3 页。

[4] See Baudrillard, Jean. *Symbolic exchange and death.* Sage, 2016.

正是经济和管理理性对生活世界沟通理性的分离与随之而来对后者的侵袭，使得上述文化、社会与个性元素之下具体的象征性内容的再生产变得局促。

因此，商品的交换价值与个体的社会认知和社会地位相连，也就是说，人们对他人的价值判断深嵌在现代社会的符号意义中。对财物的侵犯不仅是损害他者“权利”，更是对法律权利背后的根据符号世界构建起来的个体“权力场域”的冒犯。[1] 任何一个以语言为基础的象征性符号沟通体系必须以达到理解为目的，在法律上，也就是实现一种规范功能面向的理解。[2]

（二）构建主义的认识论和系统的二阶观察（second-order observation）

通过对哲学认识论层面“语言学转向”的借鉴，我们看到，系统理论对包括法律在内的社会科学的描述也包含着哲学认识论上的深刻革命，是库恩所言的范式转换（paradigm change）。[3] 卢曼和其他系统理论研究者希望通过一种全新的认识论来关照人类生存的境况以及实现社会秩序的可能。区分、运作以及沟通的观察方式为系统理论的认识论基础提供了条件，上述观察视角的转换集中表现在对自我指涉概念的构建中。从上一节的论证中我们发现，系统理论遵循着构建主义的哲学范式，系统是社会的而非精神的构成物，也就是说，它是沟通的产物。并且，在社会构成物之间，它是具有高度选择性的那种，因为它形成于一个自治的社会系统之内。[4] 系统自我生成的效应使

---

[1] 阿多诺（Adonor）指出，晚期现代社会通过经济系统的象征沟通符号，也就是货币体现了个体对自身价值的认知和判断标准。人们不再仅仅控制财物，而且以货币符号进行自我观察。个体通过对自身货币符号化，将自身作为一种符号资本来换取存在意义上的安全感。See Adorno, Theodor W., and Jay M. Bernstein. *The culture industry: Selected essays on mass culture.* Psychology Press, 2001.

[2] 参见古承宗:《风险社会与现代刑法的象征性》，载《科技法学评论》2013 年第 1 期。

[3] 科恩认为，科学史证明，常规科学从受到挑战，到陷入危机，再到重新建构新理论的过程，并不是在系统框架（或传统意义上的制度框架）内独立完成的过程；科学革命的关键在于范式变迁，而范式的优先地位并不简单地表现它的系统逻辑，而是共同体认知方式所带来的结果。范式变迁的根源在于反常现象的出现。See Kuhn, Thomas S. *The structure of scientific revolutions.* University of Chicago press, 2012. 相似的观点，也存在于福柯在《词与物》中所提出的“知识型”（episteme）概念。各个时期的知识（型）存在断裂，福柯不承认知识的进化与连续性。参见刘北成编著:《福柯思想肖像》，中国人民大学出版社 2012 年版，第 107 页。

[4] 参见［美］托依布纳:《法律：一个自创生系统》，张骐译，北京大学出版社 2004 年版，第 56 页。

其在哲学知识论上区别于所有的超验主义（transcendentalism）。[1] 社会是自我构建与自我阐释的结果，要理解系统理论的这一结论的认识论基础，我们还需要简要说明卢曼对现代社会的界定。

哈贝马斯指出，在卢曼的系统理论中，现代社会呈现无中心的功能分化（functional differentiation）状态，每个系统遵循着自身的逻辑和理性。在这样的一个社会中并不存在占有社会支配地位的系统（理性），而只有具有系统特定意义的理性（systemic rationality）。但是哈贝马斯指出，如果现代社会不存在塑造和识别一般（universal）理性的可能和机制，如果我们没有资源来制造一种一般性的、主体间的（intersubjective）理性，那么我们将无法对现代性问题做出一种批判性的回应。[2] 换句话说，哈贝马斯认为卢曼的系统理论是保守的，是对现实缺乏批判的。也正如学者基于哈贝马斯等人在社会科学方法论上所持的诠释学观点，对包括卢曼、福柯在内的学者的后结构主义观点的批判：后结构主义的支配理念过于简单，而缺少弹性。这样的理论框架难以把握现代化的历史，因为它排除了向更能接受真理、获取更大自由的生活方式转变的可能性。而这种可能性是真实存在的。[3] 哈贝马斯对卢曼社会功能区分的质疑以及这种质疑背后所反映的两者认识论基础的差异使我们需要继续探讨系统理论自我指涉概念所包含的认识论上的革新问题。

---

[1] See Luhmann, Niklas. *Essays on self-reference.* Columbia University Press, 1990. p.16.

[2] See Habermas, Jürgen. "The philosophical discourse of modernity. Twelve lectures." (1987). p.374. 哈贝马斯认为，系统通过其自身专门的语义内容向自我指涉迈出了最后一步。从此以后，所有功能系统都形成它们自己的社会图景。它们不再拥有一种共同的语言，可以让它们用同样的方式向所有系统表征社会的统一性。这种自我指涉性的功能子系统对于自己给其他系统造成的代价都麻木不仁，很难设想在林立的功能子系统缝隙里能产生感受和处理对这些与整个社会的再生产有关的问题的机制或场所。参见高鸿钧等：《商谈法哲学与民主法治国：〈在事实与规范之间〉阅读》，清华大学出版社 2007 年版，第 252 页。我们将在其后对刑法自我指涉方式的理论展开中看到哈贝马斯的观点与卢曼所认为的社会（系统）沟通的二阶属性（也就是具有盲点的特性）之间的差异，也正是这种差异，使卢曼与哈贝马斯等社会整合与系统整合的观点产生分歧。而且我们认为，系统理论的沟通并不（仅仅）是一种语义上的分化表现，而是具有理解社会构建色彩的知识论，因此哈贝马斯对卢曼的解读在这一点上是非常值得商榷的。

[3] 参见徐冰：《心理学与社会学之间的诠释学进路》，生活 · 读书 · 新知三联书店 2013 年版，第 98 页。

对卢曼而言，哈贝马斯的理论属于一种批判理论（critical theory）。批判理论总是持一种“高人一等”的态度，批判理论的研究者相信其可以对社会现实做出一种超越其他研究者的观察和描述。在卢曼看来，这种处理现实的方式是一种一阶观察，一种对社会存在的本体论观察。任何本体论的观察都是可以被挑战的，但是这种挑战并不意味着以一种本体论的观察替代另外一种本体论的观察，这种“非此即彼”的刚性的、线性的观点，继承了启蒙理性所衍生出来的现代性特点。[1] 与此不同，卢曼将视角从一阶观察转换到二阶观察。二阶观察意味着对观察者（例如哈贝马斯的批判理论）的观察。对卢曼来说，这意味着视角从本体论转换到认识论，社会如何构成的问题并不是研究者自我构建的产物，而是观察他人如何观察世界的产物。[2]

从一阶观察（本体论）向二阶观察（认识论）的转变是卢曼系统理论及其自我指涉概念的重要维度。[3] 与其说自我指涉概念是对社会系统的一种本质意义上的描述，不如说卢曼在这一概念中渗透了其对任何社会构建的反思

---

[1] 参见叶启政:《社会理论的本土化构建》，北京大学出版社 2006 年版，第 90 页。

[2] 此外，卢曼认为社会理论只是科学研究体系中的沟通，无法容纳规范性的内容（normative import），因此卢曼无法赞同批判理论的规范性。See Overwijk, Jan. (2017). *Retrieving the Critical in Luhmann's Systems Theory.* 10.13140/RG.2.2.17408.12805. p.1. 当然，在系统论研究中，也存在一种与卢曼不同的系统论学派，“批判系统理论”，其试图为系统理论添加规范性的内容。例如有研究者就提出，重建一种以人为中心、考量系统与主体层面的社会自组织理论（社会世界与自然世界的自组织机制并不完全等同，因为社会的组成——人——是具有特殊因果作用力的实体，因此研究者在建立其社会本体论时，必须格外谨慎）；同时也借此提出解决社会理论中结构与行动的两难。参见万毓泽:《让卢曼的系统论（重新）成为问题：一个本黑式的视角》，载《社会理论学报》2009 年第 1 期。批判系统论更倾向于科学实在论，而非激进的构建主义。

[3] 一阶观察与二阶观察之区分，和控制论上从一阶控制论向二阶控制论的演进相似。一阶控制论试图将意识自然化或机械化，它将反馈机制、算法和非线性活动还原为纯物理机制的运作。二阶控制论则将控制论运用于观察者自身，认为观察者与被观察者之间存在密切关系，即控制论的控制论。二阶控制论不仅处理被观察系统的活动，也处理观察者系统的活动，以控制论的方式探讨、研究控制论。二阶控制论将控制论的原理运用于理解观察者的角色。观察者在试图研究和理解一个社会系统时，是无法将自己与系统分离开来的，也无法阻止自己对系统产生影响。与一阶控制论不同，二阶控制论提倡一种建构论的认识论形式，关注观察者在“建构”所观察物中的主动作用。这样，科学知识被解释为一种关系性现象，它不会，也不可能表征某个独立于观察者的实在。参见武建锋:《控制论对生成认知科学范式的影响》，载《自然辩证法通讯》2018 年第 1 期；万百五:《二阶控制论及其应用》，载《控制理论与应用》2010 年第 8 期。

和再次观察。[1] 这一认识世界视角的转化为我们其后对刑法系统“观察”的观察（observation of observation）提供了重要的启示。我们在这里无法具体展开，但是必须强调的一点是，无论是对刑事司法运作的观察，还是对刑法理论的观察，在系统理论的维度下都强调一种二阶观察和认识论上的构建主义。正如本节所分析的，这并不意味着我们对刑法与社会关系的描述和论证持一种哈贝马斯所认为的“保守”态度。让我们结合第一节所言的区分、运作和沟通的概念来进一步说明系统理论自我指涉概念的认识论问题。

在上一节的论证中我们提出了观察的概念，从而也引出了一个区分：在构建主义基础上的观察与现实。在观察与观察的延续过程中，充满了选择的概率，而且其复杂性也并未随之降低。经由观察的观察——也就是二阶观察——循环操作，每项认识所隐藏的盲点及其偶然性也清清楚楚地跟着暴露出来。传统认识论所追求以及所保证的确定性不复存在，在构建主义认识论的分析中，观察与认识表现出强烈的偶然性色彩。[2] 这一区分与自我指涉概念在系统理论中的应用息息相关。在卢曼看来，“知识如何可能”的问题需要通过区分的概念予以阐明。当卢曼在检验如何对社会世界取得认识这一问题时，他认为我们只能通过系统形成的与环境的区分来获取知识。这一点与构建主义对社会实在的理解有关，系统理论的构建主义并不同于一般构建主义认为的通过人造制度形成客观实在的辩证分析，其更加重视的是知识与认知的可能性问题，或者更准确地说，认知的不可能性（improbability）问题。传统的构建主义认识论仍然建立在主体如何认识客体的关系问题上，而系统理论则将认识问题建立在系统 / 环境的区分上：传统的构建主义认识论认为尽管我们作为主体不可能直接认识客观世界，但我们仍然可以通过意识和制度的构建来认识它们，而系统理论则反其道而行之。在这里，正是因为我们无法与外在世界（环境）进行直接的沟通，我们才可能产生（系统内化的）认知。系统与环境的严格区分不是我们认识的障碍，正相反，这一根本的区分是我们认识世界的开端和条件，

---

[1] 甚至有的学者认为，卢曼对认识论问题的重视使二阶观察在其后期理论中占据了自我指涉概念原先具有的地位，二阶观察及其体现的系统理论认识论的转变是卢曼系统理论成熟的标志。See Borch, Christian. *Niklas Luhmann.* Taylor & Francis, 2011.

[2] 参见彭飞荣:《风险与法律的互动：卢曼系统论的视角》，法律出版社 2018 年版，第 33 页。

从而也使得任何的认识可能和认识成果都是系统内部自我指涉的反映。任何认识都不可能在个体意识中独立存在，自我指涉是一种关系性（realtional）的概念。[1]系统相应的运作封闭，就是上述第一节所谈到的系统运作的不断接续，也正是由于其和环境的区分才成为可能。知识产生的可能正在于系统对环境的封闭：系统需要一定的距离才能产生对环境的观察。

从上述的论证我们看到，自我指涉概念本身就是其认识论基础的一种运作过程，或者更准确地说，知识的运作特点（operational side of knowledge）被体现出来了。知识只有通过区分，认识只有通过运作，并且通过系统的运作才能产生。我们可以说这是一种运作的认识论（operational epistemology）。[2]知识的产生没有预先的设定，而是系统内部构建的结果，这并不是说没有“事实”存在于环境之中，这样的事实是存在的，并且是认知的自我指涉过程的结果。只是认识世界的我们不能通过直接的接触和实验得到证实。因此卢曼的构建主义的认识论并没有否认真实的客观性，而只是认为这样的真实只能通过观察者的系统运作体现出来。这种认识论既不同于现实主义的认识论（认为一种真实存在于任何观察者之外），也不同于唯心论的知识构建（认为现实只存在于人的脑海中）。

自我指涉的认识论基础也说明系统并不认为存在唯一的“真实”或“现实”，任何一种现实都是一种理解，一种具有系统内部指向性的认识。通过上一节对沟通概念的分析，我们看到社会系统会从可能性中做出的选择并不具有

---

[1] See Luhmann, Niklas. *Social Systems*. Stanford University Press, 1995. p.33.

[2] See Luhmann, Niklas. “Closure and openness: On reality in the world of law.” *Autopoietic law: A new approach to law and society* (1988): 335-348. 在卢曼的构建主义知识论中，运作只能是封闭运作。卢曼认为，构建主义知识论对于自我指涉理论具有重要作用，“这种理论进步来自这样的观察，即只有通过运作封闭，常常被表述为‘从喧闹到秩序’（order from noise）的一个条件，内部复杂性的增长才是可能的”。Luhmann, Niklas. *Law as a social system*. Oxford University Press, 2004. p.80. 而“现代社会的法律就是这样一个‘从喧闹到秩序’的复杂性迅速增长的封闭系统”。宾凯：《二阶观察、悖论与法律的系统建构——卢曼法律社会学理论研究》，北京大学 2006 年博士学位论文。二阶控制论也认为，自组织系统理论研究系统是如何自动地由无序走向有序、由低级有序走向高级有序的。无序就是混乱，冯・福尔斯特认为“序源于噪声”，也即他的序源于噪声原理（order from noise principle）。自组织系统可由其状态的摄动（噪声）发展到更高的组织化（有序）。参见万百五：《二阶控制论及其应用》，载《控制理论与应用》2010 年第 8 期。

方向性和目的性，而是一种偶在的（contingent）选择。在系统的沟通中，一些结构条件会稳定下来，从而对后续的沟通产生选择上的影响，相应地，也会对我们如何认识世界产生影响。尽管由不同社会系统产生的“真实图像”并不一致，不同的观察者也会得出不同的认识结论，但这些系统的运作及其认识论的展开并不是随意的，而是遵循着一定的系统理性（systemic rationality）。

观察、区分、运作的构建主义[1]以及知识产生的系统内化效果，是我们对系统理论自我指涉的认识论基础进行梳理以后得出的初步成果。这些重要的结论再次印证了系统理论不同于一般社会理论运用的认识论与知识论，或者说其他理论运用的观察方法和由此造成的实质观察内容的不同。

因为刑罚作为人类理性行动之下的社会产物，我们对其无法像对待自然事物一般可以通过直接观察的方法得到具体的存在特征，如果想要更恰当地掌握刑法的本质，也只能够不断通过社会构建活动的共识。[2]我们将在其后对刑法系统运作和沟通的观察中看到此处对系统理论认识论基础一般性描述的重要意义。上述结论对我们重新理解刑事司法与刑法理论中的具体问题，以及刑法运作与社会运作的关系问题具有重大启发。

二、自我指涉概念的生物学来源

（一）生物学自创生（autopoiesis）理论

对自我指涉概念的认识论基础的论证，使我们对系统理论认识和处理社会现实的方式有了进一步的理解。上述论证侧重于从哲学的视角去考察自我指涉的概念，我们还没有深入系统理论对自我指涉概念构建的具体过程中来。换言之，我们并没有通过对其认识论基础的考察直接澄清这一概念的外延与

[1] 运作的构建主义并不否认社会实在（reality），但是，其认为世界不是一种物（object），而是一种现象学意义上的视域（horizon）。换句话说，是没有入口的（inaccessible），只能构建实在，并且观察观察者如何构建实在。See Luhmann, Niklas. *The reality of the mass media.* Stanford, CA: Stanford University Press, 2000. p.6.

[2] 参见古承宗：《风险社会与现代刑法的象征性》，载《科技法学评论》2013 年第 1 期。

内涵。但是我们仍然认为在对本书这一核心概念进行具体展开和适用之前，对其哲学基础进行一定程度甚至是稍显复杂的说明是有必要的，因为我们对任何社会事实的理解及其理解语义的表达都是在其本体论和认识论的基础上展开的。

虽然上一部分的论证并没有直接触及自我指涉的核心观点，但是通过对区分、观察、多中心的系统真实等问题的分析，我们已经可以看到自我指涉概念在分析社会事实和具体事件中可能呈现的维度。系统理论在描述这些社会现实的过程中不断通过往返于“系统与环境之间”，形成系统自身的沟通模式和理性内容。我们发现，现代社会的系统运作是通过内部沟通和结构产生的，但是这种运作又建立在系统与环境，也就是系统与外部价值和认知互动的过程中。系统理论对现代社会的上述定位与描述借鉴了生物学中“自创生”（autopoiesis）概念，生物学的生物体生命及其环境因素的自创生分析，为系统理论将其认识论基础运用到具体问题的分析上提供了借鉴，我们需要在此对自我指涉概念的这一生物学基础进行适当的分析，并且随着这种分析的深入，我们将会逐渐触及自我指涉在分析具体问题时的进路。[1]

系统理论的哲学认识论的范式转化深受自然科学影响。上述系统的运作封闭、系统与环境区分的观点源于近代生物学。近代生物学认为，有机体系

---

[1] 系统理论的生物学改造并不是社会研究中的独创。对于社会的有机化研究，最著名的是斯宾塞的研究成果，其研究也开创了通过生物演进观念研究社会的先例，这种研究范式对今后社会科学各个领域影响深远，特别是功能主义社会理论。吉登斯就指出：“功能主义与自然主义往往诱使人不假思索地承认，社会是明确限定的实体，而社会系统是内在高度整合的统一体。因为这类视角即便表面拒弃直接的有机体比拟，也往往与生物学概念关联紧密。”［英］安东尼·吉登斯：《社会的构成——结构化理论纲要》，李康、李猛译，中国人民大学出版社 2016 年版，第 14 页。19 世纪，基尔克就对这种纯粹的生物学类比产生了疑问：“但是，如果人们将基于自然条件而产生的‘精神—道德’上的共同体放入社会的自然理论框架内，并将动物的或植物的细胞架构作为该成员为意志自由的人类有机体的典范，那么就超越了类比所允许的界限。”［德］奥托·基尔克：《私法的社会任务：基尔克法学文选》，刘志阳、张小丹译，中国法制出版社 2017 年版，第 68 页。蔡枢衡也指出，将法律拟制为有机体，本质上是机械论的产物，不足为训。参见蔡枢衡：《刑法学》，中国民主法制出版社 2011 年版，第 28 页。对这一研究范式在法律领域运用出色的文献综述，可参见 Rottleuthner, Hubert. “Biological metaphors in legal thought.” *Autopoietic law: A new approach to law and society* 8 (1988): 97。

作为整体组织内部各要素，生命现象不可分解为物理化学过程。系统运作总是以内部既有状态为新起点，不受环境支配。生物学家马图拉纳和法瑞拉阐述了“自创生”系统论。其细胞学研究表明，细胞依靠封闭的“自我指涉”运作建立内部的复杂性，自主调节与环境的物质、能量交换。其神经学研究则表明，神经系统借助既有结构建构性地认知外界图像，无法忠实呈现客观环境；系统与环境之间并无直接接触，只能以“共振”方式相互感应。运作封闭与认知开放，共同诠释了有机体的“自创生”属性。[1]

这是我国学者对自创生生物学概念的初步分析，从中我们可以看到，这与本书前一部分对自我指涉概念在社会系统理论中的哲学认识论基础有着诸多的相似和共通之处，并且上述观点还进一步细化了系统在自创生条件下封闭性与开放性、构建性与认知性的关系问题。我们需要回到马图拉纳和法瑞拉的原初论证中，去对社会系统理论的生物学基础进行深化，这一方面是为了对上述学者较为简单的论述进行补充；另一方面是通过这样一种探索来对刑法系统自我指涉的构建提供一个较为完整的理论框架，并将抽象的知识论问题转化为具体研究中的操作问题。

关于自创生系统，法瑞拉给出的一个标准定义是:“一个自创生系统（即最小生命组织）是指能持续产生规定它的组件的系统，与此同时，在时空中将此系统实现化为一个具体的统一体，从而使得生产组件的网络成为可能。更确切地讲：一个自创生系统被组织为（被规定为一个统一体）一个生产（合成和破坏）组件的过程网，这些组件：1. 持续地再生和实现产生它们的网络；2. 将系统构造为一个在它们的领域中可区别的统一体。”[2]

因此可以说，任何一个合乎自创生标准的系统，在生成其身份的活动中，同时生成了它的可能交互作用域。换言之，一个自创生系统在生成自己身份的同时，也生成了适应其环境的特殊条件。[3] 对马图拉纳和法瑞拉而言，以“输入与输出”模式来描述生物系统不足以反映生物活动的特质。自创生概念

[1] 参见陆宇峰:《“自创生”系统论法学：一种理解现代法律的新思路》，载《政法论坛》2014 年第 4 期。

[2] Varela, F. J. “Patterns of life: intertwining identity and cognition.” *Brain Cogn* 34.1 (1997): 72-87. p.75.

[3] 参见武建峰、魏屹东:《生成认知科学中的连续性论题》，载《江苏社会科学》2014 年第 3 期。

的中心意涵在于系统的不同因素以一种生产和再生产的过程产生互动。也就是说，系统的因素产生了自我的再生产。[1] 自创生系统的元素并不是通过与系统外在元素和能量的交换中产生的（虽然其必然要和外部进行交流），在没有被生物内部结构识别的情况下，环境因素无法与生物展开互动。[2] 自创生系统的所有过程都是系统自我产生的。细胞通过细胞的再分化进行，植物体的根茎叶脉也是从作为系统（整体）的生长中不断产生的。

但是，系统的运作封闭（operative closure）并不代表自创生系统是一个封闭的系统。我们要理解生物学自创生理论对封闭的定义。自创生系统意义上的封闭只意味着运作上的封闭，自创生系统实际上是开放的：所有的自创生系统都与其环境产生交流。例如，活细胞的生存离不开能量和物质的对外交流。但这种交流是被自创生系统自身的演化方式和结构所限制和规制的，系统自身决定了何时以及何种能量能够从环境中进入系统。这与系统理论中系统与环境区分的观察方式一致。

自创生系统开放与封闭的同时性对系统自我指涉过程中的认知过程特别重要。对马图拉纳和法瑞拉来说，生物（living）的概念与认知的概念相联系："生物系统是认知系统，生物的过程是认知的过程。" [3]

在这个意义上，自创生系统的运作也被定义为系统的认知。生命与认知具有相同的指涉。因此，任何对生命的描述同样适用于认知：认知是自我指涉的自创生系统。系统理论的构建主义定位正是来源于此：认知过程是认知系统自身的构建过程，不存在任何系统外部的事实（认知）。系统外部对系统的构建只能形成激扰（irritation）而非直接的介入与吸收。[4] 系统外部的事件

---

[1] See Varela, Francisco G., Humberto R. Maturana, and Ricardo Uribe. "Autopoiesis: the organization of living systems, its characterization and a model." *Biosystems* 5.4 (1974): 188.

[2] See Maturana, Humberto R., and Francisco J. Varela. *Autopoiesis and cognition: The realization of the living*. No. 42. Springer Science & Business Media, 1980. p.10.

[3] Maturana, Humberto R., and Francisco J. Varela. *Autopoiesis and cognition: The realization of the living*. No. 42. Springer Science & Business Media, 1980. p.13.

[4] 激扰的概念解释了信息概念的双重属性。一方面，激扰的组成形成了一种区分，并标示其自身与已知的不同；另一方面，其描述了型构系统随之而来的变化，换句话说，乃系统进一步运作的条件的整合。

有可能触发系统内部过程，但是这些外部事件不能决定其进程。[1]

（二）自创生理论对社会科学的启发

马拉图纳等人有关系统认知的论述，对于解读法律等社会系统来说十分关键。我们知道，植物等生物系统产生自我指涉并不意味着生物体之间会产生对各自状态的认知，但是法律系统对外部的认知不仅是一种反应刺激，还是一种反思（reflexive）的状态，也就是说，法律系统的认知不仅能够认识到自身的状态，而且能够通过认知其他社会系统反思自身的运作。

这种反思的过程在学者看来是一种基于规范的反思过程。例如，我们在刑法上将盗窃罪的对象扩大到电力、Q币，便是刑法对外部社会变动的一种反思和自我调整，不过这种调整只能在刑法规范性的自创生（normative autopoiesis）中实现。也就是说，必须将新的值得惩罚的盗窃行为纳入原有的法教义学框架之中，形成规范解释的更新和递归。[2]法律系统基于自创生的反思形成的效果在于，新的社会变动被纳入原有的规范之中，从规范的“目的”来看，似乎从其诞生之初便能够包含这些值得处罚的行为。[3]从生物学自创生理论关于系统认知的洞见中，我们还能够发现现代法律运作并不是围绕一个所谓的“自然法”意义上的中心价值展开的，现代的刑法教义学是不断自我指涉和递归现象的产物。

此外，自创生理论还严格区分了系统的再生产以及这种再生产所带来的系统结构（structure）：自创生系统为了“生存”必须不停地制造元素。如果这种再生产的过程停止了，那么系统也就死亡了，对自创生系统而言，系统再制造元素的属性并不是重要的。但是，任何系统的再生产都依赖已经存在

---

[1] See Luhmann, Niklas. *Organisation und entscheidung.* VS Verlag für Sozialwissenschaften, 1978. p.401.

[2] “卢曼清楚区分了三个自我指涉的层次：基础的自我指涉（元素）、反身性（过程、反身性的机制）以及反省（系统）。所谓基础的自我指涉，是指元素必定会以递归（Recursive）的方式指到同一个系统的元素。”［德］卢曼：《社会之经济》，汤志杰、鲁贵显译注，台湾地区联经出版事业股份有限公司2009年版，第2页。

[3] See Cornell, Drucilla L. “Philosophy of the Limit, Systems Theory and Feminist Legal Reform.” *New Eng. L. Rev.* 26 (1991): 783.

的系统结构，从这个意义上说，系统是由结构决定的。然而，系统的结构并不是预先给定的（结构主义的观点），系统结构本身就是自创生系统的产物。换句话说，在其再生产的过程中，系统再制了其自身的结构。在自创生理论中，这被称为系统的自我组织（self-organization）。系统的自我再生产创造了结构，结构决定了系统再生产元素的性质，这是一个具有循环意义的论证，甚至是具有悖论意义的系统生存状态。自创生系统的自我组织概念是我们对刑法体系进行分析时需要借鉴的一个重要概念，这也是系统理论的生物学基础为我们解释社会现象提供的有益智识。

自创生理论对系统理论的另外一个重要启发在于对系统与环境交互过程的描述，也就是本书的主题之一：结构耦合（structural coupling）。这一概念关涉不同系统间结构上的整合与适应。因为结构是系统自我演化的结果，所以结构之间的耦合或者说系统间结构的相似性，只能是有选择的联系，而不可能一一对应。我们将在下一节对此概念进行详细论证。在此，我们指出了系统结构和其自我指涉的关系，从而为我们进一步论证提供了初步条件，结构的自我生成特点与其决定系统运作的双重属性，或者说系统结构的吊诡（paradox），将在下一节予以更进一步展示，也为我们理解刑法与社会关系，也就是两个或多个系统间的交互与伴随状态，提供了新的视角。

在对自我指涉的生物学基础的探讨中，我们发现自创生的生物系统中的一些关键性定义与社会系统理论观察世界的方式，也就是区分、运作和沟通具有紧密的联系。系统的内在化运作以及系统理论自我指涉的构建主义认识论基础也在生物学的自创生理论中有所体现，社会系统理论无疑对自然科学的这一发展进行了大量的借鉴，从而产生了本书分析社会问题的特殊方式和角度。生物学的自创生理论针对的毕竟是生命体，而不是针对能够产生意义（meaning）联结的社会现象。这也是我们在这里并没有直接将“自创生”的概念运用于对社会的观察，或者说将自创生的概念直接移植到对社会功能系统的定义和解读中来的理由。我们将在下面的论述中阐释，相比于生物学的自创生概念，自我指涉的概念更适合描述和分析正在向现代功能分化模式演进的中国刑事司法系统。从法治的稳定性和“形式法治”的优先性意义上来说，自我指涉更强调系统内部的封闭，而自创生概念则更关注系统对社会变迁的回应。[1]

系统理论中自我指涉概念虽然大量借鉴了这一自然科学的研究成果，但是我们仍然需要对这种移植和借鉴保有高度的警惕，这也是对包括刑法在内的社会系统的观察虽然可以使用诸如区分、运作等概念，却不能直接搬用自创生概念的原因。社会与生物体的明显差别，特别是社会的语义（social semantics）结构特点以及社会构建的“意义”属性与生物体生存的差别，都使得我们在联系本节的分析和上一节对社会系统“沟通”过程的描述时发现了两者间明显的不同。这也是虽然系统理论受到生物学的自创生概念的启发，但是仍然需要对其进行社会系统的转化的原因，这也是我们在下一节试图阐述和解决的主要问题。

三、自我指涉的社会理论改造

（一）从生物到社会的自创生

如上所述，生物学中的自创生概念并不能直接适用于对包括刑法与法律在内的社会现象的描述，在文献中这种试图直接套用自创生理论对社会现象的解释也大多失败了。[2] 卢曼敏锐地洞察到自创生理论和社会系统之间的差异，通过一种再度抽象化的改造将自创生理论上升到一种元理论（meta-theory）的高度，[3]并在这种抽象的基础上将自创生理论的有益部分运用到对社会现象和社会理论的构建与解释中。[4] 卢曼认为，一旦我们发现一个系统的

---

[1] 在经济法等领域，自创生法的研究更为突出，也正是因为在这些法领域，如破产法等问题上，法律的稳定性与灵活性、普遍性与多元性、执法的多元性与权力的一元性具有更为广阔的选择空间。具体可参见［德］贡塔·托依布纳：《社会理论脉络中的法学与法律实践》，季海龙译，载《交大法学》2015 年第 3 期。

[2] 具体的失败的例证可参见 Mingers, John. *Self-producing systems: Implications and applications of autopoiesis*. Springer Science & Business Media, 1994。

[3] 元理论并不是一种自然法意义上统摄所有社会现象解释的基础性学说，它们之间的区别请参见［德］尼克拉斯·卢曼：《对现代的观察》，左岸文化出版社 2005 年版，第 6—20 页。

[4] See Geyer, Felix, and Johannes van der Zouwen, eds. *Sociocybernetic Paradoxes: observation, control and evolution of self-steering systems*. Sage, 1986.

元素是通过系统其他元素的再生产而形成的，我们就可以认为这一系统是自创生的。社会系统与个体的心理系统在这个意义上说都存在自创生的特性。社会系统再生产的基本元素是沟通，个体（或心理）系统则依据思想或意识（thoughts or consciousness）进行再组织和再制造，在社会系统层面又可再次分化为三种子类型：社会、组织和（面对面）交流（interaction）。

马图拉纳和法瑞拉的研究可以归于对生物系统自创生的描述。生物学的自创生理论并不完全适用于对心理以及社会系统的研究。在社会系统层面，每一种社会系统的类型及其自我再制的模式都需要重新定义。因此针对社会系统，我们可以通过卢曼的划分总结出四种研究：针对一般社会系统的研究、针对社会子系统的研究［也就是针对社会（societies）的研究］、针对组织的研究以及针对面对面交流（交往）的研究。这四种研究都是社会理论特别是社会系统理论的研究范畴，针对本书的主旨，我们将重点阐述系统理论针对社会及其子系统的研究。

社会系统及其子系统首先区别于生物系统的关键在于其组成的基本元素的差异：社会系统由信息（information）、言说（utterance）和理解（understanding）构成的沟通连接起来，而生物系统不存在这一过程。关于沟通作为系统理论的基本观察方式，在本章第一节第三部分已经有较为详细的论述，这里不再赘述。需要强调的是，社会（及其子系统）、[1] 面对面的交流

[1] 社会系统中的社会（societies）并不是所有个体之间交流（interaction）的总和。社会系统可以整合那些不在场（absent）沟通，其可以跨越不同的交流系统边界，例如刑法系统可以通过面对面的庭审展开，也可以通过上诉书面意见、刑事司法组织的运作等非在场的模式呈现和延续。社会的边界在于可能的、有意义的沟通，因此其外延比交流系统宽泛，从而也促进了现代社会复杂性的增长。See Luhmann, Niklas. "The Differentiation of Society, trans. Stephen Holmes and Charles Larmore." *New York, Columbia University* (1982). p.73. 卢曼认为传统的欧洲启蒙思想下的社会观念比其所定义的范围实际上要狭窄得多。欧洲传统的社会概念其实是在政治、法律国家对比中建立起来的。由此，社会的统一在于对规则的认同与分享。这在卢曼看来是对所谓的社会认同和规则分享（概念上和事实上）的夸大。卢曼也提到这种社会概念，这种对"规范整合"（normative integration）的强调，将迫使我们认为即使是犯罪人也"最终将认同和接受"社会中成熟的价值。由此，犯罪人的行为无法被社会"放逐"。在卢曼看来，规范上的认同不能作为整体社会系统的一种适当的基础，这种基础只能被定位在规范遵守者（conformist）与越轨者（deviant）之间，以及由此形成的对适当行为的期待和反应之中。See Luhmann, Niklas. "The Differentiation of［转下页］

（interaction）[1] 以及组织（organization）都是社会系统的研究范畴，[2] 这也就意味着它们都使用沟通作为最基本的系统组成元素和运作方式。但是，这些不同的社会系统以不同的沟通方式呈现。下面主要针对社会的沟通特性进行简要的论证。

［接上页］Society, trans. Stephen Holmes and Charles Larmore." *New York*, *Columbia University* (1982). pp.73-74.

对雅各布斯等人运用卢曼系统论对刑法目的的研究也应当从自我指涉的沟通系统，而非从个体认知的角度看待。在系统论看来，在现代社会，寻找或者说构建一种个体之间的共同规范性认知不仅在实践上不可能，也不符合系统自我指涉所提出的个体与社会之间区隔，个体只是进入系统沟通，而非系统组成部分的基本判断。对德国刑法教义学"规范违反说"的解读应当注意到其继承系统论这一基本判断的面向。对现有规范违法以及行为无价值研究中所体现的问题，我们将在后述内容中作进一步的论证和分析。

另外，面对面的交往（interaction）在有些学者看来相较于系统沟通，位阶较低，也更容易被遗忘（或不被记录），但是交流也可能被转化为更具意义和持久的沟通。See King, Michael. ***Systems, not people, make society happen.*** Wilmington, DC: Holcombe Publishing, 2009. p.94. 刘涛：《文字与法律演化：卢曼系统理论的视角》，载《社会学评论》2016 年第 5 期。

[1] 社会系统的沟通和组织的沟通都是一种超越了面对面交往方式的社会二阶观察，由此也摆脱了面对面交往的局限，从而能够为社会系统（记忆）的产生和系统的稳定提供媒介上的支撑，这依赖于文字和书写的诞生以及在此基础上社会沟通媒介，包括大众传媒和网络媒介的兴起。这里需要提及的是，通过使用文字形式的沟通，系统的冗余（redundancy）得到了保存，从而加速了法律的实证化。See Luhmann, Niklas. *Social systems.* Stanford University Press, 1995. p.78. 特别是印刷术，其虽然发明于中国，但正如韦伯所指出的，只有在西方，才发展出一种只设想成为印刷品，而且只有通过印刷才有可能存活的文书，即刊物。参见［德］韦伯：《新教伦理与资本主义精神》，康乐、简惠美译，广西师范大学出版社 2010 年版，第 3 页。安德森也指出了印刷与资本主义的关联性。可参见［美］本尼迪克特·安德森：《想象的共同体——民族主义的起源与散布》，吴叡人译，上海人民出版社 2016 年版，第 38 页以下。而刊物的发明，使得社会沟通，包括法律运作以及法学理论的沟通时间、社会与事实维度大为扩展。但是，印刷术的发明，也带来了沟通由于并不需要面对面进行而产生的误解，以及系统为了解决误解问题而创建的机制，例如刑法中基于文本的解释。See Horton, David Paul. "Looking Through the Reeds: System-Theorising the Independent Homicide Inquiry." (2014). p.44. 另外，没有一套记载、积累和移送的刑事案卷制度，就不可能有关于犯罪和罪犯的知识的形成。参见周光权：《刑法学的向度——行为无价值论的深层追问》（第二版），法律出版社 2014 年版，第 59 页。在当今世界体系中，空间上的不在场对系统协调不再构成障碍。参见［英］安东尼·吉登斯：《社会的构成——结构化理论纲要》，李康、李猛译，中国人民大学出版社 2016 年版，第 174 页。

[2] See Luhmann, Niklas. "The Differentiation of Society, trans. Stephen Holmes and Charles Larmore." *New York*, *Columbia University* (1982). pp.69-89.

对卢曼而言，社会包含了所有的沟通，没有沟通处在社会之外，社会的边界就是沟通的边界："社会是全集式（all-encompassing）社会系统……如果新的沟通模式或主题（theme）出现，社会也跟随着这些新的沟通生长。它们丰富了社会。这些新的沟通并不在社会之外。"[1]

因此，系统理论中社会仅有一个世界社会（world society）。换句话说，发生在这个世界其他地方的事情（原则上）在沟通上都是可及的。[2] 这就意味着所有可被识别为社会沟通的东西，其边界和限制都是由社会来生产的。[3] 对卢曼来说，社会的所有沟通都由这些基本元素产生。在上述三种类型的社会系统（社会、组织和面对面交流）中，社会是非常特殊的一类。基于其全集式的特点，它包含了另外两者，或者说，组织和交流也在不断制造社会。

（二）功能系统的分出

随着现代社会的出现，系统理论认为作为沟通类型的社会从环节社会（fragmented society）和阶层社会（stratified society）向功能分化（functional differentiation）的社会转变。在现代社会中，我们看到根据特定社会功能进行区分的社会子系统：法律便属于其中。特定的社会子系统也会根据不同的功能进行再次分化，例如在法律系统中形成刑法、民法等子系统，或者根据立法和司法的区分形成不同的组织和子系统。

---

[1] Luhmann, Niklas. *Social systems.* Stanford University Press, 1995. p.408.

[2] 参见［德］卢曼：《社会之经济》，汤志杰、鲁贵显译注，台湾地区联经出版事业股份有限公司2009年版，第4页。

[3] 今天的世界社会已经是"全球社会"（world society）。卢曼认为，全球"社会"不再是被政治单位、国土边界或经济实体所分割的社会，社会已经连成了一个整体，全球社会分化成了各个遍及全球的子系统，包括经济、教育、传媒、政治等都是全球性的分化系统。法律也是这样的全球性子系统。参见宾凯：《二阶观察、悖论与法律的系统建构——卢曼法律社会学理论研究》，北京大学2006年博士学位论文。我们将在其后对国际刑法的分析中深化对系统理论"全球社会"的理解。需要注意的是，虽然社会在沟通上具有全球性，也就是说，一个系统的自我指涉可以在全球范围内成为可能，但这也仅仅是一种可能。在现代社会中，系统的构成通过组织（organization）的形式展现。我们无法直接观察到法律的沟通，不同系统沟通的识别以及它们之间的界限需要通过组织的构建来划分，国家、政党、法院都是组织，我们在本章最后将通过作为组织的法院对刑法系统及其自我指涉的分析体现上述观点。

因此我们可以说，现代社会由功能分化的系统组成。所有的社会子系统都是沟通系统（communication systems），它们在运作上都是封闭的，而且是基于二元符码（binary code）运作的封闭。也就是说，现代社会的沟通是在一种特定的符码下进行的。例如，法律系统的符码是合法 / 非法，经济系统是支付 / 未支付，政治系统是以权力是否掌握的二元判断来进行运作的。这些社会子系统根据特定的符码产生沟通、处理环境中的因素并形成系统的自我指涉。通过二元符码形成系统内部的二阶观察，从而降低了现代社会环境的复杂性，增强了系统处理信息，形成了沟通不断相互指涉的能力。符码是系统特定的（systemic specific），特定的符码帮助我们识别不同类型的社会沟通，指导我们的生活，稳定行动者的期待。例如法律系统的沟通以合法 / 非法进行判断，并通过这些判断（法律判决与法律论证）连接其他的系统沟通，不同的法律判决之间不能通过经济系统的支付符码进行连接（谁付的钱多就在法律论证中占据优势）。社会功能系统的运作封闭和自我指涉意味着只有那些经过系统特定二元符码处理的沟通才能够产生系统的再制。这也是现代社会能够处理高度复杂性问题的关键所在。

功能系统的自我指涉以系统单一的“功能”作为沟通的条件和存续的条件。法律系统的沟通只能依照法律系统的功能（规范期待的稳定）和符码延续；经济系统也只能按照自身系统的符码和逻辑进行运作。对于功能系统而言，单一的功能和符码意味着其能够处理环境中的各种因素，不过同样的事件和信息可能通过不同的符码和社会系统处理，从而产生不同的系统理性和意义，它们之间产生的互动以及冲突将是本书后续部分关注的焦点。

另外，我们要联系本章第一节第一部分提到的系统理论观察世界所运用的区分方法。现代社会的功能系统所形成的基于系统 / 环境的区分是自身运作的结果，而不是系统外部输入的结果。各个社会功能系统间不能产生沟通的“直接交换”（exchange），例如政治逻辑不能直接进入司法的论证。每个功能系统以自我指涉的方式延续，政治活动能够成为法律系统运作的信息和素材，被系统观察和处理，如政治系统的立法过程被司法活动所吸纳，但是立法却无法直接决定司法过程的性质和结果。在系统理论的视角下，现代社会功能系统间并没有决定和被决定的关系，社会管制（regulation）也不是一种控制—命令模式，[1] 社会是多中心的沟通系统。对于这些并无直接制约关系的系统而言，我们需要在后面一节中详细探讨其“结合”和“交互”的方式，也就是本书的另一主题：结构耦合的概念及其展开。从本节论证中可以得出的初步结论是：社会系统间的关系不会是一种直接的功能移植，也不能通过相互之间直接的吸收解决社会整合的问题。包括刑法与社会关系在内的系统间交互问题建立在系统分离，也就是系统在沟通的自我指涉基础上，而不是建立在一种共识性的价值判断或具有中心地位的社会系统之上。

从上述系统理论的社会系统维度改造中我们看到，原有的生物学自创生理论通过卢曼等社会理论家的重新解读后成为更具一般性的自创生系统理论。我们着重对这套理论中的社会系统部分进行了分析。我们将系统及其元素的自我指涉确定为基于社会子系统单一功能和特定二元符码的沟通。在上述的分析中我们发现社会系统的全集式效应以及沟通的全集式展现。从这一结论出发，我们认为现代社会法律的沟通与法律二元符码的判断构成了法律系统自我指涉的模式。在接下去的部分，我们将针对这一初步的结论做出针对法律系统的描述和分析。

四、自我指涉的法律系统维度：基于规范期待的系统自治

（一）法律现象还原论（reductionism）的缺陷

在系统理论看来，现代社会的功能系统涵盖了所有的社会沟通，因此法律系统的沟通也具有社会系统一般性沟通的基本特点。也就是说，法律的沟通通过信息、言说和理解的方式产生，并形成系统的自我指涉。但是在卢曼等社会理论家改造后的系统理论中，由于现代社会的功能分化，法律与其他社会功能子系统的功能与符码运用存在本质上的差异，进而为解决环境因素复杂性提供了不同的渠道和处理模式。因此，本书不仅需要关注社会系统运作的一般形态，更需要展现法律系统自我指涉的特殊维度和功能。

如前一部分所述，社会系统的类型不仅包括社会（及其子系统），也包括

[1] 参见杨炳霖：《回应性管制——以安全生产为例的管制法和社会学研究》，知识产权出版社 2012 年版，第 65 页。

组织和面对面的交流。我们一般将现代社会，特别是现代西方社会的法律运行称为一种制度运行，制度包含了规范、认知等多个侧面，[1] 涉及的是远比面对面的交流和组织运行复杂的机制，[2] 这也是在卢曼的社会系统理论中，法律被定义为一种特殊的系统而非简单的交流（法庭辩论、法律咨询等）或组织运作（法院的运行、立法机构的产生等）的原因。对法律系统的研究不能仅仅根据法社会学，特别是法律实证与经验研究形成的一种“还原论”展开。[3]

由于现代社会沟通的多中心与去中心特点，卢曼对法律系统的定位与法律多元主义（legal pluralism）具有相似的学术旨趣。[4] 系统理论与法律多元主义都希望借助社会理论，确定法律现象的范围，划定法律的边界，并且深化我们对法律现象与其他社会现象之间异同的理解。但是法律多元主义（也包

---

[1] 斯科特在规制、规范以及文化认知层面定义了制度，作为制度的法律包含在这三种维度内。See Scott, W. Richard. *Institutions and organizations: Ideas, interests, and identities.* Sage Publications, 2013.

[2] 安德森就指出，事实上，所有比面对面接触的原始村落更大的共同体都是想象的。参见［美］本尼迪克特·安德森：《想象的共同体——民族主义的起源与散布》，吴叡人译，上海人民出版社 2016 年版，第 6 页。

[3] 当然，这不意味着理论研究“高于”经验研究。正如系统论学者所言，除非我们把“经验”视为“与实在的直接接触”，并以这样一种朴素的实在论的态度来规定理论与经验的关系，否则经验研究当然可以有助于理论的建构。在本体论上，理论研究并非具有优先地位。参见汤志杰：《理论作为二阶观察：如何解决“无中不生有”与“无中生有”的吊诡》，载《社会理论学报》2010 年第 1 期。但是，也有学者不同意上述解读，其认为我们应当区分科学经验与基本经验，理论研究者亦未必要做经验研究，但他们的理论很可能大多仍有经验基础。卢曼的系统理论也是如此，不是从经验研究发展出来的，其“经验研究”并不是要归纳出理论来，而是理论的应用，但也不是让理论接受经验验证。这意味着有可能基于理论性的讨论与研究来创发理论。参见黄厚铭：《一场有助于厘清间接的建设性对话：敬答汤志杰》，载《社会理论学报》2010 年第 1 期。相对于前者，笔者更赞同黄厚铭的观点，即理论研究与经验研究之区分，仅在十分有限的意义上具有争议，也就是将经验研究等同于科学经验。更准确地说，将研究中的经验问题，等同于实证主义的研究方法。但是，经验问题，即在哲学存在论、认识论意义上的经验，显然比实证研究所指涉的经验范围要广，也更为复杂，卢曼的系统论正是在后一种意义上探讨了包括科学研究在内的社会运作的构建论（至少是认识论意义上的构建主义）与传统实存主义认识论之间的区分。但是，依然有争议，或者说，并未得到共识的是，认识论的构建论，是否也必然推导出本体论的构建论。在卢曼系统论研究者看来，是可以这么认为的。对此，也存在反对意见，可参见万毓泽：《让卢曼的系统论（重新）成为问题：一个本黑式的视角》，载《社会理论学报》2009 年第 1 期。

[4] 有关法律多元主义与法律的系统理论之间的关系，请参见［德］托依布纳：《魔阵·剥削·异化——托依布纳法律社会学文集》，泮伟江等译，清华大学出版社 2012 年版，第 34—36 页。

括法律虚无主义）和法律功能主义观[1]与系统理论倡导的在自我指涉与区分基础上形成的整合统一的法律观察视角具有很大的区别。如果说法律多元主义在某种程度上解构了法律作为独立社会存在的意义，那么系统理论则从现代社会功能分化与系统二阶观察的视角重新确定了法律（现象）作为独立自

[1] 在有的研究者看来，卢曼的法社会学的功能主义倾向借鉴了莫顿（Robert Merton）和卡希尔（Cassirer）的观点。他们的观点都被称为法律研究中的社会学等价功能主义（sociological equivalence functionalism）。莫顿质疑那种从部分到整体的功能主义进路，其认为即使是那些被（目的论的）功能主义视为社会不可或缺的部分（indispensability）仍然可以通过功能等价的制度予以替代。卡希尔则认为功能等价的概念意味着相似的社会问题可能导致不同的解决方案，解决方案的近似仅仅在于其功能上的相似。卢曼将二者的观点进行了融合，摒弃了对功能主义原有不切实际的构想。卢曼的观点总是提请人们注意这样一个事实：如有必要，总是可以命名或找到（暂时）解决系统问题的等价解决方案。唯一的条件是：从持续适应环境的角度来看，系统结构的设计和制度化的方式必须允许自我变异（Selbstvariation）到必要的程度。

卢曼认为，在传统的思维中，人类的所有联合都被认为在追求某种目的、是实现这一目的的手段。目的被视为系统完美化与合理化的标准：而目的的正确性往往通过价值关联得以论证。与此相对应，科学研究的对象被限定为目的—手段关系以及干扰它们的因素。而对功能主义的系统论来说，目的只是用于安排系统—环境关系的一种可能的主导公式。这一公式既不是不可或缺的，也不是不可改变的，更不是对系统的存续独立具有决定作用的。目的的功能在于为系统的成员提供一种可造作的、指导性的、用于替代系统存续问题的公式。当目的被正确确立后，系统在实现这些目的时就可以在艰难的环境中存续下去。因此，某一系统的目的取向程度是一个变量，而不是不变量。目的设定对系统存续所具有的功能就构成了功能主义系统论的研究对象。

卢曼认为功能并不是一种因果律的表达，也不具有目的论（teleology）意涵。功能等价解释了制度作为解决问题的一种可能，而非必要的方案。一种制度仅仅是偶然涌现的众多可能性中的一种。因果科学的功能主义往往通过一段观察和监测方法来验证一些经验与一些经验的效用之间的内在（即规律性）关系（其问题是：A 是否总能或以一定的概率能引起 B？），但无法做到这一点。而当等值功能主义取代因果科学的功能主义时，验证的目标不再是确认此类规律性的关系，而是确认多种因果因素的等值性（其问题是：A，B，C，D，E 等是否具有等值地引起 B 的功能？）。参见泰明瑞：《从因果解释到等值功能主义——卢曼方法论思想探析》，载《社会理论学报》2016 年第 2 期。

具体的系统因此也是众多选择中成为现实的那一种。因此，法律的演化路径仅仅具有可能性，是偶在的，而非事先决定的。这也就要求我们将社会及其子系统理解为它们之间的关系，而不是相互独立的组成部分。卢曼的功能主义也未能摆脱一种悖论（问题与制度方案互为前提，当然这也是系统理论的特色之一）。不过因为卢曼的功能主义，如前所述，是一种构建主义的理论，因此其可以使用，而非避免通过展示系统运作的悖论来构建社会制度之间的关系。See Michaels, Ralf. "The functional method of comparative law." in Reimann, Mathias, and Reinhard Zimmermann, eds. *The Oxford handbook of comparative law.* OUP Oxford, 2006. p.339. ［转下页］

主社会子系统的地位。我们需要拒斥法律多元主义中包含的解构观与法律虚无立场，并且通过将社会系统论的视角进行法学维度的转化，来证成作为自我指涉社会子系统的法律在社会运作层面上的独立价值。

[接上页] 塔玛纳哈认为我们必须看到社会功能主义学派通过一种事先的给定（prior）去界定法律的社会角色和法律的社会性质。而在非功能主义者的视域内，现实经验层面的法律可能并不存在所谓的"功能"，但是仍然能够在社会中具有效力和效率。See Tamanaha, Brian Z. *A general jurisprudence of law and society.* Oxford University Press on Demand, 2001. p.36. 相对于塔玛纳哈的观点，法律系统理论并未完全放弃功能的概念（甚至在通常的理解中，系统论被解读为一种功能主义学说），但是其对功能的理解与结构功能主义学派（structural-functionalsim）已存在很大的差别。结构功能主义关注的是社会，或者说不同社会系统在功能层面的整合（functional integration）。在批判者看来，社会及其制度的功能仅仅可以通过意义（meaning）的层面进行分析。由此，功能整合意味着通过各种正当化的过程（legitimating processes）去完成制度秩序的整合。换句话说，整合的不是制度本身，而是制度正当化的途径。See Berger, Peter L., and Thomas Luckmann. *The social construction of reality: A treatise in the sociology of knowledge.* No. 10. Penguin UK, 1991. 那么我们是否还能够用系统去描述社会的图景呢？对于上述批判，新的系统理论，也就是我们在这里看到的由区分、运作和沟通作为观察世界和社会方式的理论明显放弃了原有结构功能主义的论证框架，并进而将意义的维度融入对系统的观察中。接受了其他学者对帕森斯的结构—功能主义方法反复提出的包括反对意见在内的批评，即在社会科学中，结构或系统的存续要求无法被精确界定，因为与生物有机体相比，社会系统缺少死亡这一经验现象。对于任何从结构和系统出发的再研究社会系统功能的结构—功能主义方法而言，这种反对意见确实指出了结构—功能主义的问题，结构—功能主义对社会现象的稳定性和存在性的毫不含糊的认定，也随之被动摇。因此，卢曼决定扭转帕森斯的分析策略，强调系统理论的功能主义方面，这将使他能够推进到一个明显不同于帕森斯的立场。卢曼在宣布他想用"功能—结构主义"系统理论取代帕森斯的"结构—功能主义"时，也从术语上表明了这一点。系统理论的这一洞见也能够对刑法理论中的机能主义作出反思。

法律功能主义在刑法中被称（翻译）为机能主义。雅各布斯的机能主义刑法观是对卢曼系统理论最为著名的借鉴。但是我们在本书中并没有直接引入雅各布斯的论证，原因在于作为刑法犯罪论研究者的雅各布斯与卢曼等社会理论研究者对法律和刑法的观察角度存在重大的区别。雅各布斯刑法理论的法学者根源在于其认为某个共同体的存续必须依赖于一个脱离了个体的任意而建立起来的联系框架，也就是规范；社会应该被理解为在该框架之内规范性相互理解的世界，只有当创设了人格体——而不是自然意义上的个体——的规范指导着交往时，即当这种规范给行动提供了标准的解释模式时，社会才是现实的。规范必须保证一种匿名的社会交往之可能，以使人们有充分理由去期待规范有效支配着社会生活的各个领域。责任归属是社会从外部（只能说是相对于刑法的"外部"）按照一定的标准赋予行为人的，其产生是一个社会学交往的沟通过程，而不是由行为人的行为孤立地自我形成。参见［德］京特·雅科布斯：《规范·人格体·社会——法哲学前思》，冯军译，法律出版社 2001 年版，第 21 页；参见何庆仁：《刑法的沟通意义》，载《刑事法评论》第 18 卷，北京大学出版社 2007 年版，第 156 页以下。在雅各布斯那里，罪责不是从个人标准如"可谴责性"或"不法意识"进行论证，而是直接转到了"系统"需求：［转下页］

[接上页] 罪责与“积极的一般预防的需求”是同一的，在个案中需要根据这一预防进行衡量。刑罚的意义最终在于实现社会系统的稳定（法律系统规范期待的稳定）。导致罪过的不是人的意识，而是在系统中的沟通。在这个系统中，每个个体，不管是行为人、受害者还是法官，都通过规范集合起来构成社会。参见王珏:《功能责任论中责任和预防的概念——兼与冯军教授商榷》，载《中外法学》2015 年第 4 期。罪责主要不是由实施其他行为的可能性确定的（自然意义上的个体），而是由维持对规范的信赖的必要性确定的。每个人都要负责让遵守规范成为优先的选择。参见[德]雅科布斯:《罪责原则》，许玉秀译，载《刑事法杂志》第 40 卷第 2 期。

雅各布斯认为，个人在进入团体之前，并不具备自我意识，其必须得到团体的承认，并遵从团体制定的规范，才能明确自己的权利义务关系，成为具备自我意识的个体，即人格体。人格体必须被涵括在团体之中，才能得以存续，否则将滑向团体与现行秩序的对立面，即敌人。卢曼则认为，不论是人还是团体，都只是法律系统的环境，其对法律系统产生影响，只能通过法律系统开放认知、接收信息并按照自身法 / 不法的二值符码逻辑进行自我运作，并不能直接介入法律系统的运作之中。至于人是否真的具有自我意识，并非法律系统所关心的问题，而是神经系统、心理系统等其他非社会系统所关心的问题。雅各布斯的敌人刑法正是体系机能路径的产物。其认为刑法有两种：一为市民刑法；另一则为敌人刑法。于前者情形，科处刑罚是针对保证市民最低限度的规范认知，拥有确认法秩序的功能（事后处理机能），但是基于后者所为的刑罚则是针对无法提供保证的敌人所为，纯然是一种“排除”，功能不外是利用物理性的威慑所能达成的预防（事前预防机能）。参见李茂生:《风险社会与规范论的世界》，载《月旦法学杂志》2009 年 10 月，总第 173 期。不过，即使是施密特（Carl Schimit）也认为社会的多元值得维护，只有在紧急时刻（dire emergency），朋友 / 敌人的区分才可能具有决定意义。See Rasch, William. *Niklas Luhmann's Modernity: The paradoxes of differentiation.* Stanford University Press, 2000. p.158. 周光权教授也认为，过度混淆市民刑法与敌人刑法的界限，以处罚犯罪预备为原则、将没有具体或者抽象危险性的行为以犯罪处理，树立了太多“假想敌人”，这种刑法扩张并不可取。参见周光权:《刑法学的向度：行为无价值的深层追问》，法律出版社 2014 年版，第 289 页。不能以行为人刑法之名，构建抽象意义上的“危险性格”或者“危险人类型”，从而忽视运用责任主义之外的考量因素，加重行为人的刑罚。在识别人的途径上，雅各布斯与卢曼选择不同。雅各布斯认为，严重违背了现行的社会规范，继而被社会秩序排除的个体，其原先被涵括入社会的人格体的状态便随之被取消，面临人格降等，落入敌人刑法的问题领域之中予以处理，陷入彻底的不自由之中，除非其打破了此种不自由。与之完全不同，卢曼认为并非个体被涵括到了社会之中，而是法律系统主动从环境之中捕捉到了人的形象，倘若未被识别，该人则处于自由生活的领域。翁壮壮:《雅各布斯：卢曼传人？还是施米特传人？》，载 https://mp.weixin.qq.com/s/bMUX_ih4Zp5fcOgosYpaRQ，最后访问时间：2020 年 12 月 13 日。

我们也通过前述对系统理论观察社会现象方式的描述说明了社会理论，或者说系统理论直接介入法律运作的不可为，其更适合通过一种二阶性（外部性）的观察去发现法律运作中的结构与历史。本书也认为雅各布斯直接将罪责问题与不可“直接观察”的社会系统沟通相勾连，会造成罪责自负原则、法律面前人人平等原则与规范违反说，特别是敌人刑法学说产生冲突。我们希望通过后述对系统论下个体与社会沟通分离的视角，从社会理论的角度去说明系统的沟通 [转下页]

社会系统一般性的沟通构成了社会自我指涉的基本元素，作为社会子系统的法律也是一种沟通，但这种沟通是以规范（norm）为基础的。法律的沟通体现在其规范性（normativity）上，至少对于现代实证法来说，法律的规范性是由自身证成的，无论是凯尔森的纯粹法理论与基础规范，[1] 还是哈特的承认规则 [2]，都试图证成现代法律基于自身的演化与生成，这也是西方实证主义法学基于现代社会分化现实的一种回应。但是，基于法学理论的局限性，我们在实证主义法学中仍然能看到一种元规则（meta rule）的影子，[3] 研究者也试图通过这种法律系统中的元规则来塑造和推演法律系统的自治。同时我们也看到，新自然法学派重新强调现代法律的道德性 [4]、法律原则的开放性等也意在解读现代法律的自治根基 [5]。总之，传统法学理论的现代演化希望在保持法律自主性的同时，不放弃对法律整合社会价值的追求；另一方面，法律多元主义、批判主义法学等主张却又强烈反对法律的整合效果。这些理论当然为我们进一步解读和认识现代法律的“多面向”提供了智识。

但是在系统理论看来，它们又过于绝对。法律不是独立于社会的产物，法律规范也不是社会其他领域规范的“镜面”。在自我指涉的法律沟通中，法律规范具有区分但并非超然于其他社会领域的特征。法律的规范性只能放在去中心化的（de-centrailized）功能分化社会中才能体现出其特殊意涵。现代法律，也就是基于西方法律传统发展起来的实证法是法律系统结构封闭的范式代表。法律

［接上页］需要转化为行为，并且这种转化是如何实现的。只有将系统论的沟通概念与刑法教义学上基于行为的不法与罪责概念之间的关系和转化进行说明，我们才能将系统论运用到解读以及修正现有刑法理论的研究中。卢曼看到了法学基于行为概念产生的规范性学说与社会理论描述现代社会方式上的差异，因此其将理论指向局限在对现存法的法社会学阐明上。雅各布斯刑法教义学超出了这一路径的范围。

[1] See Kelsen, Hans. *Pure theory of law.* Univ of California Press, 1967.

[2] See Hart, Herbert Lionel Adolphus. *The concept of law.* Oxford University Press, 2012.

[3] 有学者将法学理论（legal theory）或者说法理学（jurisprudence）称为元法律视角（meta-legal perspective）。具体可参见［荷］扬·斯密茨：《法学的观念与方法》，魏磊杰、吴雅婷译，法律出版社 2017 年版，第 36 页。

[4] See Fuller, Lon L. *The morality of law.* Vol. 152.Yale University Press, 1977.

[5] See Dworkin, Ronald. *Law's empire.* Harvard University Press, 1986.

的实证化代表了法律的自我决定，同样也是法律运作封闭的代表。[1]社会系统被看作基于要素和关系的动态体系，这一系统的复杂性突出了选择的作用，也就是说，社会系统中的任何一个运作都是诸多可能性中的一种选择。[2]

卢曼认为，法律演化，或者说法律系统的选择机制，是法律系统产生功能分化及其规范封闭的必要条件：第一，一种功能细化的法律样态，也就是说，法律只处理属于法律的问题；第二，系统的二元符码为其提供了积极以及消极的价值符号，就法律系统而言，就是合法 / 非法的系统符码。在此基础上，卢曼提出了法律运作封闭的结构条件：第一，法律的规范要求必须同时具体（specific）[3]和一般（general），因而有可能区别其他社会沟通符号并且能够重复使用，浓缩或者扩大这些规范的适用范围；第二，法律必须获得足够的机会来实施，从而能够使人们接受法律的规范性，逐渐承认法律的社会沟通价值。法律不能停留在仅仅向那些权利期待没有得到实现的人证实他的期待是正确的，而必须采取一些措施，使他的权利真正地或者补偿性地得到贯彻。在功能分化的社会中，其他社会子系统

[1] See Neves, and Marcelo. "From the Autopoiesis to the Allopoiesis of Law." *Journal of Law & Society* 28.2 (2001): 250. 我们有必要特别强调卢曼对运作封闭和因果封闭的区分。运作封闭是法律系统内部运作的自我指涉与循环性，而这与因果封闭——也就是系统与环境间不存在任何因果关系——的观念是有很大不同的。参见杜建荣：《卢曼法社会学理论研究——以法律与社会的关系问题为中心》，法律出版社 2012 年版，第 164 页。卢曼对社会科学研究中因果关系的质疑继承了温奇等哲学家对科学与社会科学之间区别的论证。在温奇看来，科学的研究对象在人类交往之前便已存在，人们是通过概念认识自然现象的。不过对社会世界来说，没有现象先于概念产生，我们生活的社会世界并无一种既定的因果律，而且因果律无法加深我们对社会现象的认知。See Winch, Peter. *The idea of a social science and its relation to philosophy.* Routledge, 2008. 而传统的法律功能主义则是以这种因果论为基础的。在系统论研究学者看来，这种因果论至少存在以下缺陷：1. 当我们确认了系统某部分执行特别的功能时，整体为了要保持这种功能，是否必须再发展出其他的功能来维持这个部分？也因此，整体与部分的不对称关系应当颠倒过来，即整体必须对部分执行某种功能。2. 若我们从目的 / 手段中的手段，或者说工具（instrument）这一面出发，一样可以找到多个与手段匹配的目的，这样一来，目的不见得优先于工具，反而可以说是工具创造了目的，即工具所具有的功能使目的得以彰显出来。3. 若我们将因果链加长的话，当初视为“果”的某种功能是否应该由另一个时间上更后的“果”（即另外一种功能）所替代？由此，“功能”概念对现代社会现象的解释还是恰当的吗？参见［德］Georg Kneer, Armin Nassehi：《卢曼社会系统理论导引》，鲁贵显译，巨流图书公司 1998 年版，第 27 页。

[2] 丁东红：《卢曼和他的“社会系统理论”》，载《世界哲学》2005 年第 5 期。

[3] 这里的具体是相对于社会沟通所产生的其他价值符号（如金钱等被卢曼称为符号意义的沟通媒介）而言的，而不是指法律条文的具体化、个案化。

的发展变得更加依赖法律的可执行性（enforceability）。[1]

法律的系统理论研究凸显了法律在现代社会中的独特功能，[2] 而这种功能与使用法律特定的二元符码及其由此产生的不同于其他社会子系统的期待（expectation）结构有关。我们在本章第一节中有关“沟通”概念的阐释中已经提及期待对于连接沟通的重要意义，在此我们结合法律沟通中的期待结构来继续深化上文中的论证，并以此说明系统理论在被运用到法律领域过程中所实现的改造。

（二）法律的期待结构：系统演进如何成为可能

如前所述，功能分化是卢曼对现代社会的定义，功能是划分系统的标志，一个系统只能有一个功能。功能分化意味着系统的自我指涉，自我指涉在系统理论看来并不是一种可欲的目标，而是不可避免的必要（fateful necessity）。[3] 在法律系统理论看来，法律的功能在于解决社会期待问题（social expectation）。而法律解决期待问题的方式是借助规范，形成规范期待（normative expectation）。规范期待成为指引人们从事社会沟通的前提条件，并在保持和稳定规范期待的基础上创造社会沟通中的意义（meaning）。在卢曼看来，法律是一种意义系统，[4] 为人们进行社会沟通创造稳定的规范期待结

---

[1] See Luhmann, Niklas. *Law as a social system.* Oxford University Press, 2004. p.15.

[2] 有关系统理论下功能与架构功能主义中功能定义的辨析，请参见本节内容中有关法律功能主义的注释。

[3] See Luhmann, Niklas. “The self-reproduction of law and its limits.” *Dilemmas of law in the welfare state* 3(1986): 111-127.

[4] 功能分化的社会子系统在卢曼看来不是劳动分工（涂尔干）或者社会行动的分化（帕森斯），而是意义的分化。See King, Michael, and Christopher J. Thornhill. *Niklas Luhmann's theory of politics and law.* Basingstoke: Palgrave Macmillan, 2003. p.11. 意义能够帮助系统捕捉和化约世界的复杂性与偶在性。参见杜建荣：《卢曼法社会学理论研究——以法律与社会的关系问题为中心》，法律出版社 2012 年版，第 63 页。社会作为意义系统为世界的复杂性提供边界。See Neves, and Marcelo. “From the Autopoiesis to the Allopoiesis of Law.” *Journal of Law & Society* 28.2 (2001): 245. 意义是心理系统和社会系统共同演化（co-evolution）的产物，是我们理解卢曼自创生系统和社会演化理论的一个关键概念。See Borch, Christian. *Niklas Luhmann.* Taylor & Francis, 2011. 特别是第二章。社会与心理系统的共同演进能够再生产高度复杂的、有着自身动力机制的系统及其刑事构成。See Luhmann, Niklas. *The reality of the mass media.* Stanford, CA: Stanford University Press, 2000. p.74. 我们在本节前述注释中也已经提到，只有借助意义的概念，以及结构功能主义系统批判者提到的制度正当化（legitimation）整合问题，才可能超越对制度进行外部观察可能存在的缺失。

构。每一种法律体系的中心任务在于为行为期待提供规范指引。期待是可意识到的生活的未来视域，是对未来的预料。法律是对他人行为的期待和解读，同时，法律的运行也意味着对期待的期待之预测，以及这种期待的实现和落空（期待的期待）。规范或者说法律的有效性的基础，在于期待领域的复杂性和偶在性，法律的功能就在于对此进行简化。[1]

因此，基于法律概念形成的法律规范需要解决的是期待的期待（expectation of expectation）的问题。这被卢曼称为双重偶在性（double contingency）。[2] 在双

[1] 参见［德］卢曼：《法社会学》，宾凯、赵春燕译，上海人民出版社 2013 年版，第 78 页。

[2] 社会沟通的双重偶在性也是卢曼回应所谓的“霍布斯问题”，也就是社会秩序，或者更直接地说，社会如何可能的方式。而“霍布斯问题”背后又反映了近代西方社会思想有关人与社会本质的哲学人类学的预设。参见叶启政：《社会理论的本土化构建》，北京大学出版社 2006 年版，第 107 页。哈贝马斯指出，卢曼的系统理论延续了自霍布斯之后的自然主义的个体的自我确定，其也在社会整合的问题之下提出了双重偶在性的问题。哈贝马斯关心的是“那些分化了的、自我多元化和解魅化的生活世界，在脱离了神灵权威、摆脱了威严建制的交往行动领域中异议风险同时不断增长的情况下，如何可能进行社会整合”。参见［德］哈贝马斯：《在事实与规范之间：关于法律和民主法治国的商谈理论》（修订译本），童世骏译，生活·读书·新知三联书店 2011 年版，第 2 页、第 26 页、第 32 页。限于篇幅和论题，这里不做讨论。具体可参见宾凯：《法律如何可能：通过“二阶观察”的系统构建——进入卢曼法社会学的核心》，载《北大法律评论》2006 年第 2 辑；Vanderstraeten, Raf. “Parsons, Luhmann and the theorem of double contingency.” *Journal of Classical Sociology* 2.1 (2002): 77-92. 福柯在对霍布斯关于战争状态论证的分析中也透露出行动双方期待的双重偶然性，具体可参见 Foucault, Michel, et al. “*Society Must Be Defended*” : *Lectures at the Collège de France, 1975-1976*. Vol. 1. Macmillan, 2003. pp.91-92。另外，卢曼双重偶在性概念直接借鉴了帕森斯在行动—系统（action system）理论中的描述：1. 每个行动者对其自身和他人来说都具有行动者和行动对象的意涵；2. 作为行动者，其指涉自身和他人（ego and alter），作为对象，其对自身和他人具有意义。See Luhmann, Niklas. “The Differentiation of Society, trans. Stephen Holmes and Charles Larmore.” *New York, Columbia University* (1982). p.51. 这里也涉及自我理解与他人诠释之间的差异，正如舒茨所指出的，要区别自己的“我”对体验所进行的自我诠释，与身为解释者的“他我”对于他人体验所作的诠释两者的根本差异。参见［奥］阿尔弗雷德·舒茨：《社会世界的意义构成》，游淙祺译，商务印书馆 2012 年版，第 10 页。但是正如有学者所指出的，舒茨的现象学社会学中的解释图式，并没有与涂尔干后期学说中的分类图式建立联系，因此舒茨的行动理论很难渗透到，或者说对制度层面的沟通与运作产生影响。这也与其更多关注面对面互动，也就是自我关系的在场性，而非同时代世界和前人世界的问题有关。参见渠敬东：《缺席与断裂——有关失范的社会学研究》，商务印书馆 2017 年版，第 261 页。而涂尔干的分类图式概念，与卢曼的二值区分有更多的相似性，但是也存在区分，用卡斯托的话来说，卢曼的区分概念更像是一种“硬核”，而涂尔干的分类图式则更带有“柔软”的特点。

重偶在的情境中，所有社会体验和行动都具有双重关联性：在一个层次上，是直接的行为期待，即某人对他人行为所持期待得以兑现或落空；在另一个层次上，则需要判断某人自己的行为对他人的期待而言意味着什么。规范性的功能——也就是法律的功能——只能出现在这两个层次的结合中。[1]在期待的双重偶在性结构中，不确定性以及失望的可能成为结构的组成部分。疏导和冷却失望是结构稳定化的任务。[2]为了达到结构稳定的目的，法律创造的规范期待是反事实的（counterfactual）、[3]一致性一般化的（generally congruently）期待，这种规范期待的形成与法律教义学的产生和发展紧密相连。

在系统理论看来，规范性在其自身之外没有任何"目的"可言。规范性的功能在于不断呈现自身，而不可能从法律的外部，如政治合法性、经济功利主义等去证成法律禁止或允许的行为规范。为了与其他规范系统（道德等）进行区分进而指明自身，法律需要能够自我指涉系统完整性的功能。而这种

[1] 参见［德］卢曼：《法社会学》，宾凯、赵春燕译，上海人民出版社 2013 年版，第 73—74 页。相同的表述出现在舒茨的现象学理论中，其认为，成员在日常行动中会做出假定，而且假定其他人也在做出假定，当他这样假定其他人时，其他人也同样在假定他。参见刘剑涛：《现象学与日常生活世界的社会科学》，上海三联书店 2017 年版，第 170 页。

[2] 参见［德］卢曼：《法社会学》，宾凯、赵春燕译，上海人民出版社 2013 年版，第 91 页。

[3] 法律的沟通具有时间意义：对法律的适用在时间上保持一致。没有这样一种（无限的）耐久性，法律将失去给予它功能上的意义。对法律适用一致性的期待，是指什么是法律认识到的规范和通过规范认识到哪些意义。这种意义并不会由于法律禁止之事的发生而失去，也就是这里所指出的反事实期待。因为法律将通过规范给予这些事件以非法的效果。法律不禁止之事将被法律认定为合法。法律的规范期待仅随着法律规范的变迁而变化，也就是随着法律适用的变化而变化，而且法律自身观察着这种变化［对规范的观察本身就可以成为，甚至就是新的规范。这里，卢曼指出了司法所具有的"造法"功能，从而也说明了反事实期待在保持法律适用一致性的同时，也必须兼顾法律对社会其他领域变迁的回应。从而也就意味着，通过法律规范形成的反事实期待并非呈现出一种静态效果，我们在刑法上也能找到很多规范的反事实期待随着司法中解释的变更产生变动的例证，例如对交通肇事罪中"道路"的界定就随着社会变迁在发生变化。因此，通过对法律反事实规范期待的解读，我们再一次印证了法律的自我指涉是一种不断吸纳外部环境信息，产生自身（教义学）变动的过程］。See Luhmann, Niklas. *Law as a social system.* Oxford University Press, 2004. pp.42-43. 但是在卢曼和其他系统理论研究者看来，规范期待的反事实效果也并非完全由规范的变迁决定，例如刑法规范的执行效力和实际被判处的刑罚都会影响系统所意图保证的规范期待的反事实特点。See Åström, Karsten. "Parallel Norm Creating Processes." *Social and Legal Norms: Towards a Socio-legal Understanding of Normativity* (2016): 71.

功能则通过上述（时间、事实和社会维度的）一致性一般化的行为期待的生成和不断再造来实现。[1]

通过系统理论的再造，法律及其功能被塑造为解决规范的反事实期待结构。法律为社会沟通中期待的二重性，也就是所谓的双重偶在性问题的解决提供条件。在系统理论中，虽然法律只是社会功能分化的一种子系统，但是其对于社会秩序和人们交往之间的稳定而言却具有不可替代的作用。在系统理论的塑造中，法律通过自身期待反事实的构建将那些系统演化中值得关注的事件和信息吸纳，形成法律自身的规范性。通过法律语言和法律文本在社会结构中的分出，现代法律的实证性也在这样一种期待功能的满足中不断形成和完善。较之法律理论，系统理论对法律及其功能的描述更为宽广，也能够将更多的社会沟通与行为纳入法律规制、调整和促进的范围。不过，这并不意味着法律的系统理论将法律泛化为一种“功能等价物”（functional equivalence），从而可以用其他诸如社会惯习（convention）、规则（rules）或道德替代。[2]

系统论对现代法律自我指涉的构建一方面延续了一般社会系统理论的基本框架；另一方面又根据法律在社会系统中期待结构和沟通二重性的特点改造了或者说细化了系统理论之于法律观察的特殊模式。本章第一节中有关系统理论观察的方法被融入对法律规范性与实证性的构建的解读中。构建主义认识论也被系统理论成功地运用到对法律权威与正当性自我生成的语境中。系统论的自我指涉概念完成了从社会理论到法学研究的转化。

---

[1] See Ladeur, Karl-Heinz. “Perspectives on a Post-Modern Theory of Law: A Critique of Niklas Luhmann, ” The Unity of the Legal System. *Autopoietic Law: A New Approach to Law and Society* 8 (1988): 252-253.

[2] 从这一点来看，卢曼和哈特都是坚定的法律与道德相分离主张的坚持者，只是他们的论证路径和对法律、道德的看法及其在社会中发挥的作用有着明显的差异。如果说哈特通过“描述社会学”（descriptive sociology）构建的法律规则观仍然是依托于传统实证法学进路的延续，那么卢曼则从韦伯的解释社会学、帕森斯的功能主义行动理论这些更为宏观的社会理论出发去阐释识别法律（recognition of law）的问题。

（三）通过系统论观察现代法律的自我指涉

在此，我们可以得出这样的结论：自我指涉是法律规范运作的基本方式，运用期待的反事实结构和法律二元符码构建起来的法律运作空间形成了区别于一般社会沟通和其他社会子系统的运作方式。法律自治、法律判断甚至我们一般所言的法律的（legal）话语都可以通过现代社会功能分化及其自创生的形态予以重新解读。并且，我们可以将这种解读运用到对刑法理论和刑事司法实践的观察中。这将是本书后面几章的重点。

从本节的研究中我们发现，基于区分、运作与沟通形成的系统理论观察方式并不是系统论研究者凭空想象的。甚至观察（observation）以及观察的观察（二阶观察）也都不是系统理论所特有的。通过对系统理论认识论的哲学根基、生物学的知识基础、社会理论的抽象化以及对法律系统的转化问题的研究，我们找到了一条将自我指涉概念运用到具体法律研究的进路。在这种寻找的过程中我们不仅回顾了现有文献丰富的研究成果，也在其中对现有运用系统论所进行的刑法研究做出了评价和批判。当然，我们这里的论证只是初步的和有限的，也正是基于本书的主旨集中在刑法与法律的问题上，我们对系统理论自我指涉问题的探讨也只能是选择性的。这并不是因为我们无法继续将这些探讨深化下去，而是这种继续深化无疑会产生对本书主旨的偏离。本节中论证的初步结论已经可以为后续的论证积累充分的理论基础。

另外，自我指涉无论如何重要，都不可能反映系统理论观察的全部维度，也不能使我们对刑法与社会关系问题的探讨宣告完成。如果说对自我指涉问题的探讨意味着我们对法律自治和独立性这一复杂问题的基本确证，那么我们必须提醒自己，任何对社会现象的观察都必须以区分的视角去看待：自我指涉仅仅包含了现代社会系统运作的一面，是社会系统间的互动式自我指涉的法律现象能够不断产生的另外一个必要条件。法律运作中形成的自我指涉只是硬币的一面，硬币的另一面是法律与其他系统的结构耦合。

第三节 结构耦合

自我指涉关注的是区分的一面，是对系统自我生产和自我组织过程的描述和定位。我们在上一节中的论证已经指出这样单面相地描述包括法律系统在内的社会系统的存在方式是不充分的。正如我们在分析沟通概念时指出的，社会演化和系统运作过程在理论的分析上可将不同的部分与单位进行分离，这种分离甚至是研究理论和正确使用理论必要的过程。但真实的社会状态、社会运作以及社会系统语义则不可能是分离的，其必然以综合的行为模式出现。刑事司法过程的论证、判断与执行都是在系统内外的不断交互中形成的。例如，加兰（David Garland）就指出刑罚是一种惩罚的语义，更是一种文化的、综合的语义。[1]

对自我指涉的分析让我们看清楚了社会沟通的内部图像，而之所以将之称为内部运作与内化的沟通模式，是因为外部的环境机制与其不断产生关联。在系统理论看来，系统与环境的区分是现代社会功能子系统和人们处理生活复杂性的基本方式。形成自我指涉封闭运作的法律，也需要和其环境互动。因此，我们在这里提出本书的另外一个主旨：结构耦合（structural coupling）。

在后续的论证中，我们将简化一些论证过程，将结构耦合概念中与自我指涉概念相同的理论基础和认知模式省略（前文已有较为详细的论证），而集中对结构耦合概念体现的社会系统之间互动关系的基本模式进行论证。通过本节的论证，我们将发现社会系统的结构耦合与自我指涉互相牵制、互为前提，甚至我们可以说，两者本属于系统理论的同一种叙事，只是在变换了的标示中（marking），结构耦合完善了我们通常只能看到的系统的自我生长。当然，对某些研究者和读者来说，结论可能正好相反：他们更多地看到了社会系统之间的联系与整合，而忽视了这种关系建立在系统自我“反思”的基础上。无论如何，本节的论证对澄清这些误区、弥补这些理论盲点（blind

[1] See Garland, David. *Peculiar Institution.* Harvard University Press, 2010. p.7.

spot）[1] 来说是必要的。

一、系统间的关系：结构耦合的基本面向

（一）结构耦合的三种类型

与自我指涉相同，结构耦合（structural coupling）是系统理论中的关键概念。结构耦合在卢曼看来代表了一种功能分化条件下的系统间的联系模式：如果一个系统预设了其环境的相关特点，并且在一个持续的基础上结构性地依赖于它们，那么我们就可以将这一结构机制称为结构耦合。结构耦合替代了环境，也就是其他子系统对系统的直接影响。从社会系统来看，结构耦合替代了未分化的社会沟通。通过结构耦合，系统之间决定与被决定，命令—控制的关系逐渐减弱。[2] 结构耦合的概念是卢曼后期对其一般自创生理论的发展，并用来阐释两个或多个系统间如何共同演化的（co-evolution）问题。通过结构耦合概念，卢曼希望能够解释系统与环境间高度选择的互动状态，从而也通过这一概念质疑和批判那种将系统间状态描述为直接的输入—输出过程的理论。[3]

---

[1] 观察盲点的问题，可参见 Von Foerster, Heinz. "Ethics and second-order cybernetics." *Understanding understanding*. Springer New York, 2003. pp.287-304。卢曼总是说："你不能看到你所不能看到的。"这种悖论和套套逻辑的论证方式，承认了任何观察都存在"盲点"（blind spot）这个事实。理解了盲点的不可避免，可以帮助我们反身性地看待我们自己观察视角的局限性，也让我们可以有一个理论刺激来审慎对待自己的知识观。参见宾凯：《二阶观察、悖论与法律的系统建构——卢曼法律社会学理论研究》，北京大学 2006 年博士学位论文。

[2] See Luhmann, Niklas. *Law as a social system*. Oxford University Press, 2004. pp.42-43.

[3] See Luhmann, Niklas. "Operational closure and structural coupling: the differentiation of the legal system." *Cardozo L. Rev.* 13 (1991): 1432. 但是系统理论也并不是否认现代社会不存在所谓的"普通机器（trivial machine）生命系统"，例如军队、严格的宗教组织等。这里每个人的行为都是标准化的，并且排列在一个遵循或至少应当遵循明确可计算的输入—输出的命令—服从机制的整体之中。系统信息的进入和信息的产出是可以因果关系描述的。参见［德］弗里茨·B. 西蒙、C/O/N/E/C/T/A 作者组：《彻底的市场经济——系统管理基础》，张东辉、陈飞译，商务印书馆 2007 年版，第 72 页。法律论证在简单案件中的三段论推演，可以说是一种典型的输入—输出模式。但是在卢曼看来，现代法律并不是一种"简单机器"，从案件事实到裁判结果之间无法以线性的因果关系呈现。也可参见数论上对人类推理和机械推理之间的区别：［美］侯世达：《哥德尔、艾舍尔、巴赫：集异璧之大成》，本书翻译组译，商务印书馆 1996 年版，第 116 页以下。

系统理论的研究者总结了三种结构耦合的类型。第一种是社会沟通与个体意识之间的耦合；第二种是社会子系统相对于一般社会的耦合，尽管这种耦合不易观察，因为社会子系统包含在“社会”这一范畴之中；第三种则是社会子系统间展开的耦合。在法律系统与经济系统中，我们看到耦合的成果是合同（contract）概念与实践的诞生，在政治系统与法律系统中，宪法（constitution）是结构上稳定的连接机制。这些连接机制并非排斥和阻碍，而是促进了不同社会子系统的自我指涉。[1]

首先，在三种结构耦合类型中，卢曼认为具有优先性的是个体（或者准确地说，个体意识系统）与社会沟通系统之间的互动。在系统理论看来，个体不是社会系统的组成部分，它是社会沟通系统的环境，反之亦然。我们在上一节中较为详细地论证了系统通过自我指涉形成的自我组织和自我构建，社会的运作并不直接通过个体意识产生。因此，个体不会以整体的面貌存在于社会沟通中，而是由社会及其子系统的选择成为其沟通的条件和中介。在现代社会系统的运作中，个体已经断片化了（fragmented），个体意识不可能直接进入社会沟通。

同样，人们对社会的认知也仅是个体意识，而非社会的现实。个体与社会间并不存在直接的因果关系：社会并不是个体意识产生的“原因”，个体也无法“有意识地”去构建和创造社会沟通。正如物理上的重力也不能直接构造出人们行走的方式。在个体与社会的关系中，个体意识不会成为社会性的（social）因素，意识不会成为社会沟通的组成部分，个人始终处在社会沟通之外。两者之间的关系是一种互相激扰（irritation）的过程和状态。也就是说，一方对另一方的刺激会做出反应，但是这种反应只能以一方自我指涉的内部逻辑产生作用。在没有激扰的情况下，社会沟通永远不能成为思想的组成部分；同样，在没有足够刺激的情况下，个体也不能产生“社会化”（socialization）的过程。[2] 结构耦合意味着不同系统间共同演化的结果，每个系统把其他系统当

---

[1] See Mingers, John. “Can social systems be autopoietic? Assessing Luhmann’s social theory.” *The Sociological Review* 50.2 (2002): 289.

[2] 关于社会化过程的系统论阐释，请参见 Luhmann, Niklas. *Social systems.* Stanford University Press, 1995. pp.205-206。

成自己的环境，将其他系统的输出根据自身的符码和运作规则进行吸收。

其次，结构耦合也在社会系统之间进行。在个体意识与社会沟通之间产生结构耦合完成的同时，系统之间也会产生选择性的互动。由于系统具有自创生的效果，为了保持系统的自我生成中沟通的一致性，系统对外部信息的吸收过程也具有选择性，就如同我们个体对社会事件、信息的处理也并不是按照社会系统的脉络构成，而是在我们的意识中形成对社会的看法，每个人都是独立的意识系统，因此每个人都有自身独特的价值观与世界观。现代社会系统也是如此。

（二）系统结构耦合的时间条件

系统间的结构耦合使得系统自身的运作能够从外部信息中产生新的沟通结构，增强了系统的学习与认知，丰富了系统的复杂性，从而也降低了环境的复杂性和偶在性。在系统互动的过程中，个体意识及其表征的人的“社会成熟度”、社会分工也在增强，这正是本书希望通过引入结构耦合概念论证的刑法与其他社会功能子系统（也包括社会个体）的互动模式。结构耦合概念对我们理解刑法与社会、刑法与个体行动者之间的关系，具有重要的理论和现实意义。

本部分通过考察结构耦合概念的基本面向，说明了为什么系统不能直接吸收环境因素的过程，而只能借助系统自身的运作对环境的激扰、对其他系统的影响做出反应。我们将在后续章节中对此处的论证进行深化，具体说明刑法与社会个体、刑法与其他社会子系统间的结构耦合如何通过选择性地吸纳产生。

需要注意的是，任何系统对信息的处理都需要时间，特别是当系统的自我指涉成为运作模式之后。更准确地说，我们在降低环境复杂性的同时提高了系统的复杂性，但是这种复杂性并不能成为社会沟通的负担，而应当为人的社会化与沟通的成功提供最优的条件。系统自我指涉下互相借鉴的困难是否会削弱系统共同演化的可能？如果系统运作、社会沟通乃至个体的社会化过程变得越来越困难、越来越复杂，我们是否还需要系统间的明显界限？我们是否还需要分清楚法律的事件、经济的事件、政治的事件？另外，当法律由于自身运作逻辑产生对外部信息的排斥，从而形成法律与社会经济生活的脱节时，我们是否仍然可以认同系统论的阐释？换言之，结构耦合概念是否符合社会演进的规律，结构耦合是不是真的能被称为一种恰当的描述社会系统间、社会系统与个体意识间互动的模式和理论？我们将通过考察系统开放性与封闭性问题来回答上述问题。

二、开放性与封闭性：结构耦合与自我指涉的关系

（一）解除系统开放与封闭之间的悖论

我们在前一节中借助系统运作的自我指涉概念详细分析了构建主义基础上的系统封闭特性。系统运作中只能以自身的基本元素（沟通）产生新的元素和结构，从而形成系统的自组织[1]过程。系统理论下的运作封闭超越了结构主义和功能主义所认为的系统基于单一结构或唯一功能的封闭特点。[2]前

[1] 如果系统有组织的行为不存在内部和外部的控制者或领导者，则称之为自组织（self-organizing）。参见［美］梅拉尼·米歇尔：《复杂》，唐璐译，湖南科学技术出版社 2018 年版，第 14 页。

[2] 对系统功能的精确定位使结构主义中的功能等价（functional equivalence）概念不再困扰对法律的社会理论研究。在系统论看来，功能等价是一种对因果性功能主义的替代。功能主义方法论意味着对等价的方案进行比较。功能分析仅在一定范围内进行比较才有效。功能等价就是一种比较研究方法。See Knudsen, Morten. "Surprised by method-functional method and systems theory." *Historical Social Research/Historische Sozialforschung* (2011): 124-142. 系统理论提供了基于功能的结构应变（strucutual strian）。结构主义认为，结构是限制系统选择可能性进而维持系统稳定的必要条件。在这个判断基础上，结构主义将各种社会系统的变化在程度上进行了区分。结构主义依然是一种对"结构"进行静态观察的理论，从而也就依然将变化看成对社会系统而言有害的成分。See Luhmann, Niklas. "Deconstruction as second-order observing." *New Literary History* 24.4 (1993): 771.

然而在系统理论看来，结构应变是系统的正常状态，这是由于没有结构能够吸收系统与环境关系带来的问题，在太多的问题面前，结构变化就成为可能。法律系统就是例证。法律必须通过结合系统的规范封闭与认知开放来解决。从科学分析的框架来说，这看上去有矛盾，然而在社会系统的运作中，系统理论认为这种矛盾在现实中是可以并存的。See Luhmann, Niklas. "The self-reproduction of law and its limits." *Dilemmas of law in the welfare state* 3 (1986):121-122. 例如，规范性的条文在设置之初就可能是"宜粗不宜细"，给系统临机应变，也就是为认知的开放留下了足够的空间。参见季卫东：《电脑量刑辩证观》，载《政法论坛》2017 年第 1 期。

一节的分析中也通过对法律多元主义的批判，说明了这种通过自我指涉形成的系统封闭对于我们理解法律现象的丰富性和统一性的理论优势。但是我们也发现，通过系统与环境区分形成的自我指涉不可能是无边无际的：法律的自治与法律现象的独特性是现代社会功能分化的产物。[1] 自我指涉的封闭性是系统能够处理更多环境因素的起点和基础。我们在这一节的论述中引入了结构耦合的概念，试图进一步解释自我指涉的系统间如何互动。我们也指出，反对者可能对系统理论结构耦合与自我指涉具有悖论式的构建产生怀疑。针对这种质疑，我们将引入系统理论解决，或者说消解两者间悖论的方式。

如前所述，特定系统的自我指涉有其边界，但这并不是说系统的边界隔绝了系统与环境的联系，而是意味着系统通过对什么能够进入或离开系统设置了限制条件，从而形成系统的封闭。只有如此运作，一个系统才可能与其环境区分。[2] 这反过来意味着，如何识别系统，只能由系统自身的沟通决定。什么是法律，不能依靠外部标准来界定。系统的开放性寓于封闭性中。找寻一个系统在开放的条件下创造限制，是理解系统间结构耦合问题的关键。

因此，必须对系统自身具有的开放性与封闭性这一双重属性进行考察。[3] 开放性与封闭性对系统的生存与发展都是必要的。由环境向系统的输入以及由系统向环境的输出都需要控制。[4] 诺内特和塞尔兹尼克也指出，所有社会

[1] 卢曼区分了功能（function）与效能（performance）。卢曼认为解决纠纷仅仅是法院的一种效能，是法律系统产生普遍化一致性期待的副产品。“法院是再生产这个社会的期待结构的顶层决策组织，必须把精锐的力量集中在少量案件的精雕细刻上，这样才能兑现整个社会对法院这个唯一能处理法律决策悖论的司法组织的期待。”参见宾凯：《从决策的观点看司法裁判活动》，载《清华法学》2011 年第 6 期。

[2] 环境处于与系统的关系之中（a system-relative situation）。每个系统从其环境中脱离，每个系统的环境都不相同。因此，环境的统一由系统组成。See Luhmann, Niklas. *Social systems.* Stanford University Press, 1995. p.181.

[3] 吉登斯将这种双重性称为系统的反身性（reflexivity），或者说系统的反思特性。吉登斯认为，有关社会生活的系统性知识是社会系统内部的再生产过程（reproduction）。反身性也意味着未来的不确定性与开放性，这种开放性不仅仅是由于事物之间存在偶在性，也是现代社会制度运行逻辑的后果。See Giddens, Anthony. *The consequences of modernity.* John Wiley & Sons, 2013.

[4] 参见［德］托依布纳：《法律：一个自创生系统》，张骐译，北京大学出版社 2004 年版，第 11 页。

机构都要承受完整性与开放性之间的冲突。如果外在的控制把一个机构牢牢地束缚于某种独特的使命，或者能使它保持对这种使命负责，那么完整性就得到了保障。可是，受约束的机构变得太拘泥于它们行事的观点和方法了，它们对周围环境丧失了敏感性。[1] 针对制度论学者提出的难题，系统理论研究者尝试运用结构耦合与自我指涉这对悖论性的概念解答，特别是通过结构耦合概念对系统的封闭与开放中的冲突和悖论进行消解，这也被系统论称为“解除悖论”（de-paradoxaition）的过程。[2]

（二）再入（re-entry）：系统“消化”外部环境的运作机制

卢曼认为，系统的封闭性寓于系统的开放性。系统只有在封闭与开放能够连接起来的条件下才能进行结构的再生产（reproduction），也就是系统只有在封闭和开放共生的条件下才可能延续。如何形成基于系统内部运作的再制？如何赋予系统寓于开放性中的运作封闭呢？这需要借助自创生系统再入操作。

对于个体意识系统和社会系统而言，系统意义和系统结构的自创生使再入成为可能。自创生使得将系统与环境的区分再次引入系统内部成为可能。这一再入的区分（reentered distinction）系统的基本操作——沟通转化为系统的结构。在社会沟通系统中，沟通的基本运作通过对“信息”（inforamtion）和“言说”（utterance）区分形成系统的意义，也就是在信息传递过程中，系统对信息的“理解”（understanding）。[3] 信息可以指涉系统的环境，言说是将

---

[1] 参见［美］诺内特、［美］塞尔兹尼克:《转变中的法律与社会》，张志铭译，中国政法大学出版社 1994 年版，第 84—85 页。

[2] 社会运作离不开对社会的观察，而每一种对社会的观察，都不可避免地从一个特定的视角出发。每一个特定的视角又都具有盲点。从不同视角看到的东西并不完全一致，当对社会的观察在不同的视角之间进行转换时，悖论便产生了。参见高原:《中国革命正当性建设中三个核心政治主题的形成（1921—1923）》，载《开放时代》2016 年第 2 期。也可以从各种社会因素（系统）中充斥的矛盾关系进行解读，在麦克法兰看来，现代社会的重要特点在于，各种因素在现代社会中，充满了矛盾、悖论以及隐藏悖论的机制。各种因素不是一股股流向相同的水系。参见清华大学国学研究院主编、［英］艾伦·麦克法兰主讲:《现代世界的诞生》，上海人民出版社 2013 年版，第 341 页。

[3] 有关作为沟通组成部分的信息、言说和理解，请参见本章第一节对沟通概念的论证。

环境的信息纳入系统中，产生系统沟通再生产，而理解则是系统对信息处理过程的再次循环，理解自身也可以被看成新的信息，需要进行再次言说。系统对外部信息的处理转换为内部运作。进入系统内部的信息已经不再保持其原有的样态，信息通过言说，以及系统对这种言说的理解，形成了基于系统内部的信息，也就是刺激系统进行不断自我指涉的沟通。在卢曼看来，缺少系统内部对外部信息的转化，理解只能是简单的知觉（perception）。[1] 而现代社会的功能系统是复杂系统，需要对外部信息进行再入的操作。系统间的结构耦合也正是通过对他者信息的再入，形成了封闭与开放的共生。正如学者所言，系统观察自己的统一，借以提升复杂性时，“再入”这个运作方式是必要的。[2]

卢曼对再入概念的论证是非常抽象的，简言之，我们可以说系统 / 环境的区分可以再次进入系统这一边。卢曼没有明确说明的是这里存在两次“再入”的过程：首先，系统运作都具有自我指涉和他涉（other-reference）的面向。我们还是以社会系统的基本元素沟通为例：言说是沟通呈现的自我指涉面相（如何说），信息则指涉外界环境，是沟通的他涉。言说 / 信息的区分并不是系统 / 环境区分：一次沟通并不能够代表整个系统，信息不是环境中的事物本身。

第二次再入在系统的结构层面发生，也就是在系统的内部发生。系统结构内在地体现了系统 / 环境的区分。系统的运作本身不能“观察”系统的环境，运作将系统的结构和纲要（如法律中的规范）当成环境因素进行观察。例如，刑法中的规范一方面描述了社会行为人的各种行为主客观方面；另一方面也为司法过程提供了证明犯罪构成的基本模式。刑事司法的裁判将刑法规范当成决策的前提，通过溯及规范的上述两个侧面（行为规范与裁判规范）完成定罪量刑。规范的两个侧面代表了刑法系统与环境的区分。正如我们通过刑法规范的例证所指出的，一个系统利用两次再入可以观察和描述自身，其可以通过区分自身和环境来处理信息。系统不仅清楚自身与环境的差

---

[1] See Luhmann, Niklas. *Essays on self-reference.* Columbia University Press, 1990. p.12.

[2] 参见［德］尼克拉斯·卢曼：《对现代的观察》，鲁贵显译，左岸文化出版社 2005 年版，第 12 页。

异，其也通过内在识别这一区分（第二次再入）来控制这一区分在系统中的展开。[1] 系统要寻找统一，就必须使用“再入”，一旦使用再入，系统就以自己之内所建构的统一取代了外部世界。[2]

为了在系统内部形成内 / 外的再入机制，系统需要，并且沟通自身的时间维度。系统需要一种记忆功能机制（memory function）来决定记忆 / 遗忘。[3] 从而在高度选择的过程中产生系统自身的现实，并且在自我指涉与外部指涉中不断循环。对现代社会系统而言，二阶观察条件下产生的再入机制使其不再需要一种线性的时间观念，从而也就对当下（present）可供判断和选择进行了简化。[4]

通过再入概念，我们对系统自我指涉基础上的结构耦合，也就是基于封闭的开放，或者说基于开放的系统封闭有了更好的理解。看似具有悖论意义的系统运作规则，通过再入的过程得到了合理的解释。我们也从这种论证中看到，系统 / 环境区分下的结构耦合与自我指涉其实是包括法律系统在内的社会复杂系统沟通产生的基本运作形式：刑法需要通过构建解释的教义学，将那些法律系统外部的信息不断纳入系统内部运作的过程，产生区分以及在区分基础上的再入，或者说产生对合法与非法行为的判断标准，并且在这种判断基础上形成更为细化的犯罪构成理论。

通过引入系统的再入概念我们发现，结构耦合中并不存在从系统外部进入系统内部的激扰。系统运作封闭与结构耦合概念决定了信息无法从外部直接“进入”系统内部。法律在认知层面的开放也是一种基于在系统内部的构

---

[1] See Luhmann, Niklas. *Essays on self-reference*. Columbia University Press, 1990. p.170.

[2] 参见［德］尼克拉斯·卢曼:《对现代的观察》，鲁贵显译，左岸文化出版社 2005 年版，第 13 页。

[3] 我们将在第五章有关媒体在对司法案件报道中所构建的记忆 / 遗忘机制进行具体分析。这里需要对系统论下记忆概念的特殊意涵进行简要考察。在卢曼看来，记忆不发生在过去，而仅发生在当下。过去永远无法在当下发生，记忆是一种未来指向的、对“当下回忆”一致性的检验机制（consistency test），是一种结构适用性的当下检验。在这个意义上，记忆机制是全然实用性的（pragmatic）。记忆理论与对未来的实用性展望是联系在一起的。记忆是根据不同期待结构对不同信息连续性、一致性的检验机制。See Luhman, Niklas. “Introduction to systems theory.” *Cambribge, United Kingdom*: *Polity* (2012). pp.71-72.

[4] See Luhmann, Niklas. “Why does society describe itself as postmodern?.” *Cultural Critique* 30 (1995): 175.

建。[1] 系统理论通过结构耦合与再入，说明了社会变迁条件下法律规范如何在保持稳定的同时，兼顾灵活。如果将结构耦合这一概念运用到对社会分化的分析中，特别是对法律系统分化的分析中，在卢曼看来，法律系统一方面是对社会的刻画；另一方面则是自身具有规范效力的法律沟通的再生产，其中包括法律的符码与特定的纲要（program）。[2] 结构耦合的一面是外部信息对系统内部沟通产生的激扰；另一面是对外部的“无动于衷”。结构耦合是随着现代社会系统的分化出现才产生的现象。[3]

三、结构耦合在社会科学中的应用：作为分离系统的人与社会

我们在本节前两部分的论证中已经涉及系统理论对待人和社会的基本看法和观察角度。从系统的自我指涉与结构耦合出发，人与社会是独立的系统，并在两者间形成结构耦合。这与我们在传统刑法研究中将人作为刑法运作和刑法司法过程中心的角度具有较大差别。通过本部分的分析，我们将对系统理论这一有关人与社会分离的观点进行阐述，并在解释的过程中发现结构耦合在社会系统中的应用。

在系统理论看来，社会沟通系统的自我指涉依赖其与个体意识系统的结构耦合，个体意识系统又与人的神经系统形成另外一套结构耦合。在这些结构耦合的不断运作中，系统的“再入”，也就是系统内部的区分运作才可能实现。卢曼认为个体意识与社会沟通的延续是由于它们之间稳定的结构耦合：“我们不能想象个体意识在没有社会沟通的情况下产生和演化，同样，我们也不能设想任何有意义的社会沟通能够在没有个体意识参与的情况下发生。在这两者之间无疑存在一种关联和协作（coordination）。因为它们指涉了不同

[1] See Luhmann, Niklas. “Operational closure and structural coupling: the differentiation of the legal system.” *Cardozo L. Rev.* 13 (1991): 1432-1433.

[2] See Luhmann, Niklas. “Operational closure and structural coupling: the differentiation of the legal system.” *Cardozo L. Rev.* 13 (1991): 1433-1434.

[3] See Luhmann, Niklas. “Operational closure and structural coupling: the differentiation of the legal system.” *Cardozo L. Rev.* 13 (1991): 1433.

形式的自创生，由此它们之间的结构耦合一方面增强了意识图景的复杂程度；另一方面也增强了社会沟通的复杂程度。在我看来，意识与沟通间的耦合机制是语言。”[1]

正如卢曼所指出的，个体意识和沟通互相增强复杂性的方式，或者说它们所依托的结构耦合媒介（media）[2] 是语言。我们可以通过语言来进行思考，社会系统也可以通过语言将沟通连接起来。口头或书面的沟通会对个体的心灵产生强烈的激扰（irritation）：我们通过所听到、所读到的信息来进行思考。通过语言媒介所形成的对个体意识的激扰处处可见：我们很难在旁边有人谈话的场合下专心读书，同样，当我们被某些事情烦扰时，我们也很难将注意力集中在现有的谈话中。

不过，个体意识与社会沟通系统间的结构耦合不会将个人的想法直接变为系统的沟通，社会的沟通也不会直接转化为人们的思想：我们无法仅仅通过脑海中的想象去维持一段谈话。但是，个体意识与社会沟通系统又要依赖对方才能完成其系统复杂性的不断增强。一个未受到社会沟通足够激扰的

---

[1] Luhmann, Niklas, and William Rasch. *Theories of distinction: redescribing the descriptions of modernity.* Stanford University Press, 2002. p.122.

[2] 在系统理论中，沟通媒介对社会系统运作具有社会制度前提性的作用。法律规范就是一种重要的社会一般性象征沟通媒介。在现实中，代表社会演化成就的这些一般性象征沟通媒介能够脱离具体的社会情境和个体而存在。效力（validity）是法律系统动态统一性的象征；法律沟通以效力为媒介相互衔接，构成并无等级关系的循环网络，从而作为法律系统的要素与其环境相区分。参见［德］尼可拉斯·鲁曼：《社会中的法》，李君韬译，五南图书出版公司 2009 年版，第 110—116 页。媒介包括传播型媒介（disseminating media）和一般化符号性媒介（symbolically generalized media），前者决定和增加了沟通的接受者的多少，而且往往使用于面对面的交流（interaction）当中，比如语言等；后者则是“在特定的社会系统中传递意义”，而这些媒介拥有特定的二元符码，例如法律系统的二元符码。肖文明：《观察现代性——卢曼社会系统理论的新视野》，载《社会学研究》2008 年第 5 期。一般化符号性媒介即社会沟通行为的中介，也是制度系统构成的一种话语范式。它使得主体对客观世界和社会生活世界的介入方式不再是直接的涉入。它表达了一个媒介本体论观点以及媒介之间的关系，即我们主体不是与任何物自体打交道，而是只跟媒介发生关系，而媒介之间完全是自成体系、内部循环的，即一种媒介不断为另一种更一般化的媒介所差别化和内在化。参见韩德明：《风险社会的犯罪激发机理和犯罪趋向》，载《中国人民公安大学学报（社会科学版）》2015 年第 3 期；孙和平：《“风险社会”的传媒哲学——兼论“应急响应机制”的新传媒视域》，载《哲学研究》2009 年第 4 期。

“心灵”，将无法发展出特定的能够应对社会沟通的复杂性。我们无法教会一个没有受过社会化训练的人如何进入社会沟通。[1] 在这些例证中，沟通很可能面临着失败。随着社会复杂性的增强，我们适应社会复杂性的心智也在增强，我们的思想在现代社会变得更精确、复杂以及细化。个体心理在社会沟通中的映射也会更复杂（思想不会直接“表现”在社会沟通中，也不可能在沟通中直接表达出来，但是更复杂的思想，如学术研究确会成为更复杂的社会系统沟通生成的条件 [2]）。

个体意识（consciousness）系统在人的脑部神经系统与社会沟通系统间搭建了一座桥梁，或者说“心灵”是这两个系统运作间的“过滤装置”：我们的脑部活动电图首先被“翻译”为有意识的思想和感受，这种思想和感受经过个体意识系统的处理，能够对社会沟通产生激扰并通过社会系统的自我指涉形成最终的沟通成果。作为过滤装置的意识系统，一方面连接着个体脑部活动（神经系统）；另一方面则连接着社会系统的沟通。卢曼因此认为：“我们可以说社会与其环境的结构耦合仅仅通过个体意识系统进行，因此，物理的、化学的，甚至是纯粹的生物脑部活动对社会系统不会产生影响。[3] 任何物质世界的互动必须通过个体意识的转化才能实现对沟通的影响。” [4]

个体的意识由此可以受到来自脑部活动和来自社会沟通的双重激扰，所以其不仅可以通过脑部活动，也可以通过社会系统产生信息。由此，我们

---

[1] 有的学者就认为，个体行动者处处受限：由于社会沟通系统对心理系统的排斥（两者只能产生松散的结构耦合，loosely structurally coupled），人的社会化过程因此是“痛苦的”，也是“漫长的”。See King, Michael, and Christopher J. Thornhill. *Niklas Luhmann's theory of politics and law.* Basingstoke: Palgrave Macmillan, 2003. pp.32-33.

[2] 作为一种功能分化的自我指涉局部系统（partial system），学术（scholarship）也是不断进行二阶观察的一种社会子系统。See Müller, Harro, and Larson Powell. “Luhmann's systems theory as a theory of modernity.” *New German Critique* 61 (1994): 42.

[3] 相关科学研究也表明，大脑组织结构与人的某项社会技能上的出众没有明显关联。参见［美］布雷恩 · D. 伯勒尔：《解剖爱因斯坦大脑》，载《环球科学》（大脑专刊），《环球科学》杂志社有限公司 2018 年版，第 16 页以下。

[4] Luhmann, Niklas, and William Rasch. *Theories of distinction: redescribing the descriptions of modernity.* Stanford University Press, 2002. p.123.

不仅可以通过沟通激扰（心理治疗），还可以通过物理激扰（精神药理学）来对受损伤的意识进行修补。个体意识对两种系统的激扰都保持开放的状态，心灵对来自物理世界和社会系统的激扰都能形成“再入”。但需要注意的是，每个人的心灵都是一个独立的意识系统，他们对外在激扰的反应也都不尽相同。[1]

通过对意识系统在系统间结构耦合方式的特殊地位和特殊效果的分析，我们看到，系统理论假设的人与社会完全分离的主张并非无稽之谈，更不是什么激进主义的代表。[2] 个体意识的成长始终不能离开社会，社会的发展

---

[1] 医学上对儿童早期孤独症的研究被卢曼等系统理论研究者注意到。孤独症及其治疗说明了心灵与社会沟通互相激扰的状态，特别是这种激扰有时候并不能顺畅地发生。动物为什么不具有社会属性？因为在神经系统和外部刺激间无法形成一种“镜面反射”。See Rossler, Otto E. “The Deep-Autism Story.” *Journal of Child and Adolescent Behavior* 2016. 有关运用系统理论对心理治疗的研究，可参见［德］弗里茨·B. 西蒙、［德］克里斯特尔·莱西 - 西蒙：《循环提问——系统式治疗案例教程》，于雪梅译，商务印书馆 2013 年版。

[2] 但是，系统理论在其哲学基础上是一种激进的构建主义（radical constructivism），这与激进主义（radicalism）不是一回事。激进的构建主义认为认知（思想）是认知系统，也就是我们在这里所说的信息系统的构建，其并不能反映任何“外在的”真实（external reality）。激进的构建主义所提出和需要回答的问题是，如果认知是心理的自我感知和自我意识区分的建立，所谓的社会真实是什么？我们又如何获取？激进的构建主义有两项基本原则：1. 认知主体并非被动地接受知识，而是主动地建立知识；2. 认知的功能是适应性的，其功能在于将经验世界组织起来，而不是去发现本体论上的实在。我们所能企及的世界，就是我们所经验的现象世界。在“反对本体论”这个层次上，卢曼系统论与激进的构建主义相当一致。参见万毓泽：《让卢曼的系统论（重新）成为问题：一个本黑式的视角》，载《社会理论学报》2009 年第 1 期。

与传统哲学认识论的回答不同，卢曼并不认为真实产生于能指与所指（signifier and signified）、主体与客体或者说名实之间（显然是接受并超越了索绪尔对能指与所指并无必然联系的观点）。在卢曼看来，知识的产生并不是要克服上述两者间的分离，而正是由于主客之间、名实之间无法“沟通”，知识才会产生。系统与环境的区分产生了，具备了产生知识的可能。See Schwanitz, Dietrich. “Systems theory according to Niklas Luhmann: Its environment and conceptual strategies.” *Cultural Critique* 30 (1995): 140, 161. 在一定程度上，卢曼与福柯的理论在此具有相似性，两者都在某种意义上借鉴了尼采的思想。解释和知识型的产生密切相关，是尼采最先预示了当代知识型的诞生。当代知识型的特点是，词只是表示其他词，或者用结构主义者的术语来说，符号仅指涉其他符号，而不指涉外界。参见刘北成编著：《福柯思想肖像》，中国人民大学出版社 2012 年版，第 107 页。由于主体客体在系统论中被系统 / 环境这一区分所替代，社会制度（insititution），而非个体对社会知识再生产的重要性凸显，刑法作为一种社会制度构建与社会知识产生的机制，也能在系统论上述构建主义哲学上产生一种新的解读，具体可参见本书第四章的论证。

和演进也是在个体不断反思和呈现的过程中凸显出来的。系统理论只是强调个体意识无法直接形成社会的沟通，也无法完成社会的构建——正如法学家或法官的思考无法直接完成对司法过程的构建一样：司法作为一种社会产物，只能由系统自我指涉的沟通形成，并表现在司法行为，而非个体意识状态中。

只要我们留心观察生活，体察法律运作的基本方式，我们就会发现系统理论的阐述过程是合乎常理的，更重要的是，系统不仅没有偏离我们的“常识”，其也在这种惯常性理解的基础上，利用自我指涉与结构耦合概念提供了一种全新的理论解释。我们在上一节指出的系统再入便是关键，本节中我们提出了意识与沟通均使用语言媒介，通过语言完成两者间的互动。包括语言在内的媒介是系统间结构耦合的产物和象征，这些象征性的媒介（symbolic medium）在社会中几乎随处可见，例如死刑作为社会制度和作为抑制（也可能是刺激）个体心理机制的双重意义。[1] 现代社会运作的抽象性 [2] 使得系统间的结构耦合不仅依赖所有社会沟通都使用的一般性语言媒介，还针对特定的社会子系统发展出了形式和结构更为复杂的沟通媒介和互动方式。在与社会子系统的结构耦合中，社会个体的整体性在慢慢解构，个体意识呈现碎片化（fragmentation）逐渐形成，个体在社会沟通中的系统指涉具有多样性：一个人可以承担许多种社会角色，个体的想法也可能随着多种社会沟通及其媒介的激扰而慢慢复杂。个体角色和认知的多元反映了社会的子系统的分化与复杂。个体反思社会能力的增强也使社会的构建越来越细化。法律系统在这种社会与个体结构耦合的状态中也逐渐走向抽象和复杂的系统维度，这将是本节最后一部分分析的内容。

---

[1] See Garland, David. Peculiar Institution: *America's Death Penalty in an Age of Abolition*. OUP Oxford, 2010. p.20. 法律是一种象征性语言，其从日常生活中抽离出来，从而创造了另一种“真实”。但是法律语言的象征性并不仅仅意味着一种抽离（abstraction），更重要的是这些象征性的语言能够回到日常现实中，呈现出其“真实”的意涵。我们这里对法律象征性的理解主要来源于知识社会学的启发。See Berger, Peter L., and Thomas Luckmann. *The social construction of reality: A treatise in the sociology of knowledge*. No. 10. Penguin UK, 1991.

[2] 参见李猛：《论抽象社会》，载《社会学研究》1999 年第 1 期。

四、法律系统的结构耦合模式

（一）法律“思维”支撑了法律系统？

我们在本章第二节有关现代社会法律系统自我指涉的论证中发现，法律系统形成自我指涉是依靠其二元符码（合法 / 非法）的判断和规范期待的反事实结构（counter-factual structure）达成的。通过本节对系统间结构耦合概念的分析，我们进一步阐释了法律系统的自我指涉模式是通过法律运作对系统 / 环境的区分进行再入，也就是在形成第一次区分的基础上，法律系统运用其纲要（法律规范）和结构（如法院和司法程序）对进入系统信息进行再次区分所达到的一种系统内部的运作统一，从而也就增强了法律系统处理环境复杂性的能力。作为一种功能分化条件下的语义结构，法律语言和法的运作具有封闭性：法律构建案件事实的过程并不是一种科学论证的结果，法律的判断和司法的裁决也不是由当事人的经济状况决定的（虽然当事人的经济状况可能影响量刑等情节，但是司法的裁决不可能仅仅根据经济衡量来做出，这也是系统理论反对法律的经济分析代替法律教义学构建的原因所在[1]）；法律的判断更不可能追随新闻传播的热度。总而言之，法律虽然能够通过其他社会系统进行“分析”，但是其运作规则和逻辑不是其他社会沟通和社会理性的反映。

从个体意识角度来看，我们也通常将法律在意识体系中的呈现当作一种“法律思维”去对待。[2]一方面，我们在参与各种社会沟通的过程中通过各种社会系统的不断激扰丰富我们的社会化程度。社会中更多的角色诞生了，法律系统中更多的分化产生了：立法者、司法者、司法行政人员、法律助理、社会法律援助机构，等等。另一方面，借助内部分化了的法律系统，我们也

[1] See Nobles, Richard, and David Schiff. *Observing law through systems theory.* Bloomsbury Publishing, 2012. 我们将在第五章通过系统理论分析我国刑事和解制度探究刑法与经济系统的结构耦合方式。

[2] See Manaster, Kenneth. *The American Legal System and Civic Engagement: Why We All Should Think Like Lawyers.* Palgrave Macmillan, 2013. 作者特别提到了社会生活领域对法律思维的应用，也提出了一套分析法律思维与社会公民参与之间的本质性差异的理论。作者没有看到的是，法律与社会生活领域不仅是个体“思维”上的差异，更是功能分化的社会子系统之间的差异。

扩展了自身对法律的思考，法学家与法律职业者形成了“法律共同体”。法律系统的结构通过参与法律实践的各种行动者的表达，也就是通过个体意识与社会系统之间的结构耦合逐渐稳定下来。法律系统将这些表达吸纳到系统沟通中，使系统复杂性不断增强。法律职业群体为法律系统的自我演化提供稳定的激扰，丰富法律的实证性与规范性，并降低诸如道德、经济、政治系统对法律的负面影响，从而使法律权威在社会中得以树立。法律职业体的形成不但体现了现代社会分工走向专业化（professionalism），也对作为社会意义构建的法律系统产生了关键影响。

这是法律系统借助语言这一基本的媒介与个体意识系统之间产生的结构耦合成果。在这种结构耦合的过程中，法律创造并不断反思了一些更具体的结构耦合方式：正义、合法性、法律面前人人平等、[1] 遵循先例等规则历经法律职业阶层（个体意识系统）与法律系统（社会沟通）的共同演化慢慢发展到今天这样复杂且精细的程度。没有个体意识的参与，没有法律职业体的形成，法律的自治是不可想象的。

（二）个体影响法律运作的方式及其局限

不过，我们也需要反对现实主义法学将法律化约为法律实践者心理活动的观点：意识永远不可能直接成为法律的沟通产物，甚至任何具有划时代意义的法学家和法官也仅仅对法律已有的规范结构进行外部激扰。法律的自身结构及其运作逻辑限制了司法者规范解释的范围和程度：基于系统 / 环境形成的信息再入使得任何“解释学”只能通过有限的转化进入法律沟通的结构

[1] 法律之内的平等在卢曼看来应当在现代社会功能分化的基础上来解读。卢曼强调平等观念的出现应当与维持现代社会领域多元化相关。法律面前人人平等意味着我们在司法系统中创制了一系列筛选机制（filtering mechanims），从而使诸如政治、宗教、经济地位因素与个体的法律地位不再相关，也使法官审判的压力减小。我们对司法公平的追求并非来自对个体“自然状态”下平等的确认，而是对这些筛选机制的设定和认同。系统理论有关法律适用平等原则的解读也可以用来分析刑法上对贪污、贿赂犯罪的惩罚：防止经济和货币的符号成为社会分化的障碍。总而言之，卢曼认为我们对人权和社会正义的追求必须放在制度问题（institutional problem）的视域下，而不是放在对人性考察的分析模式中。See Luhmann, Niklas. “The Differentiation of Society, trans. Stephen Holmes and Charles Larmore.” *New York, Columbia University* (1982). pp.24–25.

中。[1] 在不断的实践中，法律系统自我再制了这些结构，并且依托语言将其不断表达出来，提供给法律职业者更多机会去丰富他们的“法律意识”，增强其对法律的“信仰”。

结构耦合概念帮助我们厘清了作为系统的法律和作为意识存在的社会个人如何产生互动。同时，我们也通过结构耦合的概念看到了法律作为社会控制手段的局限性：个体不会被完整地纳入法律系统的规制中，作为社会沟通的法律也只能促进、激励而不能决定个体是否守法。法律的有效性无法对社会个体强制完成，刑法的“严”和“厉”只能通过系统自身的评价机制完成，而无法通过所谓的针对社会群体的“积极的一般预防”达成。[2] 正如托依布

[1] 还需要区分作为科学研究的法律理论和具有规范意义的法教义学，因为它们分别属于不同（科学与法律）的社会子系统。

[2] 基于积极的一般预防主要提倡者雅各布斯与卢曼之间的关系，这里有必要对这一理论与正统的法律系统论做出一定的辨别。

从系统理论的基本观点出发，雅各布斯的纯粹规范论抛弃任何一种在释义学概念中被他鄙视为自然主义的描述成分，而在对于概念解释时，其方法论参照的仅是现行实定法所使用的体系而产生的体系功能性。雅各布斯孜孜不倦地为刑法的基本概念，洗去任何带有描述性的成分，亦即指涉现实的成分。在罪责概念中，其认为传统的看法将该概念理解为个人的他行为能力是完全失败的，而应该仅从刑罚的一般预防目的出发方能获得内涵。[德]许迺曼:《批判德国刑法学思潮》，钟豪峰、彭文茂译，载许玉秀、陈志辉合编:《不移不惑献身法与正义——许迺曼教授刑事法论文选辑》，台湾地区新学林出版股份有限公司 2006 年版，第 80—81 页。罪责的目的在于维持法秩序。

积极的一般预防主要意旨在于刑法对规范系统定义下的犯罪事实做出回应，此种回应又是规范自身所具备的“法秩序防卫”功能。另外，刑罚可以产生心理与情感上的沟通效果，通过法的沟通程序让刑事不法内涵能够被具体彰显，社会成员因而了解到合法与不法的界限，并且考虑到个人利益与社会稳定等优点，进而愿意自动学习以及遵守规范义务的内容。参见古承宗:《风险社会与现代刑法的象征性》，载《科技法学评论》2013 年第 1 期。在刑罚论上，雅各布斯明确指出刑罚的一般预防不在于威吓，而是对法规范的忠诚。参见[德]格吕恩特·雅科布斯:《行为 责任 刑法——机能性描述》，冯军译，中国政法大学出版社 1997 年版，第 105 页。

有学者通过雅各布斯的功能责任论对“积极的一般预防”与“规范违反说”之间的关系进行了深入的研究。其认为，作为指引行为的确定标准，规范的效力必须作为社会现实加以理解。犯罪是对规范的违反，也就说明了行为人针对规范的“不可交谈性”。[德]乌尔斯·金德霍伊泽尔:《论犯罪构造的逻辑》，徐凌波、蔡桂生译，载《中外法学》2014 年第 1 期。也有的学者认为，犯罪定义和对犯罪的理解，其中心并非主要存在于对某种法益的侵害或者损害之上，而颇为流行的观点认为对这些法益加以保护乃刑法的目的或者任务所在……行为人之举动所违反的[转下页]

纳所言，如果我们将社会控制（特别是法律规制）以自我指涉的语言表达出来的话，这两者间的区别就变得显著了。传统的社会控制理论，即使在强调社会系统开放性的条件下，仍然是一种线性的（linear）维度。这种视角下的社会控制理论具有强烈的工具主义色彩。与其不同，系统自我指涉并不强调系统间（或者说系统与环境间）的控制与被控制，而是认为法律规制体现的是在社会系统间法律如何维持自我指涉的调整方式，法律对其他社会系统的外部规制并不是一种线性的手段—目标的运作方式。[1] 社会系统的“崩坏”问题也无法被理解为纯粹的线性式发展，其中包含了各式各样的变数，再加

[接上页] 规范或者规范秩序。刑罚是一种存在于人世间的必要，是一种在国家共同体中不可抛弃的制度。此处的必要性涉及的是法以及遭到行为人违反的举动规范本身。刑罚的必要性在于，它对于保障法的某一特定状态不受损害来说是必不可少的，这种状态就是法的效力和不可动摇性。这种必要性指的是对法秩序（之不可动摇性）的包围；通过判处刑罚来实现刑罚的威吓，这是确证规范的手段，它表明，规范和刑罚的威吓都是严肃认真的。刑罚是为了对行为人的犯行，更确切地说，对该犯行所体现的对规范效力的质疑给予有效的回绝所必不可少的反应。这种回绝也就意味着对弱化刑罚威吓之预防力的行为予以反抗（扬弃），并由此保障遭受违反之举动规范的有效性能继续存在。参见[德]沃尔夫冈·佛里施：《变迁中的刑罚、犯罪与犯罪论体系》，陈璇译，载《法学评论》2016 年第 4 期。

但是，需要注意的是，这种规范的“可交谈性”是如何从一种社会实体性的规范概念中推导出来的呢？规范的可交谈性意味着作为一种“社会实体”的刑法，又具有了一种主观性，能够接受或排斥个体对它的态度。在这个意义上，通过“维持规范可交谈性”的刑罚之积极的一般预防效果才有意义。因此，金德霍伊泽尔教授将刑法规范体系看成可交谈的，那么也就无法将其作为一种社会实体来看待，而至少要将其当成一种社会意义结构来看待。我们将在其后的论证中发现，系统理论通过构建刑法的“沟通性”将这种实体性的规范概念转变为一种实现意义增殖的自我指涉系统，以及这种对刑法规范定义和功能所进行的改造的优势所在。所谓的功能责任论，在学者看来是对现代刑法“罪责自负”原则的一种挑战，甚至是颠覆。因此，不应当被提倡。参见劳东燕：《刑法中目的解释的方法论反思》，载《政法论坛》2014 年第 3 期。在一定程度上，这也是将归责问题当成，或者说仅仅当成一种客观实体存在的结果。我们并不否认刑罚是一种“社会实体”，但是我们通过系统理论所想要强调的是一种作为意义和沟通体系的刑罚及其系统归属。在这个意义上研究刑罚的社会功能，能够使我们更加明显地看到刑罚不是一种外部的强制，而是一种属于社会系统与个体意识的双重互动过程。甚至像“罪责自负”概念与原则在不同的刑事法体系沟通中是否具有同等的重要性，也是值得商榷的。通过第五章对我国刑事和解制度的分析，我们会发现功能系统视角下的刑事责任问题也许不仅仅牵涉个体，而是系统之间的良性互动。

[1] See Teubner, Gunther, ed. *Dilemmas of law in the welfare state*. Vol. 3. Walter de Gruyter, 1986. p.310.

上人类科学知识的有限性，我们最多只能预设未来可能发生的问题，并且模拟相对应的解决方案。[1] 同样，刑事法律对个体的规制也无法直接触及心灵，甚至对行为的规制，从系统理论来看，也不过是系统对外部环境（行为人）的间接影响。

因此，系统的存在是通过自身构建展现出来的。在我们上文探讨的法律与个体的关系中，法律成为个体意识的环境：个体通过责任和义务去呈现自身在法律系统中的限制，并由此回应法律系统的要求。法律系统对个体的观察只能通过自身系统构建的“拟制”去表达。个体能够通过在法律过程中具体的角色显现出来：原告、被告、第三人、被害者、法官，等等；同样，这种拟制也能通过对个体意识的法律系统术语呈现出来：故意、过失、有限责任、醉酒状态，等等。无论个体意识的“真实”状态如何，个体将被法律系统中的类型化和由此产生的沟通再现，但是也仅仅是法律系统之内的“人之图像”，而非个体的真实存在。“每一种基于理想类型化构建的诠释，都只是可能而已……每一种理想类型化的构建，都受制于观察者在当时的知识范围。”[2] 法律上的类型是界限不清的，究竟是对治归责还是免责，我们只能期求大体的融洽。[3] 法律无法转化意识系统，从而也就无法直接观察个体。法律将始终是一种社会系统，从而也就始终会具有社会系统的限制：法律系统

---

[1] 参见古承宗：《环境风险与环境刑法之保护法益》，载《兴大法学》2015 年第 11 期。

[2] Schutz, Alfred. *The phenomenology of the social world.* Northwestern University Press, 1967. 转引自孙飞宇：《流亡者与生活世界》，载渠敬东主编：《涂尔干：社会与国家》，商务印书馆 2014 年版，第 273 页。虽然舒茨对理想型的历史局限性之理解，在一定程度上与系统论有关意识与社会沟通分离的描述具有相似性，但是舒茨的社会科学现象学是从韦伯的行动理论，确切地说，是从韦伯的可理解的行动理论出发的。舒茨在其著作中指出，因为理想类型必然要经过具体历史材料的验证，而作为历史材料的社会世界对于社会科学家而言正是既存的。通过这般理想化的过程，我们才能层层地理解行动的主观臆想意义的特定社会现象意义。参见［奥］阿尔弗雷德·舒茨：《社会世界的意义构成》，游淙祺译，商务印书馆 2012 年版，第 8 页。也就是说，舒茨要解决的是行动者的主观意义和解释者所构建的客观意义之间如何产生关联的问题。其对意义以及行动的理解与卢曼系统中的沟通的“理解”层面，或者说，维度具有很大的差异，虽然二者都借鉴了现象学的知识。

[3] 参见［德］格吕恩特·雅科布斯：《行为　责任　刑法——机能性描述》，冯军译，中国政法大学出版社 1997 年版，第 14 页。

将始终只能通过自身的符码（合法 / 非法）和纲要评价个体。[1]

个体对法律的影响，以及法律对个体的认知方式，通过结构耦合概念被成功地反映出来。在论述的过程中，我们回应和反思了传统法律社会理论中一些偏激的看法：对法律意识形态持敌对态度的批判法学、将法律职业等同于法律本身的现实主义观点、试图以经济逻辑替代法律判断的法经济学分析。在系统论构建主义的背景下，任何社会子系统的语义和构建都不可能替代他者，任何非法律的沟通也不可能完全解释法律。社会终究是一种意义的产物，[2] 这是构建主义认识论的基本观点，[3] 但是由意义构建起来的社会及其理性只能在系统维度下被抬高到本体论的高度。在系统理论看来，任何意义

[1] See Banakar, Reza, and Max Travers, eds. *Law and social theory.* A&C Black, 2014. p.72.

[2] 这是系统理论认识论转向的重要标志。在卢曼看来，人类行动不再被描述为本体性的自然特征，而是通过“意义”来定义。参见［德］卢曼：《法社会学》，宾凯、赵春燕译，上海人民出版社2013年版，第59页。这里卢曼借鉴了韦伯解释社会学（interpretive sociology）的基本观点。韦伯的理解并非揭示隐藏的心理运作，而是揭示主体间意义或以社会的方式构成的规则，这些规则定义了既定社会中的行动的意义。在韦伯的讨论中，有意义的行动是可理解的，这要兼顾主体与主体间两个方面。“主体可理解的”（subjectively understandable）意味着行动可以由经验它的行动者以词语表达；“主体间可理解的”（inter-subjectively understandable）是当代方法论脉络中的术语，但是韦伯也有指涉这层意思的观点。他认为行动是可以在行动者和其他人之间的。参见徐冰：《心理学与社会学之间的诠释学进路》，生活·读书·新知三联书店2013年版，第12页。根据上述韦伯的解释社会学方法，法律的社会理论用解释学的方法来理解社会行为。尽管有时候人们是在未经反思的情况下根据习惯行动，但行为者们通常都清楚地知晓他们的行为的意义。那些共享的主体间的观念和信仰使基于共同的行为预期的集体行动成为可能。信仰和智识的聚合体导致了解释性共同体和意义系统（interpretive communities and meaning system）的产生，而这些解释性共同体和意义系统又通过教育、培训、参与等方式获知了这些知识体系的人的观念和行为。参见［美］塔玛纳哈：《一般法理学：以法律与社会的关系为视角》，郑海平译，中国政法大学出版社2012年版，第200页。但是卢曼扬弃了韦伯社会理论中的行动的概念。卢曼认为，在单一行动层次构想出来的价值系统—政治、经济与学术等，以目的理性行动这一子系统为导向，但完全可能陷入或者转化为“命令”模式，从而使目的理性本身的逻辑被打破，使行动意愿的地位高于制度结构，个人指令高于制度规约。参见［德］施路赫特：《价值中立与责任伦理——韦伯论学术与政治的关系》，钱永祥、顾忠华译，载［德］韦伯等：《学术与政治》，钱永祥等译，广西师范大学出版社2010年版，第155—156页。针对韦伯理论中的行动理性与系统理性的两难境地，卢曼将社会意义的生成通过系统沟通的自我指涉和结构耦合呈现出来，从而更清晰地阐述了现代社会个体认知与系统运作之间是如何协调发展的。

[3] 参见本章第二节有关自我指涉的认识论基础的分析。

都不能超越系统的自我指涉范围，任何将两种系统意义与理性进行直接连接的努力都将失败。

但是也不能否认系统间的结构耦合。个体与社会通过语言媒介的互动就是例证：它既具有系统特性（法言法语），又具有一般性（基本词汇）；它既能指涉沟通，又能反映意识。法律通过规范期待对社会的整合、对个体的教化与说服，也应当关注系统运作的自我指涉与结构耦合这两个不可分割的层面。

法的系统论研究通常从分析法与政治、法与经济等具体的社会系统间结构耦合出发，本研究的进路有所不同。我们认为，只有深刻地理解了人与社会的分离，以及在这种分离中产生的结构耦合及其媒介（语言），我们才可能进入对刑法系统与社会关系的具体分析。很多对系统理论的误解都是由现有研究对人与社会分离观点的阐释不足所引起的，这也是系统理论经常受到强烈批判的重要原因之一。在我们看来，这些批判是不恰当的，也很大程度上限制了系统理论运用到对具体法律问题研究的可能。我们希望本节的论证能够回应现有文献缺陷，为本书后续具体刑法与社会关系问题研究提供理论支撑。

本章总结

在本章中，我们首先对系统理论观察世界的方式进行了三个维度的分析：区分使世界能够被观察（观察的事实维度）；运作是系统不断演化的基础单位（观察的时间维度）；沟通则使孤立的系统运作连接成网络并且产生系统的结构（观察的社会维度）。在此基础上，我们提出了系统理论自我指涉概念的哲学认识论基础，发现了构建主义哲学对系统理论多维度、多中心叙事构建产生的影响。接下来，我们论证了作为一般系统理论对生物学的自创生概念的改造，以及这种理论的再次抽象化对我们分析社会问题，特别是法律问题所具有的影响。最后，我们也从社会理论和法律理论的视角说明了自我指涉在社会和法律系统中依靠区分、二元符码和期待的二重性所形成的独立结构和运作封闭。

在对自我指涉概念完成上述论证后，我们提出了系统运作封闭是在系统认知开放的条件下形成的。系统间的结构耦合是系统向环境开放的方式。通过“系统再入”的概念，我们对系统封闭中的开放和开放中的封闭的共生状态进行了解读。通过对个体意识和社会沟通之间关系的研究，我们认为要具体分析法律系统与社会的关系特别是刑法与社会关系问题，必须首先厘清个体是如何“参与”（激扰）社会的，我们具体分析了法律职业共同体是如何通过系统间的激扰为法律发展创造条件的。

本章是对系统论的一般性阐释。系统论对现代社会的定位对于研究刑法具有创新意义。在本章的论证中已经有所体现：作为一种不断二阶观察的自我指涉系统，刑事司法系统在现代功能分化社会所具有的功能，已经不仅仅限于对犯罪行为人的惩罚和对公众的威慑（预防效果）。作为一种自我指涉的意义脉络，对刑法的理解也应当放到系统论对现代社会演进过程中系统／环境的基础区分中。并且，系统论对现代社会沟通方式的创新性理解，也能够对如何进行刑法解释以及促进刑法规范效力问题提供有益的借鉴。在本章的论证中，我们对上述问题有所涉及，但未能展开详细的论证。在第三章中，我们将通过对系统理论在刑法研究中的展开，对上述以及其他刑事司法命题做出分析。

第三章

刑法的自我指涉

正如弗里德曼（Lawrence Friedman）所言，当代法律的社会研究中心议题之一是作为系统的法律在社会中的自治（autonomy）问题。[1] 在现有文献中，存在两种截然对立的观点：一种观点认为现代社会包括刑法在内的法律运作完全受制于社会因素和力量；另一种观点则力图寻找和阐释法律的独立意涵。[2] 系统理论对此问题持何种观点？系统理论观察社会、法律和刑法的

[1] 法律自治与本书将要论证的法律系统自我指涉之间存在区别，本章将作出具体的分析。本书对刑法自我指涉的研究在一定程度上正是对“法律自治观”的一种审视和反思。简而言之，自治是自我指涉形成的必要而非充分条件。自治的系统并不能保证系统运作自我指涉过程的顺利展开。系统的自我指涉具有不确定性。相对于自治，自我指涉更需要外部支持，或者说需要外部的压力来防止系统在演化过程中认知上的封闭。See Teubner, Gunther, ed. *Dilemmas of law in the welfare state*. Vol. 3. Walter de Gruyter, 1986. p.316.

[2] 在这些文献看来，法律自治的证据在于法律思维习惯的养成（habits of thought）以及法律概念的内部性，而这又基于法律职业者的独立社会地位。See Friedman, Lawrence M. “Legal culture and the welfare state.” *Dilemmas of law in the welfare state* 3 (1986): 14. 系统理论并不认为个体及其意识的产生能够直接成为法律在社会中产生独立意涵的全部条件，我们将在第四章有关个体、社会与刑法的关系中展开并延伸系统理论这一重要观察和立场。

方式如何能够在对这一中心议题的研究中产生新的智识，从而激发我们对社会与法律关系、社会与刑法关系的研究？系统理论为什么用自我指涉、自创生（autopoiesis）替代自治的概念切入社会问题的研究？刑法系统是自我指涉的吗？自我指涉的刑法系统又如何与社会产生关联？我们将在本章中以自我指涉为基点，展开讨论和分析。

第一节 系统理论与刑法学研究

"在现代社会的犯罪控制与刑事司法中，现代社会的结构、实践逻辑、话语和文化都将犯罪问题与社会环境相对区隔开来。"[1]

犯罪及其惩罚在社会治理中的"特殊性"是本书使用系统理论观察和反思刑法理论的出发点。从系统二阶观察的视角来看，系统理论不仅对刑法实践进行外部分析，也对刑法实践产生构建性影响。也就是说，运用系统理论特有的观察社会现象的方式，我们能够从中发现刑法实践和刑法理论的新维度，并且在这种观察、发现和阐释的过程中对我们熟悉的事物产生新的理解，进而对现有的理论和实践作出评价，并提出改造和推进的方式方法。本章涉及对刑法系统自我指涉的观察，也就是对通常所称的刑法自治现象进行观察和思考。这里首先需要解决的问题是如何将其作为社会理论的系统论进行转换，与刑法实践和刑法理论进行连接，从而为其后的论述搭建一个解释的平台。更重要的是，我们将在本节说明这种从一般到具体的转化所具有的研究上的助益，也就是说明我们所做的转化工作并不是一种生硬的照搬。在分析的过程中我们会发现，这种转化将产生新的智识，并将对现有刑法实践和刑法理论起到反思的效果。

一、社会系统理论与刑法理论的关系

（一）刑法学的社会理论渊源

我们首先需要解决的问题是社会系统理论与刑法理论的关系。社会系统

---

[1] Garland, David. "The Culture of Crime Control." *Chicago, The University of Chicago* (2001). p.21.

理论与刑法理论都是在观察研究对象，也就是对社会实践（沟通）与刑法实践产生理论上的一般化解释（genenralized interepretation），并通过整体性的思考将这种观察和解释组成一个具有关联的体系。而且，理论上的观察和解释还是对社会实践和沟通的一种反思。也就是说，在反思社会现实和刑法实践的过程中，理论也在构建现实，[1] 正如前述研究与研究对象的相对性。

社会现实的构建性在刑法理论中体现得更为明显：刑法教义学在学者、司法实践者不断的适用和改造过程中变得越发复杂，犯罪构成成为解释犯罪的一套体系性的构建，从而丰富了刑法系统内部的“社会构建”，刑法教义学也对其他社会系统和生活世界的犯罪观念和刑法观念进行着改造。[2] 依托罪

[1] 信息相关性的最终确定由系统自身的逻辑决定。法律的认知运作由法律的自我指涉实施，而不是由其对环境的指涉展开，甚至法律案件的事实也是法律系统内部构建的。See Ziegert, Klaus. “The Thick Description of Law: An Introduction to Niklas Luhmann's Theory of Operatively Closed Systems'.” *An Introduction to Law and Social Theory* (2001): 55-75. 对社会系统和意识系统而言，作为环境存在的事实只有通过这些系统本身的运作才能成为可接近的（accessible）。换句话说，事实对每个系统而言成为能够进入系统沟通的信息，也就是那些可以被系统观察、选择和识别的成分。See King, Michael. *Systems, not people, make society happen.* Wilmington, DC: Holcombe Publishing, 2009. pp.71-72.

[2] 有的研究认为刑法教义学应当放弃对生活世界控制和奴役（colonization）的尝试，这种观点被称为“废止论”（abotionlist），以哈贝马斯的社会理论作为基础。See Blad, John R., Hans van Mastrigt, and N. A. Uildriks. “The criminal justice system as a social problem: an abolitionist perspective.” *The criminal justice system as a social problem: an abolitianist perspective* (1987). 在本书看来，这是对哈贝马斯理论的一种误读。在哈贝马斯看来，现代社会中系统与生活世界的分离被描述为一种客观化过程：社会系统超越了生活世界的视野，远离日常沟通实践的直觉性知识，因此仅仅能够通过 18 世纪以来的社会科学的反直觉知识应用进入，参见 Habermas, Jürgen. *The theory of communicative action.* Vol. 2. Beacon press, 1984. p.173。这一点上，哈贝马斯与韦伯具有相似性，都强调研究社会行为的“意义”不仅能通过直觉论，相反，理解社会学能够也必须建立在解释意义的技巧基础上，因此根据科学方法的惯用准则，也是可检验和证明的。参见［英］安东尼·吉登斯：《资本主义与现代社会理论——对马克思、涂尔干和韦伯著作的分析》，郭忠华、潘华凌译，上海译文出版社 2018 年版，第 198 页。

此外，哈贝马斯对现代国家法的理解和论证绝没有“放弃”的意涵，而是希望通过最优程序的建立将法律的工具性与规范性结合起来。See Banakar, Reza, and Max Travers, eds. *Law and social theory.* A&C Black, 2014. p.87. 哈贝马斯在《作为媒介的法律与作为制度的法律》一文中认为，随着实证法规模的增长，现代人满足于通过程序构建的合法性（也可以被称为一种“形式的”合法性）。通过程序的正当化并非法律的道德证成，而是在立法、执法以及适用中［转下页］

刑法定原则不断发展的刑法教义学成为一种强大的解释工具，甚至成为我们理解何谓犯罪以及如何理性对待犯罪的认识论基础。易言之，犯罪构成本身具有了实在性（actuality）。

与具有更强规范性（也可以说是批判性）色彩的刑法理论相比，社会理论对现实的照应、解释乃至构建作用似乎并不显著。但是如果将视角放宽，将时间轴拉长，我们会发现社会理论构建现实的能力和对社会实践的反身性思考，对现代社会及各种人文社会科学具有更深远的影响。[1] 马克思的阶级

[接上页] 设下程序性要求，是对颁布的法律，以及对法律之下被赋予立法以及执法权力人的合法律性的信仰。See Habermas, Jurgen. *The theory of communicative action.* Vol. 1. Beacon press, 1985. pp.265 supra.

在哈贝马斯看来，在现代社会构建实质合理性不仅是不可能的，而且在生活世界的视域下也是没有意义的。这对于所有将法律视为媒介（media）的子系统而言都是成立的。这里，哈贝马斯强调的是一种相对于生活世界的法律工具理性观念。刑法就被哈贝马斯视为一种社会沟通的工具性媒介。但是作为媒介的法律（law as media）必须与作为制度的法律（law as institution）结合起来。作为制度的法律不能仅仅通过程序性获得充分的正当性，而且必须被作为制度，也就是作为规范来对待。当这些规范的效力在日常实践中受到质疑时，其合法律性（legality）也不能得到保障，因为其正当性属于生活世界本身，来源于非正式行为规范，并以沟通行为作为基础。See Habermas, Jurgen. "Law as medium and law as institution." *Dilemmas of law in the welfare state* 3 (1986): 212. 因此，哈贝马斯并非强调法律对社会生活的奴役，或者说对法教义学抱有一种"敌对"的态度，而是认为作为制度，也就是说，作为规范的法律应当对社会生活中的理性进行认知和吸收，仅仅根据程序性构建的法律正当性是现代法律的一种无奈，从而也难以避免法律正当性不时遭到来自外部的质疑。

托依布纳在一定程度上通过吸收系统理论的研究成果，扩展了哈贝马斯沟通行动理论的解释维度。在托依布纳看来，任何一种具备自我指涉结构的社会系统都可能受到外在的干扰，从而威胁自身系统元素的再生产。经济与政治系统都可能由于过度"法律化"而面临威胁。这是现代社会系统自我指涉需要面对的问题——系统自身再造能力受到干扰。因此，"奴役"的概念可以被普遍化，并适用到解释任何社会系统之间关系的构建中。See Teubner, Gunther, ed. *Dilemmas of law in the welfare state.* Vol. 3. Walter de Gruyter, 1986. pp.315-316.

当然，哈贝马斯所谓的通过程序构建的法律形式合理性也并非不可置疑。斯科特等制度学者就指出，作为一种过程的制度化是吸收制度外部，包括社会组织、个体意见和利益的过程。也就是说，作为社会规范化的方式，制度的价值取向不能忽视。See Scott, W. Richard. *Institutions and organizations: Ideas, interests, and identities.* Sage Publications, 2013. 但是，作为研究范式，哈贝马斯对法律的解读是从其沟通行动的社会理论中推演出来的，是法律研究与社会理论研究的一种典范。

[1] See May, Tim, and Malcolm Williams. *An introduction to the philosophy of social research.* Routledge, 2002.

理论[1]、韦伯解释社会学的阐述、涂尔干的分工理论，这些一般性的社会理论无不为我们理解乃至构建现代社会提供了支撑，甚至上述经典社会理论本身就成为规范刑法学构建的基础。易言之，社会理论成为解读现代社会的一种元理论（meta-theory）。[2]尽管有学者认为元理论，或者说巨型理论（grand theory）不能对现代社会及其法律产生恰当的解释，[3]但是我们认为从观察和解释社会，而非为社会订立规则的角度来看，包括系统理论在内的社会理论依然对我们反思刑法实践以及刑法教义学合理性具有知识论上的意义。

这是因为任何通过理论的社会构建都不可能还原完整的社会现实。在刑法研究中，学者就发现仅仅依靠一种理论，一种断片式的对刑法和犯罪问题的思考是不足的。例如，劳东燕教授就敏锐地指出，在罪刑法定原则下构建起来的犯罪构成理论并不是犯罪现象本身，它仅仅是一种解释和解决现实问题的工具，在运用犯罪构成的时候，我们必须反思性地发问：如何从抽象的逻辑世界走进具体的生活世界，如何在确保法安全的情况下实现权利保障，以及如何确保刑法体系的开放性问题。并且劳东燕教授认为，这三大难题的存在决定了犯罪构成体系存在的必要性，因为后者具有实践罪刑法定、限制立法权与权利救济之功能。[4]“作为一项实践性的制度存在，犯罪构成体系说到底只是一种解决定罪问题的工具。”[5]也就是说，具有物本逻辑，或者说具有本体论的刑法教义学并不是对犯罪和刑罚现象的完整“描述”，而是一种选择性的、带有目的理性和规范色彩的理论构建，从而帮助实现作为社会制度

[1] See May, Tim, and Malcolm Williams. *An introduction to the philosophy of social research*. Routledge, 2002. 近年来从系统论衍生出来的批判系统理论（critical systems theory）在一定程度上继承了德国观念论以及马克思理论的传统：为了实现对社会演化进程的把握，有必要精确描述社会的运动规律（laws of motion）。See Möller, K. Populism and the Political System: A Critical Systems Theory Approach to the Study of Populism.

[2] 有关社会理论逐渐演变为一种元理论的发展趋势，可参见文军：《西方社会学中的元研究及其元理论化趋势》，载《国外社会科学》2003 年第 2 期。

[3] See Cotterrell, Roger. “Subverting orthodoxy, making law central: a view of sociolegal studies.” *Journal of Law and Society* 29.4 (2002): 636.

[4] 参见劳东燕：《罪刑法定本土化的法治叙事》，北京大学出版社 2010 年版，第 239—240 页。

[5] 劳东燕：《罪刑法定本土化的法治叙事》，北京大学出版社 2010 年版，第 288 页。

的刑法所具有的特定功能和目的。而要完善刑法在定罪量刑实践中的规范目的，作为理论工具的刑法教义学必须在认知上保持开放，也就是说必须借鉴其他社会知识。正如学者所言，目的理性主义的刑法论，正是传统刑法系统的自我指涉与外部其他社会系统结构耦合的新生产物，其目的乃是加强刑法体系的能力，并产生出以预防为目的之新纲要（program），并对社会发生作用。[1]

因此，对刑法理论进行反思并不是否定刑法教义学对解释和构建犯罪所具有的作用，而是为了说明规范性的刑法学也必须借助其他理论产生知识论上的更新，并且以自身系统的逻辑为指涉、以刑法目的为标杆，利用其他社会知识进行教义学的改造。为了更理性地适用刑法，惩罚犯罪并保障人权，刑法理论必须不断通过反思吸收现代社会科学的智识，指导规范解释的目的方向和限度。正如学者所言，用目的来限制国家刑罚权的发动，也就是在不法和有责双重判断之中（或者之后）对违反规范的能够达责的行为人是否需要动用刑罚，而非其他手段予以规训进行限制性的考量。[2]

如何确定刑法（及其解释）的目的，则需要刑法理论借助新的社会科学理论进行反思。事实与规范的分离、犯罪解释的本体论与价值论结合的背后是新康德哲学和现代西方自然法思潮。同样，社会系统理论对现代社会功能分化的描述和定位也可以对刑法理论的反思和重构产生影响。通过对刑法理论的反思研究，系统理论的元素（环境因素）进入刑法实践（立法、司法等）的维度中。反之亦然，刑法实践和刑法理论的展开也会对系统理论的描述视角产生影响，并通过观察社会子系统的运作情况提高我们对社会现实解释、描述和构建的能力。

（二）系统论如何让社会理论重新进入刑法学研究

系统理论观察世界（环境）的方法不是直接对社会生活（哈贝马斯所言

[1] 参见王正嘉：《风险社会下的刑法保护机能论》，载《法学新论》2009 年第 1 期。

[2] 参见［德］沃尔夫冈·佛里施：《变迁中的刑罚、犯罪与犯罪论体系》，陈璇译，载《法学评论》2016 年第 4 期。

的生活世界[1])反思，也不是利用科学实证的方法对社会现实进行量化，[2]而是通过对其他社会子系统的再观察，也是通过对其他社会科学研究的再观察来完成信息、言说和理解的沟通过程。因此，相对于刑法理论，社会系统理论必须建立在已有的社会研究基础上，并通过抽象和一般化对具体的刑法研究提供指导。

托依布纳深刻地指出了社会系统论作为一种社会理论是如何介入传统法学研究的。其认为，鉴于局部理性之间的相互依赖，社会理论和法教义学之间的相互交织亦属必然。不过，交织只能在双方均具有自治性的基础上发生。因此，法律的相对独立性这种说法具有误导性。毋宁是，在法律的高度自治和法律与其他社会系统高度依赖之间，存在一个强化关系。首要的是在两个独立探寻过程之间的严格分工：社会理论提供对社会现象的结构分析，识别社会现象在其环境中产生的社会问题，能够展示问题之可能解决方案的方向，并对这些解决方案进行功能性的比较。进而，法教义学在此衔接。也只有在法教义学将社会理论作为外部刺激对待，从而并非在孤立中拒斥之，

---

[1] 生活世界的理性化带来了社会内部分化的三种功能：1. 通过规范产生的交往的社会整合；2. 通过文化重构的价值传递；3. 个体识别的社会化过程。See Banakar, Reza, and Max Travers, eds. *Law and social theory.* A&C Black, 2014. p.80.

[2] 实证主义与实证研究方法（实证分析）具有联系，更有区别。实证分析是按照一定程序性的规范进行经验研究、量化分析的研究方法。而实证主义是 19 世纪 30 年代由法国学者孔德创立，后来演变为马赫主义、逻辑实证主义的一种哲学体系。实证哲学和实证分析都强调感觉、经验、客观观察在认识活动中的重要性，但两者之间也存在一个根本的区别：实证主义是一种哲学思想，是对世界的认识理论，是人们从事科学研究活动的成果；而实证分析是研究方法，是认识工具，是获得理论认识凭借的工具。作为一种方法，实证分析不具有实证主义哲学所固有的某些特征，也不依附于实证主义哲学信奉的某些理念。参见白建军:《关系犯罪学》，中国人民大学出版社 2014 年版，第 13 页。还有学者认为，实证研究的前提乃法律是一种工具，并且由此它可以以一种实证性的方法来加以检验。这就隐含着一种强烈的法律工具主义观念，以至于难以与法律的教义式研究方法互相调和。毫无疑问，实证研究方法借鉴了一些非法律科学的方法。重视实证研究需要使用其他学科的方法而不是法律方法来寻求相关问题的答案。参见［荷］扬·斯密茨:《法学的观念与方法》，魏磊杰、吴雅婷译，法律出版社 2017 年版，第 33 页、第 35 页。我们在这里说的实证科学，主要是指利用经验研究和量化研究的实证分析方法，而与实证主义哲学有所区别。现代刑法教义学是基于实证主义哲学的产物，但不是利用实证研究扩展规范解释的研究方法。See also Schmidt, A. J., & Kelley, D. R. (1992). The Human Measure: Social Thought in the Western Legal Tradition. *Journal of Interdisciplinary History*, 23 (1).

而是在法律内部通过自己的概念构造将其重构，并通过自治地形成规范对其进行反馈之时，才能得以实现。这个过程不仅将相同的意义转换为另一种语言，而且法律内部概念按照其内部发展逻辑的条件被社会理论构造所刺激，于是被启示出了一种完全别样的新的构造。正是法律内部发生的刺激—重构—规范改变—效果观察这个序列，产生了教义学上的增值。这种增值既不能在法教义学的自我免疫中，也不能通过社会理论构造直接转化到法律内得到实现。[1]

从上述的论证中我们发现，托依布纳强调了社会理论与法学理论在运作上的自我指涉和分离。但是，这种分离又不是绝对的，社会理论对法教义学的刺激是其产生理论范式革命的关键。从贝林纯粹客观的构成要件到罗克辛等人的规范的构成要件、客观归责理论对不法论与责任论的重构，我们看到了新康德主义哲学对刑法教义学的强烈刺激和改造功能。不过这种改造，也正如托依布纳所言，是通过刑法学自身内部变动，而非直接通过哲学知识产生的。社会系统论对刑法学的影响和理论改造也以这种方式产生，从而需要我们对社会理论的知识论及其概念进行刑法教义学的内部改造。

二、系统理论与刑法理论间的概念转化：兼对福柯权力话语的反思

（一）通过二阶观察进入刑法学

理论对现实的照应、解释和构建都需要一套成熟的概念。例如，德日刑法教义学中的构成要件、违法性与有责性三阶层犯罪判断体系构建，就为我们分析和评价行为人的不法和有责问题搭建了一个较为完整和有序的分析框架，罗克辛的客观归责理论回应了现代风险社会和功能分化社会中刑事责任归属的流变，在刑法学内部构建出一套风险升高、风险承担的具体运用模式，从而限缩和优化了三阶层中的不法判断，使得三阶层体系更为合理。

这些刑法理论为我们规范性地理解具有本体意义的犯罪行为如何在刑

[1] 参见［德］贡塔·托依布纳：《社会理论脉络中的法学与法律实践》，纪海龙译，载《交大法学》2015年第3期。

事司法的过程中完成行为类型判断与刑事责任划定提供了参照。刑法规范也在刑法理论体系化的发展进程中逐渐明晰，从而为法官、检察官等刑事活动的参与者提供指引。在系统理论看来，犯罪论体系是一套基于系统自我指涉而形成的符码判断纲要（program），并且这套体系的基本构成单位是法学概念。概念是构建系统运作封闭的基础，是系统在环境 / 系统区分的基础上形成信息再入（re-entry）的关键。易言之，概念是简化系统复杂性的工具。我们很难想象现有的刑事司法活动在缺少犯罪论的情况下将如何展开。

系统理论也使用一套概念体系展开对社会系统的观察。更确切地说，系统理论利用一系列概念对形成自我指涉的刑法教义学和刑法实践展开二阶观察。系统理论的观察不仅针对刑法实践，而且通过对刑法理论展开外部研究，反思包括犯罪论体系在内的刑法教义学。但是，这并不意味着系统理论（作为一般性的社会理论）的概念体系就具有超越具体刑法理论的优越性，也不意味着刑法教义学必须放弃自身的术语构建而采取社会系统理论的描述方式来进行规范性的刑法解释与刑法实践。

首先，刑法系统（包括刑法实践和刑法理论）通过运作产生的沟通结构和概念体系经过长期的演化已经形成一套成熟的解释工具，任何新的沟通的产生，以及这些沟通背后所反映的刑事活动参与人的个体意识，不可能被外部理论所打破，只可能通过外部的刺激进行不断的调整。以系统论的观点来看，刑法的概念体系是系统的冗余（redundancy），[1] 是系统的记忆和系统学习（learning）能力的体现，也就是说，作为系统冗余的概念体系

---

[1] 在系统理论中，冗余是指那些在系统沟通中已有的沟通组成部分。See Luhmann, Niklas. *Law as a social system*. Oxford University Press, 2004. pp.35-36. 如果沟通产生的是系统已有的部分，那些已有的沟通就被称为系统冗余。See Luhmann, Niklas. “Legal argumentation: an analysis of its form.” *The modern law review* 58.3 (1995): 291. 冗余是系统沟通的记忆。多样性（variety）是与冗余对应的概念，是指系统运作中存在的可能被系统识别的运作数量与种类。法律语言自身具有冗余的性质，在社会、政治、经济变化、变革甚至革命发生的情况下，一国及其文化的语言留存仍然在很大程度上影响甚至决定了法律系统的结构。有关中国刑法“语言”在新中国成立后的维持与变化，可参见 Finkelstein, David. “The language of communist China’s criminal law.” *The Journal of Asian Studies* 27.03 (1968): 503-521。

是系统创造新的沟通和形成新的结构的基础。[1] 无论是社会理论还是法律的经济分析等其他概念，都不可能代替刑法系统原有的记忆。系统通过自身结构复杂性的增强从而降低环境复杂性的过程，也建立在其概念体系也就是系统冗余的基础上。[2] 任何系统内部结构的范式转化都需长时间的演化，需要新的冗余代替旧有的系统记忆，甚至这些新的冗余也无法完全脱离原有的系统记忆而存在。刑法概念体系的演化只能通过系统自我指涉条件下的再入，将环境因素包括系统理论在内的知识吸纳、转化为系统内部的沟通。

其次，社会系统理论认为功能分化是现代社会的基本结构和演化的基本趋势，社会子系统的分化也体现在社会运作和理论构建的多样性上。如前所述，系统理论不是一种具有哲学本体论意涵的社会构建，而是一种基于构建主义认知论基础的理论构建。系统理论是对刑法运作的外部观察，而非对犯罪惩罚的规范性认定。刑法教义学自身的理论发展需要外部观察和知识体系的支撑和刺激，但是外部理论无法替代作为刑法理论核心的教义学体系。系统理论的术语和逻辑并不试图代替刑法理论和刑事实践所使用的概念和运作方式。更确切地说，系统论是刑法知识体系的环境因素。系统理论既对刑法术语系统保持批判的状态（随时准备对刑法体系展开激扰），也通过观察和吸收刑法术语体系的信息而增强自身解释刑法现象的理论复杂程度。

最后，社会系统理论对刑法概念展开的反思和二阶观察，对系统理论自身而言却仅仅是一阶观察（first-order observation）。也就是说，社会系统理论通过观察

[1] 刑法体系的学习能力，反映在教义学上，就是一种耶林所谓的“生产性法教义学”，即以现存法规范（冗余）为出发点，填补法律规定的盲区或者漏洞。参见车浩：《刑法教义的本土形塑》，法律出版社 2017 年版，第 4 页。

[2] 也有学者将社会科学知识在司法中的运用区分为“弱裁量权”与“强裁量权”，也就是根据案件的复杂程度、司法体系现有的规则等，法官对法律构建的“前理解”。其是对社会科学知识的运用的程度上的判断。参见王云清：《司法裁判中的社会科学：渊源、功能与定位》，载《法制与社会发展》2016 年第 6 期。即使是作为规范体系本身，法律系统中冗余和多样性之间的关系也在不同的案件类型以及不同的法律体系中有所不同，因此法官和司法能够依赖的体系内部资源条件也具有差异。

产生的术语并不能看到其自身的盲点,[1]这也是我们需要借助刑法理论来对系统理论内部的循环展开反身性研究的原因。总而言之，我们在这里强调的刑法概念体系和社会系统理论术语体系之间的转化和借鉴是双向的，是在双方封闭的系统状态下不断“翻译”和借鉴对方研究成果的互动过程。因此，所谓的系统理论和刑法体系的概念转化并不是希望用一方替代另一方，或者说用一种理性和逻辑反驳对方存在和发展的合理性。我们所作的工作无疑是希望通过这种互相借鉴，达到观察自身系统盲点、反思系统处理信息并搭建解释平台的方式方法。

（二）福柯刑罚权力论的尝试与缺陷

如何运用社会系统理论来“转化”和“翻译”刑法的概念体系，从而刺激刑法教义学的发展？在第二章第三部分，我们较为详细地分析了个体意识与社会沟通之间的基于运作封闭的结构耦合关系，提出语言是个体与社会发生关联的媒介。[2]刑法系统理论与社会系统理论之间的概念转化也依靠语言。后现代理论认为语言是法律权威构建的重要渠道，语言和权力构建具有紧密的关联。[3]我们在此分析刑法系统理论与社会系统理论之间的概念转换问题时也借鉴了后现代理论的这种洞见。

福柯认为，现代的刑罚体系是权力 / 知识话语运作的结果。权力不是如一般人所理解的那样完全是否定性力量，它更是一种制造话语的肯定性力量。[4]福柯在尼采哲学的基础上，从政治理论之外，即从所谓的“司法”（否定性的法律话语）权力观之外思考权力。在这个维度上，福柯对权力的理解是一种唯名主义的权力观。权力并非体制或结构，它是人们为特定社会中复杂的战略局

[1] 卢曼认为，每个观察都不可避免地带有盲点，二阶观察也不例外，因为观察者无法观察自身，这是观察本质上的悖论。参见金韬:《卢曼理论中的主体问题》，载 https://www.douban.com/note/526619324/?type=rec，最后访问时间：2016 年 7 月 12 日。

[2] 有关语言在系统理论中的定位，及其与结构主义将语言视为一种存在形式的区别，请参见 Maurer, Kathrin. “Communication and Language in Niklas Luhmann’s Systems-Theory.” *Pandaemonium Germanicum* 16 (2010): 1-21。

[3] 参见［美］菲尔德曼:《从前现代到后现代的美国法律思想》，李国庆译，中国政法大学出版社 2005 年版，第 70 页。

[4] 参见刘北成编著:《福柯思想肖像》，中国人民大学出版社 2012 年版，第 172 页。

势取的名称，从而避免权力流于简化的法律表征。“司法的”或者说消极的权力观，仅仅是人们在社会行动中采取的策略的最终形式，而权力本身具有多重力量关系。[1] 对福柯而言，惩罚的技术（technicality of punishment）及其与权力和知识的关系是理解作为制度的现代刑事惩罚的关键。现代社会刑罚的宽缓化，刑法文明程度的提高，罪刑法定、刑法面前人人平等原则的贯彻都是现代社会语言—权力结构嵌入社会各个角落的体现，是“权力的毛细血管运作”，是惩罚权力的弥散（immersion）。[2] 虽然规训的权力微不足道，但是它能够逐渐侵蚀那些重大的形式和机构，改变其机制，实施自己的程序。[3]

在福柯笔下，所谓权力及其功能并不是一种施加在个人身体上的强力。政治等权力的运作并不是简单地指向对被动身体（passive bodies）的控制或对政治身体的抑制，而是指向生产出的驯化的身体（docile body）。[4] 规训的目标不是增加人体的技能，也不是强化对人体的征服，而是要建立一种关系，造就驯化的身体。[5] 身体既是知识对象，又是权力施展对象。对身体的知识与对身体的驾驭构成某种支配人体的政治技术。[6] 当我们从刑事权力运作的

---

[1] 参见［英］凯思·安塞尔·佩尔森：《福柯解读尼采之意义——权力、主体和政治理论》，周颖译，载汪民安、陈永国主编：《尼采的幽灵：西方后现代语境中的尼采》，社会科学文献出版社 2001 年版，第 142—146 页。

[2] 毛细血管，或者说微观权力（micro-power）具有许多特点：首先，权力所代表的是微小的差异性，而不是传统权力理论根据量化利益和共同规范所规定的两两相应的同质性，尽管权力关系广泛分布在各个局部空间之中，但它并不是连续的。其次，权力是多形态的，它在不同的局部领域指定了不同的行动策略，并不像某些思想家那样单独把资本、性或者观念（doxa）看成权力运作的技术或手段。因此，福柯进行权力分析的目的，就是要解释这种“权力的多形技术”（the polymorphous techniques of power），看看权力是如何穿过“话语形态”（discourse formation）到达、穿透和控制个体快乐的。再次，权力的运作是普遍的，它像毛细血管一样遍布周身，渗透在最细微、最局部的领域；它流动着，变化着，不断渗进个体的表皮和躯体，以至于它在各种手势、姿势、言说和处世之道之中，从来不驻足片刻。最后，福柯所说的微观权力与其消解人本主义倾向的努力是密不可分的。参见渠敬东：《缺席与断裂——有关失范的社会学研究》，商务印书馆 2017 年版，第 212 页。

[3] 参见刘北成编著：《福柯思想肖像》，中国人民大学出版社 2012 年版，第 215 页。

[4] 参见［美］奥尼尔：《身体形态：现代社会的五种身体》，张旭春译，春风文艺出版社 1999 年版，第 139 页。

[5] 参见刘北成编著：《福柯思想肖像》，中国人民大学出版社 2012 年版，第 214 页。

[6] 参见刘北成编著：《福柯思想肖像》，中国人民大学出版社 2012 年版，第 204 页。

中心向边缘移动时（监狱是福柯认为的现代刑罚体系运作的边缘地带），我们会发现刑法运作的强制性及其赤裸裸的暴力。[1]

作为一种关注刑事惩罚“神经末梢”运作的谱系学研究，福柯的社会理论对涂尔干等人基于社会意识与社会道德所提出的惩罚目的论进行了颠覆性的重构。福柯对贝卡里亚等人的批判表达了其对人文主义刑事惩罚观念的质疑。[2] 福柯的社会理论运用权力的视角对刑法术语和刑法运作进行了“转化”和“翻译”，在福柯分析进路的背后，我们看到的是其对现代社会语义作用场

---

[1] 福柯认为，欧洲18世纪的刑法改革并不是为了寻找一个更为公平的惩罚原则，而是重新计算惩罚权力的经济（a new economy of the power to punish），从而使刑事惩罚变得更为有效，并减少惩罚的经济成本和政治成本。参见 Foucault, Michel. ***Discipline and punish***: ***The birth of the prison.*** Vintage, 1977. pp.80-81，以及加兰对现代社会的惩罚性精彩的分析：Garland, David. ***Punishment and modern society***: ***A study in social theory.*** University of Chicago Press, 2012。新马克思主义法学派也有相似的观点。其认为，在资本主义社会的发展进程中，直接暴力不再被频繁地使用。这是法律将个体塑造成法律主体（juridical subject）的结果。法律将人个体化、碎片化，从而易于统治者利用，并通过法律进行社会治理和司法活动。虽然，直接暴力在这些社会治理条件下显得不再那么重要。但是，这并不意味着法律和暴力的绝缘，即使统治阶级自身受到法律的束缚，即使社会大众从普遍的法律权利中获益。See Poulantzas, Nicos Ar. ***State, power, socialism.*** Vol. 29. Verso, 2000. p.103. 民主政治的高度发达也使人们不再关注社会控制与暴力之间从未切断联络。See Berger, Peter. ***Invitation to sociology***: ***A humanistic perspective.*** Open Road Media, 2011. p.69. 也有研究关注了马克思理论解释犯罪和惩罚问题的影响。有的学者便关注了死刑与经济保护之间的关系。其研究指出，早期现代社会的死刑惩罚除了保障政治国家权力与控制犯罪之外，有时候还具有其他更为深远的意涵，一种超越社会公共领域而进入私人利益与市场关系的作用。在早期现代国家中，公共与私人利益通常交织在一起，在经济上占主导地位的阶级利用死刑等刑罚措施来获取其自身的利益。同时，经济的稳定也是早期政治国家的公共利益之一。诸如伪造与走私等直接威胁政治统治的犯罪会遭到更严厉和无情的制裁，刑法也表达了这种保护特殊群体而非更为一般大众利益的模式。例如从1688年至1820年，英格兰刑事体系中死刑的数量从大约50种上升到超过200种犯罪，几乎所有增加的死刑都是针对财产的犯罪人，参见 Garland, David. ***Peculiar Institution***: ***America's Death Penalty in an Age of Abolition.*** OUP Oxford, 2010. p.81。在现代功能社会中，阶级不再成为唯一制约刑法结构的经济 / 政治因素，国家利益、国家角色乃至政治符码都产生了剧烈的变化，这种从经济关系出发研究刑法模式的进路也失去了原有的说服力。

[2] 虽然福柯不认为谱系学的研究，就是完全放弃了对“人”的研究，但是在一定程度上，系谱学研究方法的出炉，和20世纪50年代以来，反人文主义的学术气氛息息相关：“50年代末，知识分子厌倦和解脱了无休无止、愈益贫瘠的人道主义和政治空谈，开始越来越关注‘物’和‘系统’，而不是‘人’和‘主体’问题。他们抛弃了宏观的历史连续性和进步，而转向‘反历史’研究。”参见刘北成编著：《福柯思想肖像》，中国人民大学出版社2012年版，第46页。

域的深刻反思，这种分析进路对我们运用社会系统论转化和反思刑法理论颇有借鉴意义。[1] 即使我们赞成权力在现代社会刑法运作中具有弥散性，具有中心与边缘的区分，系统理论也无法与福柯的研究产生相同的结论。[2] 对福柯社会理论的批判也成为我们构建社会系统理论下的刑法研究范式，也就是进行社会理论与刑法理论概念转化的切入口。

我们并不否认语言具有构建社会现实和制约个体行动的功能，系统理论的构建主义基础也来源于哲学上的“语言学转向”，但是我们无法赞同将刑法概念和原则，包括罪刑法定、刑法面前人人平等，乃至犯罪论都看成一种权力语义（power semantics）。权力的运作也无法对刑事惩罚的全貌作出概括。[3] 系统理论学者托依布纳就强调，权利的法律保障问题不能局限于福柯意义上的权力现象。福柯的问题在于，他被权力现象缠住了，导致他的权力概念无限膨胀，以致毫无意义。其结果是，福柯无法看到其他沟通媒介更微妙的影响。[4] 当福柯声称人文科学有蜕变成规训权力的宿命时，同样的宿命也就落到了他的“谱系学”头上；当他主张相对主义时，也否定了他揭露权力的潜在规范主义标准。[5] 因为如果说规训是一种权力干预，同时也是一种制作知识的手段和实践，那么谱系学的研究，就是一种生产知识的时间，也同样是一种权力运作。

在系统理论看来，任何一种系统语义的构建均具有“真实性”，也具有相

---

[1] 有关卢曼和福柯社会理论研究之间的异同，可参见 King, Michael, and Christopher J. Thornhill. *Niklas Luhmann's theory of politics and law.* Basingstoke: Palgrave Macmillan, 2003, 以及 Borch, Christian. “Systemic Power Luhmann, Foucault, and analytics of power.” *Acta Sociologica* 48.2 (2005): 155-167。

[2] 何况有充分的证据显示，惩罚［监狱的规范化（normalization）效果］在当代并没有实现。See Wacquant, Loïc. “Crafting the neoliberal state: Workfare, prisonfare, and social insecurity.” *Sociological Forum.* Vol. 25. No. 2. Blackwell Publishing Ltd, 2010.

[3] 针对福柯论证中的缺陷，加兰（David Garland）就强调任何刑事惩罚政策与立法的颁布、刑事实践的产生和改革都需要明确分析的主体和主体在行动场域的影响，这与布迪厄法律运作的场域观点具有相似性。See Bourdieu, Pierre. “Force of law: Toward a sociology of the juridical field, the.” *Hastings Law Journal* 38 (1986): 805.

[4] 参见［德］托依布纳：《宪法的碎片：全球社会宪治》，陆宇峰译，纪海龙校，中央编译出版社 2016 年版，第 165 页。弗莱彻运用哈特的内部视角将法律看成一种话语（discourse），而非强制，并由此响应卢曼的法律系统论。在一定程度上也是对福柯刑事惩罚权力观的一种批判。See Fletcher, George P. “Law as Disclosure.” *Cardozo L. Rev.* 13 (1991): 1635.

[5] 参见［德］于尔根·哈贝马斯：《现代性的哲学话语》，曹卫东等译，译林出版社 2004 年版，第 334 页。

对性。它是一种系统内部通过自我指涉形成的真实。刑法理论的不断丰富和由此产生的对个体自由的保障并不是一种对权力运作的“妥协”，也不是一种基于权力运作策略的“阴谋”。刑法运作和刑法术语构建的意义生成不依赖弥散的权力，也不服务于在福柯笔下主体界定非常不明确的社会权力运作系统。正如魏德士所言：“法律规范的任务是调整人们的行为，因此必须以一般人能够获得最低限度的理解的方式表达出来……法律语言必须面对社会的全部事实，调整一切需要调整的利益冲突。”[1] 法律，特别是刑法的功能，在一定程度上可以被界定为惩罚与规训（discipline），但是上述权力的运作并非刑法功能的全部，也不是刑法教义学的功能。精确界定犯罪行为的边界和惩罚的边界，也就是对不法和有责进行精确衡量，一方面是为了保护规范的效力；另一方面也是为了维持和稳定社会交往中人们的规范期待。

还需注意的是对权力的界定不能过于宽泛。福柯将社会权力的运作泛化为社会大众（masses），这与我们观察的现代社会国家正式的刑事惩罚机制相去甚远。权力运作的模式转换是权力系统（政治系统）自我指涉和演化的结果。我们当然不否认在法律实证化、政治世俗化以及经济市场化的背景下，权力的运作变得越来越“文明”、犯罪嫌疑人的形象变得越来越受到同情和关怀，但是权力系统的认知和价值判断并非刑法体系首先关注的问题。犯罪论体系的发展和罪刑法定原则的确立当然少不了政治系统文明程度的影响，但是，如果我们从系统间结构耦合与“互相激扰”的角度去看，这种刑法运作文明程度的提高并不仅仅，甚至主要不是政治学启蒙思想的结果。技术、交通等社会因素无疑也对刑法的文明化形成深远的影响。[2] 刑法体系的自我演化将政治权力、经济、科技等影响看作可以吸收和利用的信息，刑法体系的“文明化”并非政治权力运作的直接结果。

（三）刑事权力生成：系统论的视角

从社会系统理论来看，刑法运作都只能通过系统的冗余，也就是系统已经存在的结构记忆，如刑法的规范、犯罪论体系以及判例规则等构建二元符

---

[1] [德] 魏德士：《法理学》，丁晓春、吴越译，法律出版社 2013 年版，第 88 页。

[2] 参见桑本谦：《科技进步与中国刑法的近现代变革》，载《政法论坛》2014 年第 5 期。

码的具体判断。自我指涉的刑法系统无法排斥权力系统对其产生的影响，因为权力话语和刑法语义在语言的一般意义上具有相通性。但是诸如罪刑法定原则和刑法客观主义的价值构建并非依照权力运作的逻辑。

因此我们认为，在使用社会理论对刑法和权力进行分析时，更多需要关注权力逻辑通过哪些媒介（例如宪法的人权保障条款）影响和激扰刑法的运作，刑法运作过程中在遇到疑难案件时又是如何借鉴其他系统理论的信息来创造新的系统冗余的（例如通过法益衡量和比例原则确定刑事惩罚的边界[1]）。通过社会系统理论研究刑法，关键不在能否找到违背现代刑法原则（话语）的例证，而是要对这种偏离情况运用系统功能分化和结构耦合的工具去谨慎地分析，特别是在那些直接诉诸暴力的刑事惩罚中反思刑法，并且通过这种外部反思刺激刑法体系的内部沟通。鉴于此，我们认为权力与刑法的互相指涉过程只能通过各自系统内部的再入完成，也就是通过规范刑法学的解释和政治权力运作中的立法过程产生系统间的互动。

通过对权力与刑法关系的论证，我们发现语言具有构建社会现实的功能，一套特定系统语言和概念的使用也会制造一种“想象的真实”，并且无法通过另外一套语言和概念系统直接进行转换。但是在系统理论看来，在不同系统构建和系统理性之间，间接转化和翻译的可能依然存在，并且正如福柯社会理论所展示的，这种转化可以产生有益的信息，也可能消解系统原有的消极意义。系统理论试图通过对刑法体系自我指涉运作的揭示，以一种二阶观察，而不是替代原有系统沟通结构的方式介入刑法研究，从而对刑法教义学概念进行局部的转化和修正。

我们在本节中指出了系统论这种从外部研究刑法进路的重要性，它对反思现有文献中过度强调刑法封闭性的观点和对刑法功能过于激进的表达都持一种反思的立场，从而具有方法论意义上的创新。我们认为刑法既不是权力

[1] 参见陈璇:《生命冲突、紧急避险与责任阻却》，载《法学研究》2016 年第 5 期。不过值得注意的是，这种法益衡量多数情况下仅对个案有效，因此没有创造法体系运作中的冗余，对系统的运作（自我观察）并没有帮助，从而不能对未来的法律符码判断提供有效的指引，特别是其无法将系统沟通贯通起来。也就是卢曼所言的，司法中的利益衡量超越了系统的悖论，从而使得系统的自我指涉中断。总而言之，利益衡量中所得出的规则很难被一般化（generalized）。也就是说，针对利益衡量规则，没有规则可以描述它。See Luhmann, Niklas. “Legal argumentation: an analysis of its form.” *The Modern Law Review* 58.3 (1995): 294-295, 297.

运作的逻辑（虽然它有可能通过系统本身的再入反映权力运作），也不仅仅由刑法自身的知识结构（冗余）生成。

值得注意的是，我们在这里对刑法理论和系统理论间概念转化和翻译的分析修正了卢曼对现代社会系统的一个判断。卢曼认为系统的自我指涉虽然需要借鉴外部的能量和资源，但是系统的自我指涉只能通过自身的沟通完成，自我指涉没有程度之分，系统要么是自我指涉的，要么不是。[1] 我们认为通过对刑法案件，特别是疑难案件的分析，系统虽然仍然按照自身的基本元素（罪刑规范和刑法交易概念）来运作，但在解决疑难案件的过程中，系统受到其他社会知识结构和认知因素激扰的可能性更大，系统与其他系统间的结构耦合也将更为频繁，甚至会形成一种稳定的纲要判断。例如在疑难案件中经常使用的政策分析与利益衡量。[2]

我们更赞成在分析刑法概念和系统理论术语转化问题时运用托依布纳提到的“干预”（interference）概念来描述这一过程。[3] 在卢曼之后的系统

---

[1] See Luhmann, Niklas. *Essays on self-reference.* Columbia University Press, 1990.

[2] 参见劳东燕:《法益衡量原理的教义学检讨》，载《中外法学》2016 年第 2 期。

[3] See Teubner, Gunther. *Law as an autopoietic system.* Oxford/Cambridge, Blackwell Publishers, 1993. pp.13-24. 在笔者看来，托依布纳的观点与哈贝马斯更为接近。也就是说，托依布纳依然试图在去中心的（de-centralized）现代社会构成中找到一个支点。这个支点在其多部作品中体现为“生活世界”（life-world）与系统之间具有的普遍联系（干扰）。正如哈贝马斯所言，托依布纳用“生活世界”来代替失去了的社会中心。生活世界通过一种流行于所有社会领域的语言构成，并表现出一种允许对所有社会代码进行翻译的自我指涉结构。托依布纳的“干扰”概念不仅代表社会系统和“生活世界”之间的维持，而且试图表达它们之间的沟通接触的可能。这也就是通过系统和生活世界的连接，通过干扰在社会系统功能专门化的符码之下，形成一种一般性的沟通媒介。这种媒介看起来与口语一模一样。它允许像货币和权力这样的导控，但其本身不能被理解为一种系统机制。但是，这种主张与认为法律是一种自我指涉系统的观点并不匹配。毋宁说，它指向哈贝马斯一种交往行动理论（communicative action theory）。这种理论把一种同日常语言媒介相联系的生活世界与消极地面向环境的、通过专门符码进行导控的生活世界区别开来。这在一定程度上使问题更为复杂化，而且使研究者和读者无法准确知道哪些社会交往属于系统的沟通，哪些属于生活世界，而且区分的标准也并不明确［童世骏将系统论中的“沟通”（communication）也翻译为哈贝马斯“交往理论”中的“交往”。系统理论中“沟通”的概念并不指涉主体间，所以在此处笔者对其翻译做了调整］。参见［德］哈贝马斯:《在事实与规范之间：关于法律和民主法治国的商谈理论》（修订译本），童世骏译，生活·读书·新知三联书店 2011 年版，第 67—68 页。不过，这并不妨碍我们参考托依布纳针对卢曼对现代社会系统自我指涉提出的通过“干扰”形成局部自治的洞见。

理论研究者看来，干预是一种超越系统自身自我观察的连接机制（bridging mechanism），进而通过同一种沟通事件连接起不同的社会系统。干预机制使得系统间，特别是在所谓的规制系统与被规制系统间形成稳定的互动。这也被系统研究者称为对系统间结构耦合的动态重塑（dynamic re-statement）。干预机制为系统运作提供了可供使用的、具有积极价值意涵的沟通。[1] 在刑法体系运作中，也就是说，在通过刑法犯罪论和相关概念分析和处理犯罪问题的同时，我们认为存在这样的情况，也就是系统外部的信息和知识会对刑法教义和案件论证产生更为直接和显著的关联和影响。我们也将在后续的章节中通过具体例证对这种具有程度区分的系统自我指涉与系统间结构耦合现象作进一步说明。

我们在本节中分析了刑法体系中的概念，以及社会系统理论术语如何产生、转化和翻译的问题。在分析中，我们通过对福柯的社会刑事惩罚权力观的批判性分析，引入了系统理论发现、解释和构建刑法与社会、刑法与权力关系的路径，我们也在对刑法与权力问题的具体分析中对社会系统理论的一些理论假设作出了调整，增强了系统理论分析和反思刑法理论的能力，从而也就增强了系统论法学的解释力。我们在下一节将沿着这条分析进路对刑法规范进行考察，从而将系统理论如何平衡刑法的规范性研究和描述性研究的问题进行展开，并从中体会观察视角以及语义系统的差异和转化将会给现有的刑法运作和研究带来什么样的启示，特别是将观察的内部视角与外部视角问题与第一章中我们所提到的系统的开放性与封闭性问题联系起来。

三、刑法规范问题的外部视角与内部视角：以司法为中心的刑法体系

（一）哈特法律理论中内部视角的启发

刑法教义学对刑法实践具有解释和构建的意涵，并且我们在上文的分析中发现这种基于系统自我指涉形成的概念体系不易被其他社会语义结构所替

---

[1] See Nobles, Richard, and David Schiff. *Observing law through systems theory.* Bloomsbury Publishing, 2012. p.219.

代。我们也通过分析福柯的权力刑罚观质疑了利用一种弥散式的权力结构来解释现代刑法体系的进路。通过上一部分的分析，我们得出这样的结论：利用系统理论对刑法规范进行外部观察和概念转换不能消解刑法规范运作中自身逻辑的合理性，我们需要找到系统间稳定的干预项（interference），也就是稳定的系统间结构耦合媒介对刑法的规范自我演化作出解释。

我们在上一章就已经分析过对法律规范进行社会理论考察所应当采取的进路。我们分析了哈特、凯尔森等人的法律实证主义，特别是哈特利用所谓的描述社会学（descriptive sociology）视角对法律规范如何识别的阐述，已经接近系统理论观察和转化刑法规范运作的方法。哈特没有指出的是，不同的社会系统语义如何建立在一般性社会沟通媒介——语言的基础之上。

不过，哈特确实深刻地指出了法律规范和其他社会规范之间存在内部与外部观察视角的差异。哈特认为，现代法律系统中法律概念的核心要素是初级规则和次级承认规则（secondary rules of recognition）。普遍社会规则（如宗教规则）也能够被人们识别，但是对社会规则的分析并没有“权利”或“义务”话语。哈特认为社会规则只是通过外部视角被识别，个体内部对规则的看法乃至对违反规则的评价并没有被引入规则识别的过程中。因此，社会大众遵守法律在多数情况下也是一种外部视角，而没有涉及对规则本身的认同与反思。那么，如何将法律规则与普遍的社会规则进行区分呢？在哈特看来，这需要引入承认规则。承认规则说明了法律被识别和被遵守的内部动因，从而是一种内部视角。[1] 首先，法律规则与其他社会规则可通过外部观察被观察者记录。其次，法律具有与其他社会规则不一样的内部视角，也就是法律程序和法律职业参与者的视角。法律人通过内部视角识别的法律，与外部观察者对法律规则的认知方式很不一样，内部视角决定了法律概念的内涵与外

[1] 有关内部视角与外部视角在语言学哲学上的区分，以及这种区分对社会科学研究的意涵，可参见 Winch, Peter. *The idea of a social science and its relation to philosophy.* Routledge, 2008。在温奇看来，任何社会科学的理解和描述都不可能是一种置身具体社会情境之外的“实验”，社会科学在这个意义上，也就是在区分社会现象与自然现象产生来源的意义上，都是一种内部观察，因此都不具有纯粹的“实证”（empirical）特性。对社会现象的研究而言，我们需要的不是“正确”的理解，而是更好的“解释”。

延（也就是法律的概念）。最后，与德沃金不同，哈特结合社会理论研究成果进一步论证对法律内部视角的探究不一定只能采取解释的（interpretive），也就是规范的视角。采取反思和描述的视角（descriptive sociology）对法律人的内部视角进行观察，我们依然能够对法律的识别问题进行研究，甚至这种研究将会超越法律人的内部看法，丰富我们对承认规则的理解。[1]

哈特在此的论证已十分接近系统理论对刑法问题的观察视角和对刑法体系概念的转化进路。[2] 系统理论认为对法律展开的社会理论研究不仅是一种

---

[1] See HLA. Hart. *The concept of law.* Oxford University Press, 2012.

[2] 有学者对卢曼的自创生法律理论与哈特的承认规则进行了对比。其认为卢曼的自创生法律概念（法律的自反性、自我指涉性与自我规制特点）是一种更为密闭的（potted）承认规则。自创生法律理论试图将法律看成运作封闭的系统。See Baier, Matthias, ed. *Social and legal norms: towards a socio-legal understanding of normativity.* Ashgate Publishing, Ltd., 2013. p.92. 对此，我们确实能在卢曼自己的著作中找到一些证据。在《社会的法》中，卢曼认为："（承认规则——译者注）是自创生概念的目标。我们在这里所说的是内部连接起来的系统运作，我们可以将之称为'承认的实践'（practices of recognition），即使系统将规范有效性向外指涉，这种向外部的指涉仍然保持一种系统内部运作的属性。"

在这段文字中，卢曼提到了法律系统运作基于规则与承认规则的二阶观察的动态循环。而哈特的承认规则也具有循环运作的特点。在哈特看来，法律系统中的法官角色是承认规则的化身。法官提供了法律运作的司法规则以及适用法律的解释规则，这些又成为承认规则的一部分。循环就此形成。对哈特而言，法律是根植于社会事实与习惯的自我规制系统。因此，哈特与卢曼共同关注这样一个问题：在现代社会，法律如何从嵌在社会中的法（socially diffuse law）通过系统的识别和承认走向实证的、自我再制的法？卢曼没有完全解决这个问题，或者说其对法律自我指涉的定义使得从社会规则到自创生的法的过渡没有中间状态（相对自治的阶段）。系统理论另外一位重要的研究者托依布纳则认为法律自治存在过程与程度上的区别（See Teubner, Gunther. *Law as an autopoietic system.* Oxford/Cambridge, Blackwell Publishers, 1993）。但是，托依布纳并不认为相对自治（semi-autonomy, relative autonomy）是一个较为妥当的概念。在其看来，法律的独立与法律运作对外部价值，也就是法律对外部环境的高度依赖之间并非不可共存。在自我指涉的法律系统中，两者不仅可以共存，而且是系统实现自我演化的关键（参见［德］贡塔·托依布纳：《社会理论脉络中的法学与法律实践》，纪海龙译，载《交大法学》2015 年第 3 期）。

另外，正如宾凯所指出的，哈特已经清楚意识到法律中的"规范"要素其实正是社会"事实"的一部分。在哈特的理论中，法律具有自身的封闭结构，这个封闭结构正是使法律区别于科学、道德、经济、政治等并使法律自身获得独立地位的另一种社会结构。但是，卢曼在哈特理论结构中发现的问题是，在哈特把法律聚焦在"规则"之后，他就陷入了用规则结构替换社会结构的困难。在卢曼看来，规则不能产生规则，而且规则也还处于社会之外，在社会学中，［转下页］

社会科学的“外部视角”，更应当是一种基于社会观察的法律内部视角，从而通过法律的自我识别来创造法律的变革。法律的社会理论应当不仅仅具有理论面相，还具有实践面相。[1] 系统理论并不认为只有法律职业共同体的实践能够产生法律的内部视角，外部观察者同样可以发现法律的识别规则。通过法律共同体构建起来的承认规则并不是系统内部的基本元素，承认规则不是维系法律系统的结构，只有在二元符码下产生的法律沟通才能不断延续法律系统的运作。在系统理论看来，法律运作通过一种承认规则得到识别，这种承认规则由法律的二元判断符码构建。因此在系统理论的视野下，我们无须通过一条明确的承认规则来指涉和识别法律。但是，哈特的承认规则确实指出了通过一种社会学的视角将法律的内部观察与外部观察联系起来的研究进路。系统理论中的区分和再入的概念在一定意义上深化了哈特承认规则：外部的观察不仅能够反映法律内部的运作，并对法律的识别起到指引的作用，作为外部环境因素的承认规则也能够再次被法律系统吸收，成为法律系统内部观察的工具，重要的并不是严格区分初级规则与承认规则，而是认识到系统自我指涉中通过系统 / 环境区分形成的二阶观察。

［接上页］只有“使用规则的沟通”才能产生另外一个“使用规则的沟通”（参见宾凯:《二阶观察、悖论与法律的系统建构——卢曼法律社会学理论研究》，北京大学 2006 年博士学位论文）。在泮伟江看来，哈特坚持法律的规则属性，并且通过法律概念的核心意涵与边缘意涵来软化规则的刚性结构，为自由裁量权留出空间；但另外一方面，在回应德沃金对自由裁量权恣意性问题的批评过程中，为了捍卫法律规则的形式性，他不得不在承认规则的问题上寸步不让。参见泮伟江:《当代中国法治的分析与建构》（修订版），中国法制出版社 2017 年版，第 185 页。卢曼批评了“用规则构造系统”的哈特学说，其认为一个操作性的进路不能把法律系统的统一性想象为单个文本的统一性或文本总体的一致性关联，而只能构想为一个特殊的社会系统。如本研究第一章有关“运作”概念的探讨，卢曼强调了沟通本身作为“运作”的动态性和生命力，哈特理论中的识别规则没有这种内在动力学，因此规则在哈特那里是无法通过系统沟通自组织的。这里，卢曼把潜藏在哈特识别规则概念中的规范性变成了一种具有自我生产能力的社会结构，法律正是这样一种社会结构。这种规范性不再是指向某种法律之外的规范价值（无论是道德、利益还是政策），而是通过“合法 / 非法”符码再生产法律决定（司法、立法）的运作性沟通结构，这种运作性沟通是一种动态的、随机的，但是又受到系统自身历史限制的任务流程。我们将在对刑法与社会（福利）政策关系的分析中看到系统论视角与哈特承认规则理论的明显区别。

[1] See Teubner, Gunther. “After legal instrumentalism.” *Dilemmas of law in the welfare state* 3 (1986): 301.

（二）系统论下的法律“内部视角”

基于上述分析，我们可以展开对刑法研究中的内部视角与外部视角的探讨。在刑法的运作层面，我们看到法官、律师、检察官等运用刑法规范和犯罪论理论体系去论证犯罪构成。在系统的内部沟通中，通过不断的信息（新的刑事案件）处理（刑法分则犯罪构成应当如何被适用），我们对刑法规范产生了类型化的犯罪构成解释和判例规则。在外部信息的不断刺激下（系统的再入），刑法体系逐渐形成系统的记忆和系统的结构。在实证法的条件下，刑法与外部环境的结构耦合可以通过更直接的方式产生变化和刺激：刑事立法和刑法修正的程序是政治系统与刑法系统结构耦合的媒介。但是在常规运作中，刑事司法系统运作内部的再入完成了对系统 / 环境进行区分的工作。

卢曼认为，法律系统的运作封闭通过系统内部的不同视角，也就是对观察者的观察、对结构的再入来完成。法律系统只能通过内在的不断激扰来完成。[1] 这对于刑法的运作同样适用。我们通过刑法理论，例如“行为”概念的扩大化（包括持有问题）、行为社会危害性和法益侵害的抽象化（抽象危险犯的确立和认定）等吸收系统环境，也就是社会变迁的因素，并促成刑法与社会的共同演进。刑法的内部视角就是运用这些刑法系统的冗余不断丰富自身对外部环境的指涉，来完成刑法系统开放性与封闭性的双重构建。我们将这种内部构建称为刑法教义学的诞生和发展。运用刑法教义学解释刑事案件，通过新的案件刺激刑法教义学的演化，就是刑法系统的内部视角。

刑法内部资源的丰富意味着系统自身结构的复杂性不断增强，系统吸收外部环境的信息能力不断提高。刑法教义学在我国刑法理论研究和实践中不断走向成熟，不断走向自我完善是刑法系统走向自我指涉的重要标志。

“立法时代的刑法学”，或者说“立法刑法学”仍然是我国当下法治建设中理论建构的重要环节，通过政治民主程序加强刑事立法和修订工作的合理性与科学性在转型期的中国社会仍然具有重大意义。在社会生活中，任何人面对互动视野中丰富的可能性，都希望实现一个确定的未来。立法就是通过

[1] See Luhmann, Niklas. *Law as a social system.* Oxford University Press, 2004. p.100.

对期望结构进行稳定化，对未来的约束进行约定，使体验和行动的可选择性得到增强，为人们的行为提供指引。[1]

但是，我们应当看到，无论是作为研究的刑法还是作为实践的刑法，已经慢慢走向"司法刑法学"与"刑法的司法化"[2]，刑法教义学的丰富和复杂使系统利用规则体系的二阶观察（内部视角）分析案件复杂性的能力不断增强。面向司法活动的刑法教义学能够减少系统不断重新构建自身冗余（立法和修法）的消极影响，并且在刑法规范未发生变化的情况下借助教义学理论具有连贯性（consistency）地处理新的案件类型。因此，刑法教义学作为一种系统内部运作，具有不可替代的积极作用。任何轻视刑法教义学的看法和观点正是轻视了刑法内部视角的重要性，甚至轻视了法律稳定社会规范期待与整合社会秩序的重要性。而系统理论正是从社会外部视角观察到了法律系统自身运作封闭的重要性。

（三）刑事法运作的"中心"与"边缘"（center/periphery）

在此，我们需要回顾一下上一节谈到的刑法的社会权力语义分析。系统理论的内部视角将刑法教义学作为刑法运作的主要支撑，刑法的权力属性成为边缘性的问题。我们认为刑事法治并不是权力的运作，并不遵循权力的逻辑。同样，系统理论将运用刑法教义学的司法运作看成刑法系统内部指涉的中心，是刑法处理外部环境复杂性的主要沟通场域。那么，如何解释刑法运作中的边缘地带？如何理解刑法运作中那些与暴力性机制更为接近的运作场域（如警察的执法、监狱的执行）？

我们认为正是在这些边缘地带，刑法与社会其他子系统互动的不稳定性，或者说刑法自我指涉的不完整性才凸显出来。在刑事审判的前端，也就是刑事侦查与刑事起诉阶段，面对同样的刑法规范，刑法教义学有着相较于司法过程更为有限的运作空间，或者说，刑法教义学的结构主要服务于，并依托司法审判过程发展。一方面，这受制于刑事侦查与刑事起诉阶段制度结构的

---

[1] 参见祁春轶:《国家治理中法律对期望结构的分辨和选择》，载《法学》2015 年第 12 期。

[2] 参见刘远:《司法刑法学的视域与范式》，载《现代法学》2010 年第 4 期。

特点：刑事侦查的效率性与行政性诉求，[1] 刑事起诉的控方立场和犯罪构成的工具化主义等。总而言之，这是分化了的刑法系统在侦查、起诉阶段区别于刑事审判（司法）阶段的关键所在。另一方面，这也与整体刑法系统沟通的模式差异相关，并不是所有的刑事诉讼中的侦查、起诉模式都不重视对刑法规范和刑法司法教义结构的运用，这取决于在刑事诉讼制度演进中不同国度、地区对待不同阶段的侧重点。有些国家更注重刑事审判的实质性和对抗性，从而使侦查与起诉乃至证据规则都具有相应的结构；有些国家则更注重庭审中的职权主义，从而使侦查和起诉也具有行政化色彩，辩护与审判对抗受到抑制。[2] 刑法体系运作的中心，也就是司法结构在一定程度上决定了刑法运作边缘地带的运作模式，以及国家刑事权力的面向。

系统理论认为，刑法教义学是刑法不断对系统 / 环境区分形成再入的基础和中心运作场域，但刑法教义学并非只在司法过程中体现。其实，问题并不在于刑法教义学的属性或所处位置是在司法中还是其他方面。我们从上面的论证已经看出，系统的分化和系统吸收环境复杂性的能力才是系统理论认为的现代社会功能子系统的关键所在。而刑事制度的演进将这一功能发生的场所主要放在司法阶段并不是偶然的，而是司法系统与法官的意识形态、经济系统、政治系统不断产生结构耦合的结果。也就是说，系统与这些环境因素的不断共同演进，不仅促进了司法作为处理信息的主要场所，也使其成为系统环境因素不断形成激扰系统沟通的稳定媒介和渠道。司法在现代刑法系统中的重要地位是系统和环境共同演进的结果。

因此，我们不必过分担忧刑事运作在边缘环节的异化。如果上述分析使我们相信在一种自我指涉的系统中，内部视角总会在系统沟通不断丰富的情况下产生冗余，并对边缘性的问题做出回应，甚至在一定程度上决定边缘的机构，那么我们所要做的并不是将刑事审判中形成的系统结构照搬到侦查、起诉乃至执行阶段，而是在上述系统内部运作产生明显偏离整体司法结构和特点的情况

---

[1] 有关刑事诉讼前端侦查过程的精彩论证和理论分析，请参见 Skolnick, Jerome H. *Justice without trial: Law enforcement in democratic society.* Quid pro books, 2011。

[2] 参见达玛斯卡对此的论证：Damaska, Mirjan R. *The faces of justice and state authority: a comparative approach to the legal process.* Yale University Press, 1991。

下，设置一定的制度机制和程序条件启动司法程序予以纠偏：非法证据的排除规则、对减刑假释的司法审查、律师会见权与审阅案卷权的扩大等，都是我国现在进行的法治改革中的重要环节。以审判为中心构建的刑事司法在一定程度上会对其他刑事运作阶段的规则构建和修正产生辐射作用。

相对而言，我们更需要警惕的是外部环境对处于系统运作中心的刑法教义学的直接干扰和入侵。系统理论不仅重视刑法系统的内部观察，也重视通过外部视角反思刑法的内部观察。不过，正如前述内容所揭示的，系统理论对刑法系统的外部观察是反身性的（reflexive）：对刑法的外部观察和反思建立在系统自身内部视角的基础上，外部环境不能代替内部结构。我们在前述内容中批判了政治权力逻辑、经济理性等对刑法体系内部沟通的破坏。[1] 刑法系统解决外部视角的过程需要类似“承认规则”的媒介，[2] 政策性的考量不可能直接进入刑法教义学的判断。无论是“回应型法”[3]，还是李斯特鸿沟的跨越[4]，研究者都必须借助现有的刑法沟通结构去努力回应社会，也在变动的社会秩序中稳定刑法内部的规范期待结构。

我们从来不曾否认外部环境因素对刑法体系的重要影响，刑法教义学的结构复杂性正是来源于和其他系统的交互。系统开放性是刑法处理现代社会愈加复杂的纠纷和犯罪形态的应有之义。本节的论证主要强调了刑法内部视角的重要性。在理解了从刑法教义学维度展开的刑法内部视角后，我们接下来要对刑法教义学

---

[1] 也可参见第一章我们对雅各布斯借鉴卢曼系统理论对刑罚责任的机能主义构建的批判。

[2] 我们将承认规则当成一种媒介，它并不属于一个系统，也并不仅仅符合一种系统理性。正如语言作为社会系统间结构耦合的媒介一样，承认规则也是法律与社会其他子系统间结构耦合的重要媒介之一。例如，有关人权的理论不仅属于政治系统演化的结果，也属于法律系统自我指涉的重要成果。人权理论不仅属于政治宪法的结构组成，也属于刑事司法中的沟通和符码判断的依据。有关人权理论的系统论维度分析，可参见 Verschraegen, Gert. 2006. “Systems theory and the paradox of human rights.” *Luhmann on Law and Politics: Critical Appraisals and Applications*: 101-127。

[3] 参见［美］诺内特、［美］塞尔兹尼克：《转变中的法律与社会》，张志铭译，中国政法大学出版社 1994 年版。

[4] 参见陈兴良：《刑法教义学与刑事政策的关系：从李斯特鸿沟到罗克辛贯通中国语境下的展开》，载《中外法学》2013 年第 5 期。刑事政策与刑法的关系问题，是我们重新回到系统理论中结构耦合具体展现问题的切入点，我们将在第三章中详细论证。本节对刑法规范的内部与外部视角关系问题的分析，是切入刑法与刑事政策问题的基础和前提。

构建过程进行外部观察。我们将在本章的后面几节中详细分析基于刑法教义学产生的系统自我指涉结构，我们将其称为刑法的实证性、规范性与沟通性。

第二节　刑法的实证性：自我指涉的首要条件

“我们在这里看到的是作为法律系统符码判断的核心：司法运作所面临的限制。在自治型法律统治模式中，法治（一种独特的机构体系而非一种抽象的理想）得到弘扬，正统化得到加强，所谓深刻的正统化从依据什么权威这一笼统问题扩大到具体的法令和政策。法律成为调整社会阶级利益的主要手段。政治逐渐与法律的治理相脱离，法律的自治在这种变化中得以形成。法律机构以实体服从换得程序自治。虽然政治共同体赋予法官一种免受政治干预而行使的有限的权威，但是这种豁免的条件是法官使自己脱离公共政策的形成过程。法律的专业化被逐渐强调，法律以及解释法律的技巧慢慢丰富（自治型法的一个标志就是对语义的细致考察）。形式主义与程序主义成为法学理论的主流。法院和司法成为法律运作的中心：法院的价值中立意义成为自治型法律模式正当性的主要来源。法官严格‘依法’审判案件，进入法律判断的事件被严格限定，法律程序的被动性被强调。与之而来的是法律实证主义的僵硬和法条主义对后果（工具理性）的忽视。形式正义高于实质正义。”[1]

这是作为制度理论研究者的诺内特和塞尔兹尼克对现代社会自治型法的描述。法律的实证性与法律的制度属性相连。这些属性是承接韦伯对现代性条件下法律的理性化（rationaliation）论证的遗产。在塞尔兹尼克看来，实证法代表了通过权威机构订立的公共义务。实证法并不是法律的权威，而且实证法可能是一种“恶法”。在其看来，实证法是一种解决问题的法律产物。法律秩序的工作在于产生社会规制个体行为与化解纠纷的最佳方式。实证法并非时刻能够完美地完成这项工作，并且指导实证法的法律原则也并非完善的。保证实证法系统在现实社会中有效运作的关键一点便在于法律的实施掌握在特定的组织和

[1]［美］诺内特、［美］塞尔兹尼克：《转变中的法律与社会》，张志铭译，中国政法大学出版社 1994 年版，第 59 页、第 62 页、第 64 页、第 68 页。

人员手中，从而法律的修改、解释也成为专业化的工作。最终能否改变实证法的面貌将依赖于权威机构和人员对法律的反思和批判。[1]实证法应对社会理性回应能力与回应程序的僵硬也成为塞尔兹尼克提出回应刑法的依据。[2]

法律系统论并不认为作为制度的自治型法已成为过去式。在系统理论研究看来，作为制度的法律与作为规范实体的法律实体之间并非保持静态的关系，法律规范的自我指涉也不意味着作为社会制度的法律功能不能够动态地回应社会变迁。系统理论认为，以司法为中心的法律运作需要解决系统中存在的固有悖论（paradox），也就是法律的判断只能通过法律来判断，法律之上不存在更高的和外在的评判标准，合法性与合法律性（legitimacy and legality）在实证法背景下呈现合二为一的趋势。[3]无论是从法律运作中提取的原则还

[1] 塞尔兹尼克也指出，法律的实证性是一种专业化的制度运作。实证法作为一种规制社会的规范，在订立的过程中并不偏向任何具体的个人主张或议题。而这被视为实证法的一种重要属性，也就是法律面前人人平等。但是，这并不意味着在具体的实证法运作中，在具体的司法裁判中，价值判断不再出现。实证法通过对自身运作模式、结构的认定，确定了能够做出这些决定和司法裁判的权威机构和人员。通过普遍化、平等适用的规则构成和确定的权威机构的建立，实证法被遵守的可能性得到加强。See Selznick, Philip. "Sociology and natural law." *Nat. LF* 6 (1961): 99. 卢曼也指出，人们通常已经准备好去接受法律规定，只要它们的颁布是符合秩序的，而且尤其是国家官僚组织和法官，要在这些前提下有规律地以其为参照，据其决策。参见［德］托马斯·莱塞尔:《法社会学基本问题》，王亚飞译，法律出版社 2014 年版，第 102 页。

[2] See Selznick, Philip. "Sociology and natural law." *Nat. LF* 6 (1961): 99.

[3] See Banakar, Reza, and Max Travers, eds. *Law and social theory.* A&C Black, 2014. p.81. 这种合二为一与现代法律的实证性息息相关。法律的实证性与可修改性促成了一种卢曼所谓的“程序的制度化　”（institutionalization of procedures）。See Luhmann, Niklas. "The Differentiation of Society, trans. Stephen Holmes and Charles Larmore." *New York, Columbia University* (1982). p.159. 卢曼认为，现代法律的实证性根源于现代功能分化世界所释放出来的大量复杂性与偶联性。从社会学角度看，现代法律的实证性并不体现在法律渊源的学说中，而是体现在现代法律的可变现之中。由法律实证性带来的一个核心问题，就是法律的不断变化与法律的自我同一性之间的张力。参见泮伟江:《现象学视野下法的生成与演化——卢曼早期法社会学理论的贡献与启示》，载《第三次海峡两岸法理学与法学教育研讨会论文集》，第 280 页。在卢曼看来，由实证法构建的社会秩序中必然有一层次的规范指向决定机构制造规范的程序过程。这些程序性规范规定了构成法律的最低条件。而这些程序性条件本身也是实证法的一部分。当可变化性（variability）成为决定法律秩序的普遍原则，法律有效性的保证就不能再建立在无法变更的传统或是自然法的基础上了。规范塑造规范的结构和功能仅仅要求这些程序性规则成为其规制的程序的限制性条件，尽管这些程序性限制条件自身也会发生改变。SeeLuhmann, Niklas. "Positive law and ideology." ［转下页］

是政策，都不可能像德沃金说的那样，通过一种整合性和诉诸社会公共意识的判断，而成为跳出法律运作悖论的救命稻草。卢曼说过，法律的基础性问题并不是寻找并确认其存在的最终正当理由，而是如何压制或延缓悖论带来的由一个观察者所能提出的逻辑疑问或对法律的不满。[1] 作为研究者，我们不应当隐藏这种悖论。也正如系统理论研究专家托依布纳所言，与其隐藏法律运作中的这种悖论，不如将其展示出来并将其作为法律系统的自我观察（self-observation），也就是通过自我符码的重复判断来解读法律简化现代社会复杂性的命题。

这样一来，对于法律规范运作和法律制度结构适应性问题的考察就应当转换视角。[2] 法律的实证化作为法社会学中心议题的价值就在于此。通过系统论研究法的实证化，就是对立法现象进行剖析，更是回答作为规范存在的法律的现代性意涵。[3]

［接上页］*The Differentiation of Society* (1982): 95-96. 由功能分化所带来的社会系统变迁使法律系统逐渐“告别”自然法传统。法律的纲要在实证法中仅与法律的符码相连，通过法律形成的社会整合（social integration）不再诉诸外部价值，而成为决策（decision-making）问题。See Luhmann, Niklas. *Law as a social system.* Oxford University Press, 2004. p.194. 也可参见宾凯：《从决策的观点看司法裁判活动》，载《清华法学》2011 年第 5 期。对通过“程序的制度化”在刑事司法领域的实证研究，可参见 Scheffer, Thomas, Kati Hannken-Illjes, and Alexander Kozin. *Criminal defence and procedure: Comparative ethnographies in the United Kingdom, Germany, and the United States. Springer*, 2010。

[1] See Luhmann, Niklas. “The third question: the creative use of paradoxes in law and legal history.” *Journal of Law and Society* 15.2 (1988): 154.

[2] 参见［德］卢曼：《法社会学》，宾凯、赵春燕译，上海人民出版社 2013 年版，第 136 页。

[3] 在卢曼看来，立法制造了系统内部的复杂性，因为立法同时意味着对政策的执行以及结果导向的（result-oriented）法律实践。结果导向的法律实践是系统内部复杂性最为重要的来源。因为结果导向并不会完全达成其目标，并且会带来意想不到的副作用。立法的后果是带来更多的立法。对法律结果的观察意味着带来更多的变化。See Luhmann, Niklas. “The self-reproduction of law and its limits.” *Dilemmas of law in the welfare state* 3 (1986): 124-125. 卢曼对法的实证化的强烈关注使其区别于后现代法学理论对现代法律正当性的解构。正如有的学者所言，在这一点上，卢曼与哈贝马斯都是坚定地维护法律实证化的战士。现实主义法学、批判法学以及法律经济学等这些解构法律规范性的理论主张都成了他们共同瞄准的靶子，从而使他们在维护法律内在的应然性和规范有效性的局部战斗中结盟。参见宾凯：《法律如何可能：通过“二阶观察”的系统构建——进入卢曼法社会学的核心》，载《北大法律评论》2006 年第 2 辑。

在现代功能分化社会中，刑事立法是刑法教义学发展的规范基础。即使有着深厚判例习惯根基的美国刑事司法，也在逐步通过国会立法的方式改变刑事惩罚的边界。[1] 有学者对立法化的法律演进模式提出了强烈的质疑和批判，认为社会自生自发的秩序不能通过“计划”“方案”等政治的立法化过程反映，法律规范作为“正义行为的规则”（rules of just conduct）在社会中只能通过长期的自然演进完成，刑法是这种法律自然演进观的代表之一，刑法具有私法（private law）的性质，是人们长期生活和实践的结果。上述法律演化观是对现代社会，特别是资本主义国家社会与市场经济现实的一种反思。

卢曼的社会系统理论与自然主义法律演化观具有相似性，两者都强调法律自身运作的逻辑，法律不可能通过立法的政治操作过程被完整地构建出来。所不同的是，系统理论并不认为市场与竞争能够完全“自足”（self-sufficient）。“法律干预”，也就是通过结构耦合形成的对社会诸领域的法律乃至刑事法规制不仅可能，而且必要。法律系统自我指涉和法律规范的工具化效果（instruemntalization）并不冲突。因此，将市场的竞争置于国家宪制之外的假设不能成立。[2] 卢曼并没有将法律的演化过程与社会生活混同起来：社会生活是一种维度，法律则是另外一种具有封闭性的社会维度。尽管我们并不否认两者间的借鉴和互动，但是两者之间的边界是明显的。卢曼反对将具有技术性和程序性的法律规则化约为一种“生活实践”，也就是说，卢曼并不回避，也并不排斥现代社会法律系统的实证性：法律系统的构建由其自身结构决定和完成，规范的创造和修改也是系统自身演化的结果，而非直接来源于“生活秩序”。

---

[1] See Alexander, Michelle. *The new Jim Crow: Mass incarceration in the age of colorblindness.* The New Press, 2012; Husak, Douglas. *Overcriminalization.* Blackwell Publishing Ltd, 2008.

[2] See Teubner, Gunther. “Concepts, aspects, limits, solutions.” *Juridification of social spheres: A comparative analysis of labour corporate government: Trust and social welfare law* (1987): 24, 32.

卢曼不仅不回避现代法律实证性的特点，[1] 而且试图通过系统理论对其作出观察，并将法律的实证化（positivisition）现象及其反映的法律自我指涉当成现代法律系统自我指涉产生的基础条件。在本节中，我们将针对刑法自我指涉中的实证性问题进行论证，并发现系统理论对现有文献的补充和创新。

一、立法时代的刑法：文字与刑法实证性的关系

（一）文本与现代刑法的稳定性

法的实证化深入推进了前现代社会中已获得初步发展的关于规范生产和通过法律解决纠纷的社会意识。现代社会创造了那些生产规范的规范，例如，程序性规范和制定法律的制度性条件。在卢曼的术语中，这种“自我反思性”极大地增强了正式法律制度的生成和识别。通过法律对社会规则的识别，法律系统创造更多可能性的能力大大增强，而一种系统运作中选择可能性的增强则使系统的意义不断产生，社会对法律的认知和认同也逐步提升。现代社会的复杂性从法律这种意义抽象系统中得到解释。[2]

实证性是法律的自我决定和运作封闭的体现。[3] 卢曼认为，当合法律性（legaility）被当作合法性（legitimacy）看待时，当法律的被遵守和被关

[1] 卢曼强调了法律实证主义不仅是现代法律的内在属性，也是现代性的特点之一。有的学者总结了卢曼所言的现代实证法的六个特点：1. 存在特定的立法程序；2. 法律规范的有效性是基于在不同的规范性议题中的选择性决定；3. 法律被解释为永远可变的；4. 立法成为常规；5. 法律手段能够引起社会变迁；6. 法律创制程序的合法律性的信念。See Rottleuthner, Hubert. “A Purified Sociology of Law: Niklas Luhmann on the Autonomy of the Legal System.” *Law and Society Review* (1989): 779-797. 上述六个特点之间是存在重复的，也并不完全适合对具体刑法体系的描述。我们将在本节中将视角主要集中在立法化的刑法及其实证化的展开方式上。不仅是卢曼，大部分法的社会理论（law in social theory），特别是经典社会理论（涂尔干、韦伯、马克思等人的理论）均将法的构建性当作观察和解释现代社会与法关系的出发点。See Hunt, Allan. “The Problematisation of Law in Classical Social Theory.” *An introduction to law and social theory* (2002): 13-31.

[2] 参见［美］托马斯·D. 巴顿：《对尼古拉斯·卢曼〈法社会学〉的书评：期待、制度、意义》，宾凯译，载泮伟江主编：《北航法学》（2015 年第 2 卷），中国政法大学出版社 2015 年版，第 199 页。

[3] See Neves, and Marcelo. “From the Autopoiesis to the Allopoiesis of Law.” *Journal of Law & Society* 28.2 (2001): 250.

注仅仅因为通过决定被确认为确定的规则时，社会中的法开始具有实证的意涵。[1] 实证法在一个封闭的知识体系中假定了不证自明的“事实”，这与实证科学的假定相似。[2] 系统内部“真实”的构建也是系统理论的假设。[3] 在卢曼看来，运作封闭是现代社会功能分化的产物。现代法律，也就是基于西方法律传统发展起来的实证法是现代社会系统运作封闭的代表。法律的实证化（positivity）代表了系统的自我决定。[4] 法律的实证化是现代西方法律自治的象征。为了达到法律论证中的自治，也就是形成系统的自创生和法律规范期待的维持与稳定，法律必须与历史的、传统的象征法律效力的符号，例如具有外部指涉意涵的自然法理性等相分离。[5] 法律系统在自我描述的过程中确认系统的自治。

在这种演进中，法律系统内部产生的立法与司法的区分使得立法者，当然更使得法官无法诉诸法外因素（友情、关系、地位等）来进行法律运作。在 18 世纪的欧洲，原有的、统和的君主司法权（monarchical jurisdiction）开始解体，分权理论成为主流。法律系统通过立法与司法的分离形成系统的内部回馈，法律的实证化开始涌现。[6] 立法不仅成为法律科学诞生的标

---

[1] See Luhmann, Niklas. “The Differentiation of Society, trans. Stephen Holmes and Charles Larmore.” *New York, Columbia University* (1982). p.158.

[2] See King, Michael, and Christopher J. Thornhill. *Niklas Luhmann's theory of politics and law.* Basingstoke: Palgrave Macmillan, 2003. p.38.

[3] 包括刑法在内的法律“客观性”（objectivity）在卢曼看来并不是社会普遍意义的实证规范，法律客观性是基于法律偶在性与不断变化的性质产生的系统沟通。See King, Michael, and Christopher J. Thornhill. *Niklas Luhmann's theory of politics and law.* Basingstoke: Palgrave Macmillan, 2003. p.38.

[4] See Neves, and Marcelo. “From the Autopoiesis to the Allopoiesis of Law.” *Journal of Law & Society* 28.2 (2001): 250.

[5] 卢曼与自然法理论的决裂，从某种程度上已经为法律作为一个独立的自创生系统奠定了基础。既然不能从自然法中间寻找到合法性的依据，法律只能从其自身寻求合法性的依据。“实证法的合法性根据不再处于法律之外，而在法律之内。此阶段，法律系统已经形成了封闭的系统边界，法律获得了自治的地位。法律实证主义作为对法律实证化的自我描述，认为法律的有效性基础不能外假他处，而在于法律自身，法律自己为自己奠基。”参见［德］卢曼：《法社会学》，宾凯、赵春燕译，上海人民出版社 2013 年版，第 16 页。

[6] See Luhmann, Niklas. *Law as a social system.* Oxford University Press, 2004. p.260. See also Eckhoff, Torstein. *Feedback in Legal Reasoning and Rule Systems.* Almqvist & Wiksell, 1978.

志，也在卢曼系统演化观下成为现代法律运作封闭的代表。法律在立法过程中被有效地识别出来，系统运作封闭的条件也在立法制度的完善中得到进一步的满足。

这一过程包含刑法在西方社会演进中的实证化的转向。立法与司法分离也是刑法实证性的历史渊源。作为欧洲启蒙时代的刑法学家，贝卡里亚描述了刑法依托于立法并产生刑法解释明确性的历史转变："严格遵守刑法文字所遇到的麻烦，不能与解释法律所造成的混乱相提并论……当一部法典业已厘定，就应逐字遵守，法官唯一的使命就是判定公民行为是否符合成文法律。" [1]

基于文字的刑法规定在现代社会看来是一件稀松平常的事情，即使是以社会习惯 [2] 为基础发展起来的普通法，也是以文字为依托从而逐渐成为一种政治国家法律（state law）的。刑法实证性的基础是立法，是基于立法和成文法典发展起来的。刑法理论作为刑法系统内部自我指涉的稳定结构，首先需要借助的就是立法的文字化表达。立法化的刑法不仅代表了政治国家在构建刑法过程中的主导地位，更是现代刑法解释体系产生的前提。我们在对结构耦合概念及其产生的系统再入运作的描述中，指出作为个体意识和社会系统间结构耦合最为重要的媒介——语言的作用。在此需要对语言的高级表现形式——文字对立法化的刑法产生所起到的作用进行进一步的分析，从而加深我们对刑法实证性历史渊源的理解。

---

[1] ［意］贝卡里亚:《论犯罪与刑罚》，黄风译，中国方正出版社 2003 年版，第 13 页。

[2] 但是，社会习惯与现代法律形式间存在较大区别。在昂格尔看来，习惯缺少实证性的特点：习惯是内隐性的标准而非明示的规则。这些标准是默许的规则，尽管我们不否认习惯有时候指涉的标准是非常准确的。习惯规定了社会中处在某一地位的个体所应当遵循的规则，但是它并未被明确颁布出来。习惯适用于被严格限定的人和人之间的关系，而不是对所有社会阶级均有普遍适用的效果。对习惯进行"法典化"本身就是对这些标准的改变和重塑。正是因为习惯的"非实证化"，习惯中并不存在规则与规范（regularity and norm），或者说选择与适用规则（the choice and the application of rules）的区分。See Unger, Roberto Mangabeira. *Law in modern society.* Simon and Schuster, 1977. p.50.

（二）文字与法律文本化的社会功能：政治与法律关系的重构

使用文字来传递信息经常使人们丧失面对面情境中视觉与听觉所带来的临场效果，以及面对面交流中对不确定性的容忍。[1] 但是，它却可以达到跨越时空的限制而产生的沟通效果，特别对于传递抽象概念而言这一点尤为突出。[2] 抽象型法律文本的呈现与文字在传播学上所体现的这种比较优势息息相关。“书写技术是扩大、比较以及传播经验的手段，有可能发展出文明的社会借此与那些被斥为野蛮的社会相区别，人类借此能够获得的经验远超特定个体所有。”[3]

在卢曼看来，文字使社会沟通不再受到信息传递的时间束缚，规范的期待稳定功能是实现这种摆脱束缚的关键。[4] 信息传递者当场的目的也不再成为决定性因素。文字对保存文化（也就是保存社会期待）具有极关键的积极影响。[5] 文本是否取决于信息传递者的意向现在成了解释（interpretation）的问题。随着文字的出现，口头语言记忆的不确定性 [6] 被文本解释的不确定性所取代。尽管对文本含义存在不同的理解，但是通过这些对文本含义不同见解的表达，对文本的认同和文本独立性开始体现。[7] 基本立法文本的法律解

---

[1] 面对面解释可以将他者的身体、言语及其相关情境的反馈直接纳入“我”的意义脉络之中，并加以修正；尽管“我”的两种动机之间始终存在紧张关系，但意识流的同步性与亲密性却可以对此进行补偿，“我”对意义解释的“校点工作”可以通过接近当前的形式完成。参见渠敬东：《缺席与断裂——有关失范的社会学研究》，商务印书馆 2017 年版，第 188 页。

[2] 参见叶启政：《社会理论的本土化建构》，北京大学出版社 2006 年版，第 358 页。

[3] ［英］亨利·梅因：《早期法律与习俗》，冷霞译，上海人民出版社 2021 年版，第 12 页。

[4] See Luhmann, Niklas. *Law as a social system.* Oxford University Press, 2004. p.147. 从卢曼提出的偶在性（contingency）观点出发，我们看到人类经验的可能性远远大于可实现的确定性。从这种定义中我们可以看到，卢曼将其理论视角的时间维度对准了未来的轴线，并且预设了人类选择的自由。而在卢曼的理论中，这种面向未来的选择可能性依靠的是一个发达的，建立在语言、符号以及共识基础上的社会结构。

[5] 参见费孝通：《美好生活与美美与共》，生活书店 2019 年版，第 402 页。

[6] 正如麦克法兰所指出的，口头的东西具有灵活性与主观性，经常允许小修小改。参见清华大学国学研究院主编、［英］艾伦·麦克法兰主讲：《现代世界的诞生》，上海人民出版社 2013 年版，第 213 页。也正如梅因所指出的，古代的法律有时候呈现诗歌体，原因在于诗歌能够减轻记忆的负担。参见［英］亨利·梅因：《早期法律与习俗》，冷霞译，上海人民出版社 2021 年版，第 4 页。

[7] See Luhmann, Niklas. *Law as a social system.* Oxford University Press, 2004. pp.25-26.

释预示着法律的自治与运作封闭的条件开始出现。

法教义学对文本指涉的极端强调不仅由于法律的运作必须与碎片化的实践相区别，也不仅仅意味着法律通过实证化的手段实现的可变性（changeability），法教义学对文本的强调在于将法律系统的生成建立在一种基于个体的一般性（universality of the individual）上，法律对自我的构建正是基于此。文本成为不同个体的自我指涉可以进行兼容的优势媒介。通过法官的释法活动，文本成为表达，而不仅仅是一种“文本”了。法教义学指涉了在均衡状态周围法律实践的波动中形成的行为期待的不确定性。[1] 法律教义学不断指涉集中的互相依赖形式：案件的相似性成为（法律正义）关系形成的标准。法教义学将观点的留存看作中心任务，法教义学的均衡不能由解释者个人规制，法教义学通过抽象的参数来展示具体行为的“横切面”。也就是说，建立在文本解释基础上的法教义学为法律走向统一（系统）提供了支撑。[2] 卢曼通过对法律解释问题和法教义学的系统理论分析，揭示了法律作为一系列内在联系的符号如何在不断变化的情境中维持系统自治的运作方式。

通过上述的分析我们看到，法律的文字化，或者说文字作为个体意识与系统结构耦合的媒介，为法律系统结构不断复杂化提供了极其重要的支撑。刑法的立法化是这种现代社会系统复杂性的例证。立法为刑法体系的记忆和学习能力提供了媒介，为刑法系统更好地创造解释规则。文字是刑法系统运作的结构和再入的前提。如前所述，刑法系统的自我指涉需要不断产生沟通，不断对系统符码的运作提供纲要，并保证反事实规范期待的稳定。刑事立法通过刑法系统的自我组织和自我观察，不断完成系统沟通的自我生产：刑法规范始终需要解释，而任何刑法解释的来源必须重新回溯和指涉规范本身。

---

[1] 这也涉及现代实证法对稳定性的追求不会停止，但是也无法得到满足：现代法律的运作处于不断自我指涉中的流动状态。法律运作中的偶在性，也就是法律的不确定性通过自身不断创造新的可能性被吸收。不确定性不再成为法律的例外，而成为系统运作的一般状态，成为法律系统不断递归的价值生成状态。See Luhmann, Niklas. *Law as a social system*. Oxford University Press, 2004. p.455.

[2] See Ladeur, Karl-Heinz. “Perspectives on a Post-Modern Theory of Law: A Critique of Niklas Luhmann,” The Unity of the Legal System. *Autopoietic Law: A New Approach to Law and Society* 8 (1988): 274-275.

通过立法化，刑法体系避免了利用外部因素（道德等）解决内部沟通的问题。外部环境不再可能直接进入刑法的沟通，外部价值体系也无法成为衡量进入系统内部运作案件的定罪与量刑。

除此之外，更重要的是，刑法的立法化使刑法体系与政治系统的互动常规与稳定了，刑法体系与政治系统形成了结构耦合。费尔德曼认为，在西方向现代社会转型的过程中，包括刑法在内的法律知识逐渐世俗化（secularization），自然法逐渐衰退，实证主义取得显著的地位，立法变得越来越重要。但是如何为实证法找到正当性基础的任务变得越来越紧迫。[1] 甚至我们可以认为，正当性问题（legitimacy）本身是与立法现象的产生紧紧结合在一起的：没有立法，也就没有法律知识的世俗化问题，也就不存在世俗社会和国家的立法正当性冲突的问题。

在刑法领域，我们看到对犯罪的判断不再以宗教的符码或道德的标准展开，行为成为判断个体刑事责任的主要根据。[2] 刑法知识的世俗化与我们之前所言的现代社会认识论的构建主义基础有关，刑法理论中不法与责任判断的知识论基础不仅是刑法系统的演化，也是刑法体系与政治系统结构耦合的产物。刑法的立法化过程及其表征的法律实证性展现了现代刑事法律在运作过程中对政治权威提供的正当性所呈现的开放性。

在系统理论看来，政治国家的出现以及由此演化出来的现代社会政治系统，为刑法体系的运作封闭和自我指涉提供了稳定的、积极的外部刺激（irritations）：世俗政治国家无论是建立在社会契约信念的基础上，还是建立在王权的世俗化的改造基础上，国家主权都成为其他社会价值、制度与信仰在政治实践与社会治理层面不可超越的限度，从而使得基于政治系统立法过程产生的刑法体系能够不断通过指涉主权、共和等系统间的结构耦合达成自身正当性的建构。由此，刑法立法的正当性从一种实质化的判断演变为与政

---

[1] 参见［美］菲尔德曼：《从前现代到后现代的美国法律思想》，李国庆译，中国政法大学出版社 2005 年版，第 164—166 页。

[2] 具体可参见伯尔曼对宗教上的罪（sin）与法律上的犯罪（crime）在西方社会中世纪制度演进过程中的流变与分离的精彩论述：Berman, Harold J. *Law and Revolution, II: The Impact of the Protestant Reformations on the Western Legal Tradition.* Harvard University Press, 2009。

治系统不断互相激扰过程的稳定联系。刑法实证化过程中自我指涉的悖论，通过与政治系统立法过程的外部指涉得到化解（de-paradoxiation）。[1] 政治系统与刑法的结构耦合还会产生更多的法定犯[2]，也会产生通过刑法的社会治理（social governance）问题。[3] 我们将在第五章中对这些问题进行更具体的分析。

（三）立法：现代刑法实证性的历史渊源

需要说明的是，系统理论对刑法体系实证化与政治国家演化关系的分析与其他传统法律实证主义具有重要的区别。在卢曼系统论中，法律的自我指涉并不建立在外在的基础之上，而是将法律自身作为法律生成的基础。在卢曼那里，法律并不是立法者意志的体现，而是法律系统自身规范递归运作的结果。[4] 也就是说，即使政治系统为实证化的刑法提供了一种"解除悖论"的媒介，但是对刑法体系的内部构建而言，政治系统无法替代刑法对案件事实和规范的构建，也无法直接通过政治的程序决定刑事司法对案件的裁判。刑法与政治系统的结构耦合在一定程度上确证了，而不是模糊了两者之间在运作上的分离。

我们从这里的分析能够得出的结论是，立法不仅使刑法规范和制度丰富和复杂起来，而且借助与政治系统的结构耦合，刑法还能解决自身指涉过程中产生的悖论，也就是罪与非罪的判断本身是否合法的问题，从而构建起现

---

[1] 具体的解除悖论的方式以及使用的素材、资源则与社会的接受程度相关，而社会认知又和社会结构与系统的变迁勾连。See Luhmann, Niklas. "The third question: the creative use of paradoxes in law and legal history." *Journal of Law and Society* 15.2 (1988): 154.

[2] 参见［意］加罗法洛：《犯罪学》，耿伟、王新译，中国大百科全书出版社 1996 年版，第 49—53 页。

[3] See Lynch, Mona. "The culture of control: Crime and social order in contemporary society." *PoLAR: Political and Legal Anthropology Review* 25.2 (2002): 109-112. 实证型法律的优势在于其能够随着多元化社会的步伐不断大幅度提高其复杂性。这一特征使有区别地对待可比较的案件事实变得可能，因为整个法律体系内部保持一致性的需求，所以法律适用领域的条块分割变得更小。也正因如此，法律成为调控社会进程的可用工具，换句话说，是可计划的社会型塑。参见［德］托马斯·莱塞尔：《法社会学基本问题》，王亚飞译，法律出版社 2014 年版，第 101 页。

[4] See Cornell, Drucilla L. "Philosophy of the Limit, Systems Theory and Feminist Legal Reform." *New Eng. L. Rev.* 26 (1991): 783.

代刑法的正当性基础。[1] 同时，社会问题也逐步通过政治立法程序纳入法律的秩序中，换言之，“社会世界不再只是法秩序之保障对象，而是由法律参与其内容形成”[2]。在功能逐步分化的现代社会，刑法也承担起社会控制的重任。而刑事立法的出现和壮大是形成刑法社会治理功能的基础。立法化是现代刑法实证性的历史渊源。

通过与政治系统的互动，立法解决了现代刑法正当性的基础，但是这一基础并不是稳固的。刑法系统的自我指涉并不意味着刑法不会受到其他社会系统的挑战和质疑。现代社会复杂性的增强和功能系统的不断分化使刑法的正当性基础不断受到冲击。刑法实证性和运作上的封闭常常在疑难案件中受到抨击，刑法教义学的结构也并不一定能够保证刑法与政治系统的稳定结构耦合就能克服其他激扰甚至是对刑法理论的颠覆。

同时，刑法实证性的悖论有时候并不能通过政治系统媒介正当性象征符号（symbolic figure）的意义得到消解，刑法仍然需要通过不断运作，特别是通过其中心场域——法院的不断运作才能化解冲突、缓解悖论，进而继续为社会提供稳定的反事实规范期待。如何在司法中践行罪刑法定原则，成为刑法实证化、刑法体系自我指涉维持的核心议题。罪刑法定原则在司法中的贯彻，是立法时代的刑法自我指涉的必备条件。无论我们怎样具体地表述罪刑法定的内容，通过不断指涉系统内部已有的沟通结构（刑法规范）进而完成系统的自治，是当代刑法在司法系统中不断保持稳定的关键所在，也是罪刑法定对刑法实证性的贡献，更是刑法实证性在系统中心地带——司法的具体展现。我们将在下一部分具体考察基于罪刑法定的刑法实证性的司法展开。

---

[1] 科特莱尔认为卢曼忽视了法律正当性问题，而用法律的功能性概念替代了对正当性的本源的追寻。See Cotterrell, Roger. *Law, culture and society: Legal ideas in the mirror of social theory.* Ashgate Publishing, Ltd., 2013. pp.23-24. 在我们看来，这是由科特莱尔错误地将系统理论的功能概念与效率（efficiency）概念等同起来所致。我们在这里的论证说明了法律的正当性问题不仅没有被系统理论忽视，而且成为解释实证化的刑法自我指涉的关键。

[2] 张桐锐:《法律与社会政策作为“社会福利国”模型之构建性观点》，载《思与言》2006 年第 3 期。

二、罪刑法定原则：刑法实证性的司法展开

（一）系统的反身：罪刑法定的演化

立法为法律发展带来了无限可能。在现代社会中，法律作为一般化一致性的规范行为期待，有了一种全新的特性：法律通过“合法”的法律程序得以修改。从逻辑上说，任何行为在现代社会中都可能成为法律规制的内容，法律也成为具有工具性取向的社会制度。刑法也就成为国家借助带有负面非难意义的制裁手段促使社会成员积极实现国家所期待的作为或不作为的制度性工具。[1] 实证法的发展为自由立法提供了无限的制度可能性。不过，系统的自我创生到达一个较为完整甚至过于丰富的阶段后，也会产生系统，也就是实证法的反身效果。[2]

诺内特和塞尔兹尼克认为，法律实证化是自治型法律的代表，自治型法律发展到一定程度也铸成了自反性的契机。这一特点体现在法律辩护上。因为自治型法在观念层次上是权利本位的，相应地，在行为层次上强化了辩护的重要性——决断必须以辩护为基础；而强调辩护意味着事实认知和法律解释方面强调当事人的自我主张，从而也意味着法律是可以讨论的、权威是可以批评的。这里包含一项悖论：个人必须严格遵守法律，同时个人又被容许

---

[1] 参见古承宗：《风险社会与现代刑法的象征性》，载《科技法学评论》2013 年第 1 期。

[2] See Luhmann, Niklas, and Martin Albrow. *A sociological theory of law.* Routledge, 2013. p.166. “反身”（reflexivity）这一术语有三个方面的意思：1. 指法律自我界定的选择方式，即法律系统确定它自己是在自创生系统世界中的一个自创生系统并且承认这种后果。2. 指法律秩序为之服务的自我关联的规范机制。3. 指法律在其他社会系统的自我界定过程中的支撑作用。参见［德］阿图尔·考夫曼、［德］温弗里德·哈斯默尔主编：《当代法哲学和法律理论导论》，郑永流译，法律出版社 2002 年版，第 417 页。在刑事司法领域，加兰也指出刑事司法体系也发展出为监控自身运作的反身机制。See Garland, David. “The Culture of Crime Control.” *Chicago, The University of Chicago* (2001). p.68. 由现代法治的反身性出发，还可以对法律实证主义研究提供新的动力。在卢曼看来，如果法律实证主义尝试进行法的自我描述（self-descriptions），这些理论需要适应一种二阶观察的模式。这些理论必须学会以一种系统自我描述的方式不断反思自身。从而，这种理论以二阶观察的方式反思自身、描述自身的方式在现代社会不可避免地呈现出对待同一种法律现象，作为观察者的理论研究的多元性。法律的实证性基础系统理论在二阶观察的视角下成为一种面向未来的实践。See Luhmann, Niklas. *Law as a social system.* Oxford University Press, 2004. p.455.

参与变革法律。[1] 实证法的自反效果，或者说对立法的系统自我反思和自我限制效果，在刑法体系中集中反映在罪刑法定的司法侧面。

罪刑法定强调对犯罪的判定必须在刑事法律的范围内决定，法无明文规定不为罪。罪刑法定要求司法者在形式判断后，还需对行为是否构成犯罪进行实质化的判断。[2] 刑事立法只是划定了刑事惩罚的外延。司法活动判定犯罪不仅需要依据刑事立法的规定，也需要根据案件的具体事实，产生针对更为具体的裁判规则，并使司法上的规则构建成为稳定的系统冗余，为将来的裁判提供体系性的、针对类型化行为的解释规则。因此，刑事立法只是为刑法系统的运作提供了一种可能性，而不是确定性。在卢曼看来，立法主要是为了维护司法秩序，通过立法确立的普遍化的规范是为了保证司法实践中的法律适用的统一性、公开性、可接近性，以及法律制度相对于地方冲突、曲解和权力干预的独立性。[3]

（二）司法裁量权：罪刑法定展开的必要条件

我们常说立法存在“漏洞”，立法语言的普遍性、一般性乃至模糊性与案件的日常性、个别性与特殊性存在差别，更重要的是，在立法与法治原则确立之后，还需要赋予法官裁量权等这些悖论性的制度安排。[4] 在系统理论看来，这并不是立法的缺陷。[5] 在司法中，法官的独特贡献奠基于其在一个由立法与司法产生分化结构的法律系统决策过程中所处的位置，即由于法官对法律制裁手段实施控制的直接性、对案件的贴近性、其日常体验的具体性、其对规范不完全确定的理解，以及他们的裁决只受到成文法纲要性而不是决

---

[1] 参见［美］诺内特、［美］塞尔兹尼克:《转变中的法律与社会》，张志铭译，中国政法大学出版社 1994 年版，第 6 页。

[2] 参见陈兴良:《形式解释论的再宣示》，载《中国法学》2010 年第 4 期。

[3] 参见［德］卢曼:《法社会学》，宾凯、赵春燕译，上海人民出版社 2013 年版，第 237—238 页。

[4] See Perez, Oren, and Gunther Teubner, eds. *Paradoxes and Inconsistencies in the Law.* Bloomsbury Publishing, 2005.

[5] 布迪厄的法律场域理论（juridical field）也从另外一个角度解释了“法律漏洞”。其认为法律漏洞是法律研究者，更准确地说是法律理论家与司法实践者在司法场域竞争过程中通过对实践进行反思、重构以及形式化的过程中所要填补的实践中的空隙。See Bourdieu, Pierre. “Force of law: Toward a sociology of the juridical field, the.” *Hastings LJ* 38 (1986): 825.

定性的限制，等等。也就是在法律条文字里行间的“意义之网”以及那些不可言说的默示知识决定了立法过程的局限。[1] 所有这些因素都指向并补充立法过程，从而使立法所带来的法律“漏洞”得以弥补。[2] 当然，在法律体系的视野下，即使出现“（法条上）应规定未规定”的法律漏洞，也并不意味着相关机构或者个人就拥有任意造法的权力，他们必须根据既有法律规定的体系性要求，来探寻该体系性所能容许或者至少不反对的那些方向。因此，一旦认识到体系性对法律漏洞的填补功能，那么只有那些未能被体系性所涵盖的漏洞，才是“真正的”法律漏洞。[3]

因此，从系统理论角度来看，立法为法官的司法判断提供了一种处理系统环境复杂性的结构条件。立法不只设定了法官的责任：法官必须在罪刑法定设定的框架中进行判断，立法也定义了法官的自由：刑法解释的裁量权。罪刑法定原则的确立是系统区分的“再入”：外部环境中的信息具有复杂的面相，案件的事实具有系统意涵——金融犯罪的经济系统属性、破坏公共安全犯罪的特定领域逻辑、国家安全的政治面相，等等。罪刑法定原则的司法化是刑法体系做出基于二元符码的区分，并在这一区分的基础上进一步进行罪刑判断的制度条件。

刑法的实证化，以及刑法体系自我指涉循环的实现必须依赖罪刑法定的司法化。司法的运作才是复杂性条件下法律系统运作的核心，也是法律运用二元符码解决社会冲突与社会规范性期待稳定的关键所在。[4] 用麦考利

---

[1] 参见季卫东：《电脑量刑辩证观》，载《政法论坛》2017 年第 1 期。

[2] 参见［德］卢曼：《法社会学》，宾凯、赵春燕译，上海人民出版社 2013 年版，第 244 页。

[3] 参见陈景辉：《法理学在何种意义上有助于部门法学》，载《中国法律评论》2018 年第 3 期。

[4] 托依布纳谈到了个别审判与法律文化构建复杂的转换机制。法律中种系发育与个体发育的发展的结合，也就是说，法律文化与个别审判的互动，必须被看作两种沟通循环的一个连锁。参见［德］托依布纳：《法律：一个自创生系统》，张骐译，北京大学出版社 2004 年版，第 23 页、第 72 页。在法律系统中，法院处于一个较为特殊的位置，法院主要负责“展开”法律系统的悖论，因而“法院必须作出决策”，从而使自身在一种较高程度的认知的自我封闭的层面上运作。这使得法院与法律系统的其他秩序区分开来。参见杜建荣：《卢曼法社会学理论研究——以法律与社会的关系问题为中心》，法律出版社 2012 年版，第 173 页。法院组织（court orginzation）是法律角色和法律过程分化的结果，也是法律系统自我指涉的复杂性增强的表现。See Ziegert, Klaus A. “Courts and the Self-Concept of Law-The Mapping of the Environment by Courts of First Instance.” *Sydney L. Rev.* 14 (1992): 196.

（Macaulay）的话来说，“司法裁量权是任何法律系统的真相”[1]。

基于罪刑法定的司法裁量权是保证个案正义实现与整体法律秩序形成的必要条件。以经济学的观点来看，给予法官审判裁量权要比允许其在缺乏规则的条件下进行定罪量刑有效率。问题并不在于裁量权是否会侵蚀罪刑法定原则。裁量权是罪刑法定的组成部分。

有关原则与“依法裁判”的关系，德沃金有较为详细的论证。其认为一种整合的法（law as integrity）不仅包含规则，而且应当在对法律进行解释的过程中，将原则纳入司法过程。不仅如此，原则还应当成为“高于”规则的法律渊源，成为延续或者否定先例判决和“立法原意”的判断标准。何谓原则，在德沃金看来则需要通过“法外因素”的介入来判断，特别是道德哲学的判断才能使法律适应社会环境的变化。[2]

而在系统理论研究者看来，原则并非在法律系统之外。系统 / 环境的区分形成了法律之内正义判断的核心，区分产生了系统的二阶观察，也就是规则。基于规则的区分进一步产生了规则的例外（一种区分的延续）。那些无法被规则涵盖的区分成为原则，也就是那些必须在二元符码判断之前做考量的事项。原则的考量成为裁量权在系统中形成的根源。由此我们看到，基于原则的司法裁量并不是一种基于道德，也就是“法外因素”的思考，而是法律之内的沟通。[3]应当区分“刑罚的道德基础”与“刑罚的道德功能期待”。[4]作为原则的罪刑法定也不具有“伦理”意涵，而是刑法体系自我指涉的沟通结构。

---

[1] Macaulay, Stewart. “Law and the Behavioral Sciences: Is There Any There There?.” *Law & Policy* 6.2 (1984): 177.

[2] See Dworkin, Ronald. *Law's empire.* Harvard University Press, 1986.

[3] See Nobles, Richard, and David Schiff. *A sociology of jurisprudence.* Bloomsbury Publishing, 2006. pp.108-109. 德沃金也指出，立法原意无法通过指涉具体参与立法人员的心理构想得到展现，而是法官进行基于原则的解释过程中一种无法忽视的事件，是作为特定共同体的司法裁判者必须关注的社区政治历史。See Dworkin, Ronald. *Law's empire.* Harvard University Press, 1986. p.316. 德沃金上述论证与系统理论下社会与心理、社会子系统间互为环境的解读区分具有相似性。

[4] 参见邵博文:《晚近我国刑事立法趋向评析——由〈刑法修正案（九）〉展开》，载《法制与社会发展》2016 年第 5 期。

由此我们发现，解决罪刑法定原则与法官裁量权之间的关系的问题关键在于如何保证司法过程在认知环境因素和信息的基础上，以系统的沟通结构为纲要寻找个案正义，并使这种司法论证过程和得出的裁判规则成为系统持续产生二阶观察的系统结构，延续实证法的效力。而在具体法律制度的实践中，罪刑法定司法化的实现路径是多样的。

（三）作为系统选择机制的罪刑法定

以美国为例，我们看到罪刑法定原则的维护主要依靠联邦层面的宪法规范和司法判例。从系统理论的视角来看，联邦最高法院代表了刑法体系在自我指涉过程中如何将外部环境纳入罪刑法定框架的制度，依靠解释规则与信条（doctrine），而非直接通过回应社会演进，联邦最高法院也成为司法裁量权与法制实证性平衡的系统运作中心。[1]

显然，以审理宪法性案件为职责的美国联邦最高法院不仅仅是司法机构，其还兼具政治系统的特点。[2] 一方面，作为法律系统，最高法院可以“反民主”的态度裁判案件，以“矫正正义”实现社会利益的重新分配，从而维护罪刑法定原则划定的司法界限；另一方面，它可以超越美国政治与社会所具有的“地方性”（localism），以政治性的视角看待刑事惩罚，以宪法规范为依托对现有的刑事立法进行审查，从而以超越实证法，以政治性的裁判调整国家惩罚权的边界。但是，这种政治性的裁判仍是法律系统的沟通结构，并以对判例规则的解释和适用的形式展现出来。以宪法与一般刑法规范做出的区分，带来了法律解释的兴起以及由此形成的基于法律文本的法教义学，从而形成了法律系统的二阶观察模式。[3] 通过对刑事立法的司法审查，联邦最高法院成为政治与刑法体系的结构耦合媒介，同时罪刑法定下的刑法体系自我指涉依然得到了维护。

---

[1] See Nobles, Richard, and David Schiff. “Taking the evolution of legal doctrine seriously: review of Katayoun Baghai, Social Systems Theory and Judicial Review: Taking Jurisprudence Seriously (Farnham: Ashgate, 2015. 188 pp. £ 65/£ 58.50).” *International Journal of Law in Context* 13.1 (2017): 103.

[2] See Posner, Richard A. “The Supreme Court, 2004 Term.” *Harvard Law Review* 119.1 (2005): 28-102.

[3] See Luhmann, Niklas. *Observations on modernity.* Stanford University Press, 1998. p.59.

美国联邦最高法院的特殊性是否会使上述结论不具有普遍性？过度的司法裁量权是否会使罪刑法定不再成为限制法官权力的系统机制？我们认为，刑法体系自我指涉运作的达成需要各种制度条件，当中也包括法律共同体在特定社会中的职业状况。不可否认，美国刑事司法制度依托其社会条件所形成的“能动性”不能被照搬到其他社会中。不过，这里想要分析的并不是特定社会罪刑法定实现的制度条件，而是想要说明作为一种可以被合理期待的现代刑法体系运作模式，罪刑法定的司法化与刑事立法，也就是法律的实证化之间的关系。因此，从美国联邦刑事司法较为特殊的模式中，我们也能够看出上述两者在现代社会法律系统运作中的普遍特点。

立法化的刑法以及由此产生的司法上的罪刑法定并不是政治立法的附庸，也不是为了将司法过程简化为一种“自动贩售机”式的“输入—输出”过程。在复杂的社会环境中，罪刑法定原则毋宁说是一种系统运作的选择程序。这一原则的司法展开使立法的社会功能得以维持，也使司法的稳定社会规范期待的功能得以实现。正如卢曼所言：“立法的功能并不在于创造或产生法律，而在于从规范中选择有约束力的法律以及给予作为有约束力的法律规范以象征的尊严。”[1]

（四）系统的认知与学习能力

作为社会规范的刑法的有效性来源于社会生活中的规范，这也是刑法被称为“行为规范”的原因所在。基于现代刑法的立法化，社会规范的有效性必须被纳入不断自我指涉的系统运作中，行为规范从而在系统运作层面转化为“裁判规范”。罪刑法定一方面说明了通过立法确证社会行为规范的正当性；另一方面也表达了对行为是否属于犯罪的判断被纳入系统运作的范畴中。在司法过程中，法官对案件的认知不再仅仅是判断行为是否符合社会行为规范，而是必须在系统二阶观察的层面上进行“法律判断”，从而使行为规范能够在法律系统中获得确认。从这个意义上说，罪刑法定的司法化是一种选择过程，是通过积累裁判规则的过程丰富刑法系统认知能力

---

[1] Luhmann, Niklas, and Martin Albrow. *A sociological theory of law.* Routledge, 2013. p.160.

的过程。

立法确证（识别）行为规范的象征性意义必须通过司法的不断运作得到明确，并且通过司法裁判与教义学理论将围绕行为规范产生的各类案件判断纳入刑法体系内部的运作框架中。在系统理论看来，规范及其解释作为法律系统运作的纲要对系统的二元符码判断是一种补充。符码与纲要的区分使得有悖论特性的系统符码具有了做出决策的可能。由此做出的决策一方面体现了系统的不变性；另一方面则彰显了系统针对社会环境的演化。司法过程形成的符码运作使系统规则生成的速度加快，并且形成规制之间的互相指涉。[1]

罪刑法定在司法层面的丰富，使法官面对新的案件时能够根据现有的裁判规则做出选择，并且在新的案件类型出现时，创造出更多的选择可能性，丰富刑法体系对社会环境的处理能力。通过司法维护罪刑法定原则，一方面使立法的象征性得到巩固，法律的社会权威得以树立；另一方面也使面对复杂社会环境的刑法体系增强了认知能力，使系统的自我指涉不至于沦为“司法机械主义”。

刑法立法具有一般性与普遍性，[2]不可能直接适用全部案件。作为一种系统沟通相互指涉以及裁判规范递归性运作的选择机制，通过司法展开的罪刑法定原则和教义学内容的构建需要时间。法律系统的学习能力，或者说系统的认知能力需要司法过程的不断积累，从而丰富系统的记忆。

还是以美国刑事司法为例。经过长期的司法判例演进，美国刑法逐步形成了规范体系。这些判例规则经过长期的系统内部再观察（法官的解释），逐渐形成一部以抽象性语言和体系性结构为代表的“刑法文本”。通过美国基础刑法典（model penal code）等具有权威性质的系统整合，“罪刑法定”在美国刑法中确立起来。司法，而不是立法，成为罪刑法定确立和实现社会功能的中心。

---

[1] See Luhmann, Niklas. *Law as a social system.* Oxford University Press, 2004. p.203.

[2] 普遍性（generality）也是昂格尔所称的作为法治的法律（law as a legal order）的重要特点。See Unger, Roberto Mangabeira. *Law in modern society.* Simon and Schuster, 1977. p.52.

由于社会制度和司法分工不同，大陆法系法官的裁量权受到更多的限制。[1] 但是从系统论的角度看，罪刑法定作为系统自我指涉的选择机制，其不能缺少司法以及司法裁量的广泛应用，从而也可以避免法律运作过于频繁地诉诸立法。[2] 现代法律系统的运作必须以一套复杂的司法运作机制为导向。

司法化的罪刑法定在系统理论的分析中成为稳定系统自我指涉运作的关键。但是这并不意味着罪刑法定的司法展开就可以一劳永逸地解决刑法系统应对社会复杂性的难题。基于现代社会管理、政治目的性纲要（purposeful program）[3] 等其他社会系统的激扰，作为刑法体系沟通选择机制的罪刑法定面

---

[1] See Damaska, Mirjan R. *The faces of justice and state authority: a comparative approach to the legal process*. Yale University Press, 1991.

[2] See Dressler, Joshua, Frank R. Strong, and Michael E. Moritz. *Understanding criminal law.* Lexis Pub., 2001. 波斯纳认为，普通法相比立法，与政治的绝缘更为彻底、智识性与中立性也更强。See Posner, Richard A. *Divergent Paths: The Academy and the Judiciary.* Harvard University Press, 2016. p.298.

[3] 目的纲要与政治运作的符码判断，也就是政治权力的运作相关。目的纲要体现了法律系统中利益衡量原则在法教义学中的应用。对利益衡量与目的纲要的关系，以及这种个案式判断对法律系统的破坏，可参见 Unger, Roberto Mangabeira. *Law in modern society.* Simon and Schuster, 1977. pp.86, 194。我们也可将目的纲要看作刑事法律与刑事政策沟通的桥梁。威尔克（Willke）认为，随着社会关系的复杂，相对于条件纲要而言更为复杂的一种纲要类型出现了。在条件纲要中规范的预设事实结构与结果之间一一对应的紧密关系，在目的纲要中不再那么严格，规制目的（regulatory goals）制约着法律手段的选择。目的纲要的典型例证有经济政策法规、劳动法等。目的纲要的出现与现代福利社会干预主义（interventionism）有关。See Willke, Helmut. "Three Types of Legal Structure: The Conditional, the Purposive and." *Dilemmas of law in the welfare state* 3 (1986): 287. 这与威尔克对社会治理的新法团主义研究有关。在其看来，现代功能分化社会的整合可以通过系统内部对其环境的反思来达成，系统间形成结构耦合前，必须先考虑环境的承受力，也就是必须事先反省行动处于其环境中对其他系统产生的后果。转引自高鸿钧等：《商谈法哲学与民主法治国：〈在事实与规范之间〉阅读》，清华大学出版社 2007 年版，第 248 页。在经济法中，如税法中，目的纲要，或者说对法律规范的政策导向的解释，无疑会破坏法律指向过去（past-oriented）的自我指涉，从而也使法律系统受到外部环境影响乃至指责的可能性大大增加。See Hikaka, G., & Prebble, J. (2010). Autopoiesis and general anti-avoidance rules. *Critical Perspectives on Accounting*, 21 (7), 557-558. 在司法中，目的（未来）导向的规则构建使得合法 / 非法的判断随着时间的变动而发生变动，进而也就使得规则的稳定性几乎不可能形成。See Nobles, Richard, and David Schiff. "Taking the evolution of legal doctrine seriously: review of Katayoun Baghai, Social Systems Theory and Judicial Review: Taking Jurisprudence Seriously." *International Journal of Law in Context* 13.1 (2017): 111.

临危机。托依布纳就指出，现代功能分化社会的标志之一是规范的过度生成。通过高度发展的法律程序、司法和立法的制度化，“实证法”（positive law）就其本身而言也许可以克服选择问题（selection problem），不过，实证法系统凭借传统的教义—概念结构只能实现不充分的稳定机制。[1] 卢曼也对法律教义学在立法不断变动的情况下如何发展产生担忧，太多的立法在卢曼看来并不能成为法律的沟通，甚至会威胁到法律的自我指涉。[2] 在卢曼看来，作为系统认知的立法必须与系统的自我指涉保持平衡，这在刑法系统中就意味着立法与刑法教义学的成分保持平衡。[3] 过多或过于频繁的刑事立法会损害刑法体系的确定性，也会制约司法化的罪刑法定社会功能的实现。刑事法的修订与刑法实证性的关系是我们下一节所关注的问题。

三、刑法修正与刑法实证性

“作为一种持续存在的结构，法律必须变得复杂化从而使恣意的、全面的修改变得不可能，也使法律的变迁只能在既定的结构中完成。”[4]

（一）现代社会结构与法律的可修改性

刑法修正是立法化的刑事法律特有的现象。立法化之前，刑事法规范通过立法程序修正是不可想象的，甚至也不存在所谓的法律渊源（legal source）这一基于政治主权（sovereignty）概念产生的实证法理论。[5] 在政治国家和立法成为法律的常规现象之前，刑法既不存在基于立法层级考虑而形成的基

---

[1] See Teubner, Gunther. “Evolution of autopoietic law.” *Autopoietic law: a new approach to law and society. Berlin: de Gruyter* (1988). p.231.

[2] See Luhmann, Niklas. “Meaning as sociology’s basic concept.” *Essays on self-reference* (1990): 21-79.

[3] See Ladeur, Karl-Heinz. “Perspectives on a Post-Modern Theory of Law: A Critique of Niklas Luhmann, ” The Unity of the Legal System. *Autopoietic Law: A New Approach to Law and Society* 8 (1988): 255.

[4] Luhmann, Niklas. “The Differentiation of Society, trans. Stephen Holmes and Charles Larmore.” *New York, Columbia University* (1982). p.158.

[5] 有关主权概念对法律渊源的影响，可参见戴雪的论证：Dicey, Albert Venn. *The Law of the Constitution.* Oxford University Press, 2013。

础规范和下位法关系，也不存在基于立法程序产生的法律的立改废。溯及力（ex-post law）对刑法效力和刑法适用并不产生影响。刑法要么被视为一种始终如一的规范，例如英国普通法下的刑法判例并不能够被立法所替代；[1]要么是个别化的操作和不具有普遍效力的个案审理。

当被视为无法变更的规范体系时，刑事规范对犯罪的判断主要依靠实践规则的积累。[2]立法的正当性和权威性在“法律不变性”（un-changeability of law）的认知下无法建立起来，立法与司法的分化也无法产生。

个案式的罪刑判断也无法产生功能上立法与司法的区分。这一方面与社会功能分化的不完全有关：没有专门的司法人员负责审判，也没有一套基于实证法展开的法律科学为法律职业活动提供专业知识。法官、检察官等角色还没有出现分化：惩罚犯罪是其他社会功能的副产品，隶属社群、家族甚至个体的复仇制度。[3]犯罪实质违法性的判断与个体和群体意识直接相关，作为“裁判规范”的刑法体系性沟通还未形成。犯罪与惩罚之间的区分也并不明显，复仇本身也可能成为新的惩罚的开端：刑法的终局性无法实现，复仇的过度特点凸显。上述的犯罪惩罚活动维持了一个与其他社会沟通形成不可分离的运作场域。[4]

现代社会的功能分化不仅使人们交往选择的可能性增多，也意味着社会结构再造，在这里也就是重塑法律结构的可能性变大。法律在现代社会

[1] 参见泮伟江:《一个普通法的故事：英格兰政体的奥秘》，广西师范大学出版社 2015 年版。

[2] 但是也有系统理论学者指出了这种惯常说法中存在的悖论：普通法的演进是通过判例，也就是不断的司法裁判形成的，但是在每一次的裁判过程中，遵循先例使得“法律未变”的印象深入法官的认知：即使法律通过司法裁判发生了改变，这种改变仍然是在一种“不变”的印象中进行的。See Nobles, Richard, and David Schiff. “The Sociology of The Politics of Jurisprudence.” *Law, Society and Community: Socio-Legal Essays in Honour of Roger Cotterrell* (2016): 221. 遵循先例下的“重复”，绝非简单的赋值而已，而是必定同时涉及浓缩（condensation）与证成（confirmation）的双重效果。参见汤志杰:《理论作为二阶观察：如何解决“无中不生有”与“无中生有”的吊诡》，载《社会理论学报》2010 年第 1 期。

[3] 参见苏力:《复仇与法律——以〈赵氏孤儿〉为例》，载《法学研究》2005 年第 1 期。

[4] 在托依布纳看来，以复仇和互惠（reciprocity）为结构基础构建起来的古代法（archic law），是在诺内特与塞尔兹尼克划分的压制法、自治法与回应型法之前发生的法律演进类型。See Teubner, Gunther. “Substantive and reflexive elements in modern law.” *Law and society review* (1983): 264-265.

变得更为抽象和普遍的同时，也使得其易于变动的特性（flexibility）增强。在卢曼看来，这是因为随着社会复杂程度越来越高，相应的社会系统选择的标准也变得越来越具有随意性。功能分化作为一种社会机制“培育”了更多的社会规范，但是这些规范无法同时实现，选择不可避免，而这种选择或多或少带有随意性，从而使得社会选择机制本身就有一种可变动性。[1] 实证法的出现和演化标志着社会群体在创造规范过程中的自我意识（self-consciousness）逐渐清晰，从而也就出现了创制规范的规范（norm of norm-making）。法律运作中出现的这种自我反思性大大增强了法律对社会复杂性进行筛选的能力和机制，更多的可能性被纳入法律的考量范围，法律也可以针对社会变动做出更多的调整。[2] 在现代民主政体中，这种自身可变的规范选择主要通过立法体现出来。也正是通过法律的实证化，民主在现代社会从政治系统的一种运作规则形式，变为整个体系的规范。[3]

刑事立法现象的出现和刑法的可变更性使得分化且自我指涉的刑事系统成为可能。个体与群体的脱离使得法律的功能发生显著的变化。正如季卫东所言，如果我们把社会变迁定义为涉及个人之间关系形式的社会结构的部分或全部的显著变化的话，那么可以认为：持续的社会变迁是现代社会，尤其是 20 世纪的一个显著特征。技术、货币、权力、信息等中介机制的发达，导致了社会变迁的加速。这一趋势深刻地影响了法制系统。为了反映和实现不断变化的社会需要，法的修改可能性得到强化；这种可变性被认为是现代法的一个基本的构成因素。[4]

如前所示，卢曼将现代法律的社会功能定位在社会一般性沟通，而非特定群体沟通场域的层次上，其功能在于解决社会不同个体的期待及其整合。简单来说，法律的功能在于保证我们在冲突不可避免的情况下仍然可以与

[1] See Provost Jr, W. H. (1990). Complex Organization and Niklas Luhmann's Sociology of Law. *International Journal Of General System*, *16* (2), 111-112.

[2] See Luhmann, Niklas, and Martin Albrow. *A sociological theory of law.* Routledge, 2013. p.164.

[3] See Luhmann, Niklas, and Martin Albrow. *A sociological theory of law.* Routledge, 2013. p.189.

[4] 参见季卫东：《社会变迁与法制》，载《社会学研究》1993 年第 4 期。

他人共同生活。法律对社会生活的规制必须保证法律的可调整性。易言之，包括刑法在内的法律的有效性将由其可以变更的能力和范围决定。法律的实证化使得法律的可调整性与社会变化相适用。法律的有效性来源于立法决定。

这样一来，立法的偶然性不可避免。法律修正被接受与现代社会系统对偶然性的承受能力增强紧密相连。法律不再由“自然法”规制，而由一系列立法和修法程序决定。甚至“立法法”本身这种二阶法（second-order law）也会发生修订。[1]

（二）频繁的刑法修订：系统反思能力的弱化

刑法修正过程集中体现了现代刑法的实证性特点：法律只能通过法律自身改变，刑法的有效性与正当性是系统自我指涉运作的结果。在个别性的罪与非罪的判断中，规范的有效性只能及于当下案件的处理，事实与规范混同：司法过程既是对案件事实也是对规范的构建。通过刑法立法及其修正，系统内部结构得到重新组织，系统沟通的冗余被保留下来，刑法规范的稳定性和普遍性增强：我们不必在每次运作的过程中重新构建规范，而是通过“适用”（application）规范，连接系统内部前后的沟通。我们每次进行刑法解释的过程也是构建刑法规范的过程，是构建凯尔森所谓的“次级规范”“下位规范”“个别规范”，但是这些规范并不能直接成为系统的结构和再入条件，也就是说，我们对刑法规范的适用没有破坏刑法结构的整体性，个别规范或下位规范的构建在刑法系统内部并不是“造法”，而是“释法”的过程。做出这种区分更好地保证了系统结构的稳定。

[1] See Luhmann, Niklas. “Differentiation of society.” *Canadian Journal of Sociology/Cahiers canadiens de sociologie* (1977): 29-53. 卢曼宣称，在高度分化的现代社会中，一部以至高原则——正义为基础的法律已不可能，因为这样一部法律以不容更改的效力设想为前提，因而也就无力适应社会变迁，克服新出现的冲突。只有一部允许在任何时候加以改变，且其改变从一开始就被预见，但在内容上却可保持任意性的法律，才能解决横在其前面的双重任务，一方面保持社会体系的稳定，另一方面直面变化中的环境要求，维持相应的适应能力。参见［德］托马斯·莱塞尔：《法社会学基本问题》，王亚飞译，法律出版社 2014 年版，第 101 页。

但是，在系统理论看来，保持系统自我指涉的不是系统的结构。系统结构不可能一成不变。刑法规范表达的社会规范期待会随着社会变迁而变化，如何将这种变化与刑法依据二元符码构建起来的自我指涉沟通结合？

答案是，通过法律修订达成。也就是说，尽管刑法系统在实证化的背景下成为运作封闭的系统，但是通过“合法”的修订程序，刑法与社会的变动更紧密地结合起来，刑法与其他社会系统的结构耦合有了稳定的媒介：立法规范（立法法）。宪法成为刑法不断变更的正当性基础。通过修订程序，刑法体系与外部环境形成稳定的连接机制。刑法修正为系统不断产生新的沟通，形成新的结构提供了条件。若没有法律结构上的易变动性，社会的稳定性和适应性二者间的平衡将很难实现。[1]

法律修正虽然是现代刑法体系运作的必要组成，但我们仍然需要警惕频繁的法律修正所产生的负面效果。系统内部通过结构的区分（立法与司法）而形成的再入，是保证刑法不断指涉环境并将其信息转化和“翻译”为系统沟通的条件，没有这种区分，刑法维持社会规范期待的功能将无法实现。正如学者所言，过于频繁的修法一方面会损及法律的权威，另一方面可能依然无法满足“现实社会生活关系”的要求。[2] 频繁修改刑法，使人们质疑立法的预见性、立法能力，使理论上坚守的罪刑法定堡垒部分地丧失意义，也使理论上对于某些犯罪的解释变得不正确，对于理论发展没有多少益处。[3]

同时，刑法修正也是政治系统不断刺激刑法系统的过程。由于刑法修正就其实质内容而言，不再与更高层级的规范相关联，而是任意的和可变化的。它的理性基于合法律性（legality），也就是说，基于法律创制的程序合法性。[4] 如果刑法经常采取大面积修改的方式，那么刑法的认知性期待

[1] 参见［德］托马斯·莱塞尔：《法社会学基本问题》，王亚飞译，法律出版社 2014 年版，第 102 页。

[2] 参见雷磊：《融贯性与法律体系的建构——兼论当代中国法律体系的融贯化》，载《法学家》2012 年第 1 期。

[3] 参见陈兴良、周光权：《刑法学的现代展开》，中国人民大学出版社 2006 年版，第 10 页。

[4] 参见［德］托马斯·莱塞尔：《法社会学基本问题》，王亚飞译，法律出版社 2014 年版，第 49 页。因此，对法律秩序的合法性信仰或许是当下社会整合的最重要支撑。

将超越规范性期待，政治逻辑具有取代刑法体系结构的危险。因此，为了保证刑法自我指涉的稳定，“与其千方百计地创设新法，不如深思熟虑地解释旧法”[1]。

在现代刑法的修正过程中，个体主义的刑罚责任向预防性的危险防范靠拢。大量针对抽象危险犯的立法使得刑法上行为的概念和人们对法益的理解发生了动摇。[2]在预防理念的氛围中，刑事立法者其实只是不断围绕着法秩序不可侵害性的前提，试图通过立法手段强化或者训练社会大众对法规范（无论其是否符合立法比例原则）的信赖以及忠诚，而且相信刑法可以解决存在于现代社会的重大风险难题。[3]

在短时间内，这种变动并不可能被教义学理论完全吸收，基于社会管理和风险防控政治目标产生的犯罪类型处在界定尚不明确的状态。系统只能在不断的“摸索”中前进，或者依赖于权威机构对刑法修正案颁布的具有较强政策导向的解释规则，例如我国最高人民法院和最高人民检察院的司法解释。正如有些学者指出的，事实上，除了最高人民法院，许多高级人民法院、中级人民法院甚至基层人民法院都在以“答复”“会议纪要”“指导意见”的名义制定实质上的司法解释——定罪量刑规范，法官只需要照葫芦画瓢就可以，不需要独立思考，不需要更新刑法理论知识，不需要说明判决理由。在这些法官看来，既然判决不需要说明理由，那刑法理论拿来干什么？[4]

这种没有经系统自我指涉长期运作而形成的对刑法文本的解释并不能够满足司法的需求，也降低了司法对罪刑法定所起的构建意义：司法者在面对新的刑法修改时往往裹足不前，甚至使新的立法得不到适用。[5]特别是在具有权威性的司法解释发布以后，司法者也不敢尝试做出与之相左的裁判，这在很大程度上限制了基于司法裁量权发展起来的、作为系统选择机制的罪刑

---

[1] 杨柳：《释法抑或造法：由刑法历次修正引发的思考》，载《中国法学》2015 年第 5 期。

[2] 参见劳东燕：《风险社会中的刑法：社会转型与刑法理论的变迁》，北京大学出版社 2015 年版。

[3] 参见古承宗：《风险社会与现代刑法的象征性》，载《科技法学评论》2013 年第 1 期。

[4] 参见陈兴良、周光权：《刑法学的现代展开》，中国人民大学出版社 2006 年版，第 11 页。

[5] 参见杨柳：《释法抑或造法：由刑法历次修正引发的思考》，载《中国法学》2015 年第 5 期。

法定原则。在社会认知层面，还会强化人们对法治的一种“全能主义”的迷信，甚至陷入“法治全能—法治不完善—不断立法”的怪圈。而且这种普遍存在于我国当代一般民众中对“法治”的朴素认知，确实加快了我国刑事立法与修法的速度（回应性）。而这种“民生立法”推演到极致，则会成为极端的法律工具主义形态。[1]

卢曼认为，保障法律修正合理性的关键，在于修订必须与继续生效的法律保持一致。避免恣意的进一步保障，源自法律内容的细致区分，使每一次个别的法律修订总是只能在有限的范围内发挥影响。[2] 修正案和权威的司法解释也必须符合整体法秩序的现有沟通结构。过度频繁的修正过程会减损系统自我指涉的演进。

我们通过上述的分析似乎仅仅得出了一个已经被普遍接受的结论：刑法修正并不一定对刑法的演化起到积极的推动作用。但是，通过系统论环境/系统区分的视角我们发现，刑法修正的消极影响不能抹杀现代实证法条件下所具有的积极社会功能。鉴于法律修改所需的任意性可能引发规范受众一方不予认可的危险，按照卢曼的说法，可以通过已在法律中得到规制的法治国家的安全预防措施以及法律修订的严格程序的设置得到补偿。[3] 卢曼曾提出“经由程序的合法性”之概念，指出各种规范之合法性应当建立在人民对法律价值与原则之事实信赖的基础上，而其中程序的参与，应包括：1. 政治选举的参与（主动参与选举、选举秘密之保护）；2. 参与立法与议会的辩论（各种立法听证会）。只有当经由人民普遍之参与程序（特别是如刑法等公法上的程序），政治体制及其所创设之法律方才具有合法性，至此等合法性之实质内容，在于“制度化的价值观念”。[4] 因此，刑法修正的负面效果能够通过法律结构的自我反身与抑制得到控制。

系统论的分析并未否认刑法修正过程中的政治维度，也没有纠缠于具体

[1] 参见顾培东：《当代中国法治共识的形成及法治再启蒙》，载《法学研究》2017 年第 1 期。

[2] 参见［德］托马斯·莱塞尔：《法社会学基本问题》，王亚飞译，法律出版社 2014 年版，第 102 页。

[3] 参见［德］托马斯·莱塞尔：《法社会学基本问题》，王亚飞译，法律出版社 2014 年版，第 101 页。

[4] 参见吕秉翰：《论刑事处罚之立法裁量——兼评释字第五九四号解释》，载《月旦法学杂志》2007 年 11 月，总第 150 期。

刑法修正过程的主体适格性问题。[1] 我们认为，否定现代刑法的可变性无异于否定刑法的自我指涉。在功能上的不完美并不能够否定刑法修正是现代刑事实证法运作的基础型制。[2]

四、实证法下的刑事正义观：作为偶在公式的系统运作机制

（一）刑法体系对外部生态的控制：创造系统运作的可能性

在本节结尾，我们还需要考察一个与刑法实证性紧密相关的问题。我们通常将罪刑法定视为刑法保障人权和防止权力恣意的价值象征，贯彻罪刑法定原则成为追求公正、平等适用刑法的必要组成部分。但是我们也发现，刑法规定本身并非完美，通过法律来进行压制和实施压迫的例证更非想象。因此，罪刑法定原则只是为刑法运作提供可能性。在系统理论维度下，刑法的正义性，或者说罪刑法定的展开所表达的法律正义理念并不指涉外部的价值规范。

正义在系统运作中具有偶在性（justice as contingency），[3] 法律之内的正义象征着系统处理社会环境复杂性的沟通结构。刑法的正义性体现在对可能性的选择上，在现代社会功能分化复杂性的前提下，正义成为系统沟通选择的问题，成为如何在多种沟通可能性条件下进行决策的问题。[4] 这与我们之前

---

[1] 参见蔡道通：《论刑法修正案的修正主体》，载《南京社会科学》2012 年第 5 期。因为无论是否对法律修正主体进行严格界定，通过法律的社会治理必然需要大量的法律规范及其修正，法律的条文事实上每天都在进行大量的变动。原则上，这一过程涉及的是根据政策目标或妥协结果对社会的调控以及社会型塑。参见［德］托马斯·莱塞尔：《法社会学基本问题》，王亚飞译，法律出版社 2014 年版，第 102 页。

[2] See Selznick, Philip. "Sociology and natural law." *Nat. LF* 6 (1961): 99.

[3] 有关偶在正义观系统论下的详细论证，可参见 Luhmann, Niklas. *Law as a social system.* Oxford University Press, 2004.chapter 5。

[4] 这与卢曼定义意义概念，将其作为社会可能性指涉的理论构想有关。意义概念又称为卢曼社会学的基本概念。See Luhmann, Niklas. "Meaning as sociology's basic concept." *Essays on self-reference* (1990): 21-79. 卢曼认为，意义是可能性到现实性（actuality）的涌现，作为两者之间的区分，意义本身没有实质内容，而是处理复杂性的媒介。See Luhmann, Niklas. *Social systems.* Stanford University Press, 1995. pp.23-24.

对实证法条件下罪刑法定具有的系统选择机制定位相吻合。

司法决策是整个法律系统调整与其他系统之间结构耦合关系的方式。[1]这说明作为社会系统运作的组成部分，法律之内的正义并不是一种静态的图像，而是动态的过程展现。动态不代表不稳定，而是意味着对系统沟通的可能性加以控制，特别是从对系统 / 环境的观察中进行规制，并在限制选择可能的基础上制造新的可能性，延续法律系统的意义再生产。

这与麦考米特法律之内正义所体现的法运作的融贯性（coherencey）与一致性（consistency）具有相似性。在麦考米特看来，上述两种特点是法律系统的二阶正当性判断（second-order justification）。二阶正当性判断牵涉在具有竞争性的裁判可能选项中对特定的选择给出正当的理由，并且还要从系统环境的视角考察做出选择的标准的正当性，也就是决策前提的正当性，因此是一种“二阶”正当性判断。二阶判断是对法律之内形式正义（formal justice）理念的扩展。作为二阶判断准则的融贯性与一致性是对法律正义的另外一种表达。[2]这与系统理论对作为选择机制和创造系统可能性的正义观念相似，其都属于一种超越法律形式正义，试图在社会制度意义上说明法律正义的“功能”理论。

---

[1] 参见宾凯:《从决策的观点看司法裁判活动》，载《清华法学》2011 年第 6 期。司法决策与法律运作融贯性（coherence）的关系，可参见德沃金的论述。德沃金将司法论证与司法制度结构性因素相结合进行分析，破除了法律现实主义和法律实用主义对法律虚无的看法，从而在一定意义上也是将法律看成一种系统。具体可参见 Dworkin, Ronald. *Law's empire.* Harvard University Press, 1986. pp.233-234。也正如季卫东所言，显然，德沃金相信，并且也希望别人相信，即使在法律文本有欠缺或者不明确的场合，其背后仍然存在具有整合性的法律秩序，司法判断只要与既存的文本整合就可以万事大吉。换言之，法永远是或者应该是完美无缺的，这既构成解释的前提条件，又导致解释的当然归趋。因此他所构思的法律解释学模型，给人以一切权利义务都来源于既存的法律体系、肯定可以从中推导出来的印象。如果真是这样，新的法律问题和矛盾都可以由海格立斯法官运用超人的能力统合到既存的法律秩序之中，正确的解答都可以与已经叙述出来的法律故事衔接得天衣无缝，即使词不达意、解释难以圆融的场合，法律依然能让好的法官心领神会、一般的法官心往神随。总而言之，法还是全知全能的主宰者。表面上看，德沃金承认了创造性解释和司法的造法功能，其实他转了一大圈又回到了起点——法律决定论的思维模式。参见季卫东:《法治秩序的建构》（增补版），商务印书馆 2014 年版，第 99 页。

[2] See MacCormick, Neil. *Legal reasoning and legal theory.* Clarendon Press, 1994.

这与系统论中功能对等物（functional equivalent）这一概念有关。我们可以说追求正义是刑事司法体系的一种功能，但是在卢曼看来，“功能”是一个抽象，给不出完整的意义，就像是一个逻辑上不完整的句子“……是蓝色的”，我们可以说“天空是蓝色的”“我的汽车是蓝色的”等，虽然填入的事物可能本质上是完全不同的，但是就“蓝色”的观点而言，却可以成为功能对等物。“功能”是解决问题的标准，而非先天的存在必要性，对于同一个问题的解决（功能）可以去探讨其功能对等物。[1]

功能就司法正义而言，在不同的国家、社会制度下均会呈现出不同的“填入项”，例如德日刑法中的法益侵害原则与美国刑法中的伤害原则都可以实现刑法正义的功能，可将上述两者称为一种“功能对等物”。[2]

因此，当我们说“×× 刑法规范”或“×× 判决”是“正义的”时候，这一正义并非对应任何实体性的、超越刑法体系的标准和原则，而是对特定刑法体系与社会关系的一种判断。“正义超越法律”这一公式并不是将正义放到了系统之外，而是说明系统通过自身运作区分出系统 / 环境，并由此展开对现行法律的批判性解释。[3] 对正义的呼唤要求从法对它的生态空间，即法的社会环境、法的人类环境以及法的自然环境的依赖中得出结论。新康德主义的正义理论，是将对合意（consent）和普遍化的形式与程序要求不断精致化的过程；与之相反，此处对刑法正义理念的系统论构想则专注于法与其生态空间之关系动态平衡：法能胜任当今多元结构社会中进行的平等 / 不平等的检验吗？法能胜任自然环境的要求吗？能胜任对个体差异的判断吗？法律正义的生存环境取向以及由此形成的正义理念的多面向、多种可能性成为系统理论重要的创见。[4]

在系统理论中，刑法能否通过罪刑法定原则的确立、通过立法与政治系

---

[1] 参见［德］Georg Kneer, Armin Nassehi:《卢曼社会系统理论导引》，鲁贵显译，巨流图书公司 1998 年版，第 35 页。

[2] 参见黄钲堤:《卢曼系统理论的意义概念》，载《东吴社会学报》2007 年 6 月，总第 22 期。

[3] See Rasch, William. *Niklas Luhmann's Modernity: The paradoxes of differentiation.* Stanford University Press, 2000. pp.139-140.

[4] 参见［德］托依布纳:《魔阵 · 剥削 · 异化——托依布纳法律社会学文集》，泮伟江等译，清华大学出版社 2012 年版，第 378 页。

统的结构耦合，也就是修法的过程以及罪刑法定的司法化，也就是教义学的发展实现正义？

（二）偶在的正义理念与刑法的“客观性”

作为偶在的正义观，将实证化刑法的注意力引到实证法与外部环境关系之适应性的问题上。托依布纳认为，法的系统理论扩展了法律正义的社会理论维度，超越了从政治领域和哲学领域重建法律正义观的进路，将法律正义放到法律如何协调其环境，如何构建其环境的问题中。[1] 在与环境的区分过程中，法律运作的再入与法律的自我指涉化使得规范与事实间、内部的法律行为与外部的社会行为间、刑法的概念与社会利益间以及内部的刑法现实构建与外部的社会过程间产生区分。正义作为话语实践，通过虚拟外部世界运作。因此，正义只能在法中的虚拟空间内部运作，而不可能通过引入外部价值考核。这个空间通过刑法的生态环境对法的再入，通过社会、人和自然的外在要求在法内部的重构而产生。[2] 欧克肖特也认为，法律的正义蕴含在法律之中，而不是在法律之外。在法院里，正义体现为一个论证的结论，但不是论证程序本身，也不意味着法律正义论证所使用的实质理由不再重要。[3]

因此我们也可以认为，作为整体法秩序与法律系统运作的组成部分，刑法正义的偶在性与系统和环境区分及其再入相关，而与其他系统的沟通和价值判断并无直接联系。但这并不意味着刑法系统成为一种价值无涉的“客观描述”。

我们在前述内容中表明了任何一种“客观性”都仅仅是一种系统构建。价值也具有系统属性。系统理论并不否认价值判断的存在，也不试图解构价值判断在社会系统运作中的积极作用。我们对刑法实证化条件下系统正义产生方式的解读，是为了说明在价值判断多元的现代社会中，刑法如何通过规

[1] 参见［德］托依布纳：《魔阵·剥削·异化——托依布纳法律社会学文集》，泮伟江等译，清华大学出版社 2012 年版，第 379 页。

[2] 参见［德］托依布纳：《魔阵·剥削·异化——托依布纳法律社会学文集》，泮伟江等译，清华大学出版社 2012 年版，第 380 页。

[3] 参见［英］迈克尔·欧克肖特：《政治中的理性主义》，张汝伦译，上海世纪出版集团 2004 年版，第 27—28 页。

范在立法与司法上的规范指涉去回应这种多元社会环境，并同时通过罪刑法定的坚守实现社会期待的稳定。将正义看成一种提供系统自我指涉更多可能性的运作机制，能够使现代刑法体系对社会的回应更为有效，也增强了刑法作为规范体系的社会认同。现代社会的刑法正义观念并不否认在政治哲学，或者说在规范意义上、在特定的历史条件下正义依然存在实质内容，而是强调在法（体系）/ 环境这样一种生态中，刑法之内的正义必然与社会问题（环境中的其他社会系统）交织。[1] 正如学者所言，在系统 / 环境复杂性互动的过程中，正义表现为法体系适度的复杂性。[2]

我们在本节中通过分析刑法向立法化转变的历史过程，通过解析罪刑法定包含的系统理论维度及其对实现刑法社会功能的方式，以及通过展现刑法修正在现代功能分化社会的积极和消极意涵，详细论证了刑法自我指涉的基础：刑法的实证性问题。通过分析我们发现，无论是罪刑法定，还是刑法的修正都既是系统运作封闭的产物，又是可能破坏系统自治的源泉。但是这种对现有系统自我指涉的"破坏"也是创造系统沟通新的可能性的机制，成为刑法体系正义实现的路径。正如卢曼所言，实证法自身包含了发展乃至偏离（deviations）的动力，也就是一种自我调控的能力。法律在这种新的系统统一性基础之上形成了基于实证性的有效性原则。[3]

刑法的实证性是现代社会刑法实践的基础认知。我们不再依托道德、政治等语义来完成对犯罪问题的系统判断，我们对犯罪惩罚也不再是一种全集式的社会行动，而成为专业性的系统操作。刑法的实证化使我们对犯罪的认识"去魅"，更使我们拥有了一套科学的方法和科学的工具以判断罪与非罪以及行为人的刑事责任。作为一种外在的道德规范的正义理念不再能够成为法律系统正当性的根基，并且被卢曼视为与现代社会法律系统自我生成机制不相符合。法律的规范仅仅表达了法律系统的运作。法律实证主义嵌入现代社会的世俗化，或者说时间化（temporalization）中。也就是说，那些表征法律

---

[1] See Perez, Oren, and Gunther Teubner, eds. *Paradoxes and Inconsistencies in the Law.* Bloomsbury Publishing, 2005. p.63.

[2] 参见王正嘉：《风险社会下的刑法保护机能论》，载《法学新论》2009 年第 1 期。

[3] See Luhmann, Niklas. *Theory of society.* Vol. 1. Stanford University Press, 2012. p.297.

永恒正义、正当性与有效性的话语和实践消逝了。[1]

刑法的科学性是系统自我构建的产物，而刑法能够维持社会规范期待并不仅仅依靠实证性所带来的刑法立法与司法的正当性。实证性更多的是法律职业者对刑法的认知。在更广泛的社会领域，刑法是否能够维持这种认知值得我们深入思考：人们为什么会遵守刑法？封闭运作的刑法系统如何成为社会大众行为的指引？实证性使得作为裁判规则的刑法能够通过自我指涉完成内部构建，规范性则为刑法的社会认同找到实现的进路。刑法的规范性是我们接下来将要考察的问题。

第三节　刑法的规范性：自我指涉与规范期待结构

规范性并不是刑法，也不是法律特有的现象。[2] 对刑法规范性的分析需要结合其制度条件和系统结构展开，只有将规范性置于这些条件之下，我们才能看到刑法规范性的特殊性及其自我指涉属性。

在系统理论看来，尽管在法律生成的过程中包含认知性的要素，但法律的规范性还是主要的结构要素。[3] 规范性使法律的期待带有了或然的、可能

---

[1] See Cornell, Drucilla L. "Philosophy of the Limit, Systems Theory and Feminist Legal Reform." *New Eng. L. Rev.* 26 (1991): 783.

[2] 托依布纳就指出，法律系统的自我生产只是产生一种规范性，即法律内部的规范性。在法律外部，其他社会实践操作本身的规范性，在法律向它们伸手之时，也补充了法律内部的规范生产。诸社会系统不仅产生其自我的理性，同时也产生其自身的规范性。参见［德］贡塔·托依布纳：《社会理论脉络中的法学与法律实践》，季海龙译，载《交大法学》2015 年第 3 期。

[3] See Teubner, Gunther. "Two Faces of Janus: Rethinking Legal Pluralism, The." *Cardozo L.Rev.* (1991). 当期待一旦遭遇失望就去适应现实时，这种期待就被体验为认知性的。认知期待并非刻意为之的学习。参见［德］卢曼：《法社会学》，宾凯、赵春燕译，上海人民出版社 2013 年版，第 81—82 页。规范性期待与认知性期待的分化只有当失望出现时才会发生，如果失望只是极为偶然地发生，两者间的分化也不会出现。我们将在本节中谈到的事务性刑事惩罚就属于一种未分化状态，或者说前规范期待状态（pre-normative expectation）。这种状态主要存在于古代部落和人类早期文明中。在前规范期待的状态下，人们将所谓的法律“规范”认知理解为一种理所当然（take-for-grantedness），因此所谓的“违法”也没有被当作一回事；惩罚机制也并不发达。规范性期待的涌现和分出与人类生产、交往和交通的扩大有直接关系。See Provost Jr, W. H. (1990). Complex Organization and Niklas Luhmann's Sociology of Law. *International Journal Of General System, 16* (2), 109.

还有些异常的与现实所不同的"有效性"(validity),[1] 也就是说,法律有助于在期待的层次上消除或然性。在这个意义上,法律有利于吸收在不稳定期待中的风险。法律需要这一功能,并会发展出相应的制度安排。在这种情况下,我们会遇到更强的复杂性、期待投射上更多的分歧、价值观上的抽象化,尤其是随着体验和行动领域的持续变化而引起了节奏增强的需求。易言之,法律的规范性不仅是其作为社会规则的一贯属性,更表达了在现代抽象社会,在功能分化的条件下,法律将不同的社会价值予以整合,并将不同社会群体的利益、认知、态度等给予法律效力的特点。刑法作为现代法律系统的子系统,其规范性也具有上述社会功能。

实证化的现代刑法如何生成并保持规范性的特点?刑法教义学如何稳定社会交往的规范期待?我们将通过考察刑法体系规范性的历史生成、结构、限度及其语义回答上述问题。

一、从事务性到规范性的刑法:以刑法的社会演化为视角

(一)规范性与刑法的社会认同

刑法的规范性是其社会属性,而不仅仅是刑法体系的内在特点。我们在研究人们为什么遵守刑法,刑法凭借什么内在秉性成为一种被普遍认同和遵守的社会规则时,规范性指涉始终面向体系外部的社会环境。帕森斯认为在回答法律的规范性问题时,必须区分规范(norms)与价值(values),规范是社会的。规范对社会过程和社会关系而言具有规制(regulatory)意义,规范并不包含任何超越社会的"固有原则"(inherent principles)。规范的结构在复杂社会中主要以法律的形式呈现。[2] 帕森斯进一步认为,作为一种"社

[1] 效力具有时间维度(temporal dimension),"是否"(either/or)的判断需要效力的时间维度予以弥补。易言之,法律事务的效力具有暂时性和可变动性,从而使得法律的二值判断充满活力。正如前文所指出的,文字介入法律事务使效力的时间维度趋于稳定,法律的二元符码形成成为可能。See Luhmann, Niklas. *Law as a social system.* Oxford University Press, 2004. p.180.

[2] See Parsons, T. "Societies: evolutionary and comparative perspectives." (1966). p.18.

会的”产物，法律的规范性与伦理等制度的规范性应区别开来。“法律主义”（legalism）成为现代社会规范的主要演进模式。在其看来，与其他社会规则进行区分后产生的法律使得社会结构的规范性构成更加独立于政治的或经济的利益取向，其也更加独立于个体的、物质的因素。[1] 也就是说，法律规范性的意涵变得抽象了，其也不再依赖于社会实体（如国王的君权）。[2] 法律的规范性逐渐成为自我演化的产物。

这与前述法律合法性（legitimacy）概念的出现具有关联。合法性本身就意味着福柯所言的权力实体的变化，乃至消亡。而这种可见的、主权者的“权力”（sovereignty power）的消逝（或者说是隐蔽）对刑罚在 18—19 世纪欧洲的轻缓化产生影响，也能够部分解释我们在上一节中分析的罪刑法定原则出现的社会条件。[3] 不过如前所述，权力的语义分析并不是系统理论分析的进路，我们在这里对刑法规范性问题的考察也需要对其保持警惕。卢曼并不否认作为权力运作场域的政治系统对现代刑法规范性形成产生的影响。不过以系统理论的视角来看，刑法规范性形成并不是弥散性社会权力运作的产物。系统理论更加关注规范性的普遍社会意义。也就是在社会功能不断分化的进程中，刑法体系运作如何实现社会整合，并且将这种整合效果“内化”于社会大众心理意识。

在法律规范性的认同问题上，系统理论并不认为对法律的认知存在内部与外部视角的明显区分，我们在本章第一节中已经分析了所谓法律人视角与外部观察者视角之间并非不可逾越。沃特森强调法律人的内部视角是形成法律的社会共识，并由此产生法律规范性的关键甚至是唯一的条件，[4] 哈特的承认规则也将规范性的产生机制指向系统内部。但是，在法律的社会理论研究

---

[1] See Parsons, T. “Societies: evolutionary and comparative perspectives.” (1966). p.26.

[2] “在这些早期时代，无论组织了多少司法活动，即使可能存在独立于国王司法并且与其相竞争的法院体系，即使所有法律或者法律的一部分已经表现为书面形式，然而人们总是假定国王依然掌握着一种补充管辖权或者剩余管辖权。”参见［英］亨利·梅因:《早期法律与习俗》，冷霞译，上海人民出版社 2021 年版，第 80 页。

[3] See Foucault, Michel. *Discipline and punish*: *The birth of the prison*. Vintage, 1977.

[4] See Watson, Alan. *Society and Legal Change 2Nd Ed.* Temple University Press, 2010.

中，内部视角逐渐受到质疑，乃至被抛弃。[1] 对刑法规范性的理解需要借助系统理论的研究范式。

（二）刑法社会语义的流变：从事务性到规范性

系统理论并不像某些研究者所言只具有“机械”的功能意涵，从而将法律看作一种外部行为或者说系统外部结构的变化。系统理论重视作为社会现象的法律的语义流变。我们也可以这一理论进路解读刑法规范性出现的条件和形成的过程。

现代刑法的出现与文本的演化历史息息相关。刑法社会语义的演化是其逐渐从事务性向规范性转变的关键。卢曼认为，法律的出现与文字应用于法律是同时展开的。在每一种早期文化中，在法律事务中使用文字的目的都在于发现以及澄清行为相对“社会标准”可能发生的偏差。为了这一目的，只需要把法律文本进行短时间的保存，因为当时的法律事务只具有“话题性”（topical），或者说只具有事务性，而不具有规范性。[2] 此时的“法律”并不是我们在法典化时代和成文法中所指涉的具有规范性和一般性的法律概念，这

---

[1] 具体可参见 Cotterrell, Roger. Law, culture and society: Legal ideas in the mirror of social theory. Ashgate Publishing, Ltd., 2013。

[2] 卢曼认为，无论是在前现代社会还是现代社会中，社会结构的一个重要形式是沟通的话题（topics of communication）。话题为所有沟通提供了选择的前提。沟通的可能性蕴含在特定的话题之中。See Seidl, David. “Luhmann’s theory of autopoietic social systems.” *Ludwig-Maximilians-Universität München-Munich School of Management* (2004). p.9. 话题是沟通不可避免的要求，其代表了沟通的外部指涉，组织了沟通的记忆。在话题层面，外部指涉与自我指涉在系统自身的沟通中不停地协调对方。See Luhmann, Niklas. *The reality of the mass media.* Stanford, CA: Stanford University Press, 2000. p.12.

二阶观察在解释社会现象中被适用，与人们交往中存在的“话题性”（topical）或者说“论题”（theme）有关。具体可参见高宣扬：《鲁曼社会系统理论与现代性》，中国人民大学出版社 2005 年版，第 181 页。每个社会系统均有论题的准入门槛（threshold）。See Paterson, John. “Who Is Zenon Bankowski Talking to? The Person in the Sight of Autopoiesis.” *Ratio Juris* 8.2 (1995): 222. 有关交往话题性的社会、事实与时间维度，以及由此形成的对系统沟通二阶观察的影响，请参见 Luhmann, Niklas. *Social Systems.* Stanford University Press, 1995. pp.155-156。在社会沟通的上述三种维度中，事实或者说事物维度（material dimension）最重要。事实维度指出系统下一个区分要引入什么新元素，其关系到论题。对元素的使用是系统最基本的自我指涉，通过它，［转下页］

些“法律”更适于被称为“法律事项”。[1] 因此，法律与文字最初的联系是基于事务性（transactional）的活动。文字记录下了那些值得记录的事务，犯罪便是其中之一。[2]

原始的刑事活动并不包含规范性的特点，也就是说，被记载下来的犯罪以及所形成的审判事实并不是从一般性的规则中推演出来的。犯罪的构成要素也没有在这种记载的事项中被明确地区分，人们对犯罪的理解和判断也没有形成概念化的模式。每一次“刑事惩罚”都是个别的，每一次“刑事审判”都是针对特定对象展开的。原始社会对犯罪的判断并没有形成韦伯所言的“形式”（formal）的法律模式。也就是马林诺夫斯基（Malinowski）所说的惩罚性的社会规则与（司法上的）恢复性的社会规则之间并没有区分开来。[3]

不过，对犯罪进行事务性的记载对于法律规范性的最终形成具有极为重要的社会语义功能。首先，通过文字的记载，人们可以形成区分（distinction）的观察方式。如前所述，没有区分，人们只能见到一个尚未被标示（unmarked）的世界。[4] 法律通过区分得以被观察为一个独立系统，以此来辨别系统与环境。[5] 因此，就法律而言，区分极为关键，它是法律系统的自我指涉与它涉分离的体

[接上页] 系统的过程指涉与环境指涉才得以可能，因此论题的选定可以说是一个主要的区分。参见黄钲堤：《卢曼系统理论的意义概念》，载《东吴社会学报》2007 年 6 月，总第 22 期。以论题形成的结构耦合加速了结构变迁。由于在现象学视域下，世界的不可观察性以及个体（概念）的不透明，论题的形成是无法避免的。没有论题，就无法形成记忆、信息、偏离以及自由。See Luhmann, Niklas. *The reality of the mass media.* Stanford, CA: Stanford University Press, 2000. pp.112, 114. 论题与系统沟通产生机制的关系极为重要。可以说，通过二阶观察和论题的概念，卢曼将微观的社会互动（interaction）与宏观的社会系统沟通（communication）结合起来，形成了对社会的二重性考察。卢曼这一视角具有强烈的现象学色彩。

[1] 相关研究指出，对交易的记载在新石器时代已经出现。See Schmandt-Besserat, Denise. *An archaic recording system and the origin of writing.* Undena Publications, 1977.

[2] 有关法律从行为（acts）走向判决（ruling）再到规则（rules）的转变和演化，可参见 Galligan, Denis. *Law in modern society.* Oxford University Press, 2006，特别是第四章。

[3] See Malinowski, Bronislaw. “A New Instrument for the Interpretation of Law—Especially Primitive.” *Yale LJ* 51 (1941): 1244.

[4] 有关标示与尚未标示的区分，可参见 Brown, George Spencer. *Laws of form.* London: Allen & Unwin, 1969。

[5] See Philippopoulos-Mihalopoulos, Andreas. “Niklas Luhmann: Law, Justice.” *Society. London: Routledge* (2009).

现，也就是系统通过每一次运作时环境与系统差别的体现。[1] 区分是法律形成自我判断和自我指涉的关键。系统通过区分来处理庞杂且没有系统意义的信息（information），进而化约世界的复杂性。通过对环境中的现象进行“罪与非罪”的区分处理，刑法观察世界的可能性诞生了。事务性的刑法记载中包含了人们划归世界、认识世界以及构建系统真实的可能性。

其次，事务性的刑法记载使得系统的记忆开始脱离于环境的因素，并且成为系统结构逐渐丰富的条件。虽然我们在人类处理犯罪活动的初期还没有看到一种有意识地积累处理犯罪活动经验的倾向，我们所谓的刑法系统的沟通也并未与心理系统完全分开，[2] 对犯罪的判断仍然是一次性的。但是，正如占卜活动的仪式性（ritual）特点，事务性的犯罪惩罚也具有严格的程序性。[3] 这种惩罚的仪式性逐渐成为一种社会结构记忆，通过文字的记载慢慢被更多的人所了解，并且逐渐脱离了依靠心理系统记忆社会结构和社会仪式的情况。依靠心理系统承载记忆而形成的刑事惩罚过程逐渐被严格的文字记忆的刑事处罚模式替代。[4]

最后，这种事务性的刑法记载是话题性的（topical）法律的代表，而法律的话题性则被卢曼看成法律产生规范性与保持社会期待稳定的关键要素之一。卢曼认为，社会结构的一个重要形式是沟通的话题（topics of communication）。话题为所有沟通提供了选择的前提。沟通的可能性蕴含在特定的话题之中。也就是说，话题的产生是系统沟通产生的前提，而沟通在系统内的自我指涉以及系统不断处理外部环境的再入沟通都与沟通的话题产生具有关联。话题性

---

[1] See Luhmann, Niklas. *Law as a social system.* Oxford University Press, 2004. p.113.

[2] 我们将在刑法系统与心理系统的结构耦合章节中详细分析现代刑事法律所产生的系统沟通与个体心理活动分离的过程。

[3] 人类法律起源于古老的占卜活动，占卜产生了最早的文字，随之产生了吉 / 凶这样的原初代码。实际上，吉 / 凶就是规范性的二元代码。对占卜人提出任何疑问，占卜直接就给出吉 / 凶的决断，这种决断是反认知性的，没有任何“科学性”可言。因此，占卜所实现的也就是一种法律的功能。当有疑难案件需要占卜，卜辞直接就会给出“法律”上的决断，吉 / 凶即合法 / 非法。参见余成峰:《法律的“死亡”：人工智能时代的法律功能危机》，载《华东政法大学学报》2018 年第 2 期。

[4] 仪式拥有深远的社会功能，几个人被联系在了一起，他们的行动以及他们的现实构造通过一种富有意义的方式得到了协调。参见［德］弗里茨 · B. 西蒙、［德］克里斯特尔 · 莱西 - 西蒙:《循环提问——系统式治疗案例教程》，于雪梅译，商务印书馆 2013 年版，第 276 页。

的刑事判断正是事务性的犯罪记载所带来的。

（三）以演化论视角理解刑法规范性的发生

在系统理论的维度下，我们对刑法规范性问题的分析并不是直接切入现代刑法所展现的基于实证法的规制人们行为的方式。在对现代刑法的规范性及其所体现的自我指涉意涵分析之前，我们首先需要澄清的是现代刑法的规范性，也就是根据成文的、正式的、形式化的规则所产生的对其他社会系统认知的影响，以及对个体心理意识产生的激扰（刑法理论中所称的规范的心理强制、威慑等效力）并不是一蹴而就的。

刑事法律的演进过程并非始终独立展开，对心理系统的强烈依赖是成文化的法典发展出来之前社会惩罚犯罪模式的主要特征。刑事法律的普遍性与重复适用（re-application）在人类社会早期也没有出现。刑事法律的规范性转向是从文字被运用到对犯罪的判断以及由此形成的区分和事务性的犯罪惩罚记载开始的，而这种记载标志着刑事话题开始与其他社会活动区别开来，并记录下来。系统的结构开始形成，系统的记忆（冗余）开始形成。

当然，这并不意味着刑法规范性的完成。因为系统对社会的激扰，或者说系统沟通所产生的社会效应并不因为系统的记忆产生和系统事务性记载的生成就宣告完成。对于刑法系统而言，刑法对社会其他系统运作产生的激扰，例如对经济活动的规制效果、对政治权力的抑制以及对个体守法意识的形成，也并不是仅仅基于事务性的刑事惩罚记载就能达成的。人们对刑法规范性效力的认知仍然需要刑法体系进一步形成内部结构，并向系统外部环境产生作用才能达成。揭示刑法规范性进一步的演化过程需将我们在第一章中提到的“法律系统的功能”引入分析的过程中。

二、刑法规范性的结构：社会期待双重偶在性的化解方案

（一）社会交往的双重偶在性

功能（function）是系统理论分析社会现象及其运作的关键概念。在系统

理论看来，刑法的功能在于稳定期待，并且这种稳定的系统期待是一种规范结构。也就是说，这是一种反事实（counterfactual）的结构：刑法规范并不因为有违法事实的出现而发生改变。[1] 在对犯罪论的构建中，我们也可以看到对规范反事实效力的表述。[2] 我们在上一节中分析了现代刑法实证性的特点是通过立法过程，也就是通过刑法系统与政治系统的结构耦合与互相激扰形成的。在现代刑法实证性的背景下，刑法如何通过这样一种反事实的规范构建完成对社会价值的整合？[3] 现代刑法的反事实规范性又是如何通过刑法体系运作体现出来的？

首先需要明确的是，刑法体系的规范期待具有二重性，也就是所谓的期待的期待（expectation of expectation）：人们不仅要面对对他人的期待及期待落空的可能性问题，而且要面对他人如何看待我们自身期待的问题。期待问题的双重性说明了法律的基本功能在于解决稳定期待的结构，从而不仅使得“我”，而且使得“对方”对我的行动均有稳定的预期，并且同样预期对方对

[1] 这种反事实效果，季卫东教授所举例证具有启发性，并通俗易懂：譬如说，汉高祖入关之初约法三章，说“杀人者死，伤人及盗抵罪”，但事实上以后咸阳的吏治未必那么清明，这时你大可指责他手下的主管部门执法不严，有地方保护主义，人情大于王法，因此漏网的歹徒如过江之鲫，云云。但是，你不能以有一桩贪赃枉法的实例就否定法律的普遍效力，你也不能以此为由开脱自己的罪责。参见季卫东：《法治秩序的建构》（增补版），商务印书馆 2014 年版，第 103—104 页。

[2] 在德国学者金特豪斯对过失犯的研究中，过失犯的归责层面成为一种“注意规范”的违反。在具有个体交互行为的社会场景中，例如交通事故的场合中，相互的反事实期待成为确定不法层面的事实能否构成归责层面的“注意规范”被违反的关键性因素。参见［德］金特豪斯：《论刑法中注意规范的功能》，王志坤译，载 http://www.360doc9.net/wxarticlenew/547212181.html，最后访问时间：2016 年 4 月 2 日。

[3] 虽然在系统理论研究中，学者一般并不使用价值整合的概念。传统的法社会学大多将焦点集中于法的社会性（维度）功能，所以会主张法具有“社会控制”或者是“整合”的功能，这种观察方式却忽视了法的独特性，因此卢曼主张将焦点置于系统唯一的功能。我们也指出在现代功能分化社会，包括刑法系统在内的社会系统的功能在于沟通的自我指涉条件下形成的系统不断运作，从而不直接产生对系统外部价值的判断。但是我们仍然使用价值整合的概念来连接此处对刑法规范性的分析，意图说明系统理论其实并不排斥对价值的指涉。我们认为，通过制度和系统形成的现代社会中的价值整合问题仍然是可能的，甚至是必要的。其实卢曼对价值问题也有过一定的论述。卢曼认为可以将价值定义为对不同行动结果的偏好（preferences）。在抽象的层面上，价值具有为社会共识的形成进行整合的效果；在具体的行动中，价值间的冲突必须被解决。See Luhmann, Niklas. “Positive law and ideology.” *The Differentiation of Society* (1982): 108.

这种期待的预期的坚持。

霍布斯提到的社会秩序如何可能的问题，[1] 以及哈特对法律社会功能的描述，[2] 都试图通过一种政治理论或者法律理论的构建去解决社会期待的双重偶在性问题。卢曼等社会系统理论研究者并没有将视角局限在政治制度的构建，或者实证法理论对法律一致性（consistency）的研究中。正如学者所言，自帕森斯从双重偶在性的问题切入，提出互补期待的概念以来，社会学家对期待的概念并不陌生，在一定程度上甚至早就认识到期待的重要性。尽管如此，迄今为止似乎仍只有卢曼视期待为系统结构概念的核心与关键，将之一般化与理论化。而唯有踏出这一步，才有解决行为与期待结构落差的问题，真正贯彻一种非本质主义的立场。[3]

在系统理论看来，要解决社会期待的双重偶在性问题，需要我们认真对待法律的反事实结构特点以及由此反映的法的规范性。也就是说，刑法作为整合社会价值以及形成社会共识的制度组成，并不是依靠，或者说不仅仅依靠政治主权的暴力威胁（霍布斯），[4] 也不仅仅依靠规则的指认与一致性（哈特、麦考米特等）。刑法对犯罪的判断在体系演化中无疑会出现冲突、矛盾的现象，现代刑法的实证化注定了刑事惩罚的变动不居。但是这并不妨碍刑法规范性的持续形成。刑法的反事实结构说明，即使出现与之相反的情况，即使我们在刑事司法的过程中可能由于法律的修正不断调整预期，但是只要刑法的规定是以条件纲要（conditional program）的结构出现，那么我们就不能否定作为一种沟通系统的刑法在功能的层面上回应了社会期

---

[1] See Hobbes, Thomas. *Leviathan: Or the Matter, Forme and Power of a Commonwealth, Ecclesiasticall and Civil.* Vol. 21. Yale University Press, 1900.

[2] See Hart, Herbert Lionel Adolphus. *The concept of law.* OUP Oxford, 2012.

[3] 参见［德］卢曼:《社会之经济》，汤志杰、鲁贵显译注，台湾地区联经出版事业股份有限公司 2009 年版，第 39 页。

[4] 尤其在现代社会，暴力的运作变得更为有效也更为可计算。随着社会分工和交往的扩大，社会控制的手段不再以"赤裸的暴力"为主。See Cooper, David D. *The Lesson of the Scaffold: The Public Execution Controversy in Victorian England.* Ohio University Press, 1974; Spierenburg, Petrus Cornelis. *The spectacle of suffering: Executions and the evolution of repression: From a preindustrial metropolis to the European experience.* Cambridge University Press, 1984.

待的双重偶在性。

无论是对一般民众而言，还是对法律共同体成员而言，规范性都是现代刑法体系的重要特性，帮助我们形成对社会规则的稳定认知（心理系统），进而指导我们的行为。刑罚的威慑和预防效果都依赖系统的这种反事实期待结构。刑法系统自我指涉的沟通是系统规范期待维持功能的反映和展开。

在不同的历史时期和法律演化中，我们会看到刑法规范稳定期待的方式和功能发挥作用的形式会有很大差别。我们在上一节中揭示的早期人类犯罪处理的事务性特点就对社会期待的稳定并不具有很大的作用。在古代人类社会中，社会的整合与期待的稳定并不依靠，或者不主要依靠刑事活动的判断和记忆完成，社会生活的环节特性（fragmentation）[1] 使得社会生活的同质化程度较高，通过分化和独立的刑事法律系统解决社会整合问题的需求并不显著。在习惯法时代，事实上发生的（is）和规范上应当的（ought）无明显区分。行为在法律上具有双重意涵：行为构成了对习惯的遵守或违背；同时，它成为人们定义习惯过程的一部分。违法同时也意味着对法律的改变。[2] 这与现代功能社会法律的规范期待面貌很不相同。

（二）实证法条件下的刑法规范期待

在现代功能分化社会中，我们发现在其他整合社会共识的制度和实体（家庭、宗教等）不断萎缩的同时，作为抽象社会秩序整合代表的法律成为稳定社会期待双重偶在性最重要的抽象性社会规范与制度之一。在以陌生人为特征的现代社会，行动者对他人的认知，皆以匿名化的类型方式为取向。与此同时，行动者也认可他人对自己抱有同样取向的或然率。“怀疑的因素由此进入了每一个此类的关系里。”现代行动者的吊诡之处就在于，每个人都处于现代社会之中，既具备类型化的方式来整体地理解外部世界，同时又能够感受到主体之间的理解之难，这已经成为现代社会的基本特征。在日常生活中，对他者的实质与全面的理解与信任，越来越让位于对抽象性和类型化

[1] See Durkheim, Emile. *The division of labor in society.* Simon and Schuster, 2014.

[2] See Unger, Roberto Mangabeira. *Law in modern society.* Simon and Schuster, 1977. p.49.

的信任。[1] 借助上述现象学理论，卢曼认为现代社会的信任（trust）机制不再主要依托个体面对面的交往（interaction），[2] 而是存在于非人格化的系统性沟通中。[3] 信任的稳定在于由这些系统构成的象征性沟通符号（权力、法律等）对个体在交往中形成的不确定性的降低。[4]

现代实证化的刑法接过了宗教、道德、伦理等其他社会制度整合社会个体中交往不确定性的任务。[5] 通过系统内部的刑法规则和刑法教义学理论来

---

[1] 参见孙飞宇:《流亡者与生活世界》，载渠敬东主编:《涂尔干：社会与国家》，商务印书馆 2014 年版，第 273 页、第 281—282 页。关于他者，孙飞宇还挖掘了其具有哲学本体论维度：社会学之中关于他者的讨论，首先是一个现象学社会学所谓的我群问题（we-relationship），同时也是一个社会科学之方法论问题，最后还是一个社会科学之可能性问题（本体论问题）。进而，这一问题还彰显了现代社会之“界限”（limits），以及更多的自我理解的可能性。参见孙飞宇:《方法论与生活世界》，生活·读书·新知三联书店 2018 年版，第 33 页。

[2] 面对面的交往系统的边界极为有限，不在面对面的情境下，就算沟通可以找到能移动且具有时间持续性的承载工具，接收者会有注意力也是一种极低概率的前提。人们在另外的情境当中也可能做别的事情。See Luhmann, Niklas, (1981), “Die Unwahrscheinlichkeit der Kommunikation”, in Niklas Luhmann (ed.), *Soziologische Aufklärung 3*: *Soziales System*, *Gesellschaft*, *Organisation*. Wiesbaden: VS Verlag, pp.25-34. 翻译参考郑作彧译文，请参见 https://mp.weixin.qq.com/s/Rt3z8m8Ldn_OWj30giUSlQ，最后访问时间：2020 年 3 月 18 日。

[3] See Luhmann, Niklas. “Trust and power/two works by Niklas Luhmann; with introduction by Gianfranco Poggi.” (1979); Luhmann, Niklas. *Theory of society*. Vol. 1. Stanford University Press, 2012. p.188. 系统理论认为现代社会信任源于系统运作，包括个体系统对他人的一阶评价。信任是当人们得不到全面信息的时候，对情况的复杂性进行简化的一种方式。谁如果信任别人，那么他就已经对别人的行为有了某种假设，也就是说，他用一种令自己有行动力的方式来填补自己在信息和知识上的不足。在缺少信息的时候，信息永远都被证明是一种有效的、经济的方法。参见［德］弗里茨·B. 西蒙、［德］克里斯特尔·莱西 - 西蒙:《循环提问——系统式治疗案例教程》，于雪梅译，商务印书馆 2013 年版，第 223—224 页。将信任作为一种简化社会复杂性的方式，也和系统理论对功能的定义相关，从而将功能这一概念的“功能”以一种非“目的论”的方式展现出来。社会系统的功能不在于系统的自我维护，或者说通过外部的维持，而在于创造更多的意义，化简社会的复杂性。See Müller, Harro, and Larson Powell. “Luhmann’s systems theory as a theory of modernity.” *New German Critique* 61 (1994): 42.

[4] See Provost Jr, W. H. (1990). Complex Organization and Niklas Luhmann’s Sociology of Law. *International Journal Of General System*, *16* (2), 106-108.

[5] 涂尔干认为，有关残忍犯罪的新闻报道激发了人们强烈的情感。这种通过观看犯罪惩罚获得的集体欢愉（collective excitement），产生了凝聚社会集体情感的强大动力。这是刑事惩罚与社会道德之间的关联性在现代社会的残余。转引自 Garland, David. *Peculiar Institution*. Harvard University Press, 2010. p.6。

对社会事实进行构建，并通过刑事司法的过程将这种构建的过程通过自我指涉的方式展现，从而对其他社会系统和个体意识产生激扰，完成对社会秩序整合中期待二重性难题的解决，这种规范期待的形成通过实证法的形式予以反映。[1] 刑法体系的规范与现代法律的实证化过程相结合。这种基于实证法的刑法规范性具有以下特点。

首先，刑法并不直接涉及对道德或伦理的保护，人们对他人道德或伦理的期待转化为一种对他人“守法”的期待，并期待他人在没有守法、侵犯个体或社会法益的情况下能够受到法律的惩罚，而非道德、伦理等惩罚。例如，将保护动物的刑事立法放在上述现代刑法“去伦理化”的背景下就会凸显正当性疑问。因为借由刑法保护动物的命题，不排除只是人类觉得自己有责任提供一定的保护，而这样的伦理性思维无法作为刑法保护法益的法理依据。倘若虐待动物的行为仅仅涉及伦理的或者是情绪性的感受，那么就不应当受到刑法上的非难。伦理要求不能成为上述侵害动物行为的入罪理由。[2]

其次，刑法的规范性也会影响、激扰和促进其他社会系统的演进和沟通。我们通过上文的分析发现，社会子系统的沟通是由系统的运作封闭形成的，两种系统沟通之间并不能产生直接的互相指涉。刑法体系的规范性指涉也不能够直接对其他社会系统的沟通产生推动或抑制，而是在体系运作中将其他社会系统当成环境来处理，从而将经济、政治行为乃至生态活动等外部事件和信息通过自身符码和条件纲要的运作在系统中呈现出来。

最后，刑法规范对社会系统的影响也会投射到个体的法规范意识构建中。“除了规则体系构建和现实社会交往、生活有法可依之外，培养并内生性地养

[1] 关于普通法的理性问题，以及与此相关的普通法如何构建规范期待的问题，请参见李猛:《除魔的世界与禁欲者的守护神：韦伯社会理论中的“英国法”问题》，载李猛编:《韦伯：法律与价值》，上海人民出版社 2001 年版，第 179—183 页。也有学者认为，韦伯思想中并不存在所谓的“英国法”问题，因为韦伯强调的是形式化（正当程序）的司法与资本主义经济理性的选择性亲和，而不是法规范形式与经济的直接关联。我们将在其后对作为刑法沟通场域的法院组织的论证中看到，这种说法具有合理性。See Ewing, Sally. “Formal justice and the spirit of capitalism: Max Weber’s sociology of law.” *Law and Society Review* (1987): 487-512. 英国法问题的理论意义也成为我们在第五章论证刑法（刑事司法）与经济理性互动的动机之一。

[2] 参见古承宗:《环境风险与环境刑法之保护法益》，载《兴大法学》2015 年第 11 期。

成普遍的规范意识和守法生活态度，是更为重要的法治建设用力方向。”[1] 当个体在社会诸领域中进行活动时，例如我们在进行金融活动时，也包括在缔结婚姻、产生邻里纠纷等日常生活中，刑法的规范期待结构都会不断激扰我们的个体意识，从而使我们不仅约束自身的行为，并且也希望我们的家人、同事和社会组织都能够遵守刑法，维护自身的权益。[2]

因此，刑法作为现代社会克服期待双重偶在性的主要“稳定器”，对处在其环境中的社会其他子系统和个体意识“守法”认知的产生具有间接的影响。我们也将这种刑法规范期待稳定功能称为刑法的谦抑性。

（三）规范性与刑法谦抑原则

在系统理论看来，作为社会制度的运作特点，刑法的谦抑问题是不同系统自我指涉与结构耦合的体现，也是刑法规范性的体现。其他的社会系统中无疑也存在社会规范，规制着不同领域。经济活动的自治性质、家庭生活独立于社会公共事务的独立属性等都说明了社会规范之间存在区别和差异。正如我们在前述内容中所强调的，功能分化社会中的社会理性是分割

[1] 王志远：《规范确证：刑法社会机能的当代选择》，载《东南大学学报（哲学社会科学版）》2017 年第 5 期。

[2] 犯罪学上也探讨一种通过学习犯罪形成的失范过程。这种失范也可以说是一种对非法律“规范”的学习和认知过程。我们在这里要对这种“规范化”（normalization）做出说明，从而将其与法律对社会个体的规范化过程区分开来。在一定程度上说，对越轨者自我中立化（neutralization）与正当化（legitimization）行为的心理活动的社会发生学研究印证了规范化（normalization）的效果不仅存在于正式的法律系统中。See Hirschi, Travis. “Labeling theory and juvenile delinquency: An assessment of the evidence.” *The Labeling of Deviance: Evaluating a Perspective. New York: Wiley* (1975): 181-203. 只是这种法律之外的社会规范化是否能够在功能分化的社会中得到社会系统，也就是更为一般化的社会沟通的承认，这种规范化与正当化效果是否能够与社会结构相互勾连，并产生耦合的效果，则是相当值得怀疑的。因此，谈论越轨行为的心理发生，不能仅仅看到在事实维度上的规范化效果，而且应当关注时间维度下这些沟通能否产生持续的稳定期待的效果。因为一旦有稳定的规范性期待，人们就可以较为从容地面对日常生活中的失望与失范，至少能够产生反事实的期待结构。而这是所谓的犯罪亚文化（subculture of crimes）无法实现的规范在时间维度上的稳定期待效果。但是，由于“亚文化”和“犯罪心理”之间依然存在差异，不宜将亚文化直接纳入刑事法规制的范畴，而应当多以“矫正”逻辑予以引导。参见李茂生：《少年犯罪的预防与矫治制度的批判——一个系统论的考察》，载《台大法学论坛》2000 年第 2 期。

的、断片的，社会的规范性也只能在不同的社会系统中发生效力。经济系统会产生不同于法律系统的规范性，政治系统的规范性问题也具有独立的判断意涵。在法律的本身规范外，法律还在不同的生活世界及其规范中寻找规范性的导向。[1]

也就是说，刑法规范性及其具体规范内容的识别和确认是学习和认知其他社会系统规范的过程。社会子系统的理性及其规范性不是来自科学或者法律，而是在各种社会实践中，也就是在各种社会系统的自我指涉的运作中形成的一种反思性的规范性（reflexive normativity）。刑法体系规范秩序的形成需要尊重这些社会子系统的反思性自我观察，也就是系统的二阶观察。刑法对社会诸领域行为的规制以及由这种规制产生的规范性期待是在社会系统“自我规制”（self-regulation）基础上形成的。正如学者所言，刑法在整个法体系乃至整个社会治理体系中作为最后才动用的规范手段，不只是因为刑法对个人自由的干预最为严厉，而是额外考虑到各个法规范和社会规范不同的任务分工及其正当性条件。[2] 由此我们可以说，刑法的谦抑性也是对刑法规范性社会功能及其限度的定位。

系统理论虽然赞同帕森斯等功能主义学者对现代社会法律规范性的独特地位的判断，但是卢曼等人却不认为刑法规范内容是犯罪不法与责任判断的全部。社会还存在其他系统的规范性。通过这种分析我们也可以更好地理解刑法谦抑性的社会理论维度。

当代刑法理论从积极的一般预防、刑事政策的预防目的等角度对犯罪论体系进行了深刻的改造，在本体论的不法判断中构建了规范性的要素，并通过客观归责的判断公式限缩对行为与法益侵害间的因果关系，在归责阶段通过引入规范的责任论、功能责任论、可罚性和需罚性的双重判断，进一步界定了行为人的责任范围。在整体犯罪论解释中，价值判断与刑事政策因素凸显。这种变更深刻反映了现代社会刑事违法性判断的复杂化。但

---

[1] 参见［德］贡塔·托依布纳:《社会理论脉络中的法学与法律实践》，季海龙译，载《交大法学》2015 年第 3 期。

[2] 参见古承宗:《环境风险与环境刑法之保护法益》，载《兴大法学》2015 年第 11 期。

是上述规范的不法论与规范的责任论却并没有说明对不法和有责判断进行限缩解释和价值评价的社会功能，也没有指出刑法规范性生成过程在现代社会的变动是造成犯罪论体系解释走向刑事政策化的重要原因。系统理论通过对现代社会刑法规范期待生成与其他社会系统运作之间的关系，说明了引入刑事政策解读犯罪论体系的社会原因和必要性。刑法的谦抑性是刑事体系系统运作自我反思的体现。这对于我们进一步理解刑法“谦抑”社会功能具有重要启示，也是我们深入思考基于“预防目的”的刑法归责的标准。

因此我们发现，刑法谦抑原则的构建与刑法规范性及其限度相连，而这又牵涉到规范性中的重要因素：刑法体系的认知（cognition）过程。我们将在下一部分中对此进行考察，从系统理论的角度分析系统认知对犯罪论解释的意义。

三、刑法规范性的限度：认知因素

（一）反事实的刑法规范结构

系统的开放性与系统认知的能力相关，是系统利用现有资源和结构不断处理环境、吸收环境因素并通过再入的方式将其转换为系统资源和结构的过程。那么对于刑法体系而言，系统的认知边界在哪里？系统对外部环境的吸收和转化过程可以是一种没有边界的状态吗？刑法的规范性是否可以指涉任何环境中的信息？答案显然是否定的。

在卢曼看来，社会系统形成的期待结构并不是对个体心理状态的（psychic state）指涉，期待并不是指个体意识是否会因为他人行为和言语而产生的“失望”状态，期待指涉的是系统意义（meaning），也就是系统可能性的延续。[1] 对刑法体系而言，期待就是保证犯罪惩罚具有连续性、一致性，从而为社会提供针对违法犯罪行为的反事实系统结构，我们也将刑法体系的这种

[1] See Luhmann, Niklas. *Essays on self-reference.* Columbia University Press, 1990.

结构称为刑法的“规范保护”目的。

刑法规范保护目的的实现，需要刑法体系对外部环境的认知做出自我限定（self-limitation）。在卢曼看来，绝大多数社会系统产生的是认知性的期待结构（cognitive expectation）。认知性期待意味着系统的结构随着每一次对外部环境的沟通发生改变，在沟通的时间维度上没有一种反事实的稳定机制。例如事务性的刑事惩罚便是一种认知性的期待结构。而现代刑法体系是一种反事实的规范期待结构。反事实意味着刑法针对犯罪行为的发生，并不需要给予规范内容上的调整。给予这种针对认知过程的系统稳定结构，刑法体系可以通过对尚未发生的事项予以规定，给予人们行动指导。这也是卢曼所言的法律系统运作时间维度中的“现在的未来”（present future）。通过这种时间维度的指涉，认知因素在刑法体系中的影响就被限缩了。也可以说，法处理的是“期待”之时间拘束的社会成本，其功能在于通过规制规范性期待之时间的、事实的以及社会的一般化来稳定它。这不仅较为明显地体现在普通法的遵循先例（stare decisis）的司法运作中，而且反映在大陆法系以刑法教义学构建的法律解释中。[1]

---

[1] 卢曼主张，在功能分化的现代社会，法的固有功能是在时间、社会与事实三个维度上，一致化的一般行为期待，在此基础上就可以根据“法 / 不法”的二元符码，对偶然出现的冲突做出具有拘束性的决定。与法的功能相互关联的问题是一个时间维度（temporality）的问题。但是我们也不能够夸大法律在时间维度上对预期的稳定效果。必须看到的是，我们现在所体验的未来（present future）与“未来的现在”（future present）是不同的。我们现在所看到的未来并非就是真正的未来，未来充满了不确定性和开放性。法教义学的任务不在于通过确定性的概念规定未来或者通过未来的确定性认知来规定现在，而是应当充分正视未来的不确定性。参见李忠夏：《宪法教义学反思：一个社会系统理论的视角》，载《法学研究》2015 年第 6 期。正如卢曼所言，一方面，未来状态依赖于决策（decisions）；另一方面，过去与未来之间存有的连续性断裂开来，这两件事显然是关联在一起的。因为，当将要发生的事项尚未确定时，而且正是在这种条件下，人们才能决策。参见［德］尼克拉斯·卢曼：《对现代的观察》，鲁显贵译，左岸文化 2005 年版，第 146 页。未来的不确定性并非否认刑法在期待上的规范性反事实结构，即使是认知的期待结构，也由于“现在的未来”与“未来的现在”充满不确定性，从而不可能保证对未来的控制。总而言之，这种不确定性是现代系统运作的固有特点，也是系统持续沟通的意义所在：通过吸收不确定性创造新的不确定性。

（二）刑法规范性、“刑法目的”与系统认知因素

在刑法理论中，我们通常认为的规范性，是指对构成要件及其要素的解释不仅仅是一种对行为主客观状态的描述，还需要对其进行价值判断。在我国刑法中，“规范的构成要件要素”由于刑法罪量的规定较多，例如“严重情节”等规定，从而也需要解释者从实质的违法性，或者说价值判断的角度切入。[1] 在教义学研究者看来，对刑法分则条文进行“规范性”解释的必要性在于构成要件的整体性、刑事政策的目的性等因素。也就是说，刑法规范并不是对现实生活的描述，而是基于一定“目的”的社会构建和制度体系。[2]

在系统理论看来，刑法的规范性并不是由于作为社会制度的“目的理性”，而是基于在刑法体系运作中沟通一致性与稳定性的需要。作为系统的刑法在不断吸收环境因素的过程中，也并非不存在认知，但是这种认知并不是基于一种“规范目的”对刑法结构的调整。刑法目的，或者说责任层面的“需罚性”对系统而言属于如何以及在多大程度上进行认知的问题。毫无疑

---

[1] 由于构成要件包含规范性要素，还可能产生对违法性认识是法律认识错误还是事实认识错误的疑问。参见孙国祥：《违法性认识错误的不可避免性及其认定》，载《中外法学》2016 年第 3 期。

[2] 针对“刑法目的”各种学派的批判性研究，可参见 Packer, Herbert. *The limits of the criminal sanction*. Stanford University Press, 1968，特别是该书前三章。当然，这并非意味着所有指向某种目的的纲要（或者说是概念或规范类型）都不应当在法教义学的构建中得到重视。有学者就指出，在卢曼看来，法律系统的纲要应永远都是条件式纲要，认为目的纲要是以未来决定当下何者为法、何者为不法，太过不确定和模糊，与法律的功能，即反事实的预期稳定相悖，只有条件化纲要才有助于法律功能的实现。但断言目的考量如后果考量一样，具有绝对的未来指向，也是存在问题的，某种程度上，法律系统中的条件化纲要都要有目的考量作为基础，而目的考量都需要条件化纲要加以具体化，二者是须臾不可分的。目的考量应该区分为价值意义上的目的和目标意义上的目的（着重号为笔者所加）。价值意义上的目的考量具有抽象性和普遍性，对于维持法律系统的冗余性同样具有重要作用，而不是服务于变异性或者多样性，只有明确指向未来后果（如环境保护目标的实现等）的目的纲要才是服务于法律系统的变异性 / 多样性的，此种意义上的目的纲要需谨慎使用，只有当手段与目的之间有相对确定的联系时，才能批量地进入法律系统中。参见李忠夏：《功能取向的法教义学：传统与反思》，载《环球法律评论》2020 年第 5 期。

问，作为一种对社会环境复杂性进行处理的系统，刑法需要不断吸收外部信息来丰富自身的结构。但是刑法依靠自身结构构建起来的规范结构又必须是相对稳定的。作为系统期待结构的刑法的规范性，与基于“刑法目的”的犯罪论规范解释，其实都是在论证刑法体系如何在不确定未来的状态下，仍然能够在当下对案件进行裁判，并通过刑事惩罚保护社会的稳定预期，维护人们的交往空间这一问题。

因此，刑事惩罚的边界问题就成为如何在维护体系反事实期待结构的同时，能够对案件裁判效果做出预测，也就是如何在系统规范性的期待结构中注入认知因素。无论是基于法益保护，还是规范保护目的的刑法解释，都是寄希望于通过一种对规范的二阶观察，使得在审判案件中出现的认知因素，例如其他社会系统的知识、信息等进入体系的自我指涉中，从而使刑法规范性在“认知中”得到延续。刑事惩罚边界由于系统规范性结构中认知因素的加入呈现动态特点。以刑法教义学上的法益侵害说为例。法益概念不仅对释法产生影响，也对刑事立法形成制约。法益概念成为刑法规范体系认知上的一种沟通结构，成为系统自我指涉与外部指涉的连接。

因此，规范性虽然对系统外部的个体守法意识和其他系统运作起作用，但是刑法规范期待结构本身的稳定，则必须通过刑法系统的二阶观察，例如法益概念，在系统沟通内部予以构建。在这个意义上说，我们也就可以更好地理解为什么具有系统特定规范性指涉的刑法体系无法借助一般人的正义“直感”来确定刑事惩罚的尺度。刑法系统只能通过内部的二阶观察才能对惩罚边界及其标准进行合理化判断，也只有如此，才能解决认知因素进入系统的规范期待结构的问题。刑法教义学作为系统自我描述与二阶观察的沟通结构正是发挥了这样的效果。

（三）规范期待稳定、立法与社会转型期的刑法体系风险

刑法教义学的解释工具主要针对司法。但是基于现代刑法实证性特点，刑法教义学也逐步运用到对刑事立法的研究中。正如哈贝马斯所言，与法律的实证性相联系的是这样一种期待，即民主的立法程序为实定规范具有合理

可接受性这样一个假定提供了基础。[1] 刑法教义学的体系构建不仅对刑法司法上的惩罚范围具有控制作用，也对刑事立法的犯罪圈划定具有指导意义。只有建立了较为完善的对刑法立法犯罪圈划定的理论模式，并且在现实的立法过程中将这种系统结构反映出来，我们才可能看到一个较为合理的刑法修订模式。

由于立法过程的法律与政治双重属性，刑法规范期待稳定功能也受到政治系统的影响。基于政治决策目的性考量的影响，刑法规范期待，也就是人们对行为预期会与法律的变动产生偏差。[2] 特别是作为政治决策的立法在系统时间维度上与刑法体系的时间维度并不一致。政治系统对外部信息在认知上的（cognitive）吸收超越了对期待规范结构的重视。[3] 刑法教义学及其对刑事惩罚边界的系统自我观察会受到政治系统认知因素的威胁。

沟通的全面认知化将使法律功能消失，人们将无法从现有的合法与违法行为中获取有关未来的信息，因此交往变成需要不断学习“新规则”的变动，

---

[1] 参见［德］哈贝马斯：《在事实与规范之间：关于法律和民主法治国的商谈理论》（修订译本），童世骏译，生活·读书·新知三联书店 2011 年版，第 40 页。

[2] 福利国家（welfare-state）的形成与政治系统目的纲要的兴起息息相关。目的纲要使通过国家福利政策形成的社会不平等得以正当化。See Luhmann, Niklas. *Law as a social system*. Oxford University Press, 2004. pp.223, 412. 目的纲要的缺陷也在于其“未来取向”。由于行为的效果，包括直接效果与附随效果及其即系衍生之效果，在想象时可以无限多，而且这些效果可能相互冲突，因此在目的纲要下，决策者面临高度的不确定性。参见张桐锐：《法律与社会政策作为“社会福利国”模型之构建性观点》，载《思与言》2006 年第 3 期。不仅是刑事立法，刑法理论的发展如果以社会福利政策为导向也会产生负面的效果。弗莱彻（George Fletcher）就指出，美国刑法中疏忽大意的客观标准的建立就是这样的例证：对于刑法体系而言，与社会福利产生关联并无问题，问题在于通过社会福利的政治政策运作来决定个别行为人的责任，则存在归责不明确的风险。See Fletcher, George. “The fault of not knowing.” *Theoretical Inquiries in Law* 3.2 (2002). 当然，并非所有面向未来的目的纲要，都是不恰当的。或者说，目的导向的规范设置，在有些情况下，例如逮捕条件和逮捕必要性的审查，体现了逮捕的必要性是一个动态、可变的指标，也可能在做出逮捕决定的初始程序中，逮捕的必要性确实是存在的；随着时间的推移，案情的变化，证据更加充分，事实更加清楚，逮捕必要性也许不再存在。参见易延友：《刑事诉讼法：规则、原理与应用》，法律出版社 2013 年版，第 194 页。

[3] See Teubner, Gunther. “After Legal Instrumentalism-Strategic Models of Post-Regulatory Law.” (1984). pp.299-325.

从而也将无法指引人们未来的行动。社会沟通的全面认知化也意味着任何规范的建立是改变的开始，法律的自我指涉将被打破，法律背后的利益、暴力混乱将会直接展现出来。在转型期社会，变法与修法过度频繁对刑法体系规范性的消极影响将会作用到那些受到规制的个体，法律的公正与权威也会减损，甚至消失。

这对于发现和分析我国刑法体系在社会变动时期面临的风险具有深刻的洞见。如何在社会转型期维护刑法规范性期待的同时，调整犯罪圈，将是刑法理论必须面对的现实课题。诚如卢曼对法律功能的诠释，法律使人们能够知道，借由哪些期待，人们能获得社会性的支持，在哪些行为期待上则不行。倘若存在此种期待的确定性，那么人们就可以在更大程度上坦然面对日常生活的失落。[1] 基于此，国家针对特定的利益侵害行为发动刑罚权，目的也就在于对已经发生的规范破坏现象（或行为期待的违反）进行非难，并且表达出规范命令的可贯彻性与宣示规范效力应当受到尊重，同时亦是借此试图恢复遭到破坏的法和平，以及稳定一般社会大众继续信赖法规范的有效性。[2] 在现代社会中，担保诸种社会系统基本规范或规则被遵守的安全感或信赖感是极其重要的，其只要与包括个人精神上或心理上之内容在内的生活利益相关，便可以基本上允许刑事法上的干预。例如日本刑法中“关于支付用磁卡的电磁记录的犯罪”，其保护的法益不再是个别债券是否适当回收的问题，而是对“付款系统的社会信赖”或“运用支付卡片付款之体系安全性及顺畅性”之损害。[3] 通过系统理论的分析至少揭示了过度立法，也包括不断修法与法律废止对社会秩序的消极影响，以及如何通过刑法理论的构建缓解人们对法律的“失望”。

另外，刑法规范性的限度也和卢曼所言的法律的可执行性（enforceability）

---

[1] 参见［德］尼可拉斯・卢曼:《社会中的法》，李君韬译，五南图书出版公司 2009 年版，第 158 页。

[2] 参见古承宗:《风险社会与现代刑法的象征性》，载《科技法学评论》2013 年第 1 期。

[3] 参见李晓龙:《刑法保护前置化研究：现象观察与教义分析》，厦门大学出版社 2018 年版，第 71—72 页。

相关。[1] 刑法中有所谓的“象征性立法”。[2] 例如一些犯罪的死刑设置、刑法总则规定的预备犯等，在现实的刑法运作中几乎从来不曾适用。刑法的执行问题与刑法规范性的认知维度也具有紧密的联系。我们无法否认这些规范属于刑法体系，但是由于在现实中适用概率极低，我们很难将之纳入刑法规范期待的范畴中，我们也可以说这些规范并不“存在”于刑法的沟通中。也无法通过对这些刑法规定进行二阶观察来完成系统规范期待的稳定。

特别是当这些几乎不曾适用的规范在非常偶然的情况下被适用并创造出一种事实上的司法先例时，例如许霆案。这种司法裁判虽然可能满足了个案正义，[3] 但

[1] See Luhmann, Niklas. *Law as a social system.* Oxford University Press, 2004. p.15.

[2] 象征性立法的特点可以总结为：1. 立法本来就不企图影响现实，也就是并非为了影响特定的生活现实以促使社会导向正面和理性的发展；2. 立法本身并不关心是否能够有效型塑任何的社会实在性，知识因为法规范既已存在，或多或少都能保有某种程度的规制效果。问题是，如果说上述法规范（行为规范）在社会沟通意义上还有些许实质“效果”的话，那么随着社会关系与政治结构的快速变迁，那些当初只是为了反映特定时空条件下的社会情绪或价值偏好的象征立法，其自身所蕴含的规范意义对社会持续运作下所衍生的其他问题，已经无法发挥任何实质的规制效果，而法的存在也只是徒具形式而已。参见古承宗：《风险社会与现代刑法的象征性》，载《科技法学评论》2013 年第 1 期。英美法学者也指出，立法者面对特定犯罪或热点事件，希望向民众表示，自己对其诉求作出了充分回应。因此，立法者往往喜欢提高与当下的热点犯罪相对应的法定刑。对于热点犯罪的过分关注，导致立法者往往将其孤立判断，很少考虑其在所有既存犯罪及刑罚体系中的合理位置。实际上，如果在这个过程中还考虑过什么既存犯罪的话，通常也是为了确保新设立的犯罪处罚更重，以便向民众彰显立法者对此问题的高度重视。参见［美］保罗·罗宾逊、［美］莎拉·罗宾逊：《海盗、囚徒与麻风病人：关于正义的十二堂》，李立丰译，北京大学出版社 2018 年版，第 295 页。上述刑事象征性立法的特点对于我们理解我国近年来在刑法修正中出现的“民生立法”现象具有帮助。即使上述特点的分析带有批判色彩，我们依然不能否认象征性立法在一定程度上反映了一种社会规范性的构建，虽然这种“规范性”在很大程度上归于民众对国家，特别是国家行政管理的一种规范期待。

[3] 在有的法律系统论研究者看来，许霆案在教义学上属疑难案件（hard case），从而使得这一案件作为刑法系统沟通中处理系统不确定性的重要机制而存在。“一旦再有类似许霆案的情节出现，法官无须再回到之前的不确定性状态，而可以把既有的许霆案判决作为一个吸收了不确定性的起点……许霆案作为决策所固定下来的信息，必须经受后续决策的检测和反思。”参见宾凯：《从决策的观点看司法裁判活动》，载《清华法学》2011 年第 6 期。但是我们认为这种观点依然是从一种个案的角度去看待系统对不确定性吸收的功能。不确定性不是指法律不能容忍漏洞，我们在前述内容中已经有所涉及，这里不再赘述。

是这种规范适用对体系性反事实期待的形成并无益处。[1] 系统理论维度对规范可执行性的分析揭示了"不可执行"的规范对刑法体系规范性的破坏。[2]

四、规范与事实：刑法规范性的社会语义

（一）规范与事实在系统中的双重结构

通过上述的分析我们发现，刑法规范性不仅仅是如何对刑法条文及其用语进行解释的问题。刑法解释必须协调好规范性因素和认知性因素。规范期待是一种反事实的期待，而认知期待却是对事实的一种吸收。规范与事实在司法中被严格区分对待。同样，在刑事法律研究中，规范刑法学研究与法律的经验研究也几乎不存在交集。两种研究并行不悖，严守哈贝马斯提出的"规范与事实"区分西方哲学二元对立模式。[3]

---

[1] 个案正义与作为法律系统选择机制的正义理念不同，它是处于系统之外的价值判断，而非系统内部维护系统规范性期待的自我指涉。对个案做出不符合整体刑法解释框架的判定，具有破坏系统沟通结构的消极作用。例如许霆案所做出的对责任的个别化减免与德国刑法理论中的个人罪责可罚性（Zumutbarkkeit）理论不同。德国刑法的发展注重法典化中心主义和立法至上，不过在判断个体责任方面，德国法院发展出一系列个体化的免责情况（a system of individualized excusing conditions）。See Fletcher, George P. "Individualization of Excusing Conditions, The." *S. Cal. L. Rev.* 47 (1973): 1269. 请注意，德国的个体化免责是司法演化的结果，而不是直接通过程序法产生的报请制度。前者依然属于对刑法规范的不断自我指涉，后者则是一种例外的司法救济制度，也可以被视为一种错案追究制度（post-conviction remidies）。但是，许霆案在任何法律程序与事实认定的意义上都不属于"错案"。甚至在所谓的"社会大众认知"上也很难说法院一审判断违背常理，因为某些新闻报道中的案情对法庭上的证据进行了"裁剪"，目的是激发社会关注度，案件事实与媒体的运作逻辑纠缠在一起。仅仅由于媒体制造的舆论压力，就使用报请制度无疑降低了法院的权威，也直接造成了"同案不同判"，使司法沟通的融贯和一致遭到破坏。我们在第五章将通过系统理论详细分析与此案件相似的"崔英杰事件"，从而进一步揭示媒体与司法之间在系统运作逻辑上的巨大差异。

[2] 相反，在应当执行的情况下拒绝执行，或者拒绝起诉犯罪，也会让人对刑事司法的公平正义产生巨大的怀疑。特别是当政府刻意不去查处犯罪问题时，刑事系统的符码本身的有效性与正当性就会受到质疑。See Fletcher, George P. "Blackmail: The paradigmatic crime." *University of Pennsylvania Law Review* 141.5 (1993): 1617-1638.

[3] See Habermas, Jürgen. *Between facts and norms: Contributions to a discourse theory of law and democracy.* John Wiley & Sons, 2015.

从本节的分析中我们看到，在前现代的社会结构中，规范与事实间并非存在不可逾越的鸿沟。事务性的法律并不强调，或者说并没有形成一般性的规则与具体案件适用之间的区分，法律与习惯之间也不存在明显的差别。[1] 在法律的自我指涉出现之前，任何法律中的改变都是直接由社会结构引起的。社会事实直接地决定法律可以改变的程度。法律作为事实与规范的结合体弥散在整体的社会语义中。导致法律规范保持以及"法律传统"建立的，是一个社会广泛共有的观念整体——关于世界的看法、神话、教条和意识形态。任何形式的法律学说都必须被固定在某种自然法观念之上。[2] 刑法的社会语义没有形成封闭的结构，从而也就无法在法律运作中强调规范的独立意涵。

现代法律的实证化使刑法规范与事实区分成为可能。系统理论试图利用自我指涉的概念对这种区分所体现的社会语义进行分析，并发掘对两者间关系的新的认识。具体来说，事实与规范的区分在系统理论下被转化为现实性与可能性、认知与规范等系统的沟通结构。正如托依布纳所言："在与环境的区分过程中，法律运作的再进入（re-entry）与法律的自我指涉化使得规范与事实间、内部的法律行为与外部的社会行为间、法的概念与社会利益间，以及内部的法律现实构建与外部的社会过程之间进行区分。"[3]

因此，系统理论对刑法规范性的解读也应当放到环境与系统区分、运作封闭的系统如何进行系统再入的沟通这些维度中去考察。刑法规范的封闭性并不意味着刑法在内部沟通和运作的过程中不会吸收外部环境的因素，系统的认知开放性是上述托依布纳对法律系统正义语义建构的关键环节。在向功能分化社会迈进的过程中，其他社会系统的认知和规范的创建、改变和重构与刑法体系同时进行。

---

[1] See Fitzpatrick, Peter. "Law and Societies." *Osgoode Hall L.j* (1984); Fuller, Lon L. "Human Interaction and the Law." *American Journal of Jurisprudence* (1969). p.2；林瑞：《韦伯论中国法传统》，中国政法大学出版社 2014 年版。

[2] 参见［德］托依布纳：《法律：一个自创生系统》，张琪译，北京大学出版社 2004 年版，第 70 页。

[3]［德］托依布纳：《魔阵·剥削·异化——托依布纳法律社会学文集》，泮伟江等译，清华大学出版社 2012 年版，第 379 页。

刑法体系并不需要跟上所谓的“社会潮流”，从而与其他社会系统和人们的意识系统同步。刑法的规范性反事实效果意味着犯罪的规定并不随着个体意识的变化与社会情状的变更而发生共时性的修正，刑法系统的滞后性正是其能够解决社会期待双重偶在性的关键。规范期待意味着人们并不希望刑法过于频繁地变动。

当然，从系统理论的角度来看，刑法的规范期待稳定与认知期待演化并不是互相排斥的。规范与事实的区分仅仅是相对的，事实的因素，新的社会发展也会进入系统沟通的内部。刑法修正的过程，将新的社会公共安全问题、恐怖主义的威胁、新的集团犯罪（corporate crimes）的特征、环境与生态的刑法保护等问题纳入刑法规范与规范解释的框架中，构成新的刑法语义结构，并通过刑法的运作产生新的体系规范性内容。因此，我们看到刑法体系下事实与规范的区分具有双重含义：

第一，事实与规范的区分是系统与环境区分的表达，规范是那些已经被刑法包含在体系沟通中的运作及其结构，包括对刑法理论、刑法教义学的构建，而事实则是那些环境中的资源、因素和事件，那些尚待系统处理的信息。

第二，在系统内部运作中，存在二次区分。事实与规范的系统内部区分是系统与环境区分的再现。在刑法体系内部，事实与规范其实都是系统自我指涉的组成部分，刑事法律运作中的事实并非一种“自然状态”下的事实，也并非“客观”的事实状态。能够被刑法运作处理的事实，或者说能够被系统吸纳的认知因素，都是系统根据自身结构而形成的事实。“在一种构建主义的社会知识论之下，法律的事实并不能与所谓的系统外部的社会事实进行对照。法律作为一种自治的认识主体创造了系统自身的社会事实。”[1]

这是我们在第一章中所谈到的系统内部运作“再入”规则在刑法运作中的体现。我们也发现，借助规范与事实的双重意涵，系统能够根据自身结构进行处理的环境因素是有限的。

---

[1] Teubner, Gunther. *How the law thinks: toward a constructivist epistemology of law.* Springer Netherlands, 1990. p.730.

（二）社会治理的“刑法化”及其弊端

我们在现实社会中也会看到另外一种情形：人们急迫地希望刑法能够为解决社会问题提供良方。立法者、民众、媒体都希望通过刑事立法与修改过程满足社会各行各业的基本需要：刑法的工具性效应在现代社会中凸显。刑法成为政治福利社会、经济制裁、社会秩序管理的附属品，刑法的自我指涉在社会的不断“犯罪治理”需求中逐渐退到边缘的地位。

不能将社会治理的“刑法化”看成刑法的“胜利”。刑法在走上社会前台的同时，也就开始丧失作为稳定社会预期功能的规范性。刑法并不是孤独地走上社会治理的中心，而是带着沉重的负担、满载着其他社会系统和组织的期待接过那些刑法本不应当也无力解决的任务。人们会发现，刑法治理社会的效果并不如期待中那样美好，而刑法既有的对人们规范期待稳定的成果也会受到减损。

规范期待并不是一种可以无限膨胀的期待结构和目的性考量。人们对基本安全与秩序的期待是通过刑法长期以来建立的系统内部结构不断完善的。而随着现代社会其他系统，特别是福利国家政治系统的不断介入，这种范围较为稳固的刑法规范期待开始被打破。福利国家的法律不仅仅是一些界定明确的条件性纲要，还包括一些政治性的政策。[1] 而这又是现代社会复杂性呈现给我们的难题，是研究者不得不面对的。我们将在下一章有关刑法结构耦合的考察中详细分析这一趋势所带来的刑法在现代社会面临的困境。

（三）裁判规范与行为规范

我们通过上述四个部分的考察说明了现代实证化的刑法如何完成对规范性的构建，刑法又是如何在规范性的构建中逐步实现系统的功能。系统理论对社会系统功能的重视，是我们在刑法自我指涉的环节中考察规范性问题的初衷。不过，我们并不是一味接受系统理论的假设，而是通过对刑法运作与

---

[1] 参见［德］哈贝马斯：《在事实与规范之间：关于法律和民主法治国的商谈理论》（修订译本），童世骏译，生活·读书·新知三联书店 2011 年版，第 304 页。

社会期待之间的关系的解读论证了系统理论对法律功能的重视是合理的，系统理论对刑法系统的功能的界定也并不是机械的，更不是仅仅通过对刑法外部效果的考察来完成的。

刑法的规范期待功能是法律的社会理论从外部考察刑法内部自我演化如何可能的定义。对刑法规范性的构建在我们看来必须与社会环境进行勾连。但是这种外部考察最终回溯的是刑法自身的沟通。刑法教义学、法益概念等是我们考察规范性问题的例证。

法的社会理论文献中一般认为所谓的刑法规范性，也就是法律共同体以及社会大众适用法律、遵守法律的理由来自功利的考量，或者是与法律分离的社会价值因素。哈特提出的承认规则为我们如何从外部视角研究法律规范性问题指明了方向：法律规范性的渊源并不在法律的外部，而是蕴含在法律运作的自身。但是，我们在本节中指出了哈特等人学说的不足，引入了系统功能的概念，从刑法规范自我指涉出发，论证了基于刑法运作封闭的规范性。

刑法的规范性通常被认为是不言自明的刑法基础。刑法解释与刑法教义学的所有系统构建都建立在这样一个假设的基础上：刑法不仅能够指导法律职业共同体的活动，刑法对犯罪的规定和对刑事惩罚的公布也能够成为社会大众行为的指导。这在刑法理论中被称为作为裁判规范的刑法与作为行为规范的刑法。两套规范是否重合，刑法是否仅仅是一套裁判的规则？除此之外，是否存在行为规范，它们之间是否一致？[1]

在系统理论看来，既然刑法具有稳定社会期待双重偶在性的功能，那么这种功能就不仅仅是针对法律职业共同体而言的。行为规范的对象是一般民众，其目的是给予其一种双重的期待，使其可以安心地与其他人进行社会沟通。所以行为规范是一种展望性的规范。这一面向未来的（future-oriented）利益保护结构对于解读和处理已经发生的利益侵害而言，是没有多大意义

[1] 有关行为规范与裁判规范的区分及其关系，可参见丹 - 科恩（Dan-Cohen）的经典文献：Dan-Cohen, Meir. "Decision rules and conduct rules: On acoustic separation in criminal law." *Harvard Law Review* (1984): 625-677。在我们看来，这一区分在法社会学上最早的阐述者是艾利希，请参见 Ehrlich, Eugen. *Fundamental principles of the sociology of law.* Vol. 5. Transaction Publishers, 1962. p.10。

的。司法裁判应当向前看。因此，行为规范，至少是那些重要的行为规范需转化为裁判规范，使过去的（past-oriented）利益侵害得到处理，从而对行为规范的反事实效力予以维护（而不仅仅是黑格尔所说的对规范否定的否定而已）。[1]

因此我们可以说，尽管在法律系统内部的运作中，以及在刑法教义学的构建中，法律对裁判规范的构建是内在的，外部的观察者和民众可能并不了解刑法理论、案件裁判（司法）过程是如何达到最终结果的。但是刑事立法、裁判乃至执行的结果具有社会意义，承载社会语义构建的效果。有的学者认为立法的“民意基础”，或者说通过“民意”证成的刑法规范并不一定真的能够实践，也就是在司法过程中形成“社会团结”。[2] 虽然我们并不否认现代社会的“民意”及其再生产机制与社会个体对犯罪的认知与感受存在差异，甚至是生成机制上的本质区别，但是以刑事司法过程与“民意”表达过程的区别，否定刑法运作所具有的“实效”以及这种实效所内含的超越案件当事人的规范意义，则是刑法规范自我指涉中对外部环境，也就是社会其他领域和个体所产生的激扰效果的否定。甚至我们可以说，正是因为立法过程中民意生成机制与司法过程的封闭性，才会产生规范性刑法运作与个体意识的互动，而如果寻求一种所谓的“理性化”的民意吸纳机制，则是没有看到作为系统的刑法与社会个体分离这一现代社会政治、法律等制度运作的重要特征。

刑法从体系运作上看，只是一种裁判规范。不过从刑罚的预防效果上看，刑法的规范性毫无疑问也是向外部系统指涉的，这也是为什么我们不仅需要刑法教义学，也需要刑事程序法搭建“看得见”的司法过程。即使社会大众无法直接观察和理解刑法解释的构建，但是通过程序上的运作，社会大众也能够了解刑事正义的构建过程，从而使刑法的规范性也具有行为规范的意涵。行为规范与裁判规范是刑法体系在运作的过程中对外部环境进行处理

---

[1] 参见李茂生：《风险社会与规范论的世界》，载《月旦法学杂志》2009 年 10 月号。

[2] 参见邵博文：《晚近我国刑事立法趋向评析——由〈刑法修正案（九）〉展开》，载《法制与社会发展》2016 年第 5 期。

过程中的一种再入，也就是说，通过制造值得保护的法益（未来面向的，行为规范）/犯罪的法益侵害（当下的法益实害或危险，裁判规范），从而将刑法体系对行为罪/非罪的二元符码区分进行了二阶观察。通过行为规范与裁判规范的区分，国家刑罚的边界也在报应与预防之间寻求一种平衡，从而也为量刑幅度的确认提供了一种二值区分，为刑罚（量刑）解释的精确化注入了教义学的支撑。

从现实的刑法运作来看，我国的刑事司法中程序性的构建相对薄弱。罪与非罪、罪重与罪轻的司法论证展开（也就是体系的二阶观察）也不够充分。这一点严重制约了刑法作为行为规范、面向未来法益保护的社会功能。而如果刑法仅仅是一场法律职业者，甚至仅是刑事司法机关展开的活动，那么这绝不是刑法在现代社会自我指涉的面貌：实证化的刑法仅仅成为一种公务的执行，而缺少了行为规范的展示维度。体系规范性的论证蜕变为权力的运作。

通过系统理论，我们揭示了这一还未受到刑法研究者广泛关注的问题，并且我们也认为这一忽视主要是由于刑法解释学首先将刑法的运作当成一种针对法典，而非针对当事双方认知的司法审判活动。从这种观点出发，进而把刑法规范以及刑法教义学的构建仅仅看成裁判规范的展开。

刘远教授就指出，作为法庭旁观者的一般民众对刑法规范期待的构建具有影响，也就是对什么行为属于刑事判断的范畴（或大致范畴）进行表决。“他们（指民众——笔者注）带着各自的生活经验来到法庭，对被告人（通过置换为‘我’）在当时情境下怎么做，对辩方宣称的事中态度、控方的事后评价的是非优劣，向法庭呈现各自的意见；即便是以微表情、交头接耳等方式表达，也是向法庭输入了规范性期待信息，而这些规范性期待信息的集中化趋势必然具有某种社会客观性。这种规范性期待信息的输入、碰撞、沉淀，实乃一种行为规范法庭显现机制。”[1]

---

[1] 刘远：《论刑法规范的司法逻辑结构》，载《中外法学》2016 年第 3 期。因此，作为行为规范的刑法，在进行量刑活动的时候，切不可推行所谓的“电脑量刑”，将电脑得出的量刑结果作为绝对正确的答案，从而取消了庭审活动的沟通意义，判决理由也变成可有可无的附带品。参见季卫东：《电脑量刑辩证观》，载《政法论坛》2017 年第 1 期。

因此，刑法自我指涉一方面意味着通过刑事司法体现的中心运作；另一方面则意味着通过自我指涉不断生产环境因素，进而对社会（包括民众）进行外部指涉。刑法运作的规范性从而也面向其他社会系统。总而言之，法的功能是一个以全社会系统为参照点的概念，所涉及的问题是：什么问题是社会分化出法规范所要解决的？更为具体地说，则是：什么问题是现代社会分化出法律系统所要解决的？法使我们能够知道：哪些期待可以获得社会的支持，而哪些不会。这涉及下一节考察的刑法自我指涉的沟通性。

第四节　刑法的沟通性：自我指涉的最终完成

我们通过对系统理论和刑法研究的关系的考察（主要是考察了刑法研究中的内部视角与外部视角问题）、对现代刑法实证性的考察以及对刑法规范性的系统理论展开，逐步实现了我们对刑法自我指涉的论证。在上述的论证中我们发现，作为一种法的社会理论，系统理论与我们通常所熟悉的法律社会学，或法的社会研究采取了迥异的研究方法。作为一种社会理论，系统理论研究法律时所选取的对象是非常特殊的：相对于通常意义上的法律社会学而言，系统理论并不关注法律行为问题，也并不对法律行为的主体进行实证研究。法的系统理论研究中很少采取实证研究方法，[1] 这与布莱克等人倡导的从外部可观察的视角去研究法律行为的进路具有完全不同的学术旨趣。[2]

相较于关注对个体行为进行考察与测量的传统法社会学，法的系统论研究

---

[1] 卢曼认为，对系统理论不够“实证”的批判可以有两点回应：第一，现有的实证方法对于法律系统的研究而言是非常局限和不适当的，法律是具有高度结构复杂性且能够形成自我观察的事物，实证研究很难对此做出恰当的描述和论证；第二，应当找寻习以为常的事实与对这些惯常事物做出不同寻常解释的理论之间的组合。系统理论的对运作封闭和结构耦合的区分就是这样一种具有创新意义的理论工具。换句话说，对社会现象的研究不能仅仅依靠“构建”出来的数据。我们甚至可以怀疑在实证数据和社会现实之间是否有任何“相关性”。See Luhmann, Niklas. “Operational closure and structural coupling: the differentiation of the legal system.” *Cardozo L. Rev.* 13 (1991): 1438. See also Knudsen, Morten. “Surprised by method-functional method and systems theory.” *Historical Social Research/Historische Sozialforschung* (2011): 124-142.

[2] See Black, Donald. *The behavior of law.* Emerald Group Publishing, 2010.

更侧重于对包括刑法规范在内的法律规范本身的研究。这一研究路径与法律实证主义、批判法学（critical legal studies）更接近。如前所述，系统理论更关注的是法律的内部人视角（insider's perspective）。[1] 但是在对刑法规范本身考察的基础上，系统理论始终不忘要将内部视角与外部视角相联系，无论是罪刑法定原则、刑法修正还是刑法规范解释，我们都应当站在外部观察者的视角审视刑法内部运作的合理性及其所需要解决的问题、所发挥的社会功能。如果说系统理论对刑法的研究有什么对象可言的话，对我们来说，研究刑法，包括研究刑法与社会的关系问题，此处的研究对象并不是对法律执业者的态度、行为和观念的研究，也不是对刑法的观众，也就是社会大众心理、行为的研究。

毫无疑问，上述因素都会影响刑法运作，正如我们在第一章中所提到的系统间的互相激扰。但是，系统理论更关注刑法的自我运作问题。这一研究对象并不是将刑法作为一个可以看得见、摸得着的实体进行研究。我们并不否认在刑法的运作过程中，在众多的刑法现象中，确实存在那些可以触及的实体和对象：具体案件进行审判的法院、法官，执行刑罚的狱警等，他们都是刑法运作的组成部分。不过对系统理论而言，刑法系统的自我指涉，并不是指任何一个刑法活动参与者在其行为过程中的一贯性，也不是指某一所法院、某一处立法机构运作的一致性。

刑法的自我指涉是系统全集式的自我指涉，系统进行这种自我指涉，并将每一次自我指涉的运作连接起来的基本元素是沟通。刑法的自我指涉是沟通上的自我指涉，刑法体系的融贯性与一致性是刑法沟通上的融贯性和一致性。作为沟通互相连接的场域，刑法体系的运作在理论上具有超越一座法院、一种管辖甚至是一个地区的界限。[2] 简言之，刑法的自我指涉在刑法沟通维

---

[1] See Trubek, David M. "Where the action is: critical legal studies and empiricism." *Stanford Law Review* (1984): 575-622.

[2] 系统沟通的这一属性特别体现在刑法理论中。弗莱彻认为，在不同国家的法律中，可能存在论证风格与法源（sources of law）上的区别，但是我们在对一个刑法理论问题进行思考的时候，这些差别并不显著。重要的是论证内容，而不是论证时所使用的语言或文化背景。基于这一点，针对刑法的社会理论研究与其他法律的经验与实证研究存在巨大差异。这种差异主要体现在德日刑法的教义学理论及其对世界范围内的刑法构建的重要影响。See Fletcher, George P. "Psychotic Aggressor-A Generation Later, The." *Isr. L. Rev.* 27 (1993): 227.

度上来看是一种社会语义的体现，而不是对社会与社会的实在物进行描述。

“沟通”也是系统理论对现代社会进行解释时运用得最为独特的概念之一。我们在前面两节中主要结合现代法学研究的成果对刑法的实证性与规范性进行了系统理论的考察。在上文中，我们揭示了现代刑法如何在立法不断修正的情况下维持其规范性的方式。我们的分析在肯定现有刑法理论对体系规范性问题分析的合理之处的基础上，也对现有研究提出了质疑，并且通过引入系统理论“社会期待结构”的概念试图回答现代刑法的正当性基础：大众为何以及如何遵守刑法，刑法的专业化与刑法的行为规范之间的隔阂如何消弭。

对刑法的实证性与规范性的研究从法律运作的内部视角回答了这一问题，但是我们也发现现代刑法的自我指涉的特点并不能通过刑法的实证性与规范性予以全面反映。刑法体系如何证成自身的合理性与合法性，仍然需要借助超越法律内部视角的概念与理论予以说明。“沟通”正是本章最终证成刑法系统自我指涉的关键概念。我们将通过沟通的概念，或者说在体系沟通性的层面上来完成对刑法系统的自我指涉分析。

首先需要明确的是，刑法自我指涉的沟通性并不意味着抛弃刑法实证性与规范性的论证，后两者仍然是现代刑法体系构建自身合理性与合法性的必要条件。通过引入沟通的概念，我们希望对基于实证性与规范性的现代刑法体系的自治及其功能的社会意涵进行进一步的研究，并进而明确实证化的刑法与刑法的规范性在现代社会的功能分化中占据什么样的位置以及具有何种限度。

一、从主体间性到沟通性：以刑法解释的运作机理为例

（一）法律的递归性、解释主体与文本

我们在第一章中提到社会系统的沟通是递归性运作。法律的“递归性”（recursivity）研究揭示了法律不是线性前进的。立法和法律实施的不确定性、冲突、斗争、主体错位等使法律制度的演进呈现出“螺旋式上升”的递归性

现象。[1] 系统理论将法律递归性研究的成果引入对法律自我指涉与沟通概念的建构中。其认为法律运作过程不是线性的，法律沟通的产生也不是线性的信息发送者—接受者的关系，作为我们通常理解的法律运作，特别是法律解释的主体——法官、检察官、律师等，也受到系统递归运作的影响。

递归性的沟通延续意味着并不是所有被传递的信息都能够被原封不动地保留下来。人们的个体意识无法在沟通中直接体现。沟通的延续不以个体意识对信息的“正确理解”作为条件，系统的沟通是系统内部各要素和结构在时间维度同时向前与向后的自我指涉递归运作。法官来来往往，系统的沟通却递归性地延续着。

我们以刑法解释的运作机理来说明刑法体系从主体性向递归的沟通性转变的过程。刑法解释通常被理解为一种面对文本的活动，是解释者与文本之间产生关联的过程。刑法的解释者通过阅读刑法文本、参考其他解释者的解释方法和解释结论，针对真实的案件或想象的情境进行论证。在进行解释的过程中，我们通常认为文本背后有一个真实的立法者（文本作者）存在，进而认为这个作者赋予文本的意志决定了，或者说很大程度上影响了后续解释的进路和结论。然而，现代哲学上的诠释学研究认为，当解释者面对文本的时候，并不存在文本的作者，文本本身并没有任何“目的”可言。在进行刑法解释的过程中，我们抛弃了“立法者原意”，转而去探索文本的“客观目的”。不过这种转变仍然是以作为主体的解释者与作为对象

---

[1] See Halliday, Terence C., and Bruce G. Carruthers. “The Recursivity of Law: Global Norm Making and National Lawmaking in the Globalization of Corporate Insolvency Regimes.” *American Journal of Sociology* 112.4 (2007): 1135-1202. 递归不只是不断往前、往后参照而已，更重要的是，递归蕴含了自己（系统或元素）同时既是运作的施为者，又是运作的被施为者这样的自我指涉。这会带来知识论上必须严肃面对的后果，也就是单向、线性的因果观念所无法掌握的“递归的因果性”的问题：发展的历史由后来的事件与沟通决定。从系统论来看，我们不只要认识到所谓的因果其实预设了一定的前提，不过是一个观察者运用了特定的因果区分来观察，并且因为认为此一区分能在时间中维持而认定其中有因果，更要认知到社会的现实其实是自我指涉的、充满循环的因果性，从而就是对自己来说是不可预测的，而不是一个不需考虑其他脉络的、决定论式的线性现实。参见［德］卢曼:《社会之经济》，汤志杰、鲁贵显译注，台湾地区联经出版事业股份有限公司 2009 年版，第 30—31 页；MacIntyre, A. (2013). After virtue. A&C Black. p.100.

的文本之间的区分为前提的，从而希望通过主体的活动让文本呈现特定的意义，实现特定的“规范目的”。而在系统论的维度下，刑事活动并不是主体面对客体的解释活动。

我们可以通过现实中的经验去质疑上述主体—客体区分论。在进行犯罪惩罚的过程中，我们看到的是刑事机构（公安机关、检察院与法院）基于有限的资源和时间展开的组织性的活动：惩罚犯罪的司法活动从来不是一种个体的活动，更不是一种个体的解释活动。人民法院依法独立行使审判权与对审判的监督贯穿我国当代司法改革。[1] 即使在强调法官独立的美国司法系统中，作为一种组织存在的法院也对法官的个体判案工作产生强大的制约。[2] 另外，检察官与警察对犯罪的侦查和起诉工作，很多时候也是一种以行政活动逻辑为导向的“流水作业”，而绝非刑法解释研究中所称的通过将案件事实与文本进行反复对比，在“事实与法条”之间穿梭，发现法律客观目的的活动。[3] 那么，为什么在刑法运作中我们仍然需要强调解释的重要性呢？解释活动和真实世界中的刑法运作又存在什么样的联系呢？

（二）文本与解释的分离

在对刑法规范性的论证中我们发现，刑法的规范性在于稳定社会交往的反事实期待，刑法对犯罪的惩罚在于构建一套运作体系，从而使人们生活中的交往能够在充满偶在性的环境中保持期待的稳定。如何才能达到刑法系统的社会效果？在系统理论看来，这需要通过对文本的指涉产生文本与解释的区分来完成。

卢曼认为，随着文字的出现，口头语言回忆的不确定性被文本解释的不确定性所取代。尽管对文本含义存在不同的理解，但是通过这些对文本含义

---

[1] 参见顾培东：《法官个体本位抑或法院整体本位——我国法院建构与运行的基本模式选择》，载《法学研究》2019 年第 1 期。

[2] 具体可参见有关弗兰德力（Friendly）法官的传记：Dorsen, David M. *Henry Friendly, greatest judge of his era.* Harvard University Press, 2012。

[3] 有关侦查、起诉犯罪中官方行动者的逻辑，可参见 Skolnick, Jerome H. *Justice without trial: Law enforcement in democratic society.* Quid pro books, 2011。

不同见解的表达，对文本的认同和文本的独立性开始出现。[1] 法律解释预示着法律的自治与运作封闭的条件开始出现。文本成为任何一次刑法运作指涉的系统冗余。即使是犯罪的侦查活动、起诉活动也都以刑法的文本作为指涉的对象，而文本与解释区分运作的中心环节在刑法系统中属于法院的司法判决过程。在这里，刑法系统通过文本与解释区分形成的系统结构能够为降低环境的复杂性提供条件。对犯罪的判断必须依赖对解释与文本的区分形成论证，并将不同的案件判断根据这种区分中形成的结构联系成一个具有相互指涉的整体，从而为下一次犯罪惩罚的运作提供支撑。[2]

由此我们看到，在刑法解释中形成的解释主体与刑法文本的区分是刑法系统自身结构不断丰富的过程。借助文字这种一般性沟通媒介（media），刑法系统将各种惩罚犯罪的活动简化为一种对刑法规范的适用问题（application），从而"掩盖"了现实中犯罪与行为人的多样性。通过对刑法教义学的不断构建，系统内部的结构愈加丰富，由此刑法系统对环境要素的处理也更得心应手。虽然在现实的组织活动中，警察、检察官、法官的活动均不是简单的对刑法规范的适用，各种法律之外的考量因素也会限制和制约能够进入司法组织程序处理的案件形态和数量。但是，这并不妨碍刑法通过文本与解释的区分逐步实现系统自我指涉的可能。

（三）司法修辞性及其功能：迈向沟通性的刑法解释

由此我们发现，文本与解释的区分使刑法解释活动有一种"修辞性"（rhetoric）意涵，特别是法官对刑法文本的解释体现了这种案件决策过程中的修辞。[3] 正是这种刑法解释中的修辞，使很多学者，特别是进行刑事司法

---

[1] See Luhmann, Niklas. *Law as a social system.* Oxford University Press, 2004. pp.25-26.

[2] See Luhmann, Niklas. *Law as a social system.* Oxford University Press, 2004. p.286. 法院就是法律系统沟通中所构建出来的一种法官必须不断进行裁判，从而维持规范与事实互动关系的组织结构。

[3] 有关法律论证中的修辞性与法官真实意图的区分，参见 Nobles, Richard, and David Schiff. *Observing law through systems theory.* Bloomsbury Publishing, 2012，第二章。也可参见波斯纳法官新作中对司法论证的修辞性和美国联邦法院频繁使用法官助手撰写裁判意见之间的关系：Posner, Richard A. *Divergent Paths: The Academy and the Judiciary.* Harvard University Press, 2016. pp.14-15。

经验性研究的学者，对刑法教义学所提出的体系性解释规则和由此产生的刑法教义学持一种怀疑的态度。[1] 系统理论也看到了作为一种系统内部建构的区分，文本与解释的对立并不是，或者说主要不是对现实刑事惩罚活动的描述。那么，系统理论是否也对刑法解释问题持一种怀疑的态度呢?

在系统理论看来，刑法解释体现的修辞性并不是法官、检察官等主体在活动中进行一种“欺骗大众”的活动，因为从系统自我指涉的递归运作来看，刑法解释与文本的区分不是主体意识活动的产物，而是系统的沟通。系统的沟通是系统结构产生的基本元素，沟通并没有主体性，甚至也不是哈贝马斯所说的主体交往过程中产生的主体间性（inter-subjectivity）。

沟通并不意味着主体间共识的达成：主体间的意识无法存在可被观察的共识状态，只有在沟通不断形成时，系统的运作才能在自我指涉的过程中实现。[2] 在系统理论中，“没有一致分享的意义，没有参与者意见的视域融合，只有一系列分离但交叉的意识和沟通过程”[3]。系统理论并不否认在刑法活动中，主体（法官等）对待犯罪的看法（主体意识）与由文本与解释区分产生

[1] 参见苏力:《司法解释，公共政策和最高法院——从最高法院有关“奸淫幼女”的司法解释切入》，载《法学》2003 年第 8 期。另外，诸如现实主义法学、法律批判主义的研究者也对刑法运作过程中是否存在所谓的“法律解释问题”提出疑问。波斯纳从法官裁判的过程试图论证法律的不确定性以及法官的认知局限。See Posner, Richard A. “The Jurisprudence of Skepticism.” *Michigan Law Review* 86.5 (1988): 827-891.

[2] 在卢曼看来，沟通仅是系统自我指涉的延续，而不涉及能否达成共识的问题。首先，共识只能是地方性和暂时的（local and temporal），沟通的延续需要不同的声音（dissent）。如果一种普遍化的共识能够达成，沟通，也就是系统的运作将不再可能。其次，社会行动似乎是一种共识的象征（至少呈现出一种目的性），但是行动（action）仅仅作为社会能够被观察的对象被想象出来。由于系统自我指涉的沟通缺乏主体性（subjectless）而无法被直接观察，行动概念是系统理论对社会惯常理解的妥协和简化表述。尽管共识与行动的概念对我们理解社会运作产生了误导，但是这种误导在当前是无法避免，甚至是必要的。See Luhmann, Niklas. *Social systems*. Stanford University Press, 1995. pp.32, 84-85. 并且卢曼在与哈贝马斯的辩论中就已经指出，就认识论上的先验假定而言，卢曼认为“意义”是一个先于语言且更为基本的范畴，他认为透过语言的沟通无法真正达成共识，有时越沟通越会增加不快。他曾以夫妻沟通为例，说明语言虽可以达成某些共识，但是立场与价值仍没有共识。参见黄钲堤:《卢曼系统理论的意义概念》，载《东吴社会学报》2007 年 6 月，总第 22 期。

[3] [德] 托依布纳:《宪法的碎片：全球社会宪治》，陆宇峰译，纪海龙校，中央编译出版社 2016 年版，第 73 页。

的系统沟通之间并不存在一致性，或者说，法官有时候并不真的“相信”自己做的解释。但是，刑事法活动中的参与者仍然“固执地”认为刑法解释存在的必要性，特别是刑事司法过程中的论证环节是保证其犯罪惩罚确当性与一致性的关键。正是这种“确信”和“决断”，而不是法官真实的意识活动，决定了刑法体系沟通的形成与其社会功能的实现。

在系统理论的维度下，对刑法文本的解释不隶属任何一个“解释主体”，在刑法运作的过程中只存在根据区分留下的成功的系统沟通渠道，通过沟通构成的刑法结构并没有任何单一的作者，也并不需要任何参与刑事活动的主体在内心都“赞成”这种结构的合理性。实际上，正是由于系统沟通与个体意识的完全分离，使得进入犯罪惩罚运作过程的任何主体都能够将自己对待判事实的意见暂时抛弃，或者说即使法官、检察官对案件抱有强烈的个人意见，这种意见是否能够激扰刑法系统沟通的产生，刑法系统的沟通能否和这些个体意识产生“结构耦合”，都取决于现有刑法自我指涉沟通所形成的结构性条件。

进一步而言，刑法解释活动的沟通性使刑法的规范期待成为可能：系统的结构不依赖于任何个体活动的贡献。我们通常所称的法官的司法论证与法官个人对案件看法的区别，也体现在刑法解释的沟通性与个体对刑法活动认知的差别上。

刑法解释的沟通性是一个全新的命题。卢曼将社会系统的基本运作方式定义为沟通，并通过信息、言说与理解的一般要素定义了社会系统沟通的基本模式。但是，卢曼并没有对法律系统，特别是没有对刑法体系如何产生沟通以及这种沟通与现有的法律理论之间的差别做出详细的论证。我们从刑法文本与刑法解释的区分以及刑法解释与犯罪惩罚真实活动的差别入手，初步解读了从主体间性到沟通性的刑法解释。沟通是系统理论中描述社会运作最关键的概念之一，也是我们的研究能够通过运用此概念重新解读刑法活动的关键切入点，刑法的沟通性也是刑法自我指涉最终完成的落脚点。我们在本部分初步分析了作为一个脱离了主体的概念，沟通是如何可能与我们惯常的对刑法和犯罪处罚的理解联系在一起的。我们选取了刑法解释的命题来论证沟通概念的构建过程，并且通过提出疑问的方式初步说明了运用系统理论沟通概念回答刑法解释中难题的益处。

不过，沟通概念并不仅仅为刑法解释问题提供一种更好的论证方式。沟通是系统理论解读现代功能分化社会如何形成自我指涉条件下的运作封闭的基础性概念，如果只是停留在对刑法解释问题，特别是仅仅停留在对司法中“修辞问题”的解读，系统理论的沟通概念对理解刑法体系运作的理论潜力将无法得到更好的发挥。我们在本节的后续部分将沟通性作为整个刑法系统运作的基本模式，从而使得沟通概念不仅能够对刑法解释问题做出更好的说明，也能够对我们在上文中提到的现实中的犯罪惩罚实践做出更精确的描述和界定。

二、刑法的沟通性与社会中的人

（一）功能分化对个体社会归属的影响

与系统理论的沟通概念不同，我们通常所说社会交往或社会沟通具有以下特点：首先，沟通意味着主体间的交流和互动，沟通总是在主体间进行的活动，是对人类社会活动的指涉；其次，沟通的产生象征着共识的形成，主体间的沟通是矛盾、冲突平息和化解的过程；最后，沟通具有在场性（present），[1] 是人们面对面交往的产物。

系统理论对沟通的定义与上述几点都不相同。首先，沟通并非主体间的活动，而是系统的基本运作方式，而系统并不代表任何有形的（tangible）实在，而是一种社会功能分化以后呈现的抽象社会语义和意义的构建；其次，

[1] 在场（presence）或者缺席（absence）是西方哲学的重要范畴，西方哲学传统往往把整体意义上的存在确定为在场，它常常借助理念、起源、目的、实在或本质等概念对在场的连续性做出指涉。笛卡尔的“我思故我在”，就是以我在思考中的在场作为前提的；意义本身也是在言说者意识在场的前提下得到表达的。在场与缺席在西方哲学传统中具有浓重的本质主义论色彩。参见渠敬东：《缺席与断裂——有关失范的社会学研究》，商务印书馆2017年版，第35页。

沟通中的理解（understanding）[1] 并不象征着系统共识的形成，作为不同社会语义结构的多个系统之间也并不存在所谓的建立在理性、真理基础上的共识，系统沿着非线性的递归形态发展，冲突、矛盾并不是被系统排斥的因素，而是系统自我生长的元素；[2]最后，系统的沟通不仅仅是在场的互动，也包括通过文本和其他社会沟通媒介（media）产生的形式。在现代社会中面对面的沟通并不是系统沟通的主要形式，沟通的形式呈现多样性。

为什么系统理论要用一种具有颠覆性和激进（radical）的方式来解说沟通的概念？系统理论下的沟通概念除了说明刑法解释从主体性向沟通性的转变外，是否在理论的解释力上还有其他的优势？易言之，我们为什么需要在分析社会犯罪惩罚问题时接受系统理论的沟通概念？

我们通常认为法律是一种人为的构建，表达了人们的集体意识。不过如前所述，沟通并不具有人本主义的观点，沟通的展开并不依赖主体。当然，为了能够将缺乏有形色彩的沟通反映出来，作为一种社会语义，系统沟通的语义结

---

[1] 作为系统沟通环节之一的理解，与托依布纳所称的系统间的互相理解（mutual understanding）概念不同，需要进行区分。如果认为沟通的发生是极为可能的，不需要借助方式、手段和工具就可能促进人类的相互理解，这显然不被系统论研究者赞同。See “Die Unwahrscheinlichkeit der Kommunikation”, in Niklas Luhmann (ed.), *Soziologische Aufklärung 3*: *Soziales System*, *Gesellschaft*, *Organisation.* Wiesbaden: VS Verlag, pp.25-34. 翻译参考郑作彧译文，请参见 https://mp.weixin.qq.com/s/Rt3z8m8Ldn_OWj30giUSlQ，最后访问时间：2020 年 3 月 18 日。在托依布纳看来，系统自我指涉的基础循环并不意味着任何系统间的联系都不被允许。系统间可以形成一种有限制的“互相理解”，尽管这种互相理解在托依布纳看来是很复杂的。托依布纳认为“互相理解”这一概念标示了系统必须将其他系统的自我指涉的沟通内容和结果进行内化。因此这是一个复杂的过程。这种系统间的互相内化也意味着系统间的因果链条是受到很大限制的。例如，简单的“政治目标—法律规范—社会效果”的流程图必须通过社会知识的介入而丰富起来：自我指涉系统如何接受规制性的信息，系统如何在内部规则下处理这些信息。而这些信息，无论是一般性的系统内部运作规则还是具体个案的处理，对别的社会系统来说都不是现成的。对于法律系统而言，其必须储备有关其他社会子系统进行自我指涉的一般性知识。这不仅对法律，也对社会科学研究提出了重大的挑战。See Teubner, Gunther. “After legal instrumentalism.” *Dilemmas of law in the welfare state* 3 (1986): 312.

[2] 在卢曼看来，矛盾在系统沟通中具有提示功能。矛盾破坏了系统构建出来的秩序，也就是化简了的复杂性。就此，不确定的复杂性重新被发现，沟通的可能性产生了。但是，矛盾通过意义的构建同时具有保证沟通过程的可连接性能力。系统的再生产仅仅是被指引到不同的路径上去了，不同意义的形式看上去并不一致，但是系统的自创生并没有被破坏。See Luhmann, Niklas. *Social systems.* Stanford University Press, 1995. p.273.

构必须根据主体来说明。但这并不意味着我们无法将系统的沟通与个体的意识区分开来。法律不等于参与法律行为的个体意识的总和。法律规范不是心理现象。法律现实（legal reality）也不是法律由法律职业者对世界的看法构成。法律现实是通过特定的法律沟通形成的系统图景。正如学者所言，法律现实在两个方面与法律职业者个体意识观念相区别：首先，法律现实具有社会属性，而不是心理系统的构建，它是沟通的产物；其次，在社会构建中，法律的构建是高度选择性的，因为法律现实由一个自治的法律系统构建出来。[1] 我们在这里无法对沟通概念展开文献的评论与分析。[2] 我们主要关注的还是沟通作为刑法系统基本运作方式这一系统理论的定位对刑法理论和实践的价值。而对这一问题的回答，我们需要联系系统理论对现代社会的基本定位来解读。

在系统理论看来，现代社会是一种功能分化社会。各种不同的社会系统承担了不同的社会功能，个体处在这些功能系统的外部。虽然个体处在系统的外部，但可以被不同的系统纳入（inclusion）或排除（exclusion）。[3] 系统通

[1] See Teubner, Gunther. *Law as an autopoietic system.* Oxford/Cambridge, Blackwell Publishers, 1993. pp.40, 45-46.

[2] 我们在第一章中对此有过介绍，并通过对比卢曼与哈贝马斯对沟通定义的差别进行了说明。

[3] 参见刘涛:《纳入与排除：卢曼系统理论的第三演进阶段？》，载《社会学评论》2016 年第 1 期。在本书看来，卢曼通过构建系统理论下的纳入与排除概念，对现代法律中的权利特别是宪法基本权利（fundamental rights）做了重新界定。将个体在所有社会功能系统中进行纳入，虽然仅仅是一种假设的原则，但是在应然的意义上，或者说在法律的规范性上来看，个体应当被给予进入所有社会功能领域的途径（access）。当然，为了对社会资源进行合理分配，平等参与条件下的社会准入，例如职业准入等，则是必要的。参见 Novella, Enric J. “Mental health care and the politics of inclusion: a social systems account of psychiatric deinstitutionalization.” *Theoretical medicine and bioethics* 31.6 (2010): 420；李忠夏:《基本权利的社会功能》，载《法学家》2014 年第 5 期。不过，也有学者从理论而非经验的角度，对后期卢曼“纳入与排除”这对概念的说服力提出了质疑，其认为即使在现代功能分化社会，各个社会系统也没有能力做到一种对个体的全纳入，个体依然可能生活在“社会之外”。See Philippopoulos-Mihalopoulos, Andreas. “On absence: Society’s return to barbarians.” *Soziale Systeme* 14.1 (2008): 152. 纳入与排除既然可能发生在各种社会系统中，也就意味着这种社会运作方式不限于社会，特别是政府机构与正式行动，而完全可能发生在私人关系中。对此，可参见美国学者对美国城市租赁市场的实证研究，其有力地说明了社会功能分化条件下纳入与排除的作用场域完全可能发生在私人主体之间，不平等的交易条件与地位差异使得这种私人活动产生了强大的剥削效果。See Desmond, Matthew. *Evicted: Poverty and profit in the American city.* Broadway Books, 2016.

过建立各种一般性象征性的沟通媒介，将个体的生存状况进行定义，而不同系统的纳入与排除规则（准入规则）也会互相影响，虽然它们之间并不能直接进行沟通和交换。从整体社会沟通来说，即使是排除，也属于系统内部、无损社会机构的成分。排除也必须在区分纳入 / 排除的基础上显现出来。通过法律的排除必须与纳入相联系才能被再生产出来。[1] 例如，我们对某人犯罪的系统评价并不能直接影响对其参与经济活动的能力和资格的判断。

在现代功能分化社会，虽然受到刑事处罚（刑法体系的排除规则）也会在一定程度上影响个体经济活动展开的空间，但是刑法的评价对个体而言并不产生一种全纳入或全排除的影响。与现代社会不同，古代社会的犯罪评价则可能与个体的社会地位直接相关。环节社会（fragmented societies）结构的高度同质性造成了个体与社会无法分离，个体承载了社会的意涵。社会为一套团体成员共同怀有的牢固的情感和信仰所支配，个人间并不存在多大的差异，每个人都是整体社会的缩影。[2] 而在功能分化社会中，个体与社会的分离成为可能。以自我指涉形成的系统沟通运作并不能够直接影响个体的意志，反之亦然。[3] 我们在上一节中论证的刑法的规范性也是建立在系统期待结构之上的：系统维持并不依靠个体。社会系统是由沟通组成的。这里没有其他

---

[1] See Philippopoulos-Mihalopoulos, Andreas. *Niklas Luhmann: law, justice, society.* Routledge, 2009. p.119.

[2] 参见［英］安东尼·吉登斯：《资本主义与现代社会理论——对马克思、涂尔干和韦伯著作的分析》，郭忠华、潘华凌译，上海译文出版社 2018 年版，第 105 页。

[3] 我们可以通过雅各布斯对自由意志在罪责理论中的无效和无意义，进一步理解卢曼思想对刑法学重大理论的影响：雅各布斯承继卢曼的观点发展了自己的罪责理论。其认为，罪责原则的功能和意志自由无关。罪责是明显地欠缺对法律的忠诚（对法律的忠诚有瑕疵）。形式的罪责的前提在于，该负责的人完全可以被抽象地当作一个个人以及权利的所有人和义务的承受人。而只要在具体的秩序中没有其他具有说服力的选择存在，只要是除了将受规范拘束者自我定义成这个秩序的成员之外别无他途，则就有实质的罪责存在。罪责倒是的确和自由有关系，但不是意志自由而是自律的自由，亦即管理自己的头脑和自己的活动领域有关。罪责只有在一个秩序的内部才有可能。参见［德］雅科布斯：《罪责原则》，许玉秀译，载《刑事法杂志》第 40 卷第 2 期。

从上述论证中，我们也可以看出，系统论以及刑法研究中系统论的倡导者们所持的决定论立场。但是，决定论立场并不否认行为人在具体情境中的选择自由，即罪责的基础。白建军教授对此有非常深刻的分析，具体可参见白建军：《关系犯罪学》（第三版），法律出版社 2014 年版，第 39 页。

的要素，没有进一步的物质因素，而只有沟通。社会不是由人类的身体或者心智建造起来的。它仅仅是一个沟通的网络。[1] 个体的意志不再成为社会运作的象征，个体的自由在系统沟通的概念之下得到了增强。在卢曼看来，个体并不再是生物的存在体，至少不仅仅是意识系统。对卢曼而言，个体是一个复杂体（complex），是多种沟通的组合。[2]

（二）沟通概念对刑法（理论）全球化的影响

因此，系统沟通并不关注个体的意识。但这并不代表系统对个体性因素的忽视。刑法以对个体行为一般性的构建，将抽象的沟通概念引入对个体的纳入与排除的判断过程中。沟通的概念并不能够直接被观察到，这也是系统理论在进行实际应用时面临的一大难题，但是我们不应当将系统理论这一难题看成系统理论的一大缺陷。相反，正是系统理论沟通概念的无形（intangible）特点，使得我们在判断刑法现象时不再局限于既定的范畴，刑法的活动不再仅仅是国家刑事活动：因为行为概念仅仅是刑法沟通的一种反映，而不是刑法体系沟通本身。

这与我们之前提到的法律多元主义（legal pluralism）有关。但是在系统理论看来，在刑法系统的沟通中，并不存在多个并存的刑法沟通体系。虽然我们现在对刑法系统的指涉还是以民族国家的概念为界，但是从系统理论对刑法运作沟通的构建来看，作为社会现象的刑法并不一定仅仅以民族国家的刑法规范作为唯一的表现形式。[3]

---

[1] 参见杜建荣：《卢曼法社会学理论研究——以法律与社会的关系问题为中心》，法律出版社 2012 年版，第 66 页。

[2] See Luhmann, Niklas. *Essays on self-reference.* Columbia University Press, 1990. p.12.

[3] 这与法律与社会研究中，社会（the social）概念外延与民族国家概念的分离有关，参见 Rose, Nikolas. "The death of the social? Re-figuring the territory of government." *International Journal of Human Resource Management* 25.3 (1996): 327-356，以及 Cotterrell, Roger. "Subverting orthodoxy, making law central: a view of sociolegal studies." *Journal of Law and Society* 29.4 (2002): 632-644。当然，两者也不是绝对的分离。艾利亚斯就指出，20 世纪的许多社会学家在谈到"社会"的时候，在他们眼前所展现的不再是他们前辈所憧憬的那种社会，而是民族主义色彩较淡的"民族国家"这样一种理想。参见［德］诺贝特·艾利亚斯：《文明的进程》，王佩莉、袁志英译，上海译文出版社 2013 年版，序言第 19 页。

这并不是否认民族国家对现代刑事法律构建所发挥的关键作用。民族国家作为世界政治系统的二次分化扮演了重要角色，即令所有国家的法律秩序都采取二元符码化，法的功能也都是规范性期待的稳定，却无法忽视每个国家都拥有自己的最高法院以及宪法，换言之，国家法律体系具有“一致性”。而法律与政治的结构耦合也是由国家的宪法来完成的。

既然系统理论以解释一切现象为其标志，如何解释与说明法律的全球化，以及由此产生的对民族国家法律制度的冲击，就成为系统理论必须面对的挑战。卢曼虽然认为法律系统的二元符码具有超越国家领域的普遍性，但是他也观察到，不但法律秩序彼此之间在民族国家层面具有极大的差异，而且世界社会的法律秩序也与国内法秩序有所不同。

在世界社会的层面，并不存在全球中央立法与司法机构。如果我们以埃利希的观点去看待这个问题，则是作为“二阶规范”的立法与司法与作为“一阶规范”的其他社会规范体系在全球范围内并不是一种同质中的功能分化，也就是说，两种规范之间并不容易产生基于相同文化与价值认同的良性互动。此外，世界社会的法律系统也欠缺国内法秩序的先天优势：以宪法作为法律系统与政治系统产生的结构耦合。针对全球法的研究，尤其是相对于社会部门分割而来的“宪法碎片”的发展所导致的全球法律多元主义，[1] 其是否会对法律系统的统一构成不可逆转的冲击？这些议题的探讨与解答，不但可以加深对法律全球化现象的理解，也会回馈系统理论自身。我们还是以国际刑法为例来进行论证。

国际刑法的出现、国际刑事法庭的设立以及国际刑事判例法的出现，都说明对犯罪行为规制范围正在发生变化。正如科特莱尔所指出的，作为语义（discourse）和论题（thematization）的法律可以在任何地方发生，从而也就可以在正式的国家法律制度之外发生。[2] 但是，刑法如何在世界社会（world

---

[1] See Teubner, Gunther. *Constitutional fragments: societal constitutionalism and globalization.* Oxford University Press, 2012.

[2] See Cotterrell, Roger. *Law, culture and society: Legal ideas in the mirror of social theory.* Ashgate Publishing, Ltd., 2013. p.23. See also Fletcher, George P. “Law as Disclosure.” *Cardozo L. Rev.* 13 (1991): 1631.

society）中融合并不清晰，这里存在“论题门槛”（thematization threshold）：如何使“社会问题”成为刑法问题。[1] 欧洲刑事一体化的进程也是在整体欧洲社会融合，特别是政治共同体想象与构建的基础上才慢慢演化而来。[2] 金（Michael King）也认为，从系统和环境的角度来看，国际刑事法庭的产生使得那些原先属于刑法环境中的因素，也就是那些不曾通过合法 / 非法符码判断的事件成为刑事制裁的对象。这种对环境外部信息吸收的过程由法律系统自我指涉运作完成。[3]

在国际刑法领域，理论和实践特别值得关注的是基本人权的涌现和得到普遍认同。对系统理论而言，国际人权法的演进与现代“世界社会”的功能分化密切相关。全球范围内的系统功能分化与基本人权是相辅相成的历史发生过程。基本人权并不具有超越历史时间维度的“普遍性”，而只可能在更广泛的现代社会功能分化条件下才可能出现，基本人权是防止社会分化退化（de-differentiation）的制度条件，例如，对宗教信仰自由与政治自由的保护使得上述社会系统的自治成为可能。另外，个体（individual）在现代社会系统呈现分离的意义（由不同的社会系统进行定义和赋予），而基本人权规范在一定程度上防止个体意涵的破碎和脆弱。[4] 从这个意义上说，基本权利并不是，或不仅仅是一种政治 / 法律宣言，而是社会结构演进的产物。基本权利保护，或者说法律对个体基本权利的识别依赖于特定社会功能子系统的演化程度。[5] 因此在不同的国家，基本人权的保障形式和程度也具有差别，但并不妨碍在“全球社会”的视野下分析国际人权法

---

[1] See Macaulay, Stewart. “Law and the Behavioral Sciences: Is There Any There There?.” *Law & Policy* 6.2 (1984): 182.

[2] 参见杨继文:《论刑事司法改革方法论体系》，载《东方法学》2016 年第 5 期。

[3] 转引自 Banakar, Reza, and Max Travers, eds. *Law and social theory.* A&C Black, 2014. p.69。

[4] See Verschraegen, Gert. “Human rights and modern society: a sociological analysis from the perspective of systems theory.” *Journal of Law and Society* 29.2 (2002): 262.

[5] See Nobles, Richard, and David Schiff. “Taking the evolution of legal doctrine seriously: review of Katayoun Baghai, Social Systems Theory and Judicial Review: Taking Jurisprudence Seriously (Farnham: Ashgate, 2015. 188 pp.£ 65/ £ 58.50).” *International Journal of Law in Context* 13.1 (2017): 102.

的功能和地位。[1]

通过系统理论分析刑事法律的全球化，给我们的启示还在于比较刑法学（comparative criminal law）应当具有比现在更重要的位置。弗莱彻曾指出，在刑法的实践和刑法理论之间进行选择，要超越地区、国家的刑法渊源的限制，将具有一般性的刑法理念和原则纳入考察具体刑事司法制度合理性的论证中。例如在美国刑事法实践中，重罪谋杀罪（felony-murder）在长时期内被刑法职业者和民众认为是美国刑法当然的组成部分。用罗宾逊教授的话来说，重罪谋杀罪是美国民众和法律人的共识，具有可罚的正当性。但是在弗莱彻看来，重罪谋杀罪明显违反了责任主义的刑法普遍原则。除了美国以外，没有任何国家的刑法典和刑事实践承认这种犯罪惩罚的正当性。当我们通过比较刑法的研究方法来考察这一犯罪的合理性时，直觉上（intuition）的确认和赞成，也就是人们的意识，就不仅不是正当性的基础，而且与刑法运作的基本理念相违背。无论这种实践及人们对其的看法已经持续多久。[2] 刑法的沟通超越国家疆域限制，由刑法理论、原则组成一个整体性不断指涉的系统，比较刑法学的兴起就是刑法沟通性的重要体现。正如齐白教授所言，20 世纪是国内教义刑法的世界，但 21 世纪是比较刑法的天下。[3] 全球化不仅具有描述性与历史性的面向（了解的内容），而且具有概念性的面向（了解的方法）。[4] 至

[1] See Graber, Christoph, and Gunther Teubner. "Art and Money: Constitutional Rights in the Private Sphere?' (1998)." *OJLS* 18：61. 应当说，只有当人权理论从第一代（注重个体自由与政治参与自由）和第二代（注重个体的经济自由与社会自由）演进到第三代（普遍人权，collective rights），我们才能够看到现代社会人权观念的结构基础。对人权理论演进过程的论述，可参见 Buergenthal, Thomas. "The normative and institutional evolution of international human rights." *Human Rights Quarterly* 19.4 (1997): 703-723。

[2] See Fletcher, George P. "The Nature and Function of Criminal Theory." *California Law Review* 88.3 (2000): 687-703. 不过作者也指出，有的时候，世界刑法的潮流也有可能是错误的，世界性的刑法变革并不一定就是刑法沟通的确实反映。作者以不能犯未遂（impossible attempts）与刑法处罚的"侵害原则"（principle of harm）来说明。

[3] 参见梁根林主编:《当代刑法思潮论坛：刑法教义与价值判断》，北京大学出版社 2016 年版，第 442 页。

[4] 参见［法］米歇尔·维沃尔卡:《社会学前沿九讲》，王鲲、黄君艳、章婵译，中国大百科全书出版社 2017 年版，第 46 页。

少对于卢曼的全球化的沟通“概念”而言，其是我们理解现代刑法变迁的一种重要理论工具。

从上述例证中我们看到，通过沟通概念刻画的刑法及其反映的法律现实不仅是高度选择的，而且与人的意识分离。因此，当个体“进入”系统之后，个体的形象就演变为系统的沟通，并且现代社会的功能分化造成了个体图像社会构建的多元特点，刑法系统投射的只是现代人的一面。

如前所述，人是系统语义构建表达的最终载体，刑法的社会构建最终也必须通过人的行为表达和反映出来。但是，作为刑法体系运作的基础成分，沟通并不是人的意识，我们通过行为概念所表达和反映出来的各种犯罪及其惩罚也并不是刑法通过自身构建的社会语义。总之，通过主体表达的刑法沟通都只是一种沟通图像的投射，而不是沟通本身。

进一步而言，沟通本身是系统意义的呈现，而系统的意义是在多种可能性中进行选择的状态，而意义在系统理论下并不是确定性，而是选择性与偶在性的表达。意义是通过不确定性得以确定的。对每一种经历来说，意义都为其提供了其他可能性的许多解释；因此，对系统来说，意义意味着某种可能性剩余，意味着冗余，意味着从某种经历出发选择可能性的多样性，又意味着返回或记起起点意义、将它作为其他选择再激活的可能性。[1] 因此，沟通的状态并不稳定。体系运作中的可能性与不稳定都无法通过刑法上的行为等概念全面反映出来，这也是为什么我们在运用刑法教义学上的概念分析社会现象时，并不一定能够对作为一种社会沟通的刑法体系的完整逻辑进行准确定位。刑法的沟通性与社会个体的分离造成了刑法理论无法完全涵盖所有的刑法系统特性，并反映系统沟通自我指涉的特点。易言之，通过个体行为概念阐释的刑法运作都只是对社会系统沟通不完整的刻画。

通过本部分的分析我们看到，系统论下的沟通与我们通常在交往活动中使用的沟通概念具有很大的差别，这种差别主要反映在系统沟通与个体意识分离的系统理论分析中。在上一部分中，我们通过对刑法解释的分析发现了

[1] 参见泰明瑞：《社会秩序是如何可能的：卢曼社会系统理论的解释》，载《社会理论学报》2014 年第 1 期。

处于系统结构中的刑法解释与文本的分离，并由此说明了刑法解释具有沟通性而非主体性的特点。而在本部分，我们继续将系统的沟通特性扩大到对刑法体系其他方面的分析中。

我们并不否认刑法系统沟通需要载体，我们也认识到无法通过直接观察的方式来找寻系统的沟通样态：沟通并不是一个可见的实体。通过个体承载的行为、刑法规范的文本、法院的刑事审判等，系统的构成被间接地呈现出来。但是，这些具有人本（humanistic）特性的活动与现象并不是刑法沟通本身，个体也不处于系统沟通运作的中心，只有沟通才能触发新的沟通。刑法作为社会构建的客观性存在于沟通之中。

三、刑法沟通与刑法的客观性

（一）大众惩罚直感（empirical desert）与系统沟通

刑法的运作关乎个体的安全：一方面，刑法的运作关乎社会大众的安全，人们希望生活在一个相对稳定，缺少暴力和侵害的社会中，人们也希望在这样的一个社会中人们之间的期待是可以相互照应的，不同的个体期待可以在法律的指引下获得共识和稳定。这是我们在上面一节刑法的规范性中论证的主要问题，刑法运作是为了保证社会大众的安全，这种安全又主要是一种对他人的期待和预测。另一方面，刑法的运作也关乎犯罪嫌疑人的安全，个体希望刑法是明确的、提前公布的等，人们在行动时不必担忧随时受到刑法的制裁。即使人们受到刑事活动的制裁，犯罪嫌疑人也希望能够在其合理的预期中得到公正的审判。刑法惩罚中的恣意性是现代刑法在自身运作的过程中应当努力避免的。一种可被预期的惩罚过程使得公民和犯罪嫌疑人都能从中获得安全感。刑法对个体安全的保护通常被描述为刑法的理性，或者说是刑事惩罚的合理性、谦抑性与刑事判断的客观性等。总之，我们希望社会构建的刑法体系，作为制度，能够防止人为的恣意。

吊诡的是，我们在追求刑法客观性时，却寄望于个体执法者的“正直”。我们希望法官能够秉公执法、警察能够善用裁量权，而这些目标的实现又不免与人体因素结合起来。总而言之，我们不仅希望刑法系统是客观公正的，也希望执法者能够抑制主观的冲动，以理性和中立的态度面对犯罪行为和犯罪嫌疑人。我们由此设置了一系列的规则、制度和组织，希望通过社会体系的构建来抑制或刺激个体的主观性，进而保障刑法运作的客观性。

通过上一部分的分析我们发现，如果真的存在刑法的客观性，那么这种客观性仅存在于系统对沟通的不断构建之中。意识在个体之间并不相同，人们的期待可能是千差万别的，人们对于事件的看法，或者更准确地说，现代社会的大众对什么是犯罪，以及犯罪在多大程度上应当受到惩罚的看法并不完全由个体意识决定。实证研究表明，对于不同行为的惩罚限度具有相似（甚至是并不一致的文化、价值）特点的社区中的个体抱有相似的观点，而这些对惩罚的观点是建立在刑法的认知基础上的。从人类智能的研究来看，我们有一种“直感”：虽然别人和我们在一些重要方面有差别，但仍然在某些深入的和重要的方面与我们“相同”。[1] 也就是说，原来应当成为解释对象的刑法规范及其惩罚强度，变为了解释社会大众对犯罪看法形成的最重要原因。[2] 在系统理论看来，并不是由个体或群体的价值取向和对犯罪的朴素观念决定了刑事惩罚的尺度，[3] 而是刑法系统通过沟通的不断自我指涉实现了对个体期待的稳定，进而构建或者修正了大众所谓的实证的惩罚观念（empirical desert）。[4]

人们对犯罪观念和对刑事惩罚的感受向来不是纯粹的心理构建。系统通

---

[1] 参见［美］侯世达:《哥德尔、艾舍尔、巴赫：集异璧之大成》，本书翻译组译，商务印书馆 1996 年版，第 494 页。

[2] See Robinson, Paul H. “Role of Moral Philosophers in the Competition between Deontological and Empirical Desert, The.” *Wm. & Mary L. Rev.* 48 (2006): 1831.

[3] 即使我们并不否认存在这样一种个体意识间所谓的“共识”，但是这种共识的范围和对刑法实际运作能够产生的有效影响仍然值得怀疑。因为现代刑法中包含了大量法定犯，而这些犯罪在一般的社会公众那里很难采集到实证的证据，来说明大众对惩罚限度感受的一致性。如果刑法的运作，以及通过这种运作体现的刑法的规范性仍然可能在这些犯罪的惩罚中得到展现，并由此得到大众的认同，此时我们就不能说是由大众的“实证的”（empirical）惩罚观念影响了刑法最终的惩罚效果和尺度，而恰恰相反，刑法运作体现的规范性构建了大众对某些犯罪的看法和对惩罚尺度的认知。

[4] See Robinson, Paul H., and John M. Darley. “Intuitions of justice: Implications for criminal law and justice policy.” *S. Cal. L. Rev.* 81 (2007): 1.

过沟通建立的系统结构和知识体系激扰和影响了个体对犯罪的认知和感受。通过刑法系统的不断运作，人们对犯罪惩罚范围和惩罚力度的观念不断形成、调整，人们对惩罚的期待和对安全的期待通过刑法系统的不断运作产生。刑法系统作为现代功能分化社会中的子系统，以抽象的沟通结构将人们的期待予以整合，并再次通过刑事制裁活动反映出来。

同样地，参与刑事活动的主体也是在与系统的沟通进行不断互动的过程中抑制、调整和产生对犯罪的看法和惩罚的观念。我们有时将这些观念性的生成称为“惩罚的文化”“控制的文化”，[1] 而这些具有意识指向的概念并不能很好地说明为什么在千差万别的刑事制裁活动的参与者中，在一定地区呈现出来的犯罪惩罚力度却又是大致能够保持一致的，也就是罗宾逊等人提到的公众的应得惩罚感（just desert）。[2] 在我们看来，并不是人们在交往中产生了对刑事惩罚界限的概念，而是刑法体系的沟通产生了具有连贯性和一致性的

---

[1] See Lynch, Mona. “The culture of control: Crime and social order in contemporary society.” *PoLAR: Political and Legal Anthropology Review* 25.2 (2002): 109-112. 卢曼对文化概念和现象也有研究。卢曼用区分的概念解释了作为社会子系统的文化的社会功能。在卢曼看来，文化不外乎社会的记忆（the memory of society），因此其也是一种意义筛选机制，在当下以未来时间维度筛选过去的事件（present future; future present）。社会文化的演化是将那些能接受连接可能性的潜在开放性加以启动的机器，同时也是潜在开放性的结果，而且显然地，演化是经由沟通命题的重复，由此产生新的形式，并被不断表达的期待。文化对于现代国家集体认同（collective identity）极为重要。作为现代社会和国家反思的、自我描述的概念，文化为社会的自我观察提供了新的可能。参见 Luhmann, Niklas. *Theory of society.* Vol. 1. Stanford University Press, 2012. pp.335, 176;［德］Georg Kneer, Armin Nassehi:《卢曼社会系统理论导引》，鲁贵显译，巨流图书公司 1998 年版，第 152 页。这种理解显然是对现象学中“生命历程”概念的借鉴，在现象学社会理论大师舒茨那里可以找到相似的表述：“每一个当下毋宁是包含着之前和之后，因为每一个生命流程之点都必然涵摄了过去与未来。首先这就是我们所说的体验之‘视域’，它包含指涉过去经验的持存，与指涉未来经验的前摄。还有完全不同质的体验也都是我的体验，而我的每一个体验都与已经过去的与即将到来的相互连接在一起，这是基于生命流程的本质而如此，体验以不断前进的方式被体验着，而对于体验的反省，其本质则在于把体验当作是被清楚区隔开来的，也就是‘有意义的’这个词所凸显的原初含义，但这并非要把之前和之后的时间视域给放弃掉。”参见［奥］阿尔弗雷德·舒茨:《社会世界的意义构成》，游淙祺译，商务印书馆 2012 年版，第 99 页。

[2] See Carlsmith, Kevin M., John M. Darley, and Paul H. Robinson. “Why do we punish? : Deterrence and just deserts as motives for punishment.” *Journal of personality and social psychology* 83.2 (2002): 284.

刑事惩罚认知结构。

（二）法官与系统沟通

个体对刑法系统的认知不仅发生在普通大众之中，也体现在法官等执法者的活动中。我们不否认作为个体的法官职业者具有观念上的差别，不同的法官由于个体经历的不一致，对待个别案件和个别犯罪人的态度并不一致。但是，法官的个体意识并不能够决定刑法的沟通过程，刑法的沟通过程仅仅通过法官的言说反映出来。

我们通常说法官的司法论证代表的只是法律的“客观目的”。不过这种说法并不能令人信服，我们在上文的分析中强调，文本与解释的区分是系统沟通修辞性的呈现，是化简复杂性，并增加系统处理信息能力的一种构建。文本自身不可能存在“目的性”，也就是说，刑法典自身也不代表任何目的。法官在刑事司法论证中呈现的客观性，并不是文本的客观性，而是沟通与个体意识分离的表现，是系统沟通与法官个体意识互为环境的激扰过程。“只有在承认了主观判断的有限性以后，作为媒介化的现实，客观事物才能呈现它的‘客观性’。”[1]法官的个体意识通过上述刑法的结构形成对案件的基本看法，但是这些看法仍然不是刑法的沟通。

这也是为什么我们需要强调刑事活动的司法性：法官、法学家等解释者在进行说理和判断时必须面对系统沟通的冗余，也就是系统通过不断呈现的案件处理过程所体现的结构。同时，刑法系统的运作少不了作为环境因素的个体意识的参与。通过这种参与，刑法的沟通能够以被个体理解的方式呈现出来。刑法的重要原则，例如罪刑法定原则、罪刑相适应原则，通过这种方式成为法官释法活动必须“遵守”的解释限制条件，从而也成为执法者刑法体系发生互动的先在条件。刑法系统的沟通冗余限制了个体参与刑事活动的机会、方式和程度，正是这种限制使得刑法作为社会的抽象系统保持了“客观性”，成为维护社会规范期待稳定的制度。

需要指出的是，我们在此对刑法体系沟通性的分析是一种理想型（ideal

---

[1] 孙歌：《在形而下层面结构原理》，载《读书》2017 年第 1 期。

type）的论证和分析。正如韦伯所言，每个理想型的建立都涉及最高限度的逻辑整合，这是以在意义层次上完全恰当的方式达成的。但是恰因为这个事实，发现一个真实现象与这些以理想的方式建立的纯粹的类型中的一个精确地对应，这种情况即使存在，也鲜有发生的可能。[1] 刑法系统沟通的产生取决于系统的历史和演化过程。刑法体系沟通的自我指涉并不是一蹴而就的。刑法体系的结构需要个体不断产生激扰，需要的是社会不断加深的功能分化以及由此产生的系统沟通的分化。只有如此，特定的刑法沟通才能在这种分化的过程中不断产生并自我复制，成为系统的沟通冗余。而这些稳定的系统结构为吸收环境的因素，不断对人们判断犯罪和规范期待稳定提供条件。

第五节　刑法沟通发生的中心：法院组织

在本章最后，我们还需要对刑法自我指涉的沟通结构发生的中心场域，也是刑事惩罚的中心场域：司法活动及其所依托的法院组织（organization）进行分析，从而说明刑法沟通不断延续需要一种社会组织结构承载。易言之，通过对法院组织的分析，我们将揭示现代社会功能分化条件的刑事活动的自我演化，及其对社会变迁的回应，都需要通过法院这种特定的组织结构来实现。

一、系统论下现代社会组织

（一）系统性的社会化与决策：现代社会中组织的形态

现代组织社会学大师斯科特认为，现代社会个体行动选择的空间受到很大限制。大多数行为，特别是组织中的行为，受到组织规章和惯例的控制，组织中成员的裁量空间也就受到很大制约。除此之外，组织的价值预设、认

[1] See Weber, Max. *Economy and society: An outline of interpretive sociology.* University of California Press, 1978. p.20.

知框架（cognitive frames）是促使行动者理性行动的重要因素。现代社会的个体是组织化的个体。[1] 系统理论具有相似的看法，但是对现代组织其也有特殊的界定，而这些界定成为我们理解法院及其对刑法体系沟通自我形成制度支撑的先决条件。

将法院定位为一种组织，首先需简要探讨何谓现代社会中的组织及其功能。在系统论看来，组织是一种特殊的社会化进程。随着现代社会分工细化，社会个体形成脱域（dis-embed），也就是与未分化的传统生活分离。[2] 组织的出现使具有"自发"意涵脱域过程被系统性社会角色和结构逐渐替代。我们可以以卢曼对现代社会教育组织的研究作为例证进行说明。

在卢曼看来，传统的社会化进程是自发的。人们在面对面的互动中（interaction）就产生包含了对生活中的危险、失望以及合适言行的信息及其规范意义。而具有系统构成意义的现代教育则不是依靠社会自发交往中产生的零星机遇（chance socializing）。[3] 社会化进程中系统内部 / 外部的区分具有了常规性。人们开始有意识地界定行为模式和目的，并且定义和评价达成一定社会化程度的条件（考试和学位的授予）。教育组织的诞生及其组织内部机构的设立和分化，是社会化过程走向系统性，脱离盲目与自发的例证。[4]

在目的性的社会化进程中，"角色"（roles）概念开始出现。[5] 组织诞生

---

[1] See Scott, W. Richard. *Institutions and organizations: Ideas, interests, and identities.* Sage Publications, 2013.

[2] See Giddens, Anthony. *The Consequences of Modernity.* John Wiley & Sons, 2013. 具体来说，所谓脱域，吉登斯指的是社会关系从彼此互动的地域性关联中，从通过对不确定的时间的无限穿越而被重构的关联中"脱离出来"。脱域机制有两种类型，一种是象征标志的产生，另一种是专家系统的建立。参见［英］吉登斯:《现代性的后果》，田禾译，译林出版社 2000 年版，第 18 页、第 21 页。

[3] 相似地，使用的暴力的机制甚至性的发生（sexuality）在现代社会都不再将期待的稳定寄托在不可控的机会上。See Luhmann, Niklas. *Theory of society.* Vol. 1. Stanford University Press, 2012. pp.295-296.

[4] See Luhmann, Niklas. *Social systems.* Stanford University Press, 1995. pp.205-206.

[5] 关于角色的生成与扮演角色个体的可替代性，可参见［德］弗里茨・B. 西蒙、C/O/N/E/C/T/A 作者组:《彻底的市场经济——系统管理基础》，张东辉、陈飞译，商务印书馆 2007 年版，第 47 页。对此，麦金泰尔有较为详细的论证，及其对现代社会中角色问题与自我形象演变之间关系的批判性考察。See MacIntyre, A. (2013). *After virtue.* A&C Black. pp.34-35.

了，并且持续地为社会结构的分化与角色的再生产提供动力机制。[1] 组织在一定意义上是现代的发明，是分化了的社会功能系统对个体实现控制的制度条件。[2] 法律系统在现代社会的功能分化以及作为系统组织的法院诞生，也是社会角色分工与促动个体社会化进程的典型例证。

在组织内部，具有系统性和目的性的社会化过程通过决策形成。卢曼将组织定义为在决策基础上构建起来的社会系统。组织由决策构成，并且不断根据其已存的决策产生新的决策。[3] 决策是一种特定的系统沟通。[4] 组织是为了实现理性决策，也就是系统内部针对每一个具体情境做出正确选择的最优化。[5] 根据系统理论对个体与社会分离的定位，决策不是由个体产生的，而是通过系统，也就是组织的沟通产生的。[6]

组织的理性化建立在决策对可能性进行沟通，或者说是对偶在性（contingency）进行沟通的基础上。这里出现了悖论：决策过程中存在的选择越多，决策的正当性越难以确立，正确决策的可能性就越低。能够做出明确选择的决策看起来又不像是做出了一种“选择”。[7]

为了避免，或者说隐藏这种悖论，必须不断做出决策。这就是作为沟通的组织的运作方式，也是作为组织的沟通没有产生断裂或者崩溃的原因。组织在决策运作（operation）的层面是封闭的，即使不做决策，这也是一种“决策”。组织通过“决策前提”（decision premises）稳定系统的期待结

[1] See Luhmann, Niklas. *Social systems.* Stanford University Press, 1995. p.206.

[2] 参见［德］卢曼：《社会之经济》，汤志杰、鲁贵显译注，台湾地区联经出版事业股份有限公司2009年版，第34页。

[3] See Seidl, David. “Luhmann’s theory of autopoietic social systems.” *Ludwig-Maximilians-Universität München-Munich School of Management* (2004). p.15.

[4] See Luhmann, Niklas. *Social systems.* Stanford University Press, 1995. p.295.

[5] See Luhmann, Niklas. *Social systems.* Stanford University Press, 1995. p.297. 卢曼认为，在现代社会，相比于私人生活，我们对社会理性的理解，以及对行动者理性的期待主要针对的是社会组织和职业。See Luhmann, Niklas. *Theory of society.* Vol. 1. Stanford University Press, 2012. p.111.

[6] See Seidl, David. “Luhmann’s theory of autopoietic social systems.” *Ludwig-Maximilians-Universität München-Munich School of Management* (2004). p.16.

[7] See Seidl, David. “Luhmann’s theory of autopoietic social systems.” *Ludwig-Maximilians-Universität München-Munich School of Management* (2004). p.16.

构，[1] 使得一些决策成为排除其他决策的系统结构条件。[2] 决策中的悖论被决策前提隐藏起来，选择的不确定性被吸收了。

（二）对不确定性的吸收（uncertainty absorption）

决策的延续是组织的自创生（autopoiesis），也就是隐藏决策悖论，从而形成组织运作上的封闭过程。每一个决策是前一个决策的产物，并且连接起未来的决策。卢曼以吸收不确定性描述组织决策自创生的社会功能。

做出决策需要信息。决策是从给定的信息中“推导”（inferred）出来的。不过，任何决策都是在一种信息不完全的情况下做出的，因此不确定性不会随着决策消除，而是被后续决策吸收了。由此我们也发现，决策在吸收不确定性的同时，为了实现延续，还必须创造不确定性。[3] 如前所述，由于组织能够不断地将决策转换成进一步决策的前提，组织因而能够在一个极度不确定的世界里，构建确定性。并且这种确定性只在组织内部运作的封闭上形成，也就是说，决策的确定性是由外部世界的不确定性支撑的。[4] 决策并没有展现组织运作中固有的（inherent）不确定性，而是对为什么进行这一选择而不是其他选择做出说明，所以决策的不确定性也可以说是一种隐形的，决策者自身，乃至组织沟通的参与者都无法看待决策，或者说组织自身所存有的，无法消除的不确定性，仅仅是通过决策机制隐藏着这种不确定性。后续的决策，在相同的组织沟通中，同样无法洞察这些不确定性。通过不断决策，先

---

[1] 对于系统的稳定而言，将期待的内容尽量用较为模糊的方式表达，例如通过设置一般性的原则与规范是一种降低系统 / 环境区分所带来的系统外部侵扰的方式。不过，系统运作中的不稳定因素只有一部分能够通过将期待以较为笼统和模糊的方式进行塑造得到消解，系统的稳定，特别是现代社会系统的稳定需要依靠系统中的组织沟通，也就是不断做出决策的机制来平衡。See Luhmann, Niklas. *Social systems.* Stanford University Press, 1995. p.308.

[2] See Seidl, David. “Luhmann’s theory of autopoietic social systems.” *Ludwig-Maximilians-Universität München-Munich School of Management* (2004). p.16.

[3] See Luhmann, Niklas. *Theory of society.* Vol. 2. Stanford University Press, 2012. p.143; Luhmann, Niklas. *Theory of society.* Vol. 1. Stanford University Press, 2012. p.72.

[4] 参见［德］尼克拉斯·卢曼：《社会的宗教》，周怡君、张存华、林敏雅译，商周出版社 2004 年版，第 281 页。

前的不确定性，或者说那个原初（first）决策的不确定性被吸收了。[1] 不确定性与决策的确定性是共生的。

即使不确定性始终存在，但是也不断得到隐藏，并且是组织生成的必要条件。从组织运作封闭的角度上来看，吸收沟通中产生的不确定性使我们不必在每一次交往中重新确立决策的前提，节约了交往的时间成本，简化了组织系统环境的复杂性。[2] 决策中不确定性的吸收也意味着在具体决策情境中，其他选择可能性的排除，由此对风险分担和责任确认具有识别效果。[3]

通过上述论证，我们能够区分一个决策的两种状态：决策与后续决策（subsequent）连接之前与之后的状态。在与后续决策连接之前，决策是一种虚拟的（virtual）状态，也就是说，决策在后续决策中还仅是一种期待（expectation），未被实现。只有后续的决策是根据前一决策做出时，我们才能够说决策被实现了。也就是说，决策是通过回溯，而不是当下（present）来定义的。[4] 系统论对组织及其决策过程运作的洞见在于发现了组织的演进并不是线性的，决策中的悖论并不可怕，因为决策的意义是不断通过回溯沟通的历史被塑造的。组织是一种决策的递归（recursive）现象。因此，决策前提在组织中的重要性凸显。

（三）决策前提

决策前提是那些定义当下具体决策情境（decision situation）的组织结构性条件。例如在我国法院组织运作中，审判委员会制度可以被看作一种重要的决策前提。[5] 当然，并不是所有影响决策的因素都是决策前提。从组织运

---

[1] See Seidl, David. "Luhmann's theory of autopoietic social systems." *Ludwig-Maximilians-Universität München-Munich School of Management* (2004). p.17.

[2] See Luhman, Niklas. "Introduction to systems theory." *Cambribge, United Kingdom: Polity* (2012). pp.224-225.

[3] See Luhmann, Niklas. *Theory of society.* Vol. 2. Stanford University Press, 2012. pp.147-148.

[4] See Seidl, David. "Luhmann's theory of autopoietic social systems." *Ludwig-Maximilians-Universität München-Munich School of Management* (2004). p.17.

[5] 参见王伦刚、刘思达：《基层法院审判委员会压力案件的实证研究》，载《法学研究》2017 年第 1 期。

作上的封闭和不断回溯特征上看，决策前提也是一种决策。作为组织结构的决策前提并不是一些定在的事物，而是流变的。更为重要的是，结构的存在也仅在沟通中，在组织的演进中体现出来。我们也可以说，对不确定性的吸收通过将先前的决策作为决策前提实现。[1]

决策前提具有同时创造和限制决策情境的功能。决策前提首先创造了当下决策的情境。没有决策前提，也就没有做出决策的机会。同时，决策前提也通过制造一种具体的决策情境，产生一种给定的状态，来限制决策情境的范围。如果我们将一种特定的决策情境定义为 A 与 B 之间的选择，而不是 X 与 Y 之间的选择，或者说在组织中某人只需同 XYZ 而不是 UVW 打交道，[2] 这也就限制了组织决策使用的信息。[3]

决策前提与决策呈现递归状态。不仅决策成为后续决策的前提，而且后续决策也会型构决策前提，从而也在一定程度上影响对其他决策的定义。例如在法律适用中，对一个案件的裁判不仅会对一般刑法规范的意涵产生影响，也会对未来发生的案件产生指导价值。我们也可以说，组织中决策产生的效果是一种可预期的（anticipated）、一般化的（generalized）不确定性吸收。[4] 而这种效果便是组织决策的形式。卢曼将决策前提，也就是对组织未来产生深远影响的组织结构分成了三种类型：纲要（program）、沟通途径（communication channels）以及人事（personnel）。我们在前文中已经对纲要有所阐释，这里主要对后两种决策前提进行论证。

1. 人事

人事决策针对组织人员的招募和管理。人事（personnel）这种决策前提使得组织中的行动者受到精确的规制。换句话说，在现代社会组织中，个体

---

[1] See Seidl, David. "Luhmann's theory of autopoietic social systems." *Ludwig-Maximilians-Universität München-Munich School of Management* (2004). p.18.

[2] 参见［德］弗里茨·B. 西蒙、C/O/N/E/C/T/A 作者组:《彻底的市场经济——系统管理基础》，张东辉、陈飞译，商务印书馆 2007 年版，第 48 页。

[3] See Seidl, David. "Luhmann's theory of autopoietic social systems." *Ludwig-Maximilians-Universität München-Munich School of Management* (2004). p.18.

[4] See Seidl, David. "Luhmann's theory of autopoietic social systems." *Ludwig-Maximilians-Universität München-Munich School of Management* (2004). p.18.

的其他社会角色被排除，系统沟通的自我指涉通过组织人事结构得到加强。[1]人事，或者说组织成员权（membership）的认定、剥夺和改变，也被系统理论称为系统沟通的社会维度（social dimension），也就是区分与整合不同个体。[2]系统沟通的界限可以通过对组织参与者进入条件的规制予以划定，例如在阶层社会通过社会阶级（stratification）的界定规范特定系统沟通的参与范围以及参与者能力的构成条件。在相当长的一段时间中，组织的社会维度通过垂直关系展现。这与阶层社会的结构相连。这种基于等级的成员评价并没有随着阶层社会解体而全部消失。

即使在法院这样的现代组织中，基于垂直关系的人员等级划分依然存在。但是其评判的标准已被一种新的支配取代。在现代社会，那些通常被称为“正式组织”（formal organization）的机构往往仅通过社会角色（例如受教育的程度）界定组织成员。组织的现代生成填补了阶层社会之后传统社会权威（authority）衰落留下的空白。[3]卢曼特别注意到，现代社会中经济、法律与教育系统的功能分化造就了个体发展与职业规范的形成与完善。没有上述社会子系统对个体系统性的“社会化”的塑造，职业招聘规则就难以稳定、有效与正当。[4]上述子系统对现代社会职业的塑造溢出了其自身所属的系统沟通，成为构建其他社会正式组织“人事”决策前提的“前提”。[5]

但是，成员的界定并不完全通过组织的正式结构产生。将成员“从事职务

---

[1] See Luhmann, Niklas. *Theory of society.* Vol. 1. Stanford University Press, 2012. p.75.

[2] 成员权在各个社会功能系统中的确立也在一定程度上将个体责任特定化，也就是使个体在组织中的任务和责任与其他社会子系统中个体的组织责任进行区分。See Luhmann, Niklas. *Theory of society.* Vol. 1. Stanford University Press, 2012. p.75. 在哈贝马斯看来，组织的成员权与生活世界的沟通性构成的关系相分析，与具体的价值取向，与被置于组织环境中的个体的行为倾向分离。See Habermas, Jürgen. *The theory of communicative action.* Vol. 2. Beacon press, 1984. p.172.

[3] See Luhmann, Niklas. *Theory of society.* Vol. 2. Stanford University Press, 2012. p.147. 权威也具有吸收沟通中不确定性的功能。See Luhman, Niklas. “Introduction to systems theory.” *Cambribge, United Kingdom: Polity* (2012). pp.224-225.

[4] 从系统理论的角度来看，美国联邦法院布朗一案论证的前提便是教育系统在现代社会中的重要性较以往（美国内战后期）显著提升。See *Brown v. Board of Education of Topeka*, 347 U.S. 483, 493 (1954).

[5] See Luhmann, Niklas. *Theory of society.* Vol. 2. Stanford University Press, 2012. p.142.

时”所有的行为都变成有关决策前提的形式是做不到的。在决策基础上系统形成的运作封闭，不意味着组织中不存在其他的“沟通”。[1]组织中存在非正式的系统型构（informal system formation）。[2]组织成员在完成组织活动的同时都想“谈点别的”：车子、房子、孩子，以及对待上司和同事的（私下）看法等。这些“别的”信息与交谈并不会改变正式组织沟通边界。也就是说，不会改变组织的决策前提，但是非正式结构与谈话的存在能够帮助组织成员产生工作的动力。这是正式的组织结构在人员管理上无法实现的。[3]在人事这一决策前提的构建中，正式与非正式的结构总是兼而有之，但不会形成无法分离和交织的情况。也正是由于组织者决策规则的存在，非正式的沟通、交谈和气氛才会形成。[4]维持一种既严谨又轻松的工作环境，能够增进而非阻碍系统的自创生。

2. 沟通途径与决策前提的整合

沟通途径（communication channels）关注的是组织的组织（organization of the organization）。通常在一个组织内，不是所有的人都可以随时随地与其他组织人员沟通，组织的沟通被限制在一定的渠道中。典型的例证是组织内部的垂直结构（hierarchical structure）。[5]垂直领导使得决策形式上的可决策性（formal decidability）增强。[6]正如卢曼所言，因为垂直的整合能提供组织可能性，降低决策的不确定性。[7]也正如贝特森（Gregory Bateson）所言，在广义的执法机构中，“越级”对于组织的沟通非常不利，反言之，垂直领导是组织沟通的形式保障。[8]

---

[1] 同样地，也不是所有的社会演进阶段都需要，以及存在组织这种结构。See Luhmann, Niklas. *Social systems.* Stanford University Press, 1995. p.600.

[2] See Luhmann, Niklas. *Social systems.* Stanford University Press, 1995. pp.540-541.

[3] See Luhmann, Niklas. *Social systems.* Stanford University Press, 1995. p.543.

[4] See Luhmann, Niklas. *Social systems.* Stanford University Press, 1995. p.338.

[5] See Seidl, David. “Luhmann’s theory of autopoietic social systems.” *Ludwig-Maximilians-Universität München-Munich School of Management* (2004). p.19.

[6] See Luhmann, Niklas. *Theory of society.* Vol. 2. Stanford University Press, 2012. p.146.

[7] 参见［德］尼克拉斯·卢曼：《社会的宗教》，周怡君、张存华、林敏雅译，商周出版社 2004 年版，第 281 页。

[8] See Bateson, Gregory. *Mind and nature: A necessary unity.* New York: Dutton, 1979. p.186.

法院组织不仅具有垂直领导的结构，也具有横向的沟通途径。在司法审判中，法院的沟通过程主要是通过水平（庭审）结构展开的，而在法院组织内部的管理上，垂直与水平结构兼而有之。具体的决策情境决定于案件数量、人员配置以及司法在特定社会中的功能、地位与影响等因素。对于刑事审判而言，上述影响具体决策情境的因素对犯罪嫌疑人认罪（或申诉无罪）的效果起到关键作用。[1] 组织中的三种决策前提不但产生了对组织决策进行独立控制的效果，而且对具体的组织决策产生整合的效果，三种决策前提常常共同发生作用。

决策前提共同发生作用，通过组织中的“职位”（position）体现出来。通过职位，三种决策前提在特定的情形中结合：每一个职位执行特定的纲要、由特定的人员操作并且嵌入具体的沟通途径中。[2] 例如法官就是法院组织中的职位，法官决定了特定案件需要适用的法律规范，裁判由具有法官资格的人做出，并且由法院之间的层级关系决定具体决策的产生流程。

“职位”也可被理解为组织运作程序中的定位。例如刑事司法的程序规则并不直接呈现，而是通过程序参与者的定位以“沟通”连接普遍的规则与具体的案件处理。参与者在程序中的定位对后续司法产生影响，各种定位之间也并不是固定和静态的关系，而是变动的。也正是由于程序与定位的互动，存在于环境中的事件、证据、利益冲突才有可能被不断整合进司法过程；同时，通过组织中的定位，普遍的规则形成动态机制，不断衍生出各种法律的沟通。[3]

---

[1] 参见 Bibas, Stephanos. *The machinery of criminal justice.* Oxford University Press, 2012，特别是第三章。对我国法院而言，众多案件数量与法官数量是影响裁判效果（同案甚至无法在同一法院中做到同判）的关键性因素之一。因此，完全取消科层制（也就是司法改革中“去行政化”的主要对象），对我国法院正常运转将会带来极大风险，也会加剧当事人对司法公平正义（平等处理相似案件）的怀疑。

[2] See Seidl, David. “Luhmann’s theory of autopoietic social systems.” *Ludwig-Maximilians-Universität München-Munich School of Management* (2004). p.19.

[3] See Scheffer, Thomas, Kati Hannken-Illjes, and Alexander Kozin. *Criminal defence and procedure: Comparative ethnographies in the United Kingdom, Germany, and the United States.* Springer, 2010. pp.16-17.

在卢曼后期作品中增添了一种决策前提：组织文化（organizational culture）。从系统论的角度来看，文化这一概念与组织和意义赋予有关。可以把文化理解为相互交织的可以理解的符号系统，这些系统为社会实践、行为方式或过程提供了一种解释范围。[1] 这一决策前提的内涵与外延并不像前述三种决策前提那么清晰。它并没有在组织中被明确，而是决策过程的附随产物（by-product），类似组织的亚文化（sub-culture）。例如，美国的法官在宪法上并无规定必须经过法学院的教育，也并无要求须经各州法律协会认证。但是这些规定已经成为组织的亚文化，构成了组织决策的前提。

（四）组织的双重封闭及其悖论

通过决策前提的构建，现代社会的组织形成了所谓双重封闭（double closure）：在运作上（operational）以及在其结构上（structural）的闭合。第一种封闭是指组织不断通过决策延续，而且仅通过决策不断构建自身。组织外部的运作不能进入决策网络，决策也无法溢出组织的沟通。换句话说，在其运作的基础上，组织与其环境不产生交流（contact）。因此，组织内部个体，在运作闭合的角度上来看是处在“无知”和“盲目”的状态。组织的自我指涉在决策基础上建立起来。[2]

组织决策运作上的这种“盲目性”通过组织的结构（如决策前提）得到弥补。这些决策前提决定了具体决策的样态。因此，决策前提成为组织运作再生产的动力机制。在这个意义上，决策前提替代环境，成为组织对外部信息吸收和运作的通道。不过正如前述，决策前提也只存在于决策网络中，其不与环境产生直接沟通。决策前提不是从组织外部诞生的，这也就产生了组织的第二重封闭。

---

[1] 参见［德］弗里茨·B. 西蒙、C/O/N/E/C/T/A 作者组：《彻底的市场经济——系统管理基础》，张东辉、陈飞译，商务印书馆 2007 年版，第 112 页。See also Geertz, Clifford. “Thick description: Toward an interpretive theory of culture.” *Readings in the philosophy of social science* (1994): 213-231.

[2] See Seidl, David. “Luhmann’s theory of autopoietic social systems.” *Ludwig-Maximilians-Universität München-Munich School of Management* (2004). p.19.

组织的双重封闭具有两层意涵。一方面，组织是自治的：组织自身决定组织的运作与结构，组织必须有自我决定的能力；另一方面，双重封闭也意味着这种组织的自我控制是一种“困境”，组织被自身的决策所束缚（binding），再也无法超然于自身的命运。[1]

因此，运作和结构上的双重封闭造就了组织的悖论。如前所述，只有那些无法决策的事项才是真正的“决策”。换句话说，在具体的决策情境中，所有的备选项都具有相同的可能性，没有“更好的”选项，如果决策的备选项具有不同的价值、属性等，决策过程也就名不副实了，决策情境成为一种“被决定”的状态。不过，也正是由于真正的决策是“难以决策的”，所以在系统论组织学的核心中，决策的不可决策性这一悖论被揭示。[2]

在真实的决策状态中，为了防止出现上述悖论，必须构建出一种（或者多种）解除悖论（de-paradoxition）的机制，悖论必须被放置在“别处”。各种组织规则构建使得组织决策能够延续。如果不断追溯这些规则，我们最终将发现一种元规则（meta-rule）及其所表征的组织悖论属性。组织就是这种通过不断构建组织规则、决策前提和决策情境的“解悖论”运作。[3]

---

[1] See Seidl, David. “Luhmann’s theory of autopoietic social systems.” *Ludwig-Maximilians-Universität München-Munich School of Management* (2004). p.20. 当然，这里的束缚并不意味着与组织产生互动的行动者不再具有选择可能，而是说通过决策的不断自我指涉，组织形成了“程序性的历史”（procedural past），从而使得系统沟通面临的选择复杂性降低。See Scheffer, Thomas, Kati Hannken-Illjes, and Alexander Kozin. *Criminal defence and procedure: Comparative ethnographies in the United Kingdom, Germany, and the United States.* Springer, 2010. p.52. 在一个系统渗透（interpenetrate）其他系统时，所有参与相互渗透的系统都会“束缚”自己的时间，将过去和未来的当下性在当下同现。参见泰明瑞：《社会秩序是如何可能的：卢曼社会系统理论的解释》，载《社会理论学报》2014 年第 1 期。

[2] See Seidl, David. “Luhmann’s theory of autopoietic social systems.” *Ludwig-Maximilians-Universität München-Munich School of Management* (2004). p.20.

[3] See Seidl, David. “Luhmann’s theory of autopoietic social systems.” *Ludwig-Maximilians-Universität München-Munich School of Management* (2004). pp.20-21.

二、法院及其决策：司法过程与刑法体系沟通的组织特性

（一）法院组织与法官责任：禁止拒绝裁判

在法院组织中，解除决策悖论的过程通过构建系统运作上的“禁止拒绝裁判”原则以及结构上支撑这一原则的各种组织决策前提展开。从系统论组织学的视角来看，世界并不提供任何关于逻辑性的秩序和推导一致性的保障。禁止拒绝裁判司法原则并不是从法律规范所具有的逻辑束缚力中推导出来的。因为从法律解释中，法官总能发现规范中的漏洞，从而拒绝裁判。因此，必须有一种制度供给协助法律系统具有一种一般性的能力不断地做出决定。[1]法院就是法律系统沟通中构建出来的一种法官必须不断进行裁判，从而维持规范与事实互动关系的组织结构。

正如学者所言，法院不得以事实不清或者法律不足为由拒绝裁判案件。从这一原则出发，可以帮助我们深刻理解法院作为决策组织的属性，同时也有助于认清法院在现代法律生产诸领域中的龙头地位。卢曼认为，现代法律的生产方式有三种：立法、司法与订立契约。在现代法律生产各种领域中，立法可以搁置立法提案，合同可以终止，只有法院在面对案件时不得消极不作为，而必须一鼓作气地对诉讼两造作出裁判。正是因为法院都是在时间限制、信息不完全的情况下需要决策，甚至这意味着在无法做出决策的情况下决策。[2]因此，进入法律系统运作通过一种组织程序，也就是法院的程序展开，并且通过职业化的法律意见和活动有效地运行。[3]

首先，将法律适用的重心定位在法院组织上意味着作为组织成员的法官不能懈怠，也就是法官必须不断决策。通过监督，通过同事间的默契合作（collegiality），法官努力完成组织的期待。波斯纳法官也谈到，作为组织的法院在运行中，同事间良好，或者说至少平等与和平的关系对于案件审理的效率，以及判决的可预期、一致性与延续性都有重要的影响，这也

---

[1] See Luhmann, Niklas. *Law as a social system.* Oxford University Press, 2004. p.286.

[2] 参见宾凯：《从决策的观点看司法裁判活动》，载《清华法学》2011 年第 6 期。

[3] See Luhmann, Niklas. *Law as a social system.* Oxford University Press, 2004. p.289.

是司法“工匠”(judicial workmanship)形成的关键要素，更是“有原则的”(principled)法律解释诞生的个人禀赋基础。[1]而这些法院职业素质的培养不仅需要现代社会法律教育系统的支撑，更需要法院组织内部决策前提的展开与整合。

其次，将法院看成一种组织，也意味着组织决策中的“错误”，或者说法律程序中的问题，必须被解读为一种“司法”(judicial)意义上的错误。参与诉讼的人员可以通过上诉程序对司法决策进行质疑和辩论，不过上诉的理由必须被限定在法规范允许的范围内，而且对提起诉讼的人员资格和能力设定了决策前提：不仅需要当事人提起，而且律师（组织中的职业人）也成为必不可少的结构性条件。没有律师协助当事人提出具有“法律意义”的上诉和申诉理由，法院组织的沟通和决策循环就无法展开。正如卢曼所言，上诉程序可以创造新的不确定性，但是选择的余地已经大大缩减了。[2]法律职业化及其保障，从法院组织的自创生及其决策前提设置上体现出来。

最后，组织中有不同的职位（positions）、薪酬，从而也就形成了不同的职业生涯（career）。每一种职业生涯都依赖特定决策做出的时间和地点，每一次有关组织内部生涯都牵涉不同职业生涯（决策）之间的互动。例如我国法院中的“竞争上岗（员额）”机制。这些决策形成了组织内部职业生涯与个体法官行动策略的紧密结合，引起了法官工作与追求升迁的动力机制。

组织对法律运作，也就是案件裁判后果的重要性在于审判通过组织内部决策前提进行评价，法官的薪水和待遇在绝大多数情况下不会，也不应受到系统外部因素（如媒体报道）的影响。[3]在有关决策后果的评价体系中，法官不能对决策后果承担超越组织决策前提以外的责任，那些系统外部的不确定性，通过组织决策前提的结构被“隐藏”，法官的行动不可能对系统外部的

---

[1] See Domnarski, William. *Richard Posner.* Oxford University Press, 2016. pp.127-128.

[2] 转引自季卫东：《法治秩序的建构》（增补版），商务印书馆 2014 年版，第 18 页。

[3] 法官对媒体发表的言论、媒体的案件报道都不是根据法院决策前提做出的，因此不仅应当受到限制，也应当与法院决策的自我指涉区分开来。See Nobles, Richard, and David Schiff. *Observing law through systems theory.* Bloomsbury Publishing, 2012. p.99.

未知承担责任。也正是由于对裁判结果外部责任的免除，其他的一些原则，如法律面前的平等，才是有意义的。[1] 组织的双重封闭决定了法官承担责任的类型和实现机制。[2]

（二）法院组织决策的自我指涉及其条件：职业分工与庭审实质化

系统理论通过构建作为组织的法院和以法官职业为依托的司法活动，意在说明法律决策是如何确定和限定范围的。卢曼发现，作为组织的法院通过结合决策的独立性原则、对法律文本的依赖、禁止拒绝裁判原则以及责任的内部化等结构上的决策前提，来保证决策在运作上的自我指涉。由于地域和时间差异，法院决策前提并非一致。这也使得法官对组织的忠诚度以及法律职业的社会团结（solidarity）形成区隔。[3] 除了法官，构成法院决策前提的还有律师、检察官等法律职业共同体，职业间的分工与合作进一步加强了法院组织“禁止拒绝裁判”目标的实现，法官的职业保障也依赖于法律职业分化的展开。

组织内部的职业分工使得法律共同体形成，律师、法官等人员之间能够保持友好的关系与交往，即使双方代理同一案件，代表不同的当事人利益，这并不影响一种基于组织决策和司法过程产生的共识基础和对话平台的稳定和持续。

第一，法律共同体对法律纠纷展开一种形式化决策的运作，也就是说，律师与法官都通过法院组织构成的决策前提形成对具体案件的决策情景；第二，职业与组织在法律系统中的分出和界定使得真正意义上的价值和利益冲突得以在一定程度上避免。[4] 法院组织和法律职业对作为自创生的法律系统的构建与延续起着基础性的作用，其不仅对法院系统内部的沟通具有缓解法官决策压力，特别是承担外部环境造成的社会压力这一功能，而且法律职业的分工以及法院司法程序，特别是庭审中心主义的构建，使得法律决策的风

---

[1] 参见［德］卢曼:《法社会学》，宾凯、赵春燕译，上海人民出版社 2013 年版，第 282 页。

[2] See Luhmann, Niklas. *Law as a social system.* Oxford University Press, 2004. pp.298-299.

[3] See Luhmann, Niklas. *Law as a social system.* Oxford University Press, 2004. pp.299-300.

[4] See Luhmann, Niklas. *Law as a social system.* Oxford University Press, 2004. pp.300-301.

险，也就是决策的“不可决策性”得到隐藏，司法裁判的可接受度通过系统自我指涉形成的系统决策前提得到评判。

法院庭审实质化还具有连接社会面对面互动，建立一种非在场互动语境的效果。[1] 法院组织将庭审的互动与抽象的规范连接，从而使得庭审不仅对当下案件的裁判具有意义，也成为法规范“客观目的”的一部分，从而递归式地连接了系统的过去与未来。法规范通过组织决策的自创生产生了更丰富的内在意涵，具备了适用不同案件的复杂性，使得规范的“漏洞”越来越少，“禁止拒绝裁判”越发可能。

要达成上述组织决策的自创生（即使遇到所谓的疑难案件），从系统论来看，需要法院组织，或者说法律职业的分化（differentiation）。我国法院在绝对数量上已经具备不小的规模，在内部的组织管理上也形成了较为完整和有效的垂直监督乃至管理。但是在水平维度上的司法分工、职业分化以及庭审实质化仍远远不够。无论是律师的绝对数量，还是其在人口中的占比，都无法为司法裁判的运作封闭和风险控制提供有效支撑。学者的研究表明，即使不存在上下级法院的领导与被领导，美国各州乃至英美普通法领域的侵权规则的司法适用呈现统一性，一种“无形的手”对司法规则的统一起到的作用，表面上看是“遵循先例”的原则控制了司法规则的统一适用，从深层原因来看，则是律师团体的教育、执业的自由流动和利益需求使各地司法规则呈现出惊人的统一。[2] 因此，对法官决策责任的重新界定，以及对干预司法现象的遏制都不仅涉及一种法院内部职权与人事关系的调整，还与法律职业分工以及庭审实质化有关。

（三）作为系统中的法院及其决策逻辑

通过上述论证我们发现，组织的自我指涉，具体来说，也就是法律职业群体的分工、组织角色的安排、诉讼参与过程的实质化等作为组织的决策前提，为司法裁判最终实现逻辑自洽提供了制度条件。通过法院组织在人员与

---

[1] 参见［德］卢曼：《法社会学》，宾凯、赵春燕译，上海人民出版社 2013 年版，第 376—377 页。

[2] See Shapiro, Martin. “Toward a Theory of ‘Stare Decisis’.” *The Journal of Legal Studies* 1.1 (1972): 131.

程序上的分配，系统外部的干扰和“对抗”减弱了。当然，这并非排除，而事实上激发了对那些法律规范本身的不满溢出司法过程，通过政治系统的立法程序寻求救济。作为法院形成的决策自创生并不意味着穷尽了基于合法/非法二元符码（binary code）的法律沟通，而是给系统内部的再次分化提供了条件。[1] 从而也提供了功能上区分的社会子系统，特别是法律与政治系统互动与耦合（coupling）的稳定。

系统间的耦合现象涉及系统理论中对法律系统的中心与边缘（center/periphery）。在卢曼看来，只有法院才能对法律行动者产生纳入与排除（inclusion/exclusion）的效果，[2] 也就是对法律职业主体资格与能力的认可、否定以及划分，从而也就明晰了法官“禁止决策裁判”的司法原则。并且法官的这一司法责任变得特定起来，别的诉讼参与者以及其他法律系统沟通的参与者不再享有，也不再承担这一权力和责任。围绕法官这一角色产生了一系列的规范解释方法论。法院成为法律系统的中心。

而处在法律系统边缘地带的沟通包括“私人法律活动”，例如合同的订立与立法活动。中心与边缘的区分标准在于是否在系统的运作上必须对事件产生法律的适用，也就是一种运作类型是否承受系统的不确定性。简言之，也就是运作上是否在系统自创生过程中是强制的（compulsory）。显然，合同并非必须订立，同时也无法要求所有立法草案必须通过。尤其是立法过程中的这种自由使得其更容易分辨和筛选特定的社会利益。立法过程从而成为法律系统与政治等社会功能子系统耦合与互动的合适场域。与立法和合同订立相比，作为组织的法院在运转上具有更为自我隔离（self-isolation）的认知，其具有韦伯意义上强烈的形式理性特征。从而不再体现出社会利益与价值的实质衡量。通过决策前提的构建与完善，法律系统中发生的大量沟通只有很小的一部分案件会进入法院，特别是实质的庭审过程。[3] 法院一方面在立案上对当事人和律师而言具有高度的自由；另一方面在司法过程中对可裁判

[1] See Luhmann, Niklas. *Law as a social system.* Oxford University Press, 2004. p.158.

[2] 参见刘涛:《纳入与排除：卢曼系统理论的第三演进阶段？》，载《社会学评论》2016 年第 1 期。

[3] See Skolnick, Jerome H. *Justice without trial: Law enforcement in democratic society.* Quid pro books, 2011.

（judiciable）案件进行基于决策前提的不断筛选。[1] 因此一旦案件进入组织沟通过程，决策就必须做出，无论案件所牵涉的复杂性如何。[2]

本章总结

我们在本章中详细分析了刑法体系的自我指涉。从刑法实证性，到刑法的规范性，再到刑法的沟通性，最后到自我指涉发生的中心场域法院，我们完成了对刑法系统如何产生自我指涉的考察。自我指涉是作为现代刑法运作封闭的基础性条件，也是我们观察现代刑法与社会关系的切入点。

法治意味着通过法律决定社会事项，将社会现象、行为纳入法律的管辖中。自我指涉意味着社会的面貌在系统中展现出来，事物原先并不存有的属

---

[1] 有学者将我国司法中的立案，特别是行政案件的立案问题当作一种“立案政治学”去对待。这在一定程度上具有合理性。在过去，基于地方性政治治理、避免更多社会矛盾出现，法院往往在是否立案上受地方政府意见的影响。参见应星：《“气”与抗争政治——当代中国乡村社会稳定问题研究》，社会科学文献出版社 2016 年版，第 188 页以下。但是近年来的司法改革，特别是人财物统一管理、立案改革与最高人民法院巡回法庭制度的建立，使得“立案难”问题得到很大程度的化解。不过，由于案件依然可能牵涉敏感的社会利益，法院以及司法过程是否能够承担起那些“疑难案件”的实质裁判责任，我们还需要继续观察。正如苏力所言，转型中国司法面对的个案纠纷不仅是矫正正义问题，而且可能是分配正义（因此也就不适合通过法律系统重构分配规则）。参见苏力：《司法改革的知识需求——波斯纳〈各行其是〉中文版译序》，载《法治现代化研究》2017 年第 1 期。

总体的体制改革与司法改革正朝着突出法院作为社会纠纷主要解决场域的方向迈进，政治上是否能够持续给予法院足够的制度支撑，总体性政治结构在多大程度上需要司法功能的分出，都将影响司法社会功能的发挥。从系统理论的角度来看，这是社会功能分化过程中政治功能与司法功能逐步分离，但又始终存在互动的表现。将社会系统的沟通放到组织决策及其决策前提的视角下进行分析，还可以对法院决策中如何把握系统间的区分，也就是识别沟通的系统属性具有启发意义。在判断进入司法案件的系统归属时，相关事件的决策过程及其决策前提（例如某种行为行政活动还是学术活动）能够帮助司法机关确立判断的标准，从而也就使得法律在观察其他社会系统的同时，并不会直接介入或直接产生硬性的规制效果。这对于确立刑法的谦抑性具有积极影响。具体可参见 Baghai, Katayoun. *Social Systems Theory and Judicial Review: Taking Jurisprudence Seriously.* Ashgate Publishing, Ltd., 2015。这里需要注意的是一种组织（如大学）能够产生多种系统沟通（既有行政活动，也有学术研究），辨别具体决策情境中的沟通符码成为关键。

[2] See Luhmann, Niklas. *Law as a social system.* Oxford University Press, 2004. p.154.

性和特点通过不同社会子系统的不断自我指涉产生了不同的面相和理性。而现代社会的演进之所以需要系统的自我指涉，便在于卢曼指出的人与社会分离的特点。社会系统的构建永远少不了个体的参与，但是现代社会的高度复杂性和分化特点使得社会的构建与个体意识的分离成为可能。如果我们将刑法作为一种涂尔干称为“社会事实”的对象去研究，那么上述系统理论的展开则为刑法的社会研究提供了可供取用的理论智识。

我们在本章中通过考察现代刑法通过实证性实现的过程、刑法规范性的期待结构、刑法沟通性的展开方式以及作为刑法自我指涉的运作组织的法院，论证了通过系统理论从外部观察刑法运作自我指涉的可能性及其演化进路。系统理论从来不曾否认作为社会系统的一部分，作为社会沟通的一部分，刑法的运作也具有一般社会运作的特点。刑法的外部因素，也就是刑法的环境因素都会影响刑法的运作本身。这也是一般法与社会理论研究刑法过程的方式。

但是，这种直接从外部环境切入研究法律现象的视角在卢曼看来无疑会削弱法律自身的构建意义，也会使得法律现象消逝在社会其他现象中。[1] 正是在卢曼的启发下，我们对刑法进行的系统理论考察首先关注的是刑法自身运作。相较于传统的法社会学研究模式，我们的分析进路与法律实证主义和法学理论正统的研究模式更接近。

通过分析我们相信，刑法自身构建的理性并非可以通过外部理性予以解构，也并非如法律实证主义或批判主义法学所言是个体意识、社会偏见或价值观念的反映。我们在本章中探讨了诸如罪刑法定原则、法益概念等刑法教义学研究中经常涉及的问题。虽然我们高度重视法学理论规范分析的价值，但是我们并没有完全按照法学理论的进路去分析具体刑法学说和解释方法的适恰。通过一种观察方法上的创新，我们希望能够挖掘刑法自身论证展开的社会意涵。通过本章的分析我们发现，法律实证主义希望证明的现代法律的独立价值能够通过系统理论被更为清晰地洞察。刑法运作过程中的自治、客

[1] 参见 Luhmann, Niklas, and Martin Albrow. *A sociological theory of law.* Routledge, 2013，第一章对传统法律社会学的批判。

观与中立，通过刑法处理犯罪和惩罚个体的社会功能和社会价值也在我们的分析过程中得以展现。

同时，我们在本章的论证中使用了沟通、规范期待等在法学研究中较少使用的概念。这么做的原因在于，我们尝试将社会理论的外部描述与法律运作的自我描述结合起来，并通过这些概念对在刑法活动外部观察者看来较为复杂的刑法教义学进行外部解读，从而发现刑法体系的自我指涉何以产生，以及这种看似将犯罪惩罚问题复杂化的系统内部沟通所具有的简化环境复杂性的作用。

最后要指出的是，我们在本章的论证对于系统理论自我指涉概念的运用是有选择性的，我们并未将自我指涉概念的全部维度展现出来，这与我们研究的主旨有关。本章的论证为我们进入后续章节的论证奠定了基础，也解决了如何通过外部视角观察发现刑法活动内部逻辑。以“社会理论”视角观察刑法是本研究贯彻的路径，而“法律与社会”（law and society）研究中将法律与社会分离的认知在我们看来是理论上的误区。本书对“刑法与社会”关系的论纲的分析正是希望揭示这种传统法律社会研究上的误区，并试图把法学理论研究的成果带入法与社会研究的框架中。因此，本章内容看似关注的是刑法自身，实则是对刑法的社会功能和内在价值的诠释，这与后一章对刑法的结构耦合论证在研究目标上是一致的。

第四章

刑法的结构耦合

系统论的自我指涉概念以社会理论的创新进路描述了一种刑法体系的演进。在系统理论的框架中，刑法在社会转变的过程中保持独立的自我识别成为可能。自我指涉的刑法体系成为持续的社会规范创造机制和社会规制技术。系统理论试图解释刑法如何在复杂的社会环境中保持相对独立的品性，同时，这一理论也在解释法律的同时探讨了社会流动性和复杂性不断增强对法律功能和社会认同所带来的一系列问题。系统理论让我们看到为什么作为规范的法律在社会运作的过程中也会经常对社会的进程产生不可预计和未曾规划的后果。正如科特莱尔所言，自我指涉的法律系统并不能直接面对社会问题做出快速和准确的回应。[1] 自我指涉与刑法对社会的回应能力（responsiveness）成为本章考察的重点。

上一章内容奠定了我们继续向前推进观察和研究刑法与社会关系的基础。作为系统沟通的刑法运作形成了一种“自治”，一种不断向系统内部延伸和扩

[1] See Cotterrell, Roger. Law, *culture and society: Legal ideas in the mirror of social theory.* Ashgate Publishing, Ltd., 2013. p.22.

展的自我指涉。同时，在这一过程中刑法体系不断吸收外部信息，形成反映、阐释和解决社会纠纷和冲突的能力。当然在这一过程中，我们不仅需要考虑在社会演进过程中刑法系统内部不断复杂的倾向，也需要发现作为整体的现代社会系统及其沟通吸收环境复杂性能力的增强。易言之，社会系统自我指涉能力增强不仅使社会更有序，也使系统间理性和逻辑的差异不断增强：系统能够建立起复杂的系统内部结构，不断通过内部的运作来解决自身的难题，并且将环境中的复杂性化简为系统沟通的内容。这种系统的内部运作带来的系统间沟通逻辑和理论的冲突与矛盾不可避免。

因此我们发现，在现代社会中，通过刑法进行的犯罪惩罚并没有成为一种普遍适用的价值判断。在经济活动中、在大众传媒的报道中，刑法体系的量刑定罪及其执行都受到了质疑和挑战。更重要的是，作为社会行动者的主体自身变得复杂，个体不再仅仅属于家庭，也不再从属于一种社会阶层。个体“走出”社会，成为社会系统的环境。个体自由的扩大使得作为意义组合的个体意识和行动影响社会系统的能力在扩大。在韦伯的解释社会学中，以及在昂格尔的社会理论中，作为人的意识形成的对制度、规则等的观点和看法成为塑造社会形态的关键。人，再也不被仅仅当作成本—效益考量的利己“动物”，而是成为各种社会意义的载体。文化、集体意识等成为经典社会理论解释社会与个体互动的关键词。

在这里值得我们注意的是，“个体”（individual）在社会研究中，也包括在刑法学研究中已经不仅仅作为单向度的人出现。在现代社会，个体成为“社会的”“整体的”现象。正如现象学社会学所指出的，在更多的时候，“我”对于我的同时代（他者）及其行动的理解，只能是通过类型化的方式。也就是说，随着“我”与他者在空间距离上的增加，他人对于我来说越来越具有匿名的性质，越来越具备一种“无名者”的形象。任何形式的社会互动都建基于对他人及其行动模式理解的一般化之上。[1] 在舒茨看来，对方越是匿名，就越需要“客观地”适用符号。[2] 与社会交往方式的改变对应，在规

[1] 参见孙飞宇:《流亡者与生活世界》，载渠敬东主编:《涂尔干：社会与国家》，商务印书馆 2014 年版，第 271—272 页。

[2] 参见［奥］阿尔弗雷德·舒茨:《社会世界的意义构成》，游淙祺译，商务印书馆 2012 年版，第 286 页。

范刑法学研究中也出现了“一般人”“理性人”等概念。[1] 经典社会理论影响了我们看待制度变迁与个人行动的关系。这也为系统理论提供了研究的基础。刑法和社会的关系研究强调的向来都是作为“社会属性”的系统（包括各意识系统）间的关系和连接，系统自我指涉也只有在包含多种社会系统沟通的“全社会”层面才具有观察的可能和实践的意义。我们将在本章和下一章中贯彻这一论证和分析的角度，并在这种论证中试图回答那些困扰现有研究的命题。我们首先将具有社会属性的个体放在一边，看一看系统间的结构耦合对刑法体系的运作意味着什么，特别是在自我指涉的刑法系统内部，哪些条件促进并同时也限制了刑法与社会其他子系统连接的方式和范围。

第一节　刑法的体系性：结构耦合的前提

在弗莱彻看来，欧陆各国刑法具有结构性的法律思维（structured legal thought）特点。什么是结构性的刑法思维？弗莱彻认为，结构性的刑法思维最重要的特点是能够将外在于现有系统结构的因素和内容纳入系统过程性的思考中，从而为分析案件，特别是那些疑难案件提供更为广阔的解释空间。[2] 弗莱彻作为普通法系刑法研究者，却倍加推崇以德国为代表的大陆法系阶层论的犯罪构成理论，这在美国刑法学界独树一帜，也带动了英语世界国家研究德国刑法理论和刑法教义学实践的潮流。

我们在弗莱彻的论证中看到了大陆法系学者自己可能并未重视的问题：严格的阶层论思考模式并不是为了将刑事案件打造为千篇一律的面目，从而将多变和复杂的社会事实扭曲和压缩为规整的刑法逻辑论证。在刑法实践和研究中使用、构建和不断发展结构性、阶层性的法律思维为的是使外部事实和异质的社会结构能够不断转化为刑法的事实和刑法的结构。[3]

---

[1] 刑法上的相当性理论，关照的就是一般人、一般经验。参见［日］大谷实：《刑法讲义总论》，黎宏译，中国人民大学出版社 2008 年版，第 203—207 页。

[2] See Fletcher, George P. “The right and the reasonable.” *Harvard Law Review* (1985): 949-982.

[3] 参见车剑锋：《刑事案件社会结构与罪刑法定原则关系初探》，载《北京理工大学学报（社会科学版）》2014 年第 6 期。

在系统理论看来，阶层式的犯罪论体系成为系统“再入”的渠道。刑法体系形成自我指涉需要不断通过系统 / 环境的再入，而系统再入的前提条件就是系统自身的体系性的增强。同样地，系统结构体系性也是系统与外部环境（包括其他社会子系统）进行结构耦合的前提与基础。

一、不法与有责的阶层式犯罪论：刑法体系性的例证

以德国刑法理论为代表的犯罪论以不法（wrongfulness）和有责（responsibility）的阶层式区分为代表的犯罪论是刑法体系性的例证。社会对犯罪进行处罚的依据可以概括为报应和威慑两种价值取向，或曰两种立法模式。随着 20 世纪以来惩罚显著性（salience of punishment）在现代社会的转向，[1] 报应主义的惩罚观念重新占据各国刑法立法和司法的主流。[2] 这也为我们分析阶层式的犯罪构成提供了重要指示。在认定行为人责任之前考虑行为的不法层面，与报应主义的惩罚观念具有亲和性。在阶层式的刑事司法考量中，首先需要解决的是行为是否属于一种不法类型，以及这种不法的程度。在上述考察完成之后，需要考虑的是惩罚，或者说责任问题。对责任的考察从属于对不法的考察。但是，并不是所有的不法都可以成为对行为人进行归责的根据。对不法行为进行责任层面的衡量，是社会在长期演进过程中对刑事惩罚利弊分析的结果，反映了特定社会对行为“可罚性”的看法。这种阶层式的犯罪论也说明了人们对刑事惩罚制度在侦查阶段与司法阶段不同的期待：即使行为人由于种种原因最终没有对其实施刑罚的必要，人们依然希望警察在执法中对“不法”，例如精神病人的不法行为采取强制措施，保证社区的安

---

[1] 参见 Garland, David. *Punishment and modern society: A study in social theory.* University of Chicago Press, 2012，以及刘涛：《犯罪显著性的文化解释》，载《青少年犯罪问题》2015 年第 5 期。

[2] 帕克（Herbert Parker）也指出，犯罪行为与道德、社会报复与个体安全预期始终是犯罪惩罚制度的核心。不论我们变得如何“文明”，上述因素都将成为刑法不可避免的生成因素和目的。See Packer, Herbert. *The limits of the criminal sanction.* Stanford University Press, 1968. 许多学者也认为，恢复性司法不仅仅强调被害人对被告人的宽容与原谅，也必然包含被害人对其的报复和复仇心态。See Daly, Kathleen. “Revisiting the relationship between retributive and restorative justice.” *Restorative justice: Philosophy to practice* (2000): 33-54.

全。不法和有责阶段在犯罪论的区分体现了现代社会民众对安全和正义的双重需求。[1]

不过，如果刑事惩罚并不是以行为的不法作为唯一衡量的前提的话，那么阶层式的犯罪论也面临被质疑甚至被颠覆的可能。[2] 例如对犯罪的惩罚以威慑、预防（特殊或一般）为主，那么对一般性的不法问题的考核就要让位于对具有个案属性的责任，或者说个别功利主义算计的考量。在某些学者看来，舍弃不法与罪责之间的衡平，则可能为了所谓的"规范保护目的"，陷入循环论证，从而失去刑事法治的基础。[3]

如何解读并回答学者的担忧？在刑法实践中，不可否认，个案的特殊性是我们从来不应当忽视的。犯罪行为有很多面向，也不像不法类型抽象规定的行为那样整齐划一，也就是说，现实的犯罪行为并不是天生就应当或者能够完全符合刑法规范的规定。另外，刑事起诉、审判与执行过程都充满了不确定因素，而这些不确定因素如何在可能的限度内得以反映并接受系统的调整、型塑和构建，则是作为社会沟通系统的刑法必须考虑的重大问题。

如前所述，我们认为刑法与其他社会系统之间的冲突在社会复杂性不断增强的过程中不会呈现消减，而是出现增强的迹象。社会子系统的不断分化与分立使得解决这种冲突的方式并不是社会子系统的不断融合（当然现实中确实存在社会功能的衰退现象[4]），而在于子系统自身结构的演化和丰富。虽然系统理论并不认为子系统的复杂化与结构丰富的过程会沿着一条既定的道路向前，也就是说，系统的演化并没有预先设计好的路线，系统理论反对计划论。[5] 但是我们认为，根据不同社会子系统的分工，系

---

[1] See Packer, Herbert. *The limits of the criminal sanction.* Stanford University Press, 1968.

[2] See Fletcher, George P. "Should intolerable prison conditions generate a justification or an excuse for escape." *UCLA L. Rev.* 26 (1978): 1355.

[3] 参见古承宗:《风险社会与现代刑法的象征性》，载《科技法学评论》2013 年第 1 期。

[4] 请参见刘涛:《纳入与排除：卢曼系统理论的第三演进阶段？》，载《社会学评论》2016 年第 1 期。

[5] 卢曼有关政治计划的文献：Luhmann, Niklas. "Limits of steering." *Theory, Culture & Society* 14.1 (1997): 41-57。

统的演化会展现出不同的面目，也会沿着系统所要面对和解决的社会问题演化。

结合惩罚文化的变化，我们发现刑法体系性的增强与外部的激扰与刺激，特别是社会大众意识对犯罪的感受和体验有关。惩罚的文化在一定程度上还与政治系统的符码和运作、大众媒体系统对犯罪问题的导向和渲染［也是其信息（information）符码运作的结果］有关。阶层式的犯罪论体系使得刑法运作与外部环境的结构耦合变得更为可能与稳定。法律系统的基本符码（合法/非法）并没有改变，但是什么才是正确的、合理的、人道的乃至有效率的判断条件纲要（conditional program），却在阶层式的犯罪论和外部世界的互相激扰中发生了改变。[1] 这种激扰不仅来自其他社会系统，也来自个体的认知性因素。[2]

因此，我们认为，不法与有责的阶层式犯罪论考虑并不像学者所言，与康德所言的自由律令（categorical imperative）存在超越时间、事实与社会维度的绝对性。相反，阶层式犯罪论的出现具有偶在性，是现代刑法体系对外界环境做出回应的一种内在构建过程，是刑法处理犯罪问题的过程中如何将个案的复杂性变成可以处理的一系列系统内部判断符码和条件纲要的自我指

---

[1] 无论是德日犯罪论阶层体系，还是我国传统的四要件犯罪构成理论，在系统理论看来都是一种对环境信息进行处理的纲要运作。条件纲要自身可以一种规范的模式呈现出来，其预设了不法行为，但其并非一种个体化的陈述。而在实际适用的过程中，正如前述，规范需要认知因素的介入。通过条件纲要的适用来处理信息并且判断特定情况下的事实是不是给定的。See Luhmann, Niklas. "The self-reproduction of law and its limits." *Dilemmas of law in the welfare state* 3 (1986): 118. 条件纲要是法律系统的核心。所有法律规范都可以被转化为条件纲要（"如果……就……"的形式）。犯罪论是对条件纲要中要素的细化。在实证法的演化过程中，构建法律规范的首要结构便是条件纲要。规范的条件和后果（因果关系）通过这一简单的纲要产生各种变化，特别是在法律规制常规社会冲突的过程中。在刑法中，条件纲要是标准化的运作程序。See Willke, Helmut. "Three Types of Legal Structure: The Conditional, the Purposive and the Relational." *Dilemmas of law in the welfare state* 3 (1986): 287. 我们将在后面的论证中提出在现代功能分化社会条件下，刑法条件纲要在某些情况下已经不能满足社会风险分担的责任归属需求，从而需要引入新的、主要是面向未来时间维度（future-oriented）的运作纲要。由此，卢曼所言的法律运作的"条件性"（conditionality）会出现全新的模式，犯罪论体系也会随之发生改变。

[2] 我们将在第五章中更为详细地解释来自个体认知与刑法系统运作的关联节点。

涉构建过程。因为从系统论非线性的观点来看，系统内部元素的总和并不能等同于整体，因为整体至少还包含元素与元素间的复杂关系。如果系统持续地接受外部刺激，元素之间的结合会无限增大，从而使系统有陷入混沌状态的风险。因此，系统将会采取对元素结合关系予以条件化、类型化的运作，通过这些运作，系统改变各个元素的意义（也就是限缩其选择所欲结合的其他元素的可能性），将复杂的元素结合关系予以缩减。阶层式的犯罪论便是将那些裁判过程中不确定的因素排除在系统之外。[1]

因此，在阶层式的犯罪论运作过程中，个案的细节当然会在一定程度上受到减损。有时候这种减损甚至会牺牲个案正义。但是，这种刑法实践中不可避免的简化和由此带来的个案误差，是刑法体系性构建及其与外部环境结构耦合的形成的必要成本，从而成为保证体系结构稳定的关键。正如学者所言，从刑法上看，行为是否构成犯罪，细节并不重要，关键是其行为是否与构成要件所规定的抽象轮廓之间具有同一性。抽象标准的存在，也可以对不同案件事实进行检验，既保证了司法效率，也减少了出错的概率。有此条件，司法上对于行为的客观危害性才能进行一般性的判断，在此基础上，对行为实质违法性、行为人责任的判断才能进行。[2]

现代阶层式犯罪论从不法到有责各个阶段教义规则的不断复杂化，也是为了尽可能排除个案偏差，并且使体系的自洽适应现代社会复杂性的体系构建过程。正如我们在本部分开头所言，弗莱彻对大陆法系刑法犯罪体系阶层论的分析站在“减少刑事裁判错误”的角度是具有合理性的。[3]

不法与有责问题是刑法理论中被不断探讨的犯罪论基本命题。在当代中国刑法学者提倡德日三阶层理论的讨论中，我们看到了各种证明三阶层理论对比我国原有四要件理论的好处，比如更符合人们对犯罪的认知、更符合司

[1] 参见李茂生:《少年犯罪预防与矫治制度的批判——一个系统论的考察》，载《台大法学论坛》2000 年第 2 期。

[2] 参见陈兴良、周光权:《刑法学的现代展开》，中国人民大学出版社 2006 年版，第 7 页。

[3] 表达相似观点的还有罗宾逊（Paul Robinson），其认为首先考虑不法阻却（justification），再考虑责任阻却（excuses）有利于罪刑法定的实现。See Robinson, Paul H. “A theory of justification: societal harm as a prerequisite for criminal liability.” *UCLA L. Rev.* 23 (1975): 275.

法规律、更能防止法官和法院在判断过程中的恣意、更能解决未成年人与符合刑事责任年龄的行为人共同犯罪如何处罚的问题等。[1] 这些理由都具有一定的合理性，也部分得到了司法实践者的认可。我们在这里通过社会系统理论的外部观察，结合系统的自我指涉与结构耦合概念发现了不法与有责阶段性犯罪判断模式具有的社会功能。这种补充对我们理解在我国当下发生的刑法研究和实践的犯罪论范式转化具有新的智识贡献。

二、刑法体系的象征性基础：系统二元符码与纲要

（一）影响刑法体系性构建的消极因素

我们通过对刑法犯罪构成理论的范式转化的外部观察，说明了刑法体系性的生成是通过刑法与外部世界（环境）产生选择性的互相激扰过程，体系性也是系统间结构耦合的基础。在我们的论证过程中，读者可能产生这样一种疑问：如果刑法体系确如系统理论所言呈现出自我指涉的意涵和表现，系统的运作也并不依赖外部理性的介入而仅仅依赖系统沟通基本单元的不断自我产生，那么为什么外部信息对系统的构建仍然显得如此重要？惩罚文化（culture of punishment）的转变对于犯罪构成理论范式的转化呈现出如此巨大的影响，我们是否还能认为是系统自身的沟通决定了系统结构，并产生了系统的体系性，进而支撑了系统与其环境的关系和信息交换？还是说，我们应当认为社会外部观念和其他社会子系统的剧烈转变直接决定，或者至少在很大程度上制约了刑法系统所能够演进的方向？

20 世纪后半叶以降，受到惩罚文化与人们看待犯罪人权利、处境观念的变化的影响，刑法的体系性结构确实产生了剧烈的变动。我们甚至怀疑在刑法系统演进的过程中，如果再次受到其他思潮和社会环境变动的影响，刑法的基本判断模式是否还会发生剧烈的改变？如果这种影响是学者不愿意接受（例如美国死刑与民主重私刑观念的紧密联系）的，因为体系性的变动存有不

[1] 参见梁根林主编：《当代刑法思潮论坛（第一卷）：刑法体系与犯罪构造》，北京大学出版社 2016 年版，第 73—114 页。

可控的风险。[1] 换句话说，我们希望这一问题得到回答：什么是控制刑法体系性及其变动的机制？

在刑法系统的演进中，并没有万能的解药和安全阀装置。[2] 无论是自由、民主、人权、安全、秩序等理念；无论是强调个人主义的思潮，还是强调社会本位的价值观念，在社会历史和刑法历史的进程中都一次次被寄予厚望，也一次次使人们美好的憧憬落空。在“二战”后的德国（西德），新自然法学派（特别是拉德布鲁赫的法理学思想）深刻地影响了新宪法和修改后的刑事法律的实践展开，这一潮流也通过联合国宪章等国际公约形式影响到其他进行民主和自由改造进程的国度。

不过，这一看似极为坚固的潮流在现当代恐怖主义、极端主义乃至新威权主义的冲击下开始出现松动，甚至这一松动首先就发生在极端强调个人自由的美国社会和美国法律（主要是司法）实践中。[3] 因此，各国刑法的体系性结构虽然说在大体上并没有受到这股新的世界威胁的重大冲击，但是刑法对人道主义、基本人权和罪刑法定的松动也并非天方夜谭。在边缘的案件中，在处理恐怖主义问题的最前端，我们都看到了历经数代受到启蒙和古典刑事法思潮影响的现代刑法理论学家和实践者信念的松动。社会观念的松动和变化，激扰了刑法的结构，影响了刑法体系的未来走向。[4]

在上一部分的论证中我们主要关注的是基于社会惩罚观念变化引起的刑

---

[1] See Garland, David. *Peculiar Institution.* Harvard University Press, 2010.

[2] 需要注意的是，“安全阀”的作用必须具备社会认可的条件，即它的手段必须是正当或合法的。在这个意义上，是结构功能主义传统的延续。参见渠敬东：《缺席与断裂——有关失范的社会学研究》，商务印书馆 2017 年版，第 60 页。

[3] 参见刘涛：《美国紧急状态下的刑事司法：历史、述评与启示》，载《环球法律评论》2014 年第 3 期。

[4] 但是，对于人类文明来说，刑事惩罚针对恐怖主义的制度变迁是否说明社会结构本质性的变化，还是仅仅表明了一种特殊情况中“文明的倒退”，仍然值得审慎考察。恐怖主义犯罪的出现和人们“过度”的恐惧在一定程度上甚至表明了社会文明结构在当代是稳定的，只有在这些极端事例中，那些“前文明时代”的惩罚冲动与直接暴力才会展现出来。对此，艾利亚斯与加兰都有精彩的分析，可参见［德］诺贝特·艾利亚斯：《文明的进程》，王佩莉、袁志英译，上海译文出版社 2013 年版；Garland, David. *Punishment and modern society: A study in social theory.* University of Chicago Press, 2012. p.223.

法系统内部“积极”的阶层式改造，那么我们在这里承接上文思考所涉及的则正好是与之相反的“负面”例证。通过上面的论述，我们可以初步达成的共识是，刑法在与其他系统结构进行耦合和内部转化的过程中，既可能引起“积极的”结构变化，也可能带来“消极的”刑法规范转变。卢曼喜欢用成功或失败的沟通来说明系统运作的复杂特性与偶在属性，我们也可以在这里说，刑法的运作并没有绝对安全保障的前提，它既可能失败，也可能获得空前的成功。[1]

（二）稳定体系的二元符码与纲要结构

这显然不是我们希望得到的答案，也不是包括刑法研究者和实践者在内的“法律人”所承认的当代刑法的命运。问题正是在此。刑法运作过程中的结构因素在卢曼等人的系统理论中并不具有决定性的地位，刑法的系统性虽然是产生系统间结构耦合的特点，但是结构耦合产生的具体内容和由此衍生出来的具体连结点却并不是由系统结构决定的。系统结构决定论显然是将包括法律在内的系统持存和演进的基础搭建在静态的结构之上，这也是卢曼等人的系统理论对机械系统论的批判。在生物学和构建主义认识论新的研究成果的基础上，自我指涉的社会系统论不再把系统的结构当成决定系统生存的决定性前提，因此，系统论也就不再将结构的亲和性作为描述系统间关系的支点。

在法律系统理论中，非法 / 合法（legal/illegal）的二元符码（binary code）是系统自我指涉的基础。法律的二元符码具有两层含义：首先，合法 / 非法二元符码针对的是法律系统从环境中获取的信息，并将这种环境中的信息转化为具有系统意义的沟通；其次，二元符码象征着系统的整合与统一，也就是系统如何决定哪些沟通具有系统属性的功能。[2] 二元符码的这两层含义是

---

[1] 这与卢曼认为的系统与环境不存在点对点的（point-to-point）连接有关。在其看来，另一个系统，或者说环境的复杂性不可能被系统完全吸收，如果是那样的话，则无疑会吞噬系统的结构。See Luhmann, Niklas. *Social systems.* Stanford University Press, 1995. p.229.

[2] See King, Michael, and Christopher J. Thornhill. *Niklas Luhmann's theory of politics and law.* Basingstoke: Palgrave Macmillan, 2003. p.55.

同时运作的，一方面，其不断转换环境的因素；另一方面，在转换的过程中，系统的存有（冗余）会构建出判断哪些转换属于“真正”法律的沟通。当然，这并不意味着法律的二元符码是自给自足的（self-sufficient）。相反，符码的价值（values）与特定的法律结构和纲要有关。特别是条件纲要（conditional program），其意味着：“判断合法或非法的条件。通过这些条件，法律的符码指涉过去的事实，并在当下表述出来。这包括法律事实（legal facts），例如法典是否有效。对于法律符码适用的价值分配而言，这意味着在判断时什么是过去的事实。在条件纲要的符码运作中，法律的发生以过去的事项为基点。”[1]

换句话说，法律的纲要由已经建立的原则、程序、法典以及判决构成，它们的有效性在于对同一符码的适用。条件纲要对符码的价值判断来说是一种限制。个案式的判断无法扩展法律更多的可能适用空间，而价值由于其抽象性，无法对要解决的个案提供有效的规范结构。[2] 因此，在现代社会，任何对法律符码的适用都无法避免经过纲要的检验。任何对法律符码的适用以及由此产生的沟通都必须经过纲要的运作，进而检验行为与期待的法律有效性（validity）。符码与纲要体现了法律系统自我指涉。在法律裁判和运作中，对符码的指涉是关键的条件。替换符码的指涉会损害法律的自治。[3]

条件纲要将法律系统和社会的其他组成部分从以下两个方面区分开来：第一，只有具体的信息成为法律案件运作的考量；第二，司法裁判可预计的后果不会成为裁判作出时的考虑。例如，法官在给出判决的时候不会考虑被告人的其他社会角色。在法律系统的条件纲要运作之下，法官需要考量的因素仅仅涉及纲要中提及的因素。法律的平等适用原则通过条件纲要的运作体现出来：具体裁判的影响和个体在社会中的地位等因素均不在符码的条件纲

---

[1] Luhmann, Niklas. *Law as a social system.* Oxford University Press, 2004. pp.197-198.

[2] See Luhmann, Niklas, and Martin Albrow. *A sociological theory of law.* Routledge, 2013. p.72.

[3] See Tosini, Domenico. “The autonomy of law in the war on terror: A contribution from social systems theory.” *International Journal of Law, Crime and Justice* 40.2 (2012): 118-119.

要运作考虑范围之内。[1] 条件纲要将明确的后果与明确的事项勾连。法律运作的实证性与法律所面临的大量案件使得条件纲要成为系统的主要运作技术：法律运作的统一性（也被卢曼称为运作的中心化）和可替代性（不同的法官适用相同的条件纲要）。[2] 条件纲要通过法律概念为特定判决提供基础性的正当依据，来检验裁判的一致性。由此我们可以说，通过司法过程，条件纲要所代表的法律的象征性表达（symbolic presentation）被持续制造。在司法过程中，做出具体定义、区分、解释和论证的因素在条件纲要运作中被考虑，今后判决的可能性被展示出来。[3]

（三）符码与条件纲要的预期稳定功能：以恐怖主义刑法规制为例

上述系统理论分析可以恐怖主义及其刑法规制为例展现出来。在后“9·11”时代，美国一系列的刑事司法判例与立法都倾向将对恐怖主义行为及威胁实施者的审判看成一种“例外”与紧急状态。例如，美国国防部建立了对敌对人员进行审查的法庭（以下简称国防部审查法庭），[4] 美国国会在 2005 年通过了《被拘留者待遇法》（Detainee Treatment Act，以下简称待遇法）。其中，待遇法法案明确了被羁押在关塔那摩监狱的人员无权申请联邦人身保护令。[5] 国防部审查法庭的作用主要是为了确定被羁押的对象是否属于“敌方战斗人员”（enemy combatant）。在实体方面，国防部审查法庭需要确定当事人：1. 是否属于基地组织成员，或者其他与美国敌对的恐怖组织；2. 是否在从事对抗美国及其盟国的交战活动；3. 是否在支持上述这些活动。[6]

---

[1] See Luhmann, Niklas. “Differentiation of society.” *Canadian Journal of Sociology/Cahiers canadiens de sociologie* (1977): 29-53.

[2] See Luhmann, Niklas. “Positive law and ideology.” *The Differentiation of Society* (1982): 112.

[3] See Luhmann, Niklas. “Positive law and ideology.” *The Differentiation of Society* (1982): 112-113.

[4] See Deputy Secretary of Defense Order Establishing Combatant Status Review Tribunal, Jul. 7, 2004.

[5] See The Detainee Treatment Act of 2005, Pub.L. 109-148, div. A, tit. X, §§ 1001-1006, 119 Stats. 2680, 2739-44 (2005).

[6] See Chesney, Robert, and Jack Goldsmith. 2008. Terrorism and the convergence of criminal and military detention models. *Stanford Law Review.* p.1106.

从传统刑法行为理论角度出发，这一判定标准明显超越了“行为”的界限，而扩大到所谓“状态犯”“组织形态犯罪”。尤其是第三项，几乎成为一种“兜底”性的规定，其可划定的人员范围远远超出了前两项。很难想象，在这样的实体法规框架下，被羁押的人员可以通过程序保障来反驳对其的敌对状态的实体指控。

在程序保障方面，国防部审查法庭给予每一名被羁押的人员提交证据（包括“无罪”辩护）的权利。不过其并没有明确在审判中被羁押人员的律师辩护权。在合理可能的情形下，国防部审查法庭允许证人出庭作证。同样地，在合理可能的情况下，法庭也可以要求政府提供必要的可以证明被羁押人员敌对身份的信息。政府可以提供的信息需要保密为由拒绝，并无须对拒绝的具体理由做出解释。政府也可以要求在出示保密证据时，以保护国家安全为名，仅允许政府一方在场。对于最终证明当事人是否符合“敌方战斗人员”这一标准，国防部审查法庭并没有采取美国一般刑事司法中所采取的“排除一切合理怀疑”的标准，而是采取了一般民事司法中“优势证据”的标准。[1]

上述法案使得决定被羁押人员是否属于“非法交战人员”（unlawful enemy combatant）的判断并不真正使用美国刑事司法系统由宪法及其判例、原则所建立的法律体系判断符码。事实上，正如有的学者所言，“合法或非法”的交战人员的区分仅仅依赖于非正式司法机关对国家安全利益的“综合”判断。基于政治系统运作和国家安全必要性或紧迫性的考虑威胁到法治，也就是我们探讨的有关刑事司法符码的运作和由此产生的系统自我指涉。[2] 更何况，如何判断国家是否处在紧急状态（区分规则），是法治国家最棘手的法律与政治难题之一。

---

[1] See Combatant Status Review Tribunal Process § B (attached to memorandum from Gordon England, Sec'y of the U.S. Navy, Implementation of Combatant Status Review Tribunal Procedures for Enemy Combatants Detained at Guantanamo Bay Naval Base, Cuba).

[2] See Tosini, Domenico. "The autonomy of law in the war on terror: A contribution from social systems theory." *International Journal of Law, Crime and Justice* 40.2 (2012): 116, 128.

系统理论的批判者认为，比之其他社会理论和法律理论对“法律的概念”所进行的实质性的探索，系统理论根据二元符码所定义的法律的特性不仅抛弃了系统结构的稳定性，也使我们判断法律现象的方法变得形式化、空洞和没有边界。通过上述对恐怖主义规制所做的系统理论分析，我们发现这种批判并没有看到二元符码在系统运作和沟通中所具有的重要意涵，也没有看到二元符码所具有的限制法律运作范围的理论指涉，更没有看到系统理论所具有的微观与宏观分析的双重维度。[1]

通过恐怖主义规制在美国政治治理中的分流制度设计，我们发现刑法体系性的风险可以通过对系统二元符码和纲要判断的坚守得到抑制。只要我们坚持“依法裁判”、只要刑法的基本原则得到遵守，那些极端的案件就不会成为刑法走向倒退和产生危险的根源。换句话说，在什么是刑法允许的沟通与刑法拒绝的运作之间，法律的参与者，特别是法律系统的内部观察者（哈特所言的法律规则识别的内部视角）能够做出判断。即使环境因素发生了变化，人们的观念和对犯罪的直觉性判断发生了改变，系统的稳定性仍然能够在符码的稳定和延续中得到一定程度的保存。刑法系统的二元符码进行的是对环境与系统的再入判断，是如同罗尔斯所言的“反思的均衡”过程。[2]

只是，这种对刑法正义的追求并不如同罗尔斯理论仅仅通过个体，或者说民主制度下公民的个体反思就能达成。“简单地说，你当然可以以自己的体验来选择你的价值，但是社会系统中社会行动的发生却并不以之为指引，而自有其决定之方式。”[3] 法律正义在二元符码结构下的实现，要求参与系统运作的个体意识与系统沟通产生不断的结构耦合。甚至我们可以说，恐怖主义是不是一种犯罪，用刑法来应对恐怖主义威胁是否恰当，都是刑法系统自身反思式运作的结果，是刑法与其他系统间进行结构耦合的

[1] See Liu, Sida. “Law’s social forms: a powerless approach to the sociology of law.” *Law & Social Inquiry* 40.1 (2015): 16.

[2] See Rawls, John. *A theory of justice.* Harvard university press, 2009.

[3] 颜厥安:《没有脸庞的权利主体》，载《月旦法学杂志》1995 年 6 月，总第 2 期。

表现。[1]

在美国联邦最高法院的判决中，对一个问题或案件是否属于法律问题所进行的判断，就是法律系统二元符码过程对环境因素进行二阶观察的体现。[2]因此，在成功的沟通与失败的运作两种选择以外，我们发现了第三种状态：回避。

其实，并不能称之为第三种系统运作的状态。其是系统运作的组成部分，是进行刑法体系二元符码判断决策之前的“决策”，不过其性质依然是根据系统自身结构所做出的内部沟通。另外，二元符码和纲要虽然划定了能够进入系统沟通的信息范围，但是这并不代表合法／非法的区分不存在风险。在一个成熟的自我指涉系统中，已有的系统记忆能够帮助符码的判断沿着被反复验证过具有合理性的轨道进展。当然，颠覆性的结构性变化并非不可能，只是这种颠覆的代价是巨大的。美国对待恐怖主义问题的实践展现了刑法体系的稳定与风险并存。

---

[1] 这里也涉及卢曼所言的系统决策的决策（decision of the decisions）。在卢曼看来，条件纲要的形式带来了法律处理环境能力上的增强。这种能力在法律迈向实证化和法律复杂性增加的重构过程中显得不可缺少。这种能力上的变化包括：原则上容纳合理变化的可能性，解脱对于留心关照、后果负责和协调沟通的极端要求。法律的功能特定化和实证化与降低这些方面的要求相适应。这些负担解脱并非没有问题——这一点针对结果所负责任的缓解上被看得更为清楚。它们还留下了很多尚未解决的问题，这些问题使得我们有机会做进一步的提问，以便做出一些补充性的和完善性的安排。其答案存在于法律实证性的原则中，也就是存在于对决定生成纲要的决定中。这使得可以对制定纲要和运用纲要的决定做出区分，并根据不同的，甚至是相反的接受要求和条件为之建立相应的决定生成类型。以此方式，有可能通过相反的原则，进一步在更高的决定生成层次去纠正条件纲要的片面性，即通过这一事实：人们可以用目的取向（purpose-oriented）的观点通过条件纲要（conditional）及修改基于政治性的决定。参见［德］卢曼：《法社会学》，宾凯、赵春燕译，上海人民出版社 2013 年版，第 284 页。美国对待恐怖主义问题的做法：在政治系统的层面上做出控制司法决策范围的决策，从而保护了刑事司法体系在符码运作和条件纲要适用上的一致性。法律体系与政治系统的结构耦合在此得到体现。

[2] 当然，美国联邦最高法院是不是一个纯粹的法律机构，还是其本身就是法律系统与政治系统结构耦合的产物，仍然具有很大的争议。现在多数观点倾向于认为联邦最高法院不单单是一个法院，而是美国民主政治制度的一部分。See Posner, Richard A. “The decline of law as an autonomous discipline: 1962-1987.” *Harvard Law Review* 100.4 (1987): 761-780.

合法 / 非法并非仅仅是有 / 无的判断，而且同样存在程度的判断。[1] 在刑法中，我们仍然能够看到对一些新现象的判断并非那么肯定：电子货币是否属于货币？网络服务提供者的行为是否中立？中立的帮助行为是否值得处罚？金融诈骗和网络诈骗的被害人自我归责是否影响行为人的责任认定？实际上，被称为“教义”的刑法规范和理论无时无刻不在进行着调整和变动，正如系统论在向其他领域延伸的过程中发生的调整、适应和重新组合一样。

在本部分的论证中我们发现，尽管不存在实质上的结构稳定机制，刑法的运作和体系性的构建仍然能够通过二元符码和条件纲要达致“象征性”（symbolic）的稳定。在社会语义学下，象征性不仅不是一种“假象”，而且具有真实的社会功能。在刑法体系中，二元符码的象征性意味着法官、检察官等个体必须通过刑法的教义概念、刑法的现有规范体系判断新的案件、新的社会情况，当然也包括拒绝将一些问题纳入刑法的领域。虽然我们认为这仍然不能保证罪刑法定、罪刑相适应等原则的一贯坚守，但是也正是在与社会环境因素的耦合过程中，新的刑法沟通具有了替代旧有原则和规则的可能。只是我们并不能保证刑法的系统性能够持续产生，刑法与其他系统的结构耦合也能够始终体现良性的运转。这或许是一个较为悲观的结论。但是，也许正是从这个结论出发，我们才能够在后续的论证中重新审视我们对刑法规制犯罪问题的期待，并重新衡量刑法的社会功能以及刑法体系性在与社会子系统结构耦合中的形态。

三、体系性概念的疑问与辨析

（一）体系性与结构性

我们在前两部分通过正反两个方面论证了刑法的体系性，也就是刑法与外部环境产生耦合的前提和基础。在分析不法与有责阶层式犯罪论的部分中，

---

[1] 在此我们更赞同托依布纳的观点，参见 Teubner, Gunther, ed. *Autopoietic Law-A New Approach to Law and Society.* Vol. 8. Walter de Gruyter, 1987。

我们看到一种稳定的刑法定罪量刑模式的产生和演化并非仅仅依靠体系内部沟通的自我指涉。系统的内部沟通并不具有优先性，这是系统理论始终强调的。在系统与环境的分离中，环境仍然是系统内部构建。因此，在刑法自我指涉的构建中，或者说我们为了完成对刑法系统自我指涉的描述，我们需要对刑法系统的环境因素进行细致的描述和同等对待。

不法—有责犯罪阶层判断模式的形成虽然具有偶然性，但是当将视角从系统转移到环境时，我们发现了阶层式判断在现代刑法犯罪论演进中的必然性。虽然这并不是一种因—果或者逻辑性的关联，[1] 或者说环境因素制约、激扰甚至是在一定程度上型塑了具体的系统结构的变动能力。在对刑法结构偶在性的考察中，我们发现刑法体系性并不能确保刑法沟通始终保持“积极的”效果。刑法面对新的社会变动，并不一定能够形成稳定的结构耦合。罪刑法定、罪刑相适应等刑法重要的原则（系统结构）也可能在与环境的互动过程中失去决定性地位。我们并没有找到替代系统结构的因素来保证系统的稳定性，甚至我们认为系统的稳定性在沟通的自我指涉中并不具有优先地位。在系统理论的框架中，动态的分析要优于静态的定义。进而我们发现，二元符码的不断运作代替了系统结构在系统中的支配性地位。刑法对犯罪的判断不再由结构限制而只能呈现出封闭的特点。

行文至此，在对系统与环境互相激扰的过程做出了初步的、正反两方面的描述和分析之后，我们对系统理论分析刑法与其他系统和环境间的关系又产生了新的疑问。既然刑法的体系性，也就是刑法结构性的因素和现有的运作资源并不是稳定刑法与环境分离状态及保持刑法与其他社会系统间接的、选择性的激扰关系形成的决定性因素，为何我们仍然将刑法的体系性作为分

---

[1] 昂格尔反对在对社会现象，特别是法律现象的研究中遵循传统的因果律或历史主义的进路，系统理论从昂格尔的论证中得到启发，认为社会科学对法律系统/社会系统间的规制效果，也就是法律效果的因果衡量与检验具有缺陷。现有的社会科学理论工具，甚至社会科学的基本假设对于检验法律“效果”（因果关系上的）并不充分。See Unger, Roberto Mangabeira. *Law in modern society.* Simon and Schuster, 1977; See also Teubner, Gunther. “Concepts, aspects, limits, solutions.” *Juridification of social spheres: A comparative analysis of labour corporate government: Trust and social welfare law* (1987): 29.

析刑法与社会系统间结构耦合的首要条件和前提假设？

与之相关的问题是，弗莱彻等美国刑法研究者虽然也开始重视对美国刑法进行体系性、阶层性的改造和重新解释，但是在司法实践者看来，德国刑法理论对现有的美国刑法进行体系性改造并没有多少意义。注重程序保障的美国刑事司法并不以体系性见长，也不在乎区分违法性的出罪事由和有责性的出罪事由等只有在阶层犯罪论中才能看到的区分。[1] 至少在部分美国法官、检察官和律师看来，现有的程序正当模式（due process mode）已经能够为美国刑法的运作提供足够的支撑，从而使得刑法运作中防止恣意以及给予公民行为期待（一般预防）这两重功能能够得到满足。[2]

对此，从抽象和具体两个层面需要解决的问题是：第一，体系性是不是刑法建立与外界关系普遍的和必要的条件？第二，什么是系统体系性的要求？第一个问题是我们最终需要回答的，但是很明显我们首先需要解决的是第二个问题。

（二）从整体 / 部分到自我划界：系统理论下的体系性概念

在系统概念的基础上加入“体系性”的限定，确实会造成一定的误解，并且给试图研究和运用系统理论分析刑法运作的学者增加理解上的困难。这不是一种最优的限定，但是是必要的限定。

古往今来，人们对包括社会、生命体等事物进行“系统”的定义不在少数。有关系统的指涉的经典论述最早可以追溯至希腊人（柏拉图、亚里士多德、欧几里得），他们探索了整体性（wholeness）或者统一（union）的概念。有关系统最为一般的概念是将其作为一种其部分间具有内部关系的特

---

[1] See Fletcher, George P. “Individualization of Excusing Conditions, The.” *S. Cal. L. Rev.* 47 (1973): 1269.

[2] See Packer, Herbert. *The limits of the criminal sanction.* Stanford University Press, 1968. 即使在 40 年前，帕克亦指出犯罪控制的刑事司法模式在美国逐渐兴起，而这种情形在美国刑事司法中得到更为显著的展现。大规模监禁（mass-incarceration）和过罪化（overcriminalization）成为现实。值得注意的是，无论是阶层式的犯罪论、犯罪控制模式还是正当程序模式，研究者都是在自由社会（liberal society）的背景之下进行区分，也就是说，一些极端化的犯罪惩罚措施（例如刑讯逼供以及无理由的逮捕）在各派学者看来都是应当被排除在比较之外的。我们在此处的论证也是建立在这样一种刑法观基础上的。

殊整体。一个系统的整体性要求其与周围环境分离。这里必须存在一个界限（boundary）。整体与部分之间具有联系以及作为整体看来他们所具有的部分性质的观点，可以从美国哲学家约翰·杜威的论述中体现出来："系统的概念区别于集合（aggregate）、聚集（collection）以及存有（inventory）的概念，系统的概念传达了将整体各部分之间融贯性束缚在一起的方式。系统的概念也区别于有机体、全集（totality）以及整体的概念，因为它表达了部分的独立性。"[1] 整体的特性，也就是由部分的关系组建起来的特点，相应地指向了结构的概念。部分之间的关系组成了整体的结构，并且使得整体成为一个独立于"部分"的系统。因此，在这样一个有关什么是系统的构想基础上，结构（structure）建立了系统的边界或范围。

系统理论的"系统"概念区别于上述经典的对系统采取的"整体—部分"模式的定义。[2] 这也是为什么我们要给系统加上体系性的限定。在系统理论看来，上述对系统的定义并没有，或者说至少不能充分地反映出现代社会功能分化条件下包括刑法体系在内的社会子系统吸收社会复杂性因素，以及在

---

[1] 转引自 Sampford, Charles JG. "The Disorder of Law a Critique of Legal Theory." (1989). p.14。毫无疑问，在当下还有许多不同的有关系统的定义，特别是那些引起系统科学以及与之相关的复杂性科学（complexity science）的定义［例证可见卡丝兰尼："复杂性科学著名的洞见在于：所有的社会系统，在定义上，都是复杂的。" Castellani, Brian, and Frederic W. Hafferty. *Sociology and complexity science: a new field of inquiry.* Springer Science & Business Media, 2009; Urry, John. "The complexity turn." *Theory Culture and Society* 22.5 (2005): 1］。这里可能存在对系统最一般定义的共识［例如韦伯斯特新世界词典所给出的定义："（系统是）一种事物间紧密关联或联系的组合或安排，并形成了同一或一个有机整体"］。上述权威性概念的存在，并不意味着深入研究系统、系统理论和系统科学的现代理论家依赖相同的定义或采取相似的方法论去进行他们有关系统的研究。（韦伯斯特词典的定义转引自科利尔：Klir, George. *Facets of systems science.* Vol. 7. Springer Science & Business Media, 2013。科利尔同时谈道："毫无疑问，'系统'的概念不仅是在科学中，也是在其他人类探索中被最广泛使用的概念之一。这是一个被高度过分使用的概念，在不同的情况和不同的人那儿具有不同的意涵。不过，如果将其与特定的指涉和用法剥离，'系统'这一概念几乎从未被清晰定义。"）尽管存在许多对这一概念不同的使用，有学者指出，至少在如何研究社会系统方面，以及系统的思考范式（paradigm）如何在流行的分析模式外提供一种选择方面，学术界正在形成一种共识。See Bausch, Kenneth C. *The emerging consensus in social systems theory.* Springer Science & Business Media, 2001.

[2] 这里无法具体展开对"系统"概念文献回溯式的梳理，具体可参见 Nobles, Richard, and David Schiff. *Observing law through systems theory.* Bloomsbury Publishing, 2012. pp.15 supra。

个体意识的范围之外构建社会范畴和场域的过程。简言之，现代社会的系统变得更为复杂了、功能化了。系统不仅仅是一种集合（aggregation），也不是部分之间优化后的整体。事实上，整体是否一定涵盖所有部分的功能，整体是否在进行部分的整合之后就一定优于部分，并不是系统理论关注的焦点。系统理论关注的是作为一个体系性的现象，系统能够具有自我指涉和他涉的双重属性。

申言之，法律系统的存在仅仅意味着所有法律的沟通通过符码进行的联系。法律符码的使用并不意味着其他系统的沟通不能进入法律系统。不过这些其他系统的沟通若要在法律系统中适用则必须与原先的系统脱离。其他社会子系统的沟通及其意义结构对于法律系统而言仅仅是一种信息。通过与其他系统沟通的连接，法律系统赋予了这些信息新的法律意义，并在一个不断生成的基础上产生系统向未来延伸的可能性。这种借助特定符码形成的相互关联过程也构建了法律系统与其环境的边界（boundary），规定和限制了其他系统信息进入法律系统的范围。

作为一种功能性指涉，体系性的系统概念强调了作为一个可被观察的整体系统所具有的能动性。系统会通过不断运作对环境的因素进行处理。系统不再是一种资源、信息和结构的堆积。即使存在矛盾、悖论和冲突，系统只要能够显示出不断自我指涉的倾向，那么其体系的一致性就能够得到维持。不是部分，也不是整体的"静态性质"，而是充满活力的系统自我指涉的运作和动态边界的形成构成了现代功能社会系统的"体系性"。简言之，"体系性"意味着系统自我产生边界并不断调整边界的能力。

（三）刑法体系性的多种实现方式

限于篇幅和主题，我们无法继续展开对系统"体系性"的探讨。但是上述论证已足以说明：刑法的体系性是其与别的社会系统以及个体意识进行区分的基础。系统的边界由系统自身定义，虽然每个社会子系统都会划出不同的系统边界，并且因此产生边界交叉、重合的可能，但是这并不妨碍系统间的结构耦合通过不同系统内部进行运作，从而将环境的信息转化为系统的成分。每个独立的社会子系统的体系性虽然并非遵循着既定的逻辑和理性，但是这些存在偶然性的体系模式为整体社会系统的不断演化和与其他系统的互动提供了前提。

我们现在来分析上文提到的更为具体的问题：英美刑法是否具有体系性，对英美刑法进行的大陆法系改造是否必要和可行。达玛斯卡曾经通过对不同刑事司法模式的比较研究，较为肯定地给出了这样一个答案：不同的诉讼模式、审判方式和证据呈现的规则，使得大陆法系与英美法系的教义学内容以及法律教育的方式都不尽相同。虽然不同类型的司法制度的互相借鉴时有发生，但是一种司法模式和法律教义理论不可能完全被照搬到另外一个体系当中。这与制度本身演进特点，更与特定社会环境，特别是政治治理结构和模式有关。[1] 将大陆法系的阶层论犯罪构成模式生搬硬套到英美法的实践中，确实会产生我们在本节开始提到的法律演进（移植）中“意想不到”的结果。[2]

但是我们需要对此结论进行一定的修正：首先，体系性同样是英美刑法的必备条件。英美法系的犯罪构成模式以判例规则的模式不断形成，近几十

---

[1] See Damaska, Mirjan R. *The faces of justice and state authority: A comparative approach to the legal process*. Yale University Press, 1991.

[2] 托依布纳认为，在两种法律系统间，作为抽象和形式的法律规则也许可以被转化（converge），不过法律的深层结构、法律文化、法律的意义（也就是卢曼所言的法律系统的事实维度，那些真正被更普遍意义上的社会视为法律的事物）、知识论甚至是那些有关法律的神话（mythodologies）将无法移植。所以法律移植并不是在两个法律系统沟通之间搭桥，而是使被移植的规则成为激扰（irritations）现有法律系统的重要因素，也就是系统论所称的“从喧闹到秩序”（order from noise）的过程。在这个过程中，不仅原有的法律系统得到调整乃至重构（以系统的自我指涉完成，而不是直接诉诸外界环境），而且被移植的法律规范在功能和性质上不再依赖原有系统，也就是其意义结构在新的系统中发生了根本性的演化。See Teubner, G. (1998). Legal irritants: good faith in British law or how unifying law ends up in new divergencies. *The Modern Law Review, 61* (1), 12; Fan, Barrett Ji-Zeng. “European Pluralism on the Protection of Fundamental Rights: The European Convention on Human Rights vis-a-vis the EU Legal Order.” *NTU L. Rev.* 11 (2016): 333. 在刑法上的例证，可考察英美刑法上对强奸罪的认定移植到更注重行为构成主观要素的德日刑法后所出现的异化现象。德国法与英美法在犯罪主观方面的重大差异造成的结果是，这类模式被移植至德国已然丧失了其在英美法系本来的特性，必然无法实现原来的效果。参见周子实：《强奸罪入罪模式的比较研究——以德国〈刑法典〉第 177 条最新修正为视角》，载《比较法研究》2018 年第 1 期。

年来又通过《模范刑法典》(Model Penal Code)的颁布和推广找到了一条逐渐脱离古老的“普通法心智”[1]的现代刑法理论体系构建道路。我们在前文的分析中认为，实证性、规范性与沟通性使得现代功能社会的刑法呈现出与阶层社会完全不同的运作模式，即使是强调“法律不变”的普通法，也在社会整体的演进中发生了巨大的变化。[2]随着立法在现代社会，特别是在现代政治系统中的地位、功能和性质的转变，普通法理论发生了变化。[3]现代普通法司法过程借鉴了很多大陆法系的有益经验，两大法系在刑事法律规则构建的过程上并非存在根本差异。

其次，弗莱彻等学者正是观察到普通法刑事实践在近几十年来急速的转变，才提出对判例法的刑事体系进行大陆法系的阶层式改造这一命题。这与达玛斯卡的类型学研究方法并无冲突。如果刑法体系的外部生成条件，而非规则发生了变化，那么无论是形式的程序规则还是实质的罪刑规定(及其解释)也会发生体系调整。刑法的自我指涉和与外部环境的结构耦合并不是仅仅通过实体与程序规则的实践发生，也会通过司法制度、法官角色定位的改变展现出来。因此，我们认为普通法与大陆法刑法运作的差距正在缩小，两者的互相借鉴正在增加。

最后，系统理论的体系性概念并不将系统结构及其对系统演进的作用放在首位，而是将系统体系性理解为一种吸收外部环境，发挥社会规范期待稳定功能的运作机制。以静态的结构性为对象去研究刑事运作的过程，无疑会限制和遮蔽我们对刑法体系性更为全面的观察。系统理论通过结构耦合概念希望看到刑法的外部空间，更希望以外部视角看到刑法内部运作的动态变化。

[1] 有关普通法心智，可参见泮伟江:《一个普通法的故事：英格兰政体的奥秘》，法律出版社 2014 年版。

[2] 波斯纳并不赞成这种说法，其坚持普通法的教学和普通法的司法模式应当以古老的合同、侵权以及物权法为典范。See Posner, Richard A. *Divergent Paths: The Academy and the Judiciary.* Harvard University Press, 2016.

[3] See Nobles, Richard, and David Schiff. “The Sociology of The Politics of Jurisprudence.” *Law, Society and Community: Socio-Legal Essays in Honour of Roger Cotterrell* (2016): 221.

四、刑法体系性与刑法自我指涉的关系

在前面几部分中，我们逐步分析了作为系统的刑法如何获得体系性的构建，又如何利用体系性的特点与其外部环境建立联系。我们还论证了在结构不再成为系统标志，系统的稳定结构也不再是系统演化关键条件的情况下，为什么刑法的体系性仍然是刑法与外部环境产生关联的前提。在较为抽象的分析中，我们还通过对英美刑法如何进行大陆法系犯罪论改造问题的探讨，分析了体系性的具体含义以及两大法系犯罪论融合的可能（不仅仅是在规范层面的融合，还包括制度和法律职业角色的功能和定位）。我们在上一章中重点分析了刑法体系内部的自我指涉。我们在本章一开始就着重论述了体系性是刑法系统与外部建立联络的前提，那么体系性与系统自我指涉之间的关系是怎样的？系统自我指涉的形成是否就意味着其具备了与外界产生互动的条件？

现代社会功能系统形成系统与环境的区分需要制度条件。在卢曼等人的理论构建中，功能系统的成立必须满足严格的条件。简言之，只有自我指涉的系统才可能在系统自身二阶观察的条件下产生系统与环境的分离。如前所述，环境也是具有系统属性的（systemic），并不是所有的不属于系统沟通的内容都属于环境的资源。系统自我指涉形成的系统—环境的循环在特定的时空条件下只能包含有限的环境因素：那些能够被系统制造和利用的环境因素。而哪些内容能够被系统的沟通所包含、所利用，则完全由系统现有的沟通结构决定。刑法的自我指涉主要关注刑法如何在利用自身符码、纲要和系统再入规则的基础和条件下形成一个自治的运作。刑法与社会关系的研究也需要说明系统与人、系统与其他系统之间的严格区分。我们在本节中所论证的刑法体系性主要针对的是在一般性的沟通中，哪些是刑法的实质结构。沟通成为系统与环境分离的基础性条件，自我指涉也就奠定了分离理论的前提。但是系统和环境如何分离？又在何种程度上进行了互动和激扰？特别是，以自我指涉来描述刑法系统的运作是否在理论上是必要的？对刑法体系性的揭示是用来回答上述问题的视角。对结构耦合概念的阐发也是对自我指涉系统论的补充。当然，说结构耦合是一种对系统自我指涉研究的补充并不十分恰当。两者间的关系是平等的，更为重要的是，它们是揭示刑法与社会关系的必要

组成部分。因此，对刑法体系性的揭示一方面是对刑法自我指涉的完善，另一方面是说明仅仅通过自我指涉概念并不能够完整和充分地揭示刑法与社会关系的实质侧面。

这里还有一个实际的考虑促使我们引入刑法的体系性。系统理论对自我指涉概念的论证较为抽象，我们在上一章的分析中也无法避免一定程度的晦涩。如果说在刑法的实证性与规范性的分析中，我们还能够通过在与其他文献和理论的探讨中引入一些较为具体的例证来说明，那么在对刑法自我指涉的关键——刑法沟通性的论证中，我们则很难避免脱离现有文献和理论的框架，采取一种全新的视角来看待刑法问题和刑法运作的基本单元。这种从基础理论和方法论革新视角的分析不免带有抽象色彩，而不可能直接深入刑法具体问题的探讨。由于沟通概念的“非人本主义”特定，会给读者的理解，也给系统理论分析刑法问题的贡献打上问号。因此，我们在这里引入较为熟悉的刑法体系性概念，也是为了用更为具体的论证和例证对上一章较为抽象的内容进行补充。

第二节　刑法的环境：结构耦合的外部条件

波斯纳认为，现代法学学术的问题在于对法律及其过程缺乏系统性的分析。特别是在法理学问题上，学者更关注法院个别的案例、判决，而非法院的结构、方法、人员及其管理问题。而为了使司法实践有所改善，特别是学术研究对司法实践有所助益，波斯纳认为应当从上述内容切入，对法律的运作过程进行系统性的研究。[1]我们在上一节的论证中发现，不应当将上述内容当成法律运作的外部因素，而应当将其看成系统内部的成分和沟通。在系统理论中，这些法律系统的运作因素虽然可能并不直接涉及对规范的解释和案例的分析，但是它们无疑也属于法律系统的沟通。我们发现，波斯纳认为需要以整体的、系统的方法来研究法律，与系统理论的方法颇为相似。

---

[1] See Posner, Richard A. *Divergent Paths: The Academy and the Judiciary.* Harvard University Press, 2016. p.263.

但是与波斯纳将这些因素看成系统的“环境”因素不同，系统理论认为上述内容仍然属于系统内部的结构和沟通。而系统的环境因素在系统理论中有不同的指涉，我们将在本节中考察系统的环境。

一、刑法教义学的封闭性：刑法环境构建的第一步

我们在第一章简要分析了现代社会系统开放与封闭共生的状态。如何理解系统的封闭，包括系统沟通的独立性与独特的符码属性，并在此基础上认识到这种独立是包括刑法在内的系统始终与环境进行不断激扰和互动的过程，是我们在刑法体系性基础上理解其与外部环境进行结构耦合的关键。刑法系统开放中的封闭是刑法环境形成的方式。在本部分和下一部分，我们需要对开放中的封闭与封闭中的开放这一组看似具有悖论性质的观点进行分析。

面对具体的刑法实践，特别是疑难案件的司法展开，研究者常常在法律教义的封闭性与开放性之间徘徊。一方面，有的学者认为法律原则制约下的法的封闭性本身就是现代法律的重要价值体现，具有限制法律恣意的功能；[1]另一方面，面对“疑难案件”和深刻的社会转型过程，学者也认为封闭的法律教义学体系对于社会问题缺乏现实的关照。[2]系统理论对刑法系统的开放性与封闭性不同于上述论证，这牵涉到刑法规范内容的属性及其与社会诸领域的关系，也牵涉到法律教义学是否具有实质性的价值追求。

在系统理论看来，法律在规范上是封闭的。因为考虑到其自身的持续性，一个自我指涉的系统必须被看作一个递归的封闭系统（a recursively closed

---

[1] “在刑法体系中，罪刑法定并没有构造刑法结构的弹性，相反却是刚性部分的构造要素。它使刑法结构变得封闭、内敛，无法与外部世界形成正常的良性互动。根据罪刑法定的要求，刑法体系必然具有较其他部门法体系更高程度的封闭性。实际上，这种封闭性正是现代刑法所追求的重要价值。”参见劳东燕:《刑法基础的理论展开》，北京大学出版社 2008 年版，第 177 页。

[2] “教义学缺乏价值判断和现实关怀。在历史中穿梭就会发现，教义学的繁荣与刑法学的贡献是成反比关系的。教义学对分则罪名的含义进行了过于自信的归纳，注重逻辑推导，形成了一个封闭的体系，在定义罪名时不仅撇开了总则的基本原理，更把一些法律价值排斥在外。”参见高艳东:《诈骗罪与集资诈骗罪的规范超越：吴英案的罪与罚》，载《中外法学》2012 年第 2 期。

system)；[1] 同时在认知（recognition）上，法律系统又是开放的。[2] 综合了封闭性和开放性的自我指涉系统承受了演化的检验。[3] 法律是高度自治的系统，法教义学是法律系统的自我描述。法律的自我指涉也说明法律系统无法避免自我构建中的恣意。法律的创制或修改只能通过法律自身实现，也就是法律的有效性通过法律自身证成。[4] 法教义学并不具有知识论上的绝对有效性，也就是说，它并不能够替代社会演进中其他话语和理性的茁生。[5]

从上述论述中我们可以看出，系统理论描述的刑法系统封闭性具有高度的形式特征，这与前述文献对刑法教义学实质化的理解截然不同。这一点从前述"再入"概念可以体现出来。法院在对刑事案件审判的过程中，常常进行"再入"。对法律符码的适用，也就是对合法/非法的判断是一种不断重新创造的区分。刑法规范适用的运作方式使得区分的一次适用的结果，包括对这种适用结果进行自我观察的法律理由成为下一次区分适用的质料。未来的规范适用可以是对上一案件适用的推翻（如上诉审）。

在系统理论看来，法律具体的适用结果并不重要，重要的是在这种刑法自我观察（法律论证理由）的过程中，系统的复杂性增强了。常规与例外、非法与合法的判断都是法律系统区分的进一步丰富。在这种运作中我们看到了刑法系统空间扩大的可能性，系统统一性在复杂性增加的基础上得以形成新的可能性。刑法通过不断适用、不断再入引起了系统意义的无限增加。法律系统的封闭性以区分的形式展现，法律教义学通过法律系统自我生成的无限区分组成。"再入"就是法律教义学对社会环境与法律系统区分在法律运作

---

[1] 参见［德］卢曼：《法社会学》，宾凯、赵春燕译，上海人民出版社 2013 年版，第 424 页。有关法律的递归性研究，还可参见 Halliday, Terence C., and Bruce G. Carruthers. "The Recursivity of Law: Global Norm Making and National Lawmaking in the Globalization of Corporate Insolvency Regimes1." *American Journal of Sociology* 112.4 (2007): 1135-1202。

[2] 参见［德］卢曼：《社会的法律》，赵伊倩译，人民出版社 2009 年版，第 40 页。

[3] 参见［德］卢曼：《法社会学》，宾凯、赵春燕译，上海人民出版社 2013 年版，第 424 页。

[4] See Deggau, Hans-Georg. "The communicative autonomy of the legal system." *Autopoietic Law: a New Approach to Law and Society, Walter de Gruyter, Berlin* (1988): 146.

[5] See Rasch, William. *Niklas Luhmann's Modernity: The paradoxes of differentiation.* Stanford University Press, 2000. p.23.

内部的“重现”。

刑法通过区分得以被观察为一个独立系统，以此来辨别系统与环境。它是系统通过每一次运作体现的环境与系统的差别。[1] 区分是形成法律系统逐步丰富以及法律形成自我判断和自我指涉的关键，刑法教义学是法律实现区分的方式。系统理论对法律封闭性所做出的观察，正是在区分概念意涵下表现出形式性的特点：经过刑法系统处理的沟通都能够通过法律符码的判断形成刑法系统的冗余，并形成刑事司法论证再入的质料。这些质料的“价值”或其实质内容则可以来自刑法的环境：那些没有经过法律沟通、法律符码以及法律区分处理的庞杂且没有系统意义的信息。

如前所述，尽管具有形式性的特点，系统理论下的刑法教义学并不否定法律具有自身的“目的”，也不否认法律具有限制行动者恣意的特点。刑法教义学的构建和再入（司法过程）具有偶在性，而控制偶在性的系统运作便是法律的符码和由法律教义学搭建起来的法律冗余。刑法系统的封闭性并不意味着价值的一元化，更不意味着法律的开放性与封闭性是矛盾的，甚至在某种意义上法律的封闭性支撑了法律的开放性，反之亦然。这也消除了法律实践者对扩充现有教义正当性的“疑虑”。我们将继续考察刑法系统的开放性问题，进而在对封闭性与开放性的双重考察中发现刑法系统对自身环境的构建过程。

二、刑法教义学的开放性：刑法环境构建的第二步

如前所述，系统理论下的刑法开放与封闭之间的关系被描述为规范上的封闭与认知上的开放。刑法教义学的产生说明刑法系统的规范封闭借助于区分概念来维持符码的判断。刑法的功能在于维持规范期待的一致性一般化稳定，而要使这一功能达致，进入系统沟通的个体和组织必须能够将刑法当成与实际生活联系的规范体系。刑法能够对人们的行为形成制约，并且能够在这样的沟通中产生意义。刑法的构建须与社会事实、社会意义紧密相连。我

---

[1] See Philippopoulos-Mihalopoulos, Andreas. “Niklas Luhmann: Law, Justice.” *Society. London: Routledge* (2009).

们在此对刑法系统的开放性论证解决的正是这一问题。

系统的开放性建立在认知的基础上。认知意味着对系统外部的材料、信息的收取和解读。系统与其环境分离。在自我指涉的系统中，这种分离有助于解决社会复杂性的问题。通过抽象和类型化，刑法规则在普遍性（generality）的基础上保持了弹性，适应了社会需求的变迁。刑法教义学的结构使得那些处于刑法系统外的因素通过刑法系统内的论证（argument）展开。将这些处于刑法系统之外的沟通识别为现存法律或者已存事实的选择机制属于法律系统本身的自我描述。[1] 在系统理论维度下，这不仅适用于个体（心理意识）和刑法系统沟通的关系；同样地，在法律系统与其他系统的关系中也成立。任何具有经济、道德或政治意涵的社会问题若要成为“刑法问题”则必须通过刑法系统的语义来表达，并以刑法教义的方式予以实现。

我们认为，刑法运作中的开放性使刑法与其他系统结构耦合的环境构建得以完成。刑法系统的开放性是刑法与其他社会系统、个体心理系统进行结构耦合的产物。在现代功能分化的社会条件下，刑法教义学开放性描述的并不是一种系统与环境间的投入 / 产出（input/output）。[2] 我们来看一下对刑法教义学开放性与封闭性关系的一种惯常的理解：“将法律教义学与价值判断单纯地界定为法内与法外的关系不尽妥当。法律教义学固然具有相对的稳定性，但同时也表现出流动性的一面。不然，便难以理解，为什么当下的法教学内容与以前相比总是有这样或那样的区别，并且总是存在根据社会生活的变化而发展的法律教义学的需要。为法律教义学内在的价值判断，总是有一些法

[1] See Nobles, Richard, and David Schiff. *A sociology of jurisprudence*. Bloomsbury Publishing, 2006. p.198.

[2] 帕森斯的系统理论强调不同社会子系统间的投入与产出。See Evan, William M. *Social structure and law: Theoretical and empirical perspectives*. Vol. 180. SAGE Publications, Incorporated, 1990. 卢曼认为，结构耦合的概念应当取代投入—产出这一模型，因为它抛弃了那种概莫能外的因果性观念，但同时保留了系统与环境间高度选择性的联系的观念。See Luhmann, Niklas. “Operational Closure and Structural Coupling: The Differentiation of the Legal System.” *Cardozo L.Rev.* 13 (1992): 1432. 我们在后续的论述中将涉及系统投入—产出机制的“进化”版本：黑箱理论（black-box theory）。有关黑箱理论的基本定义，可参见 Luhman, Niklas. “Introduction to systems theory.” *Cambribge, United Kingdom: Polity* (2012). pp.32-33。

外的价值判断——即使其具有相当的合理性——不可能实现或者完成这样的转换。法律教义学所固有的体系化的建构方式决定了，它在选择某些价值进行维护的同时势必贬抑其他的一些价值，因为体系性的建构遵循的是系统论的逻辑，它强调秩序性（或逻辑性）和统一性（统一于基本原则之下），是对一定数量的理性原则进行不断演绎的结果，而数量有限的理性原则势必只能涵盖其中的一些价值，而不可能顾及所有值得保护的价值。”[1]

而在卢曼系统理论维度下，“价值”被理解为不同系统间的沟通和由此形成的结构耦合。刑法教义学对其他系统（环境）价值的“转化”也并不是一种直接使用其他系统沟通的过程，其方式展现为系统的自我指涉。即使我们认为刑法教义学中所产生的原则“值得保护”，这种保护也只能由刑法自身的不断运作和区分形成，而不可能通过引入外部的评判标准去衡量和支持。刑法的开放性与封闭性并不是“价值转换”可否形成以及转换程度的问题。封闭性与开放性建立在系统与环境的分离的基础上，形成于系统自身的区分运作中，封闭性与开放性是对系统的不同侧面进行的描述，封闭性也就意味着开放性。

通过上述两部分的论证我们发现，令研究者颇为疑惑的刑法教义的价值判断问题在系统理论之下通过分离理论和结构耦合概念得到了很好的解读。首先，刑法教义学本身并不具有高于法律规范本身的“价值诉求”，教义学的价值并不能被预设。其次，刑法当然不能拒斥社会变迁和系统环境的因素，其封闭性质料的来源便是这些环境中的成分。环境如何激扰系统并形成教义学结构的变化及其变化的频率取决于刑法自身结构。最后，刑法实践离不开人的因素，法官等司法参与者的前见（priors）也会激扰法律的沟通（意识与系统的分离），但是人们对犯罪的看法和判断是否能够进入法律系统沟通并不由个体意识决定。系统理论在强调刑法封闭性的同时，以一种非常特殊的方式引入了系统的开放性；在强调严格的犯罪构成界限的同时，为司法运作形式的多样化提供了舞台。这一舞台的边界并不是法律多元主义下不同物理空

[1] 劳东燕:《刑事政策与刑法解释中的价值判断——兼论解释论上的“以刑制罪”现象》，载《政法论坛》2012 年第 4 期。

间的法律展开，而是沟通系统与环境的结构耦合。

三、刑法教义学与社科法学：开放与封闭共生的例证

通过前两部分的考察，我们揭示了刑法教义学作为系统构建的封闭与开放。通过系统理论的维度，我们重新审视了刑法研究中对教义学体系所持有的两种观点。我们发现刑法的教义面对的不仅仅是文本，而是生活。刑法的构建过程是系统不断指涉环境（他涉）的过程。

有的学者认为教义学应当保持封闭，不应当引入价值的判断，另外一些学者则通过刑事政策如何介入犯罪构成理论探讨了在社会变迁和疑难案件中如何改造封闭的教义学。刑法研究者基本可以达成的共识在于刑法，特别是刑事司法过程的构建不可能仅仅围绕已有的教义展开。在刑法运作的过程中，总会有新的因素和信息接入进来，从而对原有的教义产生变更和调整。在变更与调整的过程中，刑法的面貌也在发生转变。系统理论给我们的启示在于这种变更并不是刑法运作的“例外”，而是刑法运作的“常态”。因为作为沟通系统，刑法无时无刻不与其环境进行着互动和结构耦合。其中最为显著的便是刑法系统与个体解释者的互动与激扰过程。我们通常认为刑法教义学是“人为”的构建过程。从实践运用的角度来看，这并没有问题。但是，若要对刑法教义学在现代功能社会复杂条件下的运作进行基础性的理解，将个体对文本和规范的解释当作系统的环境因素，而非内部沟通，则是重要的研究进路。

刑法与社会关系不仅意味着我们需要对刑法自身的构建和生产过程有深刻的理解，而且这种理解也建立在对刑法系统环境的认知和识别基础上。什么是刑法的边界，哪些“不法”和“责任”结构能够进入刑法评价的话语体系中，依赖于我们对环境因素的分析。将个体和其他社会系统当作刑法的环境，在刑法体系性的条件下，这些环境因素进入刑法沟通是受到限制的。

刑法教义学在当下受到国内外学者的质疑。系统理论不是对刑法教义无条件的维护，而是通过其观察社会的方式揭示出如果一种社会系统能够产生

有效的解决社会问题、简化社会沟通以及保持社会期待（秩序）的功能，那么一种区分（distinction）视角必不可少。我们当然可以认为现有的刑法教义学并非完美地解决了上述系统的难题、完成了社会交给刑法的“任务”。我们甚至可以认为“教义学”的指称在现代社会已经不再合适，但是我们无法否认刑法若想在社会中存有一席之地、刑法实践者与研究者若想在原有的智识与经验的基础上有所扩展，并将多元学科和知识背景纳入对规范、对刑事法治的解释和运作中，我们仍然需要刑法教义学继续存在。作为刑法研究者和实践者，我们需要将自身与刑法保持距离。这并不是将已有的教义学当成“圣经”，也不是强调对法律的“崇高信仰”，而是要通过实践和研究刑法，丰富刑法的环境因素（一种系统内部的区分运作过程）。

如果上述系统理论的分析能够被人们接受，那么我们也可以借此重新审视刑法教义学与社科法学之间的关系。

首先，两者之间并非界限清晰。刑法教义学虽然具有自身的历史属性和学科背景，但是近现代刑法理论大量借鉴了经典社会理论和政治哲学理论。贝卡里亚、边沁等人不仅是刑法学家，更是社会学家与现代政治理论的倡导者。经济学的诞生也对刑法教义学的现代构建与展开起到不可忽视的作用。[1]近年来，法律的经济分析也逐渐进入刑法量刑和刑罚执行的具体运作中。刑法教义学对环境的开放性说明我们不能以一种“法律意识形态”来定义刑法的“外围”。系统理论强调作为系统的刑法边界，但是其从来不认为这种边界维持的基础在于法律人故步自封的意识中。

其次，社科法学也不能将刑法理论视为一种华丽的法律修辞。我们在上述的论证中反复强调刑法的社会功能，刑法规范期待的社会功能正是在这种不断自我指涉的法律论证中建立起来的。社科法学的沟通从属于经济学、社会学、政治学等。不仅在各个学科之间研究法律的方法、适用的符码以及产生的沟通不同，而且这些沟通之间并非能够进行前述的“输入 / 输出”的直接转化。一是不能将所有的“社科法学”都当成可以互相“转化”的集合

[1] See National Bureau of Economic Research. *Essays in the Economics of Crime and Punishment.* Eds. Gary Stanley Becker, and William M. Landes. New York: National Bureau of Economic Research, 1974.

（社会法学之间的差异不比作为社会科学与法学之间的差异小）；二是需要警惕“拿来主义”，从而在批判刑法论证“修辞过程”的同时，陷入“法律经济学”的帝国主义、[1]“法律政治学”的权力分析的窠臼中。

最后，社科法学是学术研究在现代社会不断细化的过程。这与现代社会分工与功能分化的不断加深有密切关联。有的人会认为这是学者和学术研究为了争得更多的资源而有意为之的现象。也许这种说法放在经济史中是值得研究的，但是当我们运用系统理论来分析这种现象的时候，我们就需要以积极的心态去应对“社会”与“环境”区分所带来的学科变化。社科法学的形成首先是作为经济学、统计学、政治哲学等系统理性的建立，这与学术研究的积累有关，更是社会演进过程中经验智识的积累。

学科分化的历史和经验并非一种“目的性”实践。由此，我们就应当正视这种区分，而不是强调融合与替代。也正是存在刑法教义学的内部研究与社科法学外部研究这种相对的区分，我们才能在不断构建刑法运作的同时，不忘对社科法学给予关注。我们在此处探讨的刑法教义学与社科法学之间的争议反映的是更大范围内刑法与其环境的结构耦合问题。通过刑法教义学的封闭性与开放性的例证，我们实际上是在阐释这种在更大范围内结构耦合的过程与形态。

第三节　刑法的结构：结构耦合的运作场域

在前两节中我们分析了刑法结构耦合的前提条件和外部条件是刑法体系性与刑法环境。我们也在本章第一节中提到了刑法体系性与上一章刑法自我指涉的关系。借由对刑法体系性与刑法环境的探讨，我们对学界存有争议的问题，诸如英美刑法的体系性、阶层式犯罪论的普遍意义和刑法开放性问题作出了系统理论下的回答和开拓。我们认为现有文献对刑法运作中“外部因

[1] 托依布纳指出，经济学理论将经济理性总体化（totalize），将其他所有部分理性斥为非理性，并推动社会整合为一个由市场机制而形成的整体时，也丧失了可信度。参见［德］贡塔·托依布纳：《宪法的碎片：全球社会宪治》，陆宇峰译，纪海龙校，中央编译出版社 2016 年版，第 41 页。

素”介入的理解呈现机械化、静态以及因果论的特点，而这些研究成果和结论对于我们理解现代功能分化条件下的刑法与社会关系而言存在不足。这是我们引入系统理论的理由。刑法与环境、刑法与社会动态的、回溯式的甚至是循环的关系是系统理论呈现出来的描述图景。

我们并不想将刑法与社会割裂开来。传统系统论的“整体—部分”研究框架是我们在论证中无法舍弃的。但是，正如前述中所提到的，仅仅将刑法与社会定义为整体与部分之间的联络并不能够解释刑法为什么会出现与社会期待相反的情况（规范期待的反事实特点），更无法解释刑法对社会期待的规范性构建过程。刑法分享了社会沟通的一般属性，但是其在社会中发挥的作用却体现在其特殊的符码、体系性和环境的构建上。如果刑法并无自身知识论上的构建性，我们甚至无法解释为什么会出现刑法及其相关的制度现象，为什么社会不再以私力报复、复仇等方式解决犯罪问题。刑法的结构耦合这一概念本身就表达了一种社会演化观，我们的视角集中在对现代刑法与社会的现象观察上。

我们在前两节的论证可能给读者带来这样一种疑问：如果说本章的主题和主线应当围绕“结构耦合”的概念，那么我们到现在为止的论证似乎一直在做一种铺垫。无论是前提还是外部条件，似乎我们都没有将“系统结构”以及系统间结构“耦合”放到中心位置。我们认为刑法与社会产生勾连的过程是复杂的，刑法与社会产生分离的过程也是复杂的。对于复杂现象的描述和论证需要进行分析，也就是对在现实中无法分割的现象进行论证上的分离。我们并不准备一上来就将刑法与社会的结构耦合的运作模式呈现出来，一是系统理论在对系统间关系的论证中对结构耦合概念本身并没进行大篇幅的论证，而是针对结构耦合产生的前提和条件展开了非常详细的刻画；二是刑法研究中并不缺乏对刑法与社会关系的论证，但是研究者近乎放弃了对两者形成关系前提的探讨。这种研究进路使我们忽略了更基本的问题。社会与刑法要么变得无法割裂，要么显得无法兼容，即使两者的结合，也依托于“人的能动性”。面对研究中所存有的缺陷，我们在论证中应避免对结构耦合概念的直接切入。

在完成了前两节的论证之后，我们已经具备充分的准备来对刑法结构耦合的具体运作形式进行分析。

一、结构概念在系统理论中的恰当性

结构耦合概念的提出是卢曼等社会理论学家对各个功能社会子系统间运作及其相互高度选择的影响过程的描述。我们在前两节中提到了以卢曼为代表的新系统理论并没有将系统的结构作为稳定系统自我指涉、区分以及边界的关键性因素。我们在前两节的论证中还针对传统系统论强调社会结构的论证提出了批判。吊诡的是，卢曼等人的系统理论偏偏又使用了“结构耦合”这样一个令人疑惑的概念。既然社会系统论已经通过对沟通、符码乃至运作（operation）等重要概念的提倡与重构，为什么在判断和解读社会系统间关系的时候其仍然摆脱不了对社会结构这一概念的依赖？

本书并非对系统理论学术流派与沿革的专题探讨，所以我们无法占用太大的篇幅对这一问题进行详细的论证。不过在此必须做一些简要的回答。

首先，卢曼等人的系统理论脱胎于帕森斯的社会系统论，而帕森斯的社会系统论又深受韦伯解释社会学和齐美尔组织社会学的影响。虽然后两者都强调意义对社会构建的重要作用，但是结构仍然是支撑社会学传统的关键概念。无论是解决社会秩序问题，还是法律的社会功能，结构始终是社会理论家关注的焦点，卢曼等社会系统研究者并无例外。结构是分析社会制度的重要（如果不是唯一的）理论概念和资源，不管我们如何看待法律运作的“非正式”资源，结构及与之相关的法律演化问题是法与社会研究无法剥离的重心。[1]

其次，沟通、运作等概念虽然具有极强的理论反思和颠覆意涵，但是在分析和解决社会具体现象和具体问题时，在面对整个西方社会知识论尚未转型的今天，想要通过这些过于“超前”的概念对实证和经验的研究给出有益的建设和贡献是极其困难的。在我们看来，利用结构耦合概念是卢曼深入对社会具体问题探讨过程中所做的一种“妥协”。

---

[1] See Cotterrell, Roger. “Selznick Interviewed: Philip Selznick in Conversation with Roger Cotterrell.” *Journal of Law and Society* 31.3 (2004): 306. 但是，结构主义下传统的结构概念对社会生活进行了过于僵化的决定论意义上的预设。在这一点上，卢曼、吉登斯等人对结构的看法更为灵活，或者说将结构与社会过程、社会变化更为紧密地结合起来。See Sewell Jr, William H. *Logics of history: Social theory and social transformation.* University of Chicago Press, 2005. pp.126-127.

最后，这种“妥协”并非放弃系统理论构建起来的对现代社会的基本解释框架。我们将在其后的论述中看到，利用此概念，系统理论仍然为我们提供了一幅不同于传统的解释图景。对本研究而言，一方面，需要“忠实”于系统理论的最为基本的一些论证模式和概念，结构耦合概念便是其中之一；另一方面，刑法的规范、规范的解释、刑事司法的制度、惯习乃至对制度理性的认知，这些传统的主客观因素都与社会研究中的“结构”概念紧密相连。本研究必须依赖于现有的学术资源和惯常表达来进行可能的创新性探索。综合以上的理由，系统理论沿用了“结构”的概念，我们在对刑法与社会关系的分析中也认为系统理论这种选择是恰当的。

二、偶在性与复杂性：系统理论对刑法结构的定义

（一）作为偶在公式的法律正义（justice as contingency）

那么，刑法中的结构是什么？刑法中又有哪些结构能够和其外部的环境产生“耦合式”的互动？系统间结构耦合呈现的结果和样态是怎样的？在回答之前，让我们来看一下对法律结构主义持反对立场的观点。

波斯纳认为，持现实主义立场的法官虽然也关注先例判决和法律渊源问题，但是相比于奉行法律教义的职业者而言，现实主义的法官更像一名政治行动者。现实主义是实用主义这一哲学概念的“平民化”，现实主义的司法立场以实际的考量而非理论的展开去对待司法案件。案件的后果成为其论证的出发点。[1] 现实主义的法官也承认司法过程中意想不到、突然的变化会消解法律中既定的期待，从而给法律运作带来意想不到的成本和不确定性。这也是为什么在法律中我们会看到“相同案件相同处理”的原则。不过在波斯纳看来，这一原则被当成法律正义象征的经验性总结，并不是不可以违背的。在其看来，这一原则应当表述为：相似的案件应当进行相似的处理，但是当有其他强有力的理由时，相似的案件可以按照不同的情况

[1] See Posner, Richard A. *Divergent Paths: The Academy and the Judiciary.* Harvard University Press, 2016. p.79.

处理。[1]

我们在之前对“相同案件相同处理”这一法律原则做过简要的回答和论证。这里针对批判结构主义的观点，我们需要对系统理论所重视的这一理念展开进一步的探讨。尽管这一原则看起来是一个实质上（substantially）空洞的纲要（formula），但是在系统理论看来，其是构建法律系统复杂性的基础。这一原则体现出法律运作中不间断的比较，并从这种比较中产生出法律的纲要。正义并不是系统运作的一般纲要。在卢曼看来，法律并不直接识别而是不断回应环境中的激扰。正义的生成属于法律纲要运作的纲要（a program of all the programs），从而在系统内部形成一种再入，从一种看似“外部”视角指引法律运作。在卢曼看来，这与诸如道德、政治与经济系统的正义观念都不相同。在那些体系中，正义属于多种规范性要素之一，而在法律系统中，正义成为一种指引性，或者说原则性的纲要。[2]

关键在于，在这种法律系统运作中“纲要的纲要”并不是一种实体性的原则，而是以偶在的（contingent）运作形式展开的。如前所述，现代社会是一种“人为的构建”，而非“自然社会”。偶在性说明现代社会秩序的生成与任何“天命”无关，也不存在一种自然意义上的“天理”（natural justice）。偶在性观念承认正义的不稳定状态以及生活秩序的流动性（fluidity）。偶在性是这样一种认知：追求正义的过程并不意味着一种稳定的正义随时可以实现。

偶在的正义观的提出使我们对现代社会秩序的形成有了新的理解。秩序不再建立在唯一坚实的基础之上，而是一系列互相指涉的沟通形成的内在关系和一致性。这样一种社会秩序生成方式使社会的开放性更高，也使沟通的流动性与选择性成为可能，从而促进了社会系统的生成和功能分化。现代社

[1] See Posner, Richard A. *Divergent Paths: The Academy and the Judiciary.* Harvard University Press, 2016. p.93. 也有的学者将这一原则表达为“据法裁判”“法律论证”“通过纠纷解决的过程感应社会变迁，形成新的普遍性规则”三个层面，而最后一层意涵明显预示了原有规则在审判案件的过程中会随着社会结构变迁逐渐发生迁移。参见泮伟江：《当代中国法治的分析与构建》（修订版），中国法制出版社 2017 年版，第 35 页。

[2] See Luhmann, Niklas. *Law as a social system.* Oxford University Press, 2004. pp.213-215.

会的一大特点便是对“多元规范”生成的认知度更高，系统的分化使得现代社会接纳更多不确定因素的能力大为提高。系统论下的偶在性概念为我们提供了解读现代社会条件下法律正义的变迁和刑法结构特点的新视角。

（二）作为现象而非实体的“结构”

因此，“正义的法”（law of justice）是根据各种不断互相指涉形成的、具有偶在性的法律沟通组成的。对于系统及其环境来说，正义通过案件的比较产生体现出来。[1] 因此，法律运作在司法判决的当下无法观察自身。法律运作中的盲点（blindness）是法律判决保持结构在法律的记忆中前后一致的必要条件。以这种方式构建的司法判决过程能够在法律系统中被观察，从而使得“相同案件相同处理”成为现代法律系统的正义公式。[2]

---

[1] See Nobles, Richard, and David Schiff. “Luhmann: Law, Justice, and Time.” *International Journal for the Semiotics of Law-Revue internationale de Sémiotique juridique* 27.2 (2014): 326.

[2] See Nobles, Richard, and David Schiff. “Luhmann: Law, Justice, and Time.” *International Journal for the Semiotics of Law-Revue internationale de Sémiotique juridique* 27.2 (2014): 334. 对系统理论正义理论的批判认为：这种正义观念将法律正义“个案化”了，成为一种新旧案件裁判的对比。除此之外，这种正义理念否认存在实质的、衡量法律运作内在正义的标准，从而只能从外部、从案件的“社会效果”去进行个案评判。因而这一正义观念具有“形式正义”，或者说“程序性正义”的特点。对法律系统正义的评价只可能通过是否在“正当程序”条件下构成法律适用的平等。同样地，这种正义观念没有生成特定的价值评判标准，在系统普遍层面上没有实质的标准去衡量个案的正义。

托依布纳认为，批判者没有看到卢曼系统论对系统偶在的正义观所起到的化简社会复杂性所具有的积极意义。其认为，法律系统正义的实现要求“适当的一致裁判的复杂性”（adequate complexity of consistent decision making）。See Luhmann, Niklas. *Law as a social system*. Oxford University Press, 2004. p.219. 也就是说，法律正义的实现需要通过司法决策提供较为宽广的规范情境，从而使得当下案件的处理能够不断指涉先前的裁判规范，并且递归式地影响已经形成的规范结构，最终对未来案件的审判提供有益的支撑。从这个意义上说，法律运作在现代社会复杂性和偶在性条件下的运作一致性，并进而自我指涉的系统才可能形成。如果仅仅是一种实质的正义观念，这样的法律体系、刑法体系是无法面对社会复杂性在现代社会的极速增长的。司法及其裁判的偶在性在一定程度上化解了环境的偶在性和复杂性，并且能够通过裁判规范前后的指涉联系在一起。虽然我们从整体上来看，法律运作的正义观念不断发生变迁，但是在每一次司法裁判的当时，司法裁判的系统指引以及由此形成的对系统当下裁判正义的指涉是明确的。而这种法律解释或者说司法运作中的明确性则是由系统选择自由度和可能性造成的。如果正义理念是特定的、抽象的，无法与先前的系统沟通，也就是无法与先前的司法裁判关联起来，那么这种正义的实现恰恰是极不稳固的，也会造成系统结构和沟通前后的断裂。

通过对偶在的法律正义公式解读，我们能够发现“结构”，或者说现代社会系统结构的生成方式。结构概念作为西方社会学，甚至是社会科学的基础性概念，其诞生和发生深受自然实证科学的影响，也是统计学与概率论进入社会科学研究的显著例证。这一概念几乎成为社会行为可以被观察和测度这一西方科学研究“意识形态”（知识社会学）的最集中的体现，也成为解除“意志自由”与“社会整体”这一悖论的假设工具。[1]

而从偶在性出发，卢曼则对结构概念进行了前所未有的独特阐释，从而一定程度上扬弃了结构/施为这个吉登斯所谓社会学的核心问题。概略来说，卢曼是以结构/事件、运作/观察、自我指涉/异己指涉（other-reference）、社会系统/心理系统等多组区分来取代结构与施为的区分，因而能一方面坚持从偶在性与事件出发，另一方面不但一样能谈结构，而且能逻辑一贯且具有说服力地谈结构。有别于视结构为规则、规律或反复出现的现象，卢曼主张结构始终是期待，而且是指作为社会的意义形式，而不是内在心理过程的期待，是在事件的递归运作中形成的，相对稳定，却又可以改变且不断改变的意义形式。相当于事件一出现就又消失，对系统的运作、对事件的衔接来说是必要的结构，也总是只存在于当下，唯有当结构被使用了，当下的运作或者是证成了，或者是修正了结构，结构才存在。这种结构概念具有一种现象学—解释学的维度，即从现代性的角度来看，现代社会的结构与传统社会指向过去权威和习俗约束的时间性相比较，具有一种明确的、指向现在和当下的，自我设计和自我确认的特征。[2]

系统论的“结构”概念具有深刻的现象学根基。现象学强调直观生活经验，以可能而非现实性作为导引。[3] 正如学者所言，我们必须从现实性/可能性这个区分（也是意义的茁生）出发，认识到结构并非始终存在，而是只有在运作之中，在运作的再生产中存在；但同时结构又始终是个“潜在的”存在，是逻辑上而非时间上存有的“先在”，因此能够以外在于事件序列的

---

[1] 参见叶启政:《社会理论的本土化构建》，北京大学出版社 2006 年版，第 156 页。

[2] 参见张容南:《一种解释学的现代性话语：查尔斯·泰勒论现代性》，上海人民出版社 2011 年版，第 5 页。

[3] 参见张祥龙:《什么是现象学》，载《社会科学战线》2016 年第 5 期。

方式，“先在地”对将要发生的事件和运作产生影响。[1] 因此，卢曼是从“选择性的关系化”这个彻底关系论的立场出发，去理解社会结构概念的。不能将结构概念物化，视为客观、恒定、外在或者先在。结构毋宁是关系之间的关系，就它作为模式来说固然相对稳定，因此曾给人规律和反复发生的印象，但其一样是事件递归的再生产的产物，是系统运作不断往前和往后参照，且作用于自己身上的产物，不但可以改变，而且可以突然剧烈改变。[2] 此外，事件（events）与结构分属不同的实在层次，不可混为一谈，或把结构视为事件或行动的积累。事件与结构之间的关系是一个相互循环建构的关系。结构唯有通过事件才得以建立与改变，但反过来，结构也驾驭了事件的衔接。[3]

因此，正如卢曼所言，结构并不是一种系统特殊的稳定，而是具有可以连接不同事件，促使系统自我指涉再生产的功能。不确定性替代确定性与稳定性，成为系统结构生成的条件。如果系统的不确定性全都消除，结构也就不复存在。因为自我指涉系统的再生产是建立在新的可能性发生的基础上的。因此，正如法律正义的偶在公式所体现的，新的结构以及更多的结构在系统的产生并不意味着系统的生成和演进就可以预计，甚至可以计划。更多的结构意味着更多的可能性和不确定性，而这种不确定性又为新的结构生成提供

---

[1] [德] 卢曼：《社会之经济》，汤志杰、鲁贵显译注，台湾地区联经出版事业股份有限公司 2009 年版，第 38—39 页。

[2] [德] 卢曼：《社会之经济》，汤志杰、鲁贵显译注，台湾地区联经出版事业股份有限公司 2009 年版，第 39—40 页。

[3] [德] 卢曼：《社会之经济》，汤志杰、鲁贵显译注，台湾地区联经出版事业股份有限公司 2009 年版，第 40 页。事件（events）处于中间状态，在没有被系统符码覆盖前，系统间的沟通都只是一种事件。卢曼对事件的定义与系统理论中元素（elements）的概念有关。卢曼将元素视为瞬间的（momentary）事件。事件没有延续性，由于这种瞬间性，系统需要不停地制造新的元素，如果元素的再生产停滞，系统也就立刻消失了。从本体论上来说，元素又是没有本体的——如果脱离了系统的运作，元素也就不能称为元素了。当然，元素由各个不同的部分组成，在分析的层面上可以脱离系统展开研究。但是作为一种系统单位，元素只能通过其与其他元素的关系进行定义。在这个意义上，元素也就只能以其对通过作为一个整体的系统所发挥的功能进行定义。See Nobles, Richard, and David Schiff. “A story of miscarriage: law in the media.” *Journal of Law and Society* 31.2 (2004): 225; Seidl, David, and Kai Helge Becker. “Organizations as distinction generating and processing systems: Niklas Luhmann’s contribution to organization studies.” (2006): 11.

了条件。在法律运作中，我们时常能够看到对一种行为的规制促使对这种规制的规制（regulation of regulation）。[1] 这不仅体现在对由法律产生的政府的规制，也产生对执法和司法活动的法律规制。从这个意义上讲，结构就是一种不断产生系统互相指涉的可能性（optionality），而不是任何具有实体要素的存在（beings）。因此，结构并不是决定法律实践的因素，结构是一种对法律运作前后沟通关系的指涉与定位，是对偶在性的法律系统运作的描述。法律实践本身是复杂、地方性和充满各种冲突的。[2]

（三）重新理解结构在体系中的功能：以刑法的规范保护目的为例

刑法的功能与目的不仅仅是保护法益，还需要重建规范（reconstructionism）。[3] 刑法的规范重建功能与系统理论中对法律偶在正义观和结构概念的定义具有相似之处。通说认为，刑法通过犯罪论体系将值得处罚的行为评价为违法且有责，通过刑罚的宣告与执行对规范的效力进行了重申，因此刑罚不仅具有特殊预防和报应的目的，还具有积极的一般预防效果。在对案件进行裁判的过程中，具体规范的内涵也会随着审判的积累产生变化。“规范重建”并不意味着规范不发生变化，从系统理论的角度来看，这还意味着识别规范的方式，也就是对当下刑法规范进行二阶观察的方式也在发生变迁。

司法过程是创造性的，这种创造不仅意味着对规范进行解释，并通过适当的刑罚“重建”规范，而且刑法体系的结构，也就是沟通前后偶在性的关系也通过司法对刑法规范的解读产生变动。而且，也只有在对规范进行不断重新解释的情况下，刑法的“规范保护”的目的才可能在前后保持一致，并随着现代社会偶在性因素的不断更新而保持稳定。简言之，反事实的规范期

---

[1] See Luhmann, Niklas. *Social systems.* Stanford University Press, 1995. pp.286, 288.

[2] See Teubner, Gunther, ed. *Dilemmas of law in the welfare state.* Vol. 3. Walter de Gruyter, 1986. pp.183-184.

[3] Kleinfeld, Joshua. “Reconstructivism: The Place of Criminal Law in Ethical Life.” *Harv. L. Rev.* 129 (2016): 1485-1811. 不过，持规范违反说的学者并没有指出在制度层面社会规范与价值观念如何进入刑事实体法律中，也就是作为系统的刑法如何选择社会价值（系统理性）来构建惩罚的组织结构。我们将在后述内容中看到系统理论通过结构耦合的概念在分析和描述的意义上弥补了规范违反说这一研究上的缺陷。

待的稳定并不排斥，而且必须通过系统不断认知的能力，产生对刑法规范理解的重构。从这个意义上说，刑法的规范保护目的对于系统内部运作而言是如何处理外部环境偶在性，并将前后的沟通连接起来的过程；而从系统外部来看，则是刑法体系稳定性与客观性的表现形式。社会大众对司法过程的偶在性并没有认知，而是通过裁判前后一致的外在“结构”产生对规范的认同和遵守。通过“规范保护”的刑法目的解释构建，复杂的环境因素在系统中通过具有吸收偶在性并创造系统沟通更多可能性的结构得到化简，并呈现出稳定的系统运作状态。

法律现实主义对现代司法中不确定性的强调，给我们的启发在于重新审视法律结构的系统特性、运作过程与社会功能。在上述论证中，我们看到包括刑法在内的法律系统的结构并非一种定在（given）。如果我们仍然将结构理解为实体性的系统制约机制，那么我们将无法回应现实主义法学对形式主义法律观的批判。

我们认为，现代社会刑法体系对外部环境复杂性，也就是刑法体系对社会变迁中政治、经济等系统多元理性的回应和吸收是系统自身运作在二阶观察层面上自身偶在性的展开。易言之，也就是在增强系统创造多种可能性的过程中，保持对环境的回应能力。而对可能性进行筛选的机制成为连接系统前后沟通的结构性因素。刑法的结构耦合进而可以理解为与其他社会系统在选择信息过程中生成了相似的稳定环境复杂性与偶在性的机制，并且这种机制会在刑法体系的运作中作为一种有用的信息被其他社会系统使用，反之亦然。结构耦合提供了刑法体系对外部环境刺激回应的稳定性。

这并不意味着作为结构耦合的系统选择机制保持不变。在各自系统的自我演化中，系统吸收环境复杂性与偶在性的沟通随时在发生变化。系统间现存的结构耦合也仅仅是对减少系统运作中的不确定性起到指引作用，而不能够消除系统自我指涉中的偶在性。而系统沟通存在多种可能正是我们前述中所论证的现代社会秩序产生的必备条件。如果刑法体系与其他社会系统的结构耦合，例如刑法与经济系统的结构耦合呈现出一种静态稳定，从而形成了一种简单的输入—输出关系，这显然会对双方的自我演化与发展产生负面影响，也使系统认知外部环境的能力降低，最终将会造成系统社会功能的萎缩乃至消亡。[1] 系统如何在保持结构稳定的情况下，不断产生对自我指涉沟通的二阶观察，成为刑法体系形成与外部环境良性互动的关键。

三、冗余和多样性：刑法结构的双重要件

我们在前面的论证中曾经提到冗余和多样性（variety）概念在系统沟通和自我指涉过程中的作用和效果。在本节中针对刑法的结构耦合，特别是前一部分构建的刑法结构与法律正义公式的关系，我们需要再次借助这对概念，对刑法如何借助自身结构和自我生成的过程构建系统间结构耦合的过程进行探索。

在系统理论中，冗余是指那些在系统沟通中不属于新的成分的沟通组成部分。[2] 如果沟通产生的是系统已有的部分，那些已有的沟通就被称为系统冗余。[3] 冗余是系统沟通的记忆。多样性是与冗余相对的概念。多样性是指系统运作中存在的可能被系统识别的运作的数量与种类。[4] 多样性是系统对未曾接触的信息传递可能性的描述。与冗余和多样性相关的概念是系统的“信息”（information）。沟通产生的未曾有过的成分被称为信息。[5] 信息是一种无法被接收者预测的信号内容，它是一种关乎可能性的概念。信息也是一种区分，是“任何可以加以区分的差别”。对一个人来说是信息（他可以加以区分）的东西，对另一个人却不是（他不能加以区分）。[6]

---

[1] 系统间，或者系统与环境间的直接“输入—输出”关系并不存在，系统能够处理的复杂性，也只是其通过不断再入所形成的“系统的环境”的复杂性。这种将环境进行“内部化”处理的模式，也代表了系统对于环境的资讯不足，亦即对于系统而言，环境是无法确实预测的，而系统也借着这种活动排除了不可预测的环境对系统的决定力。参见李茂生:《少年犯罪预防与矫治制度的批判——一个系统论的考察》，载《台大法学论坛》2000 年第 2 期。

[2] See Luhmann, Niklas. *Law as a social system.* Oxford University Press, 2004. pp.35-36.

[3] See Luhmann, Niklas. “Legal argumentation: an analysis of its form.” *The modern law review* 58.3 (1995): 291.

[4] See Luhmann, Niklas. *Law as a social system.* Oxford University Press, 2004. p.320.

[5] See Luhmann, Niklas. “Legal argumentation: an analysis of its form.” *The modern law review* 58.3 (1995): 291.

[6] 参见［德］弗里茨 · B. 西蒙、C/O/N/E/C/T/A 作者组:《彻底的市场经济——系统管理基础》，张东辉、陈飞译，商务印书馆 2007 年版，第 14 页。

那些存留在系统沟通中的记忆是冗余，那些不确定和流变的则是系统的信息。在系统理论维度下，信息是多样性的沟通呈现，信息是多样性最终实现的状态。多样性仍然是对系统不同沟通可能性的描述，而信息则是已经经过系统处理的沟通形态（尽管对于系统而言信息并不一定都属于“有用的”）。冗余和多样性、冗余和信息产生了概念的相对性。系统沟通产生的冗余越多，系统受到多样性的影响就越小。冗余的形成是为了降低系统个别运作过程中遇到的不可预料（surprise）。[1] 相似地，一个被给定的信号（冗余）传递的可能性越大，事实上通过此种传递获取的信息就越少。[2]

系统需要冗余，也同样需要与环境相关的多样性和由此形成的信息来实现系统的结构演化。系统理论中的上述概念同样适用于法律系统。法律系统在运作的过程中既不会完全抛弃冗余的确定性，也不会故步自封地驱逐多样性带来的不确定性。系统的“茁生”（emerge）是指在冗余和多样性之间不断跨越边界的自我再生产（self-reproduction），而不是系统自我满足的封闭活动。[3] 这与我们上文所提到的刑法教义学的封闭与开放共生的状态相吻合。一个可以维持沟通的法律系统必然产生系统的冗余、多样性的涌现和信息的传递。只是在不同的法律系统中相关系统部分的组成模式并不相同。系统冗余的程度、多样性介入系统观察的程度以及信息传递的数量也因此有所不同。

系统中多样性和冗余各自所占的比例与系统和环境的关系紧密相连。一种产生高度多样性的法律文化，也就是那些强调个案特殊性的法律系统会对环境和其他社会子系统保持高度的认知开放（cognitive open）。相反，如果我们面对的是一个以更多冗余构成的法律系统，其将会对那些开放式的系统媒介（如金钱、政治权力等）保持高度的警觉，并且将这种环境因素转化进行更为严格的限制。[4] 在刑法学的研究和实践中，特别是在大陆法系法典化的系统之下，刑法系统的冗余占据了系统沟通较大的比例，个案的特性被压制在相比于民事案件更狭小的空间中。刑法相比较民法而言，也更容易选择

---

[1] See Luhmann, Niklas, et al. “Law as a social system.” *Nw.u.l.rev* (2008). p.144.

[2] See Shapiro, Martin. “Toward a Theory of ‘Stare Decisis’.” *The Journal of Legal Studies* (1972): 125.

[3] 参见宾凯:《社会系统论对法律论证的二阶观察》，载《华东政法大学学报》2011 年第 6 期。

[4] See Luhmann, Niklas, et al. “Law as a social system.” *Nw.u.l.rev* (2008). p.144.

“忽视”一些新出现的情况，刑法系统对多样性的甄别更为“谨慎”，作为环境因素的信息进入系统的过程需要接受更多系统冗余的识别和转化。

刑法与惩罚、犯罪与报复的历史经验告诉我们，刑事法律的运作更易于受到政治系统、权力系统、经济因素乃至社会大众传媒系统的高度关注，而这些关注使得刑法在演进的过程中，在自我指涉形成的过程中面临的风险更大。这在一定程度上形成了刑法更加严格、更为纯粹的“刑法教义学”体系。但是我们认为，刑法在“拒斥”外在多样性和环境信息的同时，需要寻找到稳定的系统间结构耦合“媒介”（media），从而使得系统在沟通封闭的同时，能够不断向外部条件和环境指涉，完成系统的自我指涉与不断生成的过程。简言之，刑法的运作和刑法教义学的演进必须在保持自身冗余的情况下对无法避免的系统多样性和信息介入形成稳定和惯常的制约。结构耦合如何在保持系统冗余的基础上，增强系统的选择性，从而使得系统在与外部环境和其他子系统进行互动的过程以较为稳定的状态应对？系统的结构又在何种条件下可能产生突变，从而打破原有的系统冗余，使得系统间的结构耦合消解？我们将通过刑罚实践中的例证说明。

四、结构耦合运作场域的例证：福利政策与刑事惩罚

对20世纪以来西方刑事司法制度影响深远的一派学说是刑罚福利主义观。[1]它融合了正当程序原理与合理量刑原则，并在现代科学技术发展之下，融合了对待犯罪的治疗主义和专家型知识取向的刑事司法人员构成与叙述逻辑。刑罚福利主义观持一种历史进化论的视角。现代国家为了在社会和经济生活的主要

---

[1] 刑罚福利主义起源于法国大革命之后欧洲各地相继出现的社会结构转型与国家形态。历史学家的研究表明，国家对个体日常生活的控制通过法律变得更为牢固和紧密。改造（reformation）作为一种与对罪犯惩罚相独立的目标出现在西欧19世纪以后的刑法系统中。进而，19世纪西欧的刑罚系统也与早期现代社会涂尔干所称的“恢复刑法”（restitutive justice）存在显著的差别。相较于调整社会关系（从而允许行为人对被害人进行赔偿，而不是关注行为人的人格改造），以改造为主的刑罚更为关注罪犯的人格面相。See Lenman, Bruce, and Geoffrey Parker. “The state, the community and the criminal law in early modern Europe.” *Crime and the Law: The Social History of Crime in Western Europe since* 1500 (1980): 44.

领域中进行干预，就必须将这些领域内的行政管理视为专家工作，其专业化工作性质就要求有一种病人或患者的公民阶层的存在。[1] 其论者相信“进步”是人类历史线性发展的必然规律和基本事实，并认为通过社会改革和政府的介入可以修正自由市场的弊端。福利主义者将社会公平放在更为重要的位置，他们相信资本主义市场经济的不规律性和掠夺性使得弱势群体的机会逐渐减少。福利政策以及公民权利运动是他们心目中达致社会矫正和犯罪矫正的主要主张和措施。[2] 在犯罪治理和犯罪预防上，福利主义论的基本特征是对“正常”与“病态”人群做出区分，并将其理论视角集中在后者。犯罪矫正理论认为只有对犯罪人采取个体化措施，才能有效实施刑事司法并预防犯罪。[3] 具体来说，福利刑罚主义者认为犯罪是由贫穷以及与之相关的因素决定的，例如脆弱的家庭、缺失的学校教育、受限的工作机会等。因此，他们也会认为预防与惩治犯罪的对策应当从社会福利方面着手。[4]

福利主义强调一种适度的社会团结（social solidarity）。[5] 在涂尔干“社

---

[1] 参见［美］奥尼尔:《身体形态：现代社会的五种身体》，张旭春译，春风文艺出版社 1999 年版，第 73 页。

[2] See Smith, Tom W. “Liberal and conservative trends in the United States since World War II.” *Public Opinion Quarterly* 54.4 (1990): 479-507. 如后所述，有的学者认为，对福利主义的责备以及对移民浪潮的反对，是美国社会犯罪恐惧因素对犯罪显著性影响的重要变量。See Hogan, Michael J., Ted Chiricos, and Marc Gertz. “Economic insecurity, blame, and punitive attitudes.” *Justice Quarterly* 22.3 (2005): 392.

[3] 帕克（Herbert Parker）指出了这种基于社会福利思想的刑罚个体化模式的弊端，以及所产生的与政策制定者初衷相左的意想不到的后果（unintended consequences）。除此之外，帕克认为在现有刑事实体与程序法体系下实施保安处分会遇到如何平等适用的难题。当对行为人采取这种“非刑罚化”的矫正手段时，平等适用法律将无法达致。因此，保安处分中存在的这种风险使得其无法成为一种社会应对犯罪的基础性手段。See Packer, Herbert. *The limits of the criminal sanction.* Stanford University Press, 1968.

[4] See Scheingold, Stuart A., and Malcolm M. Feeley. *The politics of law and order: Street crime and public policy.* Quid Pro Books, 2011. p.11. 社会福利和法律条件纲要的冲突，以及由此给接受社会福利的公众带来的自我印象的冲击，可参见 Jürgen Habermas, and Thomas McCarthy. *The theory of communicative action.* Vol. 2. Beacon press, 1985。

[5] 将犯罪视为对社区（community）秩序破坏，而不是直接对政治实体或者国家政治（political state）破坏的观念是西方现代刑事司法起源的神学基础。See Berman, Harold J. *Law and Revolution, the Formation of the Western Legal Tradition.* Harvard University Press, 2009. p.181.

会分工”的影响下，人们认为分工的加剧能够增进整体社会福利，从而为新的投资或分配准备过剩的资源（分工越强，资源也就会取之不尽，不断再生产）。这在战后的繁荣时期成为西方社会计划运动产生的社会思想根源。这种在社会分化条件下对社会团结的乐观想象支撑了刑罚福利主义思想及其社会政策的制定。[1]

通过社会团结的弥散效果，福利主义认为应当给予所有社会个体同等的公民身份，并通过身份承认赋予个体同等的权利与同等的机会。福利主义的兴起，伴随着企业国家模式（corporate state）使得法律、法律论证与正义实现中的公共政策因素变得更为重要。[2] 福利主义国家观的基础来源于两种理论假设：第一，随着社会财富的增加，犯罪问题能够通过社会改造得以全面解决。第二，民族国家的主权观念的构建。在这种全能主权意识形态

[1] 不过正如卢曼所言，如果社会的理性建立在分化的各个子系统之内，我们如何假定社会就一定能够“整合”起来呢？为什么不会是另外一番景象呢？为什么不更可能是各种系统之间的冲突呢？例如全球金融市场对地方政策制定的障碍，或是福利国家对法治的（负面）影响，或者是科学，特别是生物科学知识（基因技术）对政治或法律系统带来的新难题。See Luhmann, Niklas. “Why does society describe itself as postmodern?.” *Cultural Critique* 30 (1995): 181. 公共福利政策及其法律化的负面效果，即对经济和社会分配问题引入一种条件纲要结构。在哈贝马斯的观点中是一种对生活世界的重构性的干扰，特别是通过货币手段对个体福利的安排。这种安排与行政过程紧密相连，因此无法细化普遍的法律安排，与社会生活关系安排格格不入。对此，可参见 Habermas, Jürgen. *The theory of communicative action.* Vol. 2. Beacon press, 1984. pp.362-363。

[2] See Unger, Roberto Mangabeira. *Law in modern society.* Simon and Schuster, 1977. p.194. 卢曼认为，数十年以来在西方社会推崇的福利国家政策改变了法律系统的结构，并且这种改变彻底印在了法律系统中。这集中表现在立法任务的不明确性（indeterminacy of legislative mission）以及司法能动主义（judicial activism）。政治决定的结果主义推定模式大大增强。See Luhmann, Niklas. *Law as a social system.* Oxford University Press, 2004. p.472. 卢曼认为，福利国家的问题在于，它逆功能分化的大势而行，进行了一种去分化举措。它试图将全体国民统统纳入政治系统中，以政治系统来引导整个社会，这就妨碍了其他系统的正常运转，而政治系统所能拥有的解决问题的手段——法律和金钱——被迅速耗尽，无法应对不断积聚的问题，这就是福利国家困境的根由所在。参见肖文明：《观察现代性——卢曼社会系统理论的新视野》，载《社会学研究》2008 年第 5 期。托依布纳也指出，福利国家基于政治调控的需要，也并未对社会子系统的功能分化予以承认。福利国家无视各种社会子系统的动力，向社会领域注入政治权力和共识程序。参见［德］贡塔·托依布纳：《宪法的碎片：全球社会宪治》，陆宇峰译，纪海龙校，中央编译出版社 2016 年版，第 7 页、第 41 页。

之下，国家全面负担起改造社会的责任，其中包括给予犯罪人帮助以及合理地分配犯罪惩罚与犯罪控制。而上述两种理论预设，与“现代性”观念紧密联系。

“现代性”理念对社会改造工程的自信以及这种自信背后的对科学及其所内嵌的“人类理性”力量的绝对乐观主义，使得政府以及社会权力机关认为犯罪问题能够通过人为干预得到完满的解决。刑罚福利主义因此与欧洲启蒙时代的思想具有历史传承关系。通过社会与政治理论的预设，特定的文化价值观念以及与两者相匹配的刑事惩罚知识资源、犯罪矫正主义观念得以深入人心，并通过一系列法律规范体系、标准化的语言叙事模式和思维方式嵌入刑事司法人员的脑海。

理性化是现代犯罪惩罚和刑事司法的关键词之一。理性化意味着相信和尊重人类产生知识以及通过这种人为的知识产生过程客观地解释世界的能力。韦伯认为的形式理性的（formal rationality）法律理想型将法律描述为一种逻辑自洽的抽象规则体系，在这样一个体系之下，案件的事实被法律系统所认识、裁剪和解决。刑事司法的专业化成为这种人为知识的制度表现。技术性人员成为刑事司法体系中的主力军。刑罚主义认为只有依靠专业的有关犯罪人的科学知识才能达到矫治“病态”犯罪人的目的。这不仅是惩罚观念的革新，也是社会价值体系的一次变革，这种变革通过对犯罪现象重新进行“专业化”和“理性化”的语言修辞体现出来。

理性化的福利主义刑事思想认为解决犯罪和社会秩序问题的关键在于社会整合（social integration）。[1] 而社会整合体现在刑事司法制度上乃是对犯罪人的价值观念和取向采取矫正和教育的态度和方式。刑罚福利主义者秉持这种教育观念，进而希望通过思想改造达致行为规训，促进社会秩序的有机化

---

[1] 而卢曼认为，现代社会建立在功能分化的基础上，系统 / 环境的区分替代了社会统领性原则和价值（guiding principles and values）所起到的社会整合效果，或者说现代社会的演进没有预设一种全社会领域的价值整合。See Luhmann, N. “The world society as a social system.” *International Journal of General Systems* 8.3 (1982): 133. 对社会整合需求的弱化也意味着诸如刑罚福利政策这种外部的规制在效果上明显不如社会诸领域的自我规制（self-regulation）。

统一。[1] 对犯罪的道德教化与改造措施也在这种社会认知之下成为可能与可欲的。刑罚福利主义的教育观念与刑罚论中的特殊预防理论具有相似性，从而也就有可能如同特殊预防刑罚理念和实践一样，全面趋向于功能主义式的秩序管理模式。[2]

当然，正如有的学者所言，犯罪矫正主义在西方现代化国家的兴起并没有使人类原始的惩罚的本能消失。在理性化的制度构建之下，这种原始的针对犯罪行为的复仇情绪通过更隐秘的方式得到实现，[3] 甚至有学者认为这种刑罚的理性化本身就是一种价值导向的刑法实质化过程。[4] 现代刑罚制度的功利主义因素考量使得行动者更为理性和价值无涉，不过在这种形式化的行为模式之下，复仇的热情（vengeful, motivating passion）仍然蓄势待发。[5] 现代惩罚理论往往低估了现代社会的压制性。[6] 只是这种复仇情绪被现代刑罚制度很好地指引，刑罚的道德教育意义因此从来没有丧失。刑罚的意识形态特征使其不可能最终成为一种功利主义色彩之下的社会公器，犯罪惩罚的意识表征特点与符号意义仍然是我们理解刑事司法的基本立场。[7] 然而，从社会意识形态来看，复仇和报应不再被认为是刑事法律的决定性目标。犯罪人的

[1] 有关价值多元的现代西方社会中有机团结的概念和制度特征，可参见［法］涂尔干：《社会分工论》，渠东译，生活·读书·新知三联书店 2000 年版，第 91—92 页、第 355 页、第 359—360 页。不同社会分工条件下的“正常”状态形成了一种有机的稳定性，然而涂尔干并不认为专业化的分工所带来的综合效果能够通过功利主义的模式得到令人满意的解释。涂尔干更强调这种专业分工背后的伦理，或者说规范成分，这是不同分工中的行动者形成契约的前提。在复杂的社会中，共同的信仰和情感并不会完全消失，契约关系的形成也不会脱离道德的范畴，变成纯粹是个人追求“最佳利益”的结果。参见［英］安东尼·吉登斯：《资本主义与现代社会理论——对马克思、涂尔干和韦伯著作的分析》，郭忠华、潘华凌译，上海译文出版社 2018 年版，第 100 页、第 106—107 页。

[2] 参见古承宗：《风险社会与现代刑法的象征性》，载《科技法学评论》2013 年第 1 期。

[3] See Garland, David. *The Culture of Control.* Oxford University Press, 2004.

[4] See Savelsberg, Joachim J. “Law that does not fit society: Sentencing guidelines as a neoclassical reaction to the dilemmas of substantivized law.” *American Journal of Sociology* 97.5 (1992): 1346-1381.

[5] 迪尔凯姆认为，“激情是惩罚的灵魂”，社会惩罚的主要动机来自复仇的社会心理。See Durkheim, Emile. *The division of labor in society.* Simon and Schuster, 2014. p.86.

[6] See Spitzer, Steven. “Punishment and social organization: A study of Durkheim’s theory of penal evolution.” *Law and Society Review* (1975): 613-637.

[7] See Durkheim, Emile. *Moral Education.* Courier Corporation, 2012. p.176.

改造和自新成为刑事司法的重要任务。[1] 鼓励与改造成为犯罪治理领域的关键词，而社会控制则仅仅成为一种辅助性的手段。

刑罚福利主义在20世纪的兴起，特别是与西方战后民权运动的结合对刑法理论思潮产生了重大影响。首先，刑法理论变得更为“技术化”。刑法的社会语义表达不再呈现出对犯罪的仇恨，报复性、压制性乃至“过度”的惩罚在刑法规范中逐步减少乃至消失。死刑的规定和死刑的适用在20世纪后半叶西方发达国家中（除美国）基本消失。公开的行刑成为历史。[2] 西方社会阶层的平等化使得刑法理论中“平均人”“理性人”“一般人”的司法论证假设成为构建判决依据的标准。法院的制度设计也倾向于将被告人、犯罪嫌疑人与检察机关同等对待，这在法庭的设计上和其剧场化效果的减弱中体现出来。“专家证人”的广泛使用，专家证词、“性格证言”作为有效的刑事证据进入司法裁判的过程。

其次，犯罪构成的阶层模式成为判断的主流。刑罚福利主义强调的理性化犯罪治理模式使得犯罪行为人的“主观恶性”成为犯罪构成理论第二阶段考察的因素，“不法”成为首先考量的因素。

最后，犯罪处遇的多样化出现，社区矫正、中途之家（half-way house）、假释等具有恢复性和治疗性的刑罚模式成为新的刑罚立法模式和法官量刑的正当依据。[3]

在刑罚福利主义与犯罪构成司法论证过程的互相激扰中，我们看到作为社会意识的平等观念、治疗理念首先随着技术的发展成为“实证的科学”。科学系统的判断符码成为社会“真理”的构建标准。犯罪原因论的现代犯罪学发展为系统判断犯罪的“本源”提供了系统理性。这种科学技术系统下的理

---

[1] See *Williams v. New York*, 337 U.S. 241, 69 S. Ct. 1079, 93 L. Ed. 1337 (1949); Bayer, Ronald. “Crime, punishment, and the decline of liberal optimism.” *Crime & Delinquency* 27.2 (1981): 169-190.

[2] See Garland, David. *Peculiar Institution.* Harvard University Press, 2010.

[3] 不过，基于现代福利国家思想下的恢复性司法（也可以说是一种福柯意义上的治理术）与美国殖民时期的面对同质性结构很强的社区所产生的“恢复性”犯罪惩罚样态具有很大差异。具体可参见 Braman, Donald. “Punishment and Accountability: Understanding and Reforming Criminal Sanctions in America.” *UCLA L. Rev.* 53 (2005): 1143。

性通过与政治、与大众传媒的结合逐渐形成社会共识。西方社会在20世纪后半叶富足的社会状态（经济系统）也为人们考察和关怀犯罪人、同情违法者的福利主义倾向提供了支撑。

在这些外部环境的激扰下，刑法理论也随之发生变化。我们看到了刑法犯罪构成理论技术化、理性化和平等化的改造，这种改造向着更为"形式"和"客观"的要件模式发展。不过在这种变化的背后，我们看到的是刑法体系与其他社会子系统产生的稳定和频繁的结构耦合。通过法益、客观的违法性、超法规的责任阻却事由等概念的产生，刑法理论和刑法实践逐渐将社会其他子系统的信息吸纳进系统沟通中，并通过体系内部的概念衍生，与外部环境产生互动。

刑罚福利主义思潮及其政治制度构建与政治政策的提出并没有直接对刑法体系产生突变式的影响，刑法体系并没有脱离原有的系统冗余。两者间产生的结构耦合并不是指政治政策与刑罚裁判产生了一种线性的"输入—输出"关系，而是说通过对信息筛选过程的识别与构建，面对政治体系等社会制度的演变，在刑罚体系内部产生的教义学知识、概念与纲要对于回应和吸收上述信息提供了丰富的可能性。刑法体系外部与内部的"结构"及其勾连，并不意味着两者间一种静态关系的形成，而是为双方产生内部的复杂性和自我指涉提供了更多的可能性。

刑法体系如何在政治政策与社会惩罚意识发生变迁的过程中保持一定的结构上的稳定，成为一种内部选择机制涌现（emergence）的问题。[1] 这种涌现对于实现体系内的正义与系统外部对裁判的认同具有积极意义。刑罚福利主义的兴起与消亡，不仅受到刑法体系外部政治、经济等社会因素的影响，更为重要的是在不断运作中，体系沟通对外部信息筛选和构建结构偶联的过程。也就是说，我们在审视刑法体系与刑事政策之间关系的时候，不仅应当

---

[1] 这里借助了复杂适应系统研究中涌现的概念。涌现要解决，或者说提出的问题是，在各种微观现象之上，会不会发生了某种基础性的转变，产生了一些不能被还原为部分的新特征、新对象？涌现将目光投向上方和外部，考察当事物变得足够大、足够复杂时，是否会有新奇的现象突然出现。复杂适应系统是由大量相对简单的个体交互组成的网络或系统，在整体上表现出个体所不具备的特征或适应性。这种现象被称为涌现。

看到刑事政策如何“进入”刑法，而且应当看到刑法体系作为自我指涉系统对政治政策的重新构建乃至消解过程。

还有一种观点认为，刑罚福利主义，也包括广义上针对预防和减少犯罪展开的社会福利政策的失败，是由于刑事政策乃至社会政策大部分是由政治系统运作的，政策的设计初衷——改变社会结构，几乎都转变成了为既定官僚机构利益服务的计划。在本书看来，这种观点值得商榷，从现代社会功能分化的角度来看，没有哪一项计划或者政策能够一劳永逸地改变整体社会的结构，即演变的趋势。可以说，通过政治计划或者法律改革形成的社会福利政策，具体的运用必然落到某一社会功能系统中，遵循系统的逻辑展开。其对于环境——也可以说，对于整体社会结构演进（如资源的分配），也仅仅能产生间接的激扰效果。如果刑罚福利政策能够直接产生对社会结构的变动效果，那么可能恰恰说明了政治系统在特定社会中依旧处于中心，乃至主宰的地位，这与社会向功能分化与多中心演变趋势相左，甚至与政策制定所需解决的问题本身——预防现代社会中的犯罪，特别是城市低收入者的犯罪在逻辑上呈现互相矛盾的态势。我们不能期待在现代中，一项政治或法律的改革，能够扰动整体社会的演进，更无法直接对个体的社会地位与身份识别产生到实质的影响。

当下刑法理论研究中的法教义学下的刑事政策研究，也可以通过上述系统间结构耦合的概念与系统自我指涉的运作模式得到说明。无论是从“刑法目的”（刑法的宪法意涵）出发的刑法的刑事政策化，还是从刑法体系的自洽出发的刑事政策的刑法化，都无法避免承认这样一种逻辑：刑法体系的积极意义和社会功能都必须从一种动态的、偶在的，而非僵硬的系统内部正义观念中得到释放。而这种正义观念，以现代社会体系的“结构”特点，以及结构与外部环境在增强系统筛选信息能力的特点上的优势体现出来。通过刑法构建的犯罪论及其概念范畴也必须将这种与“关系”，而非实体相连的观点体现出来。我们将在下一节中通过分析刑法教义学上的“法益”概念在当代犯罪论中的流变及其解释功能，对上述观点做进一步的说明。

第四节　法益理论：系统间结构耦合的媒介

一、法益理论研究的困境

（一）罪刑法定的自我限制与实质法益观的危害

法益理论是刑法教义学的组成部分，刑法教义学试图在现代刑事司法中建立一套解释体系，努力实现罪刑判断在这套体系中完成，践行罪刑法定，厘定刑事惩罚权力的边界。因此，理论体系中的法益是刑法运作实现自治，而不仅仅是刑法概念与理论实现自洽的重要途径。

不过，现代刑法法益观面临实质化的风险，以及这种风险对实现上述刑法教义学对其自身设定的法治理想的侵蚀。[1] 通过对所谓“立法目的”或刑法“客观目的”的解读去探求一种实质的刑法法益观，[2] 或者尝试对所有犯罪惩罚正当性做出一致的衡量，从而将法益概念不断泛化，并不能在理论上建立起一套实现罪刑法定的刑法解释体系。引入规范违反说等理论弥补法益论的缺陷，试图对所有犯罪惩罚的正当性在刑法教义学体系中给出具体的答案也并非解决法益论困境的出路。

刑法教义学的实质化，或者说法益论的泛化，并非仅仅是一种理论上的困境，而是反映了作为现代社会治理系统组成部分的刑事法所面临的现实困境。现代社会不再是古典刑事法理论兴起时期早期工业化的格局，基于社会功能引起的分化（differentiation）使得人们的生活呈现碎片化的趋势，原有的社会整合媒介与机制，特别是基于熟人网络的道德规则逐渐衰落，新的社会规范与伦理呈现离散状态，法律，特别是刑法试图填补社会整合机制的空

[1] 对实质刑法观的全面批判，请参见邓子滨：《中国实质刑法观批判》，法律出版社2009年版。

[2] 例如有的学者认为，某些犯罪行为的规定太过具体，缺乏足够的涵括能力，以致性质完全相同、危害相当甚至更大的行为得不到处罚。参见周少华：《立法技术与刑法之适应性》，载《国家检察官学院学报》2011年第3期。

白。[1] 在对传统犯罪行为保持高压的同时，现代刑事立法将触角伸向了这些不断分出的社会领域,“法定犯时代”的来临、[2]“过罪化”[3] 等现象是现代刑事治理体系的显著特征。这一方面体现了“通过法律的社会治理”，法益不再是规范形式上犯罪构成的要件，而是规范实质上所要保护的现实利益内容；[4] 另一方面也深刻反映了实证法构建的形式理性在晚期现代性（late-modernity）社会中通过福利国家、“社会防卫”等理念下延伸出来的实质面向。[5] 法益理论实质化的流变与现代社会整体的变迁紧密相连。

如果说法益的实质化对于已经进入晚期现代性，或者说正在反思现代性后果的西方社会刑事治理而言具有一定的合理性，那么其所具有的扩张犯罪圈的理论与实践取向对当代中国刑事法治的构建而言则具有不同乃至消极的意涵。我们并不否认正在走向多元的中国社会治理不能缺少刑事惩罚作为社会秩序与个体安全期待的保障机制的重要作用，立法与司法中扩大的犯罪圈

---

[1] 将刑法看成近现代社会分工条件下具有道德整合意义的社会机制，重要的论述可参见涂尔干对现代刑法的论述：Durkheim, Emile. “Two laws of penal evolution.” *Economy and Society* 2.3 (1973): 285-308，以及在刑罚的社会理论研究中“规范重构主义”（re-constructivism）进路：Kleinfeld, Joshua. “Reconstructivism: The Place of Criminal Law in Ethical Life.” *Harv. L. Rev.* 129 (2016): 1485-1811。涂尔干的社会思想已经明显带有积极的一般预防的影子，也就是犯罪是对于社会集体法意识的干预，并且对社会团结造成危险，刑罚的任务因此在于维持社会团结。为了实现此等目的，有必要让社会对刑罚的目的形成一定共识。参见古承宗:《风险社会与现代刑法的象征性》，载《科技法学评论》2013 年第 1 期。但是涂尔干对社会分工及其所牵动的社会团结问题的论述，更多建基于个体的义务意识，因而难以与道德和宗教概念相区分。参见泰明瑞:《社会秩序是如何可能的：卢曼社会系统理论的解释》，载《社会理论学报》2014 年第 1 期。如果认为涂尔干与现代刑法理论中积极的一般预防观念具有相似之处，那么，是否可以说，积极的一般预防理论背后也体现了对责任基础伦理性或道德性的认知？这一问题虽然尚未被充分研究，但是这种关联性的存在，通过上述证据，是可以被发现的。

[2] 参见车浩:《法定犯时代的违法性认识错误》，载《清华法学》2015 年第 4 期。

[3] 关于“过罪化”的全面研究，请参见 Husak, Douglas. *Overcriminalization.* Blackwell Publishing Ltd., 2008。

[4] 参见陈兴良、周光权:《刑法学的现代展开》，中国人民大学出版社 2006 年版，第 266 页。

[5] 有关惩罚、社会控制与社会大众惩罚情感之间的关系，以及由此对公共政策产生影响的研究，请参见 Garland, David. *The culture of control.* Oxford University Press, 2004，以及桑斯坦（Cass Sunstein）对犯罪被害人惩罚情感非理性的实证研究：Sunstein, Cass R. “On the psychology of punishment.” *Supreme Court Economic Review* 11 (2004): 171-188。

是我们必须接受的现实。不过，建立在罪刑法定原则之下刑法的自我限制不仅是现代法治理论与实践的重要遗产，而且对于当代中国社会的治理而言，也有助于社会治理结构趋向多极化，实现刑事法治中资源的集中，“抓大放小”。[1] 实质的法益观没有看到中国刑事法治所处的历史阶段，也没有从社会科学实证的角度考察中国犯罪治理面临的区域空间、资源整合与庭审模式，[2] 从而不仅没有做到对犯罪构成解释的“客观目的化”，而且助长了以法益替代刑法典来为行为入罪提供正当性的负面效果。在刑事实践中，实质的法益观也受到青睐。刑法法益理论，甚至整个刑法教义学的工具主义面向凸显。这与其理论初衷——对刑法运作的自我限制相去甚远。

我们并不否认法益的实质化，或者说刑法解释的实质化对于现代刑事治理的必要性。我们也清楚作为规范论，刑法教义学不可能处处需要以实证科学的认知来限制自己的主张。法益解释的实质化在一定程度上也是吸收了现代社会科学研究的结果。但是，实质的法益观吸收的不仅仅是对犯罪研究的科学证据，还包括政策、利益衡量等因素，这些因素包裹在统一的“法益”概念中，进入了罪刑规范的解释过程，打破了刑法教义学自身运作的封闭性。实质的法益观没有处理好将外部价值与认知纳入刑法教义学内部运作这一实现法律运作自我限制的关键问题。

（二）法益研究的规范维度与认知维度：从刑法教义学外部考察法益理论

可见，我们对实质法益观的批判并非否认现代刑法教义学，特别是法益理论对外部资源保持开放的态度。当代中国刑事治理也不可能仅仅依赖古典刑事法严格的文义解释，而忽视社会生活的演变。新的犯罪形式将会出现，刑事惩罚的必要性仍然存在，刑法解释的更新和扩张不可避免，法益理论依旧具有重要的规范论意义。批判实质的法益观带给我们这样的疑问：如何理

---

[1] 参见蔡道通：《刑事政策中的“放小”：借鉴与结论》，载《法学》2002 年第 1 期。

[2] 刘远从司法过程的性质角度分析了法益理论有助于起诉，而无助于辩护的理论逻辑，这与达马斯卡提出的司法制度与组织设计及犯罪论（也包括证据理论）的关系具有相似的洞见。具体请参见刘远：《论刑法规范的司法逻辑结构》，载《中外法学》2016 年第 3 期；Damaska, Mirjan R. *The faces of justice and state authority: a comparative approach to the legal process*. Yale University Press, 1986.

解罪刑法定对刑法解释所设定的自我限制？如何评判和取舍外部资源进入刑法教义学内部运作的正当性与范围？法益理论在作为连接刑法规范判断与社会事实认知之间的刑法教义学工具之一又应当发挥什么样的功能？易言之，在刑法教义学的知识论中，法益理论应当怎样被理解？

对这一连串问题的回答需要对法益理论的社会功能进行考察，这也意味着将刑法教义学放置到社会运作，而非理论自我演化的维度下进行思考。对实质法益观的批判虽然揭示了问题所在，但是如果仅仅通过刑法教义学内部的调整，我们仍然难以回答上述超越规范论体系对法益理论所提出的疑问。在实质解释论与形式解释论的论争中，诸论者也没有跳出规范论的维度，而是仅仅从对方提倡的犯罪构成论证模式和一些具体个案解决方式的分析中提出了不同的观点。这些观点对于我们厘清两派的基本观点具有积极意义，但是由于没有将刑法教义学视为一种社会运作（social operation），必须面对现代社会不同规范判断如何互动与整合的观念纳入探讨的范畴，所以现有的对实质刑法观的批判仍然是不充分的。同理，对刑法形式解释的维护也囿于所谓“规范与事实”的严格区分而缺乏社会实践与认知上的说服力。

一种刑法的法益观在知识论与方法论上的合理性，不仅要从其对具体犯罪解释的合理性进行判断，而且应当从其运作方式上进行考察。由于刑法的运作不单是一种基于文本的“思考模式”，而是面对社会现实的沟通与实践，因此这种考察必须借助社会科学的研究对刑法教义学考察的研究路径展开。

当前的刑法的社会科学（包括犯罪学）在对刑事判决形成过程的研究中，基本上将司法解释过程还原为一种“行为认知”，也就是说，对刑法裁判过程的研究不再关注规范刑法学的构建。社会科学对刑法解释过程的研究变为“行为科学”“法官心理学”。事实科学取代了规范刑法学。[1] 在社科法学研究者看来，刑法教义学法益论上形式观与实质观的论争对于解读司法实践乃至形成法治并无显著的智识增益，[2] 重要的是理解影响法官、法院与司法制度运作的现实变量。罪刑法定是一种法律规范论，甚至是法律“帝国主义”的修

[1] 参见［德］卡尔·拉伦茨：《法学方法论》，陈爱娥译，商务印书馆 2005 年版，第 3 页。

[2] 参见苏力：《法律人思维？》，载《北大法律评论》2013 年第 2 期。

辞，[1]理解和认知现实司法的困境，“务实地”提出解决问题的对策，才是中国法学（包括刑法学）走出理论迷思的关键。

现有的法律社会学分析、法律经济分析以及司法中的“实用主义”[2]都持这种还原论，或者说“法律运作简化论”（reductionism）的观点。[3]还原论是社会科学研究中经验主义流派对自然科学解释论的借用。[4]在揭示了刑法教义学与传统法益理论忽视刑事法律运作制度条件的同时，社科法学的研究也陷入了自身的价值评判中，而无法抱持一种科学研究“价值无涉”的立场。即使罪刑法定可以被认为是一种法律修辞，是否这种修辞以及由此建立起来的刑法教义学就必然在实践中无法实现正义，经济学的成本—效益分析等进路难道不是一种对法律的规范性理解吗？现有的社科法学研究在批判法益论与刑法教义学的同时，将复杂的犯罪治理问题还原为其他单一的逻辑或理性。在方法论上，社科法学对中国刑法实践而言并非具有优越性。

刑法教义学并非一种单纯的修辞。退一步说，即使“修辞”，在社会实践中也具有沟通功能。刑法法益观的论争不仅具有规范论意义上对于具体解释结论的影响，而且在社会认知与事实层面，也会对刑法的运作产生推动。现有的社科法学将法律的规范性（normativity）排斥在其研究领域之外，无疑在方法论上具有致命的缺陷。这也是法教义学与社科法学无法产生良性互动的重要原因之一。正如卢曼对法社会学研究的尖锐批判，即对规范性问题，及其与法的反思性与学习能力之间的张力。[5]

对实质的法益观的反思使我们看到在刑法教义学规范论维度内回答刑法

---

[1] 有关法律论证中的修辞性与法官真实意图的区分，参见 Nobles, Richard, and David Schiff. *Observing law through systems theory.* Bloomsbury Publishing, 2012，第二章。

[2] 关于司法上的实用主义（pragmatism）具体可参见 Posner, Richard A. *Overcoming law.* Harvard University Press, 1995。

[3] 实用主义法治观念在对现代社会复杂性日益茁生的理解上与法律系统论具有相似之处。但是其试图通过一些较为简单的公式、思维等去化解社会的复杂性，而不是通过构建“法的体系性”来重新理解现代社会。有关实用主义法治观念与社会复杂性认知的关系，可参见顾培东：《当代中国法治共识的形成及法治再启蒙》，载《法学研究》2017 年第 1 期。

[4] 参见白建军：《关系犯罪学》（第三版），法律出版社 2014 年版，第 52 页。

[5] 参见季卫东：《法治秩序的建构》（增补版），法律出版社 2014 年版，第 173 页。

法益理论功能定位的不足，对社科法学研究路径的考察让我们发现法律行为还原论无助于解决属于刑法自我运作中的规范论问题，我们无法在现有社科法学的理论框架中构建出对刑法教义学，也进而对刑法运作（解释）实践具有促进作用的法益理论。在刑法教义学之外构建一套对法益理论的外部观察，是弥补上述研究缺陷，从方法论和知识论视角对实质法益观展开进一步批判的关键。

（三）聚焦系统论：法益论的新视角

从外部观察的视角看待法益理论，发掘法益在刑法解释中的自我限制效果，需要我们将规范性的刑法看成一种社会沟通（social communication）。现代社会的分化将使社会交往建立在特定的沟通系统中，各种社会系统建立了自身的结构、确立了系统进行沟通所围绕的主题，例如刑法便是围绕犯罪问题展开的。对犯罪主题的沟通不是经济的沟通，讨论的并非惩罚行为人是否能够产生效益最大化的问题。不过，仅仅具有主题并不能够保证沟通不偏离，如何针对一项特定的主题持续地展开交往和沟通，成为社会系统实现分化与自治的关键，这也是在现代社会中如何克服帕森斯所提出的社会交往“双重偶在性”难题的关键。[1] 在主题的基础上，社会系统中产生的沟通基于二元符码（binary code）不断展开。在有关犯罪问题的沟通中，刑事司法系统围绕罪与非罪（或法与非法）的二元结构进行案件的侦查、起诉与裁判。但是，即使有了主题和二元符码，一个社会系统想要成功延续自身，还需要一定的系统记忆。也就是说，必须使系统已经产生的沟通能够被后续参与者不断的使用，继而超越面对面沟通（interaction）的限制。语言，特别是语言的书面化（writing），在社会系统持续沟通产生中起了重要作用。如前所述，法律的文字化与成文法典的形成是法律从一般性社会交往与日常生活中分离出来的关键。[2] 罪刑法定原则的确立也与社会交往的文本化密切相关。在文本化的

---

[1] 参见泮伟江：《双重偶联性问题与法律系统的生成　卢曼法社会学的问题结构及其启示》，载《中外法学》2014 年第 2 期。

[2] 参见刘涛：《文字与法律演化：卢曼系统理论的视角》，载《社会学评论》2016 年第 5 期。

基础上，罪刑判断得以延续，同案同判以及由此建立起来的对法律稳定性与明确性的期待成为可能。

借助主题的确定、二元符码的建立以及文本化，现代刑法规范逐步形成了一种运作上的自治。犯罪的惩罚开始与道德判断、神谕、宗教救赎等观念相分离。当下的案件可以通过指涉系统的记忆（刑法典、判例等）形成，而不必每次形成新的沟通模式和结构。在现代社会高度分化的条件下，这种系统结构的产生使刑法规范能够吸纳和简化个案所包含的各种社会因素，简化事实的复杂性，使一种特定的社会沟通体系成为可能。

现代社会的分化意味着不仅存在刑事司法系统，也不仅存在对犯罪现象的“刑法观察”。在不同的系统间，互动不可避免。刑事司法系统保持自治是刑事惩罚得以延续的基础，系统的二阶观察决定了一旦刑事司法的判断被政策（政治系统）或者后果主义（经济系统）等因素取代，刑事司法在罪刑判断上的持续演进将会受阻。但是，在运作或者说在二阶观察层次上的刑法运作的自我指涉并不意味着裁判结果不接受社会，包括其他社会系统的“检验”。刑事判决的可接受程度将不仅仅是一个系统内部评判的问题。例如对受贿罪构成要件中“职务”行为的解释，就不能仅仅根据“法定职务”划定范围，而需要通过对政治系统运作中我国国家机关工作人员，特别是具有领导职务的人员实质上拥有的决策权范围和内容进行考察。[1] 因此，我们在前述中所提到的刑法如何面对社会变迁的问题，在系统理论之下转变为如何在保持系统自我指涉的二阶观察基础上，不断吸收外部资源以及如何与其他社会系统产生互动的问题。罪刑法定的自我限制及其程度也转变为系统内部沟通与系统外部环境如何产生符合系统自我指涉逻辑的互动模式问题。

因此，通过借助系统论，我们也可以将法益论（也包括整体的刑法教义学）的研究放置在社会沟通的维度中。一种合理的刑法法益观的构建也就意味着促使刑事司法系统与外部环境（包括社会其他子系统）产生良性互动：既不由于刑法解释的扩张而替代了社会多元化的治理机制，也不由于指涉的

[1] 具体可参见孙国祥:《受贿罪构成要素在司法中的扩张与虚置》，载《南京大学学报（哲学·人文科学·社会科学版）》2015 年第 4 期。

僵硬而失去刑事法体系延续自我指涉的机制。我们也将进一步分析实质的法益观为什么不能完成上述系统功能，以及系统论下的法益所应当具有的运作机制和运作方法。

二、刑事规范的自我指涉与法益论的外部指涉

（一）刑法二阶观察的展开：自我指涉与外部指涉的互动

刑事司法系统在现代社会基于功能分化形成的二阶观察是刑法教义学，从而也是法益论形成极为关键的条件之一。如前所述，系统的二阶观察依赖于文字，而文字使得社会沟通形成更复杂的抽象结构成为可能。现代社会的刑事司法不是简单社群的复仇机制，也不仅仅是社会纠纷的处理机制。正如有学者所言，人们借助司法来解决纠纷，并非法治社会的全貌；发达、全面、科学的立法体系，也并非法治社会的真正表征。[1] 建立在抽象符码与具有形式理性特征的罪刑规范基础上的刑事司法使得人们对犯罪现象的认知、预防和惩罚在空间、时间与事实维度上大大扩展。不过，系统沟通时空范围的扩展，并不代表犯罪惩罚的共识更易形成。系统理论不认为现代社会中存在未分化的、被统一接受的社会共识，从而依据这种共识形成对犯罪处罚的明确与稳定。二阶观察的前提是社会的功能分化，而功能分化也就预示着不同社会理性与逻辑的共生（co-evolution）状态：媒体所代表的不是民意，而是传播系统运用自身符码构建的价值评判与事件筛选；[2] 政治系统也不能宣称选举与代议制就决定了政治政策的民意基础，基于产生多数决策的选举规则与立法规则仅仅是产生政治系统二阶观察的通道；经济系统、教育系统也同样如此。犯罪的刑事司法判断无法扬言掌握了对犯

---

[1] 参见王志远：《规范确证：刑法社会技能的当代选择》，载《东南大学学报（哲学社会科学版）》2017 年第 5 期。

[2] 这与大众传媒对民意的塑造功能，以及统计学在社会传播中的广泛应用有关。我们将在第五章有关刑法与媒体关系的分析中借助案例进行深入分析。对此，也可参见叶启政：《社会理论的本土化构建》，北京大学出版社 2006 年版，第 135 页以下。

罪问题绝对的话语权，刑事司法系统二阶观察的延续仅仅说明在社会多功能演化的状态下，刑事司法在功能上得到了延续。刑事司法系统的自我指涉运作并不处在真空中，而是随时需要吸收环境的因素，增强系统自身面对外部侵蚀的免疫力。

而系统的这种免疫力并不是建立在被动防卫，而是建立在系统沟通主动出击的模式上。二阶观察不仅可以在系统二元符码区分和系统纲要累积的基础上形成自我指涉，也可以通过指涉系统的环境（其他社会系统）形成外部指涉（external-reference）。[1] 刑法解释从系统二阶观察的角度来看，就是自我指涉（刑法概念、规范）与外部指涉（利益、政策、价值评判、民意等）不断结合的过程。

刑法对生活事实的加工通过法律概念的产生，并不断进入刑法规范。在法律理论中，18 世纪以后的欧洲概念法学逐渐兴起。概念法学与法律的实证化运动相辅相成，成为现代法律系统产生二阶观察，进而能够在自身概念的基础上形成对社会生活进行调整，而不再诉诸外部权威（如宗教、自然法）的标志。概念法学认为法律的运作，也就是法律对案件的分析和裁判是一种封闭的、通过法律概念运用就可以形成的输入—输出过程。法律的运作不再需要对社会外部资源进行指涉，仅仅依靠法律概念的逻辑展开便可完成。在反对者看来，概念法学试图构建一个类似于“自动售货机”的概念体系，将所有的现实都纳入当中，构成一个逻辑涵摄的概念金字塔。其结果是法学逐渐丧失了其实践哲学的品性。[2]

尽管对概念法学，后世学说多有批判，但是刑法中概念和规范结构的产生在简化社会环境复杂性上做出了巨大的贡献。当法律概念完成对生活事实的转换以后，系统内部的二阶观察成为可能。概念法学者并不认为其忽视了社会生活现实，他们主张概念形成的过程终究包含了社会生活现实（也就是

---

[1] Borch, Christian. *Niklas Luhmann.* Taylor & Francis, 2011. p.57. 有关外部指涉概念在系统论中的演化，请参见胡育祥：《鲁曼社会系统理论中的自我指涉与异己指涉》，载《政治与社会哲学评论》2011 年 3 月，总第 36 期。

[2] 参见李忠夏：《宪法教义学反思：一个社会系统理论的视角》，载《法学研究》2015 年第 6 期。

系统的外部指涉）。[1] 概念是从案件处理中提取并储存的经验，因此其并不作为一种经验来看待，而具有规范的意义。[2] 刑法对案件的处理，也就是刑法系统所进行的罪与非罪的判断以法律概念的形式表现出来。通过不断在具体的情境中进行指涉，刑法概念不断产生区分，以处理更多的案件。当通过不断的指涉和适用后，法律概念不断进入法规范的范畴，从而也就使不通过教义和概念进行的司法运作是不可想象的。[3] 在适用概念时，概念要素存在与否的问题可以完全取代评价的问题。概念涵摄至少在“理想的情况”是一种价值中立的思考过程。借此，适用法律者得免评价性“衡量”工作之烦，而法的适用亦趋于“安定”。[4]

但是人们很快发现，法律运作的效果与系统外部的变迁无法分离，即使对法律概念在逻辑上可以做到自洽，法律判断能否满足社会的需求，则无法通过概念的自我指涉得到证成。刑法通过概念生成所产生的二阶观察并非意味着在具体案件的判断中，系统外部的资料，特别是由社会利益构成的价值判断不会进入司法者的考量范围。系统在符码与规范（纲要）基础上形成的二阶观察和不断的沟通，并不意味着系统在认知上是封闭的。因为概念形成与稳定本身就是刑法系统对现实进行认知的过程。概念的认知属性意味着其自身便是一种价值选择和判断的结果。也就是从价值到价值，而非从现实（自然）到价值的转换过程。[5] 因此，人们逐渐认识到刑法在其概念基础上形成的二阶观察不可能仅仅通过对一种概念指涉完成。刑法规范虽然由概念组成，但是对这些由概念组成的法律文本的解释则需要不断向外部指涉。利益

[1] 参见钟芳桦：《决定的两个吊诡：从系统论的观点对法学方法论进行观察》，载《东吴社会学报》2007 年 6 月，总第 22 期。

[2] 在法律语言学和法律修辞学中，有的学者将法律概念看成一种控制符号（control sign）。作为控制符号的法律概念对法律沟通的意义在于其使得现实与表达（reality and representation）混同。这不仅使得现实“符号化”，更加深了符号的“现实”意义。See Moore, Nathan. “Icons of control: Deleuze, signs, law.” *International Journal for the Semiotics of Law-Revue internationale de Sémiotique juridique* 20.1 (2007): 52.

[3] See Luhmann, Niklas. *Law as a social system.* Oxford University Press, 2004. pp .342-343.

[4] 参见［德］卡尔・拉伦茨：《法学方法论》，陈爱娥译，商务印书馆 2005 年版，第 101 页。

[5] 参见许玉秀：《当代刑法思潮》，中国民主法制出版社 2005 年版，第 149 页。

法学和刑法中产生的法益理论逐渐改变了人们对实证法运作的看法，也开启了现代实证法条件下刑法解释理论的构建。

如前所述，现代刑事法的运作并不回避对概念与规范的解释，而且从刑法系统观察形成的特点来看，即使是封闭的概念运作，在具体案件中如何将概念置于生活事实的判断也必须通过解释来完成。刑法教义学的解释方法与解释理由的诞生并不仅仅是一种概念在逻辑上的自洽，而是刑事司法通过外部指涉不断生成对现实生活的价值判断。利益法学与法益理论的产生，与刑法在系统二阶观察的基础上形成对外部环境的指涉有关，也是刑法作为社会交往子系统参与社会整合功能的一种反映。

（二）作为刑法外部价值指涉的法益理论

关键的问题在于引入"利益"或"法益"去解释刑法概念与规范，也就是通过一种外部的价值判断去影响刑法由概念和规范形成的自身价值判断如何可能。这种指向外部利益的解释过程是否会破坏罪刑法定对刑法运作产生的自我限制功能？

在系统理论代表人物卢曼看来，封闭的社会系统时刻面临的问题就是如何通过系统的运作将自我指涉与对外部环境的指涉结合起来。[1] 对概念的指涉代表了刑法的自我指涉，而对案件所涉及的利益的论证则代表了系统的外部指涉。在适用概念的过程中，法律系统指向自身，也就是那些系统已有的经验和司法实践中形成的区分；通过对利益的指涉，则是一种向环境的指涉。法律系统并不规定什么组成了利益，而是根据诉讼当事人及其代理人认知意义上的利益识别来判断。[2] 利益法学以及其近代在刑法上的代表法益理论反映了这种系统外部指涉不断尝试进入刑法解释的过程。也就是我们通常所称的在形式刑法解释观下，如何在刑法上对社会利益进行判断，从而形成对行为是否符合规范做出实质判断的过程。如果从系统二阶观察的视角来看，这

[1] See Luhmann, Niklas. "Operational closure and structural coupling: the differentiation of the legal system." *Cardozo L. Rev.* 13 (1991): 1429.

[2] See Luhmann, Niklas. "Legal argumentation: an analysis of its form." *The Modern Law Review* 58.3 (1995): 297.

是现代刑法在追求个人权利保障价值的基础上，如何将各种新的社会利益纳入内部规范解释框架的问题。[1] 但是利益（与利益的排除）本身在功能系统分化的社会中，不会也不应当成为决定性的区分形式。[2] 因此将具有向外部价值指涉的利益与法益纳入刑法规范概念的框架，重构犯罪构成理论，成为现代刑法教义学力图完成的工作。无论是形式解释论者还是实质解释论者，法益都成为连接刑法规范与案件，特别是疑难案件的重要理论工具。从这个意义上说，法益促成的是刑法不断展开二阶观察，也就是将外部指涉不断纳入自我指涉的系统功能。

在卢曼看来，法律系统以形式论证的方式进行自我指涉，以实质论证的方式进行外部指涉。形式论证最终是为了产生一种防止陷入真实世界复杂性的司法判决。实质论证则是防止系统在形式论证的模式下孤立自身的风险。实质论证在法律形式论证缺乏说服力的情况下进行语义补充。[3] 也就是说，从系统论的角度来看，法益理论在刑法论证中的引入是系统如何在概念的基础上进一步对环境的复杂性进行简化的过程，从而能够形成进一步的系统沟

[1] 可参见托依布纳对人权与作为社会系统沟通的法律规范之间的悖论关系的精彩的论证。在其看来，人与社会的悖论循环关系（两者的互相构成关系）是所有人权概念形成的基础。人由社会系统的沟通构成，但是人（作为肉体和思想）存在于这种社会构成之外，从而能够“追求个体权利”。人与社会的紧张关系在历史上形成了多种具有社会构成性质的意义结构［自然法意义上的人、社会契约中的个体、主观权利（subjective rights）、基本权利在实证法上的体现等］。See Perez, Oren, and Gunther Teubner, eds. *Paradoxes and Inconsistencies in the Law*. Bloomsbury Publishing, 2005. pp.53-54. 托氏还认为，作为一种法律系统内部的构建，利益法学不同于对法律利益的（或者简单来说就是法益的）社会学理解。在法学意义上的法益分析中融入了许多基于一种复杂的法律教义网络所形成的显在的和隐性的规范性假定。简单来说，这也就意味着司法意义上的利益分析无法通过社会学的理论或方法得到正当化（或被验证）。不可否认，利益分析最初来自社会科学的构建，但逐渐成为教义学领域自主发展的知识体系。See Teubner, Gunther. “How the law thinks: toward a constructivist epistemology of law.” *Selforganization*. Springer Netherlands, 1990. pp.87-113. 这也就说明，在研究的意义上，在社会科学方法与理论的分析维度上，我们可以分析法学中的利益概念和社会演化之间形成的互动关系，但是在司法适用层面，法益理论与利益分析则属于法规范层面的分析工具和概念，即我们无法对其在司法适用上的优劣以社会科学的方法予以验证。说明这一点十分重要。

[2] See Rasch, William. *Niklas Luhmann's Modernity: The paradoxes of differentiation*. Stanford University Press, 2000. p.200.

[3] See Luhmann, Niklas. *Law as a social system*. Oxford University Press, 2004. p.346.

通。因此，法益理论在刑法论证的引入，最终还是为了解决系统如何形成二阶观察的延续，从而使得人们的社会交往在现代社会功能分化条件下如何形成社会整合这一问题。现实世界中由于新的技术（例如网络虚拟财产）与新的社会利益（例如个人信息在现代社会越来越重要的价值）产生，刑事司法系统需要借助法益理论，通过系统的外部指涉，形成新的裁判规则，稳定人们的社会预期。在社会功能分化的条件下，各子系统通过外部的指涉消解了自我指涉的循环结构。[1]

法益论虽然是通过对系统环境的指涉，也就是通过对外部价值的指涉形成的，然而法益却能够通过对这种环境的指涉激活系统内部的二阶观察。通过法益对犯罪构成的解释必须以合乎系统内部运作的方式呈现出来。也就是对案件的法益解释必须围绕罪刑规范展开。司法者不可能以自身利益或偏好解读犯罪构成。系统运作的二阶观察属性意味着对法益的判断要根据刑法规范的结构做出是否值得保护的判断。正如卢曼所言，通过利益或法益，系统为其内部运作的目的构建了一种外部指涉。法益指涉的是系统的环境，不过并不是对全部环境的指涉，而是通过一种限制和紧凑的准入标准，通过法益，在系统内部的运作中产生一种对系统信息管理的机制。因此，引入法益是司法过程中可预期、可信赖以及无偏私的利益判断之象征。[2]

通过对系统理论的分析我们发现，现代刑法的规范解释由自我指涉与外部指涉的互动构成，仅仅关注一面将会抹杀现代刑法的运作特征。[3] 正如卢

[1] 参见李忠夏：《基本权利的社会功能》，载《法学家》2014 年第 5 期。

[2] See Luhmann, Niklas. *Law as a social system.* Oxford University Press, 2004. p.347.

[3] 当然，这并不意味着在理论和实践上，两者始终保持一种平衡。自我指涉与外部指涉的不平衡是常见现象。需要通过更为具体的研究去发现在法律实践中是否存在外部指涉概念（例如工具性、实质的、利益相关联的指涉）与自我指涉概念（例如形式化的、分析性的、概念性的指涉）不平衡的历史情况。有关这种不平衡的历史考察，可参见 Nelson, William E. "The Impact of the Antislavery Movement upon Styles of Judicial Reasoning in Nineteenth Century America." *Harvard Law Review* (1974): 513-566。卢曼也认为，工具主义在法律面对现代社会变迁中无法回避，法律能做的是对法律的工具性，或者说法律的目的进行自我调整（self-steering）。参见季卫东：《社会变迁与法制》，载《社会学研究》1993 年第 4 期。但是这种思想依然是在一种社会整合（social integration）的视角下产生的，并衍生出诸如"文化""社会伦理"等软性（soft）调整手段。See Luhmann, Niklas. "Why does society describe itself as postmodern?." *Cultural Critique* 30 (1995): 181.

曼所言，利益法学和概念法学之争与更为古老的在科学理论中形成的理性主义（rationalism）和经验主义（empiricism）之争有许多相似点。这一古老的争议最终在科学理论中达成了某种妥协：科学系统的运作同时具有理性主义和经验主义。法律系统的运作也是如此。[1] 刑法的封闭性与开放性体现在规范（概念）与法益的互动中。在这一过程中，社会生活的价值与利益通过法益在犯罪构成解释的内部运作输入，并由系统的符码判断形成合乎系统逻辑的输出。法益理论的引入使得较为空洞的概念指涉获得了激发系统活力的作用，并且由于法益外部指涉最终将通过系统的符码判断被纳入系统的二阶观察中，因此防止了刑法对犯罪的判断直接诉诸外部价值的风险。政治、经济等社会子系统与刑法在二阶观察的意义上产生了区隔，由此也使得刑法运作的封闭和自治在面对社会变迁中仍然成为可能。法益理论的产生对由概念和规范形成的刑法体系的演化，及其在演化中对社会的回应产生重大影响。这一指向外部但最终通过内部二阶观察进行运作的媒介使得刑法面对纷繁复杂的社会事实能够不断产生判决，在司法上实现将社会利益与价值纠纷纳入法律之内的正义判断，实现罪刑法定对刑事司法系统的自我限制。法益理论代表了现代刑事司法面对社会生活多样性从内部认知出发所产生的沟通机制。

（三）实质法益观作为刑法外部指涉的缺陷

上述是刑事司法系统二阶观察在自我指涉与外部指涉上的理想状态。不同时期的法益理论实现的刑事司法的外部价值判断并不必然与刑法的自我指涉保持平衡。社会对刑法功能以及法律共同体对刑法价值在不同时期的认知，都会在系统自我指涉与外部指涉的关系上反映出来。战后德国法学界对利益法学的警惕说明了人们对通过法益或者利益的直接指涉进行刑法裁判的合理性产生了质疑。这种质疑认为案件的评判不应当建立在利益而应当是法律规定的基础上。卢曼也注意到，由于利益衡量在个案中的不确定性，以及个案产生的利益衡量结果无法对法律系统今后的运作提供规则指示，主张权利优

[1] See Luhmann, Niklas. *Law as a social system.* Oxford University Press, 2004. p.348.

先的理由重新占据上风。[1] 卢曼对现代司法理论中由利益法学演化的个案利益衡量，或者说，后果主义的考量持怀疑的态度。卢曼认为，这种对裁判后果的过多关注与现代司法组织的结构不相符合，现代司法组织的结构的复杂程度与分化程度尚不足以应付这种裁判模式。[2] 在持形式解释论观点的学者看来，刑法规范已经做出的价值判断应当得到坚持，并且在刑法解释的过程中，对仅仅根据法益判断，而不是通过规范条文形式结构得出的实质解释和价值判断应当保持高度的谨慎和怀疑。刑法解释上的外部指涉应当受到遏制。

不过，刑法规范的演化过程却呈现出另外一幅图景。各种外部价值通过立法过程不断进入。而这种外部价值进入刑法的正当性则主要通过法益理论证成。正如有的学者所言，从权利侵害说向法益侵害说的转变，通常被后世刑法学家认为是一个重大的理论进步。通过将法律从手段改造为目的本身，法益变成了“法的利益”。这意味着，法益概念在刑法体系内的正式引入，不仅没有起到限制国家犯罪化的权力的功能，还反过来服务于国家刑罚权的扩张。如果说刑法曾经被认为应当限于对侵犯个体权利的惩罚（至少在理论上是如此），那么，自宾丁之后，它已经被扩张至所有国家认为值得保护的利益。法益的日趋精神化与抽象化，在提升概念本身的包摄能力的同时，使得法益被期待履行的批判功能趋于崩坍。[3] “事实上，在德国刑法典里，罗克辛没有发现一个因为没有保护任何法益而存在的非法的构成要件。”[4] 正如有的学者所指出的，现代刑法的法益功能不再是作为限制刑罚权的消极标准，而是结合危险预防与规范效率等纯粹政策性的观点，转向作为证立国家刑罚权扩张的积极论据。[5] 将法益作为立法正当性的基础是刑法自我指涉与外部指涉关系上发生偏移的一种体现。作为外部指涉的法益被用来当作自我指涉

[1] 参见宾凯：《社会系统论对法律论证的二阶观察》，载《华东政法大学学报》2011 年第 6 期。

[2] See Teubner, Gunther, ed. *Dilemmas of law in the welfare state.* Vol. 3. Walter de Gruyter, 1986. p.293.

[3] 参见劳东燕：《风险社会中的刑法：社会转型与刑法理论的变迁》，北京大学出版社 2015 年版，第 42—43 页。

[4] [美] 马库斯·德克·达博：《积极的一般预防与法益理论》，杨萌译，徐久生校，载《刑事法评论》第 21 卷，北京大学出版社 2008 年版，第 458 页。

[5] 参见古承宗：《风险社会与现代刑法的象征性》，载《科技法学评论》2013 年第 1 期。

（立法）实质的标准，刑法原有的价值体系面临崩塌的风险。

有的学者也试图通过对法律上的利益进行类型化和阶层式的分析，从而在解释论上试图限制法益外部指涉对刑法运作内部结构的“破坏”。这些研究将在宪法上对个体权利的规定，以及刑法的内部结构，也就是概念和判决在内部规范关系上形成的融贯性（coherency）也当作一种“制度利益”去对待。[1]不过，这样就抹杀了系统自我指涉与外部指涉上的关键区分，从而也表现出一种刑法解释全面实质化的倾向。

刑法对案件的判断始终以规范的自我指涉为基础，而这种自我指涉的形成是系统产生二阶观察，进而维系其社会规范期待稳定功能、产生社会整合效果的重要条件。如果将基于规范概念产生的法律权利话语等价值判断也当作一种利益去看待，无疑将会使刑法的运作彻底地实质化。我们虽然能够对各种利益在层次上做出排序，但是这种排序不仅不会使刑法在追求罪刑法定的道路上恪守形式解释论优先，而且将各种刑法的内部构建与外部指涉混淆还会使刑法的实质解释更易超越刑法规范规定。将刑法由概念和规范形成的体系转变为一种“制度利益”，或者将刑法规定还原为一种“价值”。刑法规范的解释将会演变为利益竞争。因而，正如有的学说所言，如何确保利益衡量在客观性上的可控制性，从而使作为方法的利益衡量能得到合理的适用，是当代法教义学面临的重大的问题。[2]

刑法解释问题在实质的法益观下呈现出利益衡量的属性，而利益的衡量并不可能直接通过适用刑法规范得到答案。这也是实质的法益观在进行具体的犯罪构成解释过程中容易忽视刑法文本规定的原因所在。利益衡量作为一种刑事司法运作的外部指涉有其一定的合理性，但是实质的法益观将利益衡量作为首要甚至是唯一的解释工具，则需要谨慎。不仅因为其不当地简化了刑法教义学的运作规则，而且实质法益观的解释过程也抹杀了现代社会各种

[1] 参见梁上上:《利益衡量的界碑》，载《政法论坛》2006 年第 5 期。

[2] 参见劳东燕:《法益衡量原理的教义学检讨》，载《中外法学》2016 年第 2 期。笔者较为倾向于达马斯卡的观点，即利益衡量的所谓实用性的法条主义更接近司法中的实质正义辩护，而非教义学的技术性规则构建。参见［美］达玛什卡:《司法和国家权力的多种面孔：比较视野中的法律程序》，郑戈译，中国政法大学出版社 2015 年版，第 37—38 页。

系统在运作上封闭的逻辑。

现代社会功能分化并不意味着各种社会子系统在社会中发挥同等重要的作用，或者说在社会治理的结构中，各种社会子系统之间严守各自的边界，而不“侵犯”他者。尤其是现代社会的政治与经济系统有不断向其他社会领域扩张的趋势，这种扩张的趋势也影响到刑事司法的运作边界。立法程序的设置与宪法机制在一定程度上制约了政治系统对刑事司法的直接影响。不过，通过实质的法益观，也就是通过将外部的价值与政策判断直接纳入刑事司法运作过程，则可能虚置了立法程序与宪法规定对政治系统与法律系统分离的安排。另外，经济系统也在不断试图通过刑事惩罚机制来完成自己的扩张，一方面，大量侵犯经济利益的行为被纳入刑法的解释圈；另一方面，经济系统通过宣称自身系统运作规律，从而规避刑事司法对诸如金融、内部交易等行为的制裁。刑事司法在实质法益观的影响下，通过这种直接的外部价值判断削弱了系统二阶观察运作结构上内部指涉与外部指涉的平衡，也就是我们前述中所指出的法益论泛化所造成的对刑法文本在解释中的忽视。我们接下来将根据上述系统论对刑事司法的内部指涉与外部指涉的分析，对法益作为一种外部价值判断如何介入刑法规范解释过程展开进一步的论证。

三、法益论与刑事司法系统的价值判断

（一）作为解释犯罪本体的法益论与作为价值输入机制的法益观

犯罪是违反刑法的行为还是侵害法益的行为？实质的法益观倾向于后者。法益理论试图同时对犯罪的本质（自我指涉，犯罪本体）和犯罪构成的解释（外部指涉，刑罚目的）提供正当性基础。实质的法益判断在这种对犯罪本体的认识上走入歧途，进而使得刑事司法外部的利益与价值衡量顺利地进入对犯罪构成该当的判断阶段，罪刑规范在案件裁判中的优先性不复存在，罪刑法定对刑事惩罚的自我限制功能也难以发挥。

将犯罪从本体上认定为侵害法益的行为，和通过解释将刑罚（规范）目

的以法益去衡量，在刑事司法裁判中具有不同的结果和意义。我们在上文中提到对于刑法二阶观察而言，通过引入法益的概念去解释刑法规范能够丰富刑法对外部环境的回应性，从而达到简化外部环境复杂性、确认刑法上规范期待稳定的效果。实质的法益观将这一作为系统外部指涉的运作界定为认定犯罪的标准，不仅是一种套套逻辑（tautology），而且取代了罪刑规范本身设定的评判标准。因此，用实质的法益判断替代刑法概念与罪刑规范本身，使得法益理论在刑法解释中的反思功能以及限制刑事处罚边界的效果完全丧失。用不再具有反思和批判效果的法益观去为立法规定证成，无疑会使政治和政策的判断，也就是各种外部价值更加容易进入刑法规范运作内部。

作为系统的外部指涉，法益理论的运作方式是对符合构成要件的行为在实质侧面展开价值判断，从而划定符合社会价值判断的犯罪圈。从限定犯罪处罚范围的角度看，法益理论体现了犯罪构成对社会生活变迁的开放性。但是这种开放性并不意味着任何价值都可以进入对犯罪的评价领域，更不意味着法益可以代表任何社会价值和利益。价值问题的复杂性无法通过引入法益去解决，这不仅仅是由于价值无法通约和价值无法在普遍的意义上进行比较与衡量，更是由于刑法系统运作建立在二阶观察和符码、纲要的条件之下，这意味着单纯的价值判断无法在构成要件判断之前直接展开。这里我们需要对法律系统中，特别是法律论证中所存在的价值判断与价值衡量问题做出分析。

在系统理论看来，在法律论证中，观察者观察文本，解释文本。解释者不能仅仅将其认为较好的意见纳入法律论证。即使是一种抽象的价值评判，也需要通过对文本的阐释呈现。抽象价值的无条件性使得系统的区分无法展开，也使得实证法运作的悖论暴露出来。[1] 价值评判如果想达到一种对文本进行解释的目的，必须将自身限制在法律之内。即使在新的个案中可以展开自由论证，但是现有的法律文本必须是出发点。[2] 仅仅是一种好的理由并不够，论证者必须说明理由，并与法律运作相一致。解释者在系统的压力（结

---

[1] 参见宾凯:《社会系统论对法律论证的二阶观察》，载《华东政法大学学报》2011 年第 6 期。

[2] See Luhmann, Niklas. *Law as a social system.* Oxford University Press, 2004. p.345.

构）之下展开论证，系统通过法律特有的二元符码对价值进行评判。[1] 也就是说，任何的价值判断都是具有系统指涉属性的，不存在具有普遍意义的价值判断与价值衡量。行为的刑法判断首先是，并且一直基于犯罪构成的判断过程。

如前所述，价值具有普遍性。因为所有的行为都可以被价值正面或负面地表达出来，所以人们无法从价值评判中得到有关行为正确与否的证据。如果想从价值评判中得到有关一种行为正确与否的判断，人们必须假定一种有关价值的排序状态。[2] 而价值的排序无法对其自身产生观察。因为价值不具有其他社会系统沟通所具有的特点：价值判断缺少核心的二元符码（code），价值判断无法指涉自身。因此，价值自身不能决定行动。[3] 在现代社会基于功能符码分化的社会沟通中，我们无法对普遍意义上的价值（正义、平等、效率等）直接进行观察、适用和评判。抽象的价值排序在规范层面上无疑是一种“霸权主义”。[4] 简言之，价值只有在高度抽象层面才是没有问题的，一旦进入历史过程，每一个价值范畴的“即物方式”不但都不完美，而且往往是虚假的。[5]

由此，对价值评判的展开必须借助社会子系统中的条件纲要的作用，以及由此形成的系统符码与纲要的区分。[6] 在刑事司法系统中，系统的纲要便是具体的犯罪构成规定。在卢曼系统理论中，纲要是系统符码（罪与非罪）区分基础上的再次区分。符码保证了刑法系统与其他系统媒介的区分。纲要因此也只能是符码特定的纲要。值得注意的是，纲要也必须仅仅与一种符码相关，其不能从一个系统跳到另外一个系统中。[7] 符码无法改变，但是纲要可以变化，也就是实证法条件下的罪刑规范是可以改变的。

---

[1] See Luhmann, Niklas. *Law as a social system.* Oxford University Press, 2004. p.330.

[2] See Luhmann, Niklas. *Social systems.* Stanford University Press, 1995. pp.317-318.

[3] See Luhmann, Niklas. *Theory of society.* Vol. 1. Stanford University Press, 2012. p.205.

[4] See White, Harrison C. *Identity and control: How social formations emerge.* Princeton University Press, 2008. p.67.

[5] 参见孙歌:《在形而下层面结构原理》，载《读书》2017 年第 1 期。

[6] See Luhmann, Niklas. *Theory of society.* Vol. 1. Stanford University Press, 2012. p.226.

[7] See Luhmann, Niklas. *Theory of society.* Vol. 1. Stanford University Press, 2012. p.226.

作为系统简化社会环境复杂性的模式，刑法规范必须承受对社会生活的简化。在系统理论看来，如果纲要想要顺利运作，必须以高度复杂、易变和非稳定的状态面对具体事件。[1] 不过，现代社会结构与模式的剧烈变动使得即使是频繁的刑法修订也无法完整吸纳社会的复杂性。另外，频繁的刑法修订也会使民众对犯罪惩罚体系的期待不再稳定，在社会生活中产生诸多的不确定性。因此，仅仅依靠立法与修法无法实现规范的易变性，从而需要通过其他机制与媒介（media）来弥补纲要在刑事司法系统在二阶观察上所丧失的灵活性。

价值在刑事司法系统中的引入补偿了法律二阶观察在对社会生活进行观察过程中的损失（the loss of reality）。价值涉及行动的偏好问题。不过，价值自身无法对价值偏好予以具体化，因而对于期待的形成和整合只能给出一些非常不确定的观点。与刑法规范的系统沟通不同，价值形式太过抽象，以至于不同价值之间的关系不可能永久固定下来。脱离于社会系统的运作，则不存在“价值体系”和“价值位阶”。相应地，价值自身也不能正当化任何行动，也不能在每个纲要中得到无条件的尊重。某些价值的重要性通常依赖于其他价值的共同影响，并依赖于其他价值的实现情况。正因如此，对于决策而言，为了使正确的行动变得可期待和可实现，就需要建构具体的纲要。[2]

虽然价值在普遍的意义上难以排序，但是抽象的价值也容易在人们的交往中达成共识。价值共识能够降低沟通中纲要所产生的不确定性和偶在性，也就是增强刑法裁判的可预期和可接受性。价值本身的抽象性也可以通过系统纲要的运作具体化。价值可以作为论证的起点，在此基础上建立人们对这些价值的期待。价值在沟通中帮助人们发现更具体的期待是否可行。因此价值的层级结构不可能永远保持，而必须不断调整和改变。[3] 而正是这种可变动性使得价值在二阶观察层面上对刑法规范纲要的补偿优势体现出来。正如

[1] See Luhmann, Niklas. *Social systems.* Stanford University Press, 1995. p.318.

[2] 参见［德］卢曼：《法社会学》，宾凯、赵春燕译，上海人民出版社 2013 年版，第 124—125 页。

[3] See Luhmann, Niklas. *Social systems.* Stanford University Press, 1995. p.318.

卢曼所言，价值在系统中表征一种偏好，并从这种偏好出发对现实进行判断。不过也正是因为偏好仅仅是偏好，不具有固定的价值位阶，从而使得对偶在和多样的事实进行判断成为可能。[1] 法益理论是在犯罪构成判断的基础上扮演价值的输入者，而并非直接承担系统沟通的角色。

（二）犯罪论的结构与实质法益观下价值衡量解释方法的冲突

如前所述，价值自身不包含对价值冲突的判断机制。抽象的价值之间并不存在位阶。从这个意义上说，在具体案件的判断中并不存在绝对优先的价值。价值在法律系统沟通中通过“利益”或“法益”的形式展现，其在系统运作上留下了记忆。[2] 这被卢曼称为价值的制度化（institutionalization of values），通过利益或者法益，价值的偏好成为系统的记忆。同时，纲要的可变性，即法律的实证化，也有利于对价值的机会主义对待：在各种价值之间赋予优先性的决定中，我们做出的都是临时性的优先性决定。被暂时放弃的价值背后的那些美好追求并没有遭到质疑，它们可以等待、成长，指导孕育出需要赋予其优先性的紧急时刻。[3]

通过上述对价值的社会系统理论的分析，我们发现，作为一种偏好选择的价值概念其实是一种产生决策的方式。价值选择自身以及抽象化的价值之间并无高低之分。站在二阶观察的角度上来考虑价值问题，我们发现价值和纲要，也就是法益和犯罪构成在不同的层次上对系统产生不断的沟通，进而产生基于符码的案件判断具有不同的意义。纲要是系统二阶观察得以在符码运作条件下不断向前推进的基础，而价值的选择没有二元符码的属性。不过价值可以对系统沟通中缺失的对外部社会变迁的回应机制进行弥补。价值评判本身是抽象的，在社会功能分化的条件下，价值的判断必须被纳入系统符码与纲要运作的框架中。如果仅仅以抽象的价值进行判断，不仅我们无法决定价值之间的位阶关系，而且会使对具体问题的处理变得棘手：价值的评价

[1] See Luhmann, Niklas. *Theory of society*. Vol. 2. Stanford University Press, 2012. p.122.

[2] See Luhmann, Niklas. *Theory of society*. Vol. 2. Stanford University Press, 2012. p.123.

[3] 参见［德］卢曼：《法社会学》，宾凯、赵春燕译，上海人民出版社 2013 年版，第 297—298 页。

标准无法仅仅通过诉诸作为选择偏好的问题得以解决。罪与非罪的判断也无法直接诉诸实质的法益判断完成。

这意味着作为价值判断制度化体现的法益理论在刑法系统二阶观察中必须和构成要件的判断结合，在罪刑规则的结构中产生价值判断。实质的法益观将法益作为衡量罪与非罪的标准，而非通过法益的外部指涉功能实现犯罪构成判断中缺失的生活意义的弥补，从而使刑法解释成为一种纯粹的价值上的判断和价值间的衡量。法益也就成为一种解释者个人选择的偏好。这种法益观和刑法解释逻辑将会严重消减犯罪构成在规范运作上的封闭，违背罪刑法定的基本原则与实践逻辑。

罪刑法定不仅是刑法教义学中的解释规则构建的原则，也是现代社会犯罪惩罚得以展开的条件。现代社会交往的条件是建立在二阶观察基础上的社会功能分化。仅在个体行动层面具有价值判断并不能使人们的交往实现并延续。如前所述，价值的共识并不能够解决现代社会运作如何实现，也就是人们的交往如何可能的“双重偶在性”难题。即使我们具有相同的价值追求，也不意味着价值的共识能够直接引导社会层面的合作。系统在系统 / 环境分离层面上形成的自我指涉与外部指涉是现代社会人们交往和社会沟通产生的关键。[1] 实质的法益观破坏了刑事司法系统的沟通结构。

因此，需要在二阶观察的基础上对这些根据人们认知形成的价值观念进行系统运作。在系统符码和纲要的运作模式下，个体可以识别价值在系统中的接受程度，也可以看到他人行动的价值取向，也就是行动的偏好能够在多大程度上被系统所接纳。[2] 价值在系统中的表达并不是直接通过对价值的指涉，而是通过对符码与纲要的判断，通过对刑法正义观念的构建，也就是构建在刑法罪刑法定、平等对待个体、罪刑相适应等具有原则性的系统结构之上。[3] 刑法的正义观念在系统二阶观察的层面上表现为一种形式化的平等原则，从而并不指涉具体的价值判断，但这并非意味着价值判断在刑法对犯罪

[1] See Luhman, Niklas. “Introduction to systems theory.” *Cambribge, United Kingdom: Polity* (2012). p.237.

[2] See Luhmann, Niklas. *Theory of society.* Vol. 2. Stanford University Press, 2012. p.331.

[3] See Luhmann, Niklas. *Theory of society.* Vol. 2. Stanford University Press, 2012. p.331.

的处罚中不再体现，通过对具体罪刑规范的构建，也就是在系统纲要层面上对案件进行判断体现了刑法的价值判断。

刑法的价值判断体现在系统的二阶观察之中，刑法系统的符码与纲要维系了刑法维持社会规范期待（normative expectation）的社会功能。将法益当作一种刑法观察社会生活的机制，直接通过对行为侵害法益的判断无疑减损了刑法功能的发挥。实质的法益判断将价值判断与价值衡量直接纳入对行为的评价，直接通过法益进行价值判断使刑法在现代功能分化条件下形成的系统/环境区分，以及在这种基础之上构建的沟通模式和由此形成的人们交往实现的系统性结构被抹去。实证法演进过程中实现的刑法结构特点与在罪刑规范基础上形成的价值判断也将被直接的法益判断取代。这无疑将会使现代社会通过系统简化案件复杂性的追求无法实现。案件所包含的复杂性无法通过特定的解释机制予以限缩，那么对行为的判断必然会陷入无限的因果循环追问中，而且每个领域都可能因为其他领域标准的介入而丧失自身领域的独立性。[1] 通过法益这种外部指涉采取的罪刑判断将会使其他系统的认知与价值，包括裁判者的个人偏好更加容易进入刑法体系的内部。实质的法益观无法完成刑事司法系统犯罪构成在运作上的二阶观察与自我指涉，必须在罪刑结构中重新定位法益理论。

四、作为结构耦合的法益概念

（一）通过实体性的法益概念替代实质法益观？

法益理论的实质化成为整个 20 世纪刑法思想主流，与自然法运动所带来的实质化及存在主义哲学观的兴起有关。这种哲学观念认为，在一个由实定法构建的社会秩序中，可以找到一个检验规范实质合法性的自然法秩序，那是先于法律的社会现实中已经存在的秩序。[2] 而通过对现代社会二阶观察的定位和考察，我们发现这种新的自然法理念和其哲学的存在论基础并不符合现代社会人们产生交往的实际方式，也不符合现代刑事法律运作的基本方式。

---

[1] 参见李忠夏：《基本权利的社会功能》，载《法学家》2014 年第 5 期。

[2] 参见许玉秀：《当代刑法思潮》，中国民主法制出版社 2005 年版，第 25—26 页。

超越社会系统二阶观察和自我指涉基础之上的自然法理念，以及由此形成的价值判断并不存在。刑法规范并不是根据这样一种具有“共识”效果的自然法秩序及其存在主义哲学知识论构建出来的。通过立法程序产生的刑法典确实是一种对社会生活的构建，因此这种犯罪构成并不是价值无涉的。但是实证法的价值选择并不能通过解释者的选择，从而产生自然法意涵上价值共识的凝结效果。在现代社会中，脱离了系统自我指涉与二阶观察的价值判断无法产生社会意义，更无法延续。价值只有在系统沟通中才能实现，也就是说，现代社会的意义产生、价值判断以及由此对人们行动所具有的实际效益都具有系统专属性。利益、法益和价值等抽象社会符号的意义，只有在系统的运作中才能够实现实质化，并对犯罪构成的解释产生影响。脱离于社会系统沟通的“客观的自然法”无疑是一种幻象，其不可能在构建和解释刑法规范上提供一种明确的指引。当整个社会陷入一种多元化境地，一种超然的观念将无法再次实现统合。[1] 在功能上分化的社会子系统由其自身产生系统 / 环境区分的判断和检验，而各种系统检验的标准也不会根据其他系统的符码和纲要推进。不同系统在自我指涉的层次上展开不同的沟通，实现不同的社会意义。试图在不同的社会系统中寻找一种真理性、自然法意义上的价值共识和实质的社会利益衡量标准将是徒劳的。[2]

不过，社会秩序与社会整合的形成需要各种不同的社会系统产生连接和互动。法益的外部指涉应当成为将其他社会系统的价值判断与刑法犯罪构成的解释相结合的范例。这种系统间的互动并不是根据所谓的自然法原理或者价值共识展开的，被纳入刑法系统二阶观察的法益判断不再以其他社会系统符码判断构成的判断结论为依据，而仅仅将其他系统的理性和价值选择当成自身系统二阶观察的信息（information）。因此，法益对行为的认定始终要通过犯罪构成，也就是刑事司法系统的运作符码与纲要来进行转换。刑事司法运作中系统 / 环境的区分使社会分化得以实现，价值判断通过从外部指涉到

---

[1] 参见李忠夏：《基本权利的社会功能》，载《法学家》2014 年第 5 期。

[2] 这特别体现在作为法律系统中心的司法运作中。“相同案件相同处理”的司法原则与共识无关，而是法律系统运作延续的特征描述。参见泮伟江：《作为法律系统核心的司法——卢曼的法律系统论及其启示》，载《清华法治论衡》2009 年第 2 期。

系统自我指涉的转化使分化的社会系统能够产生连接。社会的整合在现代社会通过子系统的分化实现。易言之，并非由整合（自然法意义上的共识）而产生整合，而是由区分（系统逻辑）产生整合。

作为刑事司法系统与其他社会子系统进行价值连接机制的法益如何实现对犯罪构成判断的补充，如何发挥所谓的“法益的批判功能”？针对实质法益观的缺陷，有的学者认为应当通过对实体法益概念的构建，从而构建较为明确的刑法可罚性界限，并且实体性的法益还能够防止刑事政策的考量取代刑法体系自身的判断基准。[1] 因为法益概念的日益宽泛界定使得该概念彻底丧失了规范的意义。而这样一种法益论根本不能发挥节制或明确可罚性范围的功能。[2] 不过有的学者也指出如果坚持严格的、实体的法益概念，发挥法益概念的体系批判机能的同时，就无法在法益的框架内来把握，而必须准备更大的框架（例如加之以规范妥当性，行为伦理等），而承认在犯罪的认定上是以规范违反原理为基础，允许法益关联性的丧失。[3]

问题是，上述对法益在刑法解释中的定位没有将现代社会基于功能产生的分化这一社会结构特征纳入考察的范围。法益所代表的系统外部价值并不仅仅指涉那些所谓的“实体性”的内容，法益是否具有实体的内容与系统能否通过法益形成恰当的外部指涉并无关联。无论是基于法益的系统外部指涉，还是通过所谓的规范违反、行为伦理对外部价值的吸收，都不一定以一种实体性的内容呈现。价值的偏好在不同的社会系统中形成不同的形态。随着社会演进，社会利益的出现和价值对个体和组织的可利用性的显现，会超出实体性内容，例如对环境问题、网络数据安全等问题。坚持一种实体性的法益观，虽然可能在一定程度上保持刑法的谦抑性，但是正如前述，其仍然

---

[1] 参见陈晓明:《风险社会之刑法应对》，载《法学研究》2009 年第 6 期。黎宏教授的观点值得商榷："刑法规定中的某一个条款，单纯从字面解释来看，完全可能作几种解释，这些解释中哪一种解释最为合理，单从刑法本身来看，是解决不了的，只有借助于刑事政策。”黎宏:《论“刑法的刑事政策化”思想及其实现》，载《清华大学学报（哲学社会科学版）》2004 年第 5 期。

[2] 参见劳东燕:《风险社会中的刑法：社会转型与刑法理论的变迁》，北京大学出版社 2015 年版，第 44 页。

[3] 参见劳东燕:《风险社会中的刑法：社会转型与刑法理论的变迁》，北京大学出版社 2015 年版，第 44—45 页。

没有解决本体论与自然法意义上的实质法益观威胁犯罪构成的问题。[1] 因此，法益作为刑法系统外部指涉的定位和功能不能通过将法益“还原”为一种实体性概念的方式达成。即使实体性的法益可能对刑事惩罚的边界产生一定的“批判”作用，但是由于其仍然试图将外部价值的指涉替代刑法内部规范的运作，因此并不是一种替代实质法益观理想的方案。

（二）作为系统间沟通媒介的法益观之提倡

实体刑法益理论的衰落也说明了在现代社会多元，也就是在现代社会系统功能分化的条件下，法益所指涉的刑法体系外部因素变得更为复杂。[2] “在法益概念一致性的外表之下，掩藏了不同价值、实质原理之间冲突的暗流。” [3] 有学者认为，把价值冲突隐含在法益概念内部的做法正是结果无价值论在核心层面存在的疑问。从本质上说，结果无价值的法益概念是多种价值之间的内部妥协，这种含混的法益价值概念导致解释问题上的随意性。[4] 这种随意性与我们在一开始所质疑的那种对所有犯罪设定妥当的、有内容的法益论有关。由此而设定的法益概念，只是作为各个刑罚法规的“规范目的”“立法目的”或“意义、目的思想的简略语”而被把握。[5] 如果说实体刑法益理论无法实现，那么通过将法益概念的泛化而试图实现法益对刑法规范解释力的做法也是不成功的。因为，一方面，这将导致通过法益去指导构成要件的解释，凸显的是法益不再具有的超脱于实证法的事实。在此种意义上，

---

[1] 罗克辛主张的具有批判意义的法益观，仍然具有非常强烈的自然法意义，他的法益概念是“人的”法益概念，是基于个体权利建立的。但是罗克辛的法益观又将动物的权利、环境保护利益等纳入其中，从而也就超越了个人自由观念（主观权利）的界限。“对法益的损害并不必然以主观的权利受到侵害为前提。”其实，罗克辛的法益观与系统论上强调的刑法解释是系统沟通而非个体间共识的产生具有相似性。具体可参见［德］克劳斯·罗克辛:《对批判立法之法益概念的检视》，陈璇译，载《法学评论》2015 年第 1 期。

[2] 这也被法律系统论研究者称为法律之外正义的多元主义（pluralism）。See Rosenfeld, Michel. “Autopoiesis and Justice.” *Cardozo L. Rev.* 13 (1991): 1695.

[3] 劳东燕:《法益衡量原理的教义学检讨》，载《中外法学》2016 年第 2 期。

[4] 参见车剑锋:《“作为整体的法”与结果无价值的法益概念》，载《武陵学刊》2013 年第 6 期。

[5] 参见［日］关哲夫:《现代社会中法益论的课题》，王充译，载《刑法论丛》2007 年第 2 期。

对作为构成要件解释工具的法益论的浓墨重彩的张扬，或许只是为了掩饰其失落批判机能之后的不堪而已。[1] 另一方面，以立法目的或立法者目的的价值判断来对各种罪刑规范做出法益分析和判断，无异是一种通过解释者自身价值偏好去理解犯罪及其处罚边界的方式，其根本不可能对罪刑规定在具体案件中的适用提供明确的指导。[2]

现代法益论想要避免上述误区必须将现代社会建立在二阶观察基础上的社会沟通模式特点纳入构建法益和运用法益中。如前所述，现代社会的功能分化意味着通过社会子系统符码和纲要的自我指涉运作。系统理论指出了现代社会系统的二阶观察建立在系统 / 环境区分的基础上。一种社会子系统的运作成为另外一个系统的环境，反之亦然。通过系统间的耦合机制（coupling），将对方看作自身系统自我指涉的环境，将其他系统产生的沟通看作自身系统符码运作和纲要构建的信息，通过对外部指涉进行内部沟通，也就是将外部环境中其他系统的理性和价值判断，转化为系统自身的运作与沟通，是实现系统在二阶观察上延续的途径，也是保持现代社会功能分化条件下人们交往和社会整合的关键所在。从系统理论的角度来看，各种价值的判断问题、社会利益的衡量，都应当在坚持系统二阶观察和自我指涉的层面上得到转化。司法过程不仅要注重个案的利益衡量，还应当在新型案件中，考核不同社会系统间的理性差异、交织以及融合的可能，[3] 从而实现司法“规则构建”，而非仅仅“解决纠纷”的功能。

系统内部的价值沟通与系统外部的价值指涉之间的冲突，其实是各种社会系统在运作的过程中符码运作和纲要构建区分的效果，也就是说，这种价值在系统二阶观察的角度来看，并不可能直接通过比较和排序的方式弥合。甚至我们可以说价值的冲突是系统间功能分化的产物，社会不再以一种理性，

---

[1] 参见劳东燕：《风险社会中的刑法：社会转型与刑法理论的变迁》，北京大学出版社 2015 年版，第 45 页。

[2] 对这种基于立法目的形成的功能论的法益观的批判，可参见舒洪水：《近现代法益概念的发展及其功能化解读》，载《中国刑事法杂志》2010 年第 9 期。

[3] 参见［德］贡塔 · 托依布纳：《社会理论脉络中的法学与法律实践》，季海龙译，载《交大法学》2015 年第 3 期。

或者说一种共识性的价值追求作为运作的起点。各种系统的理性可以共存，系统间的耦合与互动是选择性的，而选择的标准则是根据系统自身二阶观察的逻辑展开的。现代社会每一个领域的结构变化都能引起其他领域的变迁，但是没有一个领域可以通过自身系统的标准与价值而适用于所有其他领域。[1]

由此，法益应当被视为一种社会沟通的媒介（media）。法益将刑法体系外部的信息，也就是将我们通常所称的各种价值判断、政策因素和利益衡量等纳入系统自我指涉的介质。无论是所谓的实体性的法益概念，还是代表立法目的的法益观，或者是将法益看成犯罪侵害本体属性的观点，其实都没有将法益这种外部指涉在系统内部实现的再次转换的特点彰显出来。外部对刑法系统自身运作而言仅仅是外部的信息和选择偏好。价值偏好通过法益在系统间互动所形成的这种稳定结构，转化为系统运作，也就是罪与非罪在具体罪刑规定上的沟通内容。外在的价值内容在刑法规范的运作中不再具有优先性，也就是说，无论是效益、安全还是其他系统对特定行动和事件的评判，都应当成为解释构成要件的信息，而不再具有原先系统的逻辑。法益作为系统间互动的媒介，不应当将其转化为一种具有能够决定系统纲要走向，也就是直接制约罪刑规范具体判断的价值评判公式。

同样地，作为媒介的法益也不应当将各种社会系统产生的价值判断逻辑直接纳入犯罪构成的解释：环境保护的政策取向、经济运行的“规律”等都不应当直接成为解释行为构成要件的理由。基于“立法目的”的构成要件解释不能直接通过外部价值的输入完成。法益作为媒介为刑法解释提供信息，而非构建行为本体论意义上的解释规则。易言之，作为媒介的法益观并不定义行为的构成要件，而是为具体案件中需要解释的罪刑规范提供信息，将具体刑法规范规制的对象所反映的特定行为领域的逻辑和价值判断转化为可供刑法沟通使用的背景材料。

将法益界定为刑事司法系统运作中与其他社会子系统互动的媒介，有利于法益理论发挥其维护罪刑法定对犯罪处罚的自我限制功能。这可以被称为一种“形式的”或者说象征性的法益观。正如达博所言，法益论象征着这样一种信念，如

---

[1] 参见李忠夏：《基本权利的社会功能》，载《法学家》2014 年第 5 期。

果刑法希望被认为是合法的，希望得到服从，而且希望是合乎目的的，那么刑法就要受到限制，只能在限定范围内发挥作用。[1] 实际上，我们正是不断通过法益这个概念媒介来辩证以及确认刑法的本质。[2] 无论是限制性还是批判性，现代刑事理论中的法益观以指示刑法运作方式，而非定义实体性概念呈现。

犯罪惩罚的罪刑法定原则需要我们对具体行为所包含的特点做出认知，而这种认知在现代社会功能分化的条件下意味着需要对其他社会系统的运作及其价值（理性）的逻辑进行分析。无论是对经济犯罪，还是对侵犯社会管理秩序的犯罪行为的判断，都需要对行为特定领域的运作逻辑和沟通模式进行考察，在此基础上做出刑法上的构成要件解释与判断。面对高度分化与复杂的社会环境，为了使刑事裁判最终符合行为的社会意涵，也就是做到罚当其罪，法益理论应当保持高度的开放性。法益理论以系统间互动媒介的形态对各种社会系统运作的规则进行深入的考察，在司法审判中引入社会科学的证据，将具体案件发生的条件与社会认知作为衡量行为侵害程度的依据，并将系统间价值衡量的问题转换为刑事司法内部价值评判，从而实现封闭运作状态的刑法解释在认知上的开放。因为系统间互动产生耦合的产物必须蕴含高度的实质内涵，[3] 所以实质法益观下整体、普遍和形式的意义犯罪本体定义无法对犯罪构成解释在具体个案中的适用提供太多帮助。[4] 对于连接刑法解释与其他社会系统理性的作为媒介的法益观看来，对法益问题在刑法分则中研究的重要性和紧迫性远高于对普遍的实质法益概念研究。

---

[1] ［美］马库斯·德克·达博：《积极的一般预防与法益理论》，杨萌译，徐久生校，载《刑事法评论》第 21 卷，北京大学出版社 2008 年版，第 458 页。

[2] 参见古承宗：《风险社会与现代刑法的象征性》，载《科技法学评论》2013 年第 1 期。

[3] 参见［德］托依布纳：《宪法的碎片：全球社会宪治》，陆宇峰译，纪海龙校，中央编译出版社 2016 年版，第 130—131 页。

[4] 在对行为出罪的判断上，实质法益观占有重要一席，一些限于刑法犯罪论原则无法进行出罪解释的行为，在实质法益观下可以做出。不过，实质法益观是否为最好甚至是唯一的出罪理由，仍然值得怀疑。因为规范违反说在绝大多数案例中也可以通过对实质违法性的解释得出相同结论。两者共同使用则可能最大限度做到使对那些不应当受到刑事惩罚（甚至应当被社会鼓励）的行为能够在刑法上得到合理评价。参见储槐植、闫雨：《“赎罪”——既遂后不出罪存在例外》，载《检察日报》2014 年 8 月 12 日，第 3 版。

本节通过引入社会系统论的视角，展开对实质法益观的批判，并在批判的基础上以系统论展开了对法益论和刑法运作的考察。我们发现刑事司法作为社会子系统的沟通在现代社会功能分化条件下具有二阶观察的属性，二阶观察意味着犯罪惩罚在刑事司法系统内部的符码和纲要在不断的自我指涉与外部指涉的平衡中实现。实质的法益观不能反映现代刑法运作的这一基本模式，从而也就抹杀了刑法所具有的稳定规范期待的社会功能。实质的法益观将刑事司法系统外部的价值直接作用于犯罪构成的解释，减损了同二阶观察所构建的沟通模式。

在我们构建的对刑事司法的系统论视野下，法益理论所发挥的功能在于作为一种系统间互动与耦合的连接装置，将其他社会子系统产生的逻辑和理性，也就是其他社会系统对价值偏好的选择过程，以系统运作所需要的信息这样一种方式呈现出来。作为对这些外部信息的一种指涉，法益最终通过对具体罪刑规范的解释，从而实现外部价值判断在系统内部运作中的再入（re-entry）。也就是说，刑法教义学所提倡的封闭与开放共存的状态意味着在刑法规范与外部价值之间形成第一层次的系统 / 环境的区分，再通过法益对外部信息转换，又以规范和法益的自我指涉与外部指涉形成第二层次的系统 / 环境的区分。在不断形成的区分基础上，刑法作为社会功能子系统的二阶观察得以实现，刑法通过对犯罪惩罚试图完成的社会整合与社会规范期待稳定功能得以实现。刑法在区分中实现了我们通常所称的自治，也就是罪刑法定的实现。我们通过系统理论的解释框架，对法益理论的系统功能定位进行了一番有别于规范刑法学的考察。当然，这种考察并不是对刑法教义学的否定，正如卢曼所言，法律教义本身不是一种“系统”。法律教义可以被当作一种对法律运作中论证必要性的表示，也是一种对政治进入司法过程的防卫，是一种限制论证理由的法律论证。对法律教义的批判并不代表对法律概念的排斥，而是不希望“通过司法过程扭曲现实中的利益”，是一种对完全依赖概念性的自我指涉的司法运作的反对。[1]

---

[1] See Luhmann, Niklas. *Law as a social system.* Oxford University Press, 2004. p.342. 这也被系统论称为法的自我描述（self-description），其意涵在于法教义学通过对现实的法律运作条件进行限缩，使法律系统的沟通得以形成稳定的规范期待。See Nobles, Richard, and David Schiff. “The Sociology of the Politics of Jurisprudence.” *Law, Society and Community: Socio-Legal Essays in Honour of Roger Cotterrell* (2016): 221.

在上述的论证中，我们始终将具有规范意义的法益和刑法的社会功能以及现代社会运作的系统逻辑联系在一起，从而也就实现了我们在本书开头所提出的将刑法规范性问题纳入社会科学认知理论的维度，进而实现弥合教义学与社科法学之间鸿沟的论证目标。我们认为通过一种社会理论的考察，法益理论在社会实践意义上的重要作用能够得到更显著的体现。通过社会理论的论证，刑法教义学中对法益理论的相关争论也得到了新的解读。将法益的社会功能定位为维持系统二阶观察也让我们发现了刑法法益研究尚未被完全发掘的理论空间。本节仅在刑法体系一般化的意义上定位了法益在现代刑事司法运作中的功能和运作模式，在具体的各罪解释上，运用系统论的思维去看待法益与刑法规范的互动。也就是说，现代刑事司法与其他社会价值体系的互动仍然需要后续研究者做出更多的理论尝试。本节希望通过对这一路径的尝试，为今后法益论研究和刑法实践提供借鉴。

本章总结

本章主要论证了自我指涉的刑法体系如何构建从系统内部的运作过程中生成的环境因素，并且通过自我生成的系统 / 环境区分运作与其他社会系统产生结构耦合。在这一过程中，首先需要刑法建立自身的体系，例如阶层式的犯罪论体系；在此基础上，刑法体系封闭性与开放性的共生产生了系统的环境。系统与环境的区分需要刑法体系具有一定的结构，这种结构对于稳定刑法运作中犯罪惩罚正义观念的形成，以及对这种正义观念的可接受性具有重要意义。这里的刑法体系结构并不是静态的和不变的，结构不是体系沟通产生的前提，相反，沟通的偶在性与体系的选择可能性成为结构能够不断生成的前提。系统间的结构耦合也正是在这种体系自我指涉的动态中产生的。系统论的结构耦合概念为重新思考法益在刑法教义学体系中的功能提供了理论工具。

通过第二章和本章的分析，我们完成了对刑法与社会关系两大维度的基本论证。刑法的自我指涉的内涵与刑法结构耦合的过程通过上述两章的内容得到了充分展示。在刑法研究中，我们认为这种尝试是具有理论创新意义的。

在国内外文献中我们较少看到对部门法，特别是对刑法展开的系统理论维度论证。在这种论证中，也将我们的研究始终看成一种“刑法研究”，而不是系统理论研究的一部分。第三章和本章是本书关键的理论阐释，是构建刑法与社会论纲的基础。我们研究的基本观点和理由在这两章中展现出来。当然，纯粹的理论分析和逻辑演绎并不能够完成我们的研究目标。在这两章的基础上，结合我们第一章对研究理论工具的分析，我们将在本书后面两章中结合更为具体、实际和生动的例证去说明系统理论下刑法与社会关系互动的过程。如果说本书至今的分析和相应的结论偏向于理论的研究，那么后面两章的内容将会更为关注刑法实践中的例证。

第五章

个体意识与刑法系统：

自我指涉与结构耦合下的展开

“维持法律生命的……不是法律的结构，不是法律的概念系统，而是人，是通过法律系统表达的人或组织的利益。”[1]

“在现代社会，犯罪的共同经验和感受是高度分化与分层的。社会群体和个体对犯罪被害、风险、救济的感受存在差异。”[2]

弗里德曼的观点在法律社会学中占据了主流地位，加兰的理论与现代社会的功能分化紧密相扣，但仍从个体的认知与感受出发理解现代刑法制度。系统理论则认为仅仅由人的利益不能维持具有历史、社会与时间维度的法律及其子系统——刑法体系运作的持续。我们将结合对法律社会理论中这种主流观点的审视与批判，来考察个体与刑法体系运作的关系。

我们在前两章中对刑法运作中的自我指涉与结构耦合分别进行了详细的论证。通过第一章的研究工具的展开，我们结合刑法中的诸多问题，以系统

[1] Friedman, Lawrence M. *The Legal System: A Social Science Perspective.* Russell Sage Foundation, 1975. p.155.

[2] Garland, David. “The Culture of Control.” *Chicago, The University of Chicago* (2001). p.148.

理论内部—外部视角相互沟通的方式重新展现了刑法运作中的多维度。我们发现，刑法的自我指涉并非刑法教义学所认为的基于规则和原则构建的系统自治那么简单。面对其他社会系统和个体意识系统在环境中的地位和作用，刑法作为处理社会事件复杂性的一套话语和沟通机制，其自我指涉始终是在有限的范围内展开的。这种自身指涉虽然具有纯粹的性质（我们并不认为系统存在半开放或半封闭的状态），但是其运作的方式却远非输入—输出那般简单。[1] 为了对自我指涉的特点做出进一步的明确，我们在第四章中对刑法体

[1] 刘忠认为刑事司法中的输入—输出并未呈现输入量值 = 输出量值的原因在于，忽视了输入与输出都是行动者承受的输入与输出，实际的表现是“输入—行动者—输出”。而行动者个体因受制于制度结构，影响着输入能否有效转化为等量的输出。参见刘忠:《未完成的“平等武装”》，载《中外法学》2016 年第 2 期。我们认为行动者并不能决定输入到输出的量值，而制度因素也并非独立的控制变量。关键在于环境（包括行动者）在社会系统运作封闭条件下如何对其产生影响和激扰。刘忠进而分析了中国刑辩律师为什么没有在刑事诉讼规范变动，特别是向着“正当程序”演变的过程中强化自身的“武装”。通过一种谱系学的分析，我们在刘忠的论述中发现了一种循环：刑辩律师技术水平较低主要是制度在初始阶段的建立所遗留的“历史原因”造成的。“人的因素”造成了“制度的惯性”。“劣币驱逐良币”，普遍的专业化水平较低，加上司法行政部门试图扩大部门业务管辖范围和律师行业分工的缺失，使得刑事诉讼法“正当程序”的“武器”无法落实在辩护实践中。刑辩律师职业体普遍的技艺性缺失与制度初始的构建有关，似乎解决之道在于“时间”。甚至该作者在论证中似乎隐含了这样一种观点：刑事辩护并非需要太多的律师，职业竞争的压力不是起到分化与淘汰的作用，而是锻造了整体行业的“低水准”发展。

律师制度和职业最初在 20 世纪 80 年代的扩张虽然有部门利益的考量，但是我们也应当看到我国社会的分化趋势。单位内部纠纷解决机制的弱化等使得对犯罪问题的法律化与司法化成为主要趋势和手段。国家治理也需要一种法律话语支撑下的合法性。我们不能因为现阶段刑事辩护演化中存在的技术专业性不强就轻易否定刑事规范上的构建的效果。“人的因素”当然会影响系统运作，但是系统的自我演化，包括刑事运作中“正当程序”结构的加强，也会限制、改变乃至加速作为职业体的刑事辩护律师认知、心态以及知识结构的调整。

作为监管者的国家可以在这一演进过程中发挥积极的促进作用：利用政策杠杆调整律师行业的结构和从业人数，逐步削减律师队伍的进入速度，逐步实现高门槛的辩护准入。刑事系统的自我指涉并非排斥政治政策因素的介入。同样地，“人的因素”在其中至为关键：个体在被系统塑造的同时，在系统形成之初也会塑造系统的结构。但是环境无法改变系统运作的符码。“在宏观上司法理念和司法取向既定的前提下，使各司法主体（着重号为笔者所加）能够真正成为正确司法理念和司法取向的有效载体，保证正确的司法理念和司法取向在微观层面得到落实。”顾培东：《人民法院内部审判运行机制的构建》，载《法学研究》2011 年第 4 期。

卢曼等系统理论研究者内心的法律系统对象是成熟的欧美司法系统，虽然我们在其论述中也会看到对法律系统演化的分析。但是现有文献并不十分关注所谓的“前现代”问题，［转下页］

系的结构耦合的形成与运作方式进行了论述。

我们的研究并不想在上述论证后即告终结。首先，本书不仅需要对概念进行分析，也需要具体例证的支撑。其次，自我指涉与结构耦合需要进行整合，通过具体的例证说明两者作为描述刑法与社会关系理论工具的妥当性。也就是说，虽然我们在第一章中已经对这两个概念的哲学认知论基础、社会学方法论基础与法学研究的贡献做出了论证和分析，但是我们认为，经过前两章内容的深化，特别是将这组概念运用在对刑法理论的思考时，重新对本研究提出的理论假设进行反思（reflexive thinking）具有重要意义。[1] 最后，我

[接上页] 而本书希望将系统理论的解释潜力应用到对我国刑事司法的理解中，这也是我们将人与刑法体系演化的关系单列一章进行探讨的原因。

[1] 在布迪厄看来，理论研究中的反思关涉研究对象和研究者。反思与科学进程中研究对象的立场有关，也受研究者形成观点的“惯习”（habitus）影响。反思意味着两种紧密联系的行为：第一，对给定研究对象领域前提的批判式的反思；第二，自我批判，也就是研究者对特定研究领域（包括社会研究领域）假定的反思。See Banakar, Reza, and Max Travers, eds. *Law and social theory.* A & C Black, 2014. p.125. 研究风险社会理论的贝克（Ulrich Beck）也认为，反思意味着人们脑海中自我对话的能力，也就是人们拥有的内在展开对话的能力。通过自我对话呈现的自我认知，反思使得个体对其与周遭环境的关系进行思考，从而使得自身成为主客体两方面进行观察。在这个意义上说，反思通过将个体置于社会情境中（socially embedded），从而连接了个体行动与社会结构。在不断分化的功能社会中，对包括法律系统在内的社会系统进行反思使得社会的偶在性（contingency），包括社会规则“背后”的道德条件的偶在性凸显出来。See Beck, Ulrich. *Risk society: Towards a new modernity.* Vol. 17. Sage, 1992. 吸收了上述研究成果，托依布纳认为所谓的反思法（reflexive law）并不要求对特定的实体规则的执行进行监督和把控，也并不在法律的运作中预先设定任何具体的目标。反思法并不权威性地决定社会子系统的功能，也不企图规制系统特定的输入与输出。反思法试图搭建规范运作的程序（procedure）、组织结构（organization）、成员范围（membership）和能力条件，从而使得法律系统反思性地搭建与其他社会系统的关系成为可能。See Teubner, Gunther. “Substantive and reflexive elements in modern law.” *Law and society review* (1983): 239-285. 根据季卫东的研究，反思法，或者说现代法律的反思机制，具有简化社会复杂性、模拟条件效应（即条件纲要的设立——笔者注）、测量法与社会的偏差值、调整法制姿态等特点。反思法是托依布纳对诺内特和赛尔兹尼克提出的“回应型”的深度加工和转化。托依布纳首先把回应型法中并存的企划和参与者两种既相关又迥异的倾向加以抽象，概括出所谓“实质理性”和“反思理性”这样一对概念，使该模式通过“法律理性”范畴的中介作用得以稳定。然后，托依布纳导入卢曼系统论中的法的自我指涉性与“反思机制”的概念和哈贝马斯的社会“组织原则”的概念，把诺内特和赛尔兹尼克关于法律系统的“内部动态”的构思与这些涉及外部环境的法学思想结合起来，构筑了“反思法”的模型。参见季卫东：《法治秩序的建构》（增补版），商务印书馆 2014 年版，第 21 页、第 385 页。我们将在第五章论证中检验、测试和“反思”托依布纳的反思法概念对刑法运作的可能意义。

们希望通过本章和第六章对具体刑法实践问题的考察，回应现有文献对系统理论"无用论"和保守主义的质疑。

为了完成上述分析目标和预期的论证，我们首先从刑法系统与个体的关系出发，更确切地说，我们将从刑法系统与个体意识的关系出发。我们在第一章的分析中说明了社会系统与个体意识系统在自我指涉基础上形成的结构耦合。我们在前两章对刑法自我指涉与结构耦合的论证中也穿插了对个体意识在刑法运作和刑法结构生成中所扮演的角色的定位和讨论。我们发现，无论是在涉及刑法解释、刑法案件事实构建、刑法体系性与开放性，还是刑法系统中的冗余和多样性关系问题，个体意识都普遍和频繁地参与到对刑法体系的激扰中。我们将通过本章的论证说明，那种将系统理论描述为反个体理论的批评站不住脚。系统理论反对的是人文主义中心论的法律运作观，[1] 系统理论并不否认，甚至强调社会系统与个体意识的互动和由此形成的稳定连接。在刑法系统中这种稳定的连接是如何展开的呢？这将是本章考察的中心和重点。

第一节　刑法与个体意识的分离及其运作

一、个体合作与社会符码的分化：心理意识与法律沟通的结构耦合

"人类的合作遇到两大困难。第一个困难就是经济学家讲的'囚徒困境'，或社会心理学家讲的'合作困境'，这也是人的自利本性带来的问题。人类合作的另一个困难来自人类的无知。我们经常想办好事，比如帮助别人，但是结果可能并不好，甚至犯致命性的错误。为什么？因为人类对自己和生存环境的认知是非常有限的，有时甚至不知道自己的真正利益所在。无知和'囚徒困境'给我们人类的合作带来很多困难，甚至灾难。但人类也在实践中不

---

[1] 这一点与后结构主义（post-structualism）对人文主义的处理相似，可参见 Heller, Thomas C. "Legal Discourse in the Positive State: A Post-Structuralist Account." *Dilemmas of Law in the Welfare State* 3 (1986): 183。

断学习和进步，人类创造的很多制度安排，就是为了减少人类的无知，就是为了解决人类合作中面临的‘囚徒困境’。”[1]

“意识与社会系统以共同演化（co-evolution）的方式呈现。两者是双方的必要环境，这是两者存在的基础。个体的存在不能没有社会系统，反之亦然……两种社会系统无法割裂的相互依赖构成了两者的自我指涉与复杂性。这种演化的结果被称为‘意义’（meaning）。”[2]

“事实上，人类具有合作的强烈天性，但又时刻提防被别人占便宜，喜欢对于不采取类似合作行为的人施加处罚。”[3]

（一）互为环境的个体与法律

经济学家通过囚徒困境和个体的无知来说明社会制度生成的原因和功能。系统理论也有相似的论证。系统理论认为人类活动中，确切地说是人类沟通中所需要面对的双重偶在性（double contingency）促使社会功能分化的展开和社会子系统自我指涉的形成。[4] 从运作自我指涉的角度来看，系统虽然是脱离人体及其意识的社会语义和意义构建，但是这种构建围绕的始终是人类生存的困境和可供人类使用的基础条件。系统理论的结构耦合概念同样是为了说明解决社会中的个体如何脱离无知、克服囚徒困境。不过，系统理论不仅仅是对经济学研究的重复，也并非赞同制度始于个体的

---

[1] 张维迎：《社会合作的制度基础》，载《读书》2014 年第 1 期。

[2] Luhmann, Niklas. *Soziale systeme.* Frankfurt am Main: Suhrkamp, 1984. p.92. 转引自 Paterson, John. “Who Is Zenon Bankowski Talking to? The Person in the Sight of Autopoiesis.” *Ratio Juris* 8.2 (1995): 217。

[3] ［美］保罗·罗宾逊、［美］莎拉·罗宾逊：《海盗、囚徒与麻风病人：关于正义的十二堂》，李立丰译，北京大学出版社 2018 年版，第 55 页。

[4] 卢曼的论证借鉴了艾利亚斯（Nobert Elias）的观点。在艾利亚斯笔下的文明的个体（civilized hunman being），也就是一种文明的身心聚合（mind-body complex）不是福柯以实证主义的观点所描绘的通过现代社会官僚组织被“规训”的个体。艾利亚斯的文明个体建立在社会功能的演化，现代个体特质的涌现不是一种外部强制的结果，而是社会功能分化加剧的结果。参见［德］诺贝特·艾利亚斯：《文明的进程》，王佩莉、袁志英译，上海译文出版社 2013 年版。

脑海中，特别是形成于所谓的社会共识和社会契约之中。[1]这正是系统理论在看到人类社会发展的基础和动力的同时，试图超越人本主义和个体中心主义的地方。

卢曼明确指出结构耦合并不是系统间输入—输出（input-output）的因果链条，结构耦合并不意味着在一个系统中发生的事件会直接引发另外一个系统的反应。[2]甚至，结构耦合也不意味着一个系统以自身的话语（discourse）重新构建其他系统的沟通（这是一个常见的对卢曼系统理论的错误认识）。一个系统并不拥有直接与其他系统输出进行连接的通道。结构耦合描述了一个系统成为其他系统的环境（反之亦然）的运作。对每个系统而言，其他系统仅仅存在于“世界”（环境）之中，就像是系统的人工制品（artefact）一样。

在法律与个体的关系中，法律成为个体（意识）的环境，反之亦然。人们通过对法律系统结构的观察来呈现自我的社会意义（the self）。而对法律系

[1] 有关卢曼对社会契约理论的批判，请参见 Luhmann, Niklas. *Theory of society.* Vol. 1. Stanford University Press, 2012. pp.7-8。法律系统论研究者同样对“共同体”（community）概念提出深刻的质疑。托依布纳认为，按照滕尼斯的观点，共同体意指一种与“社会”截然不同的特别密集的社会关联形式，而在国际政治世界，很难找到，实际上根本不可能找到这种社会关联形式。即便在民族国家内部，由于全社会的片段化，“共同体”概念也不再像以往那样有说服力。后现代的特征在于社会身份和世界观的多元化；这样一来，共同体这个概念就更不恰当了。如果我们是在寻找共同体，那么在后现代社会中，就必然没有宪治主体的位置。在民族国家背景之外，这一观点尤其正确。民族国家之外存在太多不同的对于政治共同体的文化理解，因此不可能发展出一种世界主义意义上的“国际共同体”。我们最好不要谈论共同体，而是谈论世界社会的政治系统。世界社会的政治既不是一群人民，也不是一个拟制的共同体，更不是真正的人类，它只是一些世界范围的沟通，这些沟通为了集体决定的目标而着眼于构造权力和共识。它包括各种相互分离的实体：民族国家、国际政治体制，以及二者各自的管理机构和公众。在经济、法律和科学中，情况也大同小异。被一些人认为是有益的概念，诸如知识共同体、经济共同体或者次级规范共同体等等，都应当极其谨慎地使用。原因仍然在于，它们没有呈现共同体的任何一项社会学特征。各种社会宪法（societal constitution）中涉及的共同体，实际上都只是想象的同一，只是对该社会宪法运作统一的自我描述。参见［德］托依布纳：《宪法的碎片：全球社会宪治》，陆宇峰译，纪海龙校，中央编译出版社 2016 年版，第 80 页。

[2] 托依布纳也有相似的论述，其认为多样性、偶在性和输入 / 输出之间的内部转化过程是开放的系统理论所要回答的，也是其超越经典系统理论的三个方面。See Teubner, Gunther. “After legal instrumentalism.” *Dilemmas of law in the welfare state* 3 (1986): 308.

统而言，个体的意识无法直接观察，仅仅通过法律的自我构建展现出来。个体意识在法律系统中的表达有两种方式：第一，个体通过具体的角色在法律过程中呈现出来：原告、被告、第三方、被害人、法官等；第二，法律系统降低了作为个体意识的复杂性，使得个体意识以法律系统能够“接受”的概念呈现出来。无论个体意识在意识系统中如何呈现，个体将以法律系统的类型和沟通呈现出来，而这些并不是个体意识的直接呈现。同样地，法律也没有转化为意识系统，法律系统也没有能力对个体意识的复杂性进行全面展示。易言之，法律系统仅仅是社会系统，其仅能观察环境，而不能进入环境。[1] 法律系统在内部运作中产生的对环境的构建，则属于法律符码（合法 / 非法）判断的产物，而非个体意识的再现。[2]

（二）个体意识无法产生沟通

我们在前文提到过法官在司法过程中的修辞（rehtoric）问题。在此，我们通过对法律系统与个体意识系统结构耦合的分析能够更加清晰地看到这种修辞其实并不是一种法官的虚伪和造作，也不是波斯纳所认为的是个别国家（如美国）司法系统的问题。[3] 法官需要在法律系统之下决定案件，特别是在

[1] 这一点也并非系统理论的独创，凯尔森在《纯粹法理论》中就提到个体以逻辑进行思考，是一种逻辑的规范，而社会的规范（法律）与逻辑的规范存在本质上的差异。See Kelsen, Hans. *Pure theory of law.* University of California Press, 1967. 但是系统论以沟通为基本元素的法律自我指涉与凯尔森从实质意义上构建的法规范循环体系具有根本差异。具体可参见 Beck, Anthony. “Is Law an Autopoietic System.” *Oxford J. Legal Stud.* 14 (1994): 408; Teubner, G. (1989). How the Law Thinks: Toward a Constructivist Epistemology of Law. *Law & Society Review*, *23* (5), 740。不过，与卢曼相似，凯尔森也认为国家的法律治理是一种以合法 / 非法区分为基础的治理机制。参见强世功：《陆地、海洋与文明秩序》，载《读书》2019 年第 5 期。哈贝马斯认为凯尔森对主观权利的改造与卢曼将法律主体视为法律系统环境的观点更为接近。把道德人和自然人从法律系统中分离出去，为法理学开辟了通往纯粹功能主义的主观权利观的道路。主观权利学说的接力棒，后来传到一种通过方法论决定将所有规范性考虑消除殆尽的系统功能主义手里。参见［德］哈贝马斯：《在事实与规范之间：关于法律和民主法治国的商谈理论》（修订译本），童世骏译，生活 · 读书 · 新知三联书店 2011 年版，第 108—109 页。

[2] See Banakar, Reza, and Max Travers, eds. *Law and social theory.* A & C Black, 2014. p.72.

[3] See Posner, Richard A. *Divergent Paths*: *The Academy and the Judiciary.* Harvard University Press, 2016. p.179.

司法中，法官的这种义务是无法免除的（prohibition on denial of justice）。[1] 法官为了降低案件及其所映照的社会个体的复杂性，必须使用法律的符码和纲要来完成司法论证（构建）。法官个体的想法与意识必须在有限制的系统框架和范围内展开，也就是法院组织和法教义学维度下展开。

在卢曼的理论中，社会是沟通而非对他人的感知过程。[2] 在本质上，我们无法经验地、直接地观察到另外一个人的想法。易言之，我们无法真正“感同身受”。除非他人的想法通过言语、手势、文字，甚至有时候包括不作为与沉默表现出来，成为社会沟通的组成部分，我们不能声称我们“知道”别人的想法。当然，被沟通的想法仅仅是沟通而非想法。同样地，我们可以对别人的身体进行思考或沟通，不仅他人的身体与我们分离，甚至他人的身体也与他们的思想分离。[3] 从这个意义上说，个体（humans）处于沟通之外。[4]

因此，作为社会沟通的法律理论与法律教义充满了个体意识无法达致的沟通层面，而这些无法达致的层面在现实社会中通过概念的创造被掩盖了。因此无论何时你看到或者听到诸如“意图”“动机”“目的”“感觉”等概念时，这其实说明的是那些无法沟通的心理活动。个体的心理层面，也就是个

[1] 麦考密特将其定义为一种制度性的义务，或者说是一种基于法律系统内部的制度压力（institutional pressure）。当争议无法在当事人之间达成解决协议，这时，或者说在现代社会中，必有一种社会承认的义务将争议诉诸特定的社会群体，并且社会必须承认这样一种特定的社会群体所拥有的对争议的裁决权力和执行权力。See MacCormick, Neil. *Legal reasoning and legal theory.* Clarendon Press, 1994. 同样是一种功能论的视角，卢曼更关注作为法律自我指涉运作中的司法体系具有的解除系统运作悖论的效果。

[2] 参见 Luhmann, Niklas, and William Rasch. *Theories of distinction: redescribing the descriptions of modernity.* Stanford University Press, 2002，第七章“什么是沟通”。有关卢曼与托依布纳对沟通的理解如何生成对法律指涉的讨论，参见 Bankowski, Zenon. “How does it feel to be on your own? The person in the sight of autopoiesis.” *Ratio Juris* 7.2 (1994): 254-266。

[3] “心理只进行心理的思考，别的没有。” Luhmann, Niklas, and William Rasch. *Theories of distinction: redescribing the descriptions of modernity.* Stanford University Press, 2002. p.174.

[4] 也有学者从法学视角出发，认为社会系统与心理系统分离的说法，只不过是对主体（subject）的另一种描述方法。参见王正嘉：《网际网路上刑法妨碍名誉权罪适用与界限——以实体与虚拟的二分社会论之》，载《政大法学评论》2012 年 8 月，总第 128 号。

体经历的思想和感受，在卢曼理论中也是系统，不过他将其称为心理系统，[1]并且严格地将其与由沟通组成的社会系统区分开来。“意识系统与沟通系统间的互动并不能通过超级系统（supersystem）生成。超级系统不能通过两个系统的决定性结构完成整合意识运作与沟通运作。相反，意识系统能够对沟通系统进行观察，沟通系统也可以观察意识系统。为了使这种说法成立，我们需要一种不涉及心理的观察概念（concept of observation），这样一个概念仅仅对应意识系统。”[2]因此，对系统理论来说，个体（意识与身体）处于沟通系统之外。

系统理论精心营造的社会与意识系统的区分（以及由此产生的知识论上的问题）对于理解意识系统与社会系统共享成分来说是必要的：“社会与心理系统不仅将语言作为共有的媒介，[3]而且分享‘一般性媒介’，意义（sense, sinn）。意识对世界和自身产生意义，社会系统也是一样。”[4]卢曼关于“意义”的定义非常独特，也非常深刻，意义不再为人所独有，任何具有认知能力的社会系统都有自己的“意义”。意义使得心理系统与社会构成在保持自创生的基础上，产生互相渗透（interpennetration），让心理系统与社会之间产生联动。[5]意义是一种媒介，是由使用意义的运作，比如思维所生产出来的。意义同时使得“自我意识”（也就是个体对自己思考过程的理解）和意识对社会沟通产生促动效果。[6]

---

[1] “通过将心理与身体排除出社会，系统理论建立了系统的三种主要类型：沟通系统（社会系统）、生命系统（身体、大脑以及与之相关的部分）和心理系统（意识）。” Moeller, Hans-Georg. *Luhmann explained: from souls to systems*. Vol. 3. Open Court Publishing, 2006. p.9. 并可参见该书第一章：“什么是社会系统理论？”（what is social systems theory?）。

[2] Luhmann, Niklas, and William Rasch. *Theories of distinction: redescribing the descriptions of modernity*. Stanford University Press, 2002. p.179.

[3] 参见泰明瑞：《社会秩序是如何可能的：卢曼社会系统理论的解释》，载《社会理论学报》2014年第1期。

[4] Moeller, Hans-Georg. *Luhmann explained: from souls to systems*. Vol. 3. Open Court Publishing, 2006. p.65. 也可参考此书第二章“什么是真的？”（what is real？）。

[5] 参见李茂生：《少年犯罪的预防与矫治制度的批判——一个系统论的考察》，载《台大法学论坛》2000年第2期。

[6] See Luhmann, Niklas. *Social systems*. Stanford University Press, 1995. p.219.

在此，卢曼的观点与涂尔干所言的社会事实与心理事实的区分相似。但是，必须注意的是，卢曼所指的事实是“社会沟通”，而涂尔干所指的事实是直接从自然科学借用的具有经验可观察性的“给予物”。涂尔干的社会学没有为社会保留“意义”，而卢曼的社会沟通理论却必须是有意义的沟通，当然这个意义已经远非韦伯社会学中的作为人的行动者所体验的意义，而是社会自身通过区分和形式（form）所产生的系统自我观察的意义。因此，在系统理论中形成了这样的景象：空无一人的社会，无人之境的法律系统，法律只是从一个沟通到另一个沟通的连接并产生自身意义的系统。[1] 不过，即使从这个前提出发，法院个体对案件的判断和认知也并非与最终裁判的法律意义和社会效果割裂。我们将通过考察，或者更确切地说，重新考察一起著名的刑事案件来说明心理系统与刑法系统结构耦合的具体运作方式。

二、个体意识与刑事审判：帕尔默案重述

（一）道德沟通与法律沟通

里格斯诉帕尔默案（*Riggs v. Palmer*）是我们熟悉的一个案件。[2] 这一案件被德沃金反复讨论，最著名的是其和哈特及其追随者的论战。[3] 德沃金通过这个案件说明法律由原则和规则组成。能被识别为法律的不仅是被承认规则纳入的规则，法律还具有无法消除的道德层面。该案的事实是：帕尔默是立遗嘱人的孙子，为了防止其祖父更改遗嘱从而使他无法继承遗产，将其祖父杀死。帕尔默在遭到谋杀指控的同时主张其继承权。立遗嘱人的女儿，也就是帕尔默的姑姑提出异议。这位姑姑也是这份遗嘱的顺位继承人，如果这份遗嘱执行的话，帕尔默将会获得一大笔遗产。纽约上诉法院的多数意见认

[1] 参见宾凯：《二阶观察、悖论与法律的系统建构——卢曼法律社会学理论研究》，北京大学 2006 年博士学位论文。

[2] *Riggs v. Palmer*, 115 N.Y. 506 (1889).

[3] See Dworkin, Ronald. *Taking rights seriously*. Vol. 136. Harvard University Press, 1978.Chapter 2; Dworkin, Ronald. *Law's empire*. Harvard University Press, 1986. pp.15-20.

定帕尔默不可继承遗产，这一判决根据这样一个原则做出：“任何人不得从自己的错误中获得好处。”另外，面对按照执行遗嘱订立人意图执行遗嘱的法定责任，多数意见认为无论立法机关以何种理由通过相关的法案，立法者的意图不可能认为当事人可以通过谋杀遗嘱订立人的方式取得遗产。什么使得这个判决成为法律系统的一部分，而不仅仅是法官内心的判断和意识体现？

关键的因素在于系统的符码。这一案件适用了非法 / 合法的符码。这一案件并没有判定特定继承的道德性、效率或是科学意义上的真实性。法院给出的是法律裁判。就算此案得出相反的判决，这仍然是法律系统的一部分。我们需要进一步探究此案从而使我们能够理解符码如何运作，并构成法律系统与其环境的分离。这里的环境因素包括个体意识中的道德沟通。我们需要考虑达致此判决的沟通，以及此判决后产生的沟通，并且发掘符码是如何连接这些沟通，同时限制其他系统沟通在法律系统中实现的可能。

首先我们应当看到，这是一个由法院作出的判决。案件疑点（issue）是根据遗嘱继承法律识别的。案件中的争议始于遗嘱继承人之间，其中一位是谋杀罪嫌疑人。案件在初审后来到上诉法院，初审包括诉状和证据发现的过程，上诉包括上诉时效和上诉理由。这些都是可识别的法律沟通，而它们不能被类型化为心理意识或道德沟通。更重要的是，这些法律规则的设计会限制原、被告双方进行道德论辩的能力和个体意见的发挥空间。

让我们设想一下那些在本纠纷中原、被告双方不能使用的辩论理由。无论当事人对法律系统的合法性或者法院程序设置的正当性有无质疑，只有当他们接受初审法院作出裁判的权威，本案才能在上诉法院得到解决。同样地，尽管双方当事人可能对被继承遗产的合法性产生不同的看法，只有当他们接受纽约州遗产法的适用效力，他们的纠纷才可能在法院系统中得到解决。因此所有指向最终裁判的法律沟通都以法典和先例的方式呈现。本案中，双方当事人也不可能就法典的效力或上诉法院的裁判效力发起全面的质疑。

在这样一个限制性的语境中，通过法律沟通的构建，本案推进过程的每一步都在判断合法性（legality），最终法院得出了一个看似基于道德的裁判（沟通）：“任何人不得从自己的错误中获得好处。”大量互相联系的沟通建立了这样一种语境，使我们看到这一原则在整体法律系统中并没有普遍适用的效力：许多法律规则允许当事人从事不道德的行为后仍然可以从中获利。特别是对于遗产法而言，其是为了促进财产所有人自由意志的实现，而不是以个人品德或社会的需求来判断遗产继承的方式。这大大地限制了当事人进行道德论辩的可能。[1]

除非法院在判断遗嘱继承的案件中对稳定法律符码适用的沟通进行大量的激扰（irritation），法院才能超越权限给出一个道德原则判断。在系统理论看来，这意味着法院必须改变大部分系统的记忆。在本案中，法院当然没有这么做。相反，法院使用了道德原则来证明遗产法的一个例外，也是一个对一般法律解释路径选择的例外：杀害立遗嘱人的继承人不能继承遗产。这一原则没有引入有关个人品德所需要的一般判断，也没有追问受益人被纳入遗嘱范围是否基于个人不好的行为，例如受益人有外遇的情况等。

无法否认的是，在这一法律案件中，“任何人不得从自己的错误中获得好处”这一沟通采取了道德形式，并通过这种道德形式回答了一个法律问题：在此遗嘱下，帕尔默继承遗产是否合法？而且，在任何试图对事件进行道德符码判断的情况下，对帕尔默不得继承的结论可能连接起其他的道德判断：如果在此情形下让帕尔默继承是“不对的”，那么在其他的情形中当事人是否同样在道德上是可谴责的，从而应当取消其继承权？无法避免这样的道德质疑可能在其他诉讼中被提起。

不过，人们也可以想象一个道德哲学家会如何“审判”此案。帕尔默由于其犯罪行为受到监禁。他是否应当由于权利的丧失而受到二次惩罚？遗嘱订立人将其农场留给孙子而非女儿的目的在于使家族遗产存续。谋杀的行为与该目的相反吗？如果是，那么我们是否可以说遗嘱订立人，也就是被害人在此案中同样受到了惩罚？这些相互关联的道德疑问可以作为一场精彩的法

---

[1] 这并不否认作为系统间结构耦合的立法程序对社会道德和价值判断的吸收。具体可参见泮伟江：《作为法律系统核心的司法——卢曼的法律系统论及其启示》，载《清华法治论衡》2009 年第 2 期。当然，这些结构耦合是否能够对法律运作的自创生产生积极效果，则需要对立法可能影响的具体案件及其裁判过程进行观察。例如美国联邦法律中出现的道德话语（如作为立法语言的“道德堕落”，moral turpitude）。对此，可参见 Posner, Richard. *The Federal Judiciary: Strengths and Weaknesses.* Harvard University Press, 2017. pp.229-230。

律与伦理研讨课的主题，甚至会带动对这一案件判决理由的道德批判。[1]

不过它们不会阻碍法律系统的运作。法律系统依旧会以合法 / 非法法律适用为基础继续，而不会以道德符码（对 / 错）进行。如果遗嘱执行人将遗产授予帕尔默在本案中是违法的，不论这些行为是好的还是坏的（道德符码），都不是法律系统考察的问题。除非法律沟通再次生成了一种情况或一个问题，使得道德沟通可以在法律系统中被适用（或者我们可以说被再次适用，也就是道德沟通在法律系统中的再入），来证明法律符码的判断。而案件事实中存在的道德问题被转化为法律权利问题，在这种疑难案件中，甚至可以说在任何具体偶变的互动场景中，当不同的权力面临冲突时，法官的任何判断都不会直接触及这些权利，因此判断本身并非道德判断，而是对实践权利书的延伸与扩展，是对面对价值冲突时的实践技术所做的程序性判断，[2] 也就是法律体系的自我观察技术的再生产。

（二）法律沟通中的道德意识及其运作逻辑

通过对帕尔默案的系统理论分析，我们说明了法律系统与个体意识的关系，特别是与个体（法官）道德意识的关系。我们发现，法律案件，特别是疑难案件的争议会使得这些“非法律”（non-law）沟通变为与法律相关的运作，但是这些非法律的沟通必须被吸纳进运用法律符码进行的沟通框架中。[3]

在卢曼看来，道德仅在其他的沟通都无法顺利进行的特殊场合才会出现，当道德沟通出现的时候，因为道德所彰显出来的二元符码不仅是善恶或

---

[1] 这一现象在所有法律领域中都会出现，道德沟通被用来证明法律决定的适当，正如德沃金对此案和其他新颖案件的使用。

[2] 参见李猛:《除魔的世界与禁欲者的守护神：韦伯社会理论中的“英国法”问题》，载李猛编:《韦伯：法律与价值》，上海人民出版社 2001 年版，第 182 页。

[3] 与帕尔默案有很大差异，但是反映出法与伦理的冲突与调和的案件是 2016 年在我国发生的“山东辱母案”。我们在此案的二审辩护意见中也看到，律师对正当防卫的阐述并不是以“辱母”这样一个伦理性的价值判断作为切入点的，甚至在其辩护意见中完全回避了这个问题，而是认为上诉人于某受到的“暴力逼债”行为是一种抢劫，因此符合我国《刑法》第 20 条第 3 款的特殊防卫的规定。由此可见，即使伦理的述说在此案发酵的社会空间（法律的环境）中占据了绝对的主流，但是法律系统并没有，或者说在现有的纲要与规范内容上无法将其纳入。

好坏，其更代表了尊重或轻蔑，所以道德的沟通最终多以争吵、暴力收场，据此我们必须抑制道德沟通的出现。[1] 当然卢曼的意思并不是排除道德，而是防止将所有问题在“道德上纲上线”，防止一个能够统一社会的后设符码的出现。[2]

因此，包括法官在内的刑事诉讼活动的参与人不可能将其对刑法系统的质疑、对道德论证的青睐完全置于系统沟通中，这种介入和激扰始终存在限制条件。通过道德判断，我们或许可以说法律系统使用了不相称的价值体系（incommensurate values）。[3] 同样地，尽管人们会发现在某些法律领域符码的适用可以效率（efficiency）等价值予以解释，但是对所有法律沟通都做出效率的解释是不可能的。[4] 在法律系统内存在的价值间的不相称性并没有妨碍法律沟通联系彼此，因为沟通联系彼此必要的基础并不是融贯的（coherent）或一致的（consistent）对符码适用的理由，而仅仅是沟通使用相同的符码。[5] 因此，在其他系统看来不相称的问题，通过法律系统内部法律沟通的使用而消弭了。

---

[1] 参见［德］Georg Kneer, Armin Nassehi:《卢曼社会系统理论导引》，鲁贵显译，巨流图书公司1998年版，第237—247页。

[2] 参见李茂生:《少年犯罪的预防与矫治制度的批判——一个系统论的考察》，载《台大法学论坛》2000年第2期。

[3] See Seung, Thomas K., and Daniel Bonevac. “Plural values and indeterminate rankings.” *Ethics* (1992): 799-813.

[4] 尽管波斯纳认为这是可能的，我们却不这么看。德沃金对此做出的回应和批判在我们看来是具有说服力的。See Dworkin, Ronald. *Justice in robes*. Harvard University Press, 2006.Chapter 3. 效率的符码（efficiency/inefficiency）会破坏法律符码的适用。不过在作为组织，特别是多种组织交织的刑事司法体系中，效率的考量，例如侦查重点的选择、辩诉交易的使用、刑事司法部门绩效的考核都可能影响法律符码及其纲要，例如非法证据排除、证明标准乃至犯罪构成的适用。这也是为什么卢曼始终强调法院这一严格且无法拒绝适用法律符码的机构，在刑事法体系中的重要性。有关作为组织的刑事司法对法治与法律符码判断的影响，可参见 Finkelstein, David. “The language of communist China’s criminal law.” *The Journal of Asian Studies* 27.03 (1968): 503-521; Skolnick, Jerome H. *Justice without trial*: *Law enforcement in democratic society*. Quid pro books, 2011。

[5] 当然，这并不意味着法律系统的有效性就不再需要一致性或融贯性，特定法律体系之间在上述两种制度品质上的差异依然会影响特定法律规范体系的社会可接受程度，也就是系统理论所说的法律体系隐藏悖论的能力之间具有差异。

上述分析不仅对法律系统适用，这种分析方法对研究法律与其环境间（特别是其他系统沟通间）的关系问题同样有效。我们会发现相似的符码和纲要会通过相同的方式在其他系统中运作。在对帕尔默案的讨论中，我们已经指出在道德系统内的沟通间的联系并不可以在法律系统中做出的联系。[1] 人们也通过观察法律与大众媒体的关系来说明，或者通过考察法律政治，来分析不同联系的可能性，也因此可以看到不同意义的产生，即使这些不同系统的沟通在语词上（language）使用相同的形式。我们将对上述案例分析中产生的理论问题进一步进行论证。

第二节 刑法体系与个体意识区隔的深层原因

通过上一节的内容，我们发现在系统理论的维度下个体行动者“处处受限”：社会沟通系统对心理意识产生排斥效果，两者只能产生松散的结构耦合（loosely structurally coupled）。[2] 也就是说，两者的互相激扰只能在一定的范围内展开，而不可能产生全面的一一对应关系。[3] 法律不是法官心理活动的展现。这一观点与我们通过理解的包括刑法解释在内的司法活动运作模式具有较大差异，我们希望通过此处的分析，论证系统理论这一较为独特的观点。

一、个体与系统分离观的社会理论与知识论基础

（一）法律现实主义的理论优势与困境

我们先来看一种截然相反的观点。在著名法律社会学家匹特兹尼克

[1] 对道德符码的系统理论分析，参见 Luhmann, Niklas. “The Code of the Moral.” *Cardozo L. Rev.* 14 (1992): 995。

[2] See King, Michael, and Christopher J. Thornhill. *Niklas Luhmann's theory of politics and law.* Basingstoke: Palgrave Macmillan, 2003. pp.32-33.

[3] 参见［德］尼克拉斯·卢曼：《对现代的观察》，左岸文化出版社 2005 年版，第 202 页。

（Petrazycki）看来，对个体话语（speech）、面部表情、行动的外部观察使得直接研究个体在法律关系中的具体社会行为及其意义成为可能。不过，在其看来，这种对社会外部的观察和研究对于法律运作的社会学研究是不充分的。法律现象的源起并不在于社会组织和系统的内在秩序，而是个体意识的内在秩序。匹特兹尼克进一步认为，一种内省（introspection）的法律社会研究是实现上述理论目标的方式。在这种研究框架中，对法律关系的研究建立在对个体意识活动和其具体心理经验的“观察”和分析基础之上。其研究也可以被称为一种“自我指涉”的法律社会学研究：通过观察个体意识的活动状态以及由此形成的外部举动来研究法律现象的“社会”意涵。[1]

匹特兹尼克的法律社会理论虽然并未受到现当代法律社会学和法律理论的足够重视，但是我们在主流的法律和司法理论中仍然能够看到这种研究思路的影子。这主要体现在法律现实主义及其延伸：法律实用主义。其代表人物波斯纳认为，对法律系统的研究，特别是希望通过一种系统的研究将法律运作的各个环节进行勾连和“有机化”的整合，我们必须关注的是现实法官的想法、思维和性格等条件，而法教义学和法律论证理论无法帮助我们预测法律规则的走向，更无法帮助我们观察、理解和阐释法律的真实面相。例如，波斯纳就指出，在司法过程中需要警惕、防范和杜绝法官工作的“代理”现象。将司法论证和判决意见的工作交给法官助理去完成的弊端在于由法官助理完成的司法意见欠缺真实性（authenticity）：法官独特的论证方式或法官的“司法性格”无法在这些意见中展现出来。律师和其他法官也无法通过阅读这些法律意见理解法官的论证方式和法官的裁判风格，从而也无法对后续案件做出有效的预测以及对未来的法律规则走向做出预判。[2]

---

[1] See Gorecki, Jan. *Sociology and Jurisprudence of Leon Petrażycki.* Urbana: University of Illinois Press, 1975. p.4. 这种研究方法中还包括对不同个体意识关系的连接、想象和对比的论证。彼特拉茨基（Petrażycki），则尝试用心理学（法律心理学）来证明法学的科学性。在他看来，科学理论必须是充分的，而一种充分的法律理论必然是关于法律情绪的心理学理论。参见雷磊：《作为科学的法教义学》，载《比较法研究》2019 年第 6 期。

[2] See Posner, Richard A. *Divergent Paths: The Academy and the Judiciary.* Harvard University Press, 2016. p.225.

上述理论的确有其贡献。从个体意识出发的法律社会理论看到了法律教义学那种中立、客观与逻辑严谨的概念、规则与原则背后理论构建的偶在性。法律运作具有较强的实践理性特征，即使是作为学术研究的法律理论也必须关注现实法律活动中的人。不过法律系统论与现实主义法律观仍然存在本质上的区别。

首先，以社会功能分化为视角的系统理论并不否认，更非如现实主义强烈批判法教义学真实存在的社会功能。这在前述内容中已有较为详细的论证，这里不再赘述。

其次，法律系统理论认为法律现实主义的立场并不能够保证对作为社会现象的法律运作进行客观的描述。个体意识不仅在范围上，更重要的是在系统维度的区分上无法反映出法律系统的运作的理性。即使我们不能否认在案件的审理、判断和执行的过程中始终存在“人的因素”，但是正如我们在上一节分析中所观察到的，这种人的因素的介入受到了极大的限制。如果将个体意识因素当成法律系统运作的决定性因素，我们不仅会使法治这一普遍的“社会认识”无法得到合理的解释，更重要的是这种理论分析将无法完成其预设的目标：对具体法律判决的预测和对现实法律操作的指引。因为法官如果按照现实主义的理解，确实可能因为“对一顿早餐感觉不好”而改变裁判。法律神秘主义和虚无主义成为法律现实主义无法逃离的困境。

（二）法律系统论的人性观与刑法归责的系统逻辑

现实主义观的形成具有深刻的认知论背景。启蒙思想和由此形成的科学主义、实证主义等研究进路并未脱离西方学术的人本主义前提。但是卢曼指出，如果社会科学想要达成其作为科学的潜在意义，则需要一种拒绝传统欧洲启蒙思想（信仰）的有关社会构成与研究社会的方法。在系统论看来，那种认为通过分析人类本质属性（人性）来达到促进社会理解的观点是有问题的，特别是当这种观点认为人本主义发展和提升成为我们对社会理解的必要条件时。有学者就指出，实证主义认为社会现象是一种客观的存在，不受主观价值因素的影响，一切概念必须可以还原为直接的经验内容才能有效。这种过分强调实证研究与经验分析的做法，实际上是把主体与客体两个实体截然分开，割裂主体与客体、价值与事实之间的有机联系，使研究者独立于自己的研究对象中，这不仅是难以做到的，也是对科学研究本身无益的。[1] 在昂格尔看来，通过社会理论的法律分析应当排斥这种观点。社会理论的构建，包括社会理论对刑法等法律系统的构建，正是由于排除了这种高于历史和社会条件的人性论假设，才可能产生对法律系统新的理解与反思。这种排斥使得研究者以个体的实然的状态（be）去分析法律运作，而不是去探究个体和人性的应然状态（ought to be）。通过这种方法上的革新，研究对象是嵌在社会历史条件和语境中的个体行为和个体意识。在昂格尔看来，我们需要对社会理论的这种研究范式的转向予以重视、强调和坚持。没有一成不变的人性论基础。法律的社会理论研究的任务是将个体意识放在历史的条件下不断重访（revisit）与重塑（reinvent）。[2]

系统理论的研究进路与昂格尔的思路相近。如果我们将刑法看成一种社会控制，也就是一种通过系统运作对个体意识不断产生的激扰过程和制度构建，那么在系统理论之下，刑法体系并不是对“人性”善恶的直接反映，个体的“规范意识”形成也不是依靠刑法体系的严密程度。在一定意义上说，系统理论下人与社会系统的分离观点说明了刑法“预防”功能的实现并不在于其刑罚效果展示对个体意识的直接冲击，而是必然要经过个体的重塑和内化。对作为社会控制的刑法的需求是个体产生自我约束的必要条件，但不是充分条件。

刑事惩罚，甚至任何社会控制手段并不是福柯等人所定义的一种社会对个体情感的塑造和规训，个体，特别是个体的守法意识与规范意识无法“物化”为一种对知识—权力结构中的作用对象。刑法不是一项针对个体的“工程学”。个体的社会化不能仅仅被视为一种外部知识与结构对其进行塑造的过程。个体意识是一种“自我规制”（self-regulating），个体对社会系统沟通，包括对刑事惩罚的理解必须经过一种内化，也就是将系统沟通转化为意识自

[1] 参见［英］安东尼·吉登斯：《社会学方法的新规则——一种对解释社会学的建设性批判》，田佑中、刘江涛译，社会科学文献出版社 2003 年版，第 11 页。

[2] See Unger, Roberto Mangabeira. *Law in modern society.* Simon and Schuster, 1977. p.42.

我指涉的过程。韦伯的“现代社会的铁笼”并不是，也无法直接作用个体的心灵，虽然我们并不否认社会对个体的塑造功能不可忽视。但是如果我们承认存在社会对个体的塑造，刑法等外部制度对个体意识的塑造也仅仅是形成“社会化”个体的一部分。同样地，对刑事司法的过程而言，参与者的意识也仅仅能够对系统的运作产生激扰，而非决定作用。

社会系统的运转也需要这种“自我规制”的个体及其社会化的形成。并且，这种社会化的过程发生在社会系统沟通之外，在个体的意识中生成。当然，我们能够通过对个体行为，包括对个体犯罪行为的观察和识别去描述和影响个体的社会化过程，从而对特定时空下的“人性观”进行观察，产生适当的系统沟通去对人们的行为进行规制。这种通过系统沟通产生的规制也会间接地影响到个体规范意识的产生，从而对刑法“个人归责原则”提供正当性依据。对个体外部行为的可描述性以及这种描述在个体层面的可接受性，成为理解刑法体系作为社会控制手段塑造个体，乃至改造社会功能的关键。正如有的学者所言，个人的行为不仅仅是对建立或者不建立唯一的社会系统产生影响：他的行为对许多不同系统的维持或消亡具有意义。通过自身行为对各个相互作用的系统的形成产生影响的人，他的内部观点必须游刃于他的活动意义多样性和差异性之间。他的各种行为不仅对系统的建立、维持和生存产生影响，而且能够作为若干系统的要素起作用。[1]“归责”成为一种同时在个体意识内部与刑法体系内部产生的运作过程。社会的规范化与个体的规范化是互动，但又分离的过程。

二、分离理论的例证：死刑刑事政策与个体惩罚意识

现代刑法体系不仅承担着犯罪治理的“任务”，还在一定程度上承担了优化社会环境与改革社会机制的功能。在系统理论之下，无论是作为社会系统的刑法运作，还是作为个体意识的民众对刑法和犯罪的认知，都呈现

[1] 参见［德］弗里茨·B. 西蒙、C/O/N/E/C/T/A 作者组：《彻底的市场经济——系统管理基础》，张东辉、陈飞译，商务印书馆 2007 年版，第 28 页。

出自我指涉的分离状态，它们之间只能产生高度选择性的结构耦合。无论是立法活动还是司法活动，都无法完成对社会个体规范意识的直接促动。我们在这里选取死刑刑事政策与社会个体对待死刑认知之间关系的例证予以进一步说明。

与立法不同，通过司法案件产生的规则演变需要时间，也会产生更大的社会阻力和社会反响。虽然作为一种社会改革的手段，司法具有相较于立法应对社会变迁的制度优势，但是司法过程的性质使得其在民主合法性上的缺失始终无法消除。通过司法的社会改造活动始终要面对民众更为直接和迅速的挑战，正如加兰（David Garland）在对美国死刑司法控制的分析中所展现的。[1] 司法的死刑控制与社会大众的刑法意识产生互动和冲突，而这种冲突对刑事司法运作的限制真实存在。

死刑的刑事政策受到人类杀戮意识的影响，这对我们分析个体意识、社会环境与刑法运作的关系具有启发意义。在加兰看来，故意杀人的刑法规范及其死刑规定将社会大众意识中普遍存在并通过“死亡”话语展现的社会因素纳入制度中，从而使得死刑案件抹上了一层浓重的体现个体情感（意识）的色彩。这种情感与规范的关联也与涂尔干强调的集体意识有关。在涂尔干看来，现代刑事法律系统试图对犯罪惩罚进行利益衡量的理性化与“去感情化”。不过，理性化的刑法仍然保留了复仇与激情的力量。[2] 复仇的情感首先来源于个体自发的反应，而在个体自发情感的互动中，这些情感积聚成一种重要的社会结果。在涂尔干看来，这种社会结果就是通过刑事惩罚对社会道德的保护，进而保护了规范的、普遍的社会期待。[3] 在塑造惩罚观念的过程中，涂尔干重视刑罚效果发挥的另外一个因素：刑罚的受众。在其看来，如果一种有力的道德谴责想要达到沟通效果，刑罚必须让观看者（spectatle）参与进来，并使刑罚得到他们的理解。由此，刑罚话语的传递依赖于社会中集

[1] See Garland, David. *Peculiar Institution.* Harvard University Press, 2010. p.213.

[2] See Garland, David. *Punishment and modern society: A study in social theory.* University of Chicago Press, 2012. p.31. 也可参见苏力：《复仇与法律——以〈赵氏孤儿〉为例》，载《法学研究》2005 年第 1 期。

[3] See Garland, David. *Punishment and modern society: A study in social theory.* University of Chicago Press, 2012. pp.42-43.

体的心理意识。[1]

通过社会集体意识形成的“置人于死”的权力在人类社会的任何地方与历史时期都是一项极为特殊乃至神圣（sacred）的权力。集体性是原始人的本质属性，诸如尊敬、爱情、诅咒和战功等我们理解中的个体行为，在原始人眼中却由于巫术的作用变成了集体事件。在这个意义上，个体生活是不存在的，人的集体性要先于他的个体性。[2]

这种权力在加兰看来牵制了我们的注意力，特别是当这种施加死亡的能力掌握在“我们人民”手中的时候（民主）。在后现代或晚现代（late modernity）的美国社会中，这种施加死亡的权力依然保留了其原始的意涵和社会意义，从而具有“图腾”的性质。[3]

尽管限制乃至废除死刑的努力在美国刑事司法（特别是联邦最高法院）和立法中始终存在，“置人于死”的古老权力依然脱离了法律系统的“控制”，甚至也脱离了政治运作的范围。这种脱离代表了作为个体意识的本源，一种个体对严重伤害行为本质的厌恶与恐惧。这种心理意识反映在死刑案件，特别是故意杀人案件中。在这样的语境中，杀戮的呼声与饶恕的话语相比较，前者占据了显著的优势地位，从而使得在杀人案件中刑罚轻缓化的主张成为一种幻想。在现如今美国社会的“死亡文化”中，在对暴力杀人的深切恐惧中，对死刑的支持和对死刑民主控制的呼声是一种社会意识和压力的释放。社会政治活动家乃至法律实践者对这种民众意识和感情的运用，在社会研究看来具有合理之处。[4]

加兰以其独特的社会惩罚文化视角分析了美国民众死亡—惩罚意识与刑法体系运作之间的关系。在系统理论看来，两者之间的关系说明了，无论是

---

[1] See Garland, David. *Punishment and modern society: A study in social theory.* University of Chicago Press, 2012. p.45; Spierenburg, Pieter. “The spectacle of suffering.” Executions and the evolution of repression: from a preindustrial metropolis to the European experience, *Cambridge* 2018 (1984).

[2] 参见国曦今：《人类学的自然法基础——弗雷泽对自然状态的阐释》，载《社会学研究》2019 年第 2 期。

[3] See Radcliffe-Brown, Alfred Reginald. *The sociological theory of totemism*, 1952.

[4] See Garland, David. *Peculiar Institution.* Harvard University Press, 2010. p.288.

刑事司法活动中的死刑限制，还是刑事立法活动对死刑的消减乃至废除，刑法的沟通都无法直接对个体意识产生改变，个体复仇意识的形成具有复杂的历史与社会因素，而并非仅仅通过一种系统运作就能够产生足以改变其整体认知的动力。[1] 更为重要的是，在卢曼看来，情感是心理系统的免疫机制（immune mechanism），其使用了简化的区分方案，使得个体意识的选择不需要考虑更多的后果（consequences），情感的强弱不需要直接与心理系统的外部环境相连，而是依赖心理系统的自我经验。[2] 死刑对个体复仇意识的“维护”在一定程度上反映了个体社会意识具有坚固的内核，也就是自我指涉的属性。我们通常所言的“人性”乃是各种个体意识自我演化，并通过与社会沟通产生结构耦合的呈现。人们对死刑的期待不是人们对刑法制度的认知，也不是刑事法系统运作逻辑的展现。

不可否认，现代社会总体上存在对待犯罪嫌疑人，特别是对待非暴力犯罪嫌疑人量刑的轻缓化趋势；死刑的一般预防效果也十分微弱；[3] 人们的意识也会随着社会的“文明进程”与社会系统的演进产生心理上的共振。[4] 但是，这些基于现代实证法沟通形成的“认知”并不能够直接决定人们对于死刑的“看法”。[5] 死刑作为一种个体意识的复杂性无法从刑法系统的沟通中完整体察。刑法沟通仅仅是“惩罚意识”与文化的部分载体，是个体与社会结构耦合的产物，而非“镜像”般地映射个体意识。

反之亦然，这也是为什么我们可以看到对死刑的减少和刑罚轻缓化的政

---

[1] 参见［德］弗里茨·B. 西蒙、C/O/N/E/C/T/A 作者组：《彻底的市场经济——系统管理基础》，张东辉、陈飞译，商务印书馆 2007 年版，第 28—29 页。

[2] See Luhmann, N. (1995). *Social systems.* Stanford University Press. p.274.

[3] 参见梁根林主编：《当代刑法思潮论坛：刑事政策与刑法变迁》，北京大学出版社 2016 年版，第 81—114 页。

[4] See Linklater, Andrew, and Stephen Mennell. “Norbert Elias, The Civilizing Process: Sociogenetic and Psychogenetic Investigations— An Overview and Assessment.” *History and Theory* 49.3 (2010): 384-411.

[5] 例如欧洲各国政府废止死刑与民众对死刑的看法背道而驰。参见 Frase, Richard S. “HISTORICAL AND COMPARATIVE PERSPECTIVES ON THE EXCEPTIONAL SEVERITY OF SENTENCING IN THE UNITED STATES: Harsh Justice: Criminal Punishment and the Widening Divide Between America and Europe. James Q. Whitman.” *Geo. Wash. Int'l L. Rev.*36 (2004): 227-263.

治决策与司法裁判过程并不是社会个体惩罚意识，特别是我国民众中普遍存在的“杀人偿命”意识的再现。个体意识也无法直接左右刑法制度的演变。也就是说，我们无法直接通过诉诸社会个体意识，或者人们常常所称的“民意”来完成刑事司法的定罪和量刑。[1]

不过，面对刑法向“社会管制法”迈进的趋势愈加明显，如何抑制刑法扩张与社会大众认知的疏离，恐怕我们还不能完全接受卢曼“社会—心理”全然分离的观点。卢曼自己在解读法律抑制个体“规范期待失望”的论证中也探讨了法律系统与个体意识产生的连接效果。[2] 法律规定，特别是现代“行政刑法”，或者说法定犯就不能停留在描述性观察中，而是必须让社会成员对于经验上的危险预测进一步产生反思，也就是“为何处罚”的规范性理解。如此一来，法规范才有可能与社会成员产生一定的联络，并促使其采取一定的意向性行动。

进一步而言，不论是刑事立法、审判还是执行，均可以被理解为某种形式的“符号使用”，因为个体意识与社会沟通结构耦合的媒介必然是语言及其产生的符号意义。透过法律的运作，具体的法益可以透过法律的言说，针对涉及自身权利义务之法规范的解释适用、有效性与正当性提出相关论证，并且促使合理的可接受性。而国家刑罚权的发动，在经历司法程序之后获得确认，该确认结构应当能够促使社会成员确实理解，并且接受刑法适用之有效性主张的合理性与正当性。为此，诸如刑法任务与刑罚目的之间的意义关联性、刑事不法，以及理性的制裁边界等命题都会是规范沟通的关键因素。也只有当刑事法能够持续且稳定地成为社会成员做出行为决定的动机因素之时，法规范的事实性与有效性两者之间才能被确立，从而形成一套属于个人自决

---

[1] 读者可能质疑这里提出的论断和观点，因为我们在现实的刑事司法中，特别是那些引起社会关注的案件中常常看见一种所谓“民意审判”的现象，进而会使人们产生社会个体的意识决定了最终刑事司法走向过程的认识。这里涉及现代功能分化中另外一个重要的社会子系统：媒体与刑法体系、个体意识之间的关系与结构耦合。我们将在下一章中借助我国刑事司法中“媒体审判”的典型案件分析这一现象，并对现有的研究和“媒体与法律”研究的主流观点提出新的看法和批判性的论证。

[2] 参见［德］尼可拉斯·卢曼:《社会中的法》，李君韬译，五南图书出版公司 2009 年版，第 158 页。

的行事准则。[1] 这也将是我们在下一节重点考察的个体意识与刑法规范结构耦合、产生互动激扰的命题。

第三节　分离下的整合：个体意识与刑法体系的结构耦合

系统理论并非完全忽视人的存在，只是认为由于社会系统的功能在于简化复杂性，它发展出来的子系统及其机制，无法直接观察和处理属于主体意识的内容。同样地，系统对个体意识也并非产生一一对应关系，而是对个体产生各种不同的有意识和无意识的影响。[2] 卢曼也清楚地认识到，社会系统运作的媒介是沟通，其背后的信息来源就是主体，并没有“无以为凭”的信息产生。但他也提醒，信息一旦出发之后就脱离主体而存在，根据其各自的性质由社会不同系统进行处理。对一个系统有益的东西，对另一个系统可能就是有害的。信息在发出之后，主体就只能通过结构耦合机制影响社会系统了。或许可以说，在社会系统里，我们不需要“主体间性”，而只需要“间性”。[3] 我们在本节中将对前两节内容的论证进行整合，从而完成本章的论证。

一、法律系统理论下的社会意识形态 [4]

“法律是社会共同体的连带手段之一，正当性取决于在地的社会共同体的认同，必须以普通人的社会常识（common sense）为基本依归。对法律进行研究的法学应当本于社会人情，反社会相当性的法律和法学必然不可能

[1] 参见古承宗：《风险社会与现代刑法的象征性》，载《科技法学评论》2013 年第 1 期。

[2] 参见［德］弗里茨・B. 西蒙、C/O/N/E/C/T/A 作者组：《彻底的市场经济——系统管理基础》，张东辉、陈飞译，商务印书馆 2007 年版，第 28—29 页。

[3] 参见金韬：《卢曼理论中的主体问题》，载 https://www.douban.com/note/526619324/?type=rec，最后访问时间：2016 年 7 月 12 日。

[4] 更为详尽的论证可参见 Luhmann, Niklas. “Positive law and ideology.” *The Differentiation of Society* (1982): 92。

持存。”[1]

现代刑法、刑法研究和实践日益去常识化。[2]卢曼对“常识化”的德国法条有不客气的评价:“现在的法条用语既无助于记忆，也不是用来提高规范内涵的说服力，事实上它根本就不是用来听和读的，唯一适合的，就是在寻找具体问题的解答时，加以查照。”[3]个体意识与刑法系统沟通的分离是否会加剧刑法教义学话语（discourse）面对生活世界的疏离，[4]以及在这种疏离背后作为现代功能系统的法律对个体生活的奴役？[5]法律是否在教义学的包装下仅仅是“换了一批控制者而已”？这是哈贝马斯法律的沟通交往理论始终关注的议题，也是我国学者面对包括刑法在内的法律体系教义化所提出的担忧。系统理论中的分离命题如果想要更好地解释现代刑法的运作，这些疑问必须得到解答。

在我们看来，系统理论从来没有认为法律系统与个体完全分离。相反，法律的运作会在不同的情境下影响人们的思考，进而影响人们行为的方式。在普遍意义上说，法律会给人们构建生活意义提供合法性资源；从具体生活中看，对每一个现代社会个体而言，法律为其选择提供决策的条件。同样地，

---

[1] 刘忠:《政治性与司法技术之间：法院院长任选的复合二元结构》，载 http://www.ideobook.com/2421/politics-judicial-technics/，最后访问时间：2016 年 3 月 5 日。

[2] 参见石聚航:《“去熟悉化”与“去常识化”之间：刑法学知识转型的反思》，载《环球法律评论》2014 年第 1 期。但是，我们也反对一种极端工具主义，只注重实效的“朴素的实用主义”。参见顾培东:《当代中国法治共识的形成及法治再启蒙》，载《法学研究》2017 年第 1 期。

[3] 转引自苏永钦:《裁判书通俗化——司法的白话文运动？》，载《月旦法学杂志》1998 年 12 月，总第 43 期。

[4] 福柯将话语定义为权力运作的潜在方式，例如心理学、犯罪学等都是潜在的通过话语实现的控制。转引自 Merry, Sally Engle. *Getting justice and getting even: Legal consciousness among working-class Americans.* University of Chicago Press, 1990. p.110。

[5] 这种隐喻的具体含义是指，现代社会在分化的过程中，形成诸多独立的系统。其中，最为主要的是以金钱为媒介的经济系统和以权力为媒介的政治系统。这些系统在发挥整合社会功能的同时，却运用自己的功能迫令宰制生活世界，致使生活世界被目的理性所控制，走向了金钱化和权力化。由此扎根于日常语言的交往理性无法得以施展，文化无法提供意义资源，社会无法形成具有正当性的规则，人格的健康也毫无保障。简言之，系统对“生活世界的奴役化”，就是指政治和经济体制对日常生活的控制，是目的理性的生产关系对交往理性的生活关系的压制。参见高鸿钧:《心寄治邦：法理学论集》，法律出版社 2015 年版，第 28 页。

人们思考的方式与内容也会影响法律系统沟通的构建。如果人们认为刑法的执行不力，并将这种想法通过社会系统的沟通媒介表达出来，法律则会通过加大处罚，甚至用严刑去处罚相对较轻微的犯罪行为，从而维持和稳定刑法的“反事实期待”。我们在反恐怖的刑事司法中看到了刑法针对社会个体意识的反映，[1] 我们在诸如医闹案件中、法官被当事人杀害的案件中也看到了刑法体系的迅速反映。

“违法必究”虽然并不是对现实司法状况的准确描述，但是在系统理论下，我们能够看到这种惯常的说法所具有的合理性：其反映了社会个体意识对刑法系统激扰所产生的动荡和调整。互相激扰和结构耦合则无时无刻不存在于个体和社会系统间。

因此，系统在沟通自我指涉中对“个体”的拒绝，并不意味着系统理论对个体自由等人本主义价值的贬低。[2] 分析刑事处罚的正当性，依然需要关注所谓的“前刑罚”问题，也就是学者所言的“人的境况”与“人的处遇”。[3] 对卢曼等系统理论研究者而言，分离理论的尝试仅仅意味着将那些个体的（individualized）、心理的（pschologicalized）的现象与其认为具有独立和独特意涵的“社会的”现象进行理论上的区分，并且通过这种理论上的区分对现代社会进行观察。[4] 由此，刑法上的个体就无法被单纯地理解为自然意义下的个体，而是具有“社会性”的特征。[5] 在分离理论下，个体自由将可以被更为精确地定位在解决如何使个体激扰社会沟通的能力，从而也使人们社会交往的空间越发广阔。

对卢曼等社会理论研究者而言，将法律的社会理论建立在意识形态的基础上几乎无可避免地导致这样一种看法：法律的社会进程由这些意识形态决

---

[1] See Banakar, Reza, and Max Travers, eds. *Law and social theory.* A & C Black, 2014. p.70.

[2] 甚至，有学者认为，卢曼理论的意涵仍然可能是人类中心主义的。参见万毓泽：《让卢曼的系统论（重新）成为问题：一个本黑式的视角》，载《社会理论学报》2009 年第 1 期。

[3] 参见邵博文：《晚近我国刑事立法趋向评析——由〈刑法修正案（九）〉展开》，载《法制与社会发展》2016 年第 5 期。

[4] See Banakar, Reza, and Max Travers, eds. *Law and social theory.* A & C Black, 2014. p.62.

[5] 参见古承宗：《环境风险与环境刑法之保护法益》，载《兴大法学》2015 年第 11 期。

定，进而法律的社会演进与结构变化将决定于那些掌握和持有这些意识形态的主体。卢曼认为所有的信仰系统在本质上都是对那些构建起我们生活领域的社会运动中不合规则的困境（unchartered morass）赋予意义，也就是说，意识形态的构建并不具有社会系统沟通的正当性可言。意识形态在自我指涉的现代法律系统（或其他社会子系统中）成为一种对价值，也就是对沟通选择偏好进行“二阶观察”（反思）的机制。意识形态与法律实证化的同时出现（co-emergence）说明了意识形态并非个体意识的产物，而是系统延续沟通，在多种价值偏好中进行选择的机制。[1]

人文主义便是卢曼等人识别的社会意识形态中的一种。在卢曼看来，即便是人权（human rights），也是一种基于个体意识的信仰系统。对系统理论而言，所有这些信仰都是从不同的有关人性和社会的假设中抽离出来的有选择性的构建。通过社会理论的二阶观察，我们能够揭示出这些信仰体系构建的社会功能和社会意义所在。[2] 系统理论认为只有这样，而不是将意识体系当成现实（actualiaty），我们才能够对包括法律在内的社会现象进行科学的观察。也只有这样一种法律的社会理论才可能从任何先验的（pre-given）、无法控制的对个体和社会本质的描述中解脱出来。[3]

因此我们看到，系统理论在对刑法体系运作的分析中并不排斥个体因素。其所追求的是对个体意识因素的“科学”定位，而非将假设的人性、权

---

[1] See Luhmann, N. “The world society as a social system.” *International Journal of General Systems* 8.3 (1982): 131-138.

[2] 即使是强调将社会作为独立现象进行研究的涂尔干，也难以摆脱个体意识（集体意识）对社会惩罚制度的影响乃至决定性的作用。在《两种刑事法演化》一文中，涂尔干强调了随着个人主义（意识系统）的完善和演进，剥夺自由（deprivation of liberty）成为常规的社会控制方式。涂尔干认为这种变化是刑罚性（criminality）从宗教的集体意识（religious criminality）向个体惩罚性（human criminality）历史演进的体现。我们在前面一部分已经对其刑罚思想和系统理论之间的关系做过一定的分析，这里不再赘述。See Durkheim, Emile. “Two laws of penal evolution.” *U. Cin. L. Rev.* 38 (1969): 32. 需要强调的是，后期的涂尔干（特别是在《自杀论》一书之后），更强调集体意识与社会“一般人”意识的差别，集体意识即使在高度强调个人主义的社会理路中，依然不可抹杀。即使当它发挥到极致时，它并不是被完全撤销，而是成为一种几近“理所当然”的潜在社会条件。参见叶启政:《社会理论的本土化构建》，北京大学出版社 2006 年版，第 168 页。

[3] See Banakar, Reza, and Max Travers, eds. *Law and social theory.* A & C Black, 2014. pp.62-63.

利等作为论证的起点。系统理论当然也不是在揭示所谓意识形态的“伪善”，而是通过分离理论和与之相联系的系统自我指涉与结构耦合概念，说明个体信仰体系对社会系统的作用和意涵。这种整合的观点体现在具体的刑法教义学中。

二、刑法与个体意识整合的例证：法律认识错误

（一）不知法真的不能免责?

当对故意杀人案件中的行为人主观状态进行法教义学判断时，法律人会将有关行为人的阶级、种族等因素排除，而仅仅保留那些与“刑法”相关，也能促进刑法教义学不断更新的因素。如果刑法的运作不以这种方式进行，或者更为确切地说，如果刑法的自我指涉并不按照实证的普遍规范[1]的结构进行，如果刑法每次面对故意杀人案件都需要重新设想和构建哪些信息具有意义，那么在刑事司法中获得可预期的判决规则的期待将彻底破灭。刑事审判将会呈现恣意的状态，所有对特定故意杀人案件的个体身份信息都可能成为决定案件结果的选项。刑法系统通过对各种个体意识的处理来对个别的犯罪进行沟通，通过构建系统内部沟通与其环境的结构耦合关系来使环境中的事件拥有社会（系统）意涵。[2]在本部分，我们将通过刑法教义学中的法律认识错误（mistake of law）理论来对系统理论的上述观点进行检验。

认识错误与判断行为人责任的关联性来自行为人主观意识缺失所带来的责任减轻或免除。也就是前述不法与责任相区分的情况下，我们才可能探讨法律认识错误问题。因为正如弗莱彻所言，如果不法（wrongfulness）与责任（responsibility）不能区分，通过法律认识错误免除行为人责任也就意味着肯定行为的“合法”，这无疑将会使法律认识错误变成一种法律中的悖论。[3]只有

---

[1] 我们在第二章中对刑法系统自我指涉的实证性、规范性进行了详细的论证，请参见第二章第一节与第二节。

[2] See Banakar, Reza, and Max Travers, eds. *Law and social theory.* A&C Black, 2014. p.65.

[3] See Fletcher, George P. “Paradoxes in legal thought.” *Columbia Law Review* 85.6 (1985): 1271.

在不法和有责的区分下，基于其（事实或法律）错误的认识，行为人“认为”其行为是合法的这种说法才可能成立，而不至于产生悖论。在信赖原则（good faith）的支撑下，刑法系统的沟通和论证将具有这种主观状态的行为人认定为可减轻或免除罪责。

但是我们知道在现实的刑事司法实践中，行为人的个体意识无法直接观察。显然在刑法的沟通看来，因为个体意识无法直接呈现在刑法运作中，行为人自身的主观状态，也就是其意识对事件的认知无法成为直接决定其刑事责任的依据。刑法教义学理论中经常探讨的问题便是如何判定行为人的错误认识是合理的，换句话说，哪些错误认识能够进入有责性的判断，而哪些看上去具有合理性（reasonable）的因素最终却不与责任具有相关性。[1]

“不知法者不免责”是刑法教义学对法律认识错误的基本立场。虽然在不同国家的法律系统中，这一教义规则可能存在些微的差异和例外，[2] 不过这并不影响在多数情况下，这一原则成为系统的认知记忆。但是，这一教义规则，或者用系统理论的观点来看，这一刑法结构并非具有天然和先在的正当性。也就是说，“不知法者不免责”的教义规则并非一条适用于所有案件和情况的“黄金规则”。

对“法律认识错误不免责”原则并非不能设定限制条件。我们可以认为，在传统的与道德话语相关的自然犯中，这一规则的适用具有正当性：犯罪行为的反道德属性使得行为人无法通过对法律的“无知”宣称免责。同样地，当行为人知道，或者说意识到其行为的道德错误属性，即使其对刑法规定的刑罚尺度有所误判，对其进行刑事惩罚也是具有正义性的。作为一项实体法原则，绝对的知法推定意味着在法律错误的处理上采取严格责任，它将不知法的全部风险都置于个人身上。在传统刑法的范畴内，此种风险分配方式能被认同，是基于彼时所涉犯罪往往具有鲜明的反道德性。[3]

---

[1] See Fletcher, George P. “Mistake in the Model Penal Code: A False False Problem.” *Rutgers LJ* 19 (1987): 649.

[2] 参见陈兴良：《违法性认识研究》，载《中国法学》2005 年第 4 期。

[3] 参见劳东燕：《风险社会中的刑法：社会转型与刑法理论的变迁》，北京大学出版社 2015 年版，第 405 页。

不过，当上述条件缺失时，例如行为人的行为属于法定犯范畴，对行为人在合理的“不知法”的情况下进行归责，则会有违刑法沟通的连贯性和“同等条件同等对待”原则，具体来说，也就是违背了刑法责任原则。但是，即使在“法定犯时代”，法律认识错误也很少成为责任阻却事由。通常在这种情况下，法官并不否认行为人的“不知法”主张成立，而只是认为刑法假设了所有行为人（所有公民）知法，所以行为人在此情况下也不能免责。有学者还认为，刑法上的“法律认识错误不免责”之所以可以成立，是因为刑法对社会个体的归责是对社会规则的一种承认，具有强化个体“心智”的效果。“刑法规范让大众背负种种行为义务，以逐行其谁控制，最终形成文化的一部分。”[1] 这一观点来自哈斯默尔（Hassemer）对刑法法益与社会文化价值关联的经典论证，其认为：“刑法若欲实现其保护功能，则其保护客体之认定不能违背文化脉络。一个文化疏离的实定法，绝对不能长久有效运作。实定法，只有当其能为文化所容纳，方能较为持久地成为法秩序的重要部分。更有甚者，文化价值意识不仅可要求法制措施维护控制功能，尚可进一步要求创造功能……法益之内涵，若只就规范范畴或司法范畴加以理解，将有所不足。”[2]

由此，一部与特定文化相容的刑法典必然不存在“不知法”的问题。[3] 这里还隐含了哈斯默尔所主张的刑罚一般预防功能所欲实现的教育（规训）社会大众的目的。[4] 从前述有关刑法包含行为规范与裁判规范的论证中，哈斯默尔的观点具有一定的合理性。但是，系统理论并不认为刑法，特别是刑法保护的法益是对“文化价值”的直接移植，人们对“文化认同”的意识也不可能直接转变为刑法法益判断的基础。且不论所有的社会规则通过刑法保护是否违反“刑法最后性”原则，以所谓的“法文化”为依据让行为人在此

---

[1] 萧宏宣：《以刑法保护著作权？》，载《月旦法学杂志》2007 年 4 月，总第 143 期。

[2] 转引自高金桂：《刑事政策上关于犯罪化与除罪化问题》，载《东海大学法学研究》1996 年 3 月，总第 10 期。

[3] 耶塞克对刑法与一国文化与精神状态的紧密关系的论证也倾向于赞成“不知法者不免责”原则，至少在司法适用层面，作为反映了国民精神状态的刑法规范不会与“大众直感”相违背。参见李海东：《刑法原理入门：犯罪论基础》，法律出版社 1998 年版，第 16 页。

[4] 参见邵博文：《晚近我国刑事立法趋向评析——由〈刑法修正案（九）〉展开》，载《法制与社会发展》2016 年第 5 期。

种情况下承担刑事责任，刑法教义学就可能成为“去常识化”的知识，刑法也可能成为单方面“压制”手段而非系统与个体之间互动的规范结构，更不可能形成通过刑罚达成的普遍教育功能。

“不知法不免责”这一理念的背后存在“知法”与“不知法”这一区分前提及其对行为人而言在刑法上截然不同的法律后果。在现代社会的法定犯条件下，这一前提在经验层面上是否成立值得怀疑。正如有的学者所言，1997 年《刑法》修订之后，随着我国社会各个领域改革进程的深入，大量超出核心刑法领域的、仅凭日常普通人的生活常识难以轻易而知的法定犯规定不断涌现，修法频率日益加快，价值观逐渐多元，法律秩序边界的不稳定程度也逐渐上升，未能认识或者难以及时认识法律的“法盲”数量剧增。此时再坚持“违法性认识不要说”的观念，就必然会与现代法治要求的责任主义原则发生冲突。[1]

此外，法律未颁布与行为人不可能知道（也不可能在道德认知中获取）刑事规范存在之间的区别仅仅具有司法裁判规则的意涵，而刑法系统不可能要求行为人明白其中的区分。在多数情况下，行为人并不具有律师的认知背景，从而也就不能按照法律执业者的标准要求行为人。在这种情况下产生的刑事归责是不公正的。

因此，在刑法的犯罪规定与刑事惩罚之间必须建立一种“直觉上”的联系。所谓直觉上的联系，也就意味着刑法系统对包括法律认识错误等问题的教义理论构建必须与人们生活领域中形成的意识内容产生稳定的互动与激扰。责任必须构建在作为“心灵”的个体能够对外部（包括他人与社会）的评价具有敏感的程度，[2] 而这里的敏感度在现代社会以系统对个体心灵产生的激扰作为衡量。易言之，对教义规则的构建、修改和废弃都需要在特定的历史、社会条件下观察、分析和反思其妥当性，从而建立起刑法系统运作与个体意识基于自我指涉的观察条件下有效的结构耦合。

具体到法律的错误认知教义规则的建立上，我们认为刑法在此处的运作

[1] 参见车浩：《刑法教义的本土形塑》，法律出版社 2017 年版，第 433—434 页。

[2] 参见叶启政：《社会理论的本土化建构》，北京大学出版社 2006 年版，第 195 页。

和沟通至少应当考虑到行为人是否能够通过任何合理的途径知晓规范。而这一要求在现代刑法理论和立法下有时并不能够得到满足。随着现代刑法量刑规则的日趋复杂化，专业的法官、检察官和律师都不一定能够准确知晓犯罪的惩罚范围。在有些情况下，“专业知识都无助于彻底了解刑法的内容。……甚至那些把大部分职业生涯用在设法解决刑法中纷繁难懂之处的教授和职业律师，都只是熟悉了让我们困惑的法律的小部分而已。随着这种混淆性和不确定性的增加，规定把对法律的无知作为正当抗辩事由已成为当务之急”[1]。尤其是在通过刑法的社会治理成为重要手段的当代社会，在“法定犯”大面积扩张的情况下，试图完全贯彻“不知法不免责”在法定犯时代是极为困难的。[2] 正如雅各布斯所言，在无法避免而不认识刑法规范的情况下而行为，以及绝对已经充分注意到实定法而行为，这两种情形固然和规范现实的状况相抵触，但和让所有规范合法化的原则，即实证性并不抵触。换句话说，承认实证法秩序的有效基础和不认识它的实证内涵是两回事。[3] 责任减轻的禁止错误是法的成文性的伴生物。[4]

（二）法定犯时代法律认识错误的识别与认定

在这种条件下要求行为人对这些复杂的法条和刑罚规则有准确的了解，将会违背刑法的正义观念。在现代社会，曾经支持过刑法的道义一致性消失了。多元的社会里充斥着影响生活各个领域的刑事制裁，不可能指望每个人都知道什么是犯罪及其惩罚力度。这就不能像要求每个人都知道刑法典的道

---

[1] ［美］道格拉斯·胡萨克：《过罪化及刑法的限制》，姜敏译，中国法制出版社 2015 年版，第 14 页。

[2] 参见车浩：《法定犯时代的违法性认识错误》，载《清华法学》2015 年第 4 期。在司法实务中，由于“法定犯”时代所带来的违法性认识问题，也影响了“不知法不为罪”的一贯坚持立场。即使对此原则一以贯之，在量刑上也对行为人做出从宽从轻处罚。这在一定程度上消解了此原则的贯彻，通过解释技巧上的探索，“规避”了“不知法不为罪”原则的刚性。参见中华人民共和国最高人民法院刑事审判第一、二、三、四、五庭主办：《刑事审判参考》（总第 105 期），法律出版社 2016 年版，第 105—108 页。

[3] 参见［德］雅科布斯：《罪责原则》，许玉秀译，载《刑事法杂志》第 40 卷第 2 期。

[4] 参见［德］格吕恩特·雅科布斯：《行为 责任 刑法——机能性描述》，冯军译，中国政法大学出版社 1997 年版，第 59—60 页。

德直觉规则那样要求每个人都知道这些基于“法定犯”的刑法规定。[1] 在对故意中“规范要素”判断的门外汉标准也应适时引入法律认识错误领域。[2] 刑法系统内外的认识差异（knowledge gap）必须被纳入刑法对法律错误与刑事责任之间关系衡量的规则之下。

弗莱彻教授在此处的建议独具特点。其针对美国刑法中存在的联邦主义问题（相同犯罪在州一级与联邦一级的量刑差异巨大）和认知差异问题提出了如下主张：作为控方的检察机关应当负有教育和指导行为人的义务，从而通过这种教育和指导使行为人与刑法系统教义规则之间的认知差异逐渐缩小。弗莱彻教授特别提到毒品犯罪在美国州一级与联邦一级巨大的刑罚差异，潜在的犯罪人可能对这种差异完全不知情（法律认识错误），从而在其面对联邦刑事诉讼的过程中处于劣势。检方在现有的条件下没有进行任何教育和提示的义务。但是，这种义务的履行并非十分困难，相反还能够收到良好的犯罪（一般与特殊的）预防效果。这种双赢的制度设计应当在刑事体系的沟通中体现出来。[3]

弗莱彻教授在这里看似与主流刑法教义观点相违背的观点，却与系统论下刑法沟通与个体意识分离条件下的结构耦合要求更为接近。刑法沟通当然可以在多数情况下“不顾”个体意识的认知而坚持自身教义规则的运作。但并不是所有现有刑法的教义理论和规则都具有合理性。

在与个体意识系统进行不断激扰和互动的过程中，我们看到新的社会情境（环境因素）的出现意味着刑法结构和纲要构建可能需要根据这种系统间的结构耦合进行调整。所以，如例证显示，在美国《模范刑法典》中，当法

---

[1] [美] 乔治・弗莱彻：《反思刑法》，邓子滨译，华夏出版社 2008 年版，第 532 页、第 538 页。

[2] 作为故意对象的犯罪事实，在法的评价以前的社会生活层面就存在并有一定的意义。所以，在犯罪“事实”的认识之际，对该事实所具有的社会生活上的意义具有认识就不可缺少。这在一定程度上指出了刑法沟通与个体意识、社会其他领域沟通的差异性与区分的必要。参见 [日] 野村稔：《刑法总论》，全理齐、何力译，法律出版社 2001 年版，第 170 页。错误是否可以避免，可以设想法律门外汉的认知情况。如果法律门外汉大多与行为人相同，一样会犯错，意味着错误难以避免。如果法律门外汉不至于犯错，则意味着行为人的错误应该可以避免。参见林东茂：《刑法综览》，台湾地区一品文化出版社 2007 年版，第 268 页。

[3] See Fletcher, George P. “Mistake in the Model Penal Code: A False False Problem.” *Rutgers LJ* 19 (1987): 649.

律的公开宣示具有瑕疵时，如规范尚未公布之前通过其他合理途径获得此规范的内容，或者当被告合理信赖的法律声明在其后又被宣告无效时，我们就可以认为这种法律的公开宣示存在缺陷，从而成为免除或降低刑事责任的辩护理由。[1] 这是一个“主观的”，或者说“个别的”判断标准。正如雅各布斯所言，错误的避免可能性是个别确定的，亦即决定于个别的行为人在充分注意之下，能够符合他的角色要求的行为。[2]

个体意识选择性地“进入”刑法系统和重构刑法结构的可能性在此处通过违法性认识的例证中体现出来。个体意识对规范的认知可以被称为一种对社会现象在意识系统中的再现。而且在“法定犯”时代，这种观察首先隶属于个体意识与经济、政治等社会系统产生耦合的过程中，刑法在此时无法直接介入和影响个体意识对行为合理性的判断，这里行为人产生的观念不是，至少首先不是一种刑法体系与个体意识的结构耦合，而是个体参与社会其他系统实践所产生的认知效果，以及这种个体意识认知在与其他社会系统的耦合中形成的稳定产物。在所谓的人们直觉上对法的冲动与正式实证法体系发出的规范信号之间不免在“法定犯”时代存在冲突，并使得法律认识错误具有合理性。忽视这种冲突与差异会造成个体对法律制度正当与正义的质疑。

刑法体系虽然具有一定的系统记忆，但是这种记忆也会随着个体、其他社会系统与之产生的结构耦合而发生变化。法律认识错误便是这种个体意识与刑法体系之间关系产生互动，并且快速和剧烈地对刑法教义学概念与原则产生激扰的例证。因此，这里存在两种结构耦合：个体与其他社会系统；个体与刑法体系。刑法并不可能直接对行为人的个体意识进行观察，只能在沟通中描述这种结构耦合，也就是通过行为和主观状态的法律拟制，以其他社会系统沟通为信息资源，判断行为人的责任。[3]

[1] 参见［美］道格拉斯·胡萨克：《刑法哲学》，姜敏译，中国法制出版社 2015 年版，第 384 页。

[2] 参见［德］雅科布斯：《罪责原则》，许玉秀译，载《刑事法杂志》第 40 卷第 2 期。

[3] 在对不法的判断阶层中，更可能产生刑法与其他社会子系统间，而非系统与个体意识间的结构耦合，因为不法更多针对的是行为危害的判断，而这种判断需要将危害的刑法判断与其他社会子系统对危害的判断进行对照，并通过原有的刑法教义学理论对其他社会子系统理性的借鉴来产生新的教义学概念与规则。例如在法定犯时代对法益理解的流变。参见本书第三章第四节对法益论的系统理论考察。

我们再一次通过例证说明了“分离下的整合”，也就是刑法系统与个体意识不断产生结构耦合的方式，从而再一次反驳了那种将系统理论下的法律看成与环境绝缘、与个体价值和生活领域彻底分离的错误看法。系统间的结构耦合也不是一种“互相转化”的关系，二者的自我指涉只能在高度选择的结构耦合条件下才能得以延续。“互为对方的环境”成为我们理解个体意识与刑法系统结构耦合的支点。

本章总结

基于自我指涉与结构耦合的条件，我们审视了系统理论中在系统与环境分离基础上形成的刑法体系与个体意识系统的分离。我们对意识与系统分离的知识论基础进行了必要的分析。个体意识并不能直接转化为刑法教义学，教义学对社会个体意识的认知也并不是对民众“惩罚激情”的全部满足，两者由自身运作元素形成的自我指涉只能在基于各自系统逻辑的条件下展开选择性的结构耦合。个体处在社会系统之外，也保证了刑法体系作为沟通存在的可能，以及沟通不依赖于个体记忆进行储存并为今后系统运作提供条件的可能。

我们认为，系统理论对刑法沟通与个体意识分离的观点虽然属于一种类型学研究方法下的构建，系统和个体意识并非产生实体性的分离，但是这种在理论分析中“有意识”的分离让我们能够更为精细和深入地分析刑法研究中出现的难题。

社会系统与个体意识的分离观念并非系统理论的独创，我们在本章的论证中参考了涂尔干的刑事惩罚思想。但是正如加兰所分析的，古典社会理论学派更多关注的是个体意识（道德）与社会惩罚之间的关联（或分离），但对社会中各阶层或各系统之间的差异分析较少。[1] 这种缺失在“二战”后以来的社会理论中逐渐被弥补，系统理论便是其中之一。刑法与其他社会子系统间的结构耦合也将是下一章的主题。

---

[1] See Garland, David. *Punishment and modern society: A study in social theory.* University of Chicago Press, 2012. p.51.

第六章

刑法体系与社会子系统的互动与选择

系统理论认为，现代社会的功能分化使得社会不再呈现阶层式的状态，人们不再仅仅生活在一种社会系统中，个体与各种社会功能分化子系统产生结构耦合，形成多样化的社会角色。正如我们在上一章中所强调的系统理论下的分离观念，在社会与个体运作分离的基础上形成了个体的自由与个体对系统的再入（re-entry）。[1] 甚至我们应当说只有在现代功能社会，个体意识与社会系统、不同的社会系统之间才可能产生功能上的分化、系统内的自我指涉以及由此产生的系统间的具有高度选择特点的结构耦合。自我指涉与结构耦合概念本身就包含了系统理论对现代社会的高度概括与描述。个体意识与社会系统的分离和有条件的互动使个体的自由与系统的理性都得到相应独立的发展和演化，这促进了社会脱离个体意识生成的可能，也使得个体的生活境遇和状态能够在不同的社会系统之间转换，个体的选择可能性也得到了扩大。因此，刑法与社会之间的关系意味着系统如何吸纳（icnlude）个体，以

[1] See Schwanitz, Dietrich. "Systems theory according to Niklas Luhmann: Its environment and conceptual strategies." *Cultural Critique* 30 (1995): 145.

及个体如何在不同的社会系统运作中认知和构建自我生活的意义。

自由的保障和扩大不仅是个体与社会子系统产生结构耦合的过程和结果，也需要各社会子系统间的互动。因为各种社会子系统对特定社会成员的重要性程度并不一致，而系统运作与构建上的完善能够为更多的个体提供自由活动的空间。[1] 刑法体系与其他社会子系统的结构耦合体现了刑法保障个体自由，并促进社会多元秩序形成的过程。

另外我们还需要强调在此章节中选取的刑法与政治系统、经济系统、科技系统、媒体系统等社会子系统间自我指涉与结构耦合的互动关系并不能够涵盖刑法与社会（系统与环境）互动的方方面面。我们选取上述例证作为对本书前面几章内容的延伸，一方面是考虑到系统理论在诸如政治系统、福利国家、经济政策、科技与法律、媒体的现代功能属性等方面均有比较成熟的研究，我们的研究应当建立在这些出色的研究成果之上，并将其扩展到刑法领域；另一方面我们发现在我国现代化和法治化的进程中，刑法所面临的发展机遇和挑战也主要来自这几个社会子系统的互动。

第一节　刑法与政治系统

通过分析死刑刑事政策与社会感情（个体意识）之间的关系，我们发现刑法作为一种控制、选择和执行对个体生杀予夺权力的系统运作很容易让人产生刑法与政治权力（民主）之间的联想。事实上，刑法在制定、修改、司法运作、执行等各个环节中都会面对政治权力，[2] 我们在功能分化的

---

[1] 参见［德］弗里茨·B. 西蒙、C/O/N/E/C/T/A 作者组：《彻底的市场经济——系统管理基础》，张东辉、陈飞译，商务印书馆 2007 年版，第 28—29 页。

[2] 卢曼对政治权力的定义与通常不同。其认为权力是一种使系统决定能够被传递的沟通媒介（a medium of communication that allows decisions to be transmitted）。See Luhmann, Niklas. "The Differentiation of Society, trans. Stephen Holmes and Charles Larmore." *New York*, *Columbia University* (1982). p.147. 这与福柯对权力的批判相似。在福柯看来，权力理论中的经济主义是经典法律权力观的定义。在其理论维度中，权力被看作一种可被拥有的权利（就像经济活动中的商品一样），从而也可通过法律运作得以转移和承继。这与社会契约的观念和主权概念具有紧密的联系。而福柯认为，这种经济主义的权力观不能反映出社会中权力的多面相和象征色彩。［转下页］

现代社会条件下仍然会看到政治系统意图控制刑法运作的例证。当然，相反的情形，也就是通过司法运作来达到对政治权力的抑制在现代社会中有所展现。

刑法教义学将刑法化约为一种仅仅牵涉规范适用的活动，从而形成一种较为狭隘的法律自治观。通过对刑法与环境区分条件下系统自我指涉与结构耦合的论证发现，即使我们不同意现有法与社会理论（law and society movement）对法律现象脱离规范为中心的批判，刑法运作也绝不仅仅牵涉规范运作。我们在这里并不是持一种福柯权力谱系学的观点，[1] 但是我们也不想否认即使是一种自我指涉的系统，刑法体系的运作与权力、政治系统的符码与运作具有关联。哪些因素、制度与媒介（media）能够被识别为两者间的结构耦合？罪刑法定是否仅仅涉及刑法的自治？如何激活刑法教义学对于限制政治权力的功能？这些问题将是本节考察的内容。

［接上页］See Foucault, Michel, et al. "*Society Must Be Defended*" : *Lectures at the Collège de France, 1975-1976*. Vol. 1. Macmillan, 2003. p.13. 在福柯看来，权力无所不在，这并非因为它拥有将一切聚集在其坚不可摧的一致之下的特权，而是因为它随时随地都会产生，或者更明确地说，在任意两点的关系中都会产生权力。权力无所不在，并不是因为它包含一切，而是因为它来自一切方面。因此，具有连续性、重复性、停滞性和自我再生性的权力不过是以上述活动为基础产生的权力的某种整体效果，不过是依靠每个活动环节而形成的链条，同时，这链条又反过来固定每一个环节。毋庸置疑，我们应该由此而确定：权力，既不是什么制度，也不是什么结构，更不是某些人占有的某种势力，而是人们赋予某个社会复杂的策略形式的名称。转引自渠敬东：《缺席与断裂——有关失范的社会学研究》，商务印书馆 2017 年版，第 210 页。

[1] See Foucault, Michel, et al. "*Society Must Be Defended*" : *Lectures at the Collège de France, 1975-1976*. Vol. 1. Macmillan, 2003. 谱系学分析与传统的历史学研究存在差别。谱系学关注事件的独特性（singulairty），而不是将事件放到线性的历史背景中或解释体系中；谱系学关注那些历史学通常不会当成研究对象的事物，例如"理性"的历史、"惩罚"的历史、"性"（sexuality）史等；谱系学拒绝传统史学研究对本源（origin）的追求，而尝试识别概念流变中的复杂性、偶在性与区分。See Smart, Barry. "On discipline and social regulation: a review of Foucault's genealogical analysis'." *David Garland & Peter Young The power to punish*: *Contemporary penalty and social analysis. London*: *Heinemann* (1983): 64. 谱系学与系统理论对法律演化的分析方法具有一定的相似性。

一、政治系统的运作模式与二元符码

“存在着一个与法律领域适当分离的政治领域，作用于共识性原则的确立，是法律获得确定性的前提。”[1]

（一）政治决策的适用空间

现有系统论文献中有关政治系统的论证较为丰富。[2] 在考察刑法与政治系统互动与结构耦合之前，我们需要通过这一部分简要介绍系统理论下的政治运作模式、二元符码与结构特点。

政治系统在现代社会功能分化的进程中产生了独一无二的社会功能：生成具有拘束力的集体决定（collectively binding decisions）。政治成为现代社会功能系统中提供作为普遍资源的权力的系统。因此通过政治系统做出的决定会辐射其他系统，进而产生系统间的结构耦合。权力是集体决定能够执行的必要媒介（media）。

不过，卢曼等新系统理论者对政治系统在现代社会的扩张持相当谨慎和保守的态度。在系统理论者看来，政治系统在只能根据权力运作的逻辑解决“权力”的问题。如果我们将视角扩大到全社会则会发现，并不是所有的“社会问题”都能够并需要通过权力的运作来解决的。[3] 当其他社会系统，例如经济、法律等无法解决问题的时候，权力的视角和符码才能够提供一种不同的方案。这意味着诸如投资、疾病治疗、判断艺术品的价值、司法决断等事项都与政治系统的决策过程没有直接的关联。

当然，这并不意味着政治系统在功能分化的现代社会已经失去了用武之

---

[1] 张静：《土地使用规则的不确定：一个解释框架》，载《中国社会科学》2003 年第 1 期。

[2] See King, Michael, and Christopher J. Thornhill. *Niklas Luhmann's theory of politics and law.* Basingstoke: Palgrave Macmillan, 2003; King, Michael, and Anton Schütz. “The ambitious modesty of Niklas Luhmann.” *Journal of Law and Society* 21.3 (1994): 261-287; Nobles, Richard, and David Schiff. *A sociology of jurisprudence.* Bloomsbury Publishing, 2006.

[3] 具体可参见卢曼对福利社会（welfare society）政治理念的批判：Luhmann, Niklas. “The Differentiation of Society, trans. Stephen Holmes and Charles Larmore.” *New York, Columbia University* (1982). p.181。

地。虽然“国王的头颅”[1]在现代社会已经成为逝去的象征，但是政治系统与权力的象征性媒介依然能够为现代社会的沟通提供有力的支撑。当两个社会系统对同一问题产生完全不同的社会意义（meaning）时，冲突和社会失序的风险使得权力符码和政治决定的益处凸显。例如，当一项基于经济利益考虑的投资开始对特定地区居民的人身健康带来灾难性的后果（化工厂污水排放超标，污染居民日常生活水源）时，或者当医疗行为可能带来巨大的经济后果（全民医疗保险对国家财政的沉重负担）时，政治系统可以通过决策来解决两个或多个社会子系统之间的冲突。

政治系统另外一个用武之地在于当特定系统内所形成的危机（crisis）对其他系统的生存造成威胁时，政治决策成为减缓与化解的重要沟通渠道。通过政治介入处理金融危机便是例证之一。在金融系统中出现系统性的腐败或欺诈，并进而发展成一种危机时，通过政治系统的管制成为社会对金融系统恢复信息的重要救济手段。我们在 2008 年的国际金融危机中看到各国通过政治系统的监管决策重新恢复市场的正常运转和活力。在这些“例外”情况中，也就是在其他系统面临整体性“失灵”的局面时，作为激活其他社会系统的政治权力其实处于常规的政治决策机制以外。可以说，这种权力的运作并没有制造政治系统与其他系统之间稳定的结构耦合，也没有使其他系统的运作变得“政治化”（politicize）。相反，这种临时的政治监管强化了系统间的功能分化。因此，在社会出现危机的情况下，政治权力的功能在于避免社会子系统间不必要的结构耦合，从而防止社会的功能退化。[2]

---

[1] 参见福柯对现代权力体系与君王主权的比较论证：Foucault, Michel. *Discipline and punish: The birth of the prison.* Vintage, 1977。

[2] 政治系统对经济等私人主体之间活动的临时监管是可欲的。但是在系统的常规运作中，政治决定无需涉及私法（private laws）的运作。在卢曼看来，私法为政治系统分化产生了积极影响。一种不受国家权威制裁的私人法律领域是民主国家的重要前提。因此卢曼强调私法存续对政治系统的重要性。私人领域的存续是限制的关键，这意味着私人领域的法律决定能够不通过政治资源的使用而做出。私法的活跃使得通过政治手段解决社会冲突，特别是在常规社会状态下的政治对社会生活的介入变得并非必要。体制的维护需要政治与法律，特别是私法领域的结构耦合，从而在这一过程中增强政治国家自我限制（self-limitation）的能力。See Luhmann, Niklas. “The Differentiation of Society, trans. Stephen Holmes and Charles Larmore.” *New York, Columbia University* (1982). pp.181-184.

因此我们可以说，政治系统只有在其他系统无法解决问题，或者两个社会系统之间出现明显的冲突时才有适用的空间。正如我国学者杜建荣所言，政治系统的功能在于解决那些不能由其他子系统解决的问题，它对于权力的使用是为了维持社会分化的状况，减少系统间不必要的结构耦合，从而维持不同社会子系统的完整性。[1] 系统理论之下的政治系统并不具有超越其他社会系统的最终决定意涵。在卢曼等人看来，大多数社会问题和现象并不具有政治属性和政治符码意涵，从而也就可以使日常生活免受“政治化”的影响。[2]

（二）政治符码的双层运作与自我限制

我们在第一章中曾经论证了系统符码对系统运作的重要性。系统理论认为每一个社会子系统都根据其自身特有的二元符码运作，政治系统也不例外。事实上，政治系统的运作由一种双层符码（a two-level coding）构成。

在第一层级，政治系统由统治者和被统治者（government/governed）的区分结构组成。这意味着政治系统在最基本的层面上以参与政府活动与否定义自身，从而在次级层面上以社会问题（环境因素）是否属于政府事项进行划分。作为政治系统功能的集中层面，权力的行使只能在那些政府工作的人中展开，并由此指向和适用于那些不在政府组织中的社会公众。一个政治系统存在的基

---

[1] 参见杜建荣:《卢曼法社会学理论研究——以法律与社会的关系问题为中心》，法律出版社 2012 年版，第 193 页。

[2] See King, Michael, and Christopher J. Thornhill. *Niklas Luhmann's theory of politics and law*. Basingstoke: Palgrave Macmillan, 2003. p.71. 从日常语言和生活世界对系统理论的批判可参见［德］哈贝马斯：《在事实与规范之间：关于法律和民主法治国的商谈理论》(修订译本)，童世骏译，生活·读书·新知三联书店 2011 年版，第 436 页。但是在笔者看来，哈贝马斯的批判可能并没有建立在对系统理论观点的正确理解之上，因为系统理论并没有由于对社会的功能分化理解就否认存在超越各系统独立语义系统的日常性语言（或者说“共同语言”）的客观存在。只是在认知的角度上，系统理论与哈贝马斯的商谈理论存在较大的差异，后者认为日常化的语言为政治系统的运作提供了可以选择的议题，而在系统理论的认知范畴中，议题的选择和观察具有一种系统内部的自我指涉属性。因此，不能将日常化的语言和议题直接作为政治沟通的素材，但系统理论并没有否认在社会层面上的日常性沟通的存在。哈贝马斯认为，系统化或者说制度化的议题的形成需要依赖于来自公共领域和私人领域这样一些非正式交往作为输入，那么从系统 / 环境的区分视角来看，哈贝马斯的观点也同样得到了系统理论的认同，只是他们的理论出发点以及对现代社会的基本看法存在差异。

本前提是其划分拥有权力的人和服从权力人群的标准，进而决定哪些议题对于拥有权力的人而言是相关的。这一区分使得政治系统有能力将那些被统治的人（服从权力的人）构建为其环境，从而使得政治决定可以适用于这些人。

在第二层级，也就是在政府组成的内部也产生了进一步的分化：执政与在野的分化（government and opposition）。也就是说，权力的行使意味着竞争。政府内部的冲突和竞争通常表现为保守 / 激进集团，或左 / 右派别。这是政治系统内部竞争的简化，其制度意涵在于使系统内部的立场分化，从而使不同派别在政治竞争和辩论中找到自身的位置。

如前所述，法律系统通过合法 / 非法的符码运作使其自身与其环境进行区分，从而决定其系统的功能范围，政治系统也通过构建统治 / 被统治的区分限制自身沟通的维度。通过将自身建立在这样一个区分的基础上，政治系统由此只通过统治的话语和循环来传达权力，政治系统将大部分的社会现象排除出权力直接运作的范畴。这种区分运作产生的结果是政治系统并不将权力适用于非政府（non-governmental）的问题上。在这些问题上，权力话语是无关的。这也意味着政治系统不会将权力转移或授权给政府以外的组织和集团行使。这也是我们经常讲到的现代国家对暴力的垄断。[1]

在第一层次的区分之后，政治系统通过衍生的第二层次区分保证了权力适用受到内部的限制，从而使得权力的行使始终处于被监督状态。[2] 竞争的派别因此对政治系统的自我指涉具有重要意义。通过竞争，权力的行使能够在政治系统找到最为恰当的位置；通过竞争，最有效的权力行使得以实现。

---

[1] 与艾利亚斯（Nobert Elias）对文明进程的描述相似，卢曼认为社会的发展与暴力的组织化程度（organization of violence）具有紧密联系。“物理暴力渐渐失去在社会系统中占有统治地位的象征意义，并把这种象征性让渡给了裁判。”［德］卢曼：《法社会学》，宾凯、赵春燕译，上海人民出版社 2013 年版，第 229 页。有关国家暴力垄断与刑罚功能流变之间的关系，请参见 Garland, David. ***Punishment and modern society**: **A study in social theory**.* University of Chicago Press, 2012. p.219。

[2] 也有学者认为，卢曼在这里对政治系统所进行的双层次描述，其实意味着政治系统存在两个（子）系统。这种批判，与批判者认为的卢曼将沟通构建在对符码价值的分配上的理论构建缺陷相关，在批判者看来，这使得沟通的属性变得模糊不清。See Baxter, H. (1997). Autopoiesis and the relative autonomy of law. *Cardozo L. Rev.* pp.2067-2072.

政治系统虽仍属于社会的组成部分，但是在特定的符码和运作机制下，政治的全集属性（all-encompassing）褪去；政治系统及其所拥有的权力行使虽然仍旧以垄断的暴力为支撑，但是在功能分化的社会条件下，其行使范围的限制逐渐增大。政治系统内部也存在进一步分化与限制。这与现代刑法所要求的罪刑法定原则具有结构上的亲和性。

二、通过法律的政治权力运作考察

（一）通过立法的悖论消解

现代社会政治系统的运作规则和范围较王权时代有了很大限缩。[1]也正是在这种限缩的基础上，权力的运作才有了限制，其他社会子系统的功能才能逐渐演化出来，从而丰富个体参与社会的自由和渠道。也正是在社会分化的进程中，罪刑法定原则诞生并付诸实践。刑法的改造与政治系统的现代演进存在关联。是否在这两种系统之间存在稳定的结构耦合，进而促进对权力行使的限制和对犯罪嫌疑人权利保障的提高？

系统论认为，法治具有法律与政治的双面相。法治观念常常与人治观念相对。法治在司法中意味着法官的决定受到规则的制约。但是，法治观念也受到过批判：批判者认为法治观念并非真的能够起到对法律的自我限制功能。在批判者看来，法治观念的意识形态色彩多于实践理性的面相。那些接受法治观念的人，那些相信法律规则对司法裁判起到有效制约的人可能遇到法治运作中的悖论：如何确定法治原则下规则实质内容的合法性？[2]

[1] 当然，我们这里主要考察的是从皇权时代（阶层社会）走向功能分化社会的过程中刑事惩罚的逐渐淡化。现代福利国家的惩罚文化与惩罚权的扩大也是不容忽视的，但是与上述从古代到近现代社会功能分化的主流历史来看，现代福利国家惩罚文化与犯罪圈的扩大具有完全不同的意涵和在暴力强度上存在明显的区别。根本问题是社会控制的方式发生了变化。我们在第三章第三节中曾针对福利国家刑罚政策与刑法理论的关系展开较为详细的论证。我们接下来对刑事法治与政治系统结构耦合的论述将和前部分对福利国家刑事惩罚政策的描述形成对照。

[2] 参见车剑锋:《刑事案件社会结构与罪刑法定原则关系初探》，载《北京理工大学学报（社会科学版）》2014 年第 6 期。

这一悖论可以通过法律与政治系统的结构耦合，特别是立法过程得到解除。现代社会系统的结构耦合是系统共生（co-evolution）的状态。“系统和环境的发展是相互连接的，二者相互实现了一种共同进化。它们互相改变对方，相互决定对方的生存条件并且相互适应对方。”[1] 现代社会中，刑法与政治系统特定的共同演化的例证就是法治原则（罪刑法定）。

具体来说，政治系统能够通过刑法的执行使其权力增加，而这只能在政治权力同时被刑法体系限制的情况下达到。如上所述，通过政治权力对法律决策的直接作用只能是极为特别和例外的事件，不然通过法律系统增强政治权力分配的效果就难以达成。当政治系统通过法律适用“合法的”暴力，刑法系统同时也就获得处理诉讼和运用法律形式的激励。

因此，罪刑法定原则也为政治系统提供了一种激扰。刑法的自我指涉，也就是通过刑法自身不断沟通运作产生的法律性（legality）。对于政治系统而言一方面是一种限制；另一方面也是政治系统增强其构建自身能力的方式。这些限制条件，以及由此产生的政治系统影响社会能力提升的可能性随着现代国家（nation-state）的发展得到增强。政治系统的运作通过刑法规范的解释被法律系统的符码识别。合法律性（legality）相应地也就在政治系统中被重新解释为正当性（legitimacy）。正当性是政治决策有效性的基础。

从合法律性到正当性的转换使得政治系统得以利用“立法”来构建国家机器和行政组织。立法增强了政治系统治理社会的能力，“通过法律的社会治理”不仅成为可能，还消解了人们对法律实质内容和政治决策过程中利益竞争的质疑和担忧；同时，政治决策中对立法草案的审查，通过议会区分支持者与反对者，实现了立法的民主过程，从而也对刑法体系适用规范提供了政治的正当性。换言之，民主的政治立法过程为刑法的“实证化”奠定了政治正当性。立法过程的双重属性，使得刑法规范运作中存在的悖论以及政治决策过程中的正当性危机得到化解。立法成为现代社会刑法体系与政治权力稳

---

[1] [德] 弗里茨·B. 西蒙、C/O/N/E/C/T/A 作者组:《彻底的市场经济——系统管理基础》，张东辉、陈飞译，商务印书馆 2007 年版，第 142 页。

定结构耦合的机制。

（二）司法对政治权力的限制以及对其他社会价值的吸纳

通过立法解除悖论的过程并非真正使自我指涉系统的悖论“消除”，而仅仅是一种通过外部化（externalization）的过程将悖论移出系统沟通的方式。[1]政治的立法过程无法完全消除人们在适用刑法规范的过程中产生的超越政治合法性的质疑；同样地，人们对政治运作中权力扩张的担忧也不可能通过诉诸立法的程序正当得到全部消解。刑法，特别是刑法司法过程，还会产生对政治权力的进一步限制。作为两者结构耦合的罪刑法定及其司法化过程，并不仅仅是政治立法过程的“背书”。法律在为政治权力运作提供结构耦合渠道的同时，也通过自身，特别是司法系统产生对政治权力运作的限制，激发而非阻碍政治系统的功能演化。

如前所述，当刑法系统通过法律教义在司法过程中进行演化时，其生成了一种自我描述（self-description）。这种自我描述为限制政治权力提供了条件。立法过程在政治系统中通过政治派别和利益区分所体现的工具理性在刑法教义学的解释体系中消解了。尽管这些刑法规范的解释在政治系统看来是一种对权力的制约，但是其也可以在政治系统中被当作一种对权力运作的支持和尊重。

不过，刑法体系无法在其所有的运作中尊重政治权威。对刑法系统的选择而言，其中包含了来源于道德系统的沟通。尽管这些沟通可能不再生成一种系统内部的“自然法”，但是我们仍然会发现那些在政治系统中被认为是一种限制的沟通，在法律系统中呈现为一种道德价值，并伴随着刑法系统的自我观察成为系统的沟通组成部分。这就使得罪刑法定原则成为一种价值，而不仅仅是执行政治目标的工具。

也就是说，刑法体系与政治权力通过立法形成的结构耦合并没有排除法律和其他社会沟通产生互动的可能。如果刑法的运作仅仅回应来自政治系

---

[1] See Teubner, Gunther. “Exogenous self-binding: how social systems externalise their foundational paradox.” *Transconstitutionalism. Farnham, Ashgate* (2014).

统的权力话语，那么这无疑将会使社会其他领域的价值判断受到挤压，从而使得社会多元价值，特别是区别于政治工具理性的道德判断和价值理性受到冲击。我们在刑事审判的过程中，一方面通过承认立法的效力来赋予政治权力行使的正当性；另一方面也通过解释立法规范，将其他社会价值和认知纳入考察的范围中。因此，在自我指涉的运作过程中，刑法与其他社会系统的结构耦合不断受到检验，从而也对政治权力的运作及其社会认同产生影响。

例如在有关“气枪摊”是否构成非法持有枪支罪的问题中，政治立法以及行政机关对枪支入罪标准的解释就在社会层面产生了疑问。这种质疑所体现的相关行为道德、伦理的判断标准，连同其对犯罪嫌疑人的怜悯等道德情感的展现，对刑事司法运作提出了挑战。如果刑法解释过程仅仅是一种对立法规范的确证，而不是一种反思和限权的思想，也就是说，如果罪刑法定仅仅意味着一种通过“政治工具理性”完成的判断，那么司法也就无法体现出对社会价值的吸纳过程，而且政治系统的自我指涉也会在这种不经过限权和反思的司法过程中显露出政治符码运作的悖论，从而最终损害政治系统自身的正当性。

罪刑法定不仅是刑法体系与政治权力系统产生的结构耦合，而且其也是一种宪法原则。刑法对政治立法权力的限制性解释，不仅需要通过司法诉诸其他社会价值与系统规范，更需要在宪法的框架下对政治国家的刑事惩罚权力范围做出判断。宪法是刑法与政治权力更重要的连结点。

三、国家宪法：政治系统与刑事法律结构耦合的制度基础

不论是罪刑法定原则的确立，还是法治原则的遵守，都不能脱离另外一个概念，也就是宪法理解。国家宪法是支撑作为政治权力与刑法结构耦合媒介的罪刑法定原则的制度基础。

宪法在现代社会呈现两种面相：作为政治实体的宪法以及作为法律的宪法。作为法律的宪法产生的重要源泉在于宪法的成文化。成文化使得法律系统通过宪法（“高级法”）进行自我指涉的能力不断增强。在这样一个系统不

断以一种规范体系观察另外一种规范体系的自我反身过程中，法律运作的悖论得到掩藏。[1] 而对于政治系统而言，宪法对政治权力行使的影响不仅在于宪法文本中对政治制度的规定。在卢曼看来，宪法是一种使政治系统与其他社会子系统之间差别外部化的文本。宪法成为一种过滤装置，通过说明政治系统与其环境的关系，降低了政治系统化简社会复杂性的责任，并将这些责任划分给其他社会子系统。在宪法文本保持不变的情况下，法律系统的沟通适应了社会子系统以及个体对平等与自由需求的变迁。

由于宪法区分系统运作领域的功能，其将刑法运作与政治运作进行区隔，从而将“政治决策”问题排除出刑法规制的范畴。宪法试图维持一种政治与刑法之间基本的分化，并由此增强行动者在两种社会系统中的自由。因此，宪法并不是“理想社会的终极蓝图”。作为系统结构耦合的产物，宪法仅仅是限缩政治和刑法运作范围，并整合两者关系的媒介。宪法因此具有“解除系统运作悖论”的效果。属于宪法规范的罪刑法定原则便是宪法这种功能的展现。[2] 这在前一节已有论证，不再赘述。

另外，系统理论认为宪法中规定的基本权利（fundamental rights）是政治系统限制自身沟通范围的标志。通过宪法中基本人权的规定，政治系统划分了其与其他社会系统的界限，从而使得别的系统沟通的发展免受政治系统的侵害。在一个功能分化了的社会秩序中，宪法中的基本权利是促进社会沟通远离政治系统直接干扰的机制，基本权利的设定使得现代社会避免了“分化退化”（de-differentiation）。宪法中规定的权利并不是如传统政治哲学或法学理论中所认为的对政治国家设下的规范性限制，这些权利也不是促进社会整合的机制。在系统理论看来，宪法权利仅仅是政治国家系统为稳定自身边界所制造的形式。这些形式使得政治国家与社会避免融合。

因此，在系统理论之下，现代社会宪法的内涵与外延发生了变迁。宪法不再仅是一种对政治活动的限制，而成为划定社会系统沟通界限的重要机制。

[1] 因此宪法被卢曼认为是一种系统内部分化的反映。See Luhmann, Niklas. “The Differentiation of Society, trans. Stephen Holmes and Charles Larmore.” *New York, Columbia University* (1982). p.179.

[2] See Teubner, Gunther. “Exogenous self-binding: how social systems externalise their foundational paradox.” *Transconstitutionalism. Farnham, Ashgate* (2014).

宪法从政治国家层面扩展到整体社会系统层面。我们将结合刑法研究中“刑法的合宪性调控”问题对宪法与刑法关系进一步考察。

四、社会宪治：刑法合宪性调控的一种新思路

（一）超越二元结构

1. 批判的法益观与宪法结构的背反

国家刑罚权的边界自欧洲启蒙时代便成为近现代刑法研究与实践探索的重要问题。[1] 刑罚权的发动在一定程度上成为近现代民族政治—国家机制的重要权力，是现代国家维持社会秩序的制度性条件。刑罚权是否属于国家以及国家是否应当对社会暴力机制形成垄断，已经在启蒙时代以降的政治哲学与法学讨论中达成共识。[2] 只是在刑罚权边界的确定上，不仅从认知和经验的角度上看，在不同的国家、社会与文化中存在不同的尝试与实践，而且在理论上也是众说纷纭，从未达成一致。在更为狭义的刑法学研究中，刑罚权边界问题集中转化为对法益概念（在英美法律体系中通常被称为“伤害原则”）的探讨。同样地，对法益的研究也无法对刑事惩罚的边界划出确切的范围，从而也使得罪刑法定实质内容的界定始终成为刑法研究与实践面对的挑战。从罪刑法定上无法推断出国家刑罚权的明显边界。[3]

上述问题在理论与实践层面的不确定并没有带来法治理念与实践的萎缩。虽然在不同的历史时期与国家演进阶段，刑法对社会生活的关照与自身边界的守成呈现出不同面向，然而没有疑问的是，上述基于刑法理论内外的思考为法治在现代性社会的逐步确认与开展提供了智识与制度构建上的贡献。从宪法理论角度思考刑法，也脱离不了对刑事法治概念的不断探

---

[1] 相关的学术史，可参见［英］安德鲁·冯·赫尔希：《法益概念与“损害原则”》，樊文译，载《刑事法评论》第 24 卷，北京大学出版社 2009 年版。

[2] 有关这一进程的描述及分析，可参见［德］诺贝特·艾利亚斯：《文明的进程》，王佩莉、袁志英译，上海译文出版社 2013 年版，第 216 页以下。

[3] 参见［德］埃里克·希尔根多夫：《德国刑法学：从传统到现代》，江朔等译，北京大学出版社 2015 年版，第 229 页。

索与更新，也就是说，在刑罚权边界与法益概念问题上的宪法理论研究并非独立于启蒙时代以来的传统，也并未切断刑法与宪法在现代法治观上的联系。

这种联系主要体现在近现代人文主义思潮对国家刑罚权与法益观念的影响，[1] 以及这种影响对整体宪法制度构建与演化的影响。现代宪法理论在一定程度上是有关政治国家，特别是现代民族国家运转实体—政治决策机构“限权”的学说。如何保障个体在政治国家框架内一方面享受政治决策机构使用权力安排社会利益、财富与资源所带来的生活秩序稳定与安宁，另一方面又不被这个被人为创制出来的“国家实体”侵扰个人生活的自由与自决，成为现代宪法理论与宪法教义学，也包括宪法的司法实践所关注的核心问题。现代宪法的出现与基本原则的诞生建基于权力使用的合理化与有限性思想。

相似地，近现代刑法观与法益观围绕古典自由主义思潮展开。传统的自由主义刑法理论严格限制国家刑罚权的边界，努力使刑法在保障社会生活基本秩序的同时，最大限度尊重个体在社会生活中的基本权利，以谦抑性为代表的罪刑法定思想以及由伤害原则构建起来的法益观念，始终是现代刑法理论的根基。刑法研究一方面在解释现实立法中伸张自由与人权，另一方面也在为整体刑法制度的人道性与宽缓提供智识来源。刑法教义学关注类型化犯罪的解释边界，更寄望于通过对人文主义和古典自由主义刑法观（包括批判

[1] 主要体现为对犯罪构成解释的“还原论”：即使是侵犯集体和国家利益的行为，最终也应当能够被还原为对个人权利的侵犯。因此，法益观念也被界定为个体主义取向，国家只能为了保护国民个人利益而存在。参见张明楷：《刑法学》，法律出版社 2016 年版，第 63 页、第 65 页。即使是持功能规范论的学者，也认为如果刑法作为一部沟通法的命题为真，以及欲产生有效的规范理解，那么刑法就应当先考虑到其所欲保护的对象（法益），在经验世界的变化过程之中可以直接或间接地被掌握，而非只单纯为了产生社会性控制的拘束效果而发动刑罚权，毕竟在这种情况下，刑法传达的也只是一种信息，而不是沟通，实际上根本无法让个体对制裁意义产生稳定且有效的理解。个人法益概念正是促成稳定且有效沟通的关键之一。参见古承宗：《风险社会与现代刑法的象征性》，载《科技法学评论》2013 年第 1 期。许迺曼也指出如果我们能毫无困难地指出个人法益时，那么集体法益的假设是多余的。参见［德］许迺曼：《从下层阶级刑法到上层阶级刑法》，陈志辉译，载许玉秀、陈志辉编：《不移不惑献身法与正义——许迺曼教授刑事法论文选辑》，台湾地区新学林出版股份有限公司 2006 年版，第 107 页以下。

功能的法益观的理论构建）[1] 限制立法，也就是政治国家的权力使用。从这个意义上说，现代宪法与刑法思潮在政治哲学的观念上具有高度的重合。刑法的合宪性解释，以及刑事立法的合宪性调控在一定程度上是刑法研究者对上述共识进行重新确认。

这种重新确认并非多此一举。从刑法领域来看，这与现代社会刑事惩罚的演化趋势息息相关。西方现代社会的惩罚文化 [2] 朝着过罪化与社会治理的刑法化迈进，刑事犯罪的监禁率也逐渐攀升。[3] 法益的稀薄化为刑事惩罚的边界的扩大做出了辩护，也为现代社会变迁中恐怖主义、环境风险等问题的刑法制裁提供了学理依据。刑法教义学将这些问题看成刑事政策对犯罪构成解释的影响，并试图通过将包括立法与司法刑事政策的因素纳入以宪法作为国家整体法秩序框架中，在满足现代社会对刑事惩罚必要的需求基础上，从宪法原则的角度对过度的惩罚提出限制的主张，重新彰显个人主义刑法观下罪刑法定的谦抑色彩。由此，合宪性的刑法教义学调控也对法益概念进行了审视，试图重新发挥法益所具有的批判立法与限制刑事惩罚权力的效果。[4] 在将古典自由主义刑事思想进行重新确认的同时，借助对刑事政策与刑法教义学关系的重新考察，法益的概念具备了宪法意义。

在德国刑法教义学的研究中，法益概念的宪法化十分明显。法益概念反映了战后德国对人权保障的重申，而这种法益概念的演进与战后德国《基本法》的全面修改密切相关。法益成为保障个体发展、个人自决与个人尊严价值在刑事法理论中的体现，与德国战后制宪的价值取向相吻

---

[1] 这也被称为刑法理论中超越部门实定法的法学—哲学内容，例如超越实定法的刑罚理论和这里提到的批判立法的法益理论（也被称为限定刑罚边界的法益概念）。参见［德］洛塔尔·库伦：《论刑法与宪法的关系》，蔡桂生译，载《交大法学》2015 年第 2 期；劳东燕：《风险社会中的刑法：社会转型与刑法理论的变迁》，北京大学出版社 2015 年版，第 44—45 页；［德］埃里克·希尔根多夫：《德国刑法学：从传统到现代》，江朔等译，北京大学出版社 2015 年版，第 231 页。

[2] See Garland, David. *The culture of control.* Oxford University Press, 2004.

[3] See Husak, Douglas. *Overcriminalization.* Blackwell Publishing Ltd, 2008; Alexander, Michelle. *The new Jim Crow: Mass incarceration in the age of colorblindness.* The New Press, 2012.

[4] 关于批判立法的法益观在德国刑法学理论，特别是 20 世纪 50 年代以来的发展，请参见王正嘉：《风险社会下的刑法保护机能论》，载《法学新论》2009 年第 1 期。

合。[1] 刑事惩罚的必要性始终受到这种具有批判效果的法益概念的影响，构成刑法教义学合宪性调控的基本方式，法益理论一贯具有的超越刑事实定法的意涵在宪法框架内得到了确认，从而将“李斯特鸿沟”在一国宪制的维度下实现了贯通。“李斯特鸿沟”的贯通也应当是宪法教义学助力下的法律技术操作。[2] 刑法教义学规范解释上的封闭通过具有宪法价值意涵的法益概念与社会变迁产生了更加频繁的互动。

不过，也有学者对此提出疑问。首先，基于个体自由发展与个人尊严发展出来的法益观并不明确，宪法抽象的规定与价值表述无法对法益在个案中指导刑法解释发挥指导效果。在对行为法益侵害的解释中，如何将宪法原则纳入，进而限制国家惩罚权的发动，仍然是悬而未决的问题。其次，将基于宪法的价值置于刑法犯罪构成的解释之中，从而实际上创设了刑法解释中的合宪性审查制度，是否是刑事司法和刑法教义学应当展开的工作？在德国，这种超越犯罪构成的宪法审查也只是在极个别的情况下通过联邦宪法法院的案件审理呈现。因此，法益概念首先应是对刑法分则犯罪构成的说明，而不具有普遍的审查立法效果，刑法之上的法益观不应当违背民主原则，替代立法者对刑事惩罚必要性的衡量。最后，在我国，刑法教义学刚刚开始建立就

---

[1] 劳东燕教授认为，德国“法治国”准则代表的是一种“通过法律的治理”的理性化治理方式。并认为这种法治国从其发展轨道上来看，有如下一些特点：1. 法治国抹杀了自由与秩序之间的内在紧张，消极自由成为法治国视野中的失踪者，并由此使得个体的基本权利不具有先于法律的性质；2. 法治国中的个人并不拥有相对于国家的主体地位，其逻辑基础是“国家—个人”二元统一，而非“国家—个人”之间的二元对立；3.“法治国”中的政府不是有限政府，尤其缺乏制衡的制度设置。参见劳东燕：《罪刑法定本土化的法治叙事》，北京大学出版社 2010 年版，第 82—84 页。如果说战前的德国的法治演进具有上述特点，那么经过战后的反思和重建，在宪治结构上，对个体尊严，也就是个体基本权利的重视已经成为德国现行宪法的牢固基础。国家—个人，或者国家—个体的二元对立也成为一种共识。德国战后这种“自然法复兴”意义上的基本人权观念也有其缺陷，卢曼认为这种只能在政治框架，也就是保护公民不受政治独裁的话语和实践中才有效，对于其他社会系统的侵害则不具有保护功能。See Verschraegen, Gert. “Human rights and modern society: a sociological analysis from the perspective of systems theory.” *Journal of Law and Society* 29.2 (2002): 271.

[2] 参见张翔：《刑法体系的合宪性调控——以“李斯特鸿沟”为视角》，载《法学研究》2016 年第 4 期。

提出法益的宪法审查，或者说犯罪构成的实质化解释是具有风险的。政策性的因素转化通过追溯宪法上的依据构成超越实定法的解释，这一实现路径并不明晰，并且有损刑法犯罪构成的体系。因此，即使通过法益的宪制维度对刑法罪刑规范做出合宪性调控，也应当限制在对行为出罪的解释中。[1]

不可否认，刑法教义学与宪法理论的研究在方法和对象上具有差异，并且在制度设计上，刑事司法与宪法司法化的需求并不相同。直接将具有合宪性审查意义的法益解释融入犯罪论并不现实。在立法上，法益是否具有宪法意义上的调控效果也需要谨慎评估。因为，现代国家的构建明确了罪刑规范的设立属于立法机关，批判的法益概念能够评价立法，甚至可以对立法者产生指导效果，却不能决定犯罪设立的种类和边界。现代宪制本身就是对政治权力进行的自我限制机制，在宪制框架内做出的刑事立法应当得到遵守。刑事法的宪法性调控，或者说犯罪惩罚的宪法性限制已经在立法过程中得到展现，利用宪法原则下的法益观对刑事惩罚范围进行再次调控的空间是极为有限的。西方现代宪制观与政治分权理论为宪法与刑法关系研究设定了基本范畴，也正是由于宪法与刑法分享启蒙思想的政治理念与法律原则，宪法与刑法关系的当代研究呈现补充，而非替代刑法教义学的图景，批判立法的法益观也仅能发挥有限的解释力，并有赖于政治国家合宪性审查（宪法法院、人大的立法解释等）正式机制的建立。[2] 批判的法益观与政治宪制存在背反效果。如果我们想要对此领域研究深化，则需要从现代宪制与社会结构角度对现代刑事治理的格局做出审视。

[1] 例如在对骗取贷款罪的认定中，根据宪法财产权保护对犯罪构成中的“欺骗”手段进行限制解释，从而将那些仅仅侵害了金融政策的行为排除在犯罪圈之外就具有合理性。当然，这并不意味着对上述违反金融领域规范的行为就不再调控，至少在金融业规制中，此行为依然具有违法性，只是不应当作为骗取贷款罪来对待。参见孙国祥:《骗取贷款罪司法认定的误识与匡正》，载《法商研究》2016 年第 5 期。

[2] 例如近期法国刑法中“经常访问极端网站罪”被宪法委员会否决，虽然没有使用法益理论进行分析，但是宪法委员会的裁判理由体现出对刑法罪刑设置必要、适当与比例进行了考量，也可以看成一种基于批判立法的刑法“伤害原则”的解释。而如果没有先前法国立法修正，进而扩大了宪法委员会“事后审查”的范围，这一刑法合宪性调控也很难实现。参见 http://m.thepaper.cn/newsDetail_forward_1627929，最后访问时间：2017 年 2 月 28 日。

2. 现代社会治理的刑法难题与宪制挑战

重新思考西方现代宪制观的社会结构基础，并非认为基于基本人权与政治制度自我限权为导向的现代宪制不符合现代社会的演进格局。在中国法治社会的构建中，传统人文主义思潮的宪制观不仅没有过时，反而还具有极强的现实意义，对于中国社会个体的现代人格塑造和国家治理的理性化均有构成性的功能。在刑事法领域反思现代宪制观，主要基于全球性的现代社会结构变迁中所具有的一些共同特点。

第一，过罪化与法定犯时代。[1] 现代社会治理中，刑事惩罚的扩大是批判的法益观提出的重要依据，也是刑法研究者基于现代宪制限权理论对社会治理刑法化的反思。问题在于，随着社会分工的扩大，行为社会危害的类型、方式与程度与古典刑事法思想启蒙时代相比发生了根本性的转变，过度质疑和否定法定犯扩张的趋势，不利于国家发挥保障个体安全与促进个体自由实现。政治宪制的限权理论在一定程度上将推卸治理社会的责任，这与公众对社会危害的切身感受相违背，不符合发展的人权观。古典自由主义的刑法思潮不能仅仅关注对国家权力的限制，而应当对现代宪制下政治国家的积极作为予以考察，将犯罪治理与政治国家的构成性，而非限权性关系结合起来。现代宪制的限权性思维固然重要，但是不能忽视社会政治治理中犯罪惩罚的必要性，以及发现基于政治宪制的刑事法治理对现代社会分工与分化的反应不足问题。

第二，国际金融危机对现代宪制的挑战。金融危机对全球经济和个人生活的影响深远。这场危机尚未远去，但是反思社会日常治理（包括刑法体系）对这场危机的预防不足则迫在眉睫。危机呈现的毁灭性侵害当然足以构成刑事法领域中法益的“伤害性”标准。问题在于，危机的出现只是到了最后的关头才展现出来，不仅事前的法律防范不足，而且事后的追责也极为困难，这显然不是现代宪制所追求的目标。刑法的谦抑性也并非刑事法治推脱责任的理由。关于这场危机是由于政府监管不足，还是监管失当，尚待研究。毫无疑问的是，货币作为社会交往抽象媒介的无限繁殖与自我演化，超出了

[1] 参见车浩：《法定犯时代的违法性认识错误》，载《清华法学》2015 年第 4 期。

传统宪制下政治治理能够调控的范围。[1]“占领华尔街”“维基解密”等社会运动的矛头不仅指向政治国家，而且对现代社会经济系统的理性提出挑战。[2]如果现代宪制仍然强调其对社会治理的总领性纲要地位，那么传统的宪制观必然需要进行调整，从而也促发作为社会治理的刑事惩罚传统模式与法益观的反思。[3]

第三，风险的人为化、日常化及其对宪制结构的影响。社会理论中的风险理论揭示了现代性，或者说晚期现代性（late-modernity）社会生活风险在产生机制上的转变。[4]在卢曼看来，现代功能分化社会的结果之一是知识的吊诡（autology）。当我们创造出更多知识的同时，特别是在我们拥有更多有关功能系统技术知识（technological knowledge）的同时，我们也变得更加无知了。我们在做出更多决定的同时，或者说当我们能够做出更多决定的同时，更多的风险也被我们创造出来了。当我们谈论决定者及受到影响的人群时，我们反而更加不清楚哪些是社会最终的决定者以及哪些确定的对象是被影响的群体。[5]在这样一种社会结构中，每个人都将以“决策风险”的方式体验未来。[6]对法律和刑法而言，这意味着归责（attribution）问题成为处理系统风险的关键性问题，以及风险问题在不同归责模式下的构建方式。

[1] 早在资本主义早期发展时代，重商主义对货币作为沟通媒介所具有的扩张和毁灭性效应便展现出来。货币的自我繁殖与君主的贪婪联系在一起，遏制这种贪欲成为现代法制诞生的关键因素。参见康子兴:《革命时代的亚当 · 斯密》，载《读书》2016 年第 10 期。在这场金融危机中，君主或政治实体的贪婪或许并不是主要诱因，私人金融机制的无限膨胀、传统法制的缺失以及社会系统内部决策机制的日益复杂化也许才是问题的根源。这种经济系统在社会中的支配演化，也被有的学者称为“生态支配”（ecological dominance），请参见 Jessop, B. (2010). “The crisis of the national spatio-temporal fix and the tendential ecological dominance of globalizing capitalism.” *International Journal of Urban & Regional Research, 24* (2), 323-360。

[2] See Teubner, Gunther. “Exogenous self-binding: how social systems externalise their foundational paradox.” *Transconstitutionalism. Farnham, Ashgate* (2014).

[3] 参见劳东燕:《公共政策与风险社会的刑法》，载《中国社会科学》2007 年第 3 期。

[4] See Luhmann, Niklas. *Communication and social order: risk: a sociological theory.* Transaction Publishers, 1993.

[5] See Luhmann, Niklas. “Technology, environment and social risk: a systems perspective.” *Industrial Crisis Quarterly* 4.3 (1990): 223-231.

[6] See Luhmann, Niklas. *Observations on modernity.* Stanford University Press, 1998. p.67.

风险社会理论在刑法研究中的深化使得法益观的转变迫在眉睫，但也正是这种法益观转变与传统刑法理论的冲突，使得刑法的宪法学维度开始出现。现代风险的人为化意在强调在社会复杂性苗生（emergence）的条件下，[1]人们必须做出选择，而决策本身就是一种风险，意味着社会意义的缩减和社会危害随时触发的可能。这看似使得刑事惩罚的追责机制更加容易，但是现实是，决策的日常化与理性算计使得责任认定更加困难，金融危机的产生在一定程度上也正是由于预防性机制难以在日常决策过程中建立起来。人人都可成为责任主体，可每一个决策者都是遵循先前决策的“理性判断”。[2]法律的不确定性随着现代政治治理官僚制的发达而增加。为了规制现代生活不确定性的人为机制成为不确定性增长的“罪魁祸首”。[3]现代社会的风险“在经历不断转述、诠释、演绎、理解等心理认知性的循环构建程序，有时候最终亦会变成一种抽象的或者诉诸直觉的‘安全’感受”[4]。现代刑事法的运作成为一台试图控制社会风险的“机器”。[5]现代宪制防范政治权力的恣意，却无法对社会生活中广泛存在的行政（决策）机制做出调控，传统刑事司法在这种宪制观下也难以发挥，法益理论面对风险人为化与日常化捉襟见肘。法益的泛化，或者说法益的稀薄化实属无奈之举，也并非对现代性风险增殖机制的正确把脉。

社会危害的种类更新、追责机制的模糊与滞后以及风险的日常化与人为化并非现代社会结构变迁的所有趋势，刑事法理论对社会变迁与刑法机制共

---

[1] 苗生意味着一种新的社会现象，或者社会关系的出现。这一方面代表“本我”（I）的发展，另一方面又随时体现出“客我”（me）的意涵，从而使得人与社会在互相演进和构建中的关系日益复杂，因此也促发了社会交往的符号性与象征性增长。所谓的风险社会，也应当放在现代社会交往的抽象性中进行考察，而非实体性的风险。有关苗生这一概念的社会心理学解读请参见［美］乔治·赫伯特·米德：《心灵、自我与社会》，中国传媒大学出版社 2015 年版，第 198 页、第 214 页以下。

[2] 较早注意到现代社会这一风险与决策机制变化的是福柯，可参见［法］米歇尔·福柯：《危险的个体》，黄晓武译，载汪民安编：《声名狼藉者的生活：福柯文选》，北京大学出版社 2016 年版，第 354—355 页。

[3] See Luhmann, Niklas. *Social systems.* Stanford University Press, 1995. p.288.

[4] 古承宗：《风险社会与现代刑法的象征性》，载《科技法学评论》2013 年第 1 期。

[5] 参见［美］斯蒂芬诺斯·毕贝斯：《刑事司法机器》，姜敏译，北京大学出版社 2015 年版，第 156 页。

生演化的研究也并非阙如。[1] 问题在于，在现有刑法研究中，包括现有的刑法与宪法关系的研究中，尚未将上述种种社会结构变迁的视角纳入宪制范畴，从而也就未能从现代宪制角度对刑事惩罚在现代社会治理的不足与过度进行全面的分析。法益理论一方面试图守成，只对所谓“实体性侵害”[2] 做入罪解释；另一方面也正是基于对个体自由与发展的关照，试图通过诉诸“人的尊严”“人的安宁权”等宪法上的抽象规定，对尚未形成实体性危害的行为进行犯罪构成上的解读。法益理论面对宪制规则的缺陷与社会结构的深刻变动呈现出极其混乱的局面。上述对现代社会结构性的分析对此有所揭示，但还需要进一步对现代宪制所秉承的政制观与现代生活方式的区隔做出分析，以展现刑法合宪性研究的理论潜力。

3. 社会二元结构下刑事惩罚边界划定的困惑

如前所述，现代宪制的基本预设是政治权力的限权理念。宪法是政治权力运作的反身机制。自霍布斯、洛克、密尔以降，西方世界的国家理论从全知全能的国家主义逐渐演变为基于自由和个人发展的“权利理论”，宪法成为国家权力自我限制的调解装置。宪法在完成国家构成性（constitution）任务之后，[3] 逐渐成为限权性（limitative）的文本和政治运作纲要。这并不意味着作为人为创造的国家构成问题不再成为现代社会的基础，而是在完成“宪法时刻”的构成任务之后，如何限制政治权力的扩张成为现代宪法学与法理学的焦点。[4] 西方现代政治宪治（political constitutionalism）理论出色地完成了权力运作反身机制的建立，宪法的司法化、合宪性审查、基本权利理论等便是现代宪法研究与实践的产物。

与此同时，宪法中的构成性问题从未消失。宪法作为一种埃利希所称的

---

[1] See Garland, David. *Punishment and modern society: A study in social theory.* University of Chicago Press, 2012.

[2] 有关实体刑法益概念，请参见陈晓明:《风险社会之刑法应对》，载《法学研究》2009 年第 6 期。

[3] 也被称为赋权性机制（enabling）。

[4] 当然，在这一过程中，英美传统与德国法治传统具有差异，而“国家—社会”“国家法律—个人主观权利”这种区分主要是根据德国 19 世纪后期（与俾斯麦统一德国时间吻合）法学传统发展起来的。See Casanovas, Pompeu. “The ‘Powerless’ Approach to the Sociology of Law and the Future of Law and Society.” *Law & Social Inquiry* 40.1 (2015): 7.

具有“一阶规范”属性的国家法，对于现代社会秩序的形成和维持具有重要作用。[1] 传统的国家构成被理解为政治权力的行使如何与传统权威区隔开来（宗教、皇权、神谕等）。[2] 政治的理性化治理意味着通过宪法机制的反身效果，有限度、有选择地介入社会。罪刑法定原则与法益的个人主义取向也是这种构成性的宪制二元结构的体现。刑法谦抑性原则始终与二元结构的现代宪制观如影随形。当然，这种影响不仅仅限于刑法，而是波及社会治理，更准确地说，是政治国家的社会治理的各个角落。限权性的宪治展开和部门法的发展受到构成性宪制观的牵引，[3] 如果要对刑法合宪性解释与法益的批判维度做出新的理论突破，则必须回到对现代社会宪法构成之审思。

现代社会的结构变迁从构成性的宪制角度来看，则意味着国家—社会的二元分离已经无法全面解释与规制现代社会运作。刑法基于政治宪制的立法扩张在一定程度上只能延缓这种宪法构成结构与现代生活之间的不适应，而无法全面解决刑法的无力和盲目。刑法对社会生活规制的扩张被持传统自由主义刑法研究者称为冲动。从社会构成性的角度来看，刑事惩罚向各种社会新兴领域伸出触角，确实具有一定的盲目性。但是这种盲目性不是，或者说首先不是刑事司法与刑事立法政策的失败，而是国家—社会二元性社会构成的不足。

现代社会的构成具有碎片化（fragmentation）与系统性。社会生活的脱域（dis-embedment）使得传统意义上，或者说生活意义上的社会开始解体，[4] 国家不仅需要防范自我权力对社会个体的扩张，从而具有消极意义与最小政府的观念，而且需要担负起个体如何进入新的社会领域，并享受社会利益的责任，从而政府职能也具有了积极面向和福利国家的意涵。国家政策已不再仅仅是

---

[1] 参见鞠成伟：《埃利希法社会学视野下的法律多元》，载《清华法治论衡》2009 年第 2 期。

[2] 这里所谓的传统观念，是指脱胎于 19 世纪，形成于 20 世纪的民族主义国家观念。我们在谈论社会时，离不开民族—国家这样一种整体框架。参见［德］诺贝特·艾利亚斯：《文明的进程》，王佩莉、袁志英译，上海译文出版社 2013 年版，第 19 页。

[3] 有学者指出，直到 20 世纪 50 年代，美国宪法法律（constitutional law）的核心还是联邦与地方的权力划分，以及中央政府各部门之间的权力划分，而不是个体自由。参见崇明：《从山上之城到分裂之家》，载《读书》2018 年第 2 期。由此可以说明，限权性宪法法律，即宪法裁判也只有在构成性的因素稳定之后，才可能形成更为显著的影响力。

[4] See Giddens, Anthony. *The consequences of modernity.* John Wiley & Sons, 2013.

一种“补救措施”，而是政治系统实现了纳入原则（inclusion）的结果。[1]

不过国家—社会的构成，以及由此形成的基于宪法的权力反身运作无法对社会碎片化条件下产生的各种领域和社会系统形成直接的观察与管制。福利国家政策作为各个子系统的政治补救措施，由于试图对全社会展开管控，自身也成了需要不断“补救”的机制。[2] 这些不断出现的社会系统及其形态也不是按照政治权力的运作规则与逻辑展开的，从而对于政府的积极介入持天生的反感和排斥。一方面，个人自治的实现越来越取决于能否接受教育、获得职业、享受医疗等社会系统的“福利”，社会系统的恣意从而成为对个体侵犯的体现，“伤害”或“法益侵害”不仅仅限于传统自然犯罪；另一方面，政治宪制的反身性使得任何侵入社会系统的直接政治权力规制又受到极大的限制。在社会系统化与碎片化变迁的过程中，处于二元构成模式下的政治宪制及其刑事立法过程不仅不能涉入那些传统的“无须法律的秩序”中[3]，而且缺乏有效的规范识别机制，对时刻发生在社会系统中的“法益侵害”进行有效的规制。限权性的刑法合宪性解释仅仅能对行为做出出罪化的研究，而无法对社会系统运作中出现的新的社会伤害类型做出准确界定。“政策性立法”“冲动型立法”一方面反映了政治宪制条件下刑法承担社会治理与保障个体自由的迫切愿望；另一方面也彰显了刑事惩罚边界无法合理介入广阔的社会系统领域。

易言之，传统的二元宪法结构无法满足通过法律保障个体自由发展和免受

[1] 参见张桐锐:《法律与社会政策作为“社会福利国”模型之构建性观点》，载《思与言》2006 年第 3 期。这种纳入规则也会和法律，特别是犯罪治理形成结构耦合，影响个体的社会福利。例如美国大规模监禁所及其带来的负面社会评价，造成非洲裔人群普遍贫困。See Nobles, Richard, and David Schiff. “Taking the evolution of legal doctrine seriously: review of Katayoun Baghai, Social Systems Theory and Judicial Review: Taking Jurisprudence Seriously (Farnham: Ashgate, 2015. 188 pp.£ 65/£ 58.50).” *International Journal of Law in Context* 13.1 (2017): 108; Wacquant, Loïc. “Crafting the neoliberal state: Workfare, prisonfare, and social insecurity.” *Sociological Forum*. Vol. 25. No. 2. Blackwell Publishing Ltd, 2010.

[2] 参见张桐锐:《法律与社会政策作为“社会福利国”模型之构建性观点》，载《思与言》2006 年第 3 期。

[3] See Ellickson, Robert C. *Order without law: How neighbors settle disputes.* Harvard University Press, 2009.

侵害的制度目标。在宪法学研究中，开始涌现对这种宪法制度的反思。有学者发现，政府在现实治理中大大扩展了宪法上“基本权利”的范畴，除了消极的防卫意涵，基本权利越来越多地呈现积极权能的面向。这与现代社会系统性的功能分化密切相关，基本权利不再仅仅是个体抵抗政治权力的“武器”，而成为个人享有进入社会系统沟通的机会保障。基本权利的社会功能大大扩展。[1]基本权利的扩张与重构使得政治性的宪法承担了更多的社会治理功能，这在一定程度上与国家—社会区隔下的宪法构成所能够发挥的社会功能，也就是一种限制政治权力的反身机制差别很大。对于具有多种社会理性，也就是多种社会规范支撑的现代社会基本权利脉络，不可能在法律或政治宪法文本中找到对应。“对基本权利制度性保障的规范性内容，只能在法律外部从社会实践的本身规范性中获取。”[2]社会规范性以制度作为依托呈现，不仅仅针对个体伤害。因此，现有的基本权利的话语在宪法解释中承载过多。[3]承担社会积极治理责任的政府观念也使得刑法的扩张与原有的谦抑性格格不入。这些问题在刑法领域被反复思考与研究，但是尚未从宪制的构成性问题上做出满意的回答。

（二）社会宪治与系统的自创生：重新理解宪法的社会功能

1. 社会治理的多元结构与社会宪治理论

“我们必须放弃这样一个观念：在国家中，政治代表了社会，而其他社会领域——包括人民和社会子领域只是参与其中。”[4]现代功能分化（functional

[1] 参见李忠夏：《基本权利的社会功能》，载《法学家》2014年第5期。通过法律权利及其法律运作的实践，多维度的社会纳入原则成为可能，这在法律上被定义为不同的权利以及个体沟通之间承认这种法律权利所形成的互相制约的义务网络：人们不再，也不应受到全集式社会团体对自由的限制。参见刘涛：《纳入与排除：卢曼系统理论的第三演进阶段？》，载《社会学评论》2016年第1期。

[2] [德] 贡塔·托依布纳：《社会理论脉络中的法学与法律实践》，季海龙译，载《交大法学》2015年第3期，第84页。

[3] See Luhmann, Niklas. *Law as a social system.* Oxford University Press, 2004. p.453; Nobles, Richard, and David Schiff. *Observing law through systems theory.* Bloomsbury Publishing, 2012. pp.195ff.

[4] [德] 贡塔·托依布纳：《宪法时刻来临？——“触底反弹”的逻辑》，宾凯译，载《交大法学》2013年第1期。

differentiation）社会的治理不可能仅通过政治国家的宪制完成，碎片化的社会权力茁生与限制也无法通过政治宪法的反身运作达成。[1] 国家的政治宪法无法将整个社会的集体能量全部捆绑起来。在现代社会，集体的潜力不再可能作为一个整体来加以利用，而是已经分散为各种特殊的社会潜力、能量、权力。[2] 如果个体试图在现代社会享有充分的自我决定和人格尊严，则需要社会提供超越政治宪法构架的基本权利确认和补救机制（remedy）。刑事惩罚边界的确定与法益对社会危害合宪性判定也必须超越现有政治宪治的二元结构。刑事立法与司法应当关照政治—社会二元结构之外的社会增长，以及这种增长对立个体自治与自我决定的侵害。由此可说，宪法化主要是一个社会过程，其次才是一个法律过程。[3]

社会宪治（societal constitutionalism）为修补政治宪制下刑事法治面临的困境提供了一种新的观察路径。社会宪治的概念由来已久，其理论学派与各种主张也较为丰富。[4] 针对本书关注的刑法合宪性解释，需要关注几个关键性问题。

---

[1] 这也被福柯称为社会的微观权力及其毛细血管式的运作。政治宪制无法探测这种弥散于社会系统之中的权力运作逻辑和侵害模式。See Borch, Christian. "Systemic Power Luhmann, Foucault, and Analytics of Power." *Acta Sociologica* 48 2 (2005): 155-67.

[2] 参见［德］托依布纳:《宪法的碎片：全球社会宪治》，陆宇峰译，纪海龙校，中央编译出版社2016年版，第74页。

[3] 参见［德］贡塔·托依布纳:《宪法时刻来临？——“触底反弹”的逻辑》，宾凯译，载《交大法学》2013年第1期。有关社会与法律作为不同话语体系共同演进的论述，可参见Teubner, Gunther. "Legal Irritants: Good Faith in British Law or How Unifying Law Ends Up in New Divergencies." *Modern Law Review* 61.1 (1998): 28。托依布纳关于法律系统与其他社会子系统共同演进的观点来源于其对社会不同子系统之间存在共识性规范要素的认同，这一点在方法和具体结论上都与卢曼有了不小的差异。关于两者观点的比较可参见［德］哈贝马斯:《在事实与规范之间：关于法律和民主法治国的商谈理论》（修订译本），童世骏译，生活·读书·新知三联书店2011年版，第64—65页。

[4] 有关社会宪治领域详细的文献梳理，可参见Sciulli, David. *Theory of societal constitutionalism: Foundations of a non-Marxist critical theory.* Cambridge University Press, 1992; Cotterrell, Roger. "Transnational communities and the concept of law." *Ratio Juris* 21.1 (2008): 1-18。托依布纳对上述主流社会宪治文献的批判，请参见Teubner, Gunther. "Societal constitutionalism: nine variations on a theme by David Sciulli." (2016)。

第一，社会宪治理论各学派基本承认的共识是社会的碎片化与多元化治理结构的必要性。其并不否认政治宪治对现代个体权利保障和限制政治权力运行上所发挥的重要功能，但是社会宪治理论看到了全球化与地区化治理中无可避免地由于社会分工与功能分化产生的治理格局的多元。政治宪制提供社会行动的基本指南，但是无法为系统运作提供组织框架和内部整合所需要的政治性因素，也就是说，系统和社会组织如何决策并产生对个体行动者的影响由各系统与社会领域决定，政治宪制所能够发挥的纲要作用十分有限。政治与法律直接接入社会系统运作和决策程序，则将破坏系统的自我演化，而且将使政府的社会功能不断膨胀，造成政治与法律组织和决策风险的增大。刑法对社会多元领域的直接介入无法避免政治宪制逻辑对系统的侵扰。引入社会宪治，是理解刑事惩罚在现代社会边界及其作用方式的重要补充。

第二，社会宪治不应当被理解为国家—社会二元结构的延伸。在早期社会宪治与国际非政府间组织理论中，社会组织的自治以及由此形成的对政治国家的完全排斥成为社会宪治的重要学派。这种对社会组织自我运转机制的理解延续了传统政治宪制的基本预设：国家对社会应尽量保持距离，最小的政府也是最好的政府。这种理念在经济组织理论中，特别是跨国企业与金融机构组织学说中特别盛行。正如前述，金融危机使得这种社会宪治主张不再受到人们的追捧，社会自治领域并非与政治宪制绝缘。甚至在一定程度上，自治和无限膨胀正是金融领域发生灾难，进而对社会个体造成巨大“伤害”的罪魁祸首。[1]

政治宪制的经验告诉我们，一种社会系统的运行具有宪治意味着其必须同时具备构成性与限权性。如果社会系统的自治仅仅意味着建立了组织关系与运行准则，而没有一种如同政治权力运作产生的反身机制，那么这一系

[1] 互联网金融近年来的无限膨胀，特别是电商平台存在的“以虚假账号吸引投资”行为，已经对正常经济发展造成巨大破坏。具体可参见高艳东：《破坏生产经营罪包括妨害业务行为——恶意注册账号的处理》，载《预防青少年犯罪研究》2016 年第 2 期。另外，由于对互联网领域及其自我规范的构建和认知不足，刑法中产生了新的“口袋罪”。参见俞小海：《破坏计算机信息系统罪之司法实践分析与规范含义重构》，载《交大法学》2015 年第 3 期。

统或领域的自治最多也仅仅能够被称为法律化（juridification），而非宪治化（constitutionalism）。社会组织自治与社会宪治不能画上等号。仅仅具有组织规范，甚至仅仅具有法律化色彩的社会组织自治由于缺乏自我纠偏与反身机制，仍然处于传统宪制之下，而无法被称为社会宪治。正如托依布纳所言，现代世界多元结构的法律秩序需要通过向各种社会领域指涉（也就是一种外部指涉）其悖论，通过一种“拟制”将多元法律规范的“基础”构建在社会领域自发衍生出来的规制标准（例如各种国际金融活动惯例）之上。社会宪治的反身机制需要观察系统已有的“制度历史”发觉，而非仅仅是一种对社会诸领域活动的“规制”。[1] 刑法对金融、网络等领域规制中呈现滞后性，而危害的发生无法被政治宪制下的刑事司法准确地提前发现，这无疑也是金融和网络等社会系统在自我运作中反身机制缺乏的体现。间接的刑事治理总是无法做到精准出击和事前预防。

第三，这也就涉及对违反社会宪治，造成损害建立救济制度的问题。社会宪治自身虽然具有反身性，但是却没有强制制裁力，至少其并不具备使用暴力的合法性。虽然在社会宪治领域中，有些社会子系统已经超越政治国家的边界，成为社会范围内的沟通组织（例如世界性的金融结算业务、互联网域名管理制度等[2]），但是即使通过社会宪治进行限权性操作，如何处理“违宪”（unconstitutional）的组织和个人行为，依然需要依赖垄断社会暴力的政治宪制，也就是需要依赖刑事惩罚机制。对此，刑法的法益判断和对犯罪构成的解释依然具有发挥和发展的空间，并且是实现社会多元与社会组织自我限制的有力手段，对保障现代社会个体自主发展具有整合意义。

第四，社会宪治理论下的刑事惩罚权边界涉及对刑法性质的定位。宪法与刑法关系研究中通常将刑法界定为公法，或者说是政治宪制意义上的公共部门。而社会宪治理论则将刑法界定或者说还原为一种私法，其认为刑事惩

[1] See Teubner, Gunther. “The king’s many bodies: The self-deconstruction of Law’s hierarchy.” *Law and Society Review* (1997): 782.

[2] 有关对网络服务提供者刑事责任区分化的研究，请参见王华伟：《网络服务提供者的刑法责任比较研究》，载《环球法律评论》2016 年第 4 期。

罚必须满足生活自发秩序的要求，而不能通过国家构建产生。[1] 通过上述对宪治概念的阐释，我们认为这种纯私法性的刑事法界定并不可取。现代社会的功能分化与碎片化并不是回归原始生活状态，也不是对生活世界（life-world）的憧憬。功能化的社会分化与整合无可避免。现代社会的演化建立在政治国家从传统阶层社会（stratified）脱离出来的基础上，现代社会系统功能的繁殖也建立在国家—社会区隔的基础上。社会宪治也仅是一种在现代社会政治国家演进条件下的进一步演化，而非倒退到社会的全面自治状态中。对暴力的国家垄断及其实现的刑事惩罚的国家化是现代刑法的根本。当然，本书试图对政治宪制做出反思和修正，也就意味着作为公法（public law）的刑法运作将与传统的刑法合宪性解释有所不同。刑法惩罚机制的有效运行依赖于政治宪制与国家暴力的垄断，但是其对行为惩罚边界的判断，特别是属于社会系统内部运作产生的偏移和越轨判断则并不需要根据政治宪制限权逻辑和形式化的原则（例如立法的必要性、比例原则等），而应当根据社会宪治中不同系统限权的方式与实质内容进行处理。[2] 因此，出于“公共性的精确定义要求，作为限定社会诸部门的一种手段，公 / 私这个区分应当被解构”[3]。

2. 系统论下的宪治：系统自创生膨胀的反身机制

系统理论认为现代社会的运作是功能分化的结果，社会的演进模式朝着系统的自创生（autopoiesis）迈进。所谓社会系统的自创生是指系统由沟通

---

[1] 梅因也认为，立法是一种较为后期才出现的法律现象，在一个国家还是青年和幼年时代，绝少要求借助于立法机关的活动以求对私法（包括有关惩罚犯罪的规定——笔者注）作一般的改进。参见［英］梅因：《古代法》，沈景一译，商务印书馆 1959 年版，第 28 页。

[2] 有关德国刑事法院与宪法法院根据实质宪法原则对满足构成要件的行为进行出罪化解释的例证，可参见［德］洛塔尔·库伦：《论刑法与宪法的关系》，蔡桂生译，载《交大法学》2015 年第 2 期。

[3] ［德］贡塔·托依布纳：《宪法时刻来临？——“触底反弹”的逻辑》，宾凯译，载《交大法学》2013 年第 1 期。不过卢曼却对此持较为模糊的态度，他认为一方面，公 / 私法律之区分是一种对“法与国家”关系简单甚至是粗俗的理解；另一方面，私法空间又为法律、政治与经济等社会子系统的自治与分离提供了媒介。司法为政治系统的分化提供了条件，私法领域从国家公共规制规范中的分离为民主宪治（democratic constitutional）提供了先决条件。私法的勃兴使得社会纠纷不一定必须通过政治途径解决。See King, Michael, and Christopher J. Thornhill. *Niklas Luhmann's theory of politics and law.* Basingstoke: Palgrave Macmillan, 2003. pp.116-117.

/ 环境的区分形成了内部的自我指涉（self-reference），法律由法律产生连接，经济由支付和货币媒介产生不断的运作，政治领域的决策也不再诉诸其他权威，而是由系统内部的组织和结构决定产生决策的内容。系统的自我指涉形成了各自不同的社会功能，从而使得环境复杂性的增长在系统运作中得到了简化，使得社会秩序的产生与社会意义的获取，乃至价值的判断和个体自由的实现在现代社会分化条件中成为可能。社会的整合在社会分化中形成。

社会系统的自我指涉并非不再诉诸外部环境，在运作上封闭的系统需要不断形成对外部资源和信息的指涉（external-reference），但是这种外部的指涉并不是替代系统自身运作的逻辑，而是丰富自身结构的方式，通过简化环境的复杂性增强系统处理信息的能力。从一种无序的环境噪声到系统有序治理的过程，也就是系统理论所称的从喧闹到秩序的过程。[1]“一个充分复杂以致能反映自身的有序系统不可能是完全有序的，它必定包含某种奇怪的无序特征……但是，存在一种‘魔术式的’补偿，存在某种有关无序的有序。”[2]从外部复杂性到内部复杂性，并且通过内部结构反映外部复杂性的过程便是如此。

在实现这种从自我指涉到外部环境指涉再到内部运作过程的系统运作模式中，系统的符码与纲要（code and program）成为关键。符码是一种二元判断，任何进入系统的信息都可以通过符码判断形成社会意义，而且成为负值的信息也并不是系统外部的环境，而是成为系统的记忆，从而为下一次符码判断提供条件。以法律系统为例，合法 / 非法判断的基础是法律自身。系统的自我指涉运作想要形成秩序，则需要创造各种纲要。例如刑法中的罪刑规范，为符码判断提供条件，也为系统的记忆保留有用的信息，成为不同案件裁判的依据。

[1] “现代社会的法律就是这样一个‘从喧闹到秩序’的复杂性迅速增长的封闭系统。”宾凯：《二阶观察、悖论与法律的系统建构——卢曼法律社会学理论研究》，北京大学 2006 年博士学位论文。

[2] [美] 侯世达：《哥德尔、艾舍尔、巴赫：集异璧之大成》，本书翻译组译，商务印书馆 1996 年版，第 538 页。

由此形成的是社会系统运作的二阶观察属性（second-order observation）。[1] 每一次系统运作都建立在前一次系统运作和系统结构的基础上，系统的符码保持不变，这种二阶观察就可以持续下去。人们社会行动处理社会分化形成的复杂性也是依靠这种二阶观察机制达成的。没有二阶观察，沟通的主题、行动的目标乃至组织的原则都无法确立。依靠语言文字和社会交往的媒介机制（货币等抽象性的符号），[2] 系统的二阶观察得以实现，也为脱域的社会与个体提供了交往的动力机制。二阶观察使得社会利益的实现更为便利，也使得个体生活的可能性通过系统自我指涉不断扩大，从而丰富了个体自由的空间。

这些都是社会演进过程中系统性沟通出现所带来的益处，但是，系统的自创生也会带来负面效应。系统基于自身符码的自我茁生具有膨胀效果，二阶观察意味着系统在演化的历史中虽然会对环境不断做出反应和调整，但是其运作逻辑不会由于环境的变化而发生改变。系统的演化带有盲目性和自我膨胀的效果。由于系统符码的自我指涉具有悖论性，一旦这种悖论无法隐藏，那么系统无限膨胀所带来的毁灭性后果也将展现出来。“通过其自身的操作封闭，诸功能系统为其自身创造了一些可以恣意地从内部强化或向外部扩张其

[1] 二阶观察在解释社会现象中被适用，与人们交往中存在的“话题性”（topical）或者说“论题”（theme）有关。具体可参见 Seidl, David. “Luhmann’s theory of autopoietic social systems.” *Ludwig-Maximilians-Universität München-Munich School of Management* (2004). p.15；高宣扬：《鲁曼社会系统理论与现代性》，中国人民大学出版社 2005 年版，第 181 页。每个社会系统均有论题的准入门槛（threshold）。See Paterson, John. “Who Is Zenon Bankowski Talking to? The Person in the Sight of Autopoiesis.” *Ratio Juris* 8.2 (1995): 222. 比如，有学者就从论题，而非二元符码的角度，考察卢曼对系统识别问题的处理。See Baxter, H. (1997). Autopoiesis and the relative autonomy of law. *Cardozo L. Rev.*, 19. 有关交往话题性的社会、事实与时间维度，以及由此形成的对系统沟通二阶观察的影响，请参见 Luhmann, Niklas. *Social Systems*. Stanford University Press, 1995. pp.155-156。论题与系统沟通产生机制的关系极为重要，只是限于本书主旨无法全面展开。可以说通过二阶观察和论题的概念，卢曼将微观的社会互动（interaction）与宏观的社会系统沟通（communication）结合起来，形成了对社会的二重性考察，具有强烈的现象学色彩。

[2] 这也与系统论中对沟通概念的理解有关，社会抽象媒介，像这里的货币符号能够使沟通的信息、言说和理解之间的偶联性变得更加稳定，也使得社会沟通成功的可能性更高，但是由于媒介通过系统中的二元符码进行运作，从而也就使得那些处于负值的沟通总会受到排斥。有钱与没钱产生了区分，货币既是天使，也是魔鬼。参见泮伟江：《卢曼与他的现代社会观察》，载《读书》2016 年第 1 期。

自身理性的领域，而不顾其他社会系统，也不顾及它们的自然环境和人的环境。”[1] 法律过度膨胀之后的风险和危机、经济支付功能的不断扩张、“为发表而学术”的自我演进压力等，都说明二阶观察的社会系统自身并不存在隐藏运作悖论的条件和机制，系统自我限制的成分无法在其结构内部构建出来。

系统抑制自我膨胀与崩溃需要反身机制。这种机制只能从系统外部构建。宪法机制具有的反身效果便是对政治系统与法律系统沟通无限增长的限制。通过宪法机制，政治的权力运作得到调节，宪法通过“宪法时刻”、公决以及修宪等安排，创造出政治权力运作的正当性，也同时制造了权力运作的边界，从而防止了由于政治权力的无限循环运作可能带来的政治系统崩溃（暴政与革命）；同样地，通过法律的宪法判断（合宪性审查），法律自我指涉的膨胀受到抑制。法律在为社会纠纷与沟通创造稳定规范期待的同时，也制造了规范的过度增长（surplus）。[2] 合宪性审查将法律的正当性限制在政治宪制条件之下，从而防范了由于自身过度膨胀所引起的规范之间的冲突，也防止了由于过度的法律增长引起的“规避法律”现象。在托依布纳看来，系统自创生的无限扩大也意味着当临界点也就是系统自我毁灭来临之时，自我指涉的动力机制和运作逻辑也会产生自我限制的因素，也就是所谓的社会宪治时刻的来临。[3] 宪法机制抑制了现代社会治理中法律化的自我崩溃。罪刑法定与刑法谦抑性原则所具有的宪制意义也能够从系统论的视角得到观察，这也是刑事法的合宪性调控所具有的意涵。

---

[1] ［德］贡塔·托依布纳：《宪法时刻来临？——“触底反弹”的逻辑》，宾凯译，载《交大法学》2013 年第 1 期。

[2] 法律并非只是处理冲突、恢复和平。实际上，法律规制本身就制造了冲突，这些冲突反过来又要求法律的进一步规制。首先，尽管法律在日常生活中介入规制，但它本身就制造了引发冲突的各种情境。其次，每项规范都导致了解释问题，这些解释问题又导致了进一步的冲突。最后，数量巨大的法律规则生产了规则之间的冲突，这些冲突规则又要求生产更多规则。参见［德］托依布纳：《宪法的碎片：全球社会宪治》，陆宇峰译，纪海龙校，中央编译出版社 2016 年版，第 95 页。司法裁判模式往往会激发民众的权利意识，从而不断地对彼此权利的边界产生争议，这种争议又不断地被推向法院，希望法院通过权利边界的准确界定来化解这些纠纷。参见泮伟江：《当代中国法治的分析与构建》（修订版），中国法制出版社 2017 年版，第 22—23 页。

[3] ［德］贡塔·托依布纳：《宪法时刻来临？——“触底反弹”的逻辑》，宾凯译，载《交大法学》2013 年第 1 期。

奇妙的是，宪法机制并不属于任何一种社会子系统。宪法对系统产生的自反性效果仍然需要在社会系统内部的二阶观察维度内才能发挥作用。也就是说，系统自我生长与自我限制动力最终都展现在系统的结构之中。宪法在政治系统的运作中转化为权力对权力的限制，在法律系统的沟通中表现为通过法律机制（宪法法院、人大等）判断法律运作的正当性。系统对宪法话语的外部指涉被转化为内部的运作，也就是系统理论研究者所称的再入（re-entry）现象。[1] 系统的反身性表现为系统的二阶观察，从而没有破坏系统自创生。这是现代社会系统通过外部指涉反身机制实现自我演化的生长与自控的关键所在，也是我们理解社会宪治运作模式的核心思想。通过系统间结合所产生的这种互动模式，系统的反身性得到增强，系统的悖论得到隐藏。这种系统间的运作也被称为“结构耦合”（structural coupling），也就是说，在一种稳定的机制意义上，系统依靠对其他系统运作的指涉，并将其转化为抑制自身崩溃的因素，从而形成了社会系统分化条件下的共生（co-evolution）状态。[2] 社会宪治的诞生标志着稳定的系统间结构耦合的出现。系统间偶在的、随机的关系演化为通过稳定中介。[3] 法律通过指涉政治宪制获得民主的正当性（legitimacy，即立法在代议代表中产生），政治权力也通过对法律上合宪性的指涉获得了行使权力的合法性（legality）。系统自创生中的悖论通过结构耦合的宪治得到隐藏。法律的合宪性审查通常被认为具有政治效果，也就是这种系统间的结构耦合所产生的系统自反性通过系统内部自我限制实现的过程，立法的政治系统权力总是通过指涉法律系统意涵下的宪法机制完成自我的限制。法律，特别是刑

---

[1] See Brown, George Spencer. *Laws of form.* London: Allen & Unwin, 1969; Von Foerster, Heinz. *Observing systems.* Intersystems Publications, 1984. pp.304ff. 因此，政治哲学或法律理论中的支配（dominance）问题，也仅仅是一种系统自我指涉现象，而不是一种真实的系统间统治—被统治的结构。

[2] 有关结构耦合概念的社会学上理解，可参见 Luhmann, Niklas. *Law as a social system.* Oxford University Press, 2004. p.395 infra。

[3] 学者区分了运作耦合（operational coupling）与结构耦合。运作耦合是共时的、短暂的、一次性的；而所谓的结构耦合则是在系统结构之间，通过某些特定结构的媒介，使不同功能系统在维持自身独立性的同时，保持较为紧密的联系。参见杜建荣：《自创生视域中的法律与社会——卢曼法律自创生理论研究》，载《中山大学法律评论》2011 年第 2 辑。

法的解释也总是以立法（罪刑法定，民主原则）的政治宪制意义对行为入罪产生抑制效果。

（三）社会宪治与刑法的宪法调控

对于社会宪治的理解以及由此产生的刑法介入边界问题也可从上述系统论的视角得到阐释。政治—法律宪治并非现代社会功能分化条件下存在的唯一稳定的结构耦合现象。从宪法社会学视角看，政治宪法具有保障政治从其他外部权威（宗教、经济或军事）中独立出来以获得自治的功能，这是现代性的成就之一。政治宪法通过形式化权力媒介做到了这一点。其他社会子宪法，包括经济、科学、传媒和公共健康等领域的宪法，通过保障每个相关媒介领域的自治，实现了同样的宪法功能，[1] 出现了属于社会诸领域的宪制时刻（constitutional moments）。[2] 这些宪法机制在社会系统中出现的原因，在于所有社会系统都有必要区分系统延续所需的正常发展与威胁系统维持的过度发展。[3] 抑制威胁社会子系统的无限茁生需要出现多种宪治结构，从而将社会

[1] 参见［德］贡塔·托依布纳：《宪法时刻来临？——“触底反弹”的逻辑》，宾凯译，载《交大法学》2013 年第 1 期。See also Thornhill, Chris. “Towards a historical sociology of constitutional legitimacy.” *Theory and Society* 37.2 (2008): 161-197.

[2] 这里所指的宪制时刻与传统理解有所不同。其不是指直接根据社会意识、历史等去宪法性的解释法律，甚至是创造所谓的“隐身的宪法”，对社会诸领域而言，宪制内容始终是实体性规范。对于宪制时刻的传统解说，可参见 Ackerman, Bruce. *We the People*, *Volume 2*: *Transformations*. Harvard University Press, 2000; Tribe, Laurence H. *The invisible constitution*. Oxford University Press, 2008。也不应将“宪法时刻”以过于字面的意涵进行理解，在“这一时刻”，并无合意地达成，只是意味着社会领域对法解释提出了关键性的限制条件。系统的“统一性”也不能由一个所谓的制宪权的统一意志构成。参见［德］托马斯·魏斯丁：《无始无终——作为对法学和法教义学的挑战的法律系统理论》，张晓丹译，载泮伟江主编：《北航法学》（2015 年第 2 卷），中国政法大学出版社 2015 年版，第 10 页。在系统理论研究者看来，宪法时刻并不是一种时间上的宪法制定“之前”与“之后”的连接，而是对宪法文本与特定社会语境（context）的揭示。从而也是系统沟通对环境进行纳入与排除（inclusion and exclustion）处理的时刻。See Philippopoulos-Mihalopoulos, Andreas. *Niklas Luhmann*: *law*, *justice*, *society*. Routledge, 2009. p.150. 关于对传统宪制时刻理论的批判，请参见 Dworkin, Ronald. *Law's empire*. Harvard University Press, 1986. p.255。

[3] 参见［德］托依布纳：《宪法的碎片：全球社会宪治》，陆宇峰译，纪海龙校，中央编译出版社 2016 年版，第 95 页。

系统的自治与法律的运作，也就是社会系统的自我生长与刑法规制结合起来。如果说对刑法惩罚权问题边界的探讨从法哲学走向刑法—政治宪法关系问题，那么当社会宪治成为现实，刑事法合宪性解释也就转移到对社会系统自创生与社会宪治构建的问题上来了。

正如托依布纳所言，宪法既不能化约为一种法律现象，也不能化约为一种社会现象。它一直是双重的现象，是能够显示过程的连接。从法律视角看，宪法是对次级法律规范的生产，是法律系统基本结构的特殊交织过程。而从被构成的社会系统的视角看，宪法是对社会秩序基本结构的生产，这些基本结构既激活了法律，又受法律的规制。[1] 刑法对社会系统运作的规制需要遵循系统演进过程中逐渐生成的宪制规范，刑法法益论对行为社会危害性的解释也应当受到社会诸领域宪治规范的牵引。

当然，首先需要解决的是社会宪治如何生成的问题。如前所述，社会宪治的产生是社会子系统自创生运作过程中反身机制的创设，系统对这种自我限制机制的运用最终要通过自身符码与纲要构成，由此形成系统稳态运转的自我调整。系统实现宪治的方式由内部机制构成，例如法律只能通过法律进行限制，经济的沟通只能通过货币供应量的调整实现，从而也就无法通过外部的直接干预形成稳定的结构耦合。从系统自创生的角度看，刑法对社会部门的直接规制并无可能，也可能使系统失序。但是系统形成再入的反身机制需要不断产生外部的刺激（irritations），经济活动自身不可能产生自我限制机制，从而也就无法形成社会经济宪治，法律的介入在此意义上具有正当性。刑法对社会宪治机制的生成构成外部的压力。[2]

不过，应当谨慎对待刑法在社会宪治形成时期所发挥的刺激作用。社会

---

[1] 参见［德］托依布纳：《宪法的碎片：全球社会宪治》，陆宇峰译，纪海龙校，中央编译出版社 2016 年版，第 124—125 页。

[2] 当然，给予系统压力不是刑法的目的，而是促成其自身宪治结构产生的手段。宪法的社会便在于将社会中的“价值”通过宪法转换到法律系统中，从而成为沟通法律系统和其他社会系统（环境）的桥梁。参见李忠夏：《宪法教义学反思：一个社会系统理论的视角》，载《法学研究》2015 年第 6 期。因此，社会宪治的诞生也会增强法律与其他社会子系统的区隔，不仅使得系统间的互动更为稳定和有序，也使得法律裁判在可预期和对外部环境的回应之间找到平衡。

子系统自我指涉并不围绕一种原则或既定的系统规则展开。系统符码与纲要也仅是维持系统不断产生沟通的结构条件，而不是指导系统走向的控制器。现代社会基于二阶观察产生的社会子系统运作并无一种明确的目标，系统充满了各种意想不到的运作后果（unintended results）[1]，符码与纲要构建的系统逻辑在大部分情况下吸收了系统运作所产生的不稳定。不稳定性成为现代社会系统的常态，社会系统演化中的变异、选择与稳定也正是在这种动态的不稳定中形成的。[2] 这也就意味着社会宪治的产生时刻与形式并非具有特定的模式，社会宪治并不是一种刚性的构建，从而也就无法通过外部的强烈刺激一举形成完备的宪治规范。在社会系统宪治形成阶段，刑法的介入应当以更温和的形态出现。在一些所谓边缘性案件中（board line cases），界定行为危害与否应当交给社会子系统的自我演化。例如在新生的社会领域，应当在给予赋权刑法支撑的同时，将刑法置于备而不用的状态。在社会宪治形成阶段，也就是在构成性的宪治规则不断生成的阶段，应当允许社会系统的试错，以及由此产生的可被法律，特别是刑法容许的社会危害程度。系统反身效应的产生需要时间。[3] 甚至在某种程度上说，只有等到危急时刻，社会宪治时刻才会迸发。所以，基于二阶观察形成的社会系统由于自我决策所产生的系统风险，和由此产生的社会危害在一定程度上是不可避免的。在政治宪治的演进过程中，我们看到政治权力运作实现理性化的自我限制历时数个世纪，在一次次的宪法时刻中不断稳定其反身机制。这并不意味着所有社会系统的反思均需要如此漫长的等待，但是对社会系统自我膨胀抱持一定的容忍度是必要的。从社会管制的角度去看待法律对社会系统的刺激，刑法处于

[1] 关于系统运作未曾预想的后果（unintended consequences）概念，参考了吉登斯的论述，请参见［英］安东尼·吉登斯：《社会的构成——结构化理论纲要》，李康、李猛译，中国人民大学出版社 2016 年版，第 298 页。

[2] 卢曼认为，法律系统的演化离不开变异—选择—安定化（稳定）三个过程。一般而言，变异源自法律纠纷，选择由立法机构或者法院来实施，稳定的功能则委之以法律解释学。转引自顾祝轩：《民法系统论思维——从法律体系转向法律系统》，法律出版社 2012 年版，第 100 页。

[3] 除了刑事法的刺激，社会宪治产生过程中大众传媒、知识界、政治组织等的刺激也应当同时展开，对系统自我限制展开公众讨论，促发乃至加速社会宪治的生成。但是这些外部刺激也仅仅起到激扰，而非替代系统内部反思。

“管制金字塔”的最高端，或者说是最后使用的手段。面对社会宪治的演进，法律首先应当通过识别系统的自创生，促动系统间的结构耦合，形成“回应性管制”。[1]

（四）社会宪治的刑法识别

正是由于社会系统演进的偶在性，[2] 社会宪治时刻的出现和社会宪治的识别也不可能通过一种通常意义上实定法的识别方式完成。正如现代社会的碎片化，社会宪治的规范内容和运作准则呈现一种类似“普通法演进”的模式。社会宪治具有高度的片段化。也就是说，社会宪治的内容表现在各种系统沟通对信息的处理过程中，我们需要以一种判例搜索的方式对社会宪治的实体性规定和程序性操作进行识别。这与哈特所说的法律识别规则相似，但是在社会宪治识别中，作为外部观察者的刑法无法通过确定社会宪治中的“官方行动”阐明宪治规范。而且，与一般的法律识别不同，社会宪治的识别还需要区分一般意义上的系统法律化（规范化）和具有限权性价值的宪制。只有后者才是防范系统无限茁生的宪治运作，而系统的法律化可能仅仅表明系统中组织运作的正式化。刑法在对相关系统行动进行解读的过程中，应当明确其行为是否违反了特定的社会宪治规则。

这些宪治规则的碎片化与“普通法”式的发展规律并不意味着其是“隐性宪制”（invisible constitution），更不意味着刑法在对相关系统行为社会危害性的解释使需要诉诸“自然法”意涵上的规范。现代社会的功能分化明确消解了具有全集式（all-encompassing）的社会规范在诸子系统中运作的可能。即使是一种伦理规范，在社会系统论上也仅是具有系统区隔意义的规范运作，教育者的伦理规范、律师的职业伦理、新闻从业者的道德等都必须在系统中被定义，而不具有超越系统沟通边界的涵摄效果。而这些“系统伦理”是否

[1] 参见杨炳霖：《回应性管制——以安全生产为例的管制法和社会学研究》，知识产权出版社 2012 年版，第 50—51 页。

[2] 卢曼强调社会所具有的偶然性，意在指出，社会的当前状态只是众多可能性中实现了的一种，社会不是按照某一组必然的、永恒的和自洽的公理组织起来的。

具有社会宪治意涵则需要通过对其规范运作模式进行考察。[1] 刑法只应当涉及对违反社会宪治规范的危害行为发动刑罚权，而不应当对违反系统自我运作组织规则的行为直接予以规制。具体来说，有以下几种识别社会宪治的方式。

第一，一些社会领域的社会宪治规范已经较为明晰和稳定。系统反身机制的稳定依靠的是与法律系统稳定的结构耦合，一些控制系统演化冲动的规范已经进入法律体系甚至刑法体系。当然在大多数情况下，作为系统结构耦合产物的宪治规范仅与非刑事法律相结合，这些具有行政法或传统私法的性质的规范在相对应的社会系统中却起着重要的反身机制。法律系统的介入确保了系统宪治的稳定和不断修正。刑法对社会宪治的维护从而也仅具有“二次性”，只有在社会宪治自我限制功能失灵，也就是同时是一般法律规制实效的情况下，刑法介入才是恰当的。刑法是在“二次性”上确认与强化社会诸领域的行为规范的。例如在银行业监管中，相应的金融规制法律已经较为完善，不断出台的相关司法解释也在一定程度上总结了系统运作的经验，不断补充着社会法治，从而也就使得刑法的贸然介入造成破坏而非维持系统自创生的效果。

更为具体的例证来自合同法。合同是经济领域社会宪治与法律系统结构耦合的典范。[2] 从社会宪治的角度来看，合同法具有构成性与限权性的双重属性，不仅规定了意思自治等原则（构成性宪治规范），而且对经济活动中个体交易者之间的自治提出了限制。通过这些限制性规则，经济领域的逻辑也和法律，包括刑法系统产生互动。需要注意的是，这种互动是选择性的，而非一一对应的。例如《民法典》第 153 条违反禁止性规定合同无效条款，并非意味着被判定为犯罪的行为一概在经济商事活动中无效。贩毒行为不仅是犯罪，也使交易无效，但是刑法规范上的非法吸收公众存款并不一定触发上述条款。反之，即使是限

[1] 卢曼区分了道德和伦理，其认为在现代社会，伦理逐渐“去道德化”，成为一种在各个系统内部进行决策和选择的机制。伦理变得更加“形式化”（formalized）。See Rasch, William. *Niklas Luhmann's Modernity: The paradoxes of differentiation.* Stanford University Press, 2000. p.147.

[2] See Luhmann, Niklas. *Law as a social system.* Oxford University Press, 2004. pp.382-383. 霍姆斯曾经指出，合同并非主体间“合意”的产生，合同的认定以外在行为为准，这在一定程度上也说明，作为结构耦合的合同，由社会沟通，而非主体意识产生。具体可参见 Luhmann, Niklas. *Law as a social system.* Oxford University Press, 2004. p.165。

制合同自治原则的条款。也并非全是社会宪治意义上的“限权性”规定，[1] 因此，刑法介入也需要在民法实践与教义理论分析的基础上划定边界。

第二，相关社会领域的社会宪治规范并不明确，仍处于构建阶段。在这种情况下，刑法需保持相当的谨慎，当然，必要的非刑法化的法律刺激与社会刺激（公众讨论、媒体介入、学术分析）均不可或缺。刑法应当遏制自身入罪化的冲动。政治宪制条件下所构建的罪刑法定原则在此应当保持严格的、形式化的犯罪构成审查。对于我国刑事法治而言，这一点尤为重要。中国的政治宪制具有实质性意涵，政治组织、意识形态与行动逻辑均围绕“社会主义”进行构建。实质的政治宪制对实践，而非仅仅教义上的刑法运作产生影响。“政法”模式使得系统理论现有论述中忽视的社会子系统与政治系统间结构耦合问题凸显。法律，包括刑事司法可能并不直接参与这些子系统的社会宪治构建，但是国家政治组织及其决策则可能直接对社会宪治的产生及其形态产生实质内容上的影响。基于“社会主义”核心价值体系重新修正，乃至改造社会子系统宪治规则不仅在政治逻辑上具有正当性，而且由于经过政治宪制的重新过滤，刑事法治中形式的罪刑法定并未被违反。至于基于“政法”模式的这种对社会系统的改造，在多大程度上是一种“规则承认”或是“规则构建”，则不仅取决于社会子系统理性的演化程度，[2] 而且与社会子系统和政治系统间结构耦合是否稳定有关。在中国治理实践中，政治与社会子系统互动中产生的宪治结构是影响处于“政法”模式下刑事惩罚限度的关键变量。[3] 在这个意义上，本书这里的分析也扩展了系统理论基于西

[1] 参见姚明斌:《“效力性”强制规范裁判之考察与检讨》，载《中外法学》2016 年第 5 期；詹巍:《论商事裁判中刑民交叉案件的犯罪构成与合同效力认定》，载《法治研究》2016 年第 6 期。

[2] 各系统理性不仅在程度上，而且在类型上存在区分。在功能分化的过程中，社会各个不同的理性领域强烈地独立化，从而导致不再能获得跨越各个理性领域的、从其中发展出全社会统一刑法理念的立场。参见［德］贡塔·托依布纳:《社会理论脉络中的法学与法律实践》，季海龙译，《交大法学》2015 年第 3 期。也正如哈贝马斯所指出的，在卢曼的系统论中，进行理性选择的不再是有血有肉的生命，而是按照自身符码和逻辑运作的抽象系统。参见［德］于尔根·哈贝马斯:《现代性的哲学话语》，曹卫东等译，译林出版社 2004 年版，第 416 页。

[3] 有关“政法”作为分析中国法律实践的独立变量，参见冯象:《政法笔记》，江苏人民出版社 2004 年版。

方现代社会分化结构所忽视的政治与社会宪治构建更为直接和稳定的结构耦合问题。

第三，另外一些社会实践则可能尚未形成系统性，也就是说，其并未从原有的社会系统沟通符码和纲要中分化，从而也就更谈不上系统宪治的形成。例如网络教育是否属于教育系统，是应当适用教育系统的符码，还是根据商业（经济）领域的运作规则进行衡量，尚不明晰。[1] 在其他新兴的领域，则需要法律，特别是刑法审查做出多层次与阶段性的审查。也就是说，在这些尚未被清晰界定的领域，可能存在经济宪治、科学系统的理性以及政治主张等多维度沟通。法律的判断需要对多样的社会逻辑进行“截取”，[2] 而不能陷入某个领域的“帝国主义”中。通过截取式的导向，法律陆续吸纳经济理论、政治理论、社会学理论、伦理理论以及其他子领域理论，法律将跨系统的网络理解为正是将各种不同社会理性间的冲突予以制度化的组织性安排。在此，法律不得接受任何一种其他社会部分理性的统治地位。[3] 因此，在这种情况下，刑法需要对事件进行甄别，分析行为所属领域。在此基础上根据相关领域的社会宪治规则进行调控。

总体来说，刑法在社会宪治构建与识别中提供的支撑仅仅是间接的，而不可能是社会宪治运作模式的直接知识来源。我们需要在一种所谓的“普通法的社会宪治观”下理解社会宪治的可能模式和可能实现的功能、效果，而不应当基于一种“正式立法”模式下的理解去构建现代社会宪治。因为这种理解仍然将政治系统的宪治化与其他社会系统的宪治化同一了。虽然社会宪治模式分享一些共同的要素，但是由于现代社会理性的碎片化，各种社会宪治的实质内容是无法依靠立法的模式一次性完成的，甚至永远无法通过正式

---

[1] 在哈贝马斯对系统论的批判中我们可以发现，教育系统的沟通在很多情况下依然和社会日常语言难以发生绝对的脱钩，通过共同的日常语言代码，教育系统与其他社会系统似乎是共享沟通的，因此而同生活世界的整体保持联系。参见［德］哈贝马斯：《在事实与规范之间：关于法律和民主法治国的商谈理论》（修订译本），童世骏译，生活·读书·新知三联书店 2011 年版，第 438 页。

[2] 参见［德］贡塔·托依布纳：《社会理论脉络中的法学与法律实践》，季海龙译，载《交大法学》2015 年第 3 期。

[3] 参见［德］贡塔·托依布纳：《社会理论脉络中的法学与法律实践》，季海龙译，载《交大法学》2015 年第 3 期。

的立法完善。

（五）引入社会宪治的理论和实践意义

这是否意味着社会宪治滑向社会习惯法的范畴？是，也不是。如果从系统间互动与激扰的角度来看，刑事法对危害行为的规制及其界限的确立，只能通过不断的试错、识别和确认循环完成。即使是传统犯罪在现代功能分化社会的展开方式，也不是能够通过正式立法一蹴而就的。政治权力介入社会边界的不断修改与重构，为社会宪治形成过程展现了最生动的示范。刑事法律和政治权力在国家宪制中的动态关系，也说明了宪治的流变。即使是成文化的宪制与法律，也仅仅提供了刑法介入的最基本框架和底线，行为法益侵害与犯罪构成的判断依然需要经过案件的裁判形成系统性的记忆和经验，丰富宪制的内涵。习惯法及其知识不应当成为刑法拒斥的对象。[1]“宪法作为框架秩序而存在，只是给出消极的边界，而不直接形成刑法规范本身。”[2]因此，从生成机制上来说，刑法通过识别社会宪治进行的行为规制，确实具有习惯法演进的特点。

从现代社会的结构特点来看，社会宪治明显不是社会习惯。社会习惯深嵌在个人的生活世界中，从而具有未分化的特点。习惯法是多功能法，而社会宪治功能确定，即使具有双重属性，其在刑法与社会其他子系统的运作中也分别呈现出两套符码与纲要特点。建立在现代社会抽象化的媒介沟通基础之上的社会宪治在运作机理上与习惯法具有根本性的差别。因此，现代法律系统中的习惯法即使仍然在有限的意义上存在，也与此处探讨的社会宪治无关。

但是，通过对比社会宪治与习惯法，我们能够发现，在社会宪治调控下的刑事法治展开将需要更加重视司法过程。虽然通过社会宪治的立法调控仍然是一种选择，但是基于现代社会片段性和社会宪治碎片化的特点，频繁的法律废

---

[1] 参见杜宇：《重拾一种被放逐的知识传统——刑法视域中“习惯法”的初步考察》，北京大学出版社 2005 年版，第 18 页。

[2] 张翔：《刑法体系的合宪性调控——以“李斯特鸿沟”为视角》，载《法学研究》2016 年第 4 期。

立并不是一种明智的选择。通过司法过程展开，在实质化的庭审中对相关行为与行为人的具体情形做出判断，发现和识别社会宪治在具体案件中被违反的程度，特别是注重聆听来自辩方的意见，将是社会宪治不断修缮，也是刑事惩罚在不同社会领域中边界确立的有效方式。[1] 这与我国近年来倡导的司法审判的实质化、加强审判的对抗性不谋而合。

社会宪治下的刑法合宪性调控思考还拓宽了对所谓“李斯特鸿沟”的理解。现有的宪法与刑法关系研究基本达成的共识是，刑事政策与刑法规范之间的贯通只可能以构成要件的解释与调整展开，也就是说，刑事政策是一种刑法内部的结构，而非我国传统意义上的政治政策。在社会系统论视角下，所谓的刑事政策不应当仅仅被理解为属于刑法系统还是政治决策。刑事政策如果从勾画与界定刑事惩罚范围的角度来说，其只能通过刑法系统内部的沟通实现。也就是说，必须通过对犯罪构成的解释完成刑事政策的落实，任何直接适用刑事政策替代刑法规范与构成要件判断的操作均是对系统二阶观察与自我指涉的破坏，从而也就是对社会的分化以及由此形成的个体自我决定权的破坏。但是如果从刑事政策的多重话语（discourses）来看，刑事政策不仅可以属于政治系统对刑法施加影响的展现，也可以说是社会系统与刑法共同演化的结果，因此刑事政策界定只能根据刑法判断类型化行为所属的社会领域进行界定。而且正如政治介入刑事惩罚，也就是政治权力的刑罚手段实现必须通过政治国家宪治形成的结构耦合实现，社会诸系统的运作逻辑和符码所产生的对刑事惩罚边界的政策性调控也必须通过社会宪治的中介作用进行勾连。而不是仅仅如学者所言通过政治宪法的“价值”去判断刑法处罚的边界，[2] 因为政治宪法的价值体现在政治宪法的规范中，而这些规范相对于

[1] 这里的观点受到刘远教授司法刑法学的启发，具体可参见刘远：《刑法任务的司法逻辑解读》，载《中外法学》2012 年第 4 期；刘远：《论刑法规范的司法逻辑结构——以四维论取代二元论的尝试》，载《中外法学》2016 年第 3 期。

[2] 参见周光权：《转型时期刑法立法的思路与方法》，载《中国社会科学》2016 年第 3 期。原因还在于所谓的政治宪法的价值其实很难确定，周光权教授也仅是指出宪法的价值对刑法处罚边界，特别是立法设定边界而言仅仅在于刑法不能直接涉及伦理或思想层面，至于各个社会领域刑事惩罚的合理性，则无法从抽象的价值中推断。而如果说转型时期我国社会的复杂程度和多元程度加剧，那么引入社会宪治对于识别和认定刑法处罚边界而言无疑具有重要意义。

社会规范及其合理边界已经是第二次规范。刑事政策具有双重属性，是社会宪治条件下刑法与社会互动的产物。通过社会系统间宪治规则的再入（re-entry），刑事政策也从而具有双重的反身机制，不仅制约刑事惩罚权的发动，而且对社会子系统威胁自身的沟通膨胀产生抑制。就此，刑事政策、刑法与宪法的关系不仅对刑法教义学的构建提供帮助，而且应当是社会宪治产生和调整的促发机制。

社会宪治下的刑法调控是否意味着对围绕个人权利构建的刑事惩罚体系和法益观的弃置？社会宪治的思考以现代社会碎片化与系统化进程中出现的风险和危害为切入点，试图通过对现代社会危害产生机制的变迁对刑法制裁边界做出重构。因此在一定程度上，这种基于系统性风险进行的思考确实对以个人责任与个人权利为话语的刑法教义学产生了批判和冲击。[1] 不过，刑法在社会宪治意义上的合宪性调控与基于政治—国家宪制的罪刑法定与刑法谦抑性调控可以并存。针对现代政治系统权力运作可能发生的偏离和膨胀，政治宪法制度下的刑事惩罚权限制依然必要。在此基础上，由于基本权利的宪法维度和社会功能大大扩展，通过发展社会宪治保障个体在社会行动中的消极与积极权能成为刑法社会宪治调控可欲的目标。社会系统论下的基本权利是系统定义自身能力范围的标志，通过社会宪治这些基本人权的规定，子系统有效率地划分了其与别的系统之间的沟通限度，从而使得别的系统沟通的发展免受政治系统的侵害。在一个功能分化了的社会秩序中，基本权利是促进社会沟通远离政治系统直接干扰的机制，从而避免了社会演进的“分化退化”（de-differentiation）。分化退化在系统理论看来是现代社会崩溃的诱因，也是个体自由萎缩的表现。[2] 社会宪治对系统膨胀的反身限制最终将回归到对个体社会行动自由与决定自由的保障上来。

---

[1] 如果说个人责任、刑事审判的程序正当等刑事法构建是科学技术的进步，那么当代社会复杂性增强和由此带来的个人责任在刑事惩罚中的困难，则是这种社会构建未能与社会复杂性共同演进的表现。刑事法程序与证据的社会构建性，可参见苏力:《法律与文学：以中国传统戏剧为材料》，生活·读书·新知三联书店 2006 年版，第 153 页。

[2] 有关分化退化，可参见 King, Michael, and Christopher J. Thornhill. *Niklas Luhmann's theory of politics and law.* Basingstoke: Palgrave Macmillan, 2003. p.40。

与此相连，除了传统自然犯与公权力机构对个体自由的侵害，社会宪治关注的焦点将是具有系统沟通膨胀和危害效果的“私人领域”对个体的侵害。特别是私人金融、网络等领域所体现出来的无限扩张的可能。这些私人领域对个体侵害的程度绝不亚于任何传统犯罪，其所拥有的社会权力也越来越无法通过政治宪制达成。人们虽然有所意识，却还陷于国家—社会二元结构中无法对这些私领域的侵害予以高度的警惕。[1] 私人企业与白领犯罪并非新兴的犯罪行为发生场域，但是对私人领域犯罪行为的识别和归责始终困扰刑法教义学与刑事实践，私人经济领域由于形成了所谓的“自治体”，也对外部的监管表现出排斥与抗拒。正如赛尔兹尼克所指出的，问题不在于如何抑制私人组织中的“压制”（oppression），而是如何选择恰当的时机创制大型私人经济组织的法理秩序。[2]

我们并不否认在私人领域系统的内部机制中存在规范化的成分，由此可以对系统的日常运作形成组织化与可重复操作。但是如前所述，社会领域的规范化，甚至是法律化，并不代表系统形成了规制与反身的机制。系统由于自身贪欲形成的崩溃风险始终存在。通过法律，包括刑法的刺激，加速社会私人领域宪法机制的构建，是防范金融危机等系统性灾难的途径。

其实这一过程在现在社会的刑法结构变迁中已经展开。正如学者所言，现代立法者关注的犯罪议题大幅转向关于风险可能引起社会系统崩溃的危机，特别是一旦让风险造成实害结果的话，我们终将束手无策。[3] 只是这

---

[1] 相关的对私人领域刑事惩罚权扩张问题的论证，可参见 Hirst, Paul. “Statism, pluralism and social control.” *British Journal of Criminology* 40.2 (2000): 279-295；[德] 贡特尔·托依布纳：《匿名的魔阵：跨国活动中“私人”对人权的侵犯》，泮伟江译，载《清华法治论衡》2007 年第 2 期。例如，由于搜索运算中混淆了假药假医院广告与信息，由此造成大量犯罪现象的发生。除了追究打广告者与诈骗人，网络运营商与具体运营者、审查者的刑事责任应当更严厉。严惩与现代网络宪法中网络搜索引擎服务商的自我规制原则相吻合。另如“快播案”，也应当根据网络运作的宪治规则进行刑事法解释限度的考量。当然问题还在于现代网络的宪治规则制定主体多元（很多机构自身属于营利机构），内容取向网络言论的绝对自由，这显然不符合一种建立在二阶观察之上的系统正常发展，并与社会产生良性互动的逻辑。刑法等法律系统应当通过不断刺激促使网络领域形成具有实质内容的自反性的宪治。

[2] See Selznick, Philip. “Sociology and natural law.” *Nat. LF* 6 (1961): 107.

[3] 参见古承宗：《风险社会与现代刑法的象征性》，载《科技法学评论》2013 年第 1 期。

种立法和规制思路仍然是一种试图直接对社会子系统运作展开干预的思维，而不是在社会宪治进路下的危害识别与规制方法。更为合理的思路是，在社会权力对基本权利造成结构性的危害状态时，基本权利便会对司法关系（间接地）发生效力。[1] 私人领域宪治的构成也为刑法的介入提供了可供识别的界限。

在刑事责任形式上，系统风险的刑法介入在坚持个人主义担负的基础上，可以通过一系列集体责任与惩罚性罚金制度对私人领域的越轨行为进行规制。当然不可否认的是，基于市场准入机制对私人领域的规制，也就是基于行政法与反垄断执法机构形成的责任追查对社会私人领域的法益侵害恢复与惩罚更为适当、有力。

值得注意的是，尽管社会宪治对犯罪构成的解释以及刑事责任的形式存在普遍性的影响，但是在个案审判中，社会宪治能否直接对裁判产生直接影响，需极为谨慎。具体案件的裁判虽然说通过犯罪构成类型化的“构建”和现代社会功能分化的影响，从而呈现出一定的“系统性”，也就是具体的行为在一定程度上是社会系统运作逻辑和规则的展现，因此受到社会宪治的调控，但是具体案件永远不是一种“格式化”的标本，而是具有多重的社会意义。也许经济犯罪中基于金融专业领域的判断十分重要，从而需要将经济活动中的宪治内容展现出来，但是具体行为很可能还具有其他的行为动机和社会因素。因此，社会宪治对普遍意义上的犯罪构成与教义学内部的刑事政策的构建影响要大于对个案解释的直接影响。作为一种实践性知识，我们不能忽视作为一种牵涉个体利益的行动，具体个案的审判不可能如同社会宪治在系统逻辑层面上一样对诸多社会因素进行“化约”（simplification）。

基于对政治宪治补充的社会宪治形成了一种对现代刑法立法与解释的新型“合宪性”调控。在常规的刑事法治运转中，行为法益侵害解释已经或多或少融入了对现代社会运作的片段性与系统性的理解。知识产权刑法、经济

[1] 参见［德］贡塔·托依布纳：《社会理论脉络中的法学与法律实践》，季海龙译，载《交大法学》2015 年第 3 期，第 84 页。

刑法、[1] 环境刑法、恐怖主义规制特别法、劳动刑法等，从传统刑法领域中分化出去的立法与司法研究乃至实践，在一定程度上反映了现代社会宪治对刑法惩罚边界所产生的影响。

本书的分析将这种刑法领域内的法教义学研究提升到宪法与刑法关系的角度，进行了更为普遍化的解读。在中国刑事法治实践中，社会的功能分化和由此形成的社会理性与社会危害判断的系统性也许只是刚刚开始，但是由于社会系统自我指涉，特别是经济、教育、科技等领域的自创生在世界范围内展开，而非局限于一国疆界，系统的茁生以及系统的崩溃风险也在中国社会转型与治理中存在可能。在保持政治国家宪制对刑事惩罚权宪法性调控占据主体地位的同时，通过社会宪治的识别和确认，补充刑法诸社会领域介入的限度和方式，将是今后刑法与宪法关系研究的一个重要方向，也是刑事法治在现代中国社会发展的一种新动向。

---

[1] 例如蔡道通教授提出经济犯罪兜底条款的解释应当受宪法原则、罪刑法定原则所要求的明确性约束，并为经济犯罪基本特征所制约，以体现刑法的“二次性评价原则”。参见蔡道通:《经济犯罪“兜底条款”的限制解释》，载《国家检察官学院学报》2016 年第 3 期。明确性是政治性宪法对刑法的形式化限制，而从刑法外部考察经济犯罪的基本特征，也可以说是一种从经济领域宪治规范考察行为侵害程度的路径。我国刑法，特别是所谓的“口袋罪”在文本明确性上的缺失显然不只是立法技术的问题。犯罪圈的扩张和我国行政部门过早地介入行业领域的自我规制有关。参见葛恒浩:《非法经营罪口袋化的成因与出路》，载《当代法学》2016 年第 4 期。这不仅有可能影响行业的自我演进，而且容易形成政治权力决策的膨胀，使得权力滥用和腐化在一定程度上变为系统不断增殖的结果。另外，在适用相关兜底条款时，还应当对各种社会领域的自治与自我规制程度和能力进行判断，在保证刑法谦抑性的同时，对那些隶属于政治福利领域、基本民生领域的违法行为加强保护。参见王立志:《非法经营罪之适用不宜无度扩张——以零售药店向医疗机构批量售药之定性为视角》，载《法学》2016 年第 9 期。总之，全然否定，特别是在我国统一立法权结构下否定兜底性条款的合理性是不妥当的。在系统论研究者看来，兜底性条款，特别是有关行政许可以及涉及经济活动（如逃税罪）的刑法规定需要结合其他社会系统的运作逻辑来进行判断，这在很大程度上使得法律的运作封闭受到影响，从而也就降低了卢曼系统论的说服力。See Hikaka, G., & Prebble, J. (2010). Autopoiesis and general anti-avoidance rules. *Critical Perspectives on Accounting, 21* (7), 554. 我们认为，这种判断具有合理性。但是，与其将这些“限制性规范”看成刑法对其他社会系统的直接观察，或者说直接的规制，不如将这些需要被“二次评价”的罪刑规范解释从法律系统之外的社会宪治角度去分析。兜底条款与其说是对社会诸领域运作逻辑的直接调整，不如说是在行政法、经济法律规范调整失灵后的一种补充。

第二节　刑法与经济系统

除了政治系统，经济作为现代社会的重要系统也与刑法产生了互动和激扰。系统理论的研究利用一般系统论的框架深入经济运作的内部规则中，在文献中对此也有所阐释。[1]但是在现有文献中，我们并没有看到专门针对刑法与经济关系的研究。在刑法理论和实践中，经济活动的刑法规制，以及现代经济活动对罪刑判断的影响都已成为显学。系统理论能否对现有的经济刑法研究和实践提供助益？

一、经济系统的二元符码与运作封闭

（一）稀缺性、支付与货币

我们通常认为经济解决的是稀缺性（scarcity）问题，也就是资源在市场上的供应和需求关系。系统理论对此予以肯定，但是其对稀缺性的理解有别于一般经济理论，从而也对与解决稀缺性相关的支付手段存在独特的理解。

在系统理论看来，什么会进入经济沟通之中，成为经济的问题，从一开始就是个“选择”的问题。我们不能把经济系统只当作一个客体（object）来观察，而必须视之为会自己观察自己的系统。[2]经济的功能正是在于把稀缺性引入经济系统之中，对它加以沟通，以克服它。而且，在克服它的同时，

---

[1] 卢曼对经济系统的阐释，可参见 Luhmann, Niklas. *Communication and social order: risk: a sociological theory.* Transaction Publishers, 1993。

[2] 卢曼认为，有别于输入便决定了产出为何的情形，经济这个自我指涉、会自我观察的系统，是所谓非恒定的机器（non-trivial machine）、历史的机器，它的产出不只由输入决定，系统当下的状态，尤其是系统当下的观察同样扮演重要角色。相应地，要驾驭这样的系统只能通过自我驾驭（self-steering），而它所能做的，不过也就是把自己对于环境的回应“再入”（re-enter）到同一环境之中。又在借着观察指引运作时，认同与历史的建构是重要的指引工具。不过，自我观察与描述必然是个简化，其中必定蕴含着风险，这就意味着未来有改变的可能，只是始终是个路径依赖的改变——不只是认同，就是历史，也会随着认同的改变而改写。参见［德］卢曼：《社会之经济》，汤志杰、鲁贵显译注，台湾地区联经出版事业股份有限公司 2009 年版，第 29—30 页。

经济系统又制造出它，所以才能不断运作下去。[1]

在经济系统中，稀缺性是在同一个运作，同一个攫取的行动中，既被创造出来，又被消除。然而，只有在少数极例外的情形下，人们才会把它当作悖论来观察。而且，虽然这个悖论会令观察卡住，因为人们无法接受上述两个命题同时成立。但在社会实际的运作中，这个悖论却可以获得扩展，并因此变得看不见，而这是借由把它分配给不同的事物、社会以及时间维度达成的。例如，当某人攫取时，其他人只是静静地观察，因为他为此付钱了。这除了点出可借由把稀缺性的增加与减少分配给不同的行动者，也就是以不同的社会维度来“解决”悖论外，同时也点出了，社会发明了货币（money）这个制度性的机制来“解决”悖论的问题。换句话说，我们不能像经济学那样，天真地认为对稀缺性的沟通自然就会发生，把它视为随机，而是要像通常的社会学智慧所教导的，了解这背后涉及的一个结构化了的关联，是所谓组织了的复杂性，必须去观察、探究社会如何“制度化”稀缺性沟通的形式。[2]

在系统理论看来，经济系统以支付（payment）这一二元符码展开运作。卢曼强调，经济系统并非由实体（人或交易）组成的，而是只由作为事件的支付组成。[3] 商品交换被经济沟通中形成的象征性媒介，也就是支付手段取代。[4] 支付引起新的支付。用于一般支付的货币（money）提供了系统的封闭，从而使得经济的交换保持一致性。在卢曼看来，作为沟通媒介的货币是经济系统形成自我指涉的关键前提。当交易可以通过货币展开时，货币的重复使用特性使得一种自创生的网络成为可能。[5]

货币使价值有可能物化与客观化，即脱离相互作用的现实背景，将过

---

[1] 参见［德］卢曼：《社会之经济》，汤志杰、鲁贵显译注，台湾地区联经出版事业股份有限公司2009年版，第20页。

[2] 参见［德］卢曼：《社会之经济》，汤志杰、鲁贵显译注，台湾地区联经出版事业股份有限公司2009年版，第21页。

[3] 参见［德］卢曼：《社会之经济》，汤志杰、鲁贵显译注，台湾地区联经出版事业股份有限公司2009年版，第29—30页。

[4] See Baudrillard, Jean. *Symbolic exchange and death.* Sage, 2016.

[5] See Luhmann, Niklas. *Law as a social system.* Oxford University Press, 2004. p.391.

去和未来联系起来，明天利用今天所创造的价值。金钱像是记忆、物质标记一样的某种东西，它可能取消过去和当前、当前和未来之间的差别。今天在交易中获取的价值可以以金钱的方式储存起来，以至于这种价值在一定程度上获得了独立于时间的持续性，并且可以明天在其他的交易关系中使用。[1]

因此在系统理论看来，财产（property）与货币（money）是至今展开，并因而“解除”经济系统悖论最重要的两个制度。它们之所以能起这样的作用，是因为它们运用拥有/不拥有，以及支付/不支付这样的符码，对经济的沟通（或运作）进行编码。这不但是因为这样的编码方式以差异取代了统一，组织了原来的悖论，而且是因为这样的分岔可以不断地衔接下去，形成历史与结构，以足够的复杂的开展让人们忘记原来的悖论，以致一般的观察者只会看到协调或分配的问题，看到不平等的问题，而不再对整个体制运行进行根本的质疑，没有能力揭露它运作的可能性条件，遑论设法加以铲除。[2]

货币这个二元符码不但创造出支付与不支付两种现实，同时也让稀缺性加倍了，在原有的财货稀缺性之外，还创造出货币的稀缺性，却能悖论地借此减少前者的稀缺性。因为，借着从自然的稀缺性到人为的稀缺性的转换，系统获得了更大的自由度与操作空间，可以同时将稀缺性视为必然以及偶在的，并以偶在的稀缺性来引导自己。其中的一个关键是，随着货币的发明，人们现在是用两个较特定的机制取代原先具有多功能的单一机制，也就是在原有的财货与劳务协助的转让之外，另外创造出货币的反向转让，以支付能力与无支付能力的双重循环取代财货与劳务的单向流动。这个双重循环成功地开展了稀缺性的悖论，并因此成为经济系统运作的动力所在，而其最细致、最清楚的表现，便是银行。

---

[1] 参见［德］弗里茨·B. 西蒙、C/O/N/E/C/T/A 作者组:《彻底的市场经济——系统管理基础》，张东辉、陈飞译，商务印书馆 2007 年版，第 31—32 页。

[2] 参见［德］卢曼:《社会之经济》，汤志杰、鲁贵显译注，台湾地区联经出版事业股份有限公司 2009 年版，第 21—22 页。

（二）作为现代经济中心的银行

在经济系统内部必须出现相应的制度与结构维持货币媒介的稳定。在卢曼看来，如同法院在法律系统中的地位，银行成为经济系统的中心制度，占据了经济舞台的中心。由中央银行、商业银行以及消费者组成的银行系统形成了阶层式的结构。银行成为经济系统功能聚集的体现。[1]

银行为经济系统提供了足够的偿付能力（solvency）。在家庭或公司没有能力组织资源或不愿意进行货币交易的时候，银行仍然使得交易能够进行。因此，银行使得经济系统在自我指涉中能够区分实物资产与金融资产。只在这个区分的过程中，交易能够在区分市场和生产的状态下持续下去。这一过程也产生了产权符码（property）与货币（money）符码的区分。

由此产生的银行功能被称为信用（credit）。[2] 凭借自身的功能及其在经济系统中的地位，银行成为规制系统风险（risk）的制度和机构。银行以支付的运作符码来规制风险。银行的信用功能要求其能够为经济系统的长期偿付能力提供担保，也就是银行在支付机会与支付能力之间寻找平衡的能力。[3]

因此，银行事实上寄生在支付能力与无支付能力、过剩与不足的统一这个悖论上，也就是立基于经济系统自我指涉的悖论之上。然而，也正因如此，它能够以资本主义的方式，让无支付能力悖论地变成支付能力，展开并解除经济系统自我指涉的悖论。所以，一直到银行分化出来，经济系统才算真正彻底地分化出来。[4] 形成功能分化的经济系统如何与刑法法律产生互动？刑事法是如何通过法律符码的运作保护经济体系货币支付功能的？我们将在下

---

[1] See Luhmann, Niklas. *Communication and social order: risk: a sociological theory*. Transaction Publishers, 1993. p.180.

[2] See Luhmann, Niklas. *Communication and social order: risk: a sociological theory*. Transaction Publishers, 1993. pp.180-181.

[3] See Luhmann, Niklas. *Communication and social order: risk: a sociological theory*. Transaction Publishers, 1993. pp.180-181.

[4] 参见［德］卢曼:《社会之经济》，汤志杰、鲁贵显译注，台湾地区联经出版事业股份有限公司2009年版，第22—23页。

一节考察。

二、经济支付功能的刑法保护

（一）系统论下敲诈勒索罪的保护法益

我们首先需要指出的是，通过法律规制经济活动的范围是有限度的。经济符码创造出稀缺性，稀缺性当然会带来所有权在社会中的不平等分布。尽管如何抑制稀缺性造成的所有权不平等是经济系统沟通必须解决的问题，但是如前所述，稀缺性本身又是经济系统自创生的动力与产物。在卢曼看来，这就意味着即使法律系统不能忽视经济体系由于稀缺性所带来的所有权不平等现象，但是法律介入只能是有限的、选择性的。[1] 卢曼敏锐地指出，当法律回应和保护经济需求和利益的时候，法律对经济的观察和运作已经处在一种二阶观察的层面。法律系统有自身对"利益"的定义和定位，而且这种定位仅仅对法律系统运作而言是有意义的。经济利益在法律系统中的样态发生了改变，其不再与经济系统的产生直接对应。犯罪论的核心概念——"法益"——通过法律系统二元符码，而非经济系统的支付符码产生。[2]

托依布纳也认为，法律系统通过自身的规范和教义理论构建起对经济的观察。经济系统也通过自身的系统拟制对法律事件进行了重构。法律规范在经济系统中的呈现也是按照经济系统的计算而非法律系统的运作纲要。经济系统对法律规范的看法基于诸如成本—效益的考察，而非法律的运作逻辑。[3]

---

[1] 转引自顾祝轩:《民法系统论思维——从法律体系转向法律系统》，法律出版社 2012 年版，第 111 页。

[2] See Luhmann, Niklas. *Law as a social system.* Oxford University Press, 2004. p.390.

[3] 也可参见波斯纳对盗窃罪进行的利益成本最大化分析。惩罚盗窃的原因在于行为人越过了市场交易环节，其获得的财富（或称为利益）没有以支付（willingness to pay）作为基础。系统理论对经济支付功能的论证与波斯纳等法经济学研究者对规范与财富最大化（wealth-maximazation）的分析具有相似性。See Posner, Richard A. *The problems of jurisprudence.* Harvard University Press, 1993. p.391. 但是系统理论并不尝试将法律运作"还原为"（reduce）财富最大化的社会工具与制度理性。

因此，法律系统对经济系统的规制经常会面临失败，不同的区分符码和运作逻辑造成了这一局面。[1] 法律中的利益概念一方面说明法律系统对经济运作产生了高度的敏感和回应，使得经济活动成为一种重要的环境因素进入法律系统的二阶观察和自我指涉运作中；另一方面说明“法益”的概念并不能够保证经济系统与法律系统产生顺畅的结构耦合与互动。也就是说，法律系统通过法益概念对经济系统产生的观察并不一定会对经济的运作产生有效的、积极的促动。法律也有可能对经济系统的运作产生消极影响。[2] 不过，经济自我规制与法律规范运作之间仍然存在成功的结构耦合。

如前所述，支付成为保证经济活动顺利展开的关键。作为支付媒介的货币不仅意味着对偿付能力的保障，也意味着对支付真实性与自愿性的维护。刑事法律对经济系统中沟通媒介的认知和解读逐渐演化出一系列的规范：欺诈、侵占、盗窃、强制交易、敲诈勒索等。其中，敲诈勒索（Blackmail）与保障支付的关系值得我们进一步分析。

敲诈勒索在所有存在市场交易的地方都被确定为犯罪，但是对其本质的研究却并不深入，也没有说明在规定了诈骗、盗窃等罪之后，为什么刑事法律需要将法益侵害程度相对而言较轻的敲诈勒索行为规定为犯罪。在司法实践中，敲诈勒索与抢劫罪在“两个当场”的区分标准也未能说明两者法益侵害的本质。[3]

从经济支付的角度来看，敲诈勒索入刑的理由在于行为人造成了其与受害人之间的一种“统治和服从”的关系。敲诈勒索入刑不仅保护了当下受损的经济利益，而且更加重视对被害人未来法益的保护。

具体来说，当通过敲诈勒索的手段取得财物后，行为人可以借助这种建立起

---

[1] See Teubner, Gunther. “Regulatory law: Chronicle of a death foretold.” *Social & Legal Studies* 1.4 (1992): 466.

[2] See Luhmann, Niklas. *Law as a social system.* Oxford University Press, 2004. p.390. 卢曼进一步认为，传统的法律社会学研究，通过对法律利益概念的结构解读，在一定程度上解构了经济活动和经济系统的构成性因素，从而使得研究者忽视了两者对同一概念的不同构建。更为重要的是，这种通过对法律运作中利益的单向度理解没有将现代社会的功能分化视角纳入考察的范围。

[3] 参见陈兴良：《敲诈勒索罪与抢劫罪之界分——兼对“两个当场”观点的质疑》，载《法学》2011 年第 2 期。

来的不对等的交易关系多次乃至长期对被害人进行恐吓，强制要求被害人支付财物。“统治和服从”的关系将会持续下去。将敲诈勒索行为进行犯罪化的正当性就在于破除这种“统治和服从”的关系。因此，敲诈勒索的刑事惩罚具有预防性目的。对敲诈勒索行为人的惩罚不仅使得行为人与被害人之间的不平等的交易与交付关系消失，而且保障了社会交易，特别是经济系统支付功能的再生产。

在我国有关敲诈勒索罪的司法解释中，我们可以看到这种预防性刑罚效果的体现。在2013年4月23日最高人民法院、最高人民检察院联合颁布的《关于办理敲诈勒索刑事案件适用法律若干问题的解释》（以下简称《敲诈勒索解释》）中，第2条规定对未成年人、残疾人、老年人或者丧失劳动能力人敲诈勒索的，以及利用或者冒充国家机关工作人员、军人、新闻工作者等特殊身份敲诈勒索的，数额较大的标准可以按照解释中第1条规定标准的50%确定。也就是说，对特殊人群敲诈和冒充特殊身份进行敲诈的行为，司法机关认为应当加重处罚。

在系统理论看来，这意味着刑事司法对破除敲诈勒索中“统治和服从”关系的强调：惩罚行为人不仅在于其行为当下的法益侵害性，也在于消除这种不对等的交易和支付方式给经济支付功能所带来的消极后果，以及这种消极后果对个体生活与尊严的侵害。同样地，在《刑法》第274条中对“多次”敲诈勒索不要求数额的规定也考虑了相应的一般预防和特殊预防的目的。《敲诈勒索解释》第6条的规定也体现了上述规范目的：“敲诈勒索近亲属的财物，获得谅解的，一般不认为是犯罪；认定为犯罪的，应当酌情从宽处理。被害人对敲诈勒索的发生存在过错的，根据被害人过错程度和案件其他情况，可以对行为人酌情从宽处理；情节显著轻微危害不大的，不认为是犯罪。”这一减轻或免除责任的规定的红利支出在于，在家庭以及被害人存在过错的场合中，“统治和服从”的关系不易形成，从而惩罚不具有明显的预防效果，因此，刑事政策在这些情况中给予行为人轻缓化的待遇。

我们来看一个真实的案例。男子李某意外发现女友郭某与男子宫某在宾馆开房，并在宫某手机里发现了包括郭某在内的多名女子裸照。凭借这些“证据”，李某以向宫某、郭某的家人同事暴露二人不正当关系为由，多次威胁二人索要钱财40余万元。法庭上，李某对起诉书中指控的罪名及事实均不认同。而据宫某证言，李某在事发当天曾掏出折叠刀对其威胁，后李某数次要钱时会以“不给钱就到北京，把你俩的事告诉同事和家人”威胁。支付通过“统治和服从”的关系建立，而不能体现真实的支付关系。在这种关系中，被害人的再次受害危险成为敲诈勒索罪设立的正当性之一。

通过敲诈勒索对支付关系的破坏，还应当注意“统治与服从”关系建立在合法行为还是非法行为的基础上。也就是说，如果行为人敲诈勒索的事项是合法行为，则不能认定行为人对被害人产生了控制，行为人支付的发生也不是建立在对行为人“恐吓事项”考虑的基础上。例如在廖某等敲诈勒索一案中，被告人廖某等人以相关煤矿征用土地补偿款过低为由，多次组织村民堵井口、公路，要求煤矿赔偿土地补偿等费用，并以继续“闹事”威胁煤矿经营者。[1] 在类似事件中，行为人通常既有合法请求，也存在非法行为，是我国在社会转型期，特别是城乡二元结构下矛盾突出的表现形式之一。纠纷解决途径不畅、政府考核压力甚至维稳本身的消极因素都是造成此类行为频发的原因。

无论如何定义上述类似行为，从中我们可以发现当事人所“威胁”的事项，“威胁”的手段都具有一定的合法性，甚至是根据法律或政策所进行的诉求表达，行为危害性的激化在一定程度上和当事人与政府之间策略的选择、博弈乃至互动有关，至少作为政府而言，无法将其直接认定为违法。信访机制是国家认可的民意沟通渠道，是我国政治治理乃至监督官员的重要机制。如果上访过程中触及犯罪活动，正如相关司法判决所称，对待这一类型的敲诈勒索案件要注意预防效果，特别是防止矛盾激化，甚至在当地民众，特别是村庄中村民利益、情感紧密联系的情况下，对作为“弱者”的行为人产生同情，进而否定法律裁判的权威和规范效果。[2]

再如民事纠纷与犯罪行为之间的区分，在“三聚氰胺”受害儿童父亲被

---

[1] 最高人民法院刑事审判一、二、三、四、五庭主办:《刑事审判参考》(总第 102 期)，法律出版社 2016 年版，第 73—74 页。

[2] “如果将这些行为入罪，难免打击过于扩大。因此，对于后果不是特别严重，情节不是特别恶劣的，不宜不加区别一律作为犯罪处理。”最高人民法院刑事审判一、二、三、四、五庭主办:《刑事审判参考》(总第 102 期)，法律出版社 2016 年版，第 76 页。除了规范判断外，关键还是在于我们如何经验性地评价上访的社会功能，以及转型社会中“稳定”与“冲突”，特别是社会冲突与政治政权稳定之间的关系问题。See Coser, Lewis A. *The functions of social conflict*. Vol. 9. Routledge, 1956.

诉敲诈勒索一案中，被告人利用媒体曝光相关奶制品企业产品质量问题，并由此向对方提出赔偿请求，最终被法院认定为民事纠纷，而非刑法上的敲诈勒索，也就是没有支付过程中的“统治与服从”。[1] 值得注意的是，本案属于再审改判。原审判决（一审、二审与再审）在当时均认定被告人构成敲诈勒索。随着法律运作的空间与时间推移，相应的司法政策与教义规则发生了变迁。一方支付行为是否在强制条件下做出，判断的标准在我国司法实践中依然可能随着司法外部环境而产生剧烈变更。从后面这两个例证中可以明显看出我国司法运行机制与改革中出现的社会体制转型紧密相连。

通过上述对敲诈勒索罪的考察，我们认为，惩罚敲诈勒索体现了刑法对破坏经济支付运作行为的否定，[2] 也体现了经济系统与刑法运作的结构耦合。刑法无法直接通过经济系统的符码完成定罪量刑，但是经济系统，特别是支付功能对现代社会复杂性化简和期待稳定的功能通过刑事司法受到保护。我们在前述内容中指出刑法根据法律符码进行运作，但是这并不妨碍刑法体系通过自我指涉与外部指涉保护其他社会子系统的功能稳定。现代社会功能分化意味着不同社会子系统不断互动和激扰的过程，也是系统自身互相“学习”的过程。系统规范性的封闭与认知性的开放（系统的学习过程），在敲诈勒索关涉的刑法与经济系统的结构耦合中体现出来。

（二）“收受礼金”行为犯罪化的必要性

刑法系统对社会活动产生的规制还会和政治系统的权力运作符码产生关联和激扰，其中也会产生刑法—政治、刑法—经济以及经济—政治的关系调整。

---

[1] 参见陈虹伶:《“三聚氰胺”受害儿童父亲被改判无罪》，载《人民法院报》2017 年 4 月 8 日，第 3 版。

[2] 也有不同的观点认为敲诈勒索罪并不是典型的刑法规制范本：首先，逃税等行为可以被解读为一种“对政府进行的敲诈”，但通过逃税，行为人无法形成对政府的制约和“统治”；其次，统治与被统治关系的形成并不一定都意味着个体尊严的丧失；最后，很多不同类型的犯罪都能够满足这种对刑法“典型”规制的定义。我们认为这是对敲诈勒索犯罪规范外延与内涵认定的疑问，对这里我们所展开的有关刑法与经济系统基于支付与合法 / 非法符码产生的自我指涉与结构耦合的探讨并没有直接和实质的影响。See Fletcher, George P. “Blackmail: -The paradigmatic crime.” *University of Pennsylvania Law Review* 141.5 (1993): 1617-1638.

以收受礼金行为为例，收受礼金在生活领域和权力交换领域出现了两种在性质上具有区分的类型："表达性礼物交换"和"实用性礼物交换"，前者是指生活领域个体之间感情交流和增进的体现，后者则游离于亲友正常的情感之外，包含着对他人手中权力的请求。[1]权力系统的运作是对社会资源、话语以及价值进行分配的沟通之一。我们在本章前述部分论证了在现代社会权力与法律系统结构耦合的产物——罪刑法定原则与宪法。权力的运作在合法性与合法律性的结合下产生了稳定的结构。当"实用性礼物交换"成为分配权力和经济支付的方式时，则会破坏上述社会子系统的自我指涉。经济支付的等价性、自愿原则在权力符码的运作下无法独立；权力运作的合法性也在经济逻辑的干扰下失去公平性，成为可以被"收买"的决策行为。在我国，日常生活领域中的礼物交换具有稳定的结构、仪式与意义，从而将其与"实用性礼物交换"区隔开来。从系统运作封闭的角度来看，设立"收受礼金罪"是可行与可欲的。

当然，并不是所有的刑法结构都体现了经济系统与刑法间的结构耦合。例如罚金刑在现代刑事惩罚中的广泛使用。这不仅体现在美国联邦刑事法律中对诸如毒品犯罪设置大量罚金刑，也是我国《刑法》修正的一大趋势。罚金刑留给刑事被告的辩护空间较小，从而可能引起罪刑的不均衡问题，也会造成对无辜第三方（被告人家属）的伤害，甚至可能成为司法机关追求经济利益和变通刑事规则的借口。[2]罚金刑的确定在实践中并非以犯罪危害性与法益为主要标准，[3]也并非调整经济系统支付功能的机制。因此，罚金刑可能演变为一种并不具有预防功能，且缺乏公共效益的刑罚手段。经济系统的支付符码判断也不是罚金刑确定的标准，以罚金刑的方式展开对财物的重新分配并不是一种对经济与刑法系统结构耦合的体现，也并不能通过刑事法执行完成对经济支付内部结构的稳定。

---

[1] 参见王烁：《权力回报的义务——论收受礼金行为的性质及规制》，载《武汉大学学报（哲学社会科学版）》2016 年第 2 期。

[2] 参见石聚航：《刑法谦抑性是如何被搁浅的？——基于定罪实践的反思性观察》，载《法制与社会发展》2014 年第 1 期。

[3] See Allen, Francis A. *The habits of legality: Criminal justice and the rule of law.* Oxford University Press, 1996. p.44.

三、黑箱理论与反身法：经济活动刑法规制的新思路

（一）黑箱理论的基本观点

我们通过前一部分几个例证的考察发现，刑法与经济系统结构耦合的形成无法一蹴而就。在现实情况下，二者的关系并不一定准确反映了功能社会的复杂性和分化的特点，甚至在一定程度上这些实践和制度演进还会阻碍各自系统发挥自身的功能。刑法并不能通过其自身规范制造出一套可以直接“规制”（regulate）经济活动的体系，经济系统也不能寄希望于通过刑法规范的确立保证支付功能的顺利展开。现代社会的复杂性使得系统间的关系无法呈现简单的决定/被决定状态。

在系统理论看来，介于系统与环境之间不存在直线的因果关系。开放性系统的特色在于，它在环境改变的时候自己调整内部的组织，而不被外界因果地限制以及单线地被规定。正如学者所言：“如果我们要赋予一个独立的、能够自我组织的体系一种模式的话，那么就必须得摒弃这种直线型的解释，因为它们根本就无法与观察得到的现象相‘匹配’。”[1]

为了清楚地描述这个事态，人们把黑箱的概念（blalck box theory）引入系统理论。一个黑箱子是一个未知的机器，人们对于它抱持这样的看法：它是可以被决定的，然而在这个机器里，人们却看不到决定的机制。人们可以看到进入开放性系统的东西，也可以看到开放性系统所释出的东西，但是看不到开放性系统如何组织输入与输出的关系。只要人们以一个简单的、直线的因果逻辑来描述这个关系，“黑箱子”就是“白”的，也就是说，人们知道黑箱子是怎么回事。然而，一旦箱子不是人们所描述的情形，箱子就是“黑”的。

因此，人们就必须接受，输入并不是明确地决定了输出，反而是系统（这里是指黑箱子）自己决定自己。开放系统在环境改变的时候自己调整内部的组织，而不被外界因果地限制或规定。系统不是被环境直线地引导着，反而是根据内在的特有逻辑来应对环境的改变。我们无法明确地将控制者与被

[1]［德］弗里茨·B. 西蒙、［德］克里斯特尔·莱西-西蒙：《循环提问——系统式治疗案例教程》，于雪梅译，商务印书馆2013年版，第63页。

控制者分开，反而，不同的元素批次相互地控制着。[1]

这种对社会系统间关系的洞见也可以通过观察独立个体（意识系统）的生活状态体现出来。从一个局外的观察者的角度可以清楚地看到，在一个家庭内部，每个人都（协同）决定了所有的其他人的行为。人们彼此之间互相激励、互相刺激、互相限制、互相敞开心扉或者互相隐瞒己见。[2] 卢曼认为，现代社会系统的复杂性是社会活动的参与者无法完全“理解”对方，我们也无法探究每个个体对系统活动的心理回馈，也就是我们无法知道他人对事件的真实看法。从个体意识的封闭运作状态来看，我们无法对他人进行“算计”，也就是说，我们无法观察他人脑海中的“黑箱子”是如何运作的，我们只能看到作为这种黑箱子运作的后果与输出的他人行为。行为对个体意识的展现是不完全的，从而也就造成了我们前述有关社会交往的“双重偶在性”（double contingency）。[3]

社会制度与系统试图突破这种人们个体意识之间的“无法交流”的困境。但是同时，由于现代社会的高度的功能分化以及因此形成的系统运作的封闭，社会子系统的沟通对其他系统而言也成为一种“黑箱运作”，由此在系统间形成的结构耦合也只能是对系统运作复杂性地简单刻画，从而也无法全面反映系统的运作逻辑。当然，这并不是现代社会系统的一种缺陷，而是对复杂系统进行描述和观察的可行路径。不过，黑箱理论的确对我们理解法律规制社会的限度和效果产生了重要影响。

（二）何谓反身法

在系统理论看来，自我指涉的社会系统如法律、政治的运作具有黑箱的隐喻：各个系统的运作对其他系统而言都是无法进入和彻底观察的。我们可以知晓进入一个社会系统的输入与从这个社会系统中导出的结果，不过在这

[1] 参见［德］Georg Kneer, Armin Nassehi：《卢曼社会系统理论导引》，鲁贵显译，巨流图书公司1998年版，第30—32页。

[2] 参见［德］弗里茨·B. 西蒙、［德］克里斯特尔·莱西－西蒙：《循环提问——系统式治疗案例教程》，于雪梅译，商务印书馆2013年版，第63页。

[3] See Vanderstraeten, Raf. “Parsons, Luhmann and the theorem of double contingency.” *Journal of Classical Sociology* 2.1 (2002): 85.

一过程中，也就是在系统运作中的转化却是我们无从知道的。这种转化就被称为黑箱技术（black box techniques）。黑箱技术并不试图探究系统内部转化的过程，而是通过一种非直接的程序活动“规避”问题本身。黑箱技术并不将研究视角聚焦于黑箱内部的关系上，而是关注不同社会系统“黑箱”之间的互相关联。系统黑箱在这种外部关联的基础上形成了一种可以被观察和规制的更为“透明”的图像。

尽管法律不能直接干预经济活动，法律的规范已经在这种观察和运作中包含了与经济的关系。这意味着对于规制经济活动而言，刑法并不需要具备一种强大的学习（认知）能力，探究经济活动的“内部规律”。[1] 刑法对经济活动的规制是一种反身运作（reflexive law）。[2]

首先，反身刑法意味着法律能够回溯自身。这与哈特法律的次级规则相似。反身刑法更多地关注程序而非传统法律理论中的权利与义务。其次，反身刑法强调了法律的反思能力（反思理性，reflection rationality）。也就是法律规制自身的理性能力：通过参与、知识共享、融贯性提供。反身性能够通过构建自身的规制能力，限制对法律系统施加的外部规制力量。最后，反身性与自我指涉紧密相连。[3]

正如学者所言，反身法基于把法律发展的“内在动力”与外在的“社会组织原则”联系在一起，并且检验这一关系的“社会充分复杂性”。反身法旨在构建一个“内部”变量和“外部”变量共同发展的更全面的模型。就内部而言，反身法强调法律实质理性的局限和直接控制手段的谦抑，转而诉诸组织、程序、授权等间接、抽象的规制手段；就外部而言，反身法尊重外在于法律的其他社会子系统的运作逻辑，在法律治理中引入其他社会子系统的有

---

[1] See Teubner, Gunther, ed. *Dilemmas of law in the welfare state.* Vol. 3. Walter de Gruyter, 1986. p.320. See also Glanville, Ranulph. “The form of cybernetics: Whitening the black box.” *Proceedings of.* Vol. 24. 1979; Baecker, Dirk. “The Joker in the Box or the Theory Form of the System.” *Cybernetics & Human Knowing* 9.1 (2002): 51-74.

[2] See Teubner, Gunther. “Substantive and reflexive elements in modern law.” *Law and society review* (1983): 239-285.

[3] See Teubner, Gunther. “Substantive and reflexive elements in modern law.” *Law and society review* (1983): 239-285.

益力量，并试图实现它们的协调与整合。反身法既非寄托于“看不见的手”和“自然社会秩序”，也不主张依赖看得见的法律干预对其他社会子系统直接加以型塑，而是提倡“受规制的自治”。[1]

因此，反身法旨在促进社会子系统积极地自我学习，同时试图以辅助性、后设性的法律规范弥补社会子系统的功能缺陷。现代社会相对于传统社会来说，一个重要的特征，就是向环境和其他人的新经验“学习”成了一个人乃至一个系统生存的最主要技能。[2] 在这种规范理性之下，反身法存在的正当化理由在于协调各种循环决定的社会合作形式。反身法的外在功能并非为社会

[1] 参见谭冰霖：《环境规制的反身法路向》，载《中外法学》2016 年第 6 期。早期学者对反身法的理解停留在“法律程序主义”框架之中。例如季卫东教授指出，反身法被认为是一种新程序主义法。该学说把改善系统与环境的结构性衔接方式、扩大法系统内部替代选择的范围，作为以法制调节社会变迁的有效方案。从更加法律论的立场上来看，它提倡在私法和社会法领域中以有效的内部自律来替代干预主义的国家统制。在这种角色转换中，反思过程的重要性突现出来，程序化现象普遍发生，法的社会控制方式在相当程度上由直接的改为间接的。参见季卫东：《社会变迁与法制》，载《社会学研究》1993 年第 4 期。现有研究表明，法律的反身性并不仅仅是一种法律运作的“程序化”，而是具有实体性的内容。正如研究普通法的学者所言，普通法中开放与封闭共存的特点，就体现在普通法具有能够容纳不同的法律渊源，管理不同的实践技术的“反身性”法律要素。正是普通法中带有“反身”色彩的法律程序，使普通法的法律理性能够适应现代社会复杂的价值多元格局。参见李猛：《除魔的世界与禁欲者的守护神：韦伯社会理论中的“英国法”问题》，载李猛编：《韦伯：法律与价值》，上海人民出版社 2001 年版，第 189 页。从这一点上来说，反身法确实更易在普通法传统中得以涌现。

另外，尽管法律对其他社会系统的观察和描述是简化的，但法律如果想要对社会系统的运作产生积极的影响，对社会其他子系统运作逻辑和理性的认知和识别就是必要的。单靠程序化的法律规制则无法形成法律与社会系统的平衡。对系统理论下反身法研究的深入也可以反驳学者对这一理论提出的质疑。在批判者看来，反身法及其基础——法律的自我指涉模式并不能解决现代社会复杂性条件下的法律正当性（legitimacy）问题。其将法律自创生以及法律运作中的自我指涉现象仅仅理解为，或者说化约成为一种法律的程序化（proceduralization）状态。See Capps, Patrick, and Henrik Palmer Olsen. “Legal autonomy and reflexive rationality in complex societies.” *Social & Legal Studies* 11.4 (2002): 547-567. 这其实与卢曼、托依布纳等人提出的法律自创生概念及其运作形式具有很大的差别。卢曼并不否认现代法律，特别是规制刑法律（实体法）与社会其他子系统之间的理性基础和符码上的区分。甚至，正是由于这种区分的存在，现代社会的复杂性和偶在性才能够展现出来。而那种认为法律对生活世界的奴役，则是没有看到现代社会分化的积极意义。在现代社会功能分化的条件下，法律并不能够产生一种对社会生活的奴役，法律的正当性危机也并非来源于法律对生活的规制。相比于法律，政治系统（welfare system）对社会生活的规制更为直接。

[2] 参见泮伟江：《当代中国法治的分析与构建》（修订版），中国法制出版社 2017 年版，第 66 页。

子系统投射统一价值取向和行为准则的“规范性整合”，而是通过“去中心化”的运作为所有社会子系统构造内部的程序和组织机制以及相互协调的机制，从而为功能分化社会的系统整合创造法的结构性前提。也就是说，反身法的系统理性是一种尊重社会子系统的自身运行规律的分散化社会整合进路。[1]

（三）刑法对经济活动规制的反身性

系统理论对法律反身性的强调并不意味着刑法应当放弃实体性的罪刑规范。对托依布纳等系统研究者而言，将刑法的社会功效与运作建立在程序性的“共识”基础上是不可欲的。这里为了有助于理解刑法与其他社会子系统规制与自治的关系，我们需要对反身法和传统刑法规制的区别稍加探讨。

法律对社会其他子系统进行的规制传统模式主要通过实体法律（substantive law）进行。实体规制为了解决社会冲突将价值评判带入其他社会子系统，这与现代福利国家（welfare state）的兴起有关。[2] 通过将具体的、实质的社会目标纳入其规范结构，并试图嵌入其他社会系统的运作中，消减了其他社会系统的自治，也就是哈贝马斯所说的社会生活的法律化（juridification）。[3]

---

[1] 参见谭冰霖：《环境规制的反身法路向》，载《中外法学》2016 年第 6 期。

[2] 福利国家，根据麦克法兰的观点，起源于英国，在近代，随着亲属为基础的家庭救济与互助制度的解体，逐渐在世界各国涌现并蔓延开来。对此可参见清华大学国学研究院主编、[英]艾伦·麦克法兰主讲：《现代世界的诞生》，上海人民出版社 2013 年版，第 65 页。

[3] See Baxter, Hugh. “System and Lifeworld in Habermas's Theory of Law.” *Cardozo L. Rev.* 23 (2001): 473. 托依布纳认为，任何具有一种自我指涉属性的社会系统可以在其自我生产元素的过程中与外部产生关联。哈贝马斯认为，社会生活的法律化（legalization and juridification）并不仅仅发生在法律与生活世界之中，也完全可以发生在法律与经济、法律与政治等系统之间。在托依布纳看来，这属于系统自我指涉的问题。经济或政治系统如果自我生产能力不足，那么也难免会受到法律的“奴役”，反之亦然。因此，哈贝马斯“法律的奴役化”概念完全可以适用于系统理论的研究，而且这种过程，也就是法律系统与其他社会系统之间的制约与奴役过程是相互的，也并不一定都是消极和负面的。See Teubner, Gunther, ed. *Dilemmas of law in the welfare state.* Vol. 3. Walter de Gruyter, 1986. p.316. 所不同的是，系统理论研究者并不认为在系统互动的过程中，也就是在全社会的范围之内会最终出现一种权威性的，能够置换康德绝对理性的功能替代物。See Rasch, William. *Niklas Luhmann's Modernity: The paradoxes of differentiation.* Stanford University Press, 2000. p.30. Baxter 也指出，哈贝马斯对系统理论的看法，其实夸大了沟通交往理论与卢曼系统论之间的差异。哈贝马斯关注的是自创生理论中的“运作封闭”问题，在 Baxter 看来，[转下页]

实体法的正当性在法律系统中被确证，但是这并不意味着实体规范的正当性就会得到其他社会领域的认同。法律规范与生活世界相连，而且法律若想在社会中得到进一步的实现必须得到人们的认同和遵守。实体规范的“认同危机”会带来法律系统的功能停滞（functional stagnation）：社会冲突并不会被法律系统解决，或者社会冲突的解决仍然处在法律系统之外。[1]

相较于实体法较“硬”的特质，反身法在内容和运行机制上具有“软法”性质，从而为社会领域的运作提供更为宽松和自由的空间；相较于实体法，反身性的法律规范并不直接指向具体的社会问题和具体的解决方案。反身法试图去寻找一种结构，这种规范结构能够帮助社会冲突的解决，但是并不会直接“侵犯”，或者说在法律运作的过程中消解其他社会系统的价值。面对持续增长的社会功能分化以及社会复杂性的涌现，反身法所代表的法律理性会

[接上页] 运作封闭是卢曼对“系统”定位的一种套套逻辑（tautology）式的结果。如果一种系统的运作仅仅由激发系统符码运作的沟通组成，那么当然，系统的运作是封闭的，组成系统的运作，也就划定了系统的边界。卢曼反对的其实是，信息可以在不同的系统边界内外游走。他系统的沟通，对于本系统而言，首先仅仅是一种“噪声”，其次，通过系统间的互相“观察”，本系统才可以指涉他系统，这种观察是由观察系统的标准与程序组建的。由此，我们可以说，由观察他系统所形成的外部指涉，同时也是一种本系统的自我指涉。外部指涉仍然内在于系统之中，虽然指向环境，却不能把它等同于环境或环境中的事物。参见汤志杰：《理论作为二阶观察：如何解决“无中不生有”与“无中生有”的吊诡》，载《社会理论学报》2010 年第 1 期。从这一点来看，系统的运作是封闭的，哈贝马斯对卢曼描绘的系统的“自恋式的边缘化”（narcissistically marginalized）从系统围绕自身沟通展开这一维度来看，是有力的。

但是，正如 Baxter 所指出的，运作封闭仅仅是卢曼系统论的一面。对应“运作封闭”，系统还存在“认识开放”。系统对环境中的事件、流程等信息的指涉，说明系统恰恰是“认知开放的”，只是这种开放的后果，并非导致系统运作封闭的打破，而意味着系统对世界，即环境的理解，遵循着系统自身的标准（纲要）。透过对意义的阐述，卢曼认为，在这里，仅仅意味着我们假定意义在不同系统边界中的一致化。

[1] 卢曼认为，法律运作不是为了减少冲突，与面对面的压制冲突解决方案（暴力）相比，法律实际上大大强化了冲突形成的可能。其只是意在避免暴力的冲突解决方案，并为每一种冲突提供恰当的沟通形式（forms of communications）。特别当法律解决冲突的方案与文字的社会记忆储存功能相连时，其对比暴力解决冲突的优势体现出来。在制造冲突的同时，法律依托文字，形成规则、判例等沟通结构，为解决这些冲突提供了系统复杂性。See Luhmann, Niklas. *Social systems.* Stanford University Press, 1995. p.375.

越来越多地弥补甚至替代包括实体规制法。[1]

刑法体系毫无疑问是一种实体法，具有实质的内容。刑法，至少在当下法制体系中无法转化为一种程序性的规范，也无法仅仅通过“软性”约束对其他社会领域产生影响。作为认定行为法益侵害与归责必要性和需罚性的规范体系，刑法可以从系统论反身法学说中借鉴的是对犯罪实体规范解释过程的方法论的意义，而非直接通过立法改变刑法的罪刑规范。

在对经济犯罪解释路径上，我们应当看到经济系统及其支付媒介的自我指涉运作不仅具有延续系统的功能，从而形成经济系统的二阶观察，系统运作在支付功能上的封闭也会产生系统自身的“规范”，也就是系统的自治。这种经济的自我规制通过金融监管机构，特别是中央银行进行。刑法无法代替经济监管机构对经济支付活动展开直接监管，刑法无法直接规制经济系统的风险。[2]适度的风险是经济系统产生活力，也就是产生系统不断自我指涉可能性的必要条件。作为经济系统自身演化的管制机构，银行等金融监管部门对金融风险的研判功能不能被刑法运作符码和规范结构替代。

在我国经济刑法的实践中，这种“替代”时有发生，这与强调政法机关，特别是公安机关维护社会稳定的政治功能具有密切联系。我们并不否认在转型时期，各种社会风险的涌现，以及现有社会领域发育的不完全可能带来“系统性危机”，从而通过政治权力产生的决策对于维护改革，特别是经济平稳发展具有重要意义。但是，我国庞大且复杂的现代经济系统不仅被纳入全球市场体系，而且即使是促发地方性金融体系风险的因素，也难以通过政治或刑法的手段得到一劳永逸的解决。

在我国当下的集资诈骗监管中，公安机关和刑事法体系便产生了这种“替代性”。金融监管部门对非法金融活动的性质认定曾是公安机关启动非法集资案件立案侦查司法程序的前置条件。随着金融改革的不断深入，我国金融法律体系不健全的弊端开始显现，而国家政策对民间资本向金融业渗透的

[1] See Capps, Patrick, and Henrik Palmer Olsen. “Legal autonomy and reflexive rationality in complex societies.” *Social & Legal Studies* 11.4 (2002): 551.

[2] See Luhmann, Niklas. *Communication and social order: risk: a sociological theory.* Transaction Publishers, 1993. p.183.

鼓励，对在普惠金融旗帜下进行的各种金融创新试错的宽容，使得缺乏有效金融监管下的各类民间融资活动的风险逐渐凸显，非法集资案件频发。部际联席会议制度的创建和各级地方政府针对非法集资成立了处置办公室，使各级政府逐渐取代金融监管部门成为对非法集资案件认定、查处和后续处置的实际主导者，金融监管部门的职能逐渐被边缘化。[1]

金融市场的健康发展需要政府在改革中不断加强监管，但是，这种监管的最终目的不是将金融机构“管死”，而是促发金融系统自主管理机制和责任机制的形成。当然，这在各国的金融业发展中都不易快速形成，即使是成熟的欧美金融市场也会爆发系统性的危机，这让我们看到现代社会经济系统利用货币的支付媒介所形成的“无限膨胀”趋势。易言之，系统的反身机制需要系统自身经历不断演化，乃至“涅槃重生”才可能较为稳固地建立起来。

不过，仍然需要区分经济系统自我反思机制与刑法规制。现代社会的功能分化及其为人们生活所带来的多样可能性，使得我们必须对刑法提前介入金融管制极为谨慎。我们并不否认尚未成熟的我国金融体系对民众所带来的风险，以及这种风险可能引发的群体性事件。政府一方面不能无视这种风险，另一方面也不能将不恰当的规制，特别是刑法规制直接作用于金融市场的日常运作中。反思法对现代社会系统间关系的洞见不仅使我们必须对刑法规制金融市场的方式和时间做出调整，更让我们能够重新思考政府与司法在金融监管中的角色定位。总而言之，社会治理的“刑法化”并不值得称赞，而那种希望社会生活完全退回“私人领域”的观点对解决现代性问题同样无所助益。[2] 在我国社会形成功能分化的过程中，我们需要避免这两种较为极端的

---

[1] 参见何小勇:《非法集资犯罪规制的中国式难题——以地方政府处置办的设立与受害人的损失退赔为视角》，载《政治与法律》2017 年第 1 期。

[2] 特别是针对中国当代越轨问题现状，这种赋予“私力”更多合法性的制度构建并不可取。中国传统的私力救济制度化与私德的社会弥散几乎是无法分割的问题。参见皮艺军:《私德变异与行为越轨》，载《净月学刊》2015 年第 5 期。私德与公德（public good）的矛盾，是社会转型中结构性的矛盾，也是人们实践性反思选择的结果。可以通过一定的制度引导改变人们的行为方式。公德本身并不仅仅是一种行为范式和社会结构，而是个体选择的结果。这种个体的选择是一种具有限制条件的选择，也应当将公德纳入系统话语中进行探讨。在不同的社会系统中存在不同的沟通，要求个体产生不同的公德标准。

思路。

对刑法研究和实践而言，我们应当接受刑法与经济关系的非线性状态。尽管作为经济的环境，刑法可能永远无法全面认知经济系统内部运作的逻辑与理性，但是在刑法体系中建立一种基于反思型法律思维模式的经济刑法仍然是可欲的。我国的刑事和解制度便体现了这两种系统成功的结构耦合。

四、刑事和解：刑法与经济系统适度结合的例证

（一）现有研究的理论局限

刑事和解制度便是这种制度变迁的例证。作为一种在刑事诉讼中加害人以认罪、赔偿、道歉等形式与被害人达成和解，国家专门机关对和解协议进行审查、认可后对加害人不追究刑事责任、免除处罚或者从轻处罚的刑罚方式，[1] 刑事和解从地方实践走向正式制度，仅仅花费了不到十年时间。[2] 在短时间内，关于此项制度的合法性、正当性、适用的范围等问题都达成了共识，从而为刑事和解在国家法律层面的确认提供了有利条件。虽然在讨论的过程中，学者和实务界人士对此制度存在不同的声音，但是在正式制度实施以来，相关的探讨已经不再那么热烈。刑事和解成为正式制度这一事实似乎消除了学者先前的忧虑。

理论界的沉寂引起了笔者的兴趣。刑事和解虽然在成为正式制度之前已经在各地展开大量的实践，并且为正式制度的构建提供了可资借鉴的素材，但也正是由于实践成果与理论探讨共识的迅速达成，作为一项正式的刑事诉讼特殊程序，刑事和解并没有突破原有的地方实践，而是基本延续了原有制度实验中的做法。正式的刑事和解制度是各地探索实践中“公约数”的体现。因此，有关对刑事和解社会功能（及其异化）的担忧在正式制度的运作中仍然具有现实性。

---

[1] 参见郑丽萍：《新刑诉法视域下的刑事和解制度研究》，载《比较法研究》2013 年第 2 期。

[2] 参见封利强、崔杨：《刑事和解的经验与问题——对北京市朝阳区刑事和解现状的调查》，载《中国刑事法杂志》2008 年第 1 期。

其中，有关刑事和解可能带来的“以钱买罪”“以钱买刑”问题值得关注。刑事和解的诉讼程序规定并没有从制度设计上降低这种现象发生的概率，并且由于相关规定中明确要求司法机关将和解协议作为定罪量刑必须考察的因素，而经济赔偿又成为现实中促发和解协议达成的重要条件，“以钱买罪”更可能被社会舆论和大众认为得到了法律的承认，乃至鼓励。[1] 而且由于刑事诉讼不可能对被告人的人身危险性、悔过表现等因素在刑事和解赔偿中进行长时间的考察，[2] 由此产生的刑事和解与罪刑法定、法律平等适用原则之间在实践与理论层面的冲突依然值得探讨。[3]

我们并不认为“存在即合理”，也不赞成对司法实践与法律原则的冲突仅做一种表面化的理解。现有研究往往对实践与原则的冲突持非此即彼的理解，而我们认为两者即使具有冲突，也可并存，甚至正是由于刑事和解与刑事法原则之间的冲突，才能够使我们从刑事司法中挖掘出现代社会交往的一些重要特征。为了论证这一观点，我们将首先分析在刑事和解中“以钱买罪”与刑事法平等适用原则冲突的表现形式。我们认为，如果不从对现代社会运作的系统性这一视角出发，也就无法理解所谓的“买罪”与“刑罚”如何共存；然后我们将探讨“以钱买罪”现象与刑事法原则，特别是法律适用平等原则之间所具有的社会同构性，从而进一步质疑和驳斥将两者看成非此即彼关系的看法；最后我们将以社会交往系统性的视角对刑事和解中这一问题产生的社会结构性因素进行分析，论证这一现象产生的社会基础。与现有文献相比

---

[1] 部分案件和解的最后焦点归结于“钱”上，经济赔偿的多少直接决定和解的成功与否，这点从刑事和解案件的经济赔偿数额是刑事附带民事数额的 1.5 倍中就可见端倪，这也是造成“以钱买刑”印象和“富人专利”争议的重要原因之一。参见黄峰、桂兴卫:《刑事和解机制的探索与实践》，载《中国刑事法杂志》2008 年第 7 期。

[2] 参见封利强、崔杨:《刑事和解的经验与问题——对北京市朝阳区刑事和解现状的调查》，载《中国刑事法杂志》2008 年第 1 期。

[3] 立法将被告人的经济赔偿能力和赔偿意愿作为衡量其最终刑事责任承担的因素之一，虽然从化解社会矛盾、恢复犯罪被害的受损而言，将经济赔偿纳入刑事司法过程并非刑事和解独创，刑事附带民事诉讼在一定程度上也允许被告人通过经济赔偿减免刑事责任，但是刑事和解不但将经济赔偿作为审判阶段考察的因素之一，而且将其法定化为在刑事案件办理全部阶段应当予以审查的因素。虽然在制度的设计上，刑事和解设置了一系列的限制性条件，但是经济赔偿作为一种法定的可减免处罚事由已经成为改变刑事诉讼当事人行动策略的重要激励（incentive）。

较，我们认为应当以一种社会系统间互动的视角去理解一项整体制度组成部分之间冲突如何可以共存，并且如何在这一理论基础上对刑事和解制度运作的具体适用提出新的解释路径，以期对实践提供帮助。

（二）立法上的区分对待、平等适用法律和“以钱买罪”

在有的学者看来，“以钱买罪”现象的出现是刑事和解制度的“异化”。[1]刑事和解如果仅仅意味着犯罪嫌疑人对被害人（及其家属）进行经济补偿就能获得减免刑罚的待遇，那么刑事和解中恢复犯罪造成的侵害、抚慰被害人（及其家属）的社会功能和价值也将不能有效发挥。[2]

不过在正式的刑事和解制度中，我们看到赔偿成为司法机关对被告人做出从宽处罚决定的法定根据之一。虽然在执行细则中也规定了一些防止“以钱买罪”现象出现的制度设计，[3]但是即使存在这些限制条件，我们也不能否认在现有的刑事司法中，被告人是否以及在多大程度上对被害人及其家属做出经济赔偿将会对其刑事责任产生影响。虽然相关刑诉法条款及其司法解释中并未明确规定赔偿的数额是被告人刑事责任减轻或免除的决定性因素，但是和解协议执行情况却被明确规定为被告人减免刑事责任效力的重要，乃至必要条件。[4]“真诚悔罪”通过经济赔偿（及其执行情况）体现出来。先前理论探讨中对刑事和解异化为“以钱买罪”的担忧在一定程度上变为现实。

这种担忧的形成是因为学者（以及大众）认为“以钱买罪”与现代刑事法原则相违背。现代刑事法理论普遍认为，国家的司法过程建立在无偏私地对待所有当事人这一基础之上。国家的司法资源不是私人财产。“法律面前人人平等”要求法院和法官只考虑个案中的法律因素，而不考虑行为人的职业、

---

[1] 参见何显兵：《刑事和解的异化及其出路——以恢复性司法重新诠释刑事和解》，载《人大法律评论》2012 年第 1 期。

[2] 参见姜敏：《理性诘问：刑事和解是否是“以钱买刑”》，载《北方法学》2010 年第 5 期。“在物质赔偿方面，我国的刑事和解大多以金钱方式进行，将恢复社会关系简单化为金钱赔付，导致‘以钱买刑’或‘以钱消灾’的误区。”姜敏：《刑事和解：中国刑事司法从报应正义向恢复正义转型的路径》，载《政法论坛》2013 年第 5 期。

[3] 参见《公安机关办理刑事案件程序规定》第 334 条的规定。

[4] 参见《人民检察院刑事诉讼规则》第 517 条、第 520 条、第 521 条。

家庭出身、成长经历等法外因素，更不应当以当事人纠纷解决的“支付能力”衡量其刑事责任。刑事责任是个人责任，也不应当具有连带效果。[1]而刑事和解则是将（或至少隐性地将）行为人及其近亲属的经济状况、被告人及其家庭的社会地位等因素纳入定罪量刑的考察。因此在有的学者看来，刑事和解在一定程度上破坏了刑事法的平等适用，违背了“同等情况同等处理”的司法原则。

这涉及如何理解现代刑事司法中的平等对待。现代刑事法是区分基础上的平等适用。首先，在一部刑事法中，立法并非对违反同一犯罪的被告人做出同等的刑事责任规定。根据社会治理政策的需要，立法会做出不同的刑事责任规定，例如自首、立功、刑事责任年龄等。其次，在中国这样一个地区经济社会发展不平衡的治理秩序中，各地也会根据不同的情况产生相应的犯罪立案、起诉的条件，以适应当地社会发展的情况。这些针对行为人和区域特点产生的规范（包括司法解释），并不是对法律平等适用的违背。正是考虑到特定人（老年人、未成年人等）和特定区域（经济欠发达地区等）的社会特点，刑事司法才可能得到社会的认可，而不至于造成与社会现实脱离的状态。最后，刑事法理论也认为这些“区别对待”并无不妥，因为不同犯罪行为人的身心特点、犯罪行为地域的特征造成了相同的犯罪产生了不同的“社会危害性”。因此，法律的平等适用不排除针对行为和行为人的特殊情况做出不同的规定。相同的犯罪行为，即使在立法上，也并不一定呈现相同的刑事责任。

由此可知，学者质疑的并非刑事法中的“区别对待”，而是“区别对待”的标准。也就是说，将被告人的经济状况和赔偿意愿在立案、起诉乃至审判环节作为对当事人刑事责任特别对待的考核要素是否存在充分的正当性。而哪些因素具有在立法上区别对待被告人的正当性，则需要结合社会共识、科学知识，特别是行为科学（心理学、犯罪学等）、社会利益等诸多因素进行考核。如何合理设置区分的标准，涉及对国家刑事惩罚立法权的控制。

---

[1] 有关现代刑事惩罚中是否以及在什么情况下存在责任的连带，请参见苏力：《从药家鑫案看刑罚的殃及效果和罪责自负》，载《法学》2011年第6期。

现代刑事法不仅确立了司法上的罪刑法定，也试图通过对罪刑法定原则实质侧面内容的刻画，将刑事立法纳入法治轨道。但是，由于立法具有的政治/法律双重属性，罪刑法定原则对立法的限制作用弱于司法。在现代法治体系中，对刑事立法的限制主要通过程序性的宪法和立法法条款。简言之，刑事立法的“正当性”由法律体系自身决定。犯罪设置的正当性是一种法律体系的“自我指涉”（self-reference）。现代法律体系自我指涉的运作方式使得立法正当性具有鲜明的形式理性（formal rationality）特点。由此，对立法实质理由的考察减弱，而“经过合法程序”的形式标准成为关键。刑事和解纳入刑事法体系的正当性也以立法过程的“合法性”为依据。刑事法适用的平等原则也成为“法律之下的平等”。

现代立法的“自我指涉”属性使得“区分对待”可以不断进入法律系统，并且通过“法律之下的平等适用”得以隐藏。刑事司法运作中“依据立法”合法存在的区分成为现代刑事法治的重要特点之一。对法律的这种自我指涉现象的描述并不是否认刑事法上的区分不存在实质理由，[1]而是说明了现代实证法意义上法律系统“自治”的运作逻辑。因为即使一项区分对待不同被告人实质理由充分，如果从刑事法运作逻辑上没有经过立法程序，司法上的区分也就不具有法律上的正当性。相反，即使区分的实质理由在日常认知中并不充分，但是符合刑事立法程序，那么某种区分就能够进入刑事法的自我指涉系统。刑事和解区分对待被告人的正当性建立在法律系统的这种自我指涉效果之上。

现代刑事法律的自我指涉并非法律上的悖论，而是深刻反映了现代社会，特别是公共空间的运作机制。自我指涉的法律系统并非不再根据实质的理由设定制度和规则。问题在于，立法实质的理由并不是，或至少不全是立法过程中体现的立法理由。[2]法律的自我指涉能够形成的社会条件本身是关键的实质理由。实证法若不在“现代社会”这一框架中进行理解，刑事和解在量刑

[1] 例如对未成年人与一般行为主体进行区分便存在犯罪学、医学和社会政策上的实质理由。

[2] 现有文献关注的是刑事法中各种区分对待的具体原因，例如刑事和解允许一定程度的“以钱买罪”的合理性、区分对待未成年人犯罪的正当性等。这些对刑事法上具体区分的考察当然具有价值，但是我们认为刑事法不断产生区分对待有其作为社会制度和系统上的普遍原因、功能和意义，这也是本书希望超越现有文献的一种努力。

上对被告人做出的区分对待也将丧失正当性。[1] 因此，对刑事和解实质正当性的考察也应当超越法律论证的层面，从现代社会运作方式的考察中予以探寻。

（三）现代社会运作模式对刑事立法的构成性影响

1. 恢复性司法说与“新传统”说的质疑：社会结构视角的考察

现有文献中，也有学者从社会运作模式与社会结构视角对我国刑事和解中“以钱买罪”做出解释，以及提出了限制的路径选择。这些学者认为，将经济赔偿与刑事责任减免直接画上等号不符合刑事法原则。现有研究并不否认刑事和解中经济赔偿是被告人刑事责任减免的重要因素，但是其希望通过对刑事和解制度的性质与定位进行重新解读，来消解人们对“以钱买罪”的担忧和指责。在一些学者看来，我国的刑事和解制度与国外恢复性司法等制度具有较大的区别。[2] 另外一些学者则认为，中国的刑事和解代表了中国共产党革命时期对司法工作形成的新传统，是一种践行“群众路线”，强调调解的司法方式。[3] 这两种意见代表了学界力图更多借鉴本土资源，从而在制度设计上实现超越和改造的意图，并试图反驳对刑事和解“以钱买罪”的质疑。

这些为刑事和解“正名”的分析存在问题。首先，我们并不否认在现有的社会资源条件下，我国的刑事和解制度确实不同于，也无法通过社区力量进行犯罪被害抚慰的恢复性司法。不过，这种区分对于理解我国的刑事和解并无帮助。恢复性司法提倡被告人面向社区进行一种赔偿与道歉，而非以经济补偿和减免刑事责任的制度设计。其根基在于英美等国社区（community）作为社会生活基本单位的社会结构，尤其体现在美国联邦制（federalism）条件下各地区的自治权上。这种制度无法在我国建立，不仅是由于相应的社会

[1] 韦伯对形式理性与实质理性的区分也只有在“现代社会”背景下才有意义。具体可参见 Max Weber, *Max Weber on law in economy and society*, Harvard University Press, 1954. pp.224-255。

[2] 参见肖仕卫:《刑事法治的“第三领域”：中国刑事和解制度的结构定位与功能分析》，载《中外法学》2006 年第 6 期。

[3] 参见苏永生:《国家刑事制定法对少数民族刑事习惯法的渗透与整合——以藏族“赔命价”习惯法为视角》，载《法学研究》2007 年第 6 期。

资源阙如，更是由于我国社区在社会城镇化转型中还无法形成良性的被告人—被害人的直接沟通与抚慰，这与我国城镇社区流动人口较多而造成的刑事诉讼羁押率，特别是逮捕率较高有关，也与社区人口变迁较快有一定关联。作为社会基本单元的社区及其社会功能构建在我国仍然处于萌芽状态。[1] 另外，由于美国刑事裁判与民事裁判在证明标准等司法过程上的明显区分，通过赔偿直接影响刑事裁定量刑的可能微乎其微。而且在我国刑事法体系中可能判处有期徒刑的犯罪，在英美国家等地则多属于单处罚金等非监禁刑，由此在刑事诉讼中设立刑事和解程序，特别是将经济赔偿规定为刑事责任减免事由并无特殊的必要。

其次，持新传统论的学者认为刑事和解发扬了革命时期党对司法工作的创新。应当看到这种说法具有一定的合理性。刑事和解的实践与理论研究兴起于“和谐社会”构建总目标的提出。[2] 但是，我们应当注意无论是从社会结构变迁阶段，还是从新时期党的工作重心转移的角度来看，这种新传统论都与刑事和解在实践中所具有的社会效果有一定的差异。当代中国社会处于剧烈的变动和转型时期，基于团结社会各方力量和尊重地方乡土社会调解功能的革命时期司法政策与制度设计，已经无法适应新时期社会结构与社会个体心智的变化。在全面城镇化与社会匿名化的过程中，刑事司法审判已经不仅仅是依靠司法人员主持的调解工作来平息矛盾和纠纷，而是以国家公权力惩罚犯罪为主，建立普遍性规则，保障现代社会交往秩序。从传统乡土性的熟人场域迈向功能不断分化的现代社会的过程中，国家刑事司法作为社会裁判机制，承担的已不仅仅是一种化解邻里纠纷的功能，而是需要在不断处理犯罪的过程中，树立更大范围内国家法制的权威，建立基于实证法的社会可预期规范，进而调整社会的利益和结构，防止危害经济自由与人身自由的行为。

最后，刑事和解的出现仅仅是对上述国家刑事司法规范期待构建功能的

---

[1] 具体可参见陈映芳:《行动力与制度限制：都市运动中的中产阶层》，载《社会学研究》2006 年第 4 期。

[2] 参见黄京平、甄贞、刘凤岭:《和谐社会构建中的刑事和解——“和谐社会语境下的刑事和解”研讨会学术观点综述》，载《中国刑事法杂志》2006 年第 5 期。

一种补充。我们并不否认在现实刑事和解的运作中，基于邻里、熟人关系所形成的社会性资本能够促成和解协议的达成，进而减少基于犯罪产生的社会利益和矛盾的进一步扩大，但是从现代社会结构角度来考察，在多数适用刑事和解的案件中，当事人双方可能来自不同的地区、从事不同的工作，刑事和解的达成并不是基于熟人、单位等“传统”因素的考量，而更多的是基于经济赔偿所能够带来的对犯罪受害的弥补。因此，现有的刑事和解制度也并非所谓的“新传统”的延续，而是嵌入在现代的社会结构中展开的社会实践。

2. 现代社会运作逻辑下的刑事法的平等适用

嵌在现代社会中的刑事和解与现代刑事法提出的平等适用原则具有结构上的同构。由于现代社会分工所带来的功能分化（functional differentiation），社会的整合方式以及整合所使用的社会媒介（media）发生了重要的变迁。传统的权威和支配类型在现代社会已经逐渐从中心走向边缘（from central to periphery）。[1] 布伯（Buber）甚至指出，承载着人与人之直接关系的旧有的有机社会组织已经日趋衰落，家庭、工会、村庄以及城市社区这些既能够使人们与他者保持直接联系，又能够借助这种联系保护人们免除暴露之感的社会学意义上安全的共同体已经变得形同虚设；尽管从外部结构上看，许多社会组织形式在今天仍保留着原有的有机形式，但是它们曾经蕴含着的特殊意义和精神力量已经从其内部彻底地腐烂掉了。[2] 我们虽然不能否认家庭、传统社区乃至中国特有的集体制下的“单位”[3] 在一定程度上仍然发挥着重要的社会整合功能，这些机构对于抑制犯罪的发生，乃至“替代”犯罪的惩罚仍然具有社会效果，但是现代社会的犯罪治理在整体上具有传统社会机制没有的

[1] See Wayne Morrison, Theoretical criminology from modernity to post-modernism, Routledge, 1995. p.221.

[2] 转引自渠敬东：《缺席与断裂——有关失范的社会学研究》，商务印书馆 2017 年版，第 164 页。

[3] 参见李汉林、李路路：《资源与交换——中国单位组织中的依赖性结构》，载《社会学研究》1999 年第 4 期。但是，处在现代社会转型“共时性”变化中的东亚地区，都面临着传统规范体系解体的现实，我们所称的家庭、集体，特别是“单位”对个体行为的规范束缚力，最终指向的都是对国家的责任与权威的期待与认同。参见古承宗：《风险社会与现代刑法的象征性》，载《科技法学评论》2013 年第 1 期。在这种权威解体和权威转换的过程中，家庭的功能也开始分化，例如家长的惩罚权、决定子女教育的权力以及决定子女健康的权力由于社会系统分化的加剧而逐步丧失，从另一个角度来看，则是包括刑法在内的法律体系开始规制家长原有的权力体系。

全新功能。

由于通信和交通技术的演变，现代社会的经济与社会交往的空间超越了传统社会的地域限制，并随之产生了社会交往规则和伦理规范内容的调整。现代社会越来越无法通过地域来界定系统的边界。[1] 个体的活动区域开始扩大，传统制约个体的道德、伦理乃至宗教规范渐渐丧失效力。社会整合需要新的社会媒介和机制。这种转变在中国现代化的进程中也逐步呈现。社会交往空间的扩大使得“个体自由”的观念开始出现，而现代国家的法律体系成为回应和保障这种个体期待的主要制度。[2] 对法治的需求是现代社会个体交往空间扩大的体现，是现代个体脱离传统权威，而又必须在更大范围的社会性交往中建立规范性期待的一种社会机制。

法律的演化不仅是对现代社会分化与个体交往的回应，法律自身也通过一系列制度和原则的确立承担起现代社会的整合功能。刑事法中的罪刑法定、适用平等、罪刑相适应等原则便是个体自由的重要支撑。[3] 社会分工带来了个体行动能力和范围的扩大，传统的生活权威无法在扩大的社会场域中控制人们的活动。现代社会刑事法保障这种由社会演化带来的个体自由。但是，个体自由在缺乏传统因素制约时会出现无限膨胀的倾向，刑事法律在确立个人权利的同时，设置了个体自由的界限。这种对个体自由的限制以普遍的公民权（citizenship）为前提。也就是说，在现代刑事法运作中，为了对个体自由之间的界限做出裁决，首要条件便是将不同的被告人视为平等的诉讼参与主体。在刑事法的设置中，这体现为不根据个体在传统社会的人身依附性设置裁判条件和惩罚梯度，这也是现代刑事法发挥社会整合功能的必要条件。

不过，如前所述，社会分化条件下的法律平等以区分为基础。我们甚至可以说，这种区分随着现代刑事法在国家政治资源和与社会管理能力扩大的条件下更为凸显。区分的原则不再根据传统社会的标准，而是根据现代社会

[1] See Luhmann, Niklas. “The world society as a social system.” (1982): 132.

[2] 参见李忠夏：《基本权利的社会功能》，载《法学家》2014 年第 5 期。

[3] 参见涂尔干有关惩罚随着社会整合与分化方式改变而形成的不同强度：Emile Durkheim, “Two Laws of Penal Evolution” , *Economy and Society*,Vol.2, No.3 (Sep., 1973), pp.285-308。

运作的方式和法律所具有的社会功能决定。我们不仅看到行为根据所属不同领域被划分为不同的犯罪类别（例如诈骗罪根据行为人领域的不同被划分为不同的犯罪类型[1]），而且相同犯罪的行为人也由于现代社会的功能分化而在刑事法中具有了不同的责任划分。

随着社会分工和社会系统分化，社会的复杂程度（complexity）加深了。现代科学，特别是社会科学、医学等学科对社会与人的认知逐步加深，现代社会的交往也越来越依靠各种专业系统、符号与媒介的运作。社会的治理不仅依靠刑事法律，也依靠基于现代科学等发展起来的人口控制、医学技术、货币、金融等社会交往媒介。新的社会认知一方面促使人们的交往更加依赖不同社会分化中形成的系统沟通媒介；另一方面也加深了各种系统媒介间的互相渗透：政治国家的统治不再依赖暴力的直接展现，而是在“法律—政治国家”中进行决策，[2]经济活动与国家政治治理的结合创造了社会福利制度。[3]其他学科与系统对社会认知的更新也对刑事司法运作产生了深远的影响：刑事责任年龄的设定、证据制度的重构、精神病人强制措施开始进入刑事制裁体系。刑事法的社会整合与治理功能必须在认知上对不同社会系统知识保持开放。[4]

一方面，社会的分工与社会系统功能上的分化使得现代刑事法根据个体自由的普遍性做出法律适用上平等对待的制度安排；另一方面，也正是由于社会交往与沟通的系统分化，刑事法上对不同的犯罪行为进行了区分。社会化交往要求刑事法在运作上平等对待个体，而这种平等对待又需要不断通过刑事法吸收社会系统分化产生的知识体系对行为以及行为主体做出

---

[1] 参见蔡道通：《特别法条优于普通法条适用——以金融诈骗罪行为类型的意义为分析视角》，载《法学家》2015 年第 5 期。

[2] 参见加兰（David Garland）对现代社会治理术（governmentality）的分析：David Garland, “Governmentality and the Problem of Crime: Foucault, Criminology, Sociology”, *Theoretical Criminology* Vol.1, No.2 (May., 1997), pp.173-214。

[3] See Gunther Teubner (eds.), *Dilemmas of Law in the Welfare State*, Walter de Gruyter, 1986. pp.310-316.

[4] 有关法律系统的认知开放，请参见陆宇峰：《“自创生”系统论法学：一种理解现代法律的新思路》，载《政法论坛》2014 年第 4 期。

区分对待。这种区分并不是一种“个案正义”的区分，而是体现在立法对各种类型化的行为及其社会危害做出一般性的规定。社会大众对法律面前人人平等的理解也是在现代社会分化这一基础上所做出的：人们并不会认为贪污罪与盗窃罪在处罚上具有相同的社会危害，也大致赞同根据年龄区分刑事责任具有正当性。现代刑事法正是因为关注了社会分化中不同系统沟通的区别，才能够满足现代社会公众对刑法平等适用的期待。从社会系统功能分化这一社会运作结构视角来看，正是基于现代社会认知所产生的区分不同行为与个体的效果，才构成了法律面前人人平等的适用可能。用卢曼的话来说，在法律系统中，平等以一种对不平等进行指涉（并进而排除这种不平等）的形式展现出来。[1]

因此，要将刑事和解中的“以钱买罪”现象放在上述现代社会与法律运作的结构变迁中才能得到更合理的解释。我们认为，现代社会交往方式的变更、扩大以及社会系统的分出（differentiation），是理解现代刑事和解何以能够实现“区分对待下的平等适用”的关键，也是弥合经济赔偿与刑法归责原理冲突的要义。

（四）系统论观点下“以钱买罪”的正当性依据及其限度

1. 作为自我指涉的刑事司法系统以及经济赔偿对刑事责任影响的界限

通过系统理论的考察我们发现，经济系统货币支付所具有的简化社会沟通和整合社会个体行动的功能是理解刑事和解制度正当性的关键。不过，在我国刑事和解的制度设计上，对被告人与被害人（及其家属）达成经济赔偿协议所具有的效力和能够适用的范围进行了较为严格的限定。经济支付的符码和功能仅仅是对被告人刑事责任判断的补充，而非替代。

如果说经济系统的支付作为一种社会沟通的象征性符码能够对社会复杂性做出简化，那么为什么刑事司法在制度设计上不可以经济支付手段完全替代刑事责任的判断？如果说对被害人做出经济赔偿，能够缓解被害人的

[1] See Niklas Luhmann, *Law as a social system*, Oxford University Press, 2004. p.218.

复仇意愿，而现代刑事司法作为一种代替私人复仇的公共裁判制度设计，[1]那为何刑事责任体系不能根据社会交往货币化趋势做出全面的调整与修订？而且，利用货币赔偿衡量犯罪的社会侵害程度从被害人及其家属经济收益的角度来看似乎更为合理，也对其和其家庭的未来生活具有更大的正外部性，甚至在刑事法中规定相应的“惩罚性”赔偿，还能起到犯罪一般预防的效果。

现有刑事法的规定并非法律经济学所认为的社会利益最大化的制度设计。立法与司法都不可能仅仅以制度运作成本去进行取舍。[2]这是因为当法律与社会经济因素进行互动时，法律是在一种二阶观察的意义上处理经济运作的。法律系统有自身的“利益”概念，而这仅仅适用法律系统自我指涉。[3]一种社会系统的运作逻辑只能由一种系统符码所标示和区分，刑事责任根据经济支付符码做出则会使刑事法系统的自我指涉属性丧失，或者说，刑事法将不再成为自治运作的系统，而成为经济系统及其所象征的社会支付沟通的一部分。这将有损现代社会的功能分化，社会的去分化效果（de-differentiation）则会使社会系统间紧密的连接和功能互补出现危机，最终构成社会演进的退化。

没有社会功能的分化，系统的自我指涉与二阶观察也就无从谈起。现代社会的多元性与个体选择的自由也将受到损害。因此，现代社会系统间的互动应当是一种选择性的结构互补，而不是全面替代对方的运作逻辑和系统媒介。

刑事和解制度在一定程度上确认了货币作为社会沟通象征性媒介在衡量犯罪侵害和被告人责任上所具有的正当性。一部分犯罪行为（特别是轻

---

[1] 刑事和解之所以能够在实践中较为顺利地展开，与中国人传统的“亲自复仇”，也就是按照自己的意愿完成公共机制无法达到的心理需求有关。See Ch'ü T'ung-Tsu, *Law and Society in Traditional China*, Commercial Press, 2011. p.105. 而现代社会对经济支付的需求则是这种通过自我救济达成犯罪惩罚的变异。这与刑事和解研究中“新传统说”所认为的中国革命年代刑事处理方式有区别。

[2] 参见邵博文：《晚近我国刑事立法趋向评析——由〈刑法修正案（九）〉展开》，载《法制与社会发展》2016 年第 5 期。

[3] See Niklas Luhmann, *Law as a social system*, Oxford University Press, 2004. p.390.

罪与过失犯罪）对被害人利益（包括情感利益）造成的损害能够通过货币补偿得到修复。但是，由于系统运作逻辑的独立性与不可替代性，也由于犯罪惩罚与人们的情感，特别是道德情感相连，经济赔偿无法替代传统刑事归责模式。

法律的“经济学帝国主义”在刑事司法中还具有特定的风险。某一社会科学形成支配或“帝国主义”，显然不仅由于学科本身，也涉及学科之外的现实。[1] 由于社会生活中经济因素发挥着越发重要的作用，而原有的社会团结（social solidarity）的纽带（邻里、单位）则逐步走向沉寂乃至消亡，促成被害人与被告人（及其近亲属）沟通的渠道也逐渐通过经济活动完成。即使没有刑事和解的正式规定，上述社会结构的变迁也会体现在刑事司法的实践中。如在刑事附带民事审判中出现。更可能的情况是，如果没有正式的刑事和解制度，有能力的被告人及其近亲属则会通过非正规的途径接近被害人乃至司法人员，力求刑事责任的减免。而这无疑会滋生司法腐败，影响刑事司法过程的平等参与与裁判中立。在一定程度上，刑事和解制度的正式化能够抑制潜在的“以钱买罪”现象，在制度允许的、具有选择性的范围内做出经济赔偿，在一定程度上意味着防止以经济活动全面代替司法运作的可能。

我们并不否认货币媒介对于简化社会环境的复杂性具有重要意义。但是现代社会的多样与整合并不是依靠将所有的社会交往与评价机制换算成经济支付。现代社会交往空间的扩大与个体自由的扩展正是建立在不同社会系统运作的自我指涉和二阶观察基础上。如果一种系统的沟通符码产生“支配”整体社会结构的效果，并且能够对社会中行动者的利益和期待进行一种“全集式”（all-encompassing）的分配，那么现代社会中个体自由的空间将会受到极大的威胁，人们也将重新生活在一种单调的生活境遇中。社会生活多元的可能性正是由于不同社会系统的互补与互动，而这种复杂性将会根据不同社会子系统运作逻辑和理性的差异产生各种现实性，并进而创造各种不同的社

[1] See Gascón, Ricardo Valenzuela. “Constitutional sociology and corporations: A conversation with Gunther Teubner.” *Tempo Social* 31.1 (2019): 329.

会意义。[1] 也就是说，刑事法与经济系统的区隔是其形成系统间互动的前提。现代社会整合的前提是社会交往系统的自我指涉。

人们在不断进入不同社会系统交往的过程中，在心理认知层面形成了不同的期待结构，并由此区分了各种社会系统沟通所具有的不同社会意义和社会功能。在这种现代性心智的演化过程中，公众对那些系统间的互动具有敏感的反应和精确的判断。虽然公众并不一定了解各种系统运作的具体过程和“教义规则”，但是人们对各种系统对其生活所呈现的不同功能和对其实际利益的影响，却有着清晰的认知。刑事法系统的运作建立在一种对“正义”，也就是法律判断之内的理性基础之上。刑事法对被告人责任的认定具有其他社会系统无法替代的公共效用。因此，经济支付介入刑事法系统具有其限度。经济支付影响量刑的边界根据刑事法体系自我指涉所形成的系统沟通与符码判断构成。在具体的内容上，则是一定时间 [2] 和空间维度内系统对环境复杂性认知的结果，而不是其他系统对刑事法运作的替代。

2. 刑事和解的司法过程：解释在作为系统的法律中的功能

在我国的刑事和解制度中，我们看到刑事法严格限制了能够通过经济赔偿减免刑事责任案件和被告人的类型。这种立法上的限制是刑事法作为一种

[1] 将意义构建起来的是现实性与可能性这两者的区分。某些事物暂时是意义发生的重心所在，并同时指出进一步的可能性。同时，现实性的核心是不稳定的：已被实现的事物会使人对它没有感觉，它会变得无聊，然后瓦解。而且，它必然会迫使系统从可能性领域中找出某些新的事物，使之在下一刻实现。所以要不断地对现实性 / 可能性这个区分重新安排，不断地将可能性加以实现。从现实性核心的不稳定得出的结果是：系统必须一直挑选新的事物，做出选择。这之所以能发生，是因为当时已被实现的事物指出进一步的衔接可能性。没有被选择到的衔接仍旧保持为可能性，并且可能在稍后被实现。参见［德］Georg Kneer, Armin Nassehi:《卢曼社会系统理论导引》，鲁贵显译，巨流图书公司 1998 年版，第 152 页。

[2] 刑事和解产生的系统时间维度（systemic temporality）与经济支付的系统时间维度并不相同。虽然刑事和解规则中将赔偿支付作为和解协议有效的条件，但是这并不意味着经济支付的系统符码及其时间代替了刑事司法运作的时间维度。通过刑事实体法与程序法构建的案件时间节点并不依赖经济系统的运作时间。刑事案件的意义产生与系统自身的时间维度紧密相关。有关不同系统时间维度的差异，可参见 Michael King,“What's the Use of Luhmann's Theory?”, in Michael King and Chris Thorhill (eds.), *Luhmann on Law and Politics: critical appraisals and applications*, Bloomsbury Publishing, 2006. pp.47-48。

自我指涉的社会子系统，对进入其系统内部的外部信息、知识和事件进行筛选的结果，也是刑事法系统根据自身运作所累积的规范结构形成的对经济赔偿社会功能和价值的理解与转化。

需要进一步考察的问题是，即使立法上做出了限制，但是在允许刑事和解的案件范围内，也会由于个案的特殊属性，或者说由于社会结构与社会公众认知的变化，产生不适合通过经济赔偿进行和解的情况，但被告人与被害人之间也确实达成了和解协议，刑事法系统应当对此做出怎样的处理?

修改法律当然是改变系统沟通与结构的方式之一，这也是现代实证法所具有的“可变更性”（changeability）与自我指涉的体现。“立法程序的主要意义不是确立放之四海而皆准的规范，而是使一切法律都变成可以变更的。”[1]现代刑事法的二阶观察意味着根据立法规范观察社会变迁，而非直接对社会事件进行处理。因此，修改法律是满足系统与外部环境共振的重要方式。不过，如前所述，由于立法过程是法律系统与政治系统互动的过程，而这种互动并不一定能够及时准确地反映社会变迁。因此，刑事司法中对个案，特别是对所谓疑难案件（hard cases）的解释仍然具有重要意义。

在刑事法解释中，对各种解释方法及其结论的取舍通常被认为是一种价值衡量。德沃金更是提出法律解释是一种对法律规则的认知过程，是对“何谓法律”的不断确证，其中包含了对具体时空条件下社会价值和原则的判断。[2]从系统理论角度去看待刑事解释，我们则认为价值选择并非个体意识，而是系统理性的体现。这意味着刑事法系统下的个案解释并非纯粹的价值构建。甚至在有些情况下，法律规范禁止做出“解释”，也就是司法者的价值判断无法进入系统的沟通结构中（例如对刑事责任年龄和诸如“幼女”范围的判断）。

这并非否认解释者的能动性。在刑事和解中，司法者仍然可以，甚至必须通过解释，在有限的范围内，利用刑事规范所赋予的裁量权进行选择和取舍，从而建立经济赔偿对量刑程序符合个案正义的理解。社会运作系统属性

---

[1] 季卫东:《法治秩序的建构》（增补版），商务印书馆 2014 年版，第 31 页。

[2] See Ronald Dworkin, *Law's Empire*, Harvard University Press, 1986. pp.133-134.

并非排斥个体司法者的解释活动，而且正是由于刑事立法与个案正义之间存在距离，也就无法避免刑事和解规定在个案中不断和其他社会交往的信息与知识进行互动。一种制度或法律规定的目的并不是立法者的“原意”，而是作为运作法律的行动者根据特定时空条件所理解的满足法律系统运作逻辑的制度内容。

正是对解释的需要使得现代刑事法运作以司法作为中心。司法集中体现了作为社会功能系统的法律如何通过抽象性的规范运作产生稳定的社会期待，形成现代社会整合的功能。[1]司法利用各种智识资源分析具体案件、衡量各方利益，形成裁判。司法裁判的效力不仅能够指涉个案，而且作为适用系统符码和规范运作的结果，司法运作还能够丰富法律文本的内涵，使得法律系统的结构不断丰富，进而减少立法的缺陷和不足。也只有丰富的司法裁判经验才可能构建起丰满的法治。法律系统也只有在积累丰富的司法经验基础上，才有建立起抵御其他社会系统“侵扰”的可能，形成运作意义上的自治。

在刑事和解中，我们也需要司法活动不断丰富对经济赔偿条款的解释。我国的刑事和解制度不仅具有缓解刑事纠纷双方当事人的对立、化解社会矛盾的功能，而且体现出对刑事惩罚的指导意义，特别是强调了经济赔偿与刑事惩罚之间的互动，而非线性的“赔偿—减刑”。刑事和解的司法过程应当通过对特定案件事实的认知，实现并丰富我国刑事和解制度的设计理念和原则指导。

一方面，作为一种重要的抽象性媒介，经济赔偿对降低犯罪被害感受具有现实的、积极的意义，经济支付同样是重要的社会功能系统，现代刑事司法的运作不能无视经济互动对个体心智的影响和对犯罪社会危害性所具有的衡量作用以及等价补偿作用。在一定程度内允许通过经济补偿换取刑事责任减免并不会损害法律的社会功能，而是丰富了刑事司法在社会整合方面的实质内容。另一方面，我们也应当看到经济支付与法律运作之间对于功能分化社会所具有的不同意涵，而正是法律，特别是司法所具有的稳定社会期待，

[1] 对于法院和司法在法律系统中的地位，可参见 Niklas Luhmann, *Law as a social system*, Oxford University Press, 2004. p.390 infra。

给予个体自由平等对待的功能。刑事和解不仅在立法上，而且在司法上应当根据社会交往的系统属性做出个案解释。司法者在个案中仍然能够对系统的沟通注入新的价值选择，不断调整和重塑刑事和解的制度内涵。

（五）经济理性、刑事和解与司法改革

通过上述分析，我们重新考察了针对刑事和解制度所产生的“以钱买罪”的质疑和担忧。在这一制度下，存在不同社会系统运作规则的冲突，以及在这种规则冲突中所隐含的社会结构的多样性问题。通过引入系统理论，本书论证了现代社会刑事法体系的自我指涉与二阶观察属性使得法律的平等适用原则基于立法“程序正当”，而非实质意义上的规则平等适用。社会系统间区分基础上的互动才是经济赔偿进入量刑程序正当性的实质，或者说社会结构意义上的依据。

刑事和解制度体现了现代刑事司法的开放性，以及由此带来的积极社会效果。通过法律符码和沟通纲要的建立，刑事法体系以普遍性的法律规范以及在规范基础上形成的可执行的具体司法判决，维持了社会期待的稳定，简化了社会环境的复杂性。在对外部环境资源和知识的态度上，刑事法体系始终保持开放。正是这种开放的状态使得其能够对社会环境的变迁，包括其他社会子系统运作所产生的知识结构、运作逻辑、制度理性等进行吸纳，并做出刑事司法系统内部的回应。

现代刑事法体系虽然不再根据传统的权威与支配规则对行为和行为人做出区分，但是“区分”仍然是现代刑事法在立法与司法中不断展开的运作。现代刑事法区分下的平等对待并非悖论，而正是这种运作模式回应了现代社会交往空间扩大条件下的需求。刑事和解制度中出现的“以钱买罪”现象是现代刑事法与经济支付系统产生互动的结果。但是这种系统间的互动并非意味着刑事法对被告人刑事责任的判断被经济赔偿所取代，各个社会子系统具有的特定功能应当被维持，并产生区隔。开放的刑事法系统在自我指涉的运作上保持封闭的特点。

刑事和解中存在的“以钱买罪”不仅无法将经济支付符码全面引入刑事法系统，而且通过刑事法解释规则和个案价值判断的运作，“以钱买罪”在个

案中的正当性也必须根据刑事运作本身，而非经济支付媒介获得。

与现有文献相比，本书对刑事和解制度中“以钱买罪”现象并非通过一种对刑事法原则的规范解释去理解，而是以法律社会学外部观察的视角展开。我们认为对刑事和解制度中“以钱买罪”现象做出这样一种超越规范刑法学与刑事诉讼法学的解释是恰当的，也具有智识上的创新。更重要的是，基于系统论的解读并非仅仅是一种社会科学意义上的描述，而是通过用外部观察反思立法、司法解释等问题，我们找到了对刑事和解制度在规范法学意义上具有正当性的解释路径。

对于刑事司法实践而言，系统论的视角也具有现实意义。波斯纳法官就曾提出面对现代社会的复杂性，传统的解释学与司法工作方式已显得捉襟见肘，方法上，特别是借助社会科学知识的司法方法创新迫在眉睫。[1] 刑事和解制度不仅涉及对刑事程序操作的理解，也涉及不同犯罪类型经济赔偿对量刑要素的影响及其解释。更关键的是，不论是对程序法的认知，还是对实体法的教义学分析，在司法实践中都不再是，或不再仅仅是一种法律内部知识的传递和更新。作为开放的社会系统，刑事法的一体化解释意味着是否以及在多大程度上允许经济赔偿介入归责过程成为需要通过理解社会结构和个案社会意义的复杂过程。[2] 或许在常规性案件的判断中，法官无须诉诸这些“法条背后”的知识，但是并不代表刑事法的运作仅需完善“法律的自洽”。

在系统理论之下，法律职业共同体没有理由抱持“法律神秘主义”。法律的自我指涉也绝不是法官“闭门造车”。对转型期的中国社会而言，刑事和解

---

[1] See Richard Posner, *Reflections on Judging*, Harvard University Press, 2013. pp.351-352.

[2] 甚至刑事法自身的“一体化”也仍然需要注意在侦查起诉、司法与执行沟通上的系统性差异，也就是说，司法的沟通二元符码并不适用诸如执行上的系统运作。在司法阶段展开的经济赔偿的系统功能和社会意义与在执行阶段，基于被告人改造、矫治和复归社会形成的经济赔偿程序设置存在差异。这一点来源于学者对少年司法各个阶段系统性差异的考察，可参见李茂生：《少年犯罪的预防与矫治制度的批判——一个系统论的考察》，载《台大法学论坛》2000 年第 2 期。不过，刑罚执行在 20 世纪 90 年代后期也逐渐形成了一种“犯罪控制”而非“社会复归”的运作机制，也就是说，刑事法律体系以自身的标准衡量其“输出”。See Feeley, Malcolm M., and Jonathan Simon. “The new penology: Notes on the emerging strategy of corrections and its implications.” *Criminology* 30.4 (1992): 456.

牵涉到双方甚至多方主体的利益、情感与命运，更是“法律与社会”产生互动与交集的重要场域。经济赔偿在某些情况下并非被害人的首要或唯一诉求，相关实证研究也表明了在这类案件中，通过经济赔偿的刑事和解并非最优选项。[1] 因此，“恢复性司法”依然需要提倡，但是在系统论的视野下，罪犯所需恢复的不仅仅是社区的情感与道德纽带，而是在现代社会功能分化条件下，各系统沟通的维持。这种恢复不限于犯罪人的参与，而是全社会（例如通过陪审制度）主体的参与。司法活动是面向人民、服务人民的，从而也必然是一种开放，而非封闭和神秘的系统。作为社会系统的刑事法律沟通具有多种可能性，通过系统沟通建立起来的系统与个体的关系也应当超越现有法律制度刻意区隔的“局内人”与“局外人”之分。[2]

当下的司法改革强调庭审的实质化与完善辩护制度。这意味着司法活动的专业性和参与性的同步提高，刑事和解制度为司法改革上述理念的实现提供了制度支撑。

具体来说，庭审的实质化强调司法裁判的法律与社会效果在司法过程中展开，增强法官在审理案件中的亲历性。因此，需要诉讼双方及其诉讼代理人的司法参与。法院庭审实质化还具有连接社会面对面互动，建立一种非在场互动语境的效果。[3] 法院组织将庭审的互动与抽象的规范连接，从而使得庭审不仅对当下案件的裁判具有意义，也成为法规范“客观目的”的一部分，从而递归式地连接了系统的过去与未来。[4]

为了实现上述整合社会交往的功能，庭审的实质化并不仅仅意味着司法过程的专业性和律师辩护权的保护。法院及其审判作为连接社会个体交往的制度设计，还应在庭审的水平维度的设计中，将被害人的话语和诉求纳入其

---

[1] 参见王伦刚、刘思达:《基层法院审判委员会压力案件的实证研究》，载《法学研究》2017 年第 1 期。

[2] 有关刑事司法的局内人与局外人区分的谬误，可参见 Bibas, Stephanos. *The machinery of criminal justice*. Oxford University Press, 2012，特别是第二章。

[3] 参见［德］卢曼:《法社会学》，宾凯、赵春燕译，上海人民出版社 2013 年版，第 376—377 页。

[4] 由于连接了组织和面对面互动交往，庭审的记录（record）因此也变得重要起来。不过，也正是由于组织决策吸收和隐藏了社会沟通固有的不确定性，庭审记录的公开受到严格限制。See Niklas Luhmann, *Law as a social system*, Oxford University Press, 2004. pp.147-148.

中，释放司法的参与度，保持司法专业性与参与性的均衡，使得司法公开在动态的庭审参与中实现，增强人民对法治的信赖。从而也使得刑事法律的一般预防效果，也就是保护社会诸领域规范的功能更易实现。刑事和解是被害人及其家属参与司法、被告人表达悔罪的制度条件，为实现司法平等和广泛的参与，最终践行“人民司法”提供了制度资源。

同样地，司法改革上述理念的实践也会加强当事人对刑事和解公平性的信心。在实质化、参与度高的庭审中展开“悔罪与谅解”，而非“赔偿—减刑”，也会弱化乃至消除那些触发刑事和解制度“异化”的变量，并激发当事人诉求的完整表达，促动刑事和解制度作为不同社会系统间良性互动的社会效果。刑事和解制度对于调和社会个体的微观互动与制度的宏观价值目标，也就是实现个案中人民群众的利益诉求和整体法治社会秩序建立的融合具有可观的制度潜力。

因此，司法上“赔钱减刑”或“不赔钱不减刑”的“公式化”裁判模式，都是不负责的。[1] 正如有学者所言，不仅社会生活方式和思想观念转型剧烈，改革之后，我国也迅速成为经济效率至上的国家，经济标准不可避免地要对全社会产生辐射，但同样也应适度对之加以限缩，防止经济标准的无限扩张。[2]

---

[1] 上述对刑事和解实践中可能出现的“经济赔偿 = 从宽处理”这样一种思维之分析，也在一定程度上适用于对我国刑事执行中的财产刑执行与减刑假释“联动机制”的分析。在刑罚执行的实践中，也存在不执行或者没有完全执行财产刑就不得减刑假释的问题。参见李晓磊:《罪犯执行财产义务与减刑、假释审理联动机制之研究》，载《西南政法大学学报》2016 年第 3 期。与之相对，在罪犯劳动改造中，则不注重劳动改造的经济效益。参见高寒:《罪犯劳动效益问题研究》，载《中国监狱学刊》2016 年第 3 期。

[2] 参见李忠夏:《宪法教义学反思：一个社会系统理论的视角》，载《法学研究》2015 年第 6 期。经济活动与经济理性在现代社会的弥散效果，也在一定程度上说明了欧洲启蒙时期的政治宪法与宪治的衰微。在民族国家形成时期，卢曼指出，政治与法律的结构耦合是社会演进的主要方式，从而也“遮盖”了其他社会系统，例如经济系统对法律以及法律对经济系统的规制。从某种意义上说，也正是在现代社会兴起时法律对经济活动的“放任”，造就了经济活动自生秩序的形成。我们在今天面对的问题则是如何重新理解宪法和宪治，在前面一节我们对此已有较为详细的论证。本节对经济系统运作方式的论证，进一步说明了现代社会功能分化趋势下不但经济活动再也无法独立于法律，而且经济活动的自治也是建立在法律系统对其活动理性的不断认知的基础上。

第三节　刑法与其他社会系统的结构耦合

从社会演进的历史角度来看，现代政治国家、民主国家以及福利国家模式的形成主要围绕处理国家制度与日常生活之间的关系展开，而在这些关系中，政治与经济扮演了关键角色。其他社会系统与刑法体系的互动研究在很大程度上借鉴了法律与政治、法律与经济的演进模式。因此，对政治与经济系统的研究有利于我们在本节展开刑法与社会其他系统关系的考察。

一、刑法与大众传媒

“今日媒体对刑罚执行，特别是死刑的报道采用了一种确定的、通用的格式。这些报道常常具备：令人不安的犯罪过程及其结果的描述、被害人家属充满感情色彩的陈述与回忆、犯罪嫌疑人的犯罪历史、漫长的上诉或申诉过程、死刑执行过程中的观察以及被执行人的临终遗言、对支持者与反对者的采访，等等。上述报道的常规要素构成了一个邪恶的犯罪人被绳之以法，法律在其诉诸正义的过程中尊重其人权的图像。”[1]

（一）媒体系统的沟通符码

加兰对当代媒体报道刑事司法的上述分析，说明了作为现代社会重要功能系统的大众媒体在对犯罪的法律惩罚过程的描述中形成了自身的特点和运作结构，而我们能够从中看出这种运作和系统理性的形成与刑法系统的运作沟通、符码和纲要等都不尽相同。我们将在本部分首先考察系统理论下现代大众媒体的基本运作规则、方式与符码，然后将通过对我国刑事司法中一个受到媒体关注的案件——崔英杰案的实证研究来检验系统理论对现代社会大众媒体与刑事司法关系论证的恰当性。

---

[1] See Garland, David. *Peculiar Institution.* Harvard University Press, 2010. p.5.

法律[1]与媒体的关系已成为法学界近年来的理论热点问题。多数学者从规范判断与价值判断的角度对媒体与司法的关系展开论述。近年来，学者开始从机制和制度设计上探讨两者关系，针对制度设计与操作方面存在的问题，进行深入的解析，以期使媒体监督司法更加制度化和规范化。不过在相关讨论中，站在功能论的角度认识法律与媒体的社会性质，并将其置于社会系统的背景之下的研究仍然尚待理论上的创新和突破。如前所述，系统论的基本特点，就是考察各种社会安排在多大程度上能够满足由一个共享的规范体系所限定的各项功能要求，[2]也就是解决如何使社会通过不同系统进行自我指涉沟通的问题。[3]

在系统理论中，媒体也是一种封闭的自我指涉的社会系统。刑法处于媒体系统的环境中。媒体是社会各子系统中"管闲事""拿鞭子"的那个系统，是对社会其他子系统事件的"二阶观察"。不过，由于媒体使用的符码不同于环境中其他系统的符码，媒体无法重现其他社会系统的内部沟通。[4]

在系统理论看来，媒体使用的符码是信息 / 非信息（information/non-information）。[5]信息能够更新社会大众的知识体系并能够为社会大众所接受，媒体对受众的想象以及媒体对大众接受知识的控制都建基于此。媒体系统的自我更新、自我生长以及自我重复在于对流入系统内的环境成分进行信息 / 非信息的二元符码处理，进而简化复杂性条件下的系统内部沟通。媒体系统对事件的处理是形成"新闻"（news）的前提。新闻的价值由媒体自身创造，事件"真相"也是媒体系统内部自我指涉的结果。法律行为与司法审判对媒体而言也只是在信息 / 非信息的二元符码下处理的"新闻性"，而非"法

---

[1] 司法（judiciary）与媒体的关系是学界探讨的热点。基于卢曼系统论，将司法包含在法律体系中，司法成为法律体系运作具有代表性的制度化结构（institutionalized structure），但是从法律系统来说，其媒体的沟通并不限于严格意义上的司法活动（法院）。

[2] 参见［美］托依布纳：《法律：一个自创生系统》，张骐译，北京大学出版社 2004 年版，第 7 页。

[3] See King, Michael, and Christopher J. Thornhill. *Niklas Luhmann's theory of politics and law.* Basingstoke: Palgrave Macmillan, 2003. p.52.

[4] See Nobles, Richard, and David Schiff. "A story of miscarriage: law in the media." *Journal of Law and Society* 31.2 (2004): 225.

[5] See Luhmann, Niklas. *The reality of the mass media.* Stanford, CA: Stanford University Press, 2000. p.17.

律性”事件。

因此，媒体系统无法与法律产生系统内部沟通，或者说，媒体无法通过自身符码产生法律的沟通。同样地，法律与媒体产生激扰（irritations），例如对媒体侵权或诽谤案件的审理，但是这种交流并不是媒体系统的沟通，不是产生“新闻”的过程，而只是法律过程。作为运作封闭的社会子系统，司法与媒体必须使用自身的符码判断，并将对方系统的意义“还原”为事件，通过自身的纲要进行再加工。系统的封闭性使得媒体的判断与法律的判断具有巨大的差异。

（二）遗忘：媒体系统的时间维度

正如法律有自身的时间构建，媒体也有自身的时间维度。每个时间段（每天、每小时甚至在自媒体时代不间断的二十四小时）都被媒体系统用“新闻性”予以分割。一些事件被按照每天重复的模式予以常规处理，成为“每日新闻”，另外一些则根据信息／非信息符码运作成为“焦点新闻”。

自我指涉的媒体系统对冗余的处理也需要以上述二元符码为依据，记忆／遗忘是媒体自我复制和保持系统活力的方式，新闻性的要求使得媒体不断遗忘。当社会系统里有了太多的知识信息时，正是媒体帮助我们“积极地忘却”：新闻总是比事件本身“去得要快”。[1]

一般来说，社会记忆要求经验被组织起来，形成连续的意义架构，并为未来经验的对比提供基础。法律系统的运作就是如此。但是媒体系统对事件的组织形式却不要求甚至不能采取这样的记忆机制。从外部视角来看，媒体系统的筛选机制被描绘成“肤浅”“简单”。而从媒体系统内部来看，媒体体系的“遗忘”机制使得系统的自我指涉成为可能。新闻在遗忘的过程中也不断产生。这种连续不断的筛选过程在媒体系统报道社会事件“真相”和公众“知情权”的社会语境与修辞下得到正当化，我们通常称之为“沟通的自由”。但是在卢曼理论中，我们看到这种自由沟通只有在媒体系统的特殊筛选机制和符码运作规则之下才可能具有社会意义。因此，来自其他系统对新闻报道

[1] See Luhmann, Niklas. *Social systems.* Stanford University Press, 1995. p.415.

的批评无法避免。

从上述系统理论对自我指涉系统的时间维度的描述中我们看到，法律系统对事件处理的时间维度与媒体系统对事件处理的记忆 / 遗忘时间轴线存在巨大的差异。法律作为一般化一致性的规范期待系统，追求的是记忆的连续性。而媒体系统不仅无法使用法律的符码完成自我创造，也不能根据法律的判断规则对环境中的事件做出筛选。新闻的产生在时间维度上看没有对连续性和一致性乃至一般化的严格要求。如果媒体系统采取法律符码和纲要的判断标准，那么媒体系统的自我指涉可能难以为继。媒体系统的自我指涉机制在于对信息处理连续不间断的更新与遗忘。媒体的一大功能就是用新信息覆盖旧信息。[1] 只有这样，大量的事件才能以信息 / 非信息的符码予以传递、整合并形成“新闻”，最终构成媒体系统的知识体系。

（三）媒体“介入”（irritate）刑事司法的一个案例考察：崔英杰案

正因为两者运作的时间维度不同，法律与媒体制造的“现实”都无法脱离自身系统予以评价。“法律案件的真相被媒体报道遮蔽了”，这种说法在卢曼看来是没有意识到在功能分化的社会中，法律与媒体是两套封闭运作的系统。事件的意义只能通过社会子系统的处理而予以展现。[2] 作为研究者，应该将两套系统产生的意义予以对比，而不是以一种系统逻辑否定另外一种体系。对媒体系统来说，我们应当观察其自身如何在时间维度上更新自己的信息（information），进而产生事件的“新闻性”，[3] 特别是对于法律案件的报道，媒体是如何给予其新闻意义的；对法律系统来说，我们则应当从法律程序的视角来评价司法审判。

---

[1] See Luhmann, Niklas. *The reality of the mass media.* Stanford, CA: Stanford University Press, 2000. p.78. 涂尔干的分类思想（知识社会学）中也包含了这样的观点，即将具有社会记忆特点的制度理解为既包含着记忆的要素，也包含着操纵这种记忆的要素，甚至是遗忘的要素。它规定着“什么样的历史可以再现”“历史以什么样的方式再现”“究竟是谁在回忆”“我们究竟能够回忆什么”等问题。参见渠敬东：《涂尔干的遗产：现代社会及其可能性》，载《社会学研究》1999 年第 1 期。

[2] See King, Michael, and Christopher J. Thornhill. *Niklas Luhmann's theory of politics and law.* Basingstoke: Palgrave Macmillan, 2003. p.29.

[3] See Luhmann, Niklas. *The reality of the mass media.* Stanford, CA: Stanford University Press, 2000. p.14.

当法律案件进入新闻媒体系统的视野后，事件的“法律性”被媒体系统的运作剥离。事件“真相”重新通过媒体系统的自创生而实现重构。法律以及法律案件在法律系统中是规范与规范期待产生的沟通，但是相对于媒体而言则仅仅是系统外部环境中发生的事件。处于法律系统中的程序与判决没有媒体系统内部沟通中的“意义”，谈不上是一种“新闻”。只有进入媒体系统内部处理的案件才可能通过沟通筛选能够被系统接纳的“信息”，成为新闻事件。

上述是系统理论对媒体与法律（司法）关系的一般性观点。我们需要以案件素材来检视其理论价值，并产生对媒体与司法关系新的解释。刑事案件常常成为媒体的关注重点，无论是“法律适用”，还是“事实认定”都会成为媒体制造新闻的原始材料。[1] 同时，法律的证据认定与法律解释方法并不一定，甚至在大多数情况下没有任何“新闻价值”。本书选取了崔英杰案这一在当时媒体与法律界引起广泛关注的案件。从个案中，我们可以看到作为社会子系统的法律与媒体在中国如何运作，也可以洞察系统理论上述关于司法与媒体关系理论在我国媒体和司法实践中的图景。我们主要围绕以下几个问题展开个案研究：媒体如何对环境中的事件进行不断的信息 / 非信息的处理？媒体如何在法律案件的处理进程中进行“遗忘”，从而产生事件的“新闻性”？

1. 作为事件（event）的崔英杰案

卢曼认为，事件相对于系统来说存在于环境中，没有承载社会子系统的符码和沟通。事件不是法律判断，也不是新闻报道。我们用最简单的语言复述一下崔英杰案的基本“案情”。[2]

2006 年 8 月 11 日下午，海淀城管大队海淀分队副分队长李志强和同事

---

[1] See Nobles, Richard, and David Schiff. “A story of miscarriage: law in the media.” *Journal of Law and Society* 31.2 (2004): 228.

[2] 不过正如有学者所言，不存在没有沟通的事件，无论是媒体工作人员还是法律执业者，他们都极少作为目击者来描述事件。See Nobles, Richard, and David Schiff. “A story of miscarriage: law in the media.” *Journal of Law and Society* 31.2 (2004): 229. 关于基本案情，笔者在这里选取百度百科最简单的一种描述，虽然这里仍然存在一种沟通。

在中关村科贸电子商城北侧路边执法时，扣押了[1]在那里违法卖烤肠的崔英杰的三轮车。当执法人员将崔英杰的三轮车抬上执法车，崔英杰手持小刀刺入李志强的颈部，崔英杰随后逃走。

2007 年 4 月 10 日，北京市第一中级法院宣判，该院以被告崔英杰犯故意杀人罪一审判处其死刑，缓期二年执行，剥夺政治权利终身。

李志强成为北京市城管执法部门成立 8 年以来，首名因公殉职的执法人员，随后李志强被北京市委追认为革命烈士。

这三段"事实"刻画了本案的基本情节，是我们用以考察作为系统内部沟通形成的法律过程和媒体报道的参照系。

2. 媒体报道

在一审庭审前后的报道中，被告人崔英杰的身世、辩词及其辩护律师的辩护词成为在媒体信息/非信息筛选过程中具有新闻性（newsworthy）的信息。与此相关的城管执法权问题、死刑适用问题也成为媒体关注的焦点。媒体系统虽然关注崔案本身，对案件的司法推进进行了常规性的报道，不过我们从上述梳理中可以看出，经过对法律程序的"系统重构"，崔案在媒体系统中已经成为象征城管执法乃至转型时期城市管理问题的典型事件。作为个体的崔英杰成为这一抽象命题的"符号"，其本人被新闻报道赋予了许多能够代表"城市管理"这一社会问题的典型特征。

我们还需要考察作为法律系统沟通的崔案。通过对法律系统的描述，我们才可能将它与媒体系统产生的社会意义之间的差异进行对比。

3. 作为法律系统内的"崔英杰案"

（1）一审判决书

"被告人崔英杰于 2006 年 8 月 11 日 17 时许，在北京市海淀区中关村一号桥东南侧路边无照摆摊经营烤肠食品时，被北京市海淀区城市管理监察大队的执法人员查处，崔英杰对此不满，以持刀威胁的手段抗拒执法，当执法人员将崔英杰经营烤肠用的三轮车扣押并装上执法车时，崔英杰进行阻拦，后持刀猛刺该城市管理监察大队海淀分队的现场指挥人员李志强（男，殁年

[1] 原文有"依法"两字，将其删除是为了不做一种法律系统内部沟通的处理。

36岁）颈部一刀，致刀柄折断，后逃离现场。李志强因被伤及右侧头臂静脉及右肺上叶，致急性失血性休克死亡。”[1]

在判决书认定的事实中，我们没有看到新闻媒体对崔英杰多次被没收的三轮车事实予以认定，也没有提及城管执法是否与崔英杰有交流以及是否存在新闻媒体关注的过激执法。对于检察院变更起诉书的事实也没有提及。在裁判理由中，法院没有支持崔英杰辩称不知是城管的辩词，也没有支持其辩护律师要求重新鉴定尸体的辩护主张（媒体报道中没有提及）。对于判决崔英杰死缓，法院只是说“考虑崔英杰犯罪的具体情节及对于社会的危害程度”，而对于其辩护律师在媒体上所提及的“优秀士兵”以及请愿书等，法院没有提及，法院没有详细说明律师辩护意见（崔英杰的辩护人提出的辩护意见是：崔英杰不具有杀人的主观故意，不应以故意杀人罪追究其刑事责任），也没有采纳。审判书的主要部分是对现场目击证人证言证词的认定。从判决书看，这是一起“简单”的刑事案件。

（2）庭审实录

由于判决书对案件判决理由较为简单，我们还需参考庭审实录来考察崔案法律系统运作的逻辑。[2]

在法庭调查阶段，崔辩称“在跑的同时已经忘记了手里还有那把小刀。扎了被害人后，扎成什么样子我都不知道，我根本就不知道会造成这么大的后果，我的行为不能构成故意杀人，绝对是个意外”。辩护人对崔的补充性发问提及了有关城管处罚是否程序合法的问题，崔也提到其荣获优秀士兵的经历和事后询问被害人伤情的细节。

在控辩双方举证质证阶段，[3] 崔提及庭前庭中叙述不一致是因为“对那份

[1] 北京市第一中级人民法院刑事判决书（2006）一中刑初字第3500号。

[2] 该庭审实录以中国法院网网络直播记录为准。这份庭审实录省去了公诉方提供的证人庭审作证的记录。参见 http://wenku.baidu.com/link?url=_h03XEnHwMHOmPW0kU_dO1naVUEazV7fOuy_xKQZpZu5R7R5d1n1CjaIxhXeGeIoeFxyi1ROvoBqjgwwFMw9NrXZ0q5c7JXyvxfy6WlraFy，最后访问时间：2017年1月24日。

[3] 系统理论学者指出，在大众媒体的新闻报道中，法庭对证据调查阶段的质证过程通常被描述为“寻求真相”的过程，而这与在法律程序中将质证过程看成“法律问题”具有很大差别。See Scheffer, Thomas. *Adversarial case-making: An ethnography of English Crown Court procedure.* Brill, 2010. p.17.

口供我根本就没有仔细看过”。辩护人还多次提及证人身份的问题，还提到崔英杰“就是为了追车……不是追人，更不是追杀”。公诉人还对城管执法问题发表了意见，辩护人提出的城管执行公务是否有法律依据问题，法庭没有现场做出决定。对与崔英杰一起摆摊的赵某证言中提及崔认识到是城管，崔对此证言反对。辩护人提出现场是否存在救助不当，法官认为“辩护人可以在庭后咨询专家”。对于辩护人提出的有关被告人良好品质和优秀士兵的请求，审判长认为“与本案事实无关”。

从审理记录来看，庭审主要围绕崔是否知道是城管在执法，其行为是否是返回追杀被害人。新闻报道中出现的有关崔自述经历和辩护律师对城管执法权的质疑并不是庭审的核心。对于辩护人提及的证人身份及其证词的证明力问题，媒体报道并没有关注。鉴定书[1]作为证据组成部分也没有在媒体报道中出现。

（3）起诉意见书和起诉书

起诉意见书认为崔涉嫌故意伤害罪。媒体报道则对这一法律程序理解有误。[2]起诉书中提到崔“犯罪性质极其恶劣，情节、后果特别严重，社会危害性极大……应当以故意杀人罪追究其刑事责任”[3]。“社会危害性极大”的起诉意见没有被法院采纳。[4]起诉意见书和起诉书的具体内容均未被当成新闻事件进行报道。

（4）辩护词

作为新闻信息的辩护意见在审判后、宣判前被律师部分披露，而作为法律程序中的辩护意见直到两年后才被律师完整披露，也被网络载体相继转载。[5]

辩护意见有两份，是崔英杰的两位代理律师分别撰写的。夏霖律师作为

---

[1] 包括《尸体检验鉴定书》《生物物证鉴定书》。

[2] 参见北京市公安局起诉意见书京公预诉字［2006］516号。

[3] 北京市人民检察院第一分院起诉书京检一分刑诉字［2006］第243号。

[4] “犯罪性质恶劣，后果特别严重。”北京市第一中级人民法院刑事判决书（2006）一中刑初字第3500号。

[5] 因为没有权威机构发布的文本，这里的辩护意见书只能参考当事两位辩护人通过微博披露的版本。

主辩护人参与了大部分法庭调查、质证。夏霖的辩护词第一部分主要针对公诉书中“妨害公务行为”，第二部分针对故意杀人指控，辩护意见对行为人行为时面临的身体压制状态做了分析。

李劲松律师的辩护词主要质疑公诉机关证据收集是否全面、被告人行为与死亡结果的因果关系、被告人是否受到强制、水果刀与杀人意图之间的关系、录像显示的时间与报复性杀人故意不相吻合。这份辩护词还用案例列举的方式（12 个被判处死缓的暴力犯罪和职务犯罪案例）以及“被害人过错”理论说明了“应当综合所有犯罪情节，判断行为人的罪行，是否极其严重”，有关城管制度和执法权问题并不是其辩护的主要理由。[1]

通过对两份辩护意见的梳理我们发现，夏霖的辩护意见与媒体关注点更为一致，夏在案件司法程序中也多次通过媒体发声，其辩护词，准确地说，被其精心筛选的部分辩护意见成为新闻点。其辩护词已经部分丧失了作为法律符码判断的语言意义，而成为系统外沟通进入法庭。

另外，我们看到李劲松律师的辩护意见是较为典型的“法律辩护”。其辩护词主要针对崔案中杀人情节问题进行说理，并运用刑法教义学，对杀人行为是否构成恶劣情节，杀人过程中是否存在被害人过错，是否与其他相关案件同案同判，是否在量刑中考虑宽严相济的刑事政策做了分析。自然，这一份“法律”辩护词没有引起媒体过多关注。如果不是为了研究需要，笔者甚至根本不知道崔案原来还有第二位辩护律师。这恐怕是大多数新闻受众的“错觉”。

4. 系统论下的崔英杰案：中国的法律与媒体

（1）媒体

媒体对崔案的报道持续了接近一年的时间，同样的事件，媒体在不同的时间维度上发展出不同的叙事，充分运用了媒体的筛选和遗忘机制，创造出不同的新闻。媒体最初是常规化的对命案的报道，主要集中在对被害人和行为人的基本介绍、案情的基本汇总上。值得关注的是，作为国家工作人员的

[1] 参见 http://wenku.baidu.com/browse/downloadrec?doc_id=d3aeb1eb856a561252d36f8e&，最后访问时间：2017 年 1 月 24 日。

被害人被追认为烈士一事成为媒体较早关注的热点。

媒体承担着我国政治系统正确引导民意与化解社会纠纷的任务，在市场化的条件下，媒体的这一政治功能依然存在。[1] 从前期的媒体报道对被害人事迹的描绘，我们可以看到媒体报道中信息（information）选取的与政治系统功能的符码运作相似。[2] 从对崔案的新闻报道的研究中，我们看到政治体系在我国是全集式的（all-embracing）社会系统，[3] 政治系统的沟通符码在一定程度上依然影响着甚至决定着我国媒体的信息选取。媒体系统的信息产生需要考虑和吻合政治系统的判断。我国主流媒体具有的舆论监督功能也可以从政治系统与媒体系统符码使用的趋同中得以证实。

正如有学者所言，在舆论监督的名义下，新闻媒体获得了某种政治正确性，而其背后的商业驱动则被遮蔽了。[4] 首先，由于我国的媒体系统在改革开放中逐渐与政治功能分离，对新闻性的追求成为其遵循的主要生存准则。其次，市场化条件下的媒体开始逐渐减少对政治系统的经济依赖，媒体系统产生自我消化和自我复制信息的能力。在崔案的后续报道中，我们看到媒体相继对事件（events）进行了再挖掘，将视角从前期的被害人、烈士等关键词向城管制度、小贩生存权等新的新闻点移动。报道重心的转移和新闻点的重塑在一定程度上是媒体不断进行系统内沟通的结果，而不是政治系统的直接介入。媒体通过自身运作和信息处理，在这一事件中或多或少创造了属于媒体自身的信息过滤体系，并在一定程度上完成了卢曼所谓媒体生产 / 遗忘、想象 / 控制信息的过程。我国媒体作为社会“观察器”的结构与功能也有所展现，其吸纳事件，并根据自身符码创造新闻价值的能力逐渐增强。从系统理论的视角来看，这意味着媒体自我观察能力的增强。大众媒体在“我们是民主、良知与道德的管控者，我们是社会与政治的守

---

[1] See Liebman, Benjamin L. “Watchdog or demagogue? The media in the Chinese legal system.” *Columbia Law Review* (2005): 11.

[2] 参见 Philippopoulos-Mihalopoulos, Andreas. *Niklas Luhmann: law, justice, society.* Routledge, 2009，特别是第二章。

[3] See Luhmann, Niklas, and Martin Albrow. *A sociological theory of law.* Routledge, 2013. p.105.

[4] 参见陈兴良、周光权:《刑法学的现代展开》，中国人民大学出版社 2006 年版，第 63—64 页。

护者；或者根本也是咨询的提供者”等的自我定义中，来反省自身，形成了制度化的自我观察。[1]

媒体遇到刑事法体系后又会呈现怎样的图景？在崔案中，我们看到媒体对案件审理过程的报道本身就是一种对其内部沟通筛选事件能力的展现。媒体使用自身的符码对崔案的刑事审判过程进行了重构，将审判中的“事实”与“法律”根据媒体的“新闻逻辑”进行了多次筛选。从庭审过程中崔英杰辩称的部分节选，到其辩护律师对城管制度的悲怆态度，再到关注被害人和行为人作为具体的、生活中个人的成长经历，媒体的焦点随着系统不断自我运作产生“新闻点”。从对司法案件事实的关注，到对远离司法判决的社会问题探讨，媒体系统与司法系统“渐行渐远”。

今天的传媒以无所不在的方式，把它的沟通符码撒在人们日常生活的各个角落。[2] 正如有学者所言，现在社会的大众传媒制造“公众舆论”的能力越来越强，社会大众实际上根本无法从媒体传播中取得自主性空间，隐身在媒体背后的个人或利益集团刻意借助传媒组织所型塑出来的公共意见，从而使得讨论各种相当冲突性的议题时（例如犯罪），提供意见者往往不自觉地将自己置身于被害人的地位来进行思考。[3] 新闻媒体系统的沟通最终塑造了另一个崔英杰。

与此同时，对崔英杰是否在城管执法中被强迫、被害人是否有过错、救助过程中是否存在过失等法律问题则被排除新闻系统，甚至有关崔案关键证据的司法认定过程就从来没有进入媒体的信息 / 非信息筛选频道。[4] 媒体与司法产生对同一事件不同的“意义”生产机制。但这是否意味着他们之间不会产生结构耦合？我们还需要继续分析作为刑事司法系统的崔案。

---

[1] 参见［德］玛格特·博格豪斯：《鲁曼一点通：系统理论导引》，张锦慧译，台湾地区暖暖书屋文化 2016 年版，第 65 页。

[2] 参见叶启政：《社会理论的本土化构建》，北京大学出版社 2006 年版，第 353 页。

[3] 参见古承宗：《风险社会与现代刑法的象征性》，载《科技法学评论》2013 年第 1 期。

[4] 法律技术问题很难成为信息更新速度快且不注重系统记忆机制的媒体的关注点。See Nobles, Richard, and David Schiff. “A story of miscarriage: law in the media.” *Journal of Law and Society* 31.2 (2004): 242.

（2）法律

面对新闻系统制造的“汹涌民意”，刑事司法系统是如何应对的呢？在这一过程中，司法能否做出独立的判断？或者用卢曼的话说，我国的法律运作能否在社会功能分化的条件下充当社会的免疫系统，[1]实现系统的自我指涉与自我观察？

在崔案成为新闻事件的初期，刑事司法体系始终在媒体面前保持较低的“出镜率”。公安机关和检察院在侦查与审查起诉阶段并没有与媒体产生太多的交集。作为社会管理体系中的政治机构，公安机关与检察院无论是在功能定位、领导机制还是在运作模式上，都与其他政治执行机关差别不大。公安机关作为行政系统的重要组成部门，本身就承担着重要的政治治理职能，新

---

[1] See Philippopoulos-Mihalopoulos, Andreas. *Niklas Luhmann: law, justice, society.* Routledge, 2009. 关于法律作为现代社会免疫系统（immune system）的论述，也可参见 Luhmann, Niklas. *Social systems.* Stanford University Press, 1995. p.374。一种免疫系统必须与不断变迁的条件下形成的沟通自我生成相协调。这意味着免疫系统不仅是对现状（status quo）的纠正和重建，而是要对这一功能实现进行选择，并且接纳沟通中有用的改变。在任何情况下，免疫不能仅仅当作一种认知（recognition），免疫系统的构建朝着更强的复杂性方面迈进，包括了对什么能被视为客观情境的话语之严格控制。在本质上，期待的不安定性通过矛盾的概念被隐藏起来。这种被压缩的不安定性几乎成为一种安定性：对矛盾的化解成为一种不得不展开的运作。逻辑上说，这种矛盾可以通过选择“被排除的第三项选择”（excluded third）而予以化解，但是矛盾的话语结构要求这种外部的选择被排除。因此，沟通就在这种不修正矛盾的背景下构建其可连接性。这种沟通可以通过一种决策，一种具有理性的结构构建来产生，或者也可以通过一种冲突的方式达致相同的效果。被整合起来的不安定性也就不再是一种不安定性，而是成为一种触发关注的信号，一种对沟通的接续，一种即时的对沟通机会的敏感性。免疫系统保护的不是系统的结构，而是系统的自创生，也就是系统封闭的自我再生产，它保护了行动的连接能力（connective capacity）。法律系统生成反事实规范期待的功能与免疫系统的上述意涵吻合。通过法律实现的安定性（仅仅是期待结构，而不是现实性）表现在系统对自我期待在矛盾中的沟通。在卢曼看来，只有社会能够“最终”具有说“不”的支配权，也就是构建一种反认知的免疫系统，从而“罔顾”面对面交往中冲突的必然性。法律作为社会的免疫系统从而使得个体违背法规范的代价（法律责任甚至刑事责任）更高。See Luhmann, Niklas. *Social systems.* Stanford University Press, 1995. pp.369, 371-372, 374, 423. 法律系统对冲突发生的时间、形态、牵涉的人以及强度都不做出事先的预测（prognosis）。从这个意义上说，法律系统没有倾向性。法律系统的免疫机能需要时间来准备，而且这种面对环境的反应机制并不是点对点的，不然系统 / 环境的区分将无法形成，法律系统不是其外部信息的“镜像”。See Luhmann, Niklas. *Law as a social system.* Oxford University Press, 2004. pp.171, 476. 法律系统在这个意义上具有面对社会环境的回应性（responsiveness）与面对自身的封闭性共生特点。

闻对崔案的初期报道中提及了此案侦查工作在市公安局长（市委常委）的亲自督导下完成，从侧面反映出媒体在一定程度上维护社会稳定的政治功能。

检察院对崔案的变更起诉使媒体首次与政治系统判断产生了不同看法。媒体运用自身信息的筛选机制产生针对变更起诉的质疑，并将此新闻点与崔案是否适用死刑立即执行联系起来，进而产生了部分脱离政治系统，也远离法律运作的自我观察。同样地，检察院在变更理由的说明中主要运用了法律系统的话语与符码判断，而不是采取政治话语作为判断的依据，作为司法机关的检察机关在刑事案件起诉中已经从政治系统中逐渐分出（differentiation）。

法律系统的功能分出和自我观察在崔案进入庭审阶段后得到更为充分的展现。如前所述，在媒体系统中，崔案作为司法案件的事实被反复裁剪，成为媒体沟通的环境。作为法律系统内部沟通的庭审记录、起诉书、判决书不再直接与媒体系统的自我观察产生沟通。作为环境的法院及其庭审过程为媒体想象提供了充足的质料，话题性（newsworthy）不断通过媒体内部沟通产生。在媒体系统自我复制的过程中，刑法系统并没有对其产生“干涉”[1]。

然而，以法律系统作为参照系，我们却看到媒体系统对其运作产生了强“干涉”，也就是紧密的结构耦合（tight structural coupling）。法律系统的自我指涉受到来自媒体逻辑的挑战。

法律自我指涉的“脆弱”可以从律师的作用和行为逻辑中体现。从崔案中我们看到，辩护律师及法学家扮演了双重身份，游走于两个系统之间：一方面，辩护律师将部分辩护意见向媒体系统公开，将法律话语与符码判

[1] 干涉（interpenetration）是法律系统与其社会环境相联系的重要机制。它是发生在由一个包含自我指涉系统分化所形成的同质的自创生系统之间的结构耦合。例如，法律、政治、经济和其他子系统是社会内部分化过程的产品，它们之间的结构耦合就是干涉。参见［德］托依布纳：《法律：一个自创生系统》，张骐译，北京大学出版社 2004 年版，第 30 页。干涉使得复杂系统之间能够产生结构上的相似性，尽管从系统运作的角度上来说，干涉并不会引起系统之间的融合。See Seidl, David, and Kai Helge Becker. “Organizations as distinction generating and processing systems: Niklas Luhmann’s contribution to organization studies.” (2006): 21. 干涉在一定程度上也解释了一种元素（element）可以为两种系统，特别是个体与社会系统同时采纳，但又在这两个不同的系统中呈现具有差异的功能、结构以及创造新的结构的可能性。See Mingers, John. “Can social systems be autopoietic? Assessing Luhmann’s social theory.” *The Sociological Review* 50.2 (2002): 290.

断转换为适合媒体系统的信息（information），不可避免地对法律论证造成了裁剪和加工；另一方面，作为公众人物的辩护人又在法律系统中将媒体关注的新闻焦点和“民意”带入法庭论辩，在刑事司法系统内部引入公众言论和媒体系统的符码判断。从两份辩护意见书的区别中，我们已经看到这种转换在一定程度上削弱了律师作为法律系统参与者的“专业性”，甚至使庭审过程看起来更像是在对媒体的受众而不是对法官进行对话。[1] 律师将法律系统沟通使用的关键符码合法 / 非法转变为是否能够吸引大众的新闻性沟通。当作为法律系统内部的参与者开始使用系统外部符码时，参与者之间的沟通无法顺畅地持续下去。至少在形式上我们看到，法院庭审过程中对辩护意见的搁置、判决书中对辩护意见的不予采纳，都体现了法律系统无法容纳非法律系统的判断。

但是我们也看到，作为法律子系统的刑事司法在崔案中并没有，也无法排斥媒体制造的“民意”。但这并不是媒体系统自身新闻功能发挥的直接后果，而是“民意”所引起的政治逻辑对法院审判造成的牵制和影响。法院虽然在庭审中拒绝了对诸如崔英杰日常品德的辩护意见、对城管执法权合法性问题的质疑等不属于杀人刑事案件的法律系统外部沟通，但是我们从一审判决中对犯罪情节的表述以及死缓判决的理由中，可以看到法律沟通向其他社

[1] 也有学者认为，中国司法现状有必要建立有效的民意吸纳机制，从而使司法判决与公众感情相吻合。参见苏力:《法条主义、民意与难办案件》，载《中外法学》2009 年第 1 期。在系统理论看来，环境与系统，系统与系统之间必须形成有效的干涉，但是这种干涉是建立在系统功能分化的基础上的。因此，笔者对苏力的观点持保留意见。在社会分工和功能分化的条件下，民意应当，至少首先应当通过立法等政治途径予以反映，而不是进行司法的“民意输入”。司法过程中，特别是通过律师之口产生的“民意”是值得怀疑的。正如学者所指出的，有些刑辩律师“不顾保密义务，随意将偏激、片面的辩护意见投放到博客、微信、微博等自媒体上。这种做法只能在网络媒体上哗众取宠，对没有亲历庭审以及无法完整阅读案卷的普通受众进行煽情。对刑事诉讼证明上则毫无用处，反而会徒增了解全案证据事实的办案人和被害人及其近亲属的恶感，及其情绪对立……平实、冷静、中性的语词、文字表达出的辩护词只有及于合议庭的法律意义（着重号为笔者所加），不具有对潜在客户的商业意义。因此，对于以利润最大化为最高诉求的刑辩律师而言，轻易放弃万众瞩目的‘公共刑事案件’中的商业机遇，倒是反常态的。这也就是为何在媒体高等关注的案件中，会有律师主动上门免费提供帮助或辩护，目的是在媒体全覆盖的聚光灯下，将自己的律师名号放大”。刘忠:《未完成的“平等武装”》，载《中外法学》2016 年第 2 期。

会系统沟通的趋同与妥协。[1] 需要注意的是，这种趋同的压力是否完全由媒体系统造成，我们持怀疑的态度。因为功能分化下的法律与媒体，虽然会产生结构耦合，但是其自身运作封闭的构建将会使其不再"惧怕"，至少在个案的审理中不易产生对对方逻辑和功能的依附。政治系统的功能与影响依然在法律与媒体的实践中起到举足轻重的作用。

（3）刑法与媒体的中国实践

结合个案，上述系统理论的分析在一定程度上揭示了刑事司法与媒体、媒体与政治、法律与政治关系在转型时期我国社会的现实状态。我们发现，即使已经迈向从阶层分化向功能分化的道路，这一过程仍然没有让我国社会各个子系统形成运作的封闭和具有自反身性质的内部沟通渠道。这种系统运作自我指涉上的缺失也使得系统实现更高的功能分化遇到阻力，甚至在某些情况下走向系统论认为的分化退化（de-differentiation）状态。[2]

系统论一个有趣的看法，对于理解我国刑事司法与媒体关系很有帮助。其认为，社会制度的存在与认同有赖于人们对制度有效性的过高估计（预期）。只要大多数人相信其他人赞成制度，甚至是当几乎每个人都假定几乎其他每个人都赞成制度时，制度的持续性便得到保证。在很大程度上，制度的同质性是虚构的。[3] 制度的"群众基础"也产生于此，用卢曼的话来说，制度的诞生源于"几乎每个人都假定几乎每个人都假定几乎每个人都同意"[4]。在制度的起源处，并没有一个本体论的价值判断。社会制度的作用就是自发地产生共识，为人类生活提供各种共识基础上不断创造的可能性。

从这种对人类经验社会的定义中，我们可以看到卢曼将其理论视角的时

[1] 富勒认为，对人的评价与对事的评价之功能分离是现代刑事司法应对现代社会人与人通过法律进行沟通和产生稳定期待的手段之一。而审判阶段被告人的人格证据与行为证据的分离是最好的例证。See Fuller, Lon L. "Human Interaction and the Law." *American Journal of Jurisprudence* (1969).

[2] See King, Michael, and Christopher J. Thornhill. *Niklas Luhmann's theory of politics and law.* Basingstoke: Palgrave Macmillan, 2003. p.40.

[3] 参见［德］卢曼:《法社会学》，宾凯、赵春燕译，上海人民出版社 2013 年版，第 107—108 页。

[4] Luhmann, Niklas, and Martin Albrow. *A sociological theory of law.* Routledge, 2013. p.55.

间维度对准了未来的轴线，并且预设了人类选择的自由。而在卢曼的理论中，这种面向未来的选择可能性依靠的是一个发达的，建立在语言、符号以及共识基础上的社会结构。媒体系统由于前述的自身判断符码和运行机制无法完成功能分化社会中简约复杂性与偶在性，并进而使得交往期待一致性一般化的功能，也无法给现代社会的公民提供最大限度共识基础上的自由。我们不能期待解决共识的社会功能由媒体系统完成。而应当看到，在所有现代社会制度中，法律，特别是刑事司法系统，对于交往期待的一致性一般化具有特别重要的地位。[1]

概括来说，法律成为一种独特的社会范畴：当社会分出越来越强时，法律成为制度化的机制。[2] 法律成为一种区别于其他社会系统的结构，法律人作为一种职业开始出现。[3] 卢曼的观点将法律作为现代功能分出社会的一项特殊机制来对待：法律能够容纳特定社会系统最大的共识。法律的作用不在于创造共识，而在于对共识的节制作用，由此使得习惯性的社会化简方式有可能得到维持，并在短期内赋予某些规范投射相对更多的机会。[4]

进一步而言，在社会复杂性的条件中，在特定的法律角色和法律程序的分出机制中，在法律的期待结构不断获得独立的过程中，我们可以找到法律

[1] See Teubner, Gunther. "Two Faces of Janus: Rethinking Legal Pluralism, The." *Cardozo L.Rev* (1991). p.1459.

[2] 法律的规范期待也是一种拟制的（fictitious）关涉不特定主体的期待的制度化过程。See Rottleuthner, Hubert. "A Purified Sociology of Law: Niklas Luhmann on the Autonomy of the Legal System." *Law & Society Review* 23.5 (1989): 783.

[3] See Luhmann, Niklas, and Martin Albrow. *A sociological theory of law.* Routledge, 2013. p.61.

[4] 参见［德］卢曼:《法社会学》，宾凯、赵春燕译，上海人民出版社 2013 年版，第 103—105 页。这也涉及如何理解立法与司法的分化，以及在法学方法论上所产生的规范涵摄（个案与抽象规范）问题。具体可参见钟芳桦:《决定的两个吊诡：从系统论的观点对法学方法论进行观察》，载《东吴社会学报》2007 年 6 月，总第 22 期。正如前所述，早期的法律系统论研究就发现了立法与司法所形成的并非一种规范涵摄关系，而是互相形成的回路（feedback）结构。See Eckhoff, Torstein. *Feedback in Legal Reasoning and Rule Systems.* Almqvist & Wiksell, 1978. 通过崔英杰案件所引起的社会争议，也就是法律系统与系统外部环境的共振来看，对于我国刑事司法而言，不论是以规范涵摄的观点，还是以规范回路的进路来对待具体的规则解释，重要的是发挥司法稳定规范期待的稳定，至少是主要通过司法吸收社会领域存在的“法律”或“规则”怀疑论。

进化的线索。这种独立性使得法律结构从与语言、世界整体解释、真理、理性实践的相互交织中，以及与其他规范领域尤其是道德的相互交织中分离了出来，获得了越来越多的自由。[1]

尽管整体上看，法律以及作为专业化社会结构的法律制度发展仍然依赖政治制度的决策支持，但是法律共同体的出现为法律与政治的相对分离提供了制度资源和智识条件。在崔案中，我们看到包括法官、检察官、律师在内的法律人没有为法律系统的自创生提供系统内部操作应有的沟通，这在一定程度上是由我们常说的“体制”因素造成的。我们无法通过现有资料判断检察院与法院在法律决定过程的真实情况，但是通过对两位律师答辩意见的搜索及其在庭审前后的法律系统内外沟通可以看到，作为应当属于法律系统内的法律操作溢出，法律操作和反事实的法律规范期待判断泛化为媒体系统判断、政治系统判断与道德伦理判断的结合体。律师在法律运作中不断利用媒体也许是出于对系统内部其他法律人的外部沟通的一种反制，但至少我们可以从崔案中看到作为凝结社会共识的法律体系在我国仍然面临内部沟通连接缺失和专业化阙如的现实。

5. 法律无法避免舆论监督

通过对崔案的考察我们发现，在一定程度上，法律功能上的分化确实能够消解媒体系统，特别是媒体系统背后所代表的具有政治色彩的“民意”对具体刑事司法审判的影响，从而在个案中实现法律适用的融贯，体现法律规则在系统封闭运作中的自我指涉。

不过，在刑事司法产生完备的法律规则适用体系和组织体系时，这也说明了作为整体社会演进的一个部分，司法代表了全社会功能分化。也就是说，当现代社会的功能分化日趋成熟之时，不仅司法能够对案件的处理形成一种系统自我创生的效果，媒体也会形成较为成熟的系统运作，对新闻的产生也将以媒体传播自身的规范制形成完整的信息记忆 / 遗忘机制。从某种意义上说，不仅媒体无法直接“参与”刑事审判的系统沟通，而且法院和法律体系也无法“引导”媒体的报道主题和方式。更重要的是，政治系

[1] 参见［德］卢曼:《法社会学》，宾凯、赵春燕译，上海人民出版社 2013 年版，第 140 页。

统的日常决策机制也无法直接对司法审判或媒体报道的限度产生决定性的影响。

不过，功能分化子系统之间的结构耦合不可避免。正如有学说所言，任何自我指涉的社会系统都无法保证自己的绝对生存，所以也没有必要去完全排除这类系统对司法系统的干扰。[1] 不仅司法会对媒体的活动进行法律判断、媒体会对司法审判进行报道、政治决策会对司法和媒体做出决策和研判，而且在他们之间还会根据一定的社会机制和制度条件形成自我反身性的机制。社会子系统间不仅会将对方系统中发生的沟通当作“事件”进行处理，而且基于自身的功能与其他系统产生互动。

宪法与宪治是上述各社会子系统展开结构耦合的媒介。对于宪法以及社会宪治的功能，我们在前述中已经有详细的论证，这里不再赘述。在宪治调控下，崔英杰案件中反映出来的法律内外的争议有可能以另外一种视角展现出来。这种基于宪法治理模式的制度转型在我国已经启动，特别是随着全面深化改革以及司法责任制的建立与健全在一定程度上体现了我国社会各个子系统的功能上的分化。

错案追究制度是刑事审判的救济制度，但其仍然属于法律系统内部的沟通和结构，也就是说，司法救济的渠道和方式通过法律规则展开。错案追究制度并不是对整体刑事司法制度的否定，而是基于宪法原则形成的对原审裁判过程的二阶观察，其仍然属于法律的自我指涉范畴。

但是，错案追究无法解决当事人和申诉人对制度合法性的质疑。错案救济也无法解决在当时特定的技术条件下无法克服的证据认定偏差。因此产生了“法律错案”（legally wornfgul conviction）与“事实错案”（factual innocence）的区分。法律沟通在多数情况下，只能在法律错案的范畴内审理上诉人和申诉人的案件。毫无疑问，作为一般的社会大众更关心“事实上”被告人是否犯罪。错案追究的法律设置在多数情况下也会对事实认定错误问题进行纠正。但是我们无法避免在现有的证据条件下，“合法”的审判依然会

---

[1] 参见李茂生:《少年犯罪的预防与矫治制度的批判——一个系统论的考察》，载《台大法学论坛》2000 年第 2 期。

带来个别“事实上”的错案。[1] 从而，我们也就无法避免在出现上述情况时，媒体乃至政治系统对司法救济的“救济”与批评。[2]

因此我们也看到，无论是在我国宪法体制还是在其他各国的社会制度与政治治理中，都设置了超越司法救济的错案救济制度。无论是赦免程序，还是启动特别委员会调查，这些救济渠道的建立都是为了在最大限度上调控法律系统运作的局限。而恰恰也正是这种“局限”，保证了刑事司法系统在绝大部分案件的审判过程中形成独立的运作，避免政治权力与媒体干预司法。因为通过政治力量解决错案 / 冤案问题其实是用时间换取法律系统内部的纠错机制。

换句话说，如果在司法改革中，我们对司法的功能和限度没有一种理性和克制的态度，从而要求司法承担起“社会改造”与“社会批判”的任务，那么司法的回应只能是将案件的决定权交给政治决策部分或是做出违背法律，但是符合“民意”的裁判。机构性的、制度性的对司法机关形成的案件审理压力，往往也带给司法最大的伤害，甚至直接将社会冲突引向司法从业者。[3] 随着社会系统功能上分化的进一步形成，这要求党政机关对一般民众的司法诉求进行合理的引导，更重要的是，政府自身应当对法律的有限性及其积极

[1] 证据法的出发并非为了发现“事实”，而是为了保证法律过程的形式（formality）。See Weber, Max. *Economy and society: An outline of interpretive sociology.* Vol. 2. University of California Press, 1978. pp.761-762. 这与法律信息论（information theory）研究中所言的语用学（syntactic）与控制论，也就是系统 / 环境区分基础上的两种“错误”认定有关。观察者从外部环境的视角（法律系统之外的社会，包括政治、媒体等）看到的法律系统“错案”与系统内部通过规则指涉与制度安排所认定的“错案”是严格区分开来的。See Shapiro, Martin. “Toward a Theory of ‘Stare Decisis’.” *The Journal of Legal Studies* 1.1 (1972): 131. 我国刑事司法中的“错案”在很大程度上是从外部观察者的角度去评价的，当然，这种观察能够“刺激”系统在概念与规则自我指涉的意义上不断展开运作，从而对案件的法律事实与法律程序评价重新做出二阶观察与自我描述，从系统内部而不是系统的环境视角去产生错案救济机制。

[2] 这里也存在司法系统与科技系统对“真相”判断上的差异。法律系统通过程序来构建定罪，这些定罪过程在科技系统来看又不是建立真相的合适基础。See Nobles, Richard, and David Schiff. *A sociology of jurisprudence.* Bloomsbury Publishing, 2006.

[3] 参见王伦刚、刘思达：《基层法院审判委员会压力案件的实证研究》，载《法学研究》2017 年第 1 期，第 98 页。

的可为之处有明确的认知，切不可将政治、媒体等其他社会系统承担的社会功能“强加”给法律系统。

从保护法律功能自创生的实现角度来看，法律的政治监督和舆论监督无法避免。但是在系统理论看来，其他社会系统对法律系统“监督”的方式并不是直接参与法律运作，而是对刑事审判及其救济程序的实现给予足够的尊重，并以宪法和宪治作为结构耦合的媒介，以自身的系统符码和运作结构对事件进行重构，将那些无法通过司法程序解决的社会纠纷和利益冲突适时纳入自身系统运作框架中。当然，社会诸领域在这种互动的过程中不免产生冲突，尤其是在转型期我国的社会改革与司法改革中，政治与法律、媒体与司法的关系依然需要经历较长一段时间的制度调适，才能形成较稳定的结构耦合状态。我们对改革应当抱有足够的信心和耐心。[1]

[1] 对司法错案救济以及法律系统外部对司法救济的“救济”范围和效力的认定，还应当注意到一个很重要的变量：初审法院在整体法律体系乃至整体社会治理体系中的地位和功能。我国在法院组织上基本沿袭了大陆法系的法院结构和司法结构。初审法院的功能在大陆法系并不如英美法系受到重视。达马斯卡的研究表明，大陆法系的司法系统是一种科层制的结构。科层制的政治组织形式强调整体性，也就是司法系统从上至下的协调一致。基于这种特点，法官的公务员化趋势明显，公众参与司法程序被认为是例外。因此，初审法院与初审程序的意义降低。由于初审法官被认为是“下级法官”，作为“上级”成员的二审法官在司法体系中拥有更大的话语权。二审程序并不严格限定二审程序审查的范围，事实与法律都可能成为二审法院审查的依据。高等法院甚至可以进行“提级审查”和“指定管辖”。

另外，由于初审在整体的司法制度下并不具有决定性的作用，庭审中的质证与法庭答辩并不是科层制司法模式下诉讼程序规则的首选。这种对初审庭审过程的忽视以及对庭审中辩论过程的省略伴随着上下级审查机制在这种政治组织形式中的展开而进一步加剧。由于司法复审成为常态以及司法制度的整体性，司法过程中的书面资料成为法官审查案件的必备程序。对案件档案的建立、传达和保管成为整体性的科层制司法模式得以运行的必备技术性条件之一。下级司法过程的内容必须记录在案，上级司法审查必须围绕这些档案材料展开。然而我们知道，作为文字记载，虽然这些卷宗材料也能够在不同的侧面反映案件的事实和法律争议，但是限于管理的需求和文字资料本身的局限性，案件的特殊情况不可能完全通过这种资料传递形式在整个司法过程中展现出来。特别是对于上诉审法官来说，“案卷中心主义”使得其对案件的“亲历”可能大大降低。因此“法律文本主义”（案卷中心主义）成为科层制司法的惯常。See Damaska, Mirjan R. *The faces of justice and state authority: a comparative approach to the legal process.* Yale University Press, 1986. 从司法获得社会认同，进而减少外部干扰来看，“庭审的实质化”对于促动司法系统向一致性与融贯性演进具有益处，也降低了政治与媒体基于对“审判不公开”的质疑而介入日常刑事司法的频率。

二、刑法与科技系统

（一）概念与认知的自我生成：法律与科技结构耦合的前提

刑事审判过程中也会遭遇科学技术对法律程序与实体的“质疑”，科学技术作为现代社会生产社会知识的系统，也不免和同样产生社会事实与意义构建的刑事法体系产生互动乃至冲突。[1] 在社会功能演化的背景下，无论是刑法还是科技，都无法将对方的理性和逻辑排斥，两者处于共生的状态。[2]

科学并不是定义外部世界与社会真实的唯一权威。科学系统依赖的是对科学研究真 / 非真的判断，是对预设进行数据检验的系统运作过程。科技系统对社会现象的真实构建以其假设为基础，并且建立在其系统内部证成这种假设的能力之上。从系统运作封闭的视角上来看，科技系统的自我演化并不是通过对外在于系统的“真理”进行探究的结果。科学观察以自身的概念体系（concepts）展开。这并不是说科技系统的沟通仅仅以概念构成，而是表明科技从一般性的社会沟通中分化出来依靠的是其特有的概念体系。通过对概念的二阶观察，与法教义学相似，基于概念的融贯性与一致性在科技系统中逐渐形成。[3] 基于概念自我指涉形成的沟通，科学沟通因此也无法避免一种悖论，从而科学系统也就无法声称具有超越社会系统的价值和意义存在。科技系统不能成为现代社会宗教的替代品。[4]

进一步而言，因为同为封闭的社会沟通系统，科技沟通并不能够直接

---

[1] See King, Michael, and Christopher J. Thornhill. *Niklas Luhmann's theory of politics and law.* Basingstoke: Palgrave Macmillan, 2003. p.10.

[2] See Teubner, Gunther. “After legal instrumentalism.” *Dilemmas of law in the welfare state* 3 (1986): 302. 卢曼自己也曾考察环境保护法律规范与科技对环境问题之间的差异。当科学研究对环境问题的认知产生变更时，法律为了保持规范性的稳定，其“过时的”规范仍然有效。See Luhmann, Niklas. *Ecological communication.* University of Chicago Press, 1989. Chapter 11.

[3] See Luhmann, Niklas. “On the scientific context of the concept of communication.” *Social Science Information* 35.2 (1996): 258.

[4] See Rasch, William. *Niklas Luhmann's Modernity: The paradoxes of differentiation.* Stanford University Press, 2000. p.82.

“介入”刑法体系的运作。[1] 正如托依布纳所言，我们应当将法律系统对真实的构建与科技系统对真实的构建看成具有竞争性的社会语义。[2] 刑法在确认某项法律运作（立法或司法）时，其无法像自然科学一般可以通过实验数据进行客观的验证以及量化呈现，在方法上还是要借助抽象价值与规范目的的辩证过程。[3] 在系统理论下，两者之间需要解决的是兼容以及托依布纳所言的互相理解与认知（mutual learning）。

不过系统论上的社会诸领域的互相理解和认知并不是建立在一种实体性的规范认同上的，也就是说，在科技系统与刑法体系之上并不存在一个共同的基础规范或价值引导。现代社会系统间的协同机制通过前述“程序的制度化”（institutitonalization of procedures）达成。这种制度化的合法性并不在各个系统中达成价值共识，程序只要求最低限度的运作条件。[4] 刑事司法裁判的最终论断在程序化制度的搭建过程中将不可能在事前得到明确的预测。不过也正是这种不确定性，增加了参与诉讼各方对程序性制度的认可，从外部来说，则可以减少互为环境的科技与法律的互相“敌视”。

即使有了程序性的制度构建，刑法系统与科技系统间的耦合具有高度的选择性、偶在性依然无法消除，我们无法在事前清楚何种具体的情况下科技会影响包括刑法正当性与刑法理性的构建。[5] 科学知识在法律执业者看来可能对解决刑事司法问题并无助益，但也有可能对刑法体系的认知活动产生影响。甚至，正如卢曼所言，在常规司法案件中，科技的介入不是有助于减少，

[1] See Schiff, David, and Richard Nobles, eds. *Law, Society and Community: Socio-legal Essays in Honour of Roger Cotterrell*. Ashgate Publishing, Ltd., 2014. p.231.

[2] See Teubner, Gunther. “After legal instrumentalism.” *Dilemmas of law in the welfare state* 3 (1986): 302-303.

[3] 参见古承宗:《风险社会与现代刑法的象征性》，载《科技法学评论》2013 年第 1 期。

[4] See Scheffer, Thomas, Kati Hannken-Illjes, and Alexander Kozin. *Criminal defence and procedure: Comparative ethnographies in the United Kingdom, Germany, and the United States*. Springer, 2010. p.15.

[5] See Teubner, Gunther. “After legal instrumentalism.” *Dilemmas of law in the welfare state* 3 (1986): 303.

而是增加了审判的不确定性。[1]

在波斯纳看来，法律与科技的冲突在当下越来越凸显，而其症结在于科学技术的发展步伐已经大大领先于法律教义理论的更新速度。这给所有的法律，特别是司法实践者带来了巨大的冲击。对司法而言，一个重大的挑战在于，基于快速的科学技术发展如何更加理性地改造并适用那些明显已经过时的法律理论和教义。[2] 我们将结合刑法运作中存在的与科技系统进行互动的例证，对波斯纳提出的疑问和担忧做出系统理论的回答，从而分析和判断刑法教义理论是否如其所言在刑事司法实践中已经不能满足社会科技的进步。以及，如果这种状态得到证实，我们是否需要通过对刑事司法系统进行改造来满足社会的需求？刑事司法是否应当以科学技术进行重构？

（二）刑事司法中的专家证据

引起我们关注的是刑事司法中的专家运用。信息收集在法律过程中的不完整性以及案件事实的多样性，决定了法律执业者在工作中需要求助专业领域的专家学者帮助其在有限的时间和证据条件下，建立起对案件事实的认知。在一些案件中，专家证言甚至是法律的强制规定。尽管作证专家的意见有可能并不能够得到所属研究领域的一致认同，而且专家并不是利益中立的裁判者，相反却是有着鲜明个体、集体（所服务的机构）或行业利益倾向的职业人，[3] 但是作为法律工作的辅助者，如同其他证据规则的践行者，专家运用也是一种保证司法过程稳步向前推进中“无奈的妥协”。但是，这种“无奈的妥协”似乎在实践中已经成为一种“妥协下的失败”。

---

[1] See Luhmann, Niklas. “Legal argumentation: an analysis of its form.” *The Modern Law Review* 58.3 (1995): 294.

[2] See Posner, Richard A. *Divergent Paths: The Academy and the Judiciary.* Harvard University Press, 2016. p.28. 波斯纳以美国联邦最高法院有关联邦宪法第四修正案之“监视”（sueverilliance）规则来说明法教义学已经完全没有能力满足快速增长的社会需求和技术变化，而这些变化带来的有关恐怖主义、网络犯罪使得现有的刑事法律规则面临实践中无法解决的急迫问题。See Posner, Richard A. *Divergent Paths: The Academy and the Judiciary.* Harvard University Press, 2016. p.374.

[3] 参见黄韬：《公共政策法院：中国金融法制变迁的司法维度》，法律出版社 2013 年版，第 200 页。

我们来看一看科学证据在刑事实践中的应用。其中较为著名的例证是美国刑事司法中的道伯特规则（Daubert Rule）。这一规则是美国联邦最高法院对科技证据进入法律程序的认证规则。在此规则下，法官有权决定是否将“科技证据”呈献给陪审团。所谓的科技证据必须满足相关性与可靠性（relevance and reliability）条件。这一条件要求法官必须保证专家证词与待证事项具有相关性，并且这种相关性是建立在可靠的基础之上的。科技证据与专家证言证词必须使用科学的方法（scientific method）作证。而科学的方法被认定为建立假设，并在假设的基础上进行验证，由此来证成或证伪其假设。且用科学方式作证得出的结论只能是非决定性的（nondispositive）、非排他性的（non-exclusive）、有弹性的（flexible）有关一般性问题和事实的观察。科学方法得出的结论意味着这种结论是可以证伪的、可以被推翻的，并且是经过同行检验的（peer-reviewd）。[1]

不过，有关研究表明，这一司法规则并没有在司法实践中得到严格遵循。即使是在那些被称为简单和常规类型的案件中，道伯特规则也被弃而不用。法官对专家证言的接纳，在实践中并非以科技领域的实证与同行标准为导向，从而经常接受和认定那些在专业领域看来充满疑问的专家证言证词。[2]还有的实证研究表明，无论是检方还是辩方，在挑选专家作证的过程中都存在偏向，而这种偏向无疑也会影响科技证词在刑事司法过程中的呈现方式和

[1] See *Daubert v. Merrell Dow Pharmaceuticals, Inc*. 509 U.S. 579 (1993). 这与社会科学普遍检验标准相似，比如，科学设计建立在实证数据基础上、验证过程的因果性判断、可重复性等，参见［美］加里·金、［美］罗伯特·基欧汉、［美］悉尼·维巴:《社会科学中的研究设计》，陈硕译，上海人民出版社 2014 年版，第 5—8 页。因此，此案法官依然想通过直接“输入”社会科学知识解决专家证言的证明力问题。

[2] See Saks, Michael J., and David L. Faigman. “Expert evidence after Daubert.” *Annu. Rev. Law Soc. Sci.* 1 (2005): 105-130. 还有学者指出，Daubert 一案本身就说明，在科学标准之外，法院更加重视专家证言的“法律标准”。See *Daubert v. Merrell Dow Pharmaceuticals, Inc*. 509 U.S. 579, 592-597 (1993). 证据在于，在判例中，美国联邦最高法院认为，除了达到科学有效性（scientific validity）的标准之外，专家证言应当可以“帮助事实的审判者理解或者决定案件事实方面的问题”。因此，这也就说明，法院已经注意到法律与科技问题在结论验证与推翻的方法、时间与最终确定性上都存在明显差异。

效力。[1]

道伯特规则的流变乃至弃用说明了在刑事司法中呈现“科技真相”的困难。在系统理论之下，我们认为这是由于刑事司法程序的运作的时间、事实与社会维度同科技系统存在明显区分。

刑事司法对证据的认定时间相对于日常科研环境中所允许的时间大大缩短；作证的专家面对的是对所证事项没有太多基础性理论知识的对象（法官和陪审团）；专家在法庭的作证方式也和其科研方式很不相同，即使是书面证言证词，刑事司法程序也提出了相较于一般科研更多的限制。[2] 刑事司法与科学研究在上述话语呈现（discourse presentation）上的不同，使得任何进入刑事司法程序作证的专家必须根据司法的维度对所要陈述的待证事项进行必要的浓缩（over-simplification），而且必须遵守法律的程序规则。[3]

因此，由于系统在时间、事实与社会维度上的差异，我们应当谨慎对待专家证言。这也是我国刑事司法的立场。我国刑事诉讼法虽然也规定了专家证人出庭的相关规定，但是从专家证人出庭的申请、鉴定和检验的案件证据和事实内容，以及专家证言的效力来看，我国对专家证人证言还是持较为谨慎的态度。[4]

根据法律规定，专家证人必须出庭作证。不过，法院也可以依职权聘请专家证人，这在一定程度上缓解了法官审理中面临的技术难题，但是专家证人证言也仅仅是一种“信息”，而不可能成为司法过程的决策前提，也就是自我指涉沟通的组成部分。我国司法系统对专家证言较为保守的态度在一定程度上对保护诉讼参与人不受经过裁剪的专业知识误导起到了关键作用，因此

[1] See Scheffer, Thomas. *Adversarial case-making: An ethnography of English Crown Court procedure.* Brill, 2010. p.75.

[2] See Shuy, Roger W. “Forensic linguistics.” *The handbook of linguistics* (2000): 683-691.

[3] See Scheffer, Thomas. *Adversarial case-making: An ethnography of English Crown Court procedure.* Brill, 2010. p.76. 专家在刑事司法中的作证通常需要采取一种修辞式，而非“科学的”呈现。根据有关实证研究发现，专家在法庭中的作证经常以一种引用其他研究者或文献的方式说明其所发表证词的“科学性”。See Scheffer, Thomas. *Adversarial case-making: An ethnography of English Crown Court procedure.* Brill, 2010. p.81.

[4] 具体的可参见刑事诉讼法第 182 条。

是值得赞赏的。

（三）刑事司法鉴定的困境

科技系统与刑事司法更为日常的接触体现在司法鉴定中。对案件立案、侦查、起诉乃至最终的审判与执行，都有司法鉴定的参与。在我国刑事司法实践中，司法鉴定曾存在一些问题。

一方面，司法鉴定存在腐败和滥用职权问题，从而破坏了司法鉴定中运用科技话语和手段进行证据鉴定的效力，更使得当事人（包括被害人及其家属以及被告人）对鉴定过程和结论产生怀疑，进而引发对司法过程的信任危机。这种“不信任”一旦形成，想要通过司法的救济予以弥补将非常困难，而且会带来系统性的影响，产生殃及效果。

另一方面，即使不存在腐败问题，由于司法鉴定是内嵌于刑事司法体系中的，因此也会产生和专家证言相似的对科学事实的简化问题，也就是说，在法律系统中的“鉴定”已经不再以科学系统的运作逻辑呈现。这一问题则不仅限于我国刑事司法。

正如相关判例所述，没有相关专业医学知识，任何法官或者陪审团都无法建立起合理的标准判断事实。[1] 但是，医学研究无法直接进入刑事司法系统。以谋杀案件为例，行为人的行为在刑法上被一系列的法律系统流程、程序和关系包裹，医学语义不可能成为主导的话语。杀人案件的意义在刑事司法中与在医学沟通中不同。法律将杀人行为构建为一种非法行为，使用侦查起诉审判沟通去完成对案件事实的构建与规范的价值判断。医学上对杀人案件的分析则不是，或主要不是为了解决规范上的“归责”问题，而是将杀人行为看成具有医学证据的事件（杀伤的程度、解剖学意义上的砍杀部位）。[2]

这些医学语义在传统刑法理论中通常被看作“描述性”的构成要件要素，也就是不需要进行“价值判断”的。但是在系统理论看来，有关行为人伤害

---

[1] See *Melville v. Southward*, 791 P.2d 383, 387 (Colo. 1990).

[2] See Horton, David Paul. “Looking Through the Reeds: System-Theorising the Independent Homicide Inquiry.” (2014). p.48.

的“事实”判断，已经是刑事司法系统的沟通，而非一种具有医学语义的沟通。因此，也可以认为刑事司法中的概念，即使与医学上的概念在用语上吻合，但其已经是一种“规范性”，而非“描述性”的构建。

再来一个例证：刑法中的“精神病”受到医学（心理学）意义上的“精神病”概念的影响，但是，正如美国最高法院判例所指出的，这两种有关精神病的概念——由于刑法运作和医学运作对个体责任与个体能力的评判标准存在差异——“存在本质区别”。[1]

我们还可以通过一个案例来具体说明系统理论的上述观点。在一起追打小偷进而造成其死亡的案件裁判中，有这样一段话：

“法院审理后认为，对于谭某的行为与许某某的死亡后果之间是否存在因果关系的问题，根据法医鉴定，许某某的死因是自身疾病引发脑血管破裂导致的脑出血，许某某患有高血压等疾病是主因，其他外界因素是诱因，即许某某的死亡是主因与多种诱因共同作用的结果。鉴定人认为外伤作用导致许某某头部剧烈摇摆从而使血管受到一定程度的牵拉，是许某某脑血管破裂的诱因之一。从案发的情况来看，许某某原本在正常行走，遭到谭某殴打后倒地不起直至死亡，正因为谭某的暴力行为导致许某某的身体产生应激反应，诱发许某某病情骤变而死亡。因此，谭某的行为与许某某死亡结果之间具有刑法上的因果关系。”[2]

这段看似是根据“科学鉴定”的案件说理并非科学研究意义上对死亡结果的“沟通”，其最终的论证目的在于确定行为人的刑事责任。对于物理性的“牵拉”行为，法院的认定并非将其看作一种身体动作的“描述”，而是将其赋予了价值判断。在事实的认定中，并非不存在规范的语言，例如在这里法院就认为许某某，也就是偷水果并逃跑的行为是“正常行走”，而不是“逃跑”，因此也就在规范上潜在地否定了谭某追击的合法性。虽然在对“法律问题”的阐释中，法院对正当防卫的限度做出了说明，但是在一定程度上，事实的认定，也就是司法过程对医学鉴定的重述，决定了行为人责任的认定。在“因果关系异常介入”的刑

[1] See *Kansas v. Hendricks*, 521 U.S. 346, 359 (1997).

[2] 参见 http://m.thepaper.cn/newsDetail_forward_1607566，最后访问时间：2017 年 1 月 25 日。

法教义学中，医学鉴定仅仅是判断行为人责任的一种信息，医学上的因果关系不同于刑法上的因果关系。医学的科学话语和逻辑在此“服务”于刑事审判。这也是为什么我们将这些医学伤情鉴定称为“司法”鉴定，而非临床诊断。

（四）关系性纲要：破解司法中科学认知的难题

通过上述的例证我们发现，波斯纳所认为的司法面对科学技术的“滞后性”，在一定程度上是刑法体系自我指涉效果的体现，两者并不需要在系统沟通的事实、社会以及时间维度上保持一致。现代社会的功能分化产生并容纳这些系统间的差异。但是在另一方面我们又不能忽视波斯纳观察到的司法困境。如果刑事司法在运作的过程，或面对高度复杂的技术性问题时在认知上保持封闭，那么司法活动的社会认同也会成为问题。如何建立两种系统可靠且稳定的结构耦合是现代刑事司法，而非仅仅我国司法体系所面临的难题。

突破现有的证据认定框架和诉讼两造的对抗模式，则是建立系统间结构耦合的可行途径之一。法官不仅应当承担中立裁判的角色，而且作为认知开放的刑法体系的行动者——法官应当主动学习，在必要的情况下，应当引入法庭的独立证人。[1] 在信息时代，运用互联网等手段法官也可以自主对待证事项进行认知和学习。当然，为了保证司法过程中的中立性和公开性，上述由法官和法庭独立展开的针对待证事实的调查应当向控诉两方公开。在诉讼对抗中建立双方，乃至第三方的合作平台。在这个意义上，对“当事人进行主义”“法院消极中立”等理论或原则，应当持谨慎态度。

系统理论提出的现代司法的关系性纲要（relational program）构建也对解决科技与法律结构耦合问题具有启发。[2] 关系性纲要超越系统设定的框架和结构，同全社会范围的“可理解信息的传递”这样一种日常语言成就相联系。

[1] See Gibbons, John. *Forensic linguistics: An introduction to language in the justice system*. Wiley-Blackwell, 2003. p.129.

[2] See Willke, Helmut. “Three Types of Legal Structure: The Conditional, the Purposive and The Relational Program.” *Dilemmas of law in the welfare state* 3 (1986): 281; Teubner, Gunther. “Substantive and reflexive elements in modern law.” *Law and society review* (1983): 239-285.

日常语言构成了一种在全社会循环的语言开放媒介。[1] 关系性纲要将法律变成促使各系统自我改变的催化剂，促使系统完成“反思”目标。[2]

关系性纲要意味着法律不直接进入对各种证据和事件的判断，而是将其交给其他社会系统完成。关系性纲要试图通过建立一般性的程序规范来弥合不同社会子系统间理性的差异。关系性纲要所展现的法律规范不再是禁止和激励（prohibition and incentives），而是“程序性的规制”（procedural regulations）。当然，这并不意味着国家不参与关系性纲要的构建。法院对关系性纲要的构建与决策都要全程参与，以弥补当事人之间信息和经济资源的差异。[3] 对于事实的构建在关系性纲要中采取系统间“合作”的混合沟通模式（hybrid discourse）。[4] 不过，上述改造是法律系统内部的构建，因此最终的判断结构依然通过法律的符码（罪与非罪、合法与非法）呈现。

关系性纲要对于化简当下刑事司法中面临的技术事实的复杂性具有益处。我们通常认为在控辩双方之间，特别是在庭审的过程中并不存在合作。双方的合作是对双方当事人利益的减损。但是在系统理论看来，刑事司法的过程并无预先设定好的模式，根据社会复杂性的变化和增加，竞争性与对抗性的刑事司法过程对于发现案件事实而言并无益处。将“事实”问题理解为各种系统参与进来的合作，而非当事人之间的对抗，对于司法正义的实现具有增益。关系性纲要也可以化解，或者说至少降低对刑事司法各个阶段进行监督的成本，而将如何分配参与者的角色与功能作为核心问题对待。关系性纲要的构建也可以理解为一种刑事司法中的“分权”模式，只是这种查证事实中的权力分配，更多强调的是一种对各种社会系统理论的尊重和认知，并且分配事实认定责任的最终目的是进行刑事司法各方的合作。例如，美国通过大陪审团（grand jury）进

---

[1] 参见［德］哈贝马斯：《在事实与规范之间：关于法律和民主法治国的商谈理论》（修订译本），童世骏译，生活·读书·新知三联书店 2011 年版，第 431—432 页。

[2] 参见高鸿钧等：《商谈法哲学与民主法治国：〈在事实与规范之间〉阅读》，清华大学出版社 2007 年版，第 251 页。

[3] See Teubner, Gunther. “Autopoiesis in law and society: a rejoinder to Blankenburg.” *Law and Society Review* (1984): 291-301.

[4] See Capps, Patrick, and Henrik Palmer Olsen. “Legal autonomy and reflexive rationality in complex societies.” *Social & Legal Studies* 11.4 (2002): 547-567.

行的案件与证据审查制度在一定程度上反映了“合作性”的司法模式，打破了专业人员对司法决策的垄断，使得司法与地方性的个体情感与交往方式相联系。[1]“普通法国家的陪审团享有法外开恩的特权，可以置既有法律不顾而径直宣告被告人无罪。这种制度能够使社会在严格遵守法律的同时，避免对不具有可谴责性的被告人进行实际惩罚，成为普通法体系内特殊的救济渠道。”[2] 基于系统结构耦合形成的关系性纲要，包括法律与科技系统的互动，可以借鉴现有制度进行扩展和创新。面对日益复杂的“技术社会”，面对网络时代的责任认定难题，关系性纲要提出的思路和方法具有广阔的应用前景。

三、刑法与风险社会

（一）系统论下现代社会的决策风险

风险社会理论，特别是贝克等人的学说近年来成为刑法学规范研究关注的焦点。[3] 卢曼等系统理论研究者也对风险问题进行了较为详尽的研究，我们认为卢曼等人基于自我指涉、沟通等概念对现代社会风险的辨析与贝克的“风险社会”理论具有完全不同的学术旨趣。[4]

在系统理论看来，风险不再成为现代社会子系统的独立现象，而是现代功能分化社会系统沟通与决策（decision）不断生成状态下的固有。社会子系

---

[1] See Washburn, Kevin K. “Restoring the Grand Jury.” *Fordham L. Rev.* 76 (2007): 2333.

[2] 劳东燕:《风险社会中的刑法：社会转型与刑法理论的变迁》，北京大学出版社 2015 年版，第 431 页。

[3] See Beck, Ulrich. *Risk society: Towards a new modernity.* Sage, 1992.

[4] 有关贝克风险社会理论运用到刑法理论、刑事政策（特别是立法政策）制定上的危害，请参见古承宗:《风险社会与现代刑法的象征性》，载《科技法学评论》2013 年第 1 期。总体来说，贝克提出的风险论述本质上倾向于描述性的意义，在没有坚实的理论基础给予支持的情形下，容易导致概念的空洞化。基于此，原本属于社会学领域的风险社会概念被植入刑事法领域之后，因为概念不精确下的可操控性让其早已失去了应有的概念形象，取而代之的只是一种纯粹的且强烈的情绪性的社会不安全感，又以此所构建出来的刑法规范系统也就无法避免偏离既有的法治基础。或者说，现代社会，人们对刑法的期待已经不仅仅是，或者说主要不是保障安全，而是在于确认“安全感”。See Wacquant, Loïc. “Ordering insecurity: Social polarization and the punitive upsurge.” *Radical philosophy review* 11.1 (2008): 11.

统制造风险，同时也能处理自身制造的风险。现代社会的运作是面对风险以及在预防风险的过程中制造风险的悖论过程。例如经济支付手段的风险也可以通过经济支付，也就是货币在交易中所具有的重复使用和遗忘效果予以消减。[1]但是系统运作的风险无法“消除”，没有风险的社会也就缺少了运作的动力和机制。现代性带来风险的“无可避免性”，但是也带来了社会系统对风险的计算和预测。这种对“现代性”风险的全新阐释将会增加我们对刑法风险社会的智识。

卢曼认为，现代社会之所以是一个风险社会，不是因为它制造了危害、痛苦、毁坏，而是我们无法再利用所谓的不幸或命运对任何危害加以包装，因为几乎所有发生的一切必须归因到我们在上文所指出的系统决策问题。在现代，所有发生的一切必须被归因到决策上。毫无疑问地，介入一个在过去被相信好像是自然的世界进程，就制造了一种世界可塑性、可改变性以及可引导性的意识。然而，对此所要付出的代价是，错误决策或者不做决策所带来的风险。重要的并不是哪些行动实际上是带有风险的，而是这些行动如何被观察。谁在政治上、法律上等方式上做出决策的话，那他就使自己变成是可观察的：人们可以把后续所发生的一切归因到他的决策，并且可以看到他的风险性行为使别人处于危险之中。风险/危险这个区别尤其是针对风险性行为的社会维度：谁是决策者，以及谁是受害者，也就是说，这个决策对谁来说是一个风险，以及对谁来说是一个危险？[2]

---

[1] 货币具有遗忘性，对构成一切交易情境的两方面而言，货币所涉及的风险是不同的，但是货币本身在这一过程中，会“遗忘掉”各自在双方手中不同的情境。参见张戌凡:《观察“风险”何以可能——关于卢曼〈风险：一种社会学理论〉的评述》，载《社会》2006年第4期。卢曼对货币的社会媒介作用的理解来源于帕森斯的社会系统理论。在帕森斯看来，货币是一种普遍化的交换媒介，而且交换媒介不止货币这一种，权力等也是社会行动者达成预期目标可资利用的媒介。See Parsons, Talcott. *Social system.* Routledge, 2013. p.25. 媒介相对于形式（form），或者说基本要素相对于外在形式而言具有高度的可变性，可以被转化为无数多种可能形式。字母可以形成多种词汇、语言又能产生多种思想，货币也可以是“万能的”。参见黄钲堤:《卢曼系统理论的意义概念》，载《东吴社会学报》2007年6月，总第22期。

[2] 参见［德］Georg Kneer, Armin Nassehi:《卢曼社会系统理论导引》，鲁贵显译，巨流图书公司1998年版，第228—230页。

决策、决策前提（补强）都无法消除潜在的风险。正如有学者指出，无论如何，当我们的决策介入某个自然世界的运作（如地震）、社会的工业化进程（如排放污水），或是人为举止（如超速驾驶机动车）的时候，形同制造了世界的可塑性、可改变性与可引导性的意识，对此付出的代价是错误决策或是不做决策所带来的风险。[1] 我们必须衡量某个方法与另一个方面的决策风险，而人们就必须容忍风险决策下的风险。[2]

卢曼对现代社会风险的分析由风险/危险（risk/danger）这样一对概念展开。风险是系统决策过程的固有属性，而危险则是处于系统/环境区分之外，无法在当下的决策过程中预见的因素。风险可以在系统内部被识别并成为系统的沟通。在系统环境外部发生的事件被当成危险，这些事件超越了系统符码与纲要能够处理的范畴，从而无法成为系统预测的对象。举例来说，决定去恐怖主义盛行的国家旅行可以被看成一种风险，而被陨石砸伤的概率则可被定义为一种危险。

风险/危险之间并非不可变更。在地震中，伤亡通常被视为危险：这一事件本身并不能与社会系统的决策相关联，因此也无法进行归责。不过在进行系统二阶观察之前，这种假设并不成立。原则上，任何社会损失都有可避免性，从而被划归到风险的类型中。例如，我们可以选择搬出容易发生地震的区域从而避免受伤害。不过，这也意味着只要是决策，我们就无法避免风险。决策所带来的益处与坏处，以及风险发生的或然性与极不可能性，只会随着人们如何决策而有不同的配置。[3] 因此，风险是否以及如何出现和我们观察的角度，也就是由所处的系统位置决定。

卢曼指出，在系统中，尽管我们会对决策的后果进行事前的评估，但是这并不意味着我们能够避免风险。即使不做任何决策，也是一种决策，并会

---

[1] 参见［德］Georg Kneer, Armin Nassehi:《卢曼社会系统理论导引》，鲁贵显译，巨流图书公司 1998 年版，第 229 页。

[2] 参见［德］Georg Kneer, Armin Nassehi:《卢曼社会系统理论导引》，鲁贵显译，巨流图书公司 1998 年版，第 233 页。

[3] 参见［德］尼克拉斯·卢曼:《对现代的观察》，鲁显贵译，左岸文化出版社 2005 年版，第 150—151 页。

产生风险。对系统理论而言，维持现代社会的秩序重要的并不是对风险的准确评估。因为“实践经验告诉我们：我们知道得越多，我们不知道的也就越多，我们对风险的认知也就越来越精细。我们通过理性进行计算（calculate），然而当计算变得越加复杂，进入人们视域的不确定和未来的风险也就越多”[1]。关键问题在于解决面对未来（future），当下（present）的决策如何可能。在卢曼看来，我们必须突出风险与决策的关联以及因此而与现在当下的关联。风险就是决策的一个面向，而且决策只能在当下做出。[2]

由于在系统 / 环境的区分中，我们才能够识别风险，所以这种对未来在当下（future present）的风险控制只可能通过社会功能系统来处理。风险的涌现也只有在社会系统中才可能体现出意义，并且得到系统沟通的指涉成为可以被概念化的因素，进而产生“归责”的可能，也只有在系统内部才存在安全（security）可言。不过这种相对的安全建立在系统构建的真实的基础上。因为系统本身就是一种风险。以刑法中的例证来说，既然任何系统内部的决策都是带来风险的，只要我们决定通过法律手段抗制那些被认为是风险的事态（食品安全、网络安全等），就必须考虑到所有的决策都会伴随着一定的风险。如此一来，刑事立法不能只是单向式地对风险做出回应，反而亦需要检视所有刑法手段对于法规范自身可能存在的影响。[3]

---

[1] Luhmann, Niklas. *Communication and social order*: *risk*: *a sociological theory*. Transaction Publishers, 1993. p.20.

[2] “人们当然可以论及过去的决策和它们的风险，同样地，也可以论及未来的决策。但是这么一来，人们就不是将自己关联到当下的过去或未来—这些过去或未来已不再或尚未被实现，而是关联到过去的或未来的当下。据此，风险是人们在当下用以描述未来的形式，在此形式中人们认为，面对风险时可以对于这个或那个选项做出决策。风险牵涉到可能的、但还未确立下来的、毋宁是极不可能的损害，这些损害是来自决策，亦即是可以由某个决策造成的，而在其他的决策里是不会发生的。当且仅当后果归因到决策时，人们才会论及风险。这会导致一种想象，即如果做出另外的决策。可是，这样的想法是错误的。每一个决策都可能引发所不愿发生的后果。”［德］尼克拉斯·卢曼:《对现代的观察》，鲁显贵译，左岸文化出版社 2005 年版，第 150—151 页。

[3] 参见古承宗:《风险社会与现代刑法的象征性》，载《科技法学评论》2013 年第 1 期。

（二）风险刑法与刑法风险

对于刑法体系而言，其自身的自我指涉的沟通网络构建就是在识别，或者说“制造”风险的同时，对风险产生观察，进而决策，对行为人进行归责。刑法立法和司法过程中对犯罪危害的识别是产生归责的前提，甚至我们可以说“犯罪”的概念以及犯罪论体系的演进都是在制造一种“风险”的过程，并且通过这种制造，产生风险控制的思想和机制。风险与风险的防控属于共生机制。如果说现有的有关“风险刑法”的研究将视角放在如何平衡刑法的“人权保障”与“社会方位”机能，[1]那么系统论下的风险刑法则更多强调的是作为决策机制的刑法体系如何对识别的社会风险具有控制的可能，进而防止系统悖论的产生。

我们通常说，犯罪与被害恐惧相连，刑事司法系统通过犯罪的惩罚来降低人们对犯罪的恐惧，维护人们在各种社会交往中的可预期性。但是，刑法体系对犯罪危害的识别是建立在自身自我指涉运作条件之下的观察，也就是说，在系统 / 环境的区分中，只有那些能够成为系统环境的因素才可以被当成风险，从而成为系统决策的运作对象。那些处于这一区分之外的“危险”则不能产生刑法评价以及归责问题。即使其可能在未来被转化为一种“风险”，在当下的系统运作中，其仍然属于不可被观察的部分。刑事立法和修正不见得就是指刑法实际上真的有机会实现那些原本被预期的规范效果（也就是刑事法体系环境中其他社会领域对风险的“观察”），以及解决社会上的风险问题，有时候只是通过具体的立法行动“刻意制造”风险 / 风险化解的“假象”。[2]

如果说近年来“风险刑法”理论所需要解决的是如何抑制那些非常规性的，在其他社会系统运作中被“制造”出来的风险及其归责问题，那么在系统理论看来，这些研究在很大程度上是试图解决“危险”的问题。也就是说，无论是核污染、整体生态破坏还是自然灾害，在刑法体系的风险决策机制来看，其都不属于，或者说暂时不可能被纳入系统 / 环境的区分中。

这里的“生态环境破坏”意义上的“环境”与系统论下系统 / 环境区分

---

[1] 参见邹兵建：《中国刑法教义学的当代图景》，载《法律科学》2015 年第 6 期。

[2] 参见古承宗：《风险社会与现代刑法的象征性》，载《科技法学评论》2013 年第 1 期。

下的环境不是一回事。因为正如前所述，在社会系统的分化过程中，环境是系统特定的，社会中存在不同的“系统的环境”，而“自然环境”并不在社会系统之内，虽然其可以被归为整个社会（all-encompossing society）的环境，但是却很难被精确地定义和描述，当我们说面临环境破坏的问题时，不但关于什么是被破坏的“环境”取决于人类的科技知识，不同的社会子系统对生态危害的认知与反应，也都只能根据其自身的系统逻辑而受到很大的限制。对于法律系统而言，最后只能根据其二元符码来观察自然环境破坏的事实。因此，“立法者或许根本不期待环境刑法能够产生积极一般预防的效果，而是优先考虑到立法者积极维护环境的正面形象”[1]。

如果说系统理论将现代社会的功能子系统，或者说将现代性问题理解为一种风险的制造以及风险的决策控制，那么所谓的“风险刑法”，不如说是一种“刑法风险”。[2] 现代性视野下的风险概念能够给刑法的启示并不是作为自我观察体系，犯罪论体系如何应对其他社会系统的决策风险，而是如何将自身的风险制造／风险防范体系延续下去。在系统间的结构耦合上，刑法应当持一种谨慎的态度，对其他社会系统的风险，应当关注其自身的自反性机制，避免过早介入。这在之前我们对社会宪治的分析中已经有所提及。

现代性不仅关涉那些非常规的社会危害能够被纳入社会系统的运作和决策机制，而且关注传统伦理问题的社会理论分析。这对于理解刑法惩罚边界问题同样适用。

家庭暴力是否应当被纳入刑法规制的范畴？在当代刑法理论中，特别是在我国颁布相关未成年人法律和防止家庭暴力的法律规范之后，对这一问题的回答似乎已经成为定论，毋庸置疑。但是，当我们将视角从刑法对风险的认知和决策机制转换到其他社会系统对这一问题的观察后，我们将会看到刑法在其系统／环境区分中无法看到的风险。

刑法对家庭暴力行为的规制一方面是为了惩罚当前对未成年子女的法益侵害，另一方面也是为了保障未成年子女的未来预期利益（best interest of the

---

[1] 古承宗：《环境风险与环境刑法之保护法益》，载《兴大法学》2015 年第 11 期。

[2] 参见陈兴良：《“风险刑法”与刑法风险：双重视角的考察》，载《法商研究》2011 年第 4 期。

child），也就是通过刑事惩罚产生对犯罪的一般预防和特殊预防效果。从教育系统的角度来看，刑事惩罚的预防效果要比报应的意义大得多，而且这种预防效果不仅仅是针对未成年人父母而言，也是对未成年人暴力倾向的预防。因为从教育，也就是个体社会化的角度来看，具有暴力的家庭环境不利于未成年人的身心成长。从而，家长的体罚权就应当被取消，法律介入家庭也就具有了正当性。[1]

这种价值判断成为刑法介入家庭暴力的重要依据，但是我们发现，这种价值判断的基础是建立在一种系统性的认知中的。也就是说，基于教育以及教育科学研究的体系对风险的识别以及对风险决策的构建，家庭暴力问题成为其系统运作的组成部分。而在刑法体系中，教育等其他社会系统的认知成为其构建“规范性期待”的素材，也就是说，通过系统间的结构耦合，一种教育体系的风险转变为一种刑法体系可以处理的风险。不过，由于系统间制造风险和构建风险决策机制的沟通不同，家庭暴力与未成年人成长关系问题在上述系统中体现出不同的系统意义。

刑法将其他社会系统的认知纳入其自身规范性期待的构建中，并且试图通过犯罪论体系，也就是刑法体系的风险决策机制确定行为人的归责。但是，这种风险的识别和处理机制面临刑法体系看不到，或者说在其系统/环境区分中无法识别的“危险”。因为作为其他系统的认知，对家庭暴力与未成年人成长之间关系的认识可能根据研究和实践的演化发生调整，甚至会得出与之前研究完全不同的结论。而且在刑法体系的规范封闭，也就是刑法处理风险的机制使得这种处在系统之外的认知变动很难同时对规范的效力产生影响。[2]正如有学者所指出的，试图将更多甚至所有“社会”问题（系统）

---

[1] 同样地，以未来事项为导向（future-oriented）的刑事惩罚也在有关制裁电子游戏的司法实践中有所体现，具体可参见古承宗：《刑法的象征化与规制理性》，元照出版有限公司2017年版，第18—19页。

[2] See King, Michael, and Christopher J. Thornhill. *Niklas Luhmann's theory of politics and law.* Basingstoke: Palgrave Macmillan, 2003. pp.187-188. 法律的有效性仅根据法律运作的符码决定，法律论证会采取各种从外部环境中选择的理由和材料（或者并不给出任何理由），但是法律系统的统一性（unity）并不能够建立在这些裁判理由的基础上。有关道德、伦理论证进入法律裁判的方式，请参见Luhmann, Niklas. *Law as a social system.* Oxford University Press, 2004. p.34。

涵盖进来的未成年人刑事司法，企图型塑出统一各个系统的完美沟通，这是一个宏大的蓝图，也是一个永远无法实现的虚拟。作为一种社会系统的少年司法系统是一个自我指涉的系统，其通过系统内部的规范制造出司法的决定，并通过该决定型塑犯罪未成年人的形象。不过，未成年人刑事司法的功能也仅止于此。[1]

刑事司法对未成年人矫治问题的局限还在于未成年人的身心健康，作为未成年人自身心理系统的演化并不会直接与刑法体系的运作发生关联，司法体系的运作无法保证未成年人思考或意识的变化，当司法系统的目的是设定在特定的人格变化时，当然会发觉这个型塑人格的目的非常难以达成。纵使有“成功”的案例，我们可能仅仅是利用司法系统的强制力破坏了少年的心理或生理系统，[2] 而让其接受到外界环境的支配。这种破坏心理系统封闭性的制度设计，其实也是不尊重未成年人人格独立的体现，最终使得未成年人健康的身心发展受到阻碍。[3] 刑法并不仅仅是道德规范（心理系统的认知）的表达，而是一套制度及其操作规程。一旦刑事法体系展开运作，其压制性与个体认知道德规范的过程、情境和方式都存在本质的差异。[4]

通过对未成年人刑事司法的系统论考察我们发现，如果刑法规范的期待稳定功能建立在一种可能频繁发生变动的其他系统认知的基础上，那么刑法规范的运作无疑会造成不可想象的灾难后果。这种灾难不仅在于这样的刑法判断本身就可能建立在错误的科学认知的基础上，而且在于这种错误认知的风险仅仅可能在科学、教育等系统中得到构建和处理，从而也无法进入刑法

---

[1] 参见李茂生：《少年犯罪的预防与矫治制度的批判——一个系统论的考察》，载《台大法学论坛》2000 年第 2 期。

[2] 反过来说，生理系统的特征，也不可能完全解释行为人的犯罪倾向，这一点，在古典犯罪学派与实证犯罪学派，特别是通过生理特征来解释犯罪原因理论之间的争议中，体现得十分明显，进而也从侧面反映了系统论的基本主张的合理性。对此，可参见［美］沃尔德等：《理论犯罪学》，方鹏译，中国政法大学出版社 2005 年版，第 67 页。

[3] 参见李茂生：《少年犯罪的预防与矫治制度的批判——一个系统论的考察》，载《台大法学论坛》2000 年第 2 期。

[4] See Ball, Harry V., and Lawrence M. Friedman. “The use of criminal sanctions in the enforcement of economic legislation: a sociological view.” *Stanford Law Review* (1965): 210.

的规范性系统运作视野中，从而被排除在系统 / 环境的区分之外，成为一种刑法无法观察的“危险”。

反之亦然。如果我们将一种行为“天然的”看成一种犯罪，那么在科学研究上，这很可能影响我们对行为的认知，进而无法看到那些在这种认知背景下产生的风险 / 决策区分自身所面临的“危险”。也就是说，任何系统的观察都有“盲点”，而且现代社会系统的运作自我指涉的形成必然要求排除“盲点”的参照。[1] 因此，在各种系统中的风险识别并不意味着我们能够找到一种牢固的“安全”。特别是人们对“刑法的迷信”应当破除。刑法并不是将更多的社会问题纳入其系统的观察之下就越可能发挥其风险控制机制。我们需要不断结合其他社会系统的风险识别与风险防控观念来判断刑法立法与刑法解释对行为的判断以及对行为人归责的合理性。

本章总结

我们在本章中分析了作为社会功能子系统的刑法与其他社会子系统在系统自我指涉的基础上形成的各有不同的结构耦合与互动关系。在个体与社会分离的基础上，社会自身的运作与沟通也产生了剧烈的分化。这种分化体现在现代社会各种功能系统间的不断激扰和互动。

对系统理论研究者而言，现代社会高度的分化不仅是个体的形成过程，更是系统封闭运作形成的过程。系统理论的贡献也正是在于对现代社会功能系统分离与封闭观察中看到了它们之间进行互动的可能性及方式。刑法系统与政治系统、经济系统、媒体系统、科技系统以及社会风险的关系都体现出其自我指涉运作封闭下的结构耦合。

[1] 参见叶启政:《社会理论的本土化构建》，北京大学出版社 2006 年版，第 315 页。

结　语

“社会的发展……伴随着法律的变迁，法律发展是社会的发展。”[1]

“刑事惩罚的社会理论研究通过社会去理解刑法，也通过刑法去理解社会。”[2]

刑法是一种社会知识，在生产和运用这种知识的过程中，刑事司法中的个体与日常生活中的人们同时是这种知识的制造者与作用的对象。事实与价值（规范）之间的区分是形成理论知识与实践知识区分的根源所在。然而，实践与理论的维度是交织的。我们不应将理论看成提供科学与真实的唯一渠道，科学包含了规范的判断，实践也产生科学意义上的真相。刑事知识的再生产应当将两者结合起来，并将那些隐秘的、情感的与日常的因素纳入考察的范围。[3]

---

[1] Tamanaha, Brian Z. *A general jurisprudence of law and society.* Oxford University Press on Demand, 2001. p.34.

[2] Garland, David. *Peculiar Institution: America's Death Penalty in an Age of Abolition.* OUP Oxford, 2010. p.16.

[3] See Garland, David, and Peter Young, eds. *The Power to punish: contemporary penality and social analysis.* Heinemann Educational Books, 1983. p.32. 这里需要提到的一个问题是，批判者对法的系统理论研究能否进行具体的实证研究的质疑。批判者认为，系统理论高度的抽象性和形式性、去主体性等都使得系统理论的实证研究很难操作。我们认为这种批判是不恰当的。自我指涉的法律理论，正如我们将在以下的总结中所看到的，试图将实证—分析与规范—解释的法律研究传统进行结合。其试图将作为运作的法律（实证研究中的法律现象）和作为观察的法律（法律教义学中的法之图像）进行沟通。因为在系统理论中法律被定位为一个自我生产观察运作的封闭系统，法律行为被同时看成运作和观察。法的系统理论并不事先构建一个实体的法律系统，［转下页］

社会是我们价值与情感的载体。社会生活具有功利、理性与客观的层面，但是，在个体对社会塑造的过程中，人们始终将生活赋予意义。法律是人类情感和意义赋予的载体，刑法与犯罪现象的社会构建也是这种塑造过程的体现。我们通过惩罚犯罪、适用刑法表达我们对特定时代生活意义的构建、维护乃至重建。刑事法律与运作的演化最终反映了一个时代的集体意识和行动意义。犯罪反映社会，更是我们对社会理想和美好生活追求的写照，虽然这种写照在很多时候是通过反面的形象展现的。现代社会刑法的运作似乎让我们无法直接与人类的情感相联系。法学的分析将对犯罪的构建过程看作自由、民主、共和等正义理念的展现；社会学的分析则希望通过展现刑事法律运作的场域分析犯罪构建过程的制度因素，进而将制度的社会功能提炼出来。总而言之，我们赋予了刑事法律更多的解读，更多的任务。

我们不否认刑事法律作为一种“社会的公器”需要被赋予更多的社会目标，从而满足我们对更多生活意义的追求。在专业化的刑事制度运作中，目标的设立与目标的达成是制度的逻辑。在理性化的时代，似乎包括对犯罪的处理，乃至对犯罪本身的认知都产生了“目的—手段”的工具理性倾向。现代社会的刑法也被当作一种与其他社会系统具有同质属性的部分来进行分析。系统理论对刑法与社会关系的研究便建立在这样一种制度逻辑和社会变迁的视角之下。

我们在本书中考察了作为系统的刑法如何在社会中发挥社会功能，满足社会期待，化解社会冲突。我们将作为制度运作的刑法所能够具有的社会效果装置在“系统”的维度中，社会生活的这一重要侧面通过现代社会中的系统运作体现出来。刑法的再生产、社会的再生产都通过系统的话语和逻辑进行了阐释。刑法与社会在系统理论的观察下呈现出稳定的特征与规律，从而

［接上页］而是让我们通过观察社会中具体的法律显现去考察法的“系统性”。由此，法的系统理论不仅与抽象的法哲学研究不同，甚至依赖于对法律实践的观察。See Paterson, John, and Gunther Teubner. “Changing maps: Empirical legal autopoiesis.” *Social & Legal Studies* 7.4 (1998): 451-486. 我们也赞同学者对卢曼系统论实证属性所做出的判断：“卢曼更倾向于构建纯粹和抽象的社会理论，而并未进一步考虑其理论如何用于具体的经验研究。因此，为了经验研究的需要，我们必须以卢曼理论为起点进一步构建一个可以直接面对经验材料的分析框架。”高原：《中国革命正当性建设中三个核心政治主题的形成（1921—1923）》，载《开放时代》2016 年第 2 期。

使得社会现象的可观察性、可描述性变得更强了。这是我们认为系统理论能够对社会与刑法关系研究提供创新的研究进路和视角。

系统理论对现代社会的定位具有“去主体性”的特点。这也是我们在本书中着力说明和探讨的问题。当个体不再是社会的“中心”时，当系统的沟通没有了行动者的指涉时，刑事惩罚还能够在理论中被还原和理解吗？我们认为在上面的研究中对这一问题已经做了详细和充分的论证，只是在我们看来，需要对本研究做出进一步的反思和“二次观察”，特别是在刑法运作的主体性上。

对刑法展开系统理论的研究并不意味着我们放弃了对犯罪和惩罚犯罪所表达的社会情感。社会情感的表达最终又可以回溯到每个个体对犯罪的态度和面对犯罪所产生的嵌在社会情境中的心理恐惧。总而言之，对犯罪现象和惩罚犯罪制度的研究不能忘记一点：社会制度中蕴含的意义。而社会意义，无疑最终是靠人去赋予它的，社会秩序的维持也在社会意义的流变中呈现出程度与性质上的区别。如果说我们仅仅将作为系统运作的刑法当成一种基于工具理性产生的社会制度，那么我们将很难理解为什么对犯罪的反应在不同的社会与不同的时期会产生如此巨大的差异。

我们同样不能将刑事惩罚的意义附着于任何其他制度的意义和理性之上。我们并不否认刑事司法的运行需要依靠经济、政治、科技等社会其他系统的运作去维持，甚至在特定的历史时期和社会条件下，刑事惩罚对上述社会因素确实产生了强大的依赖。刑事惩罚理论研究中对惩罚社会功能的分析经常将我们引入这种路径依赖。

因此我们看到在刑法的社会研究中，有的学者常常通过解读刑法运作中的“人”，或者刑法运作的“外部因素”来试图阐释刑法本身及其规范的社会意涵；在刑法学研究中规范本身虽然成为研究的对象，但是刑法运作中的“人”和所谓的刑法运作的社会“外部因素”却也消失了。刑法理论，特别是犯罪构成理论试图通过理论的构建来对刑事司法的实践产生影响乃至指导。但是在教义学中，我们看到的是整齐划一的案件事实与完善的刑事司法制度条件，而刑事司法社会运作过程却在其中消失了。似乎刑事司法所面临的主要问题就是对文本的刑法解释。即使如此，我们也很难通过犯罪构成理论找到司法实践使用这套理论的理由。为什么文本及其解释会在对犯罪和刑法的分析中如此重要，这是刑法教义学无法回答的问题。

系统理论试图对刑法的社会研究与刑法的规范研究进行勾连。自我指涉与结构耦合的概念是我们在本书中选取的理论视角。自我指涉说明了作为具有再生产能力的系统刑法如何通过自身的沟通结构产生新的要素和知识，以满足社会变动的需求。并且刑法在这种对社会变动的适应中是如何保持自身运作的独特性。结构耦合更倾向于对那些刑法外部因素的解释，从而说明即使是通过自身逻辑与自我制造产生的刑法如何不断摄取社会因素的有益成分。刑法的规范研究，也就是我们俗称的刑法教义学与刑法解释学主要代表了一种刑法自我指涉，而刑事司法中的制度因素和社会条件则产生了刑法与社会系统间的结构耦合。在论证的过程中，我们并非将二者割裂开来。刑法教义学虽然代表了刑法自我指涉运作，但是其仅仅是现象而非运作的基础。刑法的符码与纲要构建成为变动中的教义学保持不变的根据。在系统理论下，系统的符码和纲要并非法哲学视角下的法律论证方法，[1]而是根据系统观察环境与构建环境的方式所产生的概念和运作。因此，符码和纲要的概念并不具有本体论意义，也不具有主体性，这与系统理论中的沟通、再入等概念相似。

但是，通过对系统内部观察环境方式描述，通过我们对区分的深刻理解，刑法内部运作与刑法的外部因素被系统理论连接起来了。刑法系统运作内部产生的教义学具有了社会结构的意涵，从而与刑法的外部：个体和社会有了联络。系统理论通过二阶观察，将法学理论与实践的社会维度展现。在系统理论中，不仅是刑法，而是各种社会系统均呈现出对自身构建与外部环境之间的区分。[2] 系统通过运作的封闭与认知的开放将内部的动力与外部的刺激

[1] 在加兰看来，刑法哲学的研究试图将社会的刑事惩罚展现为统一的现象。从而也将实际的刑事实践和制度认定为“意外事件”。See Garland, David, and Peter Young, eds. *The Power to punish: contemporary penality and social analysis.* Heinemann Educational Books, 1983. p.11.

[2] “一般社会系统理论构建了分析社会现实产生的抽象的概念及其限度。系统理论向我们展示了社会系统通过自我选择与边界定位构成的。然而系统的构成进路却需要结合具体情况进行研究。” Luhmann, Niklas. “The Differentiation of Society, trans. Stephen Holmes and Charles Larmore.” *New York, Columbia University* (1982). p.76.

结合起来。系统理论描述了现代社会的分化如何在断裂的社会结构中重新整合的路径。不是依靠社会的集体意识，不是基于个体道德或群体伦理，也不是基于对共同利益和价值的追求。现代社会的秩序形成于系统不断通过二阶观察形成的自我指涉与结构耦合。在不断区分中，社会现象被不同的系统所定义。社会也不断通过分化的系统再生产。刑法运作产生了犯罪的社会图景，刑法运作也在不断重新定义人们对犯罪的情感。刑法知识的再生产并非仅依靠教义学的构建就能实现。即使教义学的知识更新集中体现了作为社会系统的刑法自我指涉，但是刑法知识的再生产无疑包含了更多。系统理论的考察让我们看到刑事法律日常实践，乃至社会的日常生活都可能为刑法知识的再生产提供资源。这也丰富了我们对刑法教义学的理解：如果教义学是一种反映系统自我指涉的结构，其内涵与外延应当将社会的刑法实践包含在内。个体行动者的意识、其他社会子系统的变动趋势都是刑法教义学丰富自身纲要运作的资源。也只有通过对社会的反思，刑法教义学才可能作为一种知识、一种社会权力的再生产对实践中的刑事司法起到影响和指导作用。

本书是通过社会理论考察刑事惩罚问题的一种尝试。笔者在最后还想结合社会理论研究刑法规范性问题这一研究方法进行一些探讨，从而丰富现有研究的维度。

刑事惩罚的研究从社会理论的研究边缘走向中心，并且创造出各种不同的理论假设。[1] 社会理论对刑事惩罚展开的研究与现代社会急速的变动有关。现代社会的刑事惩罚在法律理性化、科学性、经济发展等现代性话语下逐渐在社会公众面前脱离了暴力与过度的认知。刑法解释与刑法教义学的革新、刑事运作的职业化与刑事司法的中立性也加速了刑事惩罚与人类社会原始复仇冲动的区分。不过，文明化进程并没有完全排除暴力的运用，而是使之从道德考虑中解脱出来，服从于理性的计算。[2] 此外，刑事惩罚的理性化不仅仅是运作的程序化、技术化，其也是国家治理的重要组成部分。如果说刑法教义学的实践与

---

[1] See Garland, David, and Peter Young, eds. *The Power to punish: contemporary penality and social analysis.* Heinemann Educational Books, 1983. p.1.

[2] 参见［德］鲍曼:《现代性与大屠杀》，杨渝东译，译林出版社 2001 年版。

研究尝试对刑事运作进行纯粹的实证化，那么包含在社会及其个体中原始的惩罚冲动和国家治理的需求则会对刑法教义学追求的目标产生制约。

一方面，对刑事惩罚运作的研究需要不断对刑法教义学展开构建与调整，从而使得社会的犯罪控制受到系统性的约束，减少恣意，维护法系统的规范期待，使得不同的裁判之间尽可能保持一致；[1]另一方面，作为系统运作的刑事惩罚不仅仅包含刑法教义学，而是需要将上述社会意识和国家等因素考虑进来。如果我们将刑事法学的研究看成一个不断分化的结果，那么刑法教义学的研究和犯罪学的研究便是对犯罪治理系统不同面相与不同维度的分析。在法学研究中我们通常也将这两种研究进路予以区分，从而形成了法教义学与社科法学的研究分化，这种分化在近年产生了两种研究路径之间的争论。[2]具体到刑事法学研究中刑法教义学与犯罪学之间的分化和由此形成的学科的壁垒似乎很难被打破，两者之间的互相借鉴也难寻踪迹。

我们认为，刑事惩罚作为社会系统运作的整体在其内部应当有分化，进而使得现代社会的运作走向功能上的多样和精致，对于研究而言同样如此。但是社会的分化与研究分化并不意味着二者间有选择性的循环的断裂，这与社会演化的动力机制相违背。[3]子系统间不仅存在通过偶然事件产生的联结与激扰（irritation），而且子系统间稳定的信息交换机制是促进系统自身封闭循环的基础。系统的封闭性建立在系统间有选择的开放性之上。具体到刑事法学研究和刑事法实践，我们需要强调的是刑法教义学与犯罪学等刑事法社科研究之间、刑事法解释实践与刑法制度运作之间的互动与他涉。我们不必

---

[1] 参见钟芳桦：《决定的两个吊诡：从系统论的观点对法学方法论进行观察》，载《东吴社会学报》2007 年 6 月，总第 22 期。

[2] 具体可参见苏力：《中国法学研究格局的流变》，载《法商研究》2014 年第 5 期；陈柏峰：《社科法学及其功用》，载《法商研究》2014 年第 5 期；侯猛：《社科法学的传统与挑战》，载《法商研究》2014 年第 5 期。

[3] 在法律社会学家卢曼看来，社会子系统的历史过程并不是具有目的性的，社会演化的过程是信息被挑选的过程，是对沟通给予不同意义的过程。See King, Michael, and Christopher J. Thornhill. *Niklas Luhmann's theory of politics and law.* Basingstoke: Palgrave Macmillan, 2003. p.9. 社会的演化是不断转化的事件、意外以及由此带来的不可预料的效果，这些不可预知的结果如果逐步沉淀，则构成了新的演化基础。See Luhmann, Niklas. *Law as a social system.* Oxford University Press, 2004. p.24.

在影响刑事惩罚具体实践的因素主要是外部的社会动力、文化特点还是其刑罚机制本身这样的问题上进行选择，而是需要探究如何运用适当的理论对具体的刑事实践进行观察，发现刑法内部运作规则（主要是刑法教义学）与外部环境影响之间互动的具体形式和动力机制。

社会理论（social theory）作为对现代性问题进行普遍性与一般性思考的理论，不仅对包括刑法教义学在内的法律运作的诞生和实践提供了一套外部视角的解释框架，而且其结合自身对现代性的基本假设也对影响法教义学演化的社会因素进行了多维度的分析。与犯罪学相比，社会理论，特别是关注法律的社会理论通常将规范性（normativity）的问题放在重要的位置，从而使得刑法的教义研究与刑法的社会研究找到了共同的对象。在刑法研究中引入社会理论能够帮助我们对刑法规范的社会流变做出谱系学的梳理，也能够在对形塑和调整刑法规范的社会因素的分析中观察刑法系统运作的复杂性（complexity）。更重要的是，通过对刑法规范的外部观察，社会理论不仅能够使我们看到规范性在社会运作中的图景，也促使我们对刑法解释这一刑法内部研究核心问题做出具体的反思。在社会功能分化的条件下，社会理论当然无法替代刑法教义学在刑事司法中的主导地位。但是面对社会公众、国家治理对刑法及其解释的多种诉求，社会理论在体系性的外部解释构建中能够帮助教义学回应指责，从而使我们从外部视角认识刑法教义学存在的社会意涵，也对刑法教义学可能存在的缺陷，特别是作为系统整体面相与社会其他子系统互动中体现的缺陷进行弥合。正如法的社会理论研究学者所言，社会理论让研究者通过不同的传统和角度去反思社会中的法。即使这种批判式的反思并无眼前的实践价值，法的社会理论研究仍然可以提供法教义学无法达致的对法律制度与法的社会运作过程的思考。[1]

当然我们也十分清楚，面对研究对象的复杂性：社会与社会中的刑事惩罚，一种最优的理论是无法达致的。正如卢曼所言，我们只能通过一种适当的理论去将研究对象的复杂性进行分解（系统理论的二值判断与二阶观察便是例证）。但是并没有理论能够产生足够的理论多样性去匹配现实的复杂性。

[1] See Banakar, Reza, and Max Travers, eds. *Law and social theory.* A & C Black, 2014. p.10.

不过，至少我们能做的是将社会现象的复杂性通过理论构建展示出来。[1]

本书通过引入系统理论考察了刑法与现代社会之间的互动。系统理论为我们理解自启蒙时代以来的刑事法律理性化过程及其所体现的“现代性”归属提供了一种新的观察视角和研究方法。但是，基于系统理论自身的局限以及研究者的理论能力，上述对研究主题的考察仍然存在以下不足，值得后续研究继续完善和补充：

第一，系统理论试图通过“区分”作为核心概念，对社会演进以及现代社会的形态做出全局性和普遍性的阐释。系统理论对这一概念的运用在相当程度上借鉴了数学中的“不确定性”（混沌理论）[2] 研究以及行为科学（特别是人工智能）对人类思维和认知过程的理解。然而，这些自然科学研究在 20 世纪 80 年代后期逐渐停滞。研究者准确把握了解决人类思考和社会发生（socio-genetic）的关键，或者说研究者提出了正确的问题，但是却由于此问题具有极高的挑战度，没有给出令人满意的解答。系统理论对自然科学的这种借鉴因此也就无法避免地受到批判和质疑。刑法与社会关系问题是否可以类比人类的认知，或者说从已有的关于生物自创生研究中所得到的洞见是否能够直接适用于社会科学研究仍是系统理论无法全面回应的挑战，并有待于人工智能与数学研究的进一步发展。对笔者而言，由于学科背景和数学知识的单薄，[3] 本书没有，也无法直面这些跨学科的挑战。这不免会削弱本书中对

[1] See Luhmann, Niklas. “The Differentiation of Society, trans. Stephen Holmes and Charles Larmore.” *New York, Columbia University* (1982). p.57.

[2] 在混沌理论看来，即使是简单的动力系统，如果存在非线性因素，也很难准确预测其长期行为。混沌理论也提醒我们，复杂的现象背后的机制可能很简单，也许只不过是简单归责反复作用的结果。

[3] 对此，有学者曾做过很好的总结：“对文科背景的学生来说……多数学生之所以对卢曼的学说不感兴趣，除了其理论过于艰涩外，一项主要原因是他们对源自自然科学的语义或概念感到畏惧、反感，甚至往往将自然科学简单等同于‘实证主义’而弃若敝履。‘两种文化’壁垒分明的现象，至今犹存。笔者以为，这种对自然科学的忽视或误解，在人文社会研究中导致了集中不健康的倾向：1. 低估自然科学内部的歧异性，也忽视自然科学内部不断出现的挑战；2. 对‘科学’的理解过于狭隘，缺乏整体的科学哲学视野；3. 甚至据此将人文社会‘学科’与自然‘科学’对立起来，严重低估了不同学科间互通有无的潜能。”万毓泽：《让卢曼的系统论（重新）成为问题：一个本黑式的视角》，载《社会理论学报》2009 年第 1 期。至少对于研究卢曼系统论而言，这种互通，更多的是现代科学认识论发展可能带给人文社会研究者的刺激和灵感。

各种具体刑法法律制度进行的系统论理解。总而言之，对“区分”概念，以及由此衍生出来的现代社会系统自我指涉、二阶观察与结构耦合必须持反思的观点，[1]正如卢曼自己也并不将系统论当成一种具有本体论性质的元理论。

第二，也正是因为系统论观察现代社会的方式还存在上述疑问，其被运用到具体社会科学学科研究的前景依然受到不少批判。如果说通过“功能分化”概念解读包括刑事司法在内的现代法律与社会系统运作机制具有，并且已经产生较为丰富的文献，那么在这种“描述性”与“经验性”的研究基础之上，系统论是否能够对法律的适用，也就是规范意义上的法学理论（jurisprudence）提供有益的智识，则必然受到更大的质疑。社会功能分化造就了各种社会系统间逻辑与理性的差异。系统理论属于科学研究，而法律实践则是一种规范性沟通，我们当然可以通过系统论观察刑事司法的各个方面（这也正是本书的主体部分），运用系统沟通与自我指涉概念解读刑事法律的演进，从而以新的视角理解刑法的社会功能。但这是否意味着在法律论证与法律沟通的过程中通过引入系统论的话语和逻辑就能够更好地识别犯罪的本质，并构建更为合理的刑法解释？也就是说，系统理论作为一种科学研究体系能够与实践性的刑法规范产生恰当与良性的结构耦合？在本书中，我们对此持一种谨慎的态度，这不仅因为在经验上系统论研究成果尚未被法学与法律共同体全面认知，更因为系统论本身所持的系统之间分化与运作封闭的立场。从而，这也就在一定程度上限制了本书在描述现代刑法运作模式的基础上对具体刑法实践给出更多建议的可能。

第三，由此，本书虽然在各章的论证中都尽可能使用本土化，也就是我国刑事司法的例证来说明运用系统论解读刑法与社会关系的正当性与理论优势，并试图在借鉴我国刑法理论研究的基础上做出贡献。但是由于系统论，特别是卢曼、托依布纳等创始者脑海中现实或想象的现代法律运作机制主要是以德国法律体系为蓝本的，所以在其进行阐释的过程中也就无法避免将所指的特殊性上升到普遍性的高度，从而有意或无意地忽视了法律体系的多样

[1] 例如，就有学者指出，卢曼的结构耦合概念低估了通过事件，而非结构形成非系统间的耦合。See Baxter, H. Autopoiesis and the “Relative Autonomy” of Law’ (1998). *Cardozo Law Review*, 19.

性与“复杂性”，这在一定程度上削弱了其理论应有的（声称的）普遍化程度，也对系统理论的本土化构建、改造和适用制造了不小的难度。“现代化是在文化之内发生的变迁过程，不同社会节能产生内在于其文化的现代性。”[1]本书试图克服并突破系统论现有文献的指涉范围与研究局限，但无论是基本概念，还是研究重心，前述各章的论述依然带有较为浓重的“域外”，乃至晦涩的风格，从而显现出一些生硬的“翻译腔”。本书在平衡阐述系统理论核心观点与扩展系统理论本土化研究之间依然缺乏功力。

基于上述不足，我们认为运用系统理论研究刑事法体系，可以在以下方面进行深度的扩充与理论的创新：

第一，充分认识到现代社会功能分化的现实及其运作机制，对现代刑法的治理边界运用“结构耦合”概念进行重新审视，将对个体与社会冲突的理解扩展到系统间理性冲突的层面，并通过考察现有刑事审判对不同社会系统间的识别与判断，构建系统论下的罪刑法定理论内涵。本书对此已经提出了一些普遍性的主张，后续研究可以在经验性考察司法判断的基础上，对隐私权的刑法保护、家庭暴力的犯罪化、环境保护的构成要件判断等问题进行更具体，也更贴近现实司法改革需求的进一步研究。

第二，系统理论对刑法的合宪性解释与调控问题具有潜在的丰富解释可能。本书在第五章相关部分已经做出一定的尝试，并提出了基于社会宪治的刑法法益识别模式。进一步的研究可以对合宪性调控的制度设置与原则解释，特别是比例原则在刑法解释中的运用通过自我指涉与结构耦合概念所体现出来的现代社会系统沟通的特点进行更深层次的挖掘，充分调动宪法在我国刑法立法、司法乃至执行中具备的核心作用与功能。基于系统论的刑法合宪性调控研究也能够进一步深化我们对刑法与刑事政策之间关系的理解，从而为实践中正确适用刑法、正确对待司法解释与指导性案例提供理论支撑。

第三，系统论对我国犯罪学研究同样能够提供新鲜养料。犯罪学研究通常被理解为行为科学，其试图通过站在一个“客观的”“外部”视角观察犯罪发生的社会环境并提出控制和预防犯罪的具体建议。在本书中，这种“外部

[1] 徐冰：《心理学与社会学之间的诠释学进路》，生活·读书·新知三联书店 2013 年版，第 107 页。

人”视角得到进一步反思，特别是系统论主张社会沟通在“二阶观察”的基础上展开，从而也就不存在没有“盲点”的客观观察者。要理解社会语境和意义之下的犯罪发生过程，我们应当借鉴系统论及其背后的现象学所提倡的“回到事物与生活本质”的研究方法，将研究者从社会外部拉回到社会内部，以“身心一体”“主客同构”“社会与个体”融合的方法和视角审视犯罪对个体（行为人、被害人等）的意义，以及被视为脱离个体意识的社会结构（犯罪社会影响）发生学上的个体主观促动性。运用系统沟通概念所包含的非整体主义（non-holism）[1] 去理解作为事件的犯罪与犯罪惩罚的互动性与递归性，能够更切合中国传统哲学对身体、心灵、社会控制以及社会规范的想象。

[1] 即使是反对系统论的哈贝马斯也不得不承认对现代社会法律系统的分析无法再回到一种整体主义的概念。参见［德］哈贝马斯:《在事实与规范之间：关于法律和民主法治国的商谈理论》（修订译本），童世骏译，生活·读书·新知三联书店 2011 年版，第 96—97 页。

参考文献

一、中文文献

（一）中文书籍

1. 泮伟江:《当代中国法治的分析与构建》(修订版)，中国法制出版社 2017 年版。
2. 白建军:《关系犯罪学》，中国人民大学出版社 2014 年版。
3. 车浩:《刑法教义的本土形塑》，法律出版社 2017 年版。
4. 陈兴良、周光权:《刑法学的现代展开》，中国人民大学出版社 2006 年版。
5. 杜建荣:《卢曼法社会学理论研究——以法律与社会的关系问题为中心》，法律出版社 2012 年版。
6. 高鸿钧等:《商谈法哲学与民主法治国:〈在事实与规范之间〉阅读》，清华大学出版社 2007 年版。
7. 高宣扬:《鲁曼社会系统理论与现代性》，中国人民大学出版社 2005 年版。
8. 高宣扬:《德国哲学概观》，北京大学出版社 2011 年版。
9. 古承宗:《刑法的象征化与规制理性》，元照出版有限公司 2017 年版。
10. 顾祝轩:《民法系统论思维——从法律体系转向法律系统》，法律出版社 2012 年版。
11. 黄奇中:《刑法的沟通之维》，中国人民公安大学出版社 2011 年版。
12. 黄韬:《公共政策法院：中国金融法制变迁的司法维度》，法律出版社 2013 年版。
13. 季卫东:《法治秩序的建构》(增补版)，商务印书馆 2014 年版。
14. 劳东燕:《刑法基础的理论展开》，北京大学出版社 2008 年版。
15. 劳东燕:《罪刑法定本土化的法治叙事》，北京大学出版社 2010 年版。
16. 劳东燕:《风险社会中的刑法：社会转型与刑法理论的变迁》，北京大学出版社 2015 年版。
17. 林东茂:《刑法综览》，台湾地区一品文化出版社 2007 年版。

18. 林瑞:《韦伯论中国法传统》，中国政法大学出版社 2014 年版。
19. 刘北成编著:《福柯思想肖像》，中国人民大学出版社 2012 年版。
20. 刘剑涛:《现象学与日常生活世界的社会科学》，上海三联书店 2017 年版。
21. 彭飞荣:《风险与法律的互动：卢曼系统论的视角》，法律出版社 2018 年版。
22. 渠敬东主编:《涂尔干：社会与国家》，商务印书馆 2014 年版。
23. 渠敬东:《缺席与断裂——有关失范的社会学研究》，商务印书馆 2017 年版。
24. 瞿同祖:《中国法律与中国社会》，商务印书馆 2010 年版。
25. 许玉秀:《当代刑法思潮》，中国民主法制出版社 2005 年版。
26. 许玉秀、陈志辉编:《不移不惑献身法与正义——许迺曼教授刑事法论文选辑》，台湾地区新学林出版股份有限公司 2006 年版。
27. 杨炳霖:《回应性管制——以安全生产为例的管制法和社会学研究》，知识产权出版社 2012 年版。
28. 应星:《“气”与抗争政治——当代中国乡村社会稳定问题研究》，社会科学文献出版社 2016 年版。
29. 张明楷:《刑法学》，法律出版社 2016 年版。
30. 张容南:《一种解释学的现代性话语：查尔斯·泰勒论现代性》，上海人民出版社 2011 年版。
31. 孙飞宇:《方法论与生活世界》，生活·读书·新知三联书店 2018 年版。

（二）中文期刊文章

1. 泮伟江:《作为法律系统核心的司法——卢曼的法律系统论及其启示》，载《清华法治论衡》2009 年第 2 期。
2. 泮伟江:《双重偶联性问题与法律系统的生成 卢曼法社会学的问题结构及其启示》，载《中外法学》2014 年第 2 期。
3. 泮伟江:《卢曼与他的现代社会观察》，载《读书》2016 年第 1 期。
4. 泮伟江:《现象学视野下法的生成与演化——卢曼早期法社会学理论的贡献与启示》，载《第三次海峡两岸法理学与法学教育研讨会论文集》。
5. 宾凯:《从决策的观点看司法裁判活动》，载《清华法学》2011 年第 6 期。
6. 宾凯:《社会系统论对法律论证的二阶观察》，载《华东政法大学学报》2011 年第 6 期。
7. 宾凯:《法律如何可能：通过“二阶观察”的系统构建——进入卢曼法社会学的核

心》，载《北大法律评论》2006 年第 2 辑。
8. 蔡道通:《刑事政策中的“放小”：借鉴与结论》，载《法学》2002 年第 1 期。
9. 蔡道通:《论刑法修正案的修正主体》，载《南京社会科学》2012 年第 5 期。
10. 蔡道通:《特别法条优于普通法条适用——以金融诈骗罪行为类型的意义为分析视角》，载《法学家》2015 年第 5 期。
11. 车浩:《法定犯时代的违法性认识错误》，载《清华法学》2015 年第 4 期。
12. 车剑锋:《“作为整体的法”与结果无价值的法益概念》，载《武陵学刊》2013 年第 6 期。
13. 车剑锋:《刑事案件社会结构与罪刑法定原则关系初探》，载《北京理工大学学报（社会科学版）》2014 年第 6 期。
14. 陈晓明:《风险社会之刑法应对》，载《法学研究》2009 年第 6 期。
15. 陈兴良:《违法性认识研究》，载《中国法学》2005 年第 4 期。
16. 陈兴良:《形式解释论的再宣示》，载《中国法学》2010 年第 4 期。
17. 陈兴良:《敲诈勒索罪与抢劫罪之界分——兼对“两个当场”观点的质疑》，载《法学》2011 年第 2 期。
18. 陈兴良:《“风险刑法”与刑法风险：双重视角的考察》，载《法商研究》2011 年第 4 期。
19. 陈兴良:《刑法教义学与刑事政策的关系：从李斯特鸿沟到罗克辛贯通中国语境下的展开》，载《中外法学》2013 年第 5 期。
20. 陈璇:《生命冲突、紧急避险与责任阻却》，载《法学研究》2016 年第 5 期。
21.［德］洛塔尔·库伦:《论刑法与宪法的关系》，蔡桂生译，载《交大法学》2015 年第 2 期。
22.［德］克劳斯·罗克辛:《对批判立法之法益概念的检视》，陈璇译，载《法学评论》2015 年第 1 期。
23.［德］卢曼:《法院在法律系统中的地位》，陆宇峰译，载《清华法治论衡》2009 年第 2 期。
24.［德］贡塔·托依布纳:《宪法时刻来临？——“触底反弹”的逻辑》，宾凯译，载《交大法学》2013 年第 1 期。
25.［德］托马斯·魏斯丁:《无始无终——作为对法学和法教义学的挑战的法律系统理论》，张晓丹译，载泮伟江主编:《北航法学》（2015 年第 2 卷），中国政法大学出版社 2015 年版。

26.[德] 沃尔夫冈·佛里施:《变迁中的刑罚、犯罪与犯罪论体系》,陈璇译,载《法学评论》2016年第4期。
27.[德] 乌尔斯·金德霍伊泽尔:《论犯罪构造的逻辑》,徐凌波、蔡桂生译,载《中外法学》2014年第1期。
28.[德] 雅科布斯:《罪责原则》,许玉秀译,载《刑事法杂志》第40卷第2期。
29. 丁东红:《卢曼和他的"社会系统理论"》,载《世界哲学》2005年第5期。
30. 杜月:《制图术:国家治理研究的一个新视角》,载《社会学研究》2017年第5期。
31. 高原:《中国革命正当性建设中三个核心政治主题的形成(1921—1923)》,载《开放时代》2016年第2期。
32. 古承宗:《风险社会与现代刑法的象征性》,载《科技法学评论》2013年第1期。
33. 古承宗:《环境风险与环境刑法之保护法益》,载《兴大法学》2015年第11期。
34. 顾培东:《当代中国法治共识的形成及法治再启蒙》,载《法学研究》2017年第1期。
35. 韩德明:《风险社会的犯罪激发机理和犯罪趋向》,载《中国人民公安大学学报(社会科学版)》2015年第3期。
36. 胡育祥:《鲁曼社会系统理论中的自我指涉与异己指涉》,载《政治与社会哲学评论》2011年3月,总第36期。
37. 黄钲堤:《卢曼系统理论的意义概念》,载《东吴社会学报》2007年6月,总第22期。
38. 季卫东:《社会变迁与法制》,载《社会学研究》1993年第4期。
39. 姜敏:《刑事和解:中国刑事司法从报应正义向恢复正义转型的路径》,载《政法论坛》2013年第5期。
40. 康子兴:《革命时代的亚当·斯密》,载《读书》2016年第10期。
41. 劳东燕:《公共政策与风险社会的刑法》,载《中国社会科学》2007年第3期。
42. 劳东燕:《刑法中目的解释的方法论反思》,载《政法论坛》2014年第3期。
43. 劳东燕:《法益衡量原理的教义学检讨》,载《中外法学》2016年第2期。
44. 雷磊:《融贯性与法律体系的建构——兼论当代中国法律体系的融贯化》,载《法学家》2012年第1期。
45. 李茂生:《少年犯罪的预防与矫治制度的批判——一个系统论的考察》,载《台大法学论坛》2000年第2期。
46. 李茂生:《风险社会与规范论的世界》,载《月旦法学杂志》2009年10月,总第

173 期。
47. 李猛:《论抽象社会》，载《社会学研究》1999 年第 1 期。
48. 李猛:《除魔的世界与禁欲者的守护神：韦伯社会理论中的“英国法”问题》，载李猛编:《韦伯：法律与价值》，上海人民出版社 2001 年版。
49. 黎宏:《论“刑法的刑事政策化”思想及其实现》，载《清华大学学报（哲学社会科学版）》2004 年第 5 期。
50. 李忠夏:《基本权利的社会功能》，载《法学家》2014 年第 5 期。
51. 李忠夏:《宪法教义学反思：一个社会系统理论的视角》，载《法学研究》2015 年第 6 期。
52. 刘涛:《美国紧急状态下的刑事司法：历史、述评与启示》，载《环球法律评论》2014 年第 3 期。
53. 刘涛:《犯罪显著性的文化解释》，载《青少年犯罪问题》2015 年第 5 期。
54. 刘涛:《纳入与排除：卢曼系统理论的第三演进阶段？》，载《社会学评论》2016 年第 1 期。
55. 刘远:《司法刑法学的视域与范式》，载《现代法学》2010 年第 4 期。
56. 刘远:《论刑法规范的司法逻辑结构》，载《中外法学》2016 年第 3 期。
57. 刘忠:《未完成的“平等武装”》，载《中外法学》2016 年第 2 期。
58. 陆宇峰:《“自创生”系统论法学：一种理解现代法律的新思路》，载《政法论坛》2014 年第 4 期。
59. 鲁楠、陆宇峰:《卢曼社会系统论视野中的法律自治》，载《清华法学》2008 年第 2 期。
60.［美］马库斯·德克·达博:《积极的一般预防与法益理论》，杨萌译，徐久生校，载《刑事法评论》第 21 卷，北京大学出版社 2008 年版。
61. 祁春轶:《国家治理中法律对期望结构的分辨和选择》，载《法学》2015 年第 12 期。
62. 谭冰霖:《环境规制的反身法路向》，载《中外法学》2016 年第 6 期。
63. 石聚航:《“去熟悉化”与“去常识化”之间：刑法学知识转型的反思》，载《环球法律评论》2014 年第 1 期。
64. 石聚航:《刑法谦抑性是如何被搁浅的？——基于定罪实践的反思性观察》，载《法制与社会发展》2014 年第 1 期。
65. 苏力:《司法解释，公共政策和最高法院——从最高法院有关“奸淫幼女”的司法解释切入》，载《法学》2003 年第 8 期。
66. 苏力:《复仇与法律——以〈赵氏孤儿〉为例》，载《法学研究》2005 年第 1 期。
67. 苏力:《法条主义、民意与难办案件》，载《中外法学》2009 年第 1 期。
68. 苏力:《从药家鑫案看刑罚的殃及效果和罪责自负》，载《法学》2011 年第 6 期。
69. 苏力:《司法改革的知识需求——波斯纳〈各行其是〉中文版译序》，载《法治现代化研究》2017 年第 1 期。
70. 苏力:《法律人思维?》，载《北大法律评论》2013 年第 2 期。
71. 孙国祥:《违法性认识错误的不可避免性及其认定》，载《中外法学》2016 年第 3 期。
72. 汤志杰:《理论作为二阶观察：如何解决“无中不生有”与“无中生有”的吊诡》，载《社会理论学报》2010 年第 1 期。
73.[日] 关哲夫:《现代社会中法益论的课题》，王充译，载《刑法论丛》2007 年第 2 期。
74. 万毓泽:《让卢曼的系统论（重新）成为问题：一个本黑式的视角》，载《社会理论学报》2009 年第 1 期。
75. 王华伟:《网络服务提供者的刑法责任比较研究》，载《环球法律评论》2016 年第 4 期。
76. 王珏:《功能责任论中责任和预防的概念——兼与冯军教授商榷》，载《中外法学》2015 年第 4 期。
77. 王云清:《司法裁判中的社会科学：渊源、功能与定位》，载《法制与社会发展》2016 年第 6 期。
78. 武建锋:《控制论对生成认知科学范式的影响》，载《自然辩证法通讯》2018 年第 1 期。
79. 文军:《西方社会学中的元研究及其元理论化趋势》，载《国外社会科学》2003 年第 2 期。
80. 肖仕卫:《刑事法治的“第三领域”：中国刑事和解制度的结构定位与功能分析》，载《中外法学》2006 年第 6 期。
81. 肖文明:《观察现代性——卢曼社会系统理论的新视野》，载《社会学研究》2008 年第 5 期。
82. 杨柳:《释法抑或造法：由刑法历次修正引发的思考》，载《中国法学》2015 年第 5 期。

83. 杨继文:《论刑事司法改革方法论体系》，载《东方法学》2016 年第 5 期。
84. 姚明斌:《“效力性”强制规范裁判之考察与检讨》，载《中外法学》2016 年第 5 期。
85.[英] 安德鲁・冯・赫尔希:《法益概念与“损害原则”》，樊文译，载《刑事法评论》第 24 卷，北京大学出版社 2009 年版。
86. 余成峰:《法律的“死亡”：人工智能时代的法律功能危机》，载《华东政法大学学报》2018 年第 2 期。
87. 俞小海:《破坏计算机信息系统罪之司法实践分析与规范含义重构》，载《交大法学》2015 年第 3 期。
88. 张桐锐:《法律与社会政策作为“社会福利国”模型之构建性观点》，载《思与言》2006 年第 3 期。
89. 张戌凡:《观察“风险”何以可能——关于卢曼〈风险：一种社会学理论〉的评述》，载《社会》2006 年第 4 期。
90. 张翔:《刑法体系的合宪性调控——以“李斯特鸿沟”为视角》，载《法学研究》2016 年第 4 期。
91. 钟芳桦:《决定的两个吊诡：从系统论的观点对法学方法论进行观察》，载《东吴社会学报》2007 年 6 月，总第 22 期。
92. 周光权:《转型时期刑法立法的思路与方法》，载《中国社会科学》2016 年第 3 期。
93. 周少华:《立法技术与刑法之适应性》，载《国家检察官学院学报》2011 年第 3 期。
94. 邹兵建:《中国刑法教义学的当代图景》，载《法律科学》2015 年第 6 期。

（三）中文译著：

1.[奥] 阿尔弗雷德・舒茨:《社会世界的意义构成》，游淙祺译，商务印书馆 2012 年版。
2.[比] 胡克:《法律的沟通之维》，孙国东译，法律出版社 2008 年版。
3.[德] 鲍曼:《现代性与大屠杀》，杨渝东译，译林出版社 2001 年版。
4.[德] 埃里克・希尔根多夫:《德国刑法学：从传统到现代》，江朔等译，北京大学出版社 2015 年版。
5.[德] 弗里茨・B. 西蒙、C/O/N/E/C/T/A 作者组:《彻底的市场经济——系统管理基础》，张东辉、陈飞译，商务印书馆 2007 年版。
6.[德] 弗里茨・B. 西蒙、[德] 克里斯特尔・莱西 - 西蒙:《循环提问——系统式治疗案例教程》，于雪梅译，商务印书馆 2013 年版。
7.[德] 格吕恩特・雅科布斯:《行为　责任　刑法——机能性描述》，冯军译，中国政法大学出版社 1997 年版。
8.[德] 哈贝马斯:《在事实与规范之间：关于法律和民主法治国的商谈理论》(修订译本)，童世骏译，生活・读书・新知三联书店 2011 年版。
9.[德] 卡尔・拉伦茨:《法学方法论》，陈爱娥译，商务印书馆 2005 年版。
10.[德] 阿图尔・考夫曼、[德] 温弗里德・哈斯默尔主编:《当代法哲学和法律理论导论》，郑永流译，法律出版社 2002 年版。
11.[德] 尼克拉斯・卢曼:《对现代的观察》，左岸文化出版社 2005 年版。
12.[德] 卢曼:《社会的法律》，赵伊倩译，人民出版社 2009 年版。
13.[德] 卢曼:《社会之经济》，汤志杰、鲁贵显译注，台湾地区联经出版事业股份有限公司 2009 年版。
14.[德] 卢曼:《法社会学》，宾凯、赵春燕译，上海人民出版社 2013 年版。
15.[德] 玛格特・博格豪斯:《鲁曼一点通：系统理论导引》，张锦慧译，台湾地区暖暖书屋文化 2016 年版。
16.[德] 托马斯・莱塞尔:《法社会学基本问题》，王亚飞译，法律出版社 2014 年版。
17.[德] 托依布纳:《宪法的碎片：全球社会宪治》，陆宇峰译，纪海龙校，中央编译出版社 2016 年版。
18.[德] 托依布纳:《魔阵・剥削・异化——托依布纳法律社会学文集》，泮伟江等译，清华大学出版社 2009 年版。
19.[德] 托依布纳:《法律：一个自创生系统》，张骐译，北京大学出版社 2004 年版。
20.[德] 魏德士:《法理学》，丁晓春、吴越译，法律出版社 2013 年版。
21.[德] 于尔根・哈贝马斯:《现代性的哲学话语》，曹卫东等译，译林出版社 2004 年版。
22.[德] Georg Kneer, Armin Nassehi:《卢曼社会系统理论导引》，鲁贵显译，巨流图书公司 1998 年版。
23.[法] E. 迪尔凯姆:《社会学方法的准则》，狄玉明译，商务印书馆 1995 年版。
24.[法] 涂尔干:《社会分工论》，渠东译，生活・读书・新知三联书店 2000 年版。
25.[法] 爱弥儿・涂尔干:《宗教生活的基本形式》，渠东等译，商务印书馆 2011

年版。
26.[荷] 扬·斯密茨:《法学的观念与方法》，魏磊杰、吴雅婷译，法律出版社 2017 年版。
27.[美] 彼得·L.伯格:《与社会学同游：人文主义的视角》，何道宽译，北京大学出版社 2016 年版。
28.[美] 道格拉斯·胡萨克:《过罪化及刑法的限制》，姜敏译，中国法制出版社 2015 年版。
29.[美] 道格拉斯·胡萨克:《刑法哲学》，姜敏译，中国法制出版社 2015 年版。
30.[美] 菲尔德曼:《从前现代到后现代的美国法律思想》，李国庆译，中国政法大学出版社 2005 年版。
31.[美] 侯世达:《哥德尔、艾舍尔、巴赫：集异璧之大成》，本书翻译组译，商务印书馆 1996 年版。
32.[美] L.科塞:《社会冲突的功能》，孙立平等译，华夏出版社 1989 年版。
33.[美] 梅拉尼·米歇尔:《复杂》，唐璐译，湖南科学技术出版社 2018 年版。
34.[美] 诺内特、[美] 塞尔兹尼克:《转变中的法律与社会》，张志铭译，中国政法大学出版社 1994 年版。
35.[美] 乔治·弗莱彻:《反思刑法》，邓子滨译，华夏出版社 2008 年版。
36.[美] 斯蒂芬诺斯·毕贝斯:《刑事司法机器》，姜敏译，北京大学出版社 2015 年版。
37.[美] 塔玛纳哈:《一般法理学：以法律与社会的关系为视角》，郑海平译，中国政法大学出版社 2012 年版。
38.[日] 大谷实:《刑法讲义总论》，黎宏译，中国人民大学出版社 2008 年版。
39.[日] 野村稔:《刑法总论》，全理齐、何力译，法律出版社 2001 年版。
40.[意] 贝卡里亚:《论犯罪与刑罚》，黄风译，中国方正出版社 2003 年版。
41.[意] 加罗法洛:《犯罪学》，耿伟、王新译，中国大百科全书出版社 1996 年版。
42.[英] 梅因:《古代法》，沈景一译，商务印书馆 1959 年版。
43.[英] 约翰·奥斯丁著，[英] 罗伯特·坎贝尔修订编辑:《法理学的范围》(中译本第二版)，刘星译，北京大学出版社 2013 年版。

二、外文文献

（一）外文书籍

1. Ackerman, Bruce. We the People, Volume 2: Transformations. Harvard University Press, 2000.

2. Albert, Mathias, and Lena Hilkermeier. Observing International Relations: Niklas Luhmann and World Politics. Routledge, 2004.

3. Baghai, Katayoun. *Social Systems Theory and Judicial Review: Taking Jurisprudence Seriously*. Ashgate Publishing, Ltd., 2015.

4. Baier, Matthias. Social and Legal Norms: Towards a Socio-Legal Understanding of Normativity. Ashgate Publishing, Ltd., 2013.

5. Banakar, Reza, and Max Travers. Law and Social Theory. A & C Black, 2014.

6. Bateson, Gregory. *Mind and Nature: A Necessary Unity*. New York: Dutton, 1979.

7. Beck, Ulrich. Risk Society: Towards a New Modernity. Vol. 17: Sage, 1992.

8. Berman, Harold J. *Law and Revolution, II: The Impact of the Protestant Reformations on the Western Legal Tradition.* Harvard University Press, 2009.

9. Bibas, Stephanos. *The machinery of criminal justice*. Oxford University Press, 2012.

10. Black, Donald. The Behavior of Law. Emerald Group Publishing, 2010.

11. Borch, Christian. Niklas Luhmann. Taylor & Francis, 2011.

12. Cardozo, Benjamin Nathan. The Nature of the Judicial Process. Yale University Press, 1921.

13. Cotterrell, Roger. Law, Culture and Society: Legal Ideas in the Mirror of Social Theory. Ashgate Publishing, Ltd., 2013.

14. Coser, Lewis A. The functions of social conflict. Vol. 9. Routledge, 1956.

15. —. Law's Community: Legal Theory in Sociological Perspective. Oxford University Press, 1997.

16. Damaska, Mirjan R. *The Faces of Justice and State Authority: A Comparative Approach to the Legal Process*. Yale University Press, 1991.

17. Dicey, Albert Venn. The Law of the Constitution. Vol. 1: OUP Oxford, 2013.

18. Dorsen, David M. Henry Friendly, Greatest Judge of His Era. Harvard University Press, 2012.

19. Dumont, Louis. Essays on individualism: Modern ideology in anthropological perspective. University of Chicago Press, 1992.

20. Durkheim, Emile. The Division of Labor in Society. Simon and Schuster, 2014.

21. Dworkin, Ronald. Taking Rights Seriously. Vol. 136: Harvard University Press, 1978.

22. Eckhoff, Torstein. Feedback in Legal Reasoning and Rule Systems. Almqvist & Wiksell, 1978.

23. Ellickson, Robert C, and Robert C Ellickson. Order without Law: How Neighbors Settle Disputes. Harvard University Press, 2009.

24. Foucault, Michel, et al. "Society Must Be Defended" : Lectures at the Collège De France, 1975-1976. Vol. 1: Macmillan, 2003.

25. Friedman, Lawrence M. The Legal System: A Social Science Perspective: A Social Science Perspective. Russell Sage Foundation, 1975.

26. Fuller, Lon L. The Morality of Law. Vol. 152: Yale University Press, 1977.

27. Galligan, Denis. Law in Modern Society. OUP Oxford, 2006.

28. Garland, David. "The Culture of Crime Control." Chicago, The University of Chicago (2001).

29. —. Peculiar Institution. Harvard University Press, 2010.

30. —. Punishment and Modern Society: A Study in Social Theory. University of Chicago Press, 2012.

31. Geertz, Clifford. Local Knowledge: Further Essays in Interpretive Anthropology. Vol. 5110: Basic books, 2000.

32. Giddens, Anthony. The Consequences of Modernity. John Wiley & Sons, 2013.

33. Giddens, Anthony. New rules of sociological method: A positive critique of interpretative sociologies. John Wiley & Sons, 2013.

34. Goffman, Alice. *On the Run: Fugitive Life in an American City.* Picador, 2015.

35. Habermas, Jürgen. Between Facts and Norms: Contributions to a Discourse Theory of Law and Democracy. John Wiley & Sons, 2015.

36. —. The Philosophical Discourse of Modernity: Twelve Lectures. John Wiley & Sons, 2015.

37. Habermas, Jurgen, Jürgen Habermas, and Thomas McCarthy. The Theory of Communicative Action: Lifeworld and System: A Critique of Functionalist Reason. Vol.

2: Beacon press, 1985.

38. Habermas, Jürgen, and Niklas Luhmann. Theorie Der Gesellschaft Oder Sozialtechnologie. Vol. 1: Suhrkamp, 1971.

39. Hart, Herbert Lionel Adolphus. The Concept of Law. OUP Oxford, 2012.

40. Holmes, Oliver Wendell. *The Essential Holmes: Selections From the Letters, Speeches, Judicial Opinions, and Other Writings of Oliver Wendell Holmes, Jr*. University of Chicago Press, 1992.

41. Kelsen, Hans. General Theory of Law and State. Vol. 1: The Lawbook Exchange, Ltd., 1945.

42. King, Michael. Systems, Not People, Make Society Happen. Wilmington, DC: Holcombe Publishing, 2009.

43. King, Michael, and Chris Thornhill. Luhmann on Law and Politics: Critical Appraisals and Applications. Bloomsbury Publishing, 2006.

44. King, Michael, and Christopher J Thornhill. Niklas Luhmann's Theory of Politics and Law. Springer, 2003.

45. Kuhn, Thomas S. The Structure of Scientific Revolutions. University of Chicago Press, 2012.

46. Luhman, Niklas. Introduction to Systems, Theory. Politi Press, 2012.

47. Luhmann, Niklas. *Communication and Social Order: Risk: A Sociological Theory*. Transaction Publishers, 1993.

48. —. "The Differentiation of Society, Trans. Stephen Holmes and Charles Larmore." *New York, Columbia University* (1982).

49. —. Love as Passion: The Codification of Intimacy. Harvard University Press, 1986.

50. —. Ecological communication. University of Chicago Press, 1989.

51. —. "Risk: A Sociological Theory, Trans." Rhodes Barrett (New Brunswick, NJ: Aldine Transaction, 2005) 6 (1993).

52. —. Social Systems. Stanford University Press, 1995.

53. —. Theory of Society. Vol. 1: Stanford University Press, 2012.

54. Luhmann, Niklas, and Martin Albrow. A Sociological Theory of Law. Routledge, 2013.

55. Luhmann, Niklas, and Kathleen Cross. The Reality of the Mass Media. Stanford University Press Stanford, 2000.

56. Luhmann, Niklas, and William Rasch. Theories of Distinction: Redescribing the Descriptions of Modernity. Stanford University Press, 2002.

57. Luhmann, Niklas, Klaus A Ziegert, and Fatima Kastner. *Law as a Social System.* Oxford University Press on Demand, 2004.

58. MacCormick, Neil. Legal Reasoning and Legal Theory. Clarendon Press, 1978.

59. Manaster, Kenneth. The American Legal System and Civic Engagement: Why We All Should Think Like Lawyers. Palgrave Macmillan, 2013.

60. Maturana, Humberto R, and Francisco J Varela. Autopoiesis and Cognition: The Realization of the Living. Vol. 42: Springer Science & Business Media, 1991.

61. May, Tim, and Malcolm Williams. An Introduction to the Philosophy of Social Research. Routledge, 2002.

62. Mingers, John. *Realising Systems Thinking*. Springer-Verlag GmbH, 2006.

63. Moeller, Hans-Georg. Luhmann Explained: From Souls to Systems. Vol. 3: Open Court Publishing, 2005.

64. —. The Radical Luhmann. Columbia University Press, 2013.

65. Nobles, Richard, and David Schiff. Observing Law through Systems Theory. Bloomsbury Publishing, 2012.

66. —. A Sociology of Jurisprudence. Bloomsbury Publishing, 2006.

67. —. Understanding Miscarriages of Justice: Law, the Media, and the Inevitability of Crisis. Oxford University Press, 2000.

68. Packer, Herbert. The Limits of the Criminal Sanction. Stanford University Press, 1968.

69. Parsons, Talcott. Social System. Routledge, 2013.

70. Penner, James, David Schiff, and Richard Nobles. "Jurisprudence and Legal Theory." Booklist (2002): 11.

71. Peter, Berger, and Luckmann Thomas. Social Construction of Reality: A Treatise in the Sociology of Knowledge. Penguin books Limited, 1984.

72. Philippopoulos-Mihalopoulos, Andreas. "Niklas Luhmann: Law, Justice." Society. London: Routledge (2009).

73. Posner, Richard A. Divergent Paths: The Academy and the Judiciary. Harvard University Press, 2016.

74. —. *The Federal Judiciary: Strengths and Weaknesses*. Harvard University Press, 2017.

75. Rasch, William. Niklas Luhmann's Modernity: The paradoxes of differentiation. Stanford University Press, 2000.

76. Rawls, John. A Theory of Justice. Harvard University press, 2009.

77. Sampford, Charles JG. "The Disorder of Law a Critique of Legal Theory." (1989).

78. Scheffer, Thomas. *Adversarial Case-Making: An Ethnography of English Crown Court Procedure*. Brill, 2010.

79. Scheffer, Thomas, Kati Hannken-Illjes, and Alexander Kozin. Criminal defence and procedure: Comparative ethnographies in the United Kingdom, Germany, and the United States. Springer, 2010.

80. Schiff, David, and Richard Nobles. Law, Society and Community: Socio-Legal Essays in Honour of Roger Cotterrell. Ashgate Publishing, Ltd., 2014.

81. Sciulli, David. Theory of societal constitutionalism: Foundations of a non-Marxist critical theory. Cambridge University Press, 1992.

82. Schmandt-Besserat, Denise. An Archaic Recording System and the Origin of Writing. Undena Publications, 1977.

83. Schutz, Alfred. The phenomenology of the social world. Northwestern University Press, 1967.

84. Scott, W Richard. Institutions and Organizations: Ideas, Interests, and Identities. Sage Publications, 2013.

85. Skinner, Quentin. *The Foundations of Modern Political Thought: Volume 2, the Age of Reformation.* Vol. 2: Cambridge University Press, 1978.

86. Skolnick, Jerome H. Justice without Trial: Law Enforcement in Democratic Society. Quid pro books, 2011.

87. Teubner, Gunther. Dilemmas of Law in the Welfare State. Vol. 3: Walter de Gruyter, 1986.

88. —. Law as an Autopoietic System. Oxford/Cambridge, Blackwell Publishers, 1993.

89. Unger, Roberto Mangabeira. Law in Modern Society. Simon and Schuster, 1977.

90. —. "Social Theory: Situation and Its Task; a Critical Introduction to Politics, a Work in Constructive Social Theory." Cambridge: Cambridge University Press, 1987.

91. Von Foerster, Heinz. "Ethics and Second-Order Cybernetics." Springer, 2003. 287-304.

92. Weber, Max. Economy and Society: An Outline of Interpretive Sociology. University of

California Press, 1978.

93. —. Max Weber on Law in Economy and Society: Harvard University Press, 1954.

94. White, Harrison C. Identity and control: How social formations emerge. Princeton University Press, 2008.

95. Winch, Peter. The Idea of a Social Science and Its Relation to Philosophy. Routledge, 2008.

96. Wolfe, Cary. What Is Posthumanism?. University of Minnesota Press, 2010.

（二）外文期刊文章

1. Adams, JN, and Alan Watson. "Society and Legal Change." Modern Law Review, Wiley, 1979.

2. Åström, Karsten. "Parallel Norm Creating Processes." *Social and Legal Norms: Towards a Socio-legal Understanding of Normativity* (2016).

3. Baxter, Hugh. "System and Lifeworld in Habermas's Theory of Law." *Cardozo L. Rev.* 23 (2001).

4. Baecker, Dirk. "Why Systems?" *Theory, Culture & Society* 18 1 (2001): 59-74.

5. Beck, Anthony. "Is Law an Autopoietic System." *Oxford J. Legal Stud.* 14 (1994).

6. Blankenburg, Erhard. "The Poverty of Evolutionism: A Critique of Teubner's Case for" Reflexive Law "." *Law and society review* (1984): 273-89.

7. Borch, Christian. "Systemic Power Luhmann, Foucault, and Analytics of Power." *Acta Sociologica* 48 2 (2005): 155-67.

8. Bourdieu, Pierre. "Force of Law: Toward a Sociology of the Juridical Field, The." *Hastings LJ* 38 (1986).

9. Capps, Patrick, and Henrik Palmer Olsen. "Legal Autonomy and Reflexive Rationality in Complex Societies." *Social & Legal Studies* 11 4 (2002): 547-67.

10. Cotterrell, Roger. "Selznick Interviewed: Philip Selznick in Conversation with Roger Cotterrell." *Journal of Law and Society* 31.3 (2004): 291-317.

11. —. "Transnational communities and the concept of law." *Ratio Juris* 21.1 (2008): 1-18.

12. Cornell, Drucilla L. "Philosophy of the Limit, Systems Theory and Feminist Legal Reform." *New Eng. L. Rev.* 26 (1991): 783.

13. Dan-Cohen, Meir. "Decision Rules and Conduct Rules: On Acoustic Separation in

Criminal Law." *Harvard Law Review* (1984): 625-77.

14. Durkheim, Emile. "Two Laws of Penal Evolution." *Economy and Society* 2 3 (1973). 285-308.
15. Ewing, Sally. "Formal justice and the spirit of capitalism: Max Weber's sociology of law." *Law and Society Review* (1987): 487-512.
16. Finkelstein, David. "The Language of Communist China's Criminal Law." *The Journal of Asian Studies* 27 03 (1968): 503-21.
17. Fitzpatrick, Peter. "Law and Societies." *Osgoode Hall LJ* 22 (1984): 115.
18. Fischer-Lescano, Andreas, and Gunther Teubner. "Regime-collisions: the vain search for legal unity in the fragmentation of global law." *Mich. J. Int'l L.* 25 (2003): 999.
19. Fletcher, George P. "Blackmail: The Paradigmatic Crime." *University of Pennsylvania Law Review* 141 5 (1993): 1617-38.
20. —. "Individualization of Excusing Conditions, The." *S. Cal. L. Rev.* 47 (1973): 1269.
21. —. "Paradoxes in legal thought." *Columbia Law Review* 85.6 (1985): 1263-1292.
22. —. "Mistake in the Model Penal Code: A False False Problem." *Rutgers LJ* 19 (1987): 649.
23. —. "The Nature and Function of Criminal Theory." *California Law Review* 88 3 (2000): 687-703.
24. —. "Psychotic Aggressor-a Generation Later, The." *Isr. L. Rev.* 27 (1993): 227.
25. —. "The Right and the Reasonable." *Harvard Law Review* (1985): 949-82.
26. —. "Should Intolerable Prison Conditions Generate a Justification or an Excuse for Escape." *UCLA L. Rev.* 26 (1978): 1355.
27. —. "The Fault of Not Knowing." *Theoretical Inquiries in Law* 3 2 (2002).
28. Frankenberg, Gunter. "Down by Law: Irony, Seriousness, and Reason." *Nw. UL Rev.* 83 (1988): 360.
29. Friedman, Lawrence M. "Legal Culture and the Welfare State." *Dilemmas of law in the welfare state* 3 (1986): 13.
30. Fuller, Lon L. "Human Interaction and the Law." *The American Journal of Jurisprudence* 14 1 (1969): 1-36.
31. Garland, David. "Concepts of Culture in the Sociology of Punishment." *Theoretical Criminology* 10 4 (2006): 419-47.

32. Graber, Christoph, and Gunther Teubner. "Art and Money: Constitutional Rights in the Private Sphere?' (1998)." *OJLS* 18: 61.

33. Heller, Thomas C. "Legal Discourse in the Positive State: A Post-Structuralist Account." *Dilemmas of Law in the Welfare State* 3 (1986): 173.

34. Hikaka, G., & Prebble, J. (2010). Autopoiesis and general anti-avoidance rules. *Critical Perspectives on Accounting, 21* (7), 545-559.

35. Horton, David Paul. "Looking Through the Reeds: System-Theorising the Independent Homicide Inquiry." (2014).

36. Jacobson, Arthur J, and Günther Teubner. "Autopoietic Law: The New Science of Niklas Luhmann." JSTOR, 1989.

37. King, Michael. "The Construction and Demolition of the Luhmann Heresy." *Law and Critique* 12 1 (2001): 1-32.

38. King, Michael, and Anton Schütz. "The Ambitious Modesty of Niklas Luhmann." *Journal of Law and Society* 21 3 (1994): 261-87.

39. Knudsen, Morten. "Surprised by method-functional method and systems theory." *Historical Social Research/Historische Sozialforschung* (2011): 124-142.

40. Laermans, Rudi, and Gert Verschraegen. "Modernity and individuality: a sociological analysis from the point of view of systems theory." *The many faces of individualism* 12 (2001): 111.

41. Ladeur, Karl-Heinz. "Perspectives on a Post-Modern Theory of Law: A Critique of Niklas Luhmann, " the Unity of the Legal System. "*Autopoietic Law: A New Approach to Law and Society* 8 (1988): 242.

42. Lee, Daniel. "The Society of Society: The Grand Finale of Niklas Luhmann." *Sociological Theory* 18 2 (2000): 320-30.

43. Lichtblau, Klaus. "Differentiations of modernity." *Theory, Culture & Society* 16.3 (1999): 1-30.

44. Liebman, Benjamin L. "Watchdog or Demagogue? The Media in the Chinese Legal System." *Columbia Law Review* (2005): 1-157.

45. Liu, Sida. "Law's Social Forms: A Powerless Approach to the Sociology of Law." *Law & Social Inquiry* 40 1 (2015): 1-28.

46. Luhmann, Niklas. "The Autopoiesis of Social Systems." *Sociocybernetic paradoxes*

(1986): 172-92.

47. —. "Familiarity, Confidence, Trust: Problems and Alternatives." *Trust: Making and breaking cooperative relations* 6 (2000): 94-107.

48. —. "Law as a Social System." *Nw. UL Rev.* 83 (1988): 136.

49. —. "Technology, environment and social risk: a systems perspective." *Industrial Crisis Quarterly* 4.3 (1990): 223-231.

50. —. "Deconstruction as second-order observing." *New Literary History* 24.4 (1993): 763-782.

51. —. "Legal Argumentation: An Analysis of Its Form." *The Modern Law Review* 58 3 (1995): 285-98.

52. —. "Why does society describe itself as postmodern?." *Cultural Critique* 30 (1995): 171-186.

53. —. "Operational Closure and Structural Coupling: The Differentiation of the Legal System." *Cardozo L. Rev.* 13 (1991): 1419.

54. —. "Special Section on Luhmann." *Theory, Culture & Society (SAGE, London, Thousand Oaks and New Delhi)* 100 (1994): 25-36.

55. —. "The World Society as a Social System." (1982).

56. —. "On the scientific context of the concept of communication." *Social Science Information* 35.2 (1996): 257-267.

57. —. "Limits of steering." *Theory, Culture & Society* 14.1 (1997): 41-57.

58. —. "The modern sciences and phenomenology." *Theories of Distinction: Redescribing the descriptions of modernity* (2002): 33-60.

59. Luhmann, Niklas, Peter Gilgen, and Andrew Mitchell. "Introduction to Systems Theory." *social & political thought*: 67.

60. Machura, Stefan. "German Sociology of Law." *The American Sociologist* (2001): 41-60.

61. Maurer, Kathrin. "Communication and Language in Niklas Luhmann's Systems-Theory." *Pandaemonium Germanicum* 16 (2010): 1-21.

62. Moore, Nathan. "Icons of control: Deleuze, signs, law." *International Journal for the Semiotics of Law-Revue internationale de Sémiotique juridique* 20.1 (2007): 52.

63. Nelken, David. "Blinding Insights? The Limits of a Reflexive Sociology of Law' (1998)." *Journal of Law and Society* 25: 407.

64. Neves, Marcelo. "From the Autopoiesis to the Allopoiesis of Law." *Journal of Law and Society* 28 2 (2001): 242-64.

65. Nobles, Richard, and David Schiff. "Luhmann: Law, Justice, and Time." *International Journal for the Semiotics of Law-Revue internationale de Sémiotique juridique* 27 2 (2014): 325-40.

66. —. "A Story of Miscarriage: Law in the Media." *Journal of Law and Society* 31 2 (2004): 221-44.

67. —. "The Sociology of the Politics of Jurisprudence." *Law, Society and Community: Socio-Legal Essays in Honour of Roger Cotterrell* (2016).

68. —. "Taking the evolution of legal doctrine seriously: review of Katayoun Baghai, Social Systems Theory and Judicial Review: Taking Jurisprudence Seriously (Farnham: Ashgate, 2015. 188 pp.£ 65/£ 58.50)." *International Journal of Law in Context* 13.1 (2017). 96-120.

69. Novella, Enric J. "Mental health care and the politics of inclusion: a social systems account of psychiatric deinstitutionalization." Theoretical medicine and bioethics 31.6 (2010): 411-427.

70. Paterson, John, and Gunther Teubner. "Changing Maps: Empirical Legal Autopoiesis." *Social & Legal Studies* 7 4 (1998): 451-86.

71. Penner, James, David Schiff, and Richard Nobles. "Jurisprudence and Legal Theory." *Booklist* (2002): 11.

72. Philippopoulos-Mihalopoulos, Andreas. "On absence: Society's return to barbarians." *Soziale Systeme* 14.1 (2008): 142-156.

73. Picciotto, Sol. "The Theory of the State, Class Struggle and the Rule of Law." *Capitalism and the Rule of Law* 164 (1979).

74. Posner, Richard A. "The Decline of Law as an Autonomous Discipline: 1962-1987." *Harvard Law Review* 100 4 (1987): 761-80.

75. —. "The Jurisprudence of Skepticism." *Michigan Law Review* 86.5 (1988): 827-891.

76. —. "The Supreme Court, 2004 Term." *Harvard Law Review* 119 1 (2005): 28-102.

77. Provost Jr, W. H. (1990). Complex Organization and Niklas Luhmann's Sociology of Law. *International Journal of General System*, *16* (2), 97-121.

78. Robinson, Paul H. "A theory of justification: societal harm as a prerequisite for criminal

liability." *UCLA L. Rev.* 23 (1975): 266.

79. —. "Role of Moral Philosophers in the Competition between Deontological and Empirical Desert,The." *Wm. & Mary L. Rev.* 48 (2006): 1831.

80. Rosenfeld, Michel. "Autopoiesis and Justice." *Cardozo L. Rev.* 13 (1991): 1695.

81. Rosenfeld, Michel, Jürgen Habermas, and William Rehg. "Law as Discourse: Bridging the Gap between Democracy and Rights." JSTOR, 1995.

82. Rottleuthner, Hubert. "A Purified Sociology of Law: Niklas Luhmann on the Autonomy of the Legal System." *Law & Society Review* 23 5 (1989): 779-97.

83. Schwanitz, Dietrich. "Systems Theory According to Niklas Luhmann: Its Environment and Conceptual Strategies." *Cultural Critique* 30 (1995): 137-70.

84. Seidl, David, and Kai Helge Becker. *Niklas Luhmann and Organization Studies.* Liber Malmö, 2005.

85. Seidl, David, and Kai Helge Becker. "Organizations as distinction generating and processing systems: Niklas Luhmann's contribution to organization studies." (2006).

86. Savelsberg, Joachim J. "Law that does not fit society: Sentencing guidelines as a neoclassical reaction to the dilemmas of substantivized law." *American Journal of Sociology* 97.5 (1992): 1346-1381.

87. Smith, Tom W. "Liberal and Conservative Trends in the United States since World War Ii." *Public Opinion Quarterly* 54 4 (1990): 479-507.

88. Spitzer, Steven. "Punishment and Social Organization: A Study of Durkheim's Theory of Penal Evolution." *Law & Society Review* 9 4 (1975): 613-37.

89. Sunstein, Cass R. "On the psychology of punishment." *Supreme Court Economic Review* 11 (2004): 171-188.

90. Thornhill, Chris. "Towards a historical sociology of constitutional legitimacy." *Theory and Society* 37.2 (2008): 161-197.

91. Teubner, Gunther. "After Legal Instrumentalism-Strategic Models of Post-Regulatory Law." (1984).

92. —. "Substantive and Reflexive Elements in Modern Law." *Law and society review* (1983): 239-85.

93. —. "Autopoiesis in law and society: a rejoinder to Blankenburg." *Law and Society Review* (1984): 291-301.

94. —. "Regulatory Law: Chronicle of a Death Foretold." *Social & Legal Studies* 1 4 (1992): 451-75.

95. —. "The king's many bodies: The self-deconstruction of Law's hierarchy." *Law and Society Review* (1997): 763-788.

96. —. "Societal constitutionalism: nine variations on a theme by David Sciulli." (2016).

97. Tosini, Domenico. "The Autonomy of Law in the War on Terror: A Contribution from Social Systems Theory." *International Journal of Law, Crime and Justice* 40 2 (2012). 115-31.

98. Varela, Francisco G, Humberto R Maturana, and Ricardo Uribe. "Autopoiesis: The Organization of Living Systems, Its Characterization and a Model." *Biosystems* 5 4 (1974): 187-96.

99. Verschraegen, Gert. "Human rights and modern society: a sociological analysis from the perspective of systems theory." *Journal of Law and Society* 29.2 (2002): 258-281.

100. Vanderstraeten, Raf. "Parsons, Luhmann and the theorem of double contingency." *Journal of Classical Sociology* 2.1 (2002): 77-92.

101. Viskovatoff, Alex. "Foundations of Niklas Luhmann's theory of social systems." *Philosophy of the social sciences* 29.4 (1999): 481-516.

102. Willke, Helmut. "Three Types of Legal Structure: The Conditional, the Purposive and the Relational." *Dilemmas of law in the welfare state* 3 (1986): 280.

103. Ziegert, Klaus. "The Thick Description of Law: An Introduction to Niklas Luhmann's Theory of Operatively Closed Systems'." *An Introduction to Law and Social Theory* (2001): 55-75.